Droemer
Knaur®

David A. Yallop

IM NAMEN GOTTES?

Der mysteriöse Tod des 33-Tage-Papstes Johannes Paul I.
Tatsachen und Hintergründe

Droemer Knaur

Zum Gedenken an meine Mutter, Una Norah Stanton, für die Jahre, die dahingegangen sind. Und für Fletcher und Lucy, Kinder der Liebe.

Titel der englischen Originalausgabe »In God's Name«

Aus dem Englischen übersetzt von Karl Heinz Siber
Umschlagfoto: KNA
Umschlaggestaltung: Norbert Dallinger
Satz: acomp, Wemding
Druck und Einband: May + Co, Darmstadt
Printed in Germany · 12 · 13 · 85
ISBN 3-426-26160-X

Inhalt

Vorwort

Dieses Buch, das Ergebnis beinahe dreijähriger eingehender Recherchen, wäre ohne die aktive Unterstützung und Mitwirkung einer großen Zahl von Personen und Organisationen nicht zustande gekommen. Sehr viele von ihnen machten absolute Vertraulichkeit zur Vorbedingung für ihre Mithilfe. Ich respektiere diesen ihren Wunsch, wie ich es bei früheren, unter ähnlichen Bedingungen entstandenen Büchern getan habe. Die Wahrung der Anonymität meiner Informanten ist in diesem Fall notwendiger denn je, enden doch nicht wenige der Ereignisfäden, die ich in diesem Buch zu entwirren und aufzurollen versuche, mit der Ermordung eines Menschen. Eine beträchtliche Zahl dieser Morde gilt nach wie vor als ungeklärt. Es ist wohl kaum zu bezweifeln, daß die für diese Taten Verantwortlichen bereit und fähig sind, neue Morde zu begehen. Die Namen von Männern und Frauen zu nennen, die mir mit entscheidenden Hinweisen geholfen haben und damit ein hohes Risiko eingegangen sind, wäre ein Akt krimineller Unverantwortlichkeit. Ich schulde diesen Menschen besonderen Dank. Ihre Bereitschaft, Informationen unterschiedlichster Art preiszugeben, beruhte sicherlich auf vielfältigen und individuell verschiedenen Motiven, doch bekam ich immer und immer wieder den Satz zu hören: »Die Wahrheit muß heraus; wenn Sie sie ans Licht bringen wollen, dann sei's drum.« Mein tiefempfundener Dank gilt ihnen allen sowie den nachfolgend Genannten, die ich mit aller Hochachtung als die Spitze des Eisbergs meiner Gewährsleute bezeichnen möchte.

Professor Amedeo Alexandre, Professor Leonardo Ancona, William Aronwald, Linda Attwell, Josephine Ayres, Alan Bailey, Dr.

Shamus Banim, Dr. Derek Barrowcliff, Pia Basso, Pater Aldo Belli, Kardinal Giovanni Benelli, Marco Borsa, Vittore Branca, David Buckley, Pater Roberto Busa, Dr. Renato Buzzonetti, Roberto Calvi, Emilio Cavaterra, Kardinal Mario Ciappi, Bruder Clemente, Joseph Coffey, Annaloa Copps, Rupert Cornwall, Monsignore Ausilio Da Rif, Maurizio De Luca, Danielli Doglio, Monsignore Mafeo Ducoli, Pater François Evain, Kardinal Pericle Felici, Pater Mario Ferrarese, Professor Luigi Fontana, Mario di Francesco, Dr. Carlo Frizziero, Professor Piero Fucci, Pater Giovanni Gennari, Monsignore Mario Ghizzo, Pater Carlo Gonzalez, Pater Andrew Greeley, Dianne Hall, Dr. John Henry, Pater Thomas Hunt, William Jackson, John J. Kenney, Peter Lemos, Dr. David Levison, Pater Diego Lorenzi, Eduardo Luciani, William Lynch, Ann McDiarmid, Pater John Magee, Sandro Magister, Alexander Manson, Professor Vincenzo Masini, Pater Francis Murphy, Monsignore Giulio Nicolini, Anna Nogara, Pater Gerry O'Collins, Pater Romeo Panciroli, Pater Gianni Pastro, Lena Petri, Nina Petri, Professor Pier Luigi Prati, Professor Giovanni Rama, Roberto Rosone, Professor Fausto Rovelli, Professor Vincenzo Rulli, Ann Ellen Rutherford, Monsignore Tiziano Scalzotto, Monsignore Mario Senigaglia, Arnaldo Signoracci, Ernesto Signoracci, Pater Bartolmeo Sorge, Lorana Sullivan, Pater Francesco Taffarel, Schwester Vincenza, Professor Thomas Whitehead, Phillip Willan.
Das Augustinum, Rom; Banco San Marco; die Bank von England; die Bank für Internationalen Zahlungsausgleich, Basel; Italienische Staatsbank; Katholische Zentralbibliothek; Polizei von London; Britisches Handelsministerium; Statistics and Market Intelligence Library; Englisches Kolleg, Rom; das Federal Bureau of Investigation (FBI); die Gregorianische Universität, Rom; Toxikologische Abteilung des New Cross Hospitals; Opus Dei; Britische Pharmazeutische Gesellschaft; US-Außenministerium; US-Bezirksgericht für den Bezirk New York Süd; Pressestelle des Vatikan, Radio Vatikan.

Zu jenen, denen ich meinen Dank nicht öffentlich aussprechen kann, gehören die im Vatikan lebenden und tätigen Personen, die sich vor drei Jahren an mich wandten und den Anstoß zu meinen

Nachforschungen über die Ereignisse um den Tod von Papst Johannes Paul I., Albino Luciani, gaben. Die Tatsache, daß es Männern und Frauen, die im Nervenzentrum der römisch-katholischen Kirche leben, nicht möglich ist, sich öffentlich zu dem zu bekennen, was sie zu sagen haben, legt beredtes Zeugnis ab von den Zuständen, die innerhalb des Vatikans obwalten.

Dieses Buch wird sicherlich von manchen mit geharnischter Kritik bedacht, von anderen mit Geringschätzung oder Nichtbeachtung gestraft werden. Der eine oder andere wird darin einen Anschlag auf den Katholizismus im besonderen und die Christenheit im allgemeinen sehen. Es ist keins von beiden. Wenn es jemanden an den Pranger stellt, dann eine Anzahl von Personen, die zwar katholisch getauft sein mögen, aber niemals Christen gewesen sind.

Somit ist dieses Buch keine Attacke auf die Glaubensüberzeugungen von Millionen gläubiger Katholiken. Das, was sie heilighalten, ist zu wichtig, als daß man es Männern anvertraut lassen darf, die sich verschworen haben, die Botschaft Christi in den Schmutz zu ziehen – und mit diesem verschwörerischen Vorhaben in furchteinflößendem Ausmaß Erfolg gehabt haben.

Aus den oben genannten Gründen ist es mir nicht möglich, im Text auf konkrete Quellen für einzelne Behauptungen und Angaben zu verweisen, und so habe ich darauf weitgehend verzichtet. Wer genau mir was mitgeteilt hat, muß vorläufig ein Geheimnis bleiben. Ich darf dem Leser jedoch versichern, daß alle Angaben, alle behaupteten Sachverhalte, alle Einzelheiten geprüft und gegengeprüft worden sind, gleich aus welcher Quelle sie stammten. Wenn der Text dennoch Fehler enthält, fallen diese in meine Verantwortung.

Die Tatsache, daß ich gelegentlich über Unterhaltungen zwischen Personen berichte, die zu dem Zeitpunkt, als ich mit meinen Nachforschungen begann, bereits tot waren, wird sicherlich kritische Fragen aufwerfen. Woher weiß ich beispielsweise, was sich zwischen Albino Luciani und Kardinal Villot an dem Tag abspielte, als sie miteinander über die Frage der Geburtenkontrolle diskutierten? Nun, eine Privataudienz in dem strengen Sinn, daß nichts von dem dabei Erörterten durchsickern würde, gibt es im Vatikan nicht. Beide Männer äußerten sich nachher gegenüber Dritten zu dem, was vorgefallen war. Diese Aussagen aus zweiter Hand, die zuweilen von höchst unterschiedlichen Auffassungen zu dem vom Papst und seinem Staatssekretär erörterten Thema geprägt waren, lagen meiner Rekonstruktion zugrunde. Keines der in diesem Buch wiedergegebenen Zwiegespräche ist erfunden, so wenig wie die anderen Geschehnisse.

David A. Yallop
März 1984

Prolog

Das geistliche Oberhaupt eines knappen Fünftels der Weltbevölkerung gebietet über eine ungeheure Macht. Wer als nichteingeweihter Beobachter den Beginn der Amtszeit Albino Lucianis als Papst Johannes Paul I. miterlebte, konnte sich allerdings schwerlich vorstellen, daß sich in diesem Mann eine solche Machtfülle verkörpern sollte. Die Bescheidenheit und Demut, die dieser kleine, ruhige 65jährige Italiener ausstrahlte, ließ viele glauben, sein Pontifikat werde wenig Bemerkenswertes bringen. Allein, die Eingeweihten wußten es besser: Albino Luciani hatte revolutionäre Pläne.

Der 28. September 1978 war sein 33. Amtstag als Papst. Im Laufe von wenig mehr als einem Monat hatte er verschiedene Entwicklungen in Gang gesetzt, die, wenn sie zu Ende gebracht worden wären, eine dynamische, uns alle direkt betreffende Wirkung entfaltet hätten. Die Mehrheit, so schien gewiß, würde seinen Entscheidungen Beifall zollen; eine Minderheit würde mit Bestürzung reagieren. Der Mann, dem behende das Etikett »der lächelnde Papst« angeheftet worden war, hatte für den folgenden Tag etwas vor, das etlichen Leuten das Lächeln vergehen lassen würde.

Am Abend dieses 28. September nahm Albino im Speisezimmer im dritten Stock des Apostolischen Palastes in der Vatikanstadt sein Abendessen ein. Bei ihm waren seine beiden Sekretäre, Pater Diego Lorenzi, der in Venedig, wo Kardinal Luciani als Patriarch amtiert hatte, über zwei Jahre lang sein enger Mitarbeiter gewesen war, und Pater John Magee, den der neue Papst erst nach seiner Wahl zu sich geholt hatte. Während die mit der Betreuung des päpstlichen Haushalts beauftragten Nonnen wachsamen Blicks umherhuschten, widmete sich Luciani einem einfachen Mahl aus Fleischbrühe, Kalbfleisch, grünen Bohnen und ein wenig Salat. Hin und wieder nippte er an einem Glas Wasser. Er überdachte die Ereignisse des Tages und die Entscheidungen, die er getroffen hatte. Er hatte sich nicht nach diesem Amt gedrängt, hatte nicht um Wahlstimmen gebuhlt. Doch nun saß er auf dem Herrscherstuhl und mußte sich der enormen Verantwortung stellen.

Von den Schwestern Vincenza, Assunta, Clorinda und Gabriella lautlos bedient, sahen die drei Männer sich im Fernsehen die Nachrichten an; derweil widmeten sich anderswo andere Männer mit allen Anzeichen höchster Besorgnis den Aktivitäten Albino Lucianis.

Eine Etage unter den päpstlichen Wohnräumen, brannten in der Vatikanischen Bank noch die Lichter. Den Leiter der Bank, Bischof Marcinkus, beschäftigten andere, dringlichere Probleme als sein Abendessen. Der aus Chicago gebürtige Marcinkus hatte die Lektion des Überlebens in den Vorstadtstraßen von Cicero (Illinois) gelernt. Bei seinem kometenhaften Aufstieg zum »Bankier Gottes« hatte er viele kritische Momente durchgestanden. Doch noch nie war er mit einer so kritischen Lage konfrontiert gewesen wie jetzt. Seine Mitarbeiter in der Bank hatten im Lauf der vergangenen 33 Tage an dem Mann, der die Millionen des Vatikan verwaltete, bemerkenswerte Veränderungen wahrgenommen. Der 1,90 m große, 100 Kilo schwere Hüne, sonst ein extravertierter Mann, war zusehends schwermütig und grüblerisch geworden. Er verlor sichtlich an Gewicht, und seine Gesichtsfarbe hatte sich zu einem matten Grau gewandelt. Die Vatikanstadt ist in vieler Hinsicht ein Dorf, und in einem Dorf läßt sich schwerlich etwas geheimhalten. Ein Getuschel ging um und war Marcinkus zu Ohren gekommen – daß der neue Papst in aller Stille begonnen hatte, sich persönlich Einblick in die Geschäfte der Vatikanbank und insbesondere in die Methoden zu verschaffen, mit denen Marcinkus diese Bank führte. Unzählige Male schon seit dem Amtsantritt des neuen Papstes hatte Marcinkus jene geschäftliche Transaktion bereut, die er 1972 im Zusammenhang mit der Banca Cattolica Veneto getätigt hatte.

Kardinal Jean Villot, seines Zeichens Staatssekretär des Vatikan, saß an diesem Septemberabend ebenfalls noch an seinem Schreibtisch. Er studierte die Liste der vorgesehenen Ernennungen, Pensionierungen und Versetzungen, die der Papst ihm eine Stunde zuvor

übergeben hatte. Er hatte angeregt, zu bedenken gegeben, protestiert – umsonst, Luciani war hart geblieben.
Es war in jeder Hinsicht der Fahrplan für ein einschneidendes Revirement, das die Entwicklung der Kirche in eine neue Richtung lenken würde, eine in den Augen Villots und der anderen laut Liste zur Abberufung Ausersehenen höchst gefährliche Richtung. Die öffentliche Verkündung dieser personellen Veränderungen würde einen Schwall von Nachrichten und Kommentaren, Analysen, Prophezeiungen und Erklärungen in den Medien der ganzen Welt auslösen. Der wirkliche Grund jedoch würde unerwähnt bleiben, würde nicht öffentlich diskutiert werden. Es gab einen gemeinsamen Nenner, ein Merkmal, das all den zur Abberufung vorgesehenen Männern gemein war. Villot war sich dessen bewußt, und, was noch wichtiger war, der Papst ebenfalls. Eben dies war einer der Gründe gewesen, die ihn veranlaßt hatten, zu handeln, diese Männer aus den wirklich machtträchtigen auf relativ einflußlose Positionen abzuschieben. Dieser gemeinsame Nenner war das Freimaurertum.
Was den Papst beschäftigte, war nicht die gewöhnliche Freimaurerei, obgleich die Kirche auch die Mitgliedschaft in einer orthodoxen Loge als automatischen Exkommunizierungsgrund betrachtete. Seine Aufmerksamkeit galt einer geheimen, illegalen Freimaurerloge, die im Bestreben, Macht und Reichtum anzuhäufen, weit über Italien hinaus ihre Kreise zog. Sie nannte sich P 2. Die Tatsache, daß sie in den Vatikan eingedrungen war, Beziehungen zu Priestern, Bischöfen, ja selbst Kardinälen geknüpft hatte, machte sie für Albino Luciani zu einem gefährlichen Virus im Leib der Kirche, den es unschädlich zu machen galt.
Schon vor der Zündung dieser letzten Bombe hatte Villot Grund gehabt, die Politik des neuen Papstes mit wachsender Unruhe zu verfolgen. Er war einer der ganz wenigen, die von dem sich vollziehenden Dialog zwischen dem Papst und dem State Department in Washington wußten. Ihm war bekannt, daß am 23. Oktober eine Abordnung des amerikanischen Kongresses im Vatikan empfangen werden sollte und daß für den 24. Oktober eine Privataudienz dieser Besucher beim Papst vorgesehen war. Gesprächsthema würde die Frage der Geburtenkontrolle sein.

Villot hatte das im Vatikan vorhandene Dossier über Albino Luciani sorgfältig studiert. Er hatte auch die geheime Denkschrift gelesen, die Luciani als Bischof von Vittorio Veneto an Papst Paul VI. geschickt hatte, bevor dieser die Enzyklika *Humanae Vitae* herausgegeben hatte, die den Katholiken alle nicht-natürlichen Formen der Empfängnisverhütung untersagte. Seine eigenen Diskussionen mit Luciani hatten ihn nicht im Zweifel darüber gelassen, welche Haltung der neue Papst in dieser Frage einnahm. Somit glaubte Villot auch ziemlich sicher zu wissen, mit welchen Plänen sich Johannes Paul I. trug. Eine Kurskorrektur der katholischen Kirche in Sachen Geburtenregelung stand bevor. Manche würden dies einen Verrat am Vermächtnis Pauls VI. nennen. Viele aber würden es als die größte Tat der Kirche im 20. Jahrhundert bejubeln.

In Mailand gab es an diesem Abend noch einen Bankier, in dessen Gedanken Johannes Paul I. eine Rolle spielte. Roberto Calvi, Chef der Banco Ambrosiano, hatte schon vor der Wahl des neuen Papstes in Schwierigkeiten gesteckt. Die italienische Staatsbank durchleuchtete seit April 1978, von der Öffentlichkeit unbemerkt, Calvis Finanzimperium. Den Anstoß zu dieser Untersuchung hatte eine geheimnisvolle Plakataktion gegen Calvi Ende 1977 gegeben: Damals waren Plakate mit detaillierten Angaben über geheime Schweizer Bankkonten und mit Hinweisen auf die Verstrickung Calvis in ein ganzes Spektrum krimineller Aktivitäten aufgetaucht.

Calvi war genau darüber im Bilde, welche Erkenntnisse die Staatsbank im Zuge ihrer Nachforschungen gewann. Dank seiner engen Freundschaft mit Licio Gelli konnte er sich darauf verlassen, täglich über den Fortgang der Untersuchungen unterrichtet zu werden. Ebenso wußte er auch von der Überprüfung der Vatikanbank durch den neuen Papst. Wie Marcinkus war auch Calvi sich darüber im klaren, daß es nur noch eine Frage der Zeit war, bis diese beiden unabhängig voneinander betriebenen Untersuchungen die Erkenntnis zutage fördern würden, daß es sich hier um einen innig verwobenen finanziellen Gesamtkomplex handelte. Calvi unternahm alles in seiner nicht unbeträchtlichen Macht Stehende, um der Staatsbank Steine in den Weg zu legen und sein Finanzimperium zu retten; das Pikante an der Sache war, daß er soeben im Begriff stand, aus diesem Imperium über eine Milliarde Dollar für sich abzuzweigen.

Eine eingehende Analyse der Situation, in der sich Roberto Calvi im September 1978 befand, läßt keinen Zweifel daran zu, daß ihm, wenn ein redlicher Mann die Nachfolge Papst Pauls VI. antrat, der völlige Ruin drohte – seine Bank würde Bankrott anmelden, er selbst ziemlich sicher ins Gefängnis wandern. Albino Luciani war ein redlicher Mann.

Von New York aus verfolgte Michele Sindona, ein sizilianischer Bankier, die Aktivitäten Papst Johannes Pauls ebenfalls mit besorgter Aufmerksamkeit. Mehr als drei Jahre lang hatte Sindona sich gegen die Versuche der italienischen Regierung zur Wehr gesetzt, seine Auslieferung zu erwirken. Sie wollte ihn in Mailand wegen betrügerischer Manipulationen in der Größenordnung von 225 Millionen Dollar vor Gericht stellen. Im Mai 1978 hatte es den Anschein gehabt, als sei das langwierige Ringen für Sindona endgültig verloren: Ein amerikanischer Bundesrichter hatte entschieden, daß dem italienischen Auslieferungsbegehren stattgegeben werden solle.

Mit einer Kaution von drei Millionen Dollar erkaufte sich Sindona noch einen Vollstreckungsaufschub, den seine Anwälte nutzten, um eine letzte Trumpfkarte zu ziehen. Sie forderten, die amerikanische Regierung solle den Nachweis erbringen, daß hieb- und stichfestes, eine Auslieferung rechtfertigendes Beweismaterial vorlag. Sindona behauptete, die von der italienischen Regierung gegen ihn vorgebrachten Beschuldigungen seien das Werk von Kommunisten und anderen linksstehenden Politikern. Seine Anwälte erhoben darüber hinaus den Vorwurf, der Mailänder Staatsanwalt halte Unterlagen zurück, die Sindona entlasten würden; und sie behaupteten, daß ihr Klient, wenn man ihn nach Italien ausliefere, sehr wahrscheinlich ermordet werde. Der gerichtliche Anhörungstermin wurde auf November festgesetzt.

Es gab in diesem Sommer in New York noch andere Personen, die sich, auf ihre Weise, aktiv für die Sache Michele Sindonas stark machten. Der Mafiamann Luigi Ronsisvalle, ein professioneller Killer, trachtete dem Zeugen Nicola Biase nach dem Leben, der im Verlauf des Auslieferungsverfahrens gegen Sindona ausgesagt hatte. Auch auf den US-Bundesanwalt John Kenney, der im Auslieferungsverfahren als Chefankläger aufgetreten war, hatte die Mafia eine Kopfprämie ausgesetzt – 100 000 Dollar winkten demjenigen, der den Bundesanwalt aus dem Weg räumen würde.

Wenn Papst Johannes Paul I. fortfuhr, in den Angelegenheiten der Vatikanbank zu wühlen, dann würden noch so viele Mafiakiller Sindona nicht vor der Auslieferung an die italienischen Behörden retten können. Der Wust von Korruption in der Vatikanbank (der das »Waschen« von Mafiageldern mit Hilfe dieser Bank einschloß) wucherte nicht nur bis zu Roberto Calvi in Mailand, sondern bis nach New York zu Michele Sindona.

Ein weiterer katholischer Kirchenfürst, der sich über die Vorgänge in der Vatikanstadt Gedanken und Sorgen machte, saß in Chicago: Es war Kardinal John Cody, das Oberhaupt der reichsten Erzdiözese der Welt.

Cody herrschte über zweieinhalb Millionen Katholiken und nahezu 3 000 Priester, die sich auf mehr als 450 Sprengel verteilten; die genaue Höhe der Einkünfte, die ihm aus diesem Imperium jährlich zuflossen, enthüllte er niemandem, doch steht fest, daß es mehr als 250 Millionen Dollar waren. Die Geheimhaltung der Einkommens- und Vermögensverhältnisse seiner Diözese war nur eines der Probleme, mit denen Cody sich herumschlagen mußte. 1978 war das 13. Jahr seiner geistlichen Herrschaft über Chicago. Die Forderungen nach seiner Ablösung waren im Lauf dieser Zeit zu außerordentlicher Lautstärke angeschwollen. Priester, Nonnen, Laien, Menschen aus vielen weltlichen Berufssparten hatten sich zu Tausenden mit Bittschriften an Rom gewandt, um die Absetzung eines Mannes zu erreichen, der in ihren Augen ein Despot war.

Papst Paul hatte die Entscheidung über die Absetzung Codys jahrelang vor sich hergeschoben. Mindestens einmal hatte er sich überwunden und die Abberufung angeordnet – nur um die Weisung im letzten Augenblick wieder zurückzuziehen. Die Gründe für dieses Lavieren lagen nicht nur in der komplizierten, zerrissenen Persönlichkeit Pauls VI. Paul wußte, daß weitere, vertraulich kolportierte Vorwürfe gegen Cody im Raum standen, Vorwürfe, die, gestützt durch eine beachtliche Fülle von Belegen, die Absetzung des Kardinals von Chicago dringend geboten erscheinen ließen.

Gegen Ende September erhielt Cody einen Anruf aus Rom. Die Dorfgemeinschaft der Vatikanstadt hatte wieder einmal eine jener

Informationen nach außen dringen lassen, für die Kardinal Cody während vieler Jahre großzügig bezahlt hatte. Der Anrufer berichtete dem Kardinal, daß Johannes Paul I., anders als sein Vorgänger Paul, nicht gezagt, sondern gehandelt hatte: Es war beschlossene Sache, daß Kardinal John Cody abberufen würde.

Über mindestens dreien dieser Männer wölbte sich der Schatten eines anderen, eines Mannes namens Licio Gelli. Man nannte ihn »Il Burattinaio«, den Mann, der die Puppen tanzen läßt. Er hatte viele Puppen in vielen Ländern. Er beherrschte die P 2 und durch die P 2 Italien. In Buenos Aires, wo er mit Calvi das Problem Johannes Paul I. erörterte, hatte Gelli die triumphale Rückkehr von General Peron bewerkstelligt – ein Verdienst, das Peron selbst später bezeugte und anerkannte, indem er Gelli auf den Knien dankte. Wenn die verschiedenen von Albino Luciani anvisierten Maßnahmen Marcinkus, Sindona und Calvi bedrohten, dann lag es in Gellis unmittelbarem Interesse, diese Bedrohung zu beseitigen.

Es ist vollkommen klar, daß am 28. September 1978 alle diese Männer von Papst Johannes Paul I. eine ganze Menge zu befürchten hatten. Ebenso klar ist, daß es ihnen allen auf die eine oder andere Weise zum Vorteil gereichen würde, sollte Papst Johannes Paul I. eines plötzlichen Todes sterben.

Er starb eines plötzlichen Todes.

Irgendwann im Laufe des späten Abends des 28. oder der Nacht zum 29. September 1978, 33 Tage nach seiner Wahl, hauchte Johannes Paul I. sein Leben aus.

Todeszeit: unbekannt.

Todesursache: unbekannt.

Ich bin überzeugt davon, daß die vollständigen Tatsachen und Umstände dessen, was ich auf den vorstehenden Seiten nur in Stichworten skizziert habe, den Schlüssel zur Wahrheit über den Tod Albino Lucianis in sich bergen. Ebenso bin ich davon überzeugt, daß einer der genannten sechs Männer spätestens am frühen Abend des 28. September 1978 Maßnahmen in die Wege geleitet hatte, um das Problem, das durch die Wahl Albino Lucianis zum Papst entstanden war, auszuräumen. Einer dieser Männer zog die Fäden eines Komplotts zur Vorbereitung und Durchführung der »italienischen Lösung«.

Albino Luciani war am 26. August 1978 zum Papst gewählt worden. Kurz nach Beendigung des Konklave erklärte der englische Kardinal Basil Hume: »Es war eine unerwartete Entscheidung, aber nachdem sie einmal gefallen war, erschien sie völlig und gänzlich richtig. Das Gefühl, er verkörpere genau das, was wir uns wünschten, war so allgemein, daß er ganz unzweifelhaft der Kandidat Gottes war.«

33 Tage später war der »Kandidat Gottes« tot.

Das Folgende ist das Ergebnis einer dreijährigen ununterbrochenen und intensiven Erforschung der Umstände und Hintergründe dieses Todes. Ich habe mir mit der Zeit eine Reihe von Regeln, von denen ich mich bei Recherchen dieser Art leiten lasse, angewöhnt.

Regel I: Ganz vorne anfangen. Das Wesen und die Persönlichkeit der verstorbenen Person bestimmen.

Was für ein Mensch war Albino Luciani?

Der Weg nach Rom

Die Familie Luciani lebte in dem kleinen Bergdorf Canale d'Agordo*, das nahezu 1 000 Meter über Meereshöhe, ungefähr 120 Kilometer nördlich von Venedig liegt.

Als Albino am 17. Oktober 1912 geboren wurde, hatten seine Eltern Giovanni und Bortola bereits für zwei Töchter aus der ersten Ehe des Vaters zu sorgen. Als junger Witwer mit zwei Töchterchen und ohne regelmäßige Arbeitsstelle entsprach Giovanni sicherlich nicht dem Traumbild, das sich eine junge Frau von ihrem Zukünftigen macht. Bortola hatte schon mit dem Gedanken an ein Leben im Kloster gespielt. Nun aber war sie Mutter dreier Kinder. Es war eine langwierige und schmerzhafte Geburt gewesen, und Bortola, der eine übermäßige Ängstlichkeit eigen war, die den frühen Lebensjahren des Knaben ihren Stempel aufprägen sollte, fürchtete schon, das Kind werde nicht überleben. Es wurde auf der Stelle getauft und erhielt den Namen Albino, zum Gedenken an einen engen Freund seines Vaters, der zusammen mit Giovanni in Deutschland gearbeitet hatte und bei einem Unfall am Hochofen umgekommen war. Der Knabe wurde in eine Welt hineingeboren, in der zwei Jahre später der Krieg herrschen sollte, ausgelöst durch die Ermordung des österreichischen Erzherzogs Franz Ferdinand und seiner Frau.

In den Augen vieler Europäer waren die ersten 14 Jahre unseres Jahrhunderts ein goldenes Zeitalter. Zahllose Autoren haben das in jenen Jahren verbreitete Gefühl der Stabilität, Zufriedenheit und

* Zum Zeitpunkt der Geburt Albino Lucianis hieß das Dorf noch Forno die Canale. 1964 wurde es auf Anregung von Lucianis Bruder Eduardo in Canale d'Agordo umbenannt und erhielt so seinen ursprünglichen Namen zurück.

Zuversicht geschildert, das Aufkommen der Massenkultur, den Reichtum des Geisteslebens, die Erweiterung der Horizonte und den Abbau sozialer Ungleichheiten. Ihre überschwenglichen Darstellungen der geistigen Freiheit und der Lebensqualität jener Zeit verklären die Edwardianische Ära zu etwas wie einem paradiesischen Zwischenspiel vor dem Sündenfall des Weltkrieges. Zweifellos gab es alle diese erfreulichen Aspekte, aber es gab auch erschrekkende Armut, Massenarbeitslosigkeit, soziale Ungerechtigkeit, Hunger, Krankheit und geringe Lebenserwartung. Ein großer Teil der Welt war durch diese Gegensätze gekennzeichnet. Italien machte keine Ausnahme.

In Neapel drängten sich Tausende von Menschen, die in die USA oder nach England oder anderswohin auswandern wollten. Schon hatten die Vereinigten Staaten die Parole »Schickt zu uns eure Verzweifelten, eure Armen, eure nach Freiheit dürstenden, bedrängten Massen« mit Kleingedrucktem ergänzt: Mittellosigkeit, Vorstrafen, bestimmte Krankheiten, körperliche Mißbildungen, Gewerkschaftszugehörigkeit waren nur einige der Gründe, aus denen die US-Behörden die Einwanderungserlaubnis verweigern konnten.

In Rom, in Sichtweite von St. Peter, hausten Tausende in Hütten aus Stroh und Reisig, viele ihr Leben lang. Im Sommer siedelte ein beträchtlicher Teil von ihnen in die Höhlen der umliegenden Hügel um. Manche arbeiteten von Tagesanbruch bis zur Abenddämmerung in den Weinbergen, für einen Tageslohn von wenigen Groschen. Andere schufteten ebenso viele Stunden, aber ohne jeden Lohn, auf landwirtschaftlichen Gütern. Ihr Entgelt bestand gewöhnlich aus minderwertigem oder verschimmeltem Mais, und dies war eine der Ursachen dafür, daß so viele Landarbeiter an einer Pellagra genannten Hautkrankheit litten. Andere, die, bis zur Hüfte im Sumpf watend, auf den Reisfeldern von Pavia arbeiteten, wurden von Moskitos gepiesackt und erkrankten an Malaria. Die Analphabetenquote betrug über 50 Prozent. Während den aufeinanderfolgenden Päpsten hauptsächlich die Rückgewinnung des Kirchenstaats am Herzen lag, waren jene Verhältnisse für einen Großteil der Einwohner des jungen italienischen Einheitsstaats die Realität des täglichen Lebens.

Das Dorf Canale war von Kindern, Frauen und alten Männern geprägt. Die Mehrzahl der Männer im arbeitsfähigen Alter hatte keine andere Wahl, als in der Fremde Arbeit zu suchen. Giovanni Luciani verließ sein Heimatdorf Jahr für Jahr im Frühling, um in die Schweiz, nach Österreich, Deutschland oder Frankreich zu wandern; im Herbst kehrte er zurück.

Die Behausung der Lucianis, deren eine Hälfte aus einem umgebauten Heuschober bestand, verfügte über eine einzige Heizquelle, einen alten, mit Brennholz betriebenen Herd; er wärmte den Raum, in dem Albino geboren wurde. Einen Garten gab es nicht – solche Dinge galten den Bergdörflern als Luxus. Die Umgebung bot dafür eine mehr als üppige Entschädigung: Nadelwälder und, unmittelbar über dem Dorf aufragend, die felsigen, schneebedeckten Berge; das Flüßchen Bioi sprudelte, direkt am Dorfplatz vorbei, zu Tal.

Albino Lucianis Eltern waren ein seltsames Paar. Die tiefreligiöse Mutter verbrachte ebensoviel Zeit in der Kirche wie in der kleinen Behausung. Ihre Gedanken und Sorgen kreisten um ihre größer werdende Familie. Sie gehörte zu jener Sorte von Müttern, die mit jedem ihrer Kinder schon beim leichtesten Husten zu den Sanitätsoffizieren der unweit des Dorfes stationierten Grenztruppen eilten. Hingebungsvoll bis zur Schwelle des Märtyrertums, sprach sie zu ihren Kindern gerne und oft von den vielen Opfern, die sie ihretwegen auf sich zu nehmen habe. Der Vater, Giovanni, durchwanderte ein kriegführendes Europa auf der Suche nach Arbeit; er verdingte sich in so unterschiedlichen Berufen wie Maurer, Bauschlosser, Elektriker und Mechaniker. Überzeugter Sozialist, der er war, galt er gläubigen Katholiken als Pfaffenfresser und antichristlicher Bösewicht. Bei dieser ungewöhnlichen ehelichen Kombination mußte es notwendigerweise zu Reibereien kommen. Die Erinnerung an die Reaktion seiner Mutter, als sie eines Tages auf Plakaten, die überall im Dorf angeschlagen waren und für den örtlichen Kandidaten der Sozialistischen Partei bei der bevorstehenden Wahl warben, den Namen ihres Mannes lesen mußte, prägte sich dem jungen Albino für die Dauer seines ganzen Lebens ein.

Auf Albino folgten noch ein weiterer Sohn, Eduardo, und eine Tochter, Antonia. Bortola besserte das dürftige Familieneinkommen auf, indem sie für die Schreibunkundigen im Dorf Briefe aufsetzte und als Küchenmagd arbeitete.

Der Speisezettel der Familie Luciani beruhte auf Polenta (Maismehl), Gerste, Makkaroni und diesem oder jenem Gemüse, das gerade zu bekommen war. Zu besonderen Anlässen kamen vielleicht einmal zum Nachtisch Carfoni auf den Tisch, Teighörnchen mit einer Mohnfüllung. Fleisch war eine Rarität. Wenn in Canale ein Mann reich genug war, ein Schwein schlachten zu können, dann wurde das Fleisch eingepökelt und reichte der Familie ein ganzes Jahr.

Daß Albino sich dem Priesterberuf zuwenden würde, entschied sich schon früh; tatkräftig bestärkt wurde er darin von seiner Mutter und dem örtlichen Priester, Pater Filippo Carli. Allein, wenn es eine einzelne Person gab, der man bescheinigen kann, daß sie entscheidend dazu beitrug, Albino Lucianis Eintritt in die geistliche Laufbahn zu ermöglichen, dann war es der »gottlose Sozialist« Giovanni Luciani.

Es war auch eine Geldfrage. Wenn Albino die Seminarschule im nahegelegenen Feltre besuchen sollte, dann würde dies die Familie eine beträchtliche Summe kosten. Mutter und Sohn sprachen über dieses Thema kurz vor Albinos elftem Geburtstag. Bortola riet dem Knaben schließlich, sich hinzusetzen und seinem Vater, der zu dieser Zeit in Frankreich arbeitete, zu schreiben. Wie Albino später sagte, war dies einer der bedeutsamsten Briefe seines Lebens.

Sein Vater erhielt den Brief und überdachte das Problem eine Zeitlang, bevor er ihn beantwortete. Dann gab er seine Zustimmung und akzeptierte die zusätzliche Belastung mit den Worten: »So müssen wir dieses Opfer eben bringen.«

So kam es, daß der elfjährige Albino Luciani 1923 in das Seminar eintrat – und damit geriet er mitten in die Kämpfe, die zu jener Zeit innerhalb der römisch-katholischen Kirche tobten. Die Lage in dieser Kirche war dadurch gekennzeichnet, daß Bücher wie *Die fünf Wunden der Kirche* von Antonio Rosmini auf dem Verbotsindex standen. Rosmini, ein italienischer Theologe und Priester, hatte 1848 geschrieben, daß die Kirche vor einer Krise stehe, die aus fünf Mißständen resultiere: der gesellschaftlichen Abgehobenheit des Klerus von der Bevölkerung; dem niedrigen Bildungsniveau der Priester; der Uneinigkeit und Streitsucht zwischen den Bischöfen; der Abhängigkeit der Kirche von weltlichen Gewalten bei der Ernennung von Laien; und der Tatsache, daß die Kirche Vermögenswerte besaß und sich zur Sklavin des Reichtums hatte machen lassen. Rosmini hatte auf liberale Reformen gehofft. Tatsächlich erntete er Kritik und Strafe, vor allem dank jesuitischer Intrigen. Sein Buch wurde in Acht und Bann getan, und der Kardinalshut, den Pius IX. ihm in Aussicht gestellt hatte, wurde ihm verweigert.

48 Jahre vor Albino Lucianis Geburt hatte der Vatikan den *Syllabus errorum* und in seiner Begleitung die Enzyklika *Quanta cura* verkündet. Darin hatte der Heilige Stuhl die unbeschränkte Rede- und Pressefreiheit verurteilt und die Vorstellung der Gleichberechtigung aller Religionen scharf zurückgewiesen. Der für diese Doktrinen verantwortliche Papst war Pius IX. Er ließ auch keinen Zweifel daran, daß er das Prinzip der demokratischen Regierung für völlig verfehlt hielt und daß seine Zuneigung der absoluten Monarchie galt. Auch den »Befürwortern der Gewissensfreiheit und der Religionsfreiheit« und all denen, »die behaupten, die Kirche dürfe keine Gewalt anwenden«, sprach er seine Mißbilligung aus. Einem von ihm einberufenen Vatikanischen Konzil verkündete derselbe Papst 1870 seine Absicht, die päpstliche Unfehlbarkeit zum offiziellen Dogma zu erheben – *seine* Unfehlbarkeit. Nachdem es darüber hinaus hinter den Kulissen zu heftigem Gerangel und manchen sehr unchristlichen Pressionen gekommen war, erlitt der Papst eine schwerwiegende moralische Niederlage, als von den über 1 000 stimmberechtigten Teilnehmern des Konzils nur 451 für das neue Dogma stimmten. Vor der letzten Abstimmung reisten, einer taktischen Absprache folgend, alle ablehnend eingestellten Bischöfe (bis auf zwei) aus Rom ab. Auf der letzten Sitzung des Konzils am 18. Juli 1870 beschloß die Versammlung mit 535 : 2 Stimmen, daß der Papst in der Formulierung einer dem Glauben oder die Moral betreffenden Lehrmeinung zukünftig als unfehlbar zu gelten habe.

Die in Rom lebenden Juden waren bis zu ihrer Befreiung durch italienische Truppen im Jahr 1870 von dem Papst, der sich seine Unfehlbarkeit bescheinigen ließ, in einem Getto eingesperrt gehalten worden. Gleichermaßen unduldsam war er gegenüber Protestanten – für die in der Toskana predigenden Anhänger dieser Konfession empfahl er, Gefängnisstrafen einzuführen. Zu dem Zeitpunkt, da dies geschrieben wird, sind ernst zu nehmende Bemühungen im Gang, Papst Pius IX. kanonisieren und heiligsprechen zu lassen.

Auf Pius IX. folgte Leo XIII., in den Augen vieler Historiker eine aufgeklärte und human denkende Persönlichkeit. Nach ihm kam Pius X., der von vielen der besagten Historiker zu einer katastrophalen Fehlbesetzung erklärt worden ist. Er regierte die katholische Kirche bis 1914, und der Schaden, den er anrichtete, wirkte zu dem Zeitpunkt, als Albino Luciani in das Seminar von Feltre eintrat, noch spürbar nach.

Die Liste der Bücher, die kein Katholik lesen durfte, wurde immer länger. Verleger, Redakteure und Autoren wurden exkommuniziert. Wenn ein kirchenkritisches Buch anonym erschien, wurde der Autor unbekannterweise exkommuniziert. Pius X. verwendete, wenn er mit einem zusammenfassenden Begriff all das kennzeichnen wollte, wogegen er vorzugehen gewillt war, den Ausdruck »Modernismus«. Wer immer Zweifel an den gerade gängigen Lehren äußerte, zog den Bannstrahl auf sich. Mit dem Segen und der finanziellen Unterstützung des Papstes baute Umberto Benigni, ein italienischer Prälat, ein Netz von Agenten und Spitzeln auf. Der Zweck des Unternehmens bestand darin, alle Modernisten innerhalb der Kirche aufzuspüren und mundtot zu machen. Es war eine Wiedergeburt der Inquisition im 20. Jahrhundert.

In Anbetracht der Verminderung seiner weltlichen Macht durch den Verlust des Kirchenstaates war es dem »Gefangenen im Vatikan«, wie er sich selbst nannte, nicht mehr möglich, Ketzer auf den Scheiterhaufen zu schicken, aber ein Wink hier, eine Andeutung dort, ein anonym in Umlauf gesetztes unbegründetes Gerücht über einen Amtsbruder oder einen potentiellen Rivalen genügten in vielen Fällen, um eine kirchliche Karriere zu zerstören. Die Mutter fraß ihre eigenen Kinder. Die meisten von denen, denen Pius und seine Mannen übel mitspielten, waren loyale und gläubige Mitglieder der römisch-katholischen Kirche.

Pius ließ eine Reihe von Priesterseminaren schließen. Diejenigen, die weiterbestehen durften, um die nächste Priestergeneration auszubilden, wurden sorgfältig überwacht. In einer seiner Enzykliken verfügte Pius, daß jeder, der in einer offiziellen Funktion predigte

oder lehrte, in einem feierlichen Eid allen Irrlehren des Modernismus abschwören müsse. Er verkündete ferner ein für alle Seminaristen und Theologiestudenten gültiges allgemeines Verbot der Lektüre von Zeitungen und Zeitschriften, wobei er eigens hinzufügte, daß dieses Verbot auch für die angesehensten Journale gelte.
Pater Benigni, der Kopf des Agentennetzes, das schließlich jede einzelne Diözese in Italien umspannte und dessen Fäden auch das übrige Europa durchzogen, erhielt jedes Jahr aus den Händen des Papstes eine Prämie von 1 000 Lire. Das von ihm geschaffene Spitzelnetz wurde erst 1921 aufgelöst. Pater Benigni stellte sich daraufhin als Informant und Agent in die Dienste Mussolinis.
Pius X. starb am 20. August 1914. Er wurde 1954 heiliggesprochen.
Rasch mußte so der Zögling Luciani feststellen, daß es in Feltre ein Vergehen war, eine Zeitung oder Zeitschrift zu lesen. Er lebte hier in einer strengen Welt, in der sich die Lehrer kaum mehr erlauben konnten als die Schüler. Ein Wort oder eine Bemerkung, die nicht den ungeteilten Beifall eines Kollegen fanden, konnten dazu führen, daß dem Betreffenden die Lehrbefugnis entzogen wurde, denn vor Pater Benignis Spitzeln war niemand sicher. Wenn dieses Agentennetz auch 1921, zwei Jahre vor Lucianis Eintritt in das Seminar von Feltre, offiziell aufgelöst wurde, so blieben Einfluß und das von ihm geschaffene Klima doch während der ganzen Dauer seiner Priesterausbildung ein bestimmendes Element im Seminarleben. Eine kritische Infragestellung von Lehrinhalten kam nicht in Frage. Das System war darauf eingerichtet, den Schülern Antworten zu geben, nicht sie zu Fragen anzuregen. Die Lehrer, bei denen Säuberung und Zensur Narben und Traumata hinterlassen hatten, gaben diese Narben und Traumata an die nächste Generation weiter.
Die Generation Albino Lucianis sah sich mit der vollen Wucht der im *Syllabus errorum* verkörperten und durch ihn verstärkten antimodernistischen Mentalität konfrontiert. Luciani selbst hätte unter diesen dominanten Einflüssen leicht ein Priester mit einem engen und geschlossenen Weltbild werden können. Aus verschiedenen Gründen blieb ihm dieses Schicksal erspart. Nicht der unwichtigste war die Tatsache, daß er über eine einfache, aber unschätzbar wertvolle Eigenschaft verfügte: Wissensdurst.

Wenn die Befürchtungen seiner Mutter über seinen Gesundheitszustand in den frühen Jahren seiner Kindheit auch übertrieben gewesen waren, so hatte ihre übermäßige Fürsorglichkeit doch eine segensreiche Wirkung gezeitigt: Dadurch, daß sie es dem Knaben untersagt hatte, sich den Spielen und Tollereien seiner Altersgenossen anzuschließen, und ihm statt eines Balles ein Buch in die Hand gedrückt hatte, hatte sie ihm die ganze Welt erschlossen. Schon in frühesten Jahren begann er mit Heißhunger zu lesen, den ganzen Dickens, den ganzen Jules Verne. Mark Twain beispielsweise las er im Alter von sieben Jahren, was in einem Land, in dem zu dieser Zeit noch immer fast die Hälfte der Bevölkerung aus Analphabeten bestand, gewiß ungewöhnlich war.

In Feltre las er den gesamten vorhandenen Bibliotheksbestand durch. Wichtiger noch war, daß er praktisch alles, was er las, im Gedächtnis behielt. Er war mit einem erstaunlichen Erinnerungsvermögen gesegnet. Obwohl er wußte, daß provokative Fragen meist mißbilligt wurden, besaß Luciani gelegentlich die Kühnheit, solche Fragen zu stellen. Seine Lehrer hielten ihn für fleißig, aber »zu lebhaft«.

In den Sommermonaten kehrte der junge Seminarist jedes Jahr ins Heimatdorf zurück und arbeitete, in seine lange schwarze Soutane gewandet, auf den Feldern. Wenn er nicht bei der Ernte half, fand man ihn in Pater Filippos Bibliothek, die er »in Ordnung brachte«.

Die langen Monate im Priesterseminar wurden von Zeit zu Zeit durch einen Besuch seines Vaters belebt. Die erste väterliche Handlung, die Giovanni jeden Herbst nach seiner Rückkehr aus dem Ausland vornahm, war ein Besuch im Seminar von Feltre. Den Winter nutzte er sodann für Agitations- und Wahlkampftätigkeit im Dienste der Sozialisten.

Von Feltre wechselte Luciani auf das Oberseminar in Belluno über. Einer seiner dortigen Mitschüler schilderte für mich den damaligen Tagesablauf in Belluno:

> »Wir wurden um 5.30 Uhr geweckt. Keine Heizung, ja, das Wasser war oft fest zu Eis gefroren. Ich brauchte jeden Morgen fünf Minuten, um meine Berufung zum Priester wiederzuentdecken. Wir hatten eine halbe Stunde Zeit, um uns zu waschen und die Betten zu machen.

Ich lernte Luciani dort im September 1929 kennen. Er war damals sechzehn. Er war immer freundlich, ruhig, souverän. Wenn man allerdings etwas Falsches oder Ungenaues behauptete, explodierte er. Ich lernte, daß man in seiner Gegenwart sorgfältig überlegen mußte, was man sagte. Ein Denkfehler, und man lief Gefahr, von ihm aufgespießt zu werden.«

Unter den Büchern, die Luciani las, waren auch einige Werke von Antonio Rosmini. Nicht vorhanden war in der Seminarbibliothek bezeichnenderweise das Buch *Die fünf Wunden der Kirche*. Es stand auch 1930 noch auf dem Index der verbannten Bücher. Luciani, der inzwischen von der Kontroverse wußte, die dieses Buch ausgelöst hatte, beschaffte sich heimlich ein Exemplar. Das Buch sollte einen tiefen und dauernden Einfluß auf sein Denken und sein Leben ausüben.

Der 1864 von Pius IX. verkündete *Syllabus errorum* hatte für die Lehrer Lucianis auch in den 30er Jahren des 20. Jahrhunderts noch als eine Offenbarung absoluter Wahrheiten zu gelten. Daß in irgendeinem Land mit mehrheitlich katholischer Bevölkerung die öffentliche Äußerung unkatholischer Auffassungen geduldet werden könne, war unvorstellbar. Mussolinis Version des Faschismus war nicht die einzige, die in den dem Zweiten Weltkrieg unmittelbar vorausgehenden Jahren in Italien propagiert wurde. Irrende haben keinerlei Rechte. Die Ausnahme bildet offenbar der Fall, daß der Verkünder der herrschenden Lehre selbst der Irrende ist; sein Recht ist absolut.

Lucianis Horizont, weit davon entfernt, sich unter dem Einfluß seiner Lehrer zu erweitern, begann sich in gewisser Hinsicht zu verengen. Glücklicherweise war er noch anderen Einflüssen als dem seiner Lehrer ausgesetzt. Wie sich einer seiner Mitschüler von Belluno erinnert:

»Er las die Dramen Goldonis. Er las die französischen Erzähler des 19. Jahrhunderts. Er kaufte die gesammelten Schriften des Pierre Couwase, eines französischen Jesuiten aus dem 17. Jahrhundert, und las sie von vorn bis hinten durch.«

So sehr beeindruckten die Schriften von Couwase den jungen Luciani, daß er ernsthaft daran dachte, sich dem Jesuitenorden anzuschließen. Er erlebte mit, wie zunächst einer und dann noch ein zweiter seiner engen Freunde zum Rektor, Bischof Giosue Cattarossi, gingen und um die Erlaubnis baten, dem Orden beitreten zu dürfen. In beiden Fällen erteilte der Rektor seine Zustimmung. Daraufhin suchte Luciano ihn auf und ersuchte um die Genehmigung. Der Bischof dachte darüber nach und erwiderte dann: »Nein, drei ist einer zuviel. Du bleibst besser hier.«
Im Alter von 23 Jahren, am 7. Juli 1935, wurde Albino Luciani in der Kirche San Pietro in Belluno zum Priester geweiht. Einen Tag später hielt er in seinem Heimatort seine erste Messe ab. Seine Freude über die Bestellung zum Hilfspriester in Forno di Canale war riesengroß und ungetrübt – daß dies die bescheidenste Stellung war, die die Kirche überhaupt zu vergeben hatte, machte ihm nichts aus.
Unter den versammelten Freunden, Verwandten und geistlichen Amtsbrüdern befand sich an jenem 7. Juli auch ein sehr stolzer Giovanni Luciani; er hatte inzwischen eine regelmäßige, der Heimat wesentlich näher gelegene Arbeitsstelle gefunden: als Glasbläser auf der Insel Murano bei Venedig.
1937 wurde Luciani zum Vizerektor des Seminars von Belluno ernannt. Während der Inhalt dessen, was er lehrte, sich kaum von dem unterschied, was seine Lehrer ihm an gleicher Stelle beigebracht hatten, so doch um so mehr seine Lehrmethode. Er verstand es, aus einer oft zu einem langweiligen und anstrengenden Lehrstoff erstarrten Theologie etwas zu machen, das frisch und lebendig wirkte und im Gedächtnis haften blieb. Nach vier Jahren hatte er den Wunsch, sein Tätigkeitsfeld zu erweitern. Er wollte den Doktor der Theologie erwerben. Zu diesem Zweck würde er nach Rom gehen und an der Gregorianischen Universität studieren müssen. Seine Vorgesetzten in Belluno wünschten sich, daß er seine dortige Lehrtätigkeit neben seinem Studium beibehalten solle. Luciani war dazu bereit, aber die Gregorianische Universität bestand auf einer mindestens einjährigen persönlichen Anwesenheit des angehenden Doktoranden in Rom.
Als zwei Kirchenmänner sich für ihn verwendeten – Angelo San-

tin, der Rektor des Seminars von Belluno, und Pater Felice Capello, ein angesehener Fachmann für Kanonisches Recht, der an der Gregorianischen Universität lehrte und »zufällig« mit Luciani verwandt war –, erteilte Papst Pius XII. persönlich, in einem vom 27. März 1941 datierten und von Kardinal Maglione unterzeichneten Brief, eine Befreiung von der Anwesenheitspflicht. (Die Tatsache, daß zu dieser Zeit der Zweite Weltkrieg in vollem Gang war, schlug sich in der vatikanischen Korrespondenz nicht nieder.) Luciani wählte für seine Doktorarbeit das Thema: »Der Ursprung der menschlichen Seele bei Antonio Rosmini«.

Lucianis Erfahrungen während des Krieges waren eine eigentümliche Mischung aus Religiösem und Profanem. Beispielsweise verbesserte er seine Deutschkenntnisse, indem er Soldaten aus dem nationalsozialistischen Deutschland die Beichte abnahm. Zugleich widmete er sich intensiv dem Studium der Werke Rosminis, wenigstens jener Teile davon, die nicht auf dem Index standen. Als Luciani später zum Papst gewählt wurde, hieß es allgemein, seine Doktorarbeit sei »glänzend« gewesen. Das war zumindest das Urteil der päpstlichen Zeitung *Osservatore Romano,* die diese Auffassung allerdings in ihren biographischen Beiträgen über Luciani in der Zeit *vor* dem Konklave nicht vertreten hatte. Professoren, die heute an der Gregorianischen Universität lehren, teilen diese Ansicht nicht. Während einer die Arbeit mir gegenüber immerhin als »ausreichend« bezeichnete, erklärte ein anderer: »Meiner Meinung nach ist sie wertlos. Sie zeugt von einem extremen Konservatismus und einem Mangel an wissenschaftlicher Methodik.«

Viele meinen, daß Lucianis Interesse an den Werken Rosminis und seine Beschäftigung mit ihnen eindeutige Anzeichen einer liberalen Geisteshaltung waren. Allein, der Albino Luciani der 40er Jahre war alles andere als ein liberaler Kopf. In seiner Doktorarbeit machte er den Versuch, alle wesentlichen Aussagen Rosminis zu widerlegen. Er warf dem Religionsphilosophen vor, Zitate aus zweiter Hand und unkorrekt wiedergegeben zu haben, und zieh ihn der Oberflächlichkeit und der »spitzfindigen Schlauheit«. Die Arbeit ist eine einzige polemische Attacke und legt klares Zeugnis ab von einem reaktionären Denken.

In der Zeit, in der Luciani nicht damit beschäftigt war, festzustellen, wo Rosmini den heiligen Thomas von Aquin falsch zitierte, unterrichtete er seine Seminaristen in Belluno und legte dabei eine heikle Gratwanderung zurück. Er wies seine Schüler an, sich nicht einzumischen, wenn sie mit ansahen, wie deutsche Truppen örtliche Widerstandsgruppen aushoben. Persönlich sympathisierte er mit dem antinazistischen Widerstand, aber er war sich der Tatsache bewußt, daß es unter den angehenden Priestern des Seminars viele Anhänger des Faschismus gab. Und er wußte, daß die Aktionen der Widerstandsbewegung die Deutschen zu Repressalien gegen die einheimische Zivilbevölkerung provozierten. Häuser wurden dem Erdboden gleichgemacht, Menschen abgeführt und an Bäumen aufgehängt.

Gegen Ende des Krieges entwickelte sich Lucianis Seminar jedoch zu einer Zufluchtsstätte für Angehörige der Widerstandsbewegung. Hätten die deutschen Truppen dies herausgefunden, so hätte dies gewiß den sicheren Tod nicht nur für die Widerstandskämpfer selbst bedeutet, sondern auch für Luciani und seine Kollegen.

Am 23. November 1946 stellte sich Luciani der Disputation seiner Doktorarbeit. Veröffentlicht wurde die Arbeit erst am 4. April 1950. Luciani erhielt ein »magnum cum laude« und war nun Doktor der Theologie.

Der Bischof von Belluno, Girocamo Bortignon, machte Luciani 1947 zum Generalprovikar seiner Diözese und beauftragte ihn mit der organisatorischen Vorbereitung und Leitung einer bevorstehenden Synode und eines Diözesantreffens in Feltre beziehungsweise Belluno. Diese Zunahme der Verantwortung brachte eine Erweiterung des Gesichtskreises mit sich. Luciani war zwar noch nicht weit genug, um Rosminis Auffassungen über den »Ursprung der Seele« einen Sinn abgewinnen zu können, aber er hatte begonnen, dessen Ansichten darüber, woran die Kirche krankte, zu verstehen und zu teilen. Die von Rosmini benannten Probleme – die gesellschaftliche Kluft zwischen Gläubigen und Priestern, eine ungebildete Priesterschaft, die Zwietracht zwischen den Bischöfen, die ungesunden Machtverflechtungen zwischen Kirche und Staat und vor allem der hohe Stellenwert des materiellen Reichtums innerhalb der Kirche – waren auch hundert Jahre später immer noch akut.

1949 wurde Luciani die Verantwortung für die Vorbereitung der katechetischen Arbeit innerhalb des Eucharistischen Kongresses übertragen, der in jenem Jahr in Belluno stattfand. Daraus, und natürlich auch aus seinen Erfahrungen als theologischer Lehrer, resultierte sein erster schriftstellerischer Versuch, ein Büchlein mit dem Titel *Catechesi in Briciole* (»Katechismus-Krümel«) in dem er seine Auffassungen darlegte.

Katechismusunterricht: Wahrscheinlich gehört er für die meisten erwachsenen Katholiken zu den frühesten Kindheitserinnerungen. Viele Theologen halten nichts von diesem frühen Unterricht, aber er findet genau in jener Lebensphase statt, an welche die Jesuiten denken, wenn sie davon sprechen, »ein Kind auf Lebenszeit zu angeln«. Albino Luciani war einer der besten Katechismuslehrer, die die Kirche in diesem Jahrhundert besessen hat. Ihm war jene Einfachheit des Denkens eigen, die man nur bei hochintelligenten Köpfen antrifft, und dazu gesellte sich eine echte, tiefe Menschlichkeit.

1958 stand Don Albino, wie er mittlerweile von jedermann genannt wurde, inmitten eines erfüllten und geordneten Lebens. Seine Mutter und sein Vater waren verstorben. Er fuhr oft auf Besuch zu seinem Bruder Eduardo, der mit Frau und Kindern im alten Elternhaus wohnte, und zu seiner Schwester Antonia, die, ebenfalls verheiratet, in Trient lebte. Als Generalvikar von Belluno war er mit Arbeit voll und ganz ausgelastet. Seine Erholung war das Bücherlesen. Essen bedeutete ihm wenig, und er ließ sich alles schmecken, was man ihm vorsetzte. Zur körperlichen Ertüchtigung durchradelte er gelegentlich seine Diözese oder unternahm eine Wanderung in den nahegelegenen Bergen.

Dieser kleine, ruhige Mann hatte offenbar die Gabe, auf Menschen, die mit ihm zu tun bekamen, gleichsam ungewollt einen tiefen und bleibenden Eindruck zu machen. Immer wieder erlebte ich im Gespräch mit Menschen, die Albino Luciani gekannt hatten, daß mit allen eine bemerkenswerte Veränderung vor sich ging, sobald die Rede auf ihn kam. Ihre Gesichter entspannten sich in einem unmittelbaren physischen Sinn und nahmen einen weichen Ausdruck an. Ein Lächeln erschien auf ihren Zügen; wenn sie sich an Begegnungen mit diesem Mann erinnerten, waren ihre Worte fast immer von einem Lächeln begleitet. Der bloße Gedanke an ihn stimmte sie

freundlich. Ich konnte sehen und fühlen, daß er tief in ihrem Inneren eine Saite zum Klingen brachte. Katholiken gebrauchen in diesem Zusammenhang wohl das Wort Seele. Albino Luciani schenkte den Menschen, schon indem er bloß auf seinem Fahrrad durch Belluno strampelte, etwas Unauslöschliches, gleichsam wie ein Kind, das, ohne es zu wissen und zu wollen, Freude spendete.
Im Vatikan residierte ein neuer Papst, Johannes XXIII. Er stammte aus dem nicht weit entfernten Bergamo, der Stadt, die auch der Geburtsort des Mannes gewesen war, dem Albino Luciani seinen Vornamen verdankte. Der neue Papst war mit der Aufgabe beschäftigt, Ämter und Würden in der katholischen Kirchenhierarchie neu zu verteilen. Zu seinem eigenen Nachfolger in Venedig ernannte er Urbani, nach Verona schickte er Carraro. In Vittorio Veneto gab es eine Bischofsstelle zu besetzen. Der Papst bat Bischof Bortignon um einen Kandidatenvorschlag. Die Antwort entlockte ihm ein Lächeln. »Ich kenne ihn. Ich kenne ihn. Er wird mir Freude machen.«
Mit jener entwaffnenden Bescheidenheit, die später von vielen so völlig mißverstanden werden sollte, erklärte Luciani nach seiner Ernennung zum Bischof von Vittorio Veneto hinsichtlich seines Verhältnisses zum Papst:

> »Nun ja, ich habe ein paar Bahnfahrten mit ihm zusammen gemacht, aber dabei hat meistens er geredet. Ich habe so wenig gesagt, daß er sich sicher kein Bild von mir machen konnte.«

Im Dezember 1958, zwei Tage nach Weihnachten, wurde der 46jährige Albino Luciani von Papst Johannes im Petersdom zum Bischof geweiht.
Der Papst wußte über die Art und Weise, wie der junge Mann aus dem Norden seine geistliche Tätigkeit verstand und ausübte, bestens Bescheid und sprach ihm dafür Lob und Anerkennung aus. Er nahm das Buch *De imitatione Christi* von Thomas a Kempis zur Hand und las dem frischgeweihten Bischof das 23. Kapitel vor. Darin werden vier Gebote genannt, deren Befolgung Frieden und persönliche Freiheit gewährt:

»Mein Sohn, versuche, nach dem Willen des anderen zu handeln anstatt nach deinem eigenen. Entscheide dich immer für das Weniger statt für das Mehr. Entscheide dich immer für den bescheidensten Platz und strebe danach, geringer zu sein als alle anderen. Strebe und bete immer dafür, daß der Wille Gottes sich in deinem Leben voll und ganz verwirkliche. Du wirst sehen, daß der Mensch, der all dies beherzigt, im Lande des Friedens und der Ruhe wandern wird.«

Vor seiner Bischofsweihe hatte Luciani sich in einem Brief an Monsignore Capovilla, den Privatsekretär des Papstes, zu dem bevorstehenden Ereignis geäußert. Ein Satz aus diesem Brief bezeugt eindrucksvoll, wie sehr er sich bereits der Vorstellung genähert hatte, ein Leben gemäß den Idealen von Thomas a Kempis zu führen: »Manchmal schreibt der Herr seine Werke mit Staub.«
Beim ersten Gottesdienst, den der neue Bischof für die katholische Gemeinde von Vittorio Veneto abhielt, vertiefte er dieses Thema:

»In meiner Person greift der Herr wieder einmal auf seine alte Methode zurück. Er holt die Kleinen aus dem Dreck der Straße. Er holt die Menschen von den Feldern. Er holt andere von ihren Fischernetzen und macht sie zu seinen Jüngern. Es ist seine alte Methode.
Gleich nachdem man mich zum Priester geweiht hatte, begannen meine Vorgesetzten mir verantwortungsvolle Aufgaben zu übertragen, und ich habe gelernt, was es für einen Menschen bedeutet, ein Amt auszuüben. Es ist, wie wenn ein Ball aufgepumpt wird. Wenn ihr den Kindern zuschaut, die auf der Wiese draußen vor dieser Kirche spielen, so werdet ihr feststellen, daß sie ihren Ball, wenn keine Luft in ihm ist, keines Blickes würdigen. Er kann unbeachtet in einer Ecke liegenbleiben. Wenn er aber aufgepumpt wird, kommen die Kinder von allen Seiten gesprungen, und ein jedes fühlt sich berechtigt, dem Ball einen Tritt zu versetzen. So ähnlich ergeht es auch Menschen, wenn sie in hohe Ämter aufsteigen. Daher braucht ihr mich nicht zu beneiden.«

Später sprach er zu den 400 Priestern, die er jetzt unter sich hatte. Manche von ihnen hatten ihm Geschenke, Lebensmittel, Geld angeboten. Er wollte nichts davon haben. Vor der versammelten Priesterschaft versuchte er die Gründe dafür darzulegen: »Ich bin mit weniger als fünf Lire hergekommen. Ich möchte mit weniger als fünf Lire weggehen.« Er fuhr fort:

> »Meine lieben Priester. Meine lieben Gläubigen. Ich wäre ein sehr unglücklicher Bischof, liebte ich euch nicht. Ich versichere euch, daß ich euch liebe und daß ich euer Diener sein und alle meine schwachen Kräfte euch zur Verfügung stellen möchte – das wenige, das ich habe, und das wenige, das ich bin.«

Er hatte die Wahl, entweder in eine luxuriös eingerichtete Stadtwohnung zu ziehen oder aber ein spartanisches Domizil in der Burg von San Martino aufzuschlagen. Er entschied sich für letzteres.
Viele Bischöfe führen ein Leben, in welchem sie, fast selbstverständlich, von der Schar ihrer Schäfchen durch eine von beiden Seiten akzeptierte Kluft getrennt sind. Der Bischof ist eine erhabene, fürstenähnliche, sich den gewöhnlichen Sterblichen nur bei besonderen Gelegenheiten zeigende Figur.
Albino Luciani ging an seine Aufgabe in Vittorio Veneto mit einem ganz anderen Rollenverständnis heran. Er trug die Kleider eines einfachen Priesters und brachte seinen Schäfchen das Evangelium persönlich und unmittelbar nahe. Im Umgang mit seinen Priestern befleißigte er sich einer Form der Demokratie, die in jenen Tagen in der Kirche nur sehr selten anzutreffen war. So gab es beispielsweise in Vittorio Veneto für die Wahl des Kirchengemeinderats keine bischöflichen Kandidatenvorschläge.
Dieser Kirchengemeinderat sprach sich einmal für die Schließung eines bestimmten kleineren Seminars aus. Luciani, der gegen diesen Plan war, suchte alle seine Sprengel auf und besprach die Angelegenheit in Ruhe mit den einzelnen Priestern. Als er erkannte, daß die Mehrheit für die Schließung war, gab er seine Zustimmung dazu. Die betroffenen Schüler wechselten auf staatliche Schulen über – auf Geheiß des ehemaligen Seminaristen Luciani. Später erklärte er öffentlich, die Auffassung der Mehrheit sei richtig und die seine falsch gewesen.

Kein Priester, der diesen Bischof sprechen wollte, mußte sich bei ihm vorher anmelden. Wer kam, wurde vorgelassen. Manche betrachteten sein demokratisches Verhalten als eine Schwäche, andere dagegen begrüßten es und verglichen ihn mit dem Mann, der ihn zum Bischof gemacht hatte.

> »Es war so, als hätten wir unseren eigenen, persönlichen Papst. Es war so, als ob Papst Roncalli [Johannes XXIII.] hier in dieser Diözese wäre und an unserer Seite arbeitete. Bei Tisch hatte er gewöhnlich zwei oder drei Priester bei sich. Er konnte einfach nicht anders, als sich selbst und das, was er hatte, mit anderen zu teilen. Es kam vor, daß er unvermittelt die Kranken oder die Verkrüppelten besuchte. Im Krankenhaus wußten sie nie, wann sie seine Besuche zu gewärtigen hatten. Er tauchte plötzlich mit seinem Fahrrad auf oder in seinem alten Auto; dann ließ er seinen Sekretär draußen lesen und streifte durch die Krankenzimmer. Im nächsten Augenblick kreuzte er in einem der Bergdörfer auf, um mit dem dortigen Priester ein bestimmtes Problem zu diskutieren.«

In der zweiten Januarwoche 1959, keine drei Wochen nach der Ernennung Lucianis zum Bischof, sprach Papst Johannes mit seinem Stellvertretenden Staatssekretär Kardinal Domenico Tardini über weltpolitische Probleme. Sie diskutierten über die möglichen Konsequenzen dessen, was ein junger Mann namens Fidel Castro in Kuba vollbracht hatte, über den neuen Staatspräsidenten Frankreichs, General Charles de Gaulle, über die technische Pioniertat der Sowjets, die eine Rakete in den Raum geschickt und den Mond hatten umrunden lassen. Sie erörterten den Aufstand in Algerien, die erschreckende Armut in vielen lateinamerikanischen Ländern, das sich verändernde Antlitz Afrikas, wo fast schon jede Woche eine neue Nation zu entstehen schien. Der Papst hatte den Eindruck, daß die katholische Kirche mit den Problemen des Nachkriegszeitalters nicht zu Rande kam. In seinen Augen befand sich die Welt in einer kritischen Phase ihrer geschichtlichen Entwicklung, einer Phase, in der in einem beträchtlichen Teil der Welt eine Abkehr von geistigen und geistlichen hin zu materiellen Zielen und Werten zu beobachten war. Anders als viele andere im Vatikan, war der Papst der Ansicht, daß man mit Reformen, ebenso wie mit der Nächstenliebe, am besten im eigenen Haus beginnen sollte. Plötzlich kam Johannes ein Gedanke. Später sagte er, es müsse eine ihm vom Heiligen Geist gesandte Eingebung gewesen sein. Jedenfalls war es eine ausgezeichnete Idee: »Ein Konzil.«

Dieser Gedanke war der Keim, aus dem das Zweite Vatikanische Konzil erwuchs. Das erste, das 1870 abgehalten worden war, hatte der katholischen Kirche das Dogma der päpstlichen Unfehlbarkeit beschert. Die Beschlüsse des zweiten wirken noch heute, mehr als 20 Jahre später, überall auf der Welt nach.

Am 11. Oktober 1962 versammelten sich in Rom 2381 Bischöfe zu den Eröffnungsfeierlichkeiten für das Zweite Vatikanische Konzil. Unter ihnen war Albino Luciani. Im Verlauf der Beratungen und Sitzungen des Konzils schloß Luciani Freundschaften, die bis zu seinem Tod Bestand hatten – mit Suenens aus Belgien, mit Wojtyla und Wyszyński aus Polen, Marty aus Frankreich, Thiandoum aus dem Senegal. Luciani erlebte während des Konzils auch sein persönliches Damaskus. Das auslösende Moment war die vom Konzil verabschiedete Erklärung »Über Religionsfreiheit«.

Es gab Kirchenmänner, denen die vom Konzil artikulierte neue Sicht alter Probleme weit weniger imponierte als dem Bischof Luciani. Männer wie Kardinal Alfredo Ottaviani, der das Heilige Offizium leitete, waren entschlossen, dem Toleranzprinzip, das der Erklärung »Über Religionsfreiheit« innewohnte, in der katholischen Kirche keine Chance zu geben; sie schlugen ein erbittertes Rückzugsgefecht gegen alles, was nach »Modernismus« im Sinne der vom Papst Pius X. um die Jahrhundertwende geprägten Definition roch. Diese Männer gehörten der gleichen Generation an wie die Lehrer, von denen Luciani im Seminar von Belluno gelernt hatte, daß es religiöse »Freiheit« nur für Katholiken gebe. »Der Irrglaube hat keinerlei Rechte.« Luciani hatte seinen Schülern eben diese schlimme Lehre selbst eingetrichtert. Nun, auf dem Zweiten Vatikanischen Konzil, lauschte er mit zunehmender Verwunderung den Reden der Bischöfe, die, einer nach dem anderen, Kritik an diesem Dogma anmeldeten.

Luciani erwog die Argumente beider Parteien. Er war ein Mann von über 50 Jahren, und wie er sich in dieser Situation verhielt, das war nachgerade typisch für diesen klugen und vorsichtigen Mann aus den Bergen. Er diskutierte das Problem mit anderen, er zog sich zurück, um darüber nachzudenken, und er kam zu dem Ergebnis, daß der »Irrtum« auf seiten derer lag, mit deren Lehren er groß geworden war.

Typisch für ihn war auch, daß er in der Folge einen Artikel veröffentlichte, in dem er das Wie und Warum seines Meinungswandels erklärte. Er schickte eine Empfehlung an die Adresse seiner Leser voraus:

> »Wenn ihr einem Irrtum begegnet, so tut ihr gut daran, ihn nicht einfach auszumerzen oder vom Tisch zu wischen; versucht vielmehr, ob ihr ihn nicht geduldig drehen und wenden könnt, so daß Licht auf den Kern von Güte und Wahrheit fällt, der gewöhnlich auch in irrigen Auffassungen enthalten ist.«

Mit anderen in den verschiedenen Debatten erörterten Fragen kam er leichter zurecht. Als der Grundsatz einer armen Kirche – einer Kirche ohne politische, wirtschaftliche und ideologische Macht – verkündet wurde, da visierte das Konzil ein Ziel an, an das Luciani längst schon glaubte.

Vor der Eröffnung des Konzils hatte Luciani in einem Hirtenbrief mit der Überschrift »Bemerkungen zum Konzil« seine Gemeinde auf die kommenden Dinge eingestimmt. Noch während das Konzil im Gang war, sorgte er in seiner Diözese für die Beschleunigung der reformerischen Entwicklungen, die er bereits eingeleitet hatte. Er ermahnte seine Seminarlehrer, die neuen theologischen Kommentare zu lesen und jene Standardwerke wegzustellen, die noch wehmütig nach dem 19. Jahrhundert schielten. Er schickte seine Lehrer zu Seminaren an den wichtigsten theologischen Fakultäten Europas. An seiner Tafel leisteten ihm nicht mehr nur Lehrer, sondern auch Schüler aus seiner Diözese Gesellschaft. Er schrieb wöchentlich an alle seine Priester und teilte seine Gedanken und Pläne mit ihnen.

Im August 1962, wenige Monate vor der Eröffnung des Zweiten Vatikanischen Konzils, war Luciani mit einem Beispiel für einen

Irrtum ganz anderer Art konfrontiert worden. Zwei Priester seiner Diözese hatten sich von einem einnehmenden Verkaufsvertreter, der auch in Grundstücksspekulationen aktiv war, zur Beteiligung an einem riskanten Geschäft verleiten lassen, das schiefgegangen war. Als einer der beiden schließlich zu Luciani kam und ihm alles gestand, betrug der Fehlbetrag mehr als zwei Milliarden Lire. Es handelte sich zum großen Teil um das Geld kleiner Sparer.

Albino Luciani hatte sehr entschiedene Auffassungen in Geldsachen, insbesondere was kirchliche Vermögenswerte betraf. Einige seiner Ansichten gingen auf Rosmini zurück, viele hatte er direkt aus seiner persönlichen Erfahrung gewonnen. Was ihm vorschwebte, war eine katholische Kirche der Armen und für die Armen. Die erzwungenen, langen Abwesenheiten seines Vaters, der Hunger und die Kälte, die Holzpantoffeln mit den zur Schonung des Holzes vor frühzeitiger Abnutzung in die Sohlen geschlagenen Nägeln, das Heumachen an steilen Berghängen, um etwas zur Bereicherung des heimischen Speisezettels hinzuzuverdienen, die langen Monate im Seminar ohne Kontakt zur Mutter, die es sich nicht leisten konnte, ihn zu besuchen – all dies hatte in Luciani ein tiefes gefühlsmäßiges Engagement für die Armen erzeugt; damit einher gingen eine völlige Gleichgültigkeit gegenüber persönlichem Erwerb und Wohlstand und die Überzeugung, daß die Kirche, seine Kirche, nicht nur eine arme Kirche sein, sondern ihre Armut auch zeigen müsse.

Im Bewußtsein des Schadens, der sich aus der zu erwartenden öffentlichen Entrüstung über den Fehltritt ergeben würde, ging Luciani direkt zum Chefredakteur der venezianischen Zeitung *Il Gazzettino*. Er bat ihn, über diese Geschichte nicht mit sensationsheischenden Schlagzeilen und mit demagogischen Mitteln zu berichten.

In seine Diözese zurückgekehrt, rief er seine 400 Priester zusammen. Gängige Praxis wäre es gewesen, auf die kirchliche Immunität zu pochen. Auf diese Weise konnte man sicherstellen, daß die Kirche keinen Pfennig würde berappen müssen. Luciani indessen erklärte seinen Priestern in seiner ruhigen Art:

»Es ist wahr, daß zwei von uns gefehlt haben. Ich meine, daß die Diözese bezahlen muß. Ich meine auch, daß das Gesetz seinen Lauf nehmen muß. Wir dürfen uns nicht hinter irgendeiner Immunität verschanzen. Aus diesem Skandal können wir alle etwas lernen. Nämlich daß wir eine arme Kirche sein müssen. Ich habe die Absicht, kirchlichen Wertbesitz zu verkaufen. Ich habe weiterhin die Absicht, eines unserer Gebäude zu verkaufen. Mit dem Geld werden wir jede einzelne Lira zurückzahlen, die von diesen Priestern vertan worden ist. Ich bitte um eure Zustimmung.«

Die Zustimmung wurde erteilt. Lucianis moralischer Standpunkt setzte sich durch. Nicht wenige, die an dieser Veranstaltung teilnahmen, hegten Bewunderung für diesen Mann und seine moralische Konsequenz. Manche meinten, fast bedauernd, Luciani erhebe solchen Dingen gegenüber einen zu hohen moralischen Anspruch. Dies war gewiß auch die Meinung des Grundstücksspekulanten, der die beiden Priester in die mißglückte Investition verwickelt hatte. Er nahm sich vor Beginn seines Prozesses das Leben. Einer der Priester wurde zu einer einjährigen Freiheitsstrafe verurteilt, der andere freigesprochen.

Es gab in der Priesterschaft etliche, denen die Konsequenz und Unbedingtheit, mit der Luciani sich den Geist des Zweiten Vatikanischen Konzils zu eigen machte, ganz und gar nicht behagte. Ihre Anschauungen hatten sich, wie die Lucianis, in einer früheren, autoritäreren Epoche geformt. Doch besaßen sie nicht, wie er, die geistige Unabhängigkeit, sich neuen Ideen zu öffnen. Luciani widmete sich für den Rest seiner Amtszeit als Bischof von Vittorio Veneto beständig der Beschäftigung mit diesen Ideen. Mit dem gleichen Heißhunger, mit dem er in seiner Kindheit und Jugend Buch auf Buch verschlungen hatte, nahm er jetzt, um die Worte seines damaligen Mitarbeiters Monsignore Ghizzo zu zitieren, »das Zweite Vatikanische Konzil in sich auf. Das Konzil war ihm in Fleisch und Blut übergegangen. Er wußte die Dokumente auswendig. Und was mehr war, er zog die praktische Konsequenz daraus.«

Er begründete eine Partnerschaft zwischen Vittorio Veneto und Kiremba, einer kleinen Gemeinde in Burundi, einem Teil des früheren Deutsch-Ostafrika. Bei einem Besuch Kirembas Mitte der sech-

ziger Jahre gewann er einen hautnahen Eindruck von der Dritten Welt. Fast 70 Prozent der dreieinviertel Millionen Einwohner Burundis waren katholisch. Das war beeindruckend; ebenso beeindruckend waren aber auch Armut und Krankheit, die hohe Säuglingssterblichkeit und die Tatsache, daß ein Bürgerkrieg wütete. Die Kirchen waren gefüllt, die Mägen waren leer. Zustände wie diese waren es gewesen, die Papst Johannes zur Einberufung des Zweiten Vatikanischen Konzils veranlaßt hatten, in dem Bemühen, die Kirche auf die Höhe der Probleme des 20. Jahrhunderts zu bringen. War das Zweite Konzil für die Traditionswächter in der römischen Kurie ein Schock, so war es für Luciani und andere, ihm gleichgesinnte Männer eine Erleuchtung.
Johannes XXIII. setzte im wahrsten Sinne sein Leben daran, sicherzustellen, daß das von ihm initiierte Konzil produktive und praktisch wirksame Ergebnisse brachte. Wissend, daß er an einer ernsten Krankheit litt, lehnte er die Operation ab, zu der seine Fachärzte ihm dringend rieten. Sie erklärten ihm, daß eine solche Operation sein Leben verlängern werde. Er erwiderte, wenn er jetzt, in der ersten und kritischen Phase, das Konzil dem Gutdünken der reaktionären Elemente innerhalb des Vatikans überließe, wäre ein katastrophaler theologischer Rückschlag gewiß. Er entschied sich dafür, im Vatikan zu bleiben und mitzuhelfen, das von ihm in die Welt gesetzte Kind großzuziehen. Mit dieser Entscheidung fällte er, in ruhiger und von bemerkenswertem Mut zeugender Gewißheit, sein eigenes Todesurteil. Als er am 3. Juni 1963 starb, war die katholische Kirche dank des Zweiten Vatikanischen Konzils endlich auf dem Wege, sich auf die Welt einzustellen, wie sie war, anstatt sich mit einer Wunschvorstellung von ihr zu begnügen.
Unter Papst Paul VI., der nach Johannes' Tod gewählt wurde, tastete sich die katholische Kirche Schritt für Schritt an einen konkreten Aspekt der Wirklichkeit, an eine zur Entscheidung stehende Frage heran, die wichtigste, der sich die Kirche in diesem Jahrhundert hat stellen müssen. In den sechziger Jahren wurde das Problem mit zunehmend größerem Nachdruck an sie herangetragen: »Wie steht die Kirche zur künstlichen Geburtenregelung?«
1962 hatte Papst Johannes eine Pontifikalkommission zu Fragen der Familie eingesetzt. Geburtenregelung war eines der Haupt-

themen, mit denen sie sich zu beschäftigen hatte. Papst Paul vergrößerte die Kommission bis auf 68 Mitglieder. Zusätzlich ernannte er eine beträchtliche Zahl von »Beratern«, die die Tätigkeit der Kommission beobachteten und Empfehlungen aussprachen. Während Hunderte von Millionen katholischer Gläubigen auf der ganzen Welt gespannt abwarteten, verdichteten sich die Spekulationen, daß ein Wandel in der Haltung der Kirche bevorstand. Viele Katholiken begannen die Antibabypille oder andere künstliche empfängnisverhütende Mittel zu benutzen. Mochten die »Fachleute« in Rom über die Bedeutung von Kapitel 38, Vers 7–10 der Genesis und über eine biblische Figur namens Onan debattieren, solange sie wollten, das Leben der Menschen mußte weitergehen.
Komischerweise spiegelte die Einstellung des Papstes zu diesem Problem genau die Ratlosigkeit wider, die in der gesamten katholischen Welt herrschte – er wußte nicht, was tun.
In der ersten Oktoberwoche 1965 gewährte Papst Paul dem italienischen Journalisten Alberto Cavallari ein höchst ungewöhnliches Interview. Sie erörterten viele die Kirche bewegende Probleme. Wie Cavallari später erläuterte, sprach er das Problem der künstlichen Geburtenregelung nicht an, weil er sich bewußt war, daß er seinen Gesprächspartner damit möglicherweise in Verlegenheit bringen würde. Diese Befürchtung erwies sich als unbegründet. Paul kam von sich aus auf das Thema zu sprechen. Zu seiner nachfolgend zitierten Aussage sei vorweg bemerkt, daß es damals noch dem Selbstverständnis der Päpste entsprach, den Pluralis majestatis zu gebrauchen.

»Denken Sie zum Beispiel an die Geburtenregelung. Die Welt fragt uns, was wir davon halten, und wir sind gehalten, den Versuch einer Antwort zu machen. Aber was antworten? Wir können nicht stumm bleiben. Andererseits, etwas dazu zu sagen, ist ein wirkliches Problem. Die Kirche hat sich mit solchen Dingen jahrhundertelang nicht befassen müssen. Es ist für die Männer der Kirche ein irgendwie fremdes, ja auch menschlich peinliches Thema. Dann treten also die Kommissionen zusammen, die Berichte stapeln sich, die Untersuchungen werden veröffentlicht. Ja, man untersucht und studiert viel, wissen Sie. Aber zuletzt sind wir es, die die Entscheidungen treffen müssen, und dabei sind wir ganz allein. Entscheiden ist nicht so leicht wie studieren. Wir müssen etwas sagen. Aber was? Gott wird uns einfach erleuchten müssen.«

Während der ehelose Papst auf die göttliche Erleuchtung in Sachen Geschlechtsverkehr wartete, mühte sich seine Kommission weiter. Aufmerksam verfolgt wurde das geistige Ringen der 68 Männer von einer kleineren Kommission aus ungefähr 20 Kardinälen und Bischöfen. Jeder Liberalisierungsvorschlag der Kommission der 68 mußte, um auf den Tisch des Papstes zu gelangen, zunächst die Kontrolle dieser kleineren Gruppe passieren, an deren Spitze ein Mann stand, der der Inbegriff des reaktionären Elements innerhalb der katholischen Kirche, ja nach Ansicht vieler der maßgebliche Kopf dieses Elements war: Kardinal Ottaviani.

Ein entscheidendes Datum in der Geschichte der Kommission war der 23. April 1966. An diesem Tag zog die Kommission den Schlußstrich unter eine umfassende und kräftezehrende Untersuchung des Problems der Geburtenregelung. Die Gruppe derer, die sich nach wie vor jeder Veränderung in der Haltung der Kirche widersetzten, war nunmehr auf vier Männer zusammengeschrumpft; sie hielten unbeirrbar an der Auffassung fest, die Kirche müsse jede Form der künstlichen Empfängnisverhütung verbieten. Von den anderen Mitgliedern der Kommission in die Enge getrieben, räumten die vier ein, daß sie die Richtigkeit ihrer Haltung weder unter Berufung auf die Naturgesetze beweisen noch sie durch Bibelzitate oder durch Verweis auf göttliche Offenbarungen untermauern konnten. Sie konnten lediglich anführen, daß in der Vergangenheit eine Reihe von Päpsten die künstliche Empfängnisverhütung verurteilt hatte. Offenbar hielten sie sich an die Devise: »Was gestern richtig war, kann heute nicht falsch sein.«

Schon Papst Pius XII. (1939–58) hatte eine Lockerung der von seinen Vorgängern verordneten strengen Haltung der Kirche in dieser Frage eingeleitet. Im Oktober 1951 hatte er bei einer Audienz für eine Gruppe italienischer Hebammen erklärt, die Kirche könne es bejahen, wenn Katholiken, die aus schwerwiegenden Gründen keine Kinder mehr wollten, sich der »Kalendermethode« bedienten.

Angesichts der notorischen Unzuverlässigkeit dieses als »vatikanisches Roulette« bekanntgewordenen Verfahrens überrascht es nicht, daß Pius XII. weitere Forschungen zu dieser Methode forderte. Das änderte aber nichts daran, daß Pius sich einen Schritt von der bisherigen Position der Kirche wegbewegt hatte, derzufolge der Geschlechtsverkehr einzig und allein der Befruchtung diene.
Nach dem Tod Pius' XII. kam nicht nur ein neuer Papst, sondern auch die Antibabypille. Wenn auch von Kirchenseite für bestimmte päpstliche Verkündungen der Anspruch der Unfehlbarkeit erhoben wurde, so hatte doch noch niemand dem Stellvertreter Gottes die Gabe des Hellsehens zugesprochen. Eine veränderte Situation erforderte eine neue Sichtweise; allein, die vier Unbeirrbaren in der Kommission der 68 beharrten auf der Ansicht, daß die alten Antworten auch der neuen Situation gerecht würden.
Schließlich faßte die päpstliche Kommission ihren Bericht ab. Er besagte im wesentlichen, daß eine überwältigende Mehrheit (64 gegen 4) von Theologen, Rechtsexperten, Historikern, Soziologen, Ärzten, Geburtshelfern und eheerfahrenen Laien zu dem einmütigen Ergebnis gekommen war, daß ein Wandel in der Haltung der katholischen Kirche zur Frage der künstlichen Geburtenkontrolle sowohl möglich als auch ratsam sei.
Mitte 1966 wurde der Bericht jener kleineren Kardinals- und Bischofskommission vorgelegt, die die Arbeit der großen Kommission überwachte. Die Würdenträger reagierten mit Betroffenheit. Verpflichtet, eine Stellungnahme zu dem Bericht abzugeben, enthielten sich sechs von ihnen der Stimme; acht stimmten dafür, dem Papst den Bericht zu empfehlen, sechs votierten dagegen.
Innerhalb der Römischen Kurie, jener zentralen Kontroll- und Herrschaftsinstanz der Katholischen Kirche, löste diese Entwicklung die unterschiedlichsten Reaktionen aus. Manche begrüßten die Empfehlung der Kommission, andere sahen darin ein weiteres Beispiel für die gottlosen Bestrebungen, die das Zweite Vatikanische Konzil in Gang gesetzt hatte. Zu den Letztgenannten gehörte Kardinal Ottaviani, Pro-Präfekt der Kongregation für die Glaubenslehre (beziehungsweise des Heiligen Offiziums, wie es bis 1965 hieß). Der Wahlspruch auf seinem Wappen lautete *Semper Idem,* »immer derselbe«.

Alfredo Ottaviani war, vom Papst abgesehen, im Jahr 1966 der mächtigste Mann in der gesamten römisch-katholischen Kirche. Aus dem Römischen Seminar hervorgegangen, war er ein Kirchenmann, der seine gesamte Laufbahn über im vatikanischen Staatssekretariat und in der Kurie gedient und nie einen Posten außerhalb Roms bekleidet hatte. Er hatte einen erbitterten und in vielen Fällen erfolgreichen Kampf gegen die vom Zweiten Vatikanischen Konzil ausgehenden Liberalisierungsbestrebungen geführt. Mit einer beständig in Furchen gelegten Stirn, einer auffällig nach hinten fliehenden, wie von beständigen Ausweichbewegungen gezeichneten Schädelform und einem von ausladenden Kinnbacken überlappten Halsansatz erweckte sein Äußeres den Eindruck einer sphinxhaften Unbeweglichkeit. Er war nicht nur einer jener Menschen, von denen man meint, sie seien bereits alt auf die Welt gekommen, er war auch ein historisch zu spät Geborener. Er verkörperte jene Elemente der Kurie, deren einzig bewundernswerter Zug ihr Mut zum Festhalten an Vorurteilen ist.
Ottaviani begriff sich als Verteidiger eines christlichen Glaubens, der keine Zugeständnisse an das Hier und Jetzt machte. Den Herausforderungen der Gegenwart und Zukunft zu begegnen, hieß für ihn, kompromißlos an Werten festzuhalten, die schon im Mittelalter konservativ gewesen waren. Er dachte nicht daran, sich in der Frage der Geburtenregelung von der Stelle zu rühren; und, was wichtiger war, er war entschlossen, dafür zu sorgen, daß Papst Paul VI. sich nicht von der Stelle rühren würde.
Ottaviani nahm Verbindung mit den vier Unbeirrbaren aus der päpstlichen Kommission der 68 auf. Ihren Auffassungen war bereits im Bericht der Kommission ausgiebig Raum gegeben worden. Ottaviani überredete sie dazu, ihre abweichenden Meinungen in einem gesonderten Bericht herauszustellen. So kam es, daß der Jesuit Marcellino Zalba, der Redemptorist Jan Visser, der Franziskaner Emengildo Lio und der amerikanische Jesuit John Ford einen zusätzlichen Bericht abgaben.
Nun war dies zwar eine nach ethischen Gesichtspunkten unfaire Handlungsweise, aber Kardinal Ottaviani bekam damit eine Waffe in die Hand, die er gegen den Papst ins Spiel bringen konnte, und das war auch der Zweck der Übung. Den vier Männern gebührt ei-

ne schwerwiegende Verantwortung für das, was folgte. Die Fülle an Elend, Leiden und Sterben, die unmittelbar aus der endgültigen päpstlichen Entscheidung resultierte, muß in hohem Maß als direkte Folge ihres Verhaltens angesehen werden. Eine Ahnung davon, welche Gedankengänge sich in den Köpfen dieser vier Unbeirrbaren abspielten, läßt sich aus der Beschäftigung mit einem von ihnen gewinnen, dem amerikanischen Jesuiten John Ford. Er war der Überzeugung, in dieser Frage in direkter Verbindung mit dem Heiligen Geist zu stehen und von diesem zur Erkenntnis der endgültigen Wahrheit geführt worden zu sein. Wenn die Auffassung der Mehrheit sich durchsetze, so erklärte Ford, dann werde er gezwungen sein, aus der römisch-katholischen Kirche auszutreten. Der von ihm mitverfaßte Minderheitenbericht stellt den Inbegriff der Arroganz dar. Er wurde Papst Paul zusammen mit dem offiziellen Kommissionsbericht vorgelegt. Was dann folgte, war ein Schulbeispiel für die Macht einer Minderheit innerhalb der Römischen Kurie, Entscheidungsvorgänge zu kontrollieren und Ereignisse zu manipulieren. Zu dem Zeitpunkt, an dem die beiden Berichte auf den Schreibtisch des Papstes kamen, hatten sich die 68 Mitglieder der Kommission, nach getaner Arbeit, in alle Weltteile zerstreut. In der Überzeugung, daß in dieser schwierigen Frage endlich eine Lösung im Sinne einer Liberalisierung erreicht war, warteten die Mitglieder der auseinandergegangenen Kommission in ihren Heimatländern auf die Verkündung der entsprechenden päpstlichen Beschlüsse. Einige von ihnen arbeiteten schon an einem erklärenden Kommentar, der als Einleitung oder Vorwort zu der ins Haus stehenden päpstlichen Verlautbarung würde dienen können und eine ausführliche Begründung für den Meinungswandel der katholischen Kirche in der Frage der Geburtenkontrolle enthalten sollte.

Kardinal Ottaviani nützte die Tatsache, daß die meisten Mitglieder der Kommission sich weitab von Rom befanden und daß diejenigen, die an Ort und Stelle waren, sich in vornehmer Zurückhaltung übten, um nicht den Eindruck einer unziemlichen Druckausübung auf Paul VI. zu erwecken. Damit spielten sie direkt in die Hände Ottavianis. Im Verlauf des Jahres 1967 und der ersten Monate von 1968 mobilisierte er all jene Vertreter der alten Garde, die seine Ansichten teilten, und spannte sie für sein Ziel ein. Seine Regie

sorgte dafür, daß die Kardinäle Cicognani, Brown, Parente und Samore Tag für Tag dem Papst »begegneten«. Tag für Tag erklärten sie ihm, der künstlichen Geburtenregelung zuzustimmen, hieße Verrat am kirchlichen Erbe zu begehen. Sie erinnerten ihn an das Kanonische Kirchenrecht und an die drei Kriterien, die allen heiratswilligen Katholiken vorgehalten werden: Erektion, Ejakulation, Empfängnis. Das Fehlen eines dieser drei Grundelemente entwertet eine Ehe in den Augen der Kirche. Die Empfängnisverhütung mittels Pille zu legalisieren, hieße, so argumentierten sie, diesen Teil des Kirchenrechts außer Kraft zu setzen. Viele Beobachter haben Papst Paul als einen innerlich zerrissenen Hamlet charakterisiert. Jeder Hamlet braucht ein Schloß Elsinore, auf das er sich zurückziehen kann, um zu grübeln. Papst Paul gelangte nach langem Zaudern zu der Einsicht, daß er, und nur er allein, die endgültige Entscheidung treffen müsse und werde. Er rief Agostino Casaroli zu sich und ließ ihn wissen, daß er dem Heiligen Offizium die Zuständigkeit für die Frage der Geburtenregelung entziehen werde. Dann zog er sich nach Castel Gandolfo zurück, um an der Enzyklika zu arbeiten, die unter dem Titel *Humanae Vitae* in die Geschichte eingehen sollte.
Unter den verschiedenen Berichten, Empfehlungen und Untersuchungen zur Frage der künstlichen Geburtenregelung, die sich auf dem päpstlichen Schreibtisch in Castel Gandolfo stapelten, befand sich auch eine Stellungnahme von Albino Luciani.
Während Kommissionen, Berater und Kurienkardinäle das Problem sezierten, holte der Papst auch die Meinungen von Kirchenmännern aus verschiedenen Regionen Italiens ein, darunter aus der Diözese Venetien. Der Patriarch von Venedig, Kardinal Urbani, hatte alle Bischöfe seiner Region zu einer Zusammenkunft geladen. Nach einer eintägigen Debatte wurde beschlossen, daß Luciani die vom Papst gewünschte Stellungnahme abfassen sollte.
Daß gerade Luciani mit dieser Aufgabe betraut wurde, dafür war die Tatsache ausschlaggebend, daß er sich mit diesem Problem auskannte – er beschäftigte sich seit Jahren damit. Er hatte darüber gesprochen und geschrieben, hatte Ärzte, Soziologen, Theologen zu Rate gezogen – und nicht zuletzt Personen, die das Problem aus persönlicher und praktischer Erfahrung beurteilen konnten: Eheleute.

Einer der von ihm Befragten war sein eigener Bruder Eduardo gewesen, der seine liebe Not hatte, genug Geld zu verdienen, um eine stetig wachsende Kinderschar zu ernähren, die am Ende zehn Köpfe zählte. Luciani lernte die sich aus dem fortbestehenden Verbot der künstlichen Empfängnisverhütung ergebenden Probleme aus erster Hand kennen. Er hatte den Eindruck, daß es in den späten sechziger Jahren noch ebensoviel Armut und Entbehrung gab wie in den fernen Tagen seiner Kindheit und Jugend, die er in Armut verbracht hatte. Wenn diejenigen, die einem am Herzen liegen, in Bedrängnis geraten, weil es ihnen nicht möglich ist, eine wachsende Zahl von Kindern zu ernähren, wird man die Frage der Empfängnisverhütung normalerweise in einem anderen Licht betrachten, als es, sagen wir, ein Jesuit tut, der in direkter Verbindung mit dem Heiligen Geist steht.

Mochten die Männer im Vatikan bis zum Jüngsten Tag aus der Schöpfungsgeschichte zitieren, einer notleidenden Familie brachte das noch kein Brot auf den Tisch. Für Albino Luciani bestand der Sinn und das Verdienst des Zweiten Vatikanischen Konzils darin, das Evangelium und die Kirche mit dem 20. Jahrhundert in Einklang zu bringen; Männern und Frauen das Recht auf Empfängnisverhütung zu verweigern, würde dagegen einen Rückschritt der Kirche in das dunkelste Mittelalter bedeuten. Vieles von dem äußerte er in diskreten und privaten Gesprächen, während er an seinem Bericht arbeitete. In der Öffentlichkeit achtete er sorgsam auf seine Gehorsamspflicht gegenüber dem Papst. Hierin blieb Luciani ein typischer Vertreter seiner Generation. Wenn der Papst entschied, fügten sich die Gläubigen. Gleichwohl enthalten auch Lucianis öffentliche Äußerungen eindeutige Hinweise darauf, wie er in der Frage der Geburtenregelung dachte.

Im April 1968 hatte Luciani nach weiteren umfangreichen Recherchen seinen Bericht fertiggestellt. Er fand die Zustimmung der Bischöfe der Region Venetien, und Kardinal Urbani unterzeichnete ihn und schickte ihn direkt an Papst Paul. Bei einer späteren Gelegenheit sah Urbani das Dokument auf dem päpstlichen Schreibtisch in Castel Gandolfo liegen. Paul versicherte Urbani, daß er den Bericht sehr zu schätzen wisse. So voll des Lobes war er darüber, daß Urbani auf seiner Rückreise nach Venedig einen Abstecher nach

Vittorio Veneto machte, um Luciani persönlich über das päpstliche Gefallen an seinem Bericht zu informieren.
Die zentrale Aussage des Berichtes war eine Empfehlung an die Adresse des Papstes, den Gebrauch der von Professor Pincus entwickelten Antibabypille zu erlauben. Sie sollte das katholische Empfängnisverhütungsmittel werden.
Am 13. April sprach Luciani zu den Priestern von Vittorio Veneto über die aus der Frage der Geburtenregelung erwachsenden Probleme. Mit jener vornehmen Zurückhaltung, die mittlerweile zu einem seiner Markenzeichen geworden war, gebrauchte er zur Bezeichnung des Problems den Ausdruck »eheliche Ethik«. Nachdem er darauf hingewiesen hatte, daß Priester sich im Gespräch mit Beichtenden »an die bei mehrfacher Gelegenheit vom Papst gegebenen Weisungen halten müssen, bis dieser eine bindende Erklärung abgibt«, stellte Luciani drei Thesen auf:

1. Angesichts der von der Presse hervorgerufenen Verwirrung ist es heute leichter, verheiratete Personen anzutreffen, die nicht das Gefühl haben, zu sündigen. In solchen Fällen ist es unter normalen Umständen vielleicht ratsam, keine Verunsicherung zu stiften.
2. Dem reuigen Onanisten gegenüber, der sich sowohl reuig als auch verzagt zeigt, ist es ratsam, Aufmunterung und Freundlichkeit zu spenden, soweit die seelsorgerische Klugheit es zuläßt.
3. Laßt uns darum beten, daß der Herr dem Papst helfen möchte, dieses Problem zu bewältigen. Der Kirche ist vielleicht noch nie eine so schwierige Frage aufgegeben gewesen, schwierig sowohl wegen der ihr innewohnenden Probleme als auch wegen der zahlreichen auf andere Probleme übergreifenden Konsequenzen und wegen der großen Dringlichkeit, die der überwiegende Teil der Bevölkerung ihr beilegt.

Die Enzyklika *Humanae Vitae* wurde am 25. Juli 1968 bekanntgegeben. Im Auftrag Papst Pauls erläuterte Monsignore Lambruschini von der Lateran-Universität der Presse ihre Bedeutung – eine ziemlich überflüssige Übung. Wichtig war allenfalls die Hervorhebung der Tatsache, daß dieses Dokument nicht als ein unfehlbarer

Ratschluß zu betrachten sei. Für Millionen von Katholiken wurde die Verlesung dieser Enzyklika zu einer geschichtlichen Zäsur ähnlich dem Attentat auf Präsident John F. Kennedy. Noch Jahre später wußten viele ganz genau, wo sie gerade gewesen waren und was sie getan hatten, als die Nachricht sie erreichte.

Auf einer Skala der Katastrophen für die katholische Kirche würde *Humanae Vitae* höher rangieren als der Inquisitionsprozeß gegen Galilei im 17. Jahrhundert oder die Verkündung der päpstlichen Unfehlbarkeit 200 Jahre später. Wie in diesen historischen Fällen, bewirkte auch diesmal eine Maßnahme, die dazu gedacht war, die Autorität des Papstes zu stärken, das genaue Gegenteil.

Papst Paul VI., nunmehr 71 Jahre alt, schlug die Empfehlung der ihn in der Frage der Geburtenregelung beratenden Kommission, in den Wind. Er erklärte, die einzigen Methoden der Empfängnisverhütung, die die Kirche zulassen könne, seien die Enthaltsamkeit oder die Kalendermethode. Das »natürliche Sittengesetz« besage, daß »jeder eheliche Akt von sich aus auf die Erzeugung menschlichen Lebens hingeordnet bleiben muß«.

Millionen Katholiken ließen den Papst einen guten Mann sein und benutzten, ohne ihrem Glauben abzuschwören, weiterhin die Pille oder eine andere ihnen genehm erscheinende Methode der künstlichen Empfängnisverhütung. Millionen andere verloren die Geduld und den Glauben. Wieder andere suchten sich einen andersdenkenden Priester als Beichtvater. Und natürlich gab es auch die, die der Enzyklika Folge zu leisten versuchten und dann oft genug die Erfahrung machten, daß das Unterlassen einer Art von Sünde dazu führte, daß man eine andere begehen mußte: Abtreibung oder Scheidung. Die Enzyklika spaltete die Kirche in zwei Lager.

»Ich kann nicht glauben, daß das Heil auf der Empfängnisverhütung durch Temperaturmessung beruht und die Verdammnis auf Gummi«, erklärte Dr. André Hellegers, Geburtshelfer und Mitglied der übergangenen päpstlichen Kommission.

Ein verblüffendes vatikanisches Verteidigungsargument war von Kardinal Felici zu hören: »Ein möglicher Irrtum des Höchsten [des Papstes] ist kein Freibrief für den Ungehorsam der Gläubigen.«

Albino Luciani studierte die Enzyklika mit wachsendem Unbehagen. Er wußte, daß jetzt eine Welle der Empörung über die Kirche

hereinbrechen würde. Er ging in seine Kirche in Vittorio Veneto und betete. Es stand für ihn außer Frage, daß er dem päpstlichen Ratschluß Folge leisten mußte, aber so groß seine Loyalität zum Papst war, die Enzyklika in den höchsten Tönen loben konnte und wollte er nicht. Er ahnte, was es den Papst gekostet haben mußte, der Welt dieses Dokument zu präsentieren; und er wußte genau, wie teuer es die Gläubigen zu stehen kommen würde, die nun versuchen würden, ihr eheliches Leben danach auszurichten.
Zwei Stunden nach der Lektüre der Enzyklika hatte Luciani seine für die Diözese von Vittorio Veneto bestimmte Stellungnahme dazu ausgearbeitet. Als er zehn Jahre später Papst wurde, verlautete aus dem Vatikan, Luciani habe damals den Standpunkt vertreten: »Rom hat gesprochen. Der Fall ist erledigt.« Das war eine Lüge. Nichts dergleichen spricht aus seinen Worten. Er erinnerte die Diözese zunächst an das, was er im April zu dem Thema gesagt hatte; dann fuhr er fort:

> »Ich gestehe, daß ich, wenn ich dies auch damals nicht preisgab, in meinem Innersten hoffte, die sehr schweren Probleme, die bestehen, könnten überwunden werden und die Antwort des Lehrers, der mit einem besonderen Charisma und im Namen des Herrn spricht, könnte, wenigstens teilweise, den Hoffnungen entsprechen, die viele Ehepaare nach der Berufung einer gewichtigen päpstlichen Kommission zur Prüfung der Frage gehegt hatten.«

Er würdigte die Sorgfalt und Überlegung, die der Papst dem Problem habe angedeihen lassen, und meinte, Papst Paul habe sicherlich gewußt, daß er »bei vielen Bitterkeit ernten würde«; aber, so fuhr er fort, »die alte Lehre, die nunmehr in den Rahmen eines neuen Kanons ermutigender und positiver Ideen über Ehe und eheliche Liebe gestellt ist, bietet eine bessere Gewähr für das wahrhafte Wohl des Menschen und der Familie«. Luciani wandte sich daraufhin einigen der Probleme zu, die sich zwangsläufig aus der Enzyklika *Humanae Vitae* ergeben würden:

»Die Gedanken des Papstes, und ebenso meine, richten sich insbesondere auf die manchmal schwerwiegenden Probleme von Ehepaaren. Mögen sie um Gottes willen nicht den Mut verlieren. Mögen sie sich daran erinnern, daß für uns alle die Pforte eng ist, und schmal der Weg, der zum Leben führt (Matth. 7;14). Daß die Hoffnung auf das zukünftige Leben den Weg christlicher Ehepaare erleuchten muß. Daß Gott es nicht versäumt, denen zu helfen, die mit Beharrlichkeit zu ihm beten. Mögen sie sich bemühen, ihr gegenwärtiges Leben in Weisheit, Gerechtigkeit und Frömmigkeit zu führen, wissend, daß das Wesen dieser Welt vergeht (1. Kor. 7;31). Sollten aber Sünden ihren Weg hemmen, dann mögen sie nicht den Mut verlieren, sondern demütig und beharrlich zur Barmherzigkeit Gottes ihre Zuflucht nehmen, die ihnen im Bußsakrament in reichem Maße geschenkt wird.«

Dieser letzte Satz, wörtlich aus *Humanae Vitae* zitiert, bot für Männer wie Luciani, die auf einen Sinneswandel gehofft hatten, einen der wenigen tröstlichen Aspekte. Im Vertrauen darauf, daß er seine Herde in der »aufrichtigen Befolgung der Lehren des Papstes« hinter sich wissen konnte, gab er ihr seinen Segen.
Andere Priester in anderen Ländern reagierten mit offener Ablehnung. Viele warfen den Priesterrock hin. Luciani steuerte einen behutsameren Kurs.
Im Januar 1969 kam er wieder einmal auf dieses Thema zu sprechen, das er, wenn es nach dem Wunsch des Vatikan gegangen wäre, mit einer knappen dogmatischen Formel hätte abhaken müssen. Er war sich der Tatsache bewußt, daß manche seiner Priester Ehepaaren, die die Antibabypille benutzten, die Absolution verweigerten, während andere diese Sünde bereitwillig verziehen. Dieses Problem ansprechend, zitierte Luciani aus der Stellungnahme der italienischen Bischofskonferenz zur Enzyklika *Humanae Vitae*. Er selbst hatte diese Stellungnahme mitformuliert. Sie enthielt die Empfehlung an die Adresse der Priester, allen Ehepaaren mit »evangeliumsgläubiger Freundlichkeit« zu begegnen, insbesondere aber, wie Luciani betonte, denjenigen, »deren Verfehlungen aus ... den manchmal sehr ernsten Schwierigkeiten resultieren, in denen sie stecken. In diesen Fällen kann das Verhalten der Eheleute, wenn es

auch christlichen Normen nicht genügt, gewiß nicht mit der gleichen Strenge beurteilt werden, wie sie angebracht wäre, wenn ihm andere, von Selbstsucht und Hedonismus verdorbene Motive zugrunde lägen.« Luciani ermahnte die von Gewissensbissen Geplagten unter seinen Gläubigen, sich nicht einem »beklemmenden, quälenden Schuldkomplex hinzugeben«.

Während dieser ganzen Zeit partizipierte der Vatikan an den Gewinnen einer der vielen in seinem Besitz befindlichen Firmen, des Istituto Farmacologico Sereno. Eines der meistverkauften Erzeugnisse dieser Firma war ein orales Verhütungsmittel namens Luteolas.

Dem Heiligen Vater in Rom entging die Loyalität, die Albino Luciani in Vittorio Veneto ihm bezeigte, nicht. Er wußte besser als die meisten anderen, wie schwer diese Loyalität erkauft war. Das Schriftstück auf seinem Schreibtisch, das die Unterschrift Kardinal Urbanis trug, tatsächlich aber weitgehend den Standpunkt des Bischofs Luciani zur Frage der Empfängnisverhütung verkörperte, war ein stummes Zeugnis für den hohen persönlichen Preis jener Loyalität.

Tief beeindruckt hatte Papst Paul VI. zu seinem Unterstaatssekretär Giovanni Benelli gesagt: »In Vittorio Veneto sitzt ein kleiner Bischof, der mir brauchbar scheint.« Der schlaue Benelli setzte alles daran, ein freundschaftliches Verhältnis zu Luciani zu gewinnen. Die Freundschaft, die entstand, sollte weitreichende Folgen haben.

Am 17. September 1969 starb Kardinal Urbani, der Patriarch von Venedig. Der Papst erinnerte sich des kleinen Bischofs. Zu seiner Überraschung lehnte Luciani die Berufung in das erhabene Amt höflich dankend ab. Jedem Machtergeiz abhold, war er mit seiner Aufgabe in Vittorio Veneto glücklich und zufrieden.

Papst Paul warf sein Netz aufs neue aus. Kardinal Antonio Samore, nicht weniger reaktionär als sein Mentor Ottaviani, präsentierte sich als aussichtsreicher Kandidat. Freilich drangen murrende Stimmen von Vertretern der venezianischen Laienschaft an das Ohr des Papstes, die deutlich machten, daß viele in Venedig glücklicher wären, wenn Samore in Rom bliebe.

Nun lieferte Paul VI. eine weitere Demonstration des von ihm seit

seiner Thronbesteigung kreierten römischen Tanzes: Einen Schritt vorwärts, einen Schritt zurück – Luciani, Samore, Luciani.
Luciani begann den von Rom ausgehenden Druck zu spüren. Schließlich gab er nach. Es war ein Entschluß, den er schon wenige Stunden später bereute. Venedig aber, das nicht ahnte, daß sein neuer Patriarch sich gegen seine Ernennung gesträubt hatte, jubelte, als der »Lokalmatador« Albino Luciani am 15. Dezember 1969 in sein neues Amt eingeführt wurde.
Vor seinem Weggang aus Vittorio Veneto bekam Luciani eine Spende von einer Million Lire überreicht. Diskret verweigerte er die Annahme des Abschiedsgeschenks und regte an, die Spender sollten das Geld für wohltätige Zwecke ihrer eigenen Wahl verwenden; er erinnerte sie daran, was er seinen Priestern bei seiner Ankunft in der Diözese vor elf Jahren gesagt hatte: »Ich komme mit weniger als fünf Lire. Ich möchte mit weniger als fünf Lire weggehen.« Ein Paket Bettwäsche, eine Handvoll Möbelstücke und seine Bücher, das war alles, was Albino Luciani nach Venedig mitbrachte.
Am 8. Februar 1970 hielt der neue Patriarch und nunmehrige Erzbischof Luciani seinen Einzug in Venedig. Die Tradition wollte es, daß die Amtsübernahme eines neuen Patriarchen den Vorwand für eine ebenso fröhliche wie üppige Prozession von Gondeln, Blaskapellen und Paradeuniformen lieferte, bei der zahllose Reden gehalten wurden. Luciani waren pompöse Zeremonien dieser Art immer entschieden unsympathisch gewesen. Er blies das aufwendige Begrüßungsritual ab und beschränkte sich darauf, eine Rede zu halten, in der er nicht nur Bezüge zur Geschichte Venedigs herstellte, sondern auch darauf hinwies, daß seine neue Diözese industrielle Ballungsgebiete wie Mestre und Marghera einschloß. Dies sei, so meinte er, »das andere Venedig, mit wenigen Baudenkmälern, aber um so mehr Fabriken, Wohnvierteln, geistlichen Problemen, Seelen. Und in diese vielgesichtige Stadt hat die Vorsehung mich jetzt entsandt. Herr Bürgermeister, die ersten venezianischen Münzen, die im Jahr 850 geprägt wurden, trugen den Wahlspruch: ›Christus, schütze Venedig.‹ Ich mache mir dies von ganzem Herzen zu eigen und mache daraus ein Gebet: ›Christus, segne Venedig.‹ «
Die Stadt bedurfte wahrlich des Segens Christi. Sie strotzte vor

Monumenten und Kirchen, die vom vergangenen Ruhm der mächtigen Stadtrepublik kündeten; allein, wie Albino Luciani sehr schnell erfuhr, die meisten Kirchen in den 127 Gemeindebezirken waren fast immer leer. Wenn man die Touristen, die ganz Kleinen und die ganz Alten abzog, dann war der Kirchenbesuch in dieser Diözese erschreckend schwach. Venedig war eine Stadt, die ihre Seele an den Fremdenverkehr verkauft hatte.

Am Tag nach seiner Ankunft machte Luciani sich in Gesellschaft seines neuen Sekretärs, Pater Mario Senigaglia, an die Arbeit. Während er Einladungen zum Besuch diverser Abendgesellschaften, Cocktailpartys und Empfänge ignorierte, machte er Besuche im örtlichen Seminar, im Frauengefängnis von Giudecca, im Männerzuchthaus von Santa Maria Maggiore und zelebrierte eine Messe in der Kirche von San Simeone.

Die Patriarchen von Venedig verfügten traditionsgemäß über eine eigene Jacht. Luciani fehlte es sowohl an dem persönlichen Wohlstand als auch an der Neigung zu solchem, wie ihm schien, unnötigen Luxus. Wenn er und Pater Mario sich durch die Wasserstraßen der Stadt bewegen wollten, nahmen sie ein Omnibusboot. Wenn es sich um einen eiligen Termin handelte, rief Luciani bei der Feuerwehr, den Carabinieri oder der Finanzpolizei an und bat sie, ihm eins ihrer Boote zur Verfügung zu stellen. Die drei Organisationen arbeiteten schließlich einen Schichtenplan aus, um dem merkwürdigen Erzbischof stets zu Diensten sein zu können.

Auf dem Höhepunkt der Ölkrise stieg der Patriarch für Besuche auf dem nahegelegenen Festland auf das Fahrrad um. Die Mitglieder der High Society von Venedig schüttelten mißbilligend den Kopf. Sie vermißten die zeremonielle Prachtentfaltung, die in ihren Augen zum Patriarchenamt gehörte. Für sie war der Patriarch von Venedig eine wichtige Figur, die in einem entsprechend würdigen Rahmen auftreten mußte. Wenn Albino Luciani und Pater Mario unangemeldet in einem Krankenhaus auftauchten, um die Patienten zu besuchen, bildete sich um sie sofort ein Troß von Ärzten, Verwaltungsbeamten, Mönchen und Nonnen. Pater Senigaglia erinnerte sich im Gespräch mit mir an eine solche Situation:

»Ich möchte nicht Ihre wertvolle Zeit in Anspruch nehmen. Ich kann meinen Rundgang alleine machen.«

»Aber nicht doch, Euer Eminenz. Es ist eine Ehre für uns.«
So machte sich eine große Menschentraube auf den Weg durch die Krankenzimmer, mit einem sich zunehmend unbehaglicher fühlenden Luciani in der Mitte, der schließlich stehenblieb und sagte: »Ach, vielleicht ist es besser, wenn ich ein andermal wiederkomme; es ist schon spät.«
Er inszenierte zuweilen mehrere Scheinrückzüge, in dem Versuch, dadurch den Troß abzuschütteln. Allein, es gelang nicht.
»Machen Sie sich keine Gedanken, Euer Eminenz. Es ist unsere Pflicht.«
Draußen wandte er sich kopfschüttelnd an Pater Senigaglia: »Sind die denn immer so? Es ist furchtbar. Ich bin etwas anderes gewöhnt. Wir werden zusehen müssen, daß sie es begreifen, oder ich werde von einer guten Gewohnheit Abschied nehmen müssen.«
Allmählich machte sich zwar ein gewisses Verständnis breit, aber die Atmosphäre von Vittorio Veneto stellte sich in Venedig nicht ein.
Nicht nur mit seinen Besuchspraktiken im Krankenhaus sorgte der neue Bischof für frischen Wind. Eine ganze Anzahl von Monsignores und Priestern, deren Gebaren nicht der Ansicht Lucianis entsprach, daß »der wirkliche Schatz der Kirche die Armen sind, die Schwachen, denen nicht nur mit gelegentlichen Wohltaten geholfen werden sollte, sondern so, daß sie wirklich etwas davon haben«, fanden sich unversehens als Gemeindepriester in ein abgelegenes Nest versetzt.
Einem solchen Priester, in seinem weltlichen Dasein Hausbesitzer, erteilte Luciani höchstpersönlich eine Lektion in sozialer Gerechtigkeit, die ihm zu denken gab. Der Mann mußte, nachdem er die Miete für eines seiner Häuser erhöht hatte, feststellen, daß der Mieter, ein stellungsloser Schullehrer, den erhöhten Mietzins nicht aufbringen konnte. Prompt schickte er ihm einen Kündigungsbrief. Als Luciani durch seinen Sekretär von der Sache erfuhr, stellte er den Priester zur Rede, der jedoch nur mit den Achseln zuckte und sich über diesen schrulligen Patriarchen wunderte, der ihm mit Christuszitaten kam: »Mein Königreich ist nicht von dieser Welt.« Er fuhr fort, auf den Auszug des Lehrers und seiner Familie zu drängen. Luciani schrieb, ohne zu zögern, einen Scheck über drei Mil-

lionen Lire aus, der es der Familie ermöglichte, in einer Pension zu wohnen, bis sie wieder ein Domizil gefunden hatte. Der Lehrer ließ sich eine Fotokopie des Schecks machen, die noch heute eingerahmt bei ihm im Wohnzimmer hängt.

Ein andermal traf Pater Senigaglia den Erzbischof zufällig am Bett eines erkrankten Priesters. Als er das Zimmer betrat, sah er, wie Luciani den Inhalt seiner Brieftasche auf das Bett des Priesters leerte. Später machte er dem Patriarchen deswegen Vorhaltungen: »So etwas dürfen Sie nicht tun.« Die Antwort, die Albino Luciani gab, spricht für sich: »Es war alles, was ich bei mir hatte.«

Senigaglia erklärte ihm, daß die Kurie über einen Sonderfonds verfüge, aus dem diskrete Hilfszahlungen für Priester finanziert werden könnten. Dieses Fonds habe sich der vorige Patriarch bei der Austeilung von Wohltaten bedient. Luciani ließ sich die Sache erklären und trug sodann seinem Sekretär auf, dieselbe Abmachung mit der Kurie zu treffen.

Er erfuhr, daß er als Patriarch automatisch Eigentümer eines Hauses in San Pietro de Fileto war. Gegen seine Absicht, es jenem unglücklichen Lehrer als Wohnung anzubieten, erhob der Vatikan Einspruch. Nach einem Tauziehen mit der Kurie erklärte diese sich schließlich damit einverstanden, daß Luciani das Haus dem in den Ruhestand getretenen Bischof Muchin zur Verfügung stellte.

Nicht lange, und in den Amtsräumen des neuen Patriarchen drängten sich von früh bis spät die Armen. »Die Tür des Patriarchen steht immer offen; wendet euch an Don Mario, und ich werde, was immer ich für euch tun kann, stets bereitwillig tun.« Aus der nicht eben wohlriechenden Menge ertönten Worte des Dankes. Ein zähneknirschender Don Mario suchte seinen Oberhirten auf: »Euer Exzellenz, Sie ruinieren mich. Die Leute werden mir keine Ruhe mehr lassen.«

Luciani lächelte und entgegnete: »Jemand wird uns zu Hilfe kommen.«

Es konnte nicht ausbleiben, daß sich im Vorzimmer des Patriarchen oft Alkoholiker, vereinsamte Menschen, ehemalige Sträflinge, Verarmte, Landstreicher oder Frauen einfanden, die als Prostituierte nicht mehr genug zum Leben verdienten. Einer dieser Gestrandeten hat noch heute den Schlafanzug im Gebrauch, den Luciani ihm da-

mals geschenkt hat, und schreibt Dankesbriefe an den Mann, der nicht mehr da ist, um sie zu lesen. Im Lauf seines ersten Amtsjahres an seiner neuen Wirkungsstätte demonstrierte er sein Engagement für diejenigen, die »das andere Venedig« bewohnten, wie er es in seiner ersten Rede genannt hatte. Als in Mestre und Marghera Streiks und gewalttätige Demonstrationen ausbrachen, beschwor er Arbeiter und Unternehmer, einander auf halbem Wege entgegenzukommen. Als die Firma La Sava 1971 die Entlassung von 270 Arbeitern ankündigte, erinnerte er die Bosse an das vorrangige Gebot, die menschliche Würde zu respektieren. Aus gewissen Bereichen des traditionellen katholischen Honoratiorentums von Venedig war zu vernehmen, man wünsche sich einen Patriarchen, der sich damit begnüge, Predigten für die ausländischen Touristen zu halten.
Papst Paul VI. jedoch hatte seine helle Freude an Luciani. 1971 schickte er ihn als seinen Vertreter zur Weltbischofssynode. Tagungsthemen waren der priesterliche Dienst und die Gerechtigkeit in der Welt. Eine der Anregungen, die Luciani auf der Synode vortrug, gab einen Vorgeschmack auf Zukünftiges:

> »Als Modell für eine konkrete Hilfsmaßnahme für die armen Länder schlage ich vor, daß die wohlhabenden Kirchen sich selbst besteuern und ein Prozent ihrer Einnahmen an die vatikanischen Hilfsorganisationen abführen. Dieses eine Prozent sollte der ›brüderliche Anteil‹ genannt und nicht als ein wohltätiges Almosen gegeben werden, sondern als etwas, das man schuldet, als Ausgleich für die Ungerechtigkeiten, die unsere Konsumgesellschaft gegen die Entwicklungsländer begeht, und als eine Art Wiedergutmachung für die soziale Sünde, deren wir uns alle bewußt sein sollten.«

Eine der Ungerechtigkeiten, die Luciani durch beständiges und geduldiges Wirken in Venedig auszumerzen versuchte, hatte mit einer weitverbreiteten ablehnenden Einstellung zu geistig und körperlich behinderten Menschen zu tun. Nicht nur der Bürgermeister und die Stadtverwaltung wollten von diesen Menschen nichts wissen, auch bei einigen seiner Gemeindepriester fand Luciani die gleichen Vorurteile vor. Als er sich anschickte, in der St.-Pius-Kirche in Marghera einer großen Gruppe behinderter Kinder die Erstkommunion zu verabreichen, bekam er es mit einer Abordnung protestierender Priester zu tun, denen so etwas entschieden zu weit ging. »Diese Geschöpfe sind nicht fähig, die Kommunion zu verstehen.« Auf seine persönliche Anordnung hin nahmen sie an dieser Zeremonie teil.

Nach der Messe nahm der Patriarch ein kleines Mädchen, das an *spina bifida* litt, auf den Arm. Die Gemeinde sah mit atemlosem Schweigen zu.

»Weißt du, wen du heute empfangen hast?« fragte er das kleine Mädchen.«

»Ja. Jesus.«

»Und freust du dich?«

»Sehr.«

Luciani dreht sich langsam um und wandte sich an die Protest-Priester. »Seht ihr, sie sind besser als wir Erwachsene.«

Da der Magistrat von Venedig mit finanziellen Beiträgen zu kirchlichen Sozialeinrichtungen geizte, mußte Luciani anfänglich auf Mittel der Diözese und auf die als »Bank der Priester« bekannte Banca Cattolica Veneto zurückgreifen. Einige Monate nach seiner Ernennung zum Kardinal stellte er überrascht fest, daß dieses Geldinstitut keine »Bank der Priester« mehr war. Unter den sich alltäglich in seinem Vorzimmer einfindenden Bittstellern waren auf einmal auch Bischöfe und Priester. Bisher hatte die Banca Geistliche stets mit sehr zinsgünstigen Krediten bedient. Sie war ja auch eigens für die Diözese und zu dem Zweck gegründet worden, wichtige Betreuungsmissionen für diejenigen Teile der Gesellschaft zu ermöglichen, die Luciani einmal mit folgenden Worten beschrieb: »Sie haben kein politisches Gewicht. Sie bringen keine sicheren Wählerstimmen. Gerade deswegen müssen wir alle gegenüber diesen benachteiligten Menschen unser Ehrgefühl als Männer und als Christen unter Beweis stellen.«

Mitte 1972 war es mit den zinsgünstigen Krediten unversehens zu Ende. Die venezianischen Geistlichen erhielten die Auskunft, sie müßten künftig die normalen Zinssätze bezahlen, wie verdienstvoll ihre Arbeit auch immer sein möge. Die Priester beschwerten sich bei ihren Bischöfen. Die Bischöfe zogen diskrete Erkundigungen ein. Seit 1946 hielt das Istituto per le Opere Religiose (IOR), allgemein als »Vatikanbank« bezeichnet, die Aktienmehrheit bei der Banca Cattolica Veneto. Die venezianischen Diözesen waren durchweg Kleinaktionäre der Banca; ihre Anteile summierten sich auf knapp fünf Prozent des Gesamtkapitals.

Im normalen Wirtschaftsleben wären die Diözesen mit diesem winzigen Aktienanteil Spielbälle des Großaktionärs gewesen, aber es handelte sich in diesem Fall eben nicht um ein normales Wirtschaftsunternehmen. Es bestand eine klare Übereinkunft zwischen Venedig und dem Vatikan, daß die Mehrheitsbeteiligung des IOR (1972 belief sie sich auf 51 Prozent) eine Garantie gegen eine eventuelle Übernahme der Banca Cattolica durch eine dritte Partei war. Trotz der sehr günstigen Kreditzinsen, die sie dem venezianischen Klerus gewährte, war sie eine der reichsten Banken des Landes. Zu der Bank, mit der der Priester Geschäfte macht, strömen eben auch die Gläubigen. (Ein beträchtlicher Teil des Vermögens der Banca Cattolica beruhte auf ihrem Grundbesitz in Norditalien.) Dieses segensreiche Arrangement hatte jetzt ein abruptes Ende gefunden. Die Bank, von der sie geglaubt hatten, sie gehöre ihnen – zumindest moralisch –, hatte hinter ihrem Rücken, ohne Wissen des Patriarchen von Venedig oder irgendeines anderen Betroffenen in Venetien, den Besitzer gewechselt. Der Mann, der sie verkauft hatte, war der Präsident der Vatikanbank, Paul Marcinkus. Der Mann, der sie erworben hatte, war Roberto Calvi, der Chef der Mailänder Banco Ambrosiano.

Die Bischöfe der Region gaben sich in der Residenz des Patriarchen die Klinke in die Hand. Er lauschte ruhig ihren Berichten über das Vorgefallene. Sie berichteten, daß sie in der Vergangenheit, wenn sie für ein Projekt Kapital aufbringen wollten, bei der Vatikanbank Kredite aufgenommen und als Sicherheit Banca-Cattolica-Aktien aus ihrem Besitz beim IOR hinterlegt hatten. Jetzt hatte die Vatikanbank diese Aktien, zusammen mit einem großen Paket weiterer Banca-Cattolica-Anteile (in deren Besitz sie anderweitig gekommen war), mit hohem Gewinn an Calvi verkauft.

Die empörten Bischöfe wiesen Luciani darauf hin, daß es ihnen, hätten sie Gelegenheit dazu bekommen, möglich gewesen wäre,

das für die Rückzahlung der Kredite an die Vatikanbank nötige Geld aufzutreiben und damit ihre als Sicherheit hinterlegten Banca-Cattolica-Aktien zurückzukaufen. Was in ihren Augen jedoch noch verwerflicher war, war der Verstoß gegen Treu und Glauben, den Marcinkus begangen hatte – im Namen des Vatikan, der doch den Anspruch erhob, die höchste moralische Instanz auf Erden zu sein. Marcinkus hatte, um das Mindeste zu sagen, einen völligen Mangel an moralischer Redlichkeit offenbart. Daß er den gesamten bei der Transaktion realisierten Gewinn den Kassen der Vatikanbank einverleibte, stachelte ihre Entrüstung zusätzlich an.
Die Bischöfe drängten Luciani, persönlich in Rom vorstellig zu werden. Sie wünschten ein direktes Eingreifen des Papstes. Sollte dieses Eingreifen in der Entlassung von Paul Marcinkus gipfeln, so war schon jetzt klar, daß dies nicht viele in der Kirche zu Tränen rühren würde, wenigstens nicht in Venetien. Luciani ließ sich das Problem durch den Kopf gehen. Er, der nie unüberlegt Handelnde, kam zu der Erkenntnis, daß er erst noch mehr Tatsachen zusammentragen mußte, ehe er den Papst mit einem solchen Problem konfrontieren konnte.
Luciani begann in aller Stille zu recherchieren. Er erfuhr eine Menge über Roberto Calvi und auch über einen Mann namens Michele Sindona. Was er erfuhr, ließ ihn erschauern. Es öffnete ihm aber auch die Augen für den zweifelhaften Sinn einer direkt dem Papst vorgetragenen Klage. Aus dem, was er erfahren hatte, ging klar genug hervor, daß Calvi und Sindona Günstlinge der Kirche waren und bei Paul VI. in hohem Ansehen standen. Luciani wandte sich an einen Mann, mit dem ihn in den verflossenen fünf Jahren eine enge Freundschaft verband: Erzbischof Giovanni Benelli. Benelli war zwar nominell nur die Nummer 2 im vatikanischen Staatssekretariat, unter Kardinal Villot aber leitete er de facto die Behörde. Als rechte Hand Papst Pauls kannte Benelli nicht nur alle »Leichen im Keller« des Vatikan, sondern trug auch für einige von ihnen ein gut Teil Verantwortung.
Benelli hörte sich an, was der Patriarch von Venedig zu berichten hatte. Als er geendet hatte, servierte ein Monsignore frischen Kaffee. Luciani fügte einschränkend hinzu: »Ich habe keine schriftlichen Belege dafür gesehen.«

»Aber ich«, antwortete Benelli. »Calvi ist jetzt Mehrheitsaktionär der Banca Cattolica Veneto. Marcinkus hat ihm am 30. März 1972 37,375 Prozent der Anteile verkauft.«
Es bereitete Benelli Vergnügen, präzise Zahlen und Angaben vor Luciani auszubreiten. Er erzählte dem ungläubig lauschenden Luciani, daß Calvi 27 Milliarden Lire (das entspricht etwa 45 Millionen Dollar) an Marcinkus gezahlt hatte, und daß die ganze Transaktion das Resultat eines von Calvi, Sindona und Marcinkus gemeinsam ausgeheckten Planes gewesen war. Er erzählte von einer Firma namens Pacchetti, die Calvi von Sindona gekauft hatte, nachdem der Kurs ihrer Aktien mit Hilfe krimineller Methoden künstlich in die Höhe getrieben worden war. Er erzählte davon, wie Marcinkus Calvi geholfen hatte, diese und andere illegale Operationen vor den Augen der italienischen Bankenaufsicht zu verbergen, indem er ihm die Einrichtungen und den Namen der Vatikanbank zur Verfügung gestellt hatte.
Luciani schlackerte mit den Ohren. »Was hat das alles zu bedeuten?« fragte er.
»Steuerhinterziehung, ungesetzliche Anteilsübereignungen. Ich glaube auch, daß Marcinkus die Anteile eurer Banca Cattolica in Venedig zu einem bewußt niedrig angesetzten Preis verkauft und daß Calvi die Differenz mittels dieses 31-Milliarden-Lire-Geschäfts mit dem Credito Varesino beglichen hat. Ich denke, daß der Gesamterlös, den Marcinkus erzielt hat, bei knapp 47 Millionen Dollar liegt.«
Luciani war außer sich. »Was hat das alles mit der Kirche der Armen zu tun? Im Namen Gottes ...«
Benelli brachte ihn mit einem Wink zum Schweigen. »Nein, Albino, im Namen des Profits.«
»Weiß der Heilige Vater von diesen Dingen?«
Benelli nickte.
»Und?«
»Vergiß nicht, wer Paul Marcinkus zum Leiter unserer Bank gemacht hat.«
»Der Heilige Vater.«
»Genau. Und, wie ich gestehen muß, mit meiner vollen Zustimmung. Ich habe das schon viele Male bereut.«

»Was sollen wir also tun? Was soll ich meinen Priestern und Bischöfen sagen?«
»Du mußt sie zur Geduld ermahnen. Wir müssen warten. Einmal wird Marcinkus sich übernehmen. Seine Achillesferse ist sein übergroßes Bedürfnis nach päpstlichem Lob.«
»Aber was will er mit diesem ganzen Geld machen?«
»Er will es gewinnbringend anlegen.«
»Zu welchem Zweck?«
»Um den Gewinn wieder gewinnbringend anzulegen.«
»Und bis dahin sollen meine Priester mit der Sammelbüchse durch Venetien wandern?«
»Bis dahin mußt du sie zur Geduld mahnen. Ich weiß, daß du dich auf Geduld verstehst. Lehre sie deinen Priestern. Auch ich muß mich darin üben.«
Albino Luciani kehrte nach Venedig zurück und rief seine Bischöfe zu sich. Er ließ sie einiges von dem wissen, was er in Rom erfahren hatte – genug, um alle Zweifel daran zu zerstreuen, daß die Banca Cattolica Veneto für die Diözese unwiederbringlich verloren war. Einige der Bischöfe unterhielten sich später über die Angelegenheit. Sie kamen darin überein, daß so etwas in den Tagen des Kardinals Urbani nicht hätte passieren können. Was geschehen war, hatte in ihren Augen gezeigt, daß Lucianis natürliche Güte ihn zu einem wehrlosen Spielball des IOR machte. Die meisten von ihnen, Luciani eingeschlossen, verkauften die ihnen noch verbliebenen Anteile an der Banca als Ausdruck ihres Protests gegen das Verhalten des Vatikan. In Mailand registrierte Roberto Calvi mit Genugtuung, daß seine Börsenmakler für ihn ein weiteres Stückchen der »Bank der Priester« in Venedig erworben hatten.
Albino Luciani und viele andere in Venedig kündigten ihre Konten bei der Banca Cattolica. Daß der Patriarch von Venedig das kleine Geldinstitut Banco San Marco zur offiziellen Hausbank der Diözese machte, war ein ungewöhnlicher Schritt. Wie er einem Kollegen anvertraute: »Calvis Geld ist befleckt. Der Mann ist befleckt. Nach allem, was ich über Roberto Calvi gehört habe, würde ich bei seiner Bank kein Konto unterhalten, selbst wenn er der Diözese zinslose Kredite gewähren würde.«
Luciani unternahm in der Folge den Versuch, die Direktoren der

Banca Cattolica zu einer Änderung des Namens der Bank zu bewegen. Er hielt ihnen vor, daß das Attribut »katholisch« im Namen ihres Instituts eine Beleidigung für alle gläubigen Katholiken sei.
In Rom wurde Papst Paul VI. ganz und gar nicht im unklaren darüber belassen, wieviel Unmut und welche konkreten Nachteile der Verkauf der Banca Cattolica in der Region Venetien bewirkt hatte. Giovanni Benelli drängte den Heiligen Vater, zu intervenieren, aber zu diesem Zeitpunkt war die Transaktion bereits vollzogen. Als Benelli die Ablösung von Marcinkus forderte, antwortete der Papst mit einem gequälten, hilflosen Achselzucken. Die Tatsache jedoch, daß Luciani keinen lauten, öffentlichen Protest erhoben hatte, machte auf Paul VI. großen Eindruck. Bei jeder sich bietenden Gelegenheit pries er von nun an die Güte des Mannes, den er zum Patriarchen von Venedig gemacht hatte. Bei einer Audienz, die er dem venezianischen Priester Mario Ferrarese gewährte, erklärte er nicht weniger als dreimal: »Sagen Sie den Priestern von Venedig, sie sollen ihren Patriarchen lieben, denn er ist ein guter, heiliger, weiser, belesener Mann.«
Im September 1972 machte Papst Paul auf der Reise zu einem eucharistischen Kongreß in Udine im Palast des Patriarchen von Venedig Station. Vor den Augen einer dichtgedrängten Menschenmenge auf dem Marcusplatz nahm der Papst seinen Schal ab und schlang ihn um die Schultern des verlegen errötenden Luciani. Die Menge jubelte. Paul VI. war kein Mann unverbindlicher theatralischer Gesten.
Als die beiden Männer im Palast beim Kaffee saßen, wurde der Papst deutlicher. Er gab Luciani zu verstehen, daß ihm »das kleine Finanzproblem« der Diözese zu Ohren gekommen war. Er hatte auch erfahren, daß Luciani sich bemühte, das Geld für die Errichtung eines Behindertenzentrums in Marghera zusammenzubekommen. Er versicherte Luciani, wie sehr er solche Vorhaben zu schätzen wisse, und äußerte den Wunsch, einen persönlichen Beitrag dazu zu leisten. Bei den Italienern, diesem redseligsten aller Völker, bleibt vieles oft ungesagt und wird doch verstanden.
Sechs Monate später, im März 1973, ernannte der Papst Albino Luciani zum Kardinal. So heftig sein Unbehagen über die Finanzpolitik des IOR war, so glaubte Luciani doch, dem Papst, seinem Papst,

volle und unbedingte Loyalität schuldig zu sein. Italienische Bischöfe befinden sich, was ihr Verhältnis zum Vatikan betrifft, in einer ganz besonderen Lage. Ihr Handeln wird strenger kontrolliert als das anderer Bischöfe. Strafe oder Tadel für wirkliches oder vermeintliches Fehlverhalten lassen nicht lange auf sich warten.

Luciani war sich zu dem Zeitpunkt seiner Ernennung zum Kardinal darüber im klaren, daß Ottaviani und andere konservative Männer der Kurie, weit von bedingungsloser Gefolgstreue entfernt, in einem langwierigen, erbittert geführten Konflikt mit dem Papst lagen. Was sie anstrebten, war nichts anderes, als alles, was das Zweite Vatikanische Konzil an Fortschritten in Gang gesetzt hatte, zunichte zu machen. Aufgefordert, vor den anderen neuernannten Kardinälen und dem Papst (aber natürlich auch vor Ottaviani und seiner Clique) eine Rede zu halten, bemerkte Albino Luciani: »Das Erste Vatikanische Konzil hat viele Anhänger, ebenso wie das Dritte. Das Zweite hingegen hat viel zu wenige.«

Zwei Monate später, im Mai 1973, empfing Luciani vertrauten Besuch aus Rom: Giovanni Benelli.

Benelli hatte zwei Gründe für sein Kommen. Zum einen wollte er Luciani versichern, daß man die Probleme, die sie im Vorjahr erörtert hatten, nicht aus den Augen verloren hatte. Darüber hinaus und im besonderen hatte er aber eine erstaunliche Geschichte zu erzählen. Sie hatte zu tun mit der amerikanischen Mafia, mit gefälschten Wertpapieren im Wert von nahezu einer Milliarde Dollar und mit Bischof Paul Marcinkus.

Am 25. April 1973 hatte Benelli in seinem Büro im Staatssekretariat des Vatikan höchst ungewöhnlichen Besuch empfangen: William Lynch, Leiter der Abteilung für Organisiertes Verbrechen und Korruption beim amerikanischen Justizministerium, und William Aronwald, Stellvertretender Leiter einer Sonderkommission der New Yorker Polizei. In ihrer Begleitung waren zwei FBI-Beamte.

»Nachdem ich diese Herren aus den Vereinigten Staaten begrüßt hatte«, erzählte mir Benelli, »entschuldigte ich mich und überließ sie der Gesellschaft dreier meiner fähigsten Mitarbeiter. Sie berichteten mir natürlich später eingehend, was vorlag.«

Der geheime FBI-Report, den ich viele Monate nach meinem Ge-

spräch mit Kardinal Benelli in die Hand bekam, bestätigte die Korrektheit seiner Schilderung. Die Geschichte, um die es dabei geht, liest sich wie das Exposé zu einem Hollywoodfilm.
Die Monsignores Edward Martinez, Carl Rauber und Justin Rigali waren die drei Zuhörer, denen William Lynch Einzelheiten über die Ergebnisse einer Serie von Ermittlungen mitteilte, die ihren Ausgang in der New Yorker Mafia-Unterwelt genommen hatten und mit unerbittlicher Logik zum Vatikan hinführten. Er berichtete den Priestern von einem Paket gefälschter amerikanischer Wertpapiere im Wert von 14,5 Millionen Dollar; diese Papiere waren das Qualitätsprodukt von Experten der amerikanischen Mafia. Das Paket war im Juli 1971 nach Rom geliefert worden, und zwingende Indizien wiesen darauf hin, daß der letzte Empfänger dieser Falsifikate die Vatikanbank war.
Lynch machte deutlich, daß nach Anhaltspunkten aus verschiedenen Quellen mit ziemlicher Sicherheit anzunehmen war, daß jemand aus dem Vatikan, jemand mit hoher Weisungsbefugnis in Finanzdingen, die gefälschten Papiere geordert hatte. Aus anderen Indizien, so Lynch weiter, gehe hervor, daß die 14,5 Millionen Dollar lediglich eine Anzahlung waren und daß der Gesamtnennwert der gefälschten Papiere sich auf 950 Millionen Dollar belief.
Der Justizbeamte enthüllte sodann den Namen jenes Mannes »mit hoher Weisungsbefugnis in Finanzdingen«, der der vermutete Drahtzieher der illegalen Transaktion war: Alle Lynch vorliegenden Anhaltspunkte deuteten auf Bischof Paul Marcinkus.
Mit bemerkenswerter Selbstbeherrschung lauschten die drei Priester den Darlegungen der beiden amerikanischen Strafverfolger, die das Belastungsmaterial gegen Marcinkus erläuterten.
Ein Teil der in die Sache verwickelten Männer saß in diesem Stadium der Ermittlungen bereits hinter Gittern. Einer von ihnen hatte geplaudert: Mario Foligni, selbsternannter »Graf von San Francisco« und Ehrendoktor der Theologie. Der Großbetrüger hatte sich schon mehrmals mit knapper Not einer Gefängnisstrafe entzogen. Einmal war er in den Verdacht geraten, den betrügerischen Bankrott einer von ihm kontrollierten Firma inszeniert zu haben, und der Magistrat von Rom hatte der Finanzpolizei einen Haftbefehl gegen ihn ausgestellt. Als die Polizisten Folignis Tresor öffneten, fanden

sie einen von Papst Paul VI. unterzeichneten Segensbrief. Sie entschuldigten sich für ihr Eindringen und zogen von dannen.
Auch andere hatten sich danach noch von den guten Beziehungen Folignis zum Vatikan beeindrucken lassen. Einem Österreicher namens Leopold Ledl hatte er im Vatikan wichtige Türen geöffnet. Es war Ledl, der das Vatikan-Geschäft eingefädelt hatte – den Verkauf gefälschter Wertpapiere im Wert von 950 Millionen Dollar an den Vatikan zum Kaufpreis von 625 Millionen Dollar. Eine »Provision« von 150 Millionen Dollar würde dem Vatikan rückerstattet, so daß nach Abwicklung des Geschäfts der Mafia 475 Millionen Dollar und dem Vatikan Papiere im Nennwert von nahezu 1 Milliarde Dollar verbleiben würden.
Die amerikanische Mafia war dem Geschäft gegenüber zunächst skeptisch gewesen – bis Ledl ein Schreiben des Vatikan vorwies, eine Bestätigung unter dem Briefkopf der *Sacra Congregazione dei Religiosi,* daß der Vatikan den Wunsch hatte, »den gesamten Bestand der Effekten bis zum Betrag von 950 Millionen Dollar zu erwerben«.
Foligni hatte den amerikanischen Ermittlern erzählt, daß Marcinkus als Sicherheit die Hinterlegung einer »Kostprobe« der Wertpapiere, zum Wert von eineinhalb Millionen, bei der Zürcher Handelsbank verlangt hatte. Auf diese Weise hatte, so Foligni, Marcinkus sicherstellen wollen, daß die Papiere als echt durchgehen würden. Ende Juli 1971 deponierte Foligni die »Kostprobe« vereinbarungsgemäß. Er benannte den vatikanischen Geistlichen Monsignore Mario Fornasari als Verfügungsberechtigten.
Eine zweite »Anzahlung« in Höhe von zweieinhalb Millionen Dollar, natürlich ebenfalls in Gestalt besagter Wertpapiere wurde im September 1971 bei der Banco di Roma hinterlegt. Auch diesmal, wie beim ersten Mal, bestanden die Papiere die Prüfung durch die Bankexperten, ein Kompliment an das Können der Mafia-Fälscher. Zum Unglück der Komplotteure hatten beide Banken einige Exemplare zur Überprüfung nach New York geschickt. Die Bankers Association in New York stellte fest, daß die Papiere gefälscht waren. So kam es zu dem ungewöhnlichen Besuch amerikanischer Justizbeamter und FBI-Ermittler im Vatikan.
Abgesehen von dem Wunsch, den Rest der sich auf einen Nenn-

wert von zehn Millionen Dollar belaufenden ersten Lieferung der Falsifikate sicherzustellen, ging es Lynch und seinen Kollegen darum, alle an dem Schwindel Beteiligten vor den Kadi zu bringen.
Folignis Aussagen zufolge beruhte das Interesse des Vatikan an der Erwerbung der gefälschten Wertpapiere darauf, daß Marcinkus und der italienische Bankier und Unternehmer Michele Sindona Kapital benötigten, um das italienische Großunternehmen Bastogi aufzukaufen, das über breitgestreute Anlagewerte in Bergbau und Chemie sowie über ausgedehnten Grundbesitz verfügte. Der Hauptsitz von Bastogi befand sich in Mailand, wo auch Sindona residierte. Dort hatte der damalige Mailänder Erzbischof Montini und spätere Papst Paul VI. Sindona kennengelernt. Mit der Wahl Montinis zum Papst wurde dem Vatikan nicht nur ein Nachfolger für den Thron Petri beschert, sondern auch der Vatikanbank ein neuer weltlicher Finanzberater: Michele Sindona.
William Lynch, selbst gläubiger Katholik, enthüllte weitere Einzelheiten: Mario Foligni hatte bei seiner Vernehmung durch die amerikanischen Justizbehörden eine Reihe von Behauptungen aufgestellt, die Bischof Marcinkus schwer belasteten. Abgesehen von dem Vorwurf, Sindona und Marcinkus hätten sich mit gefälschten Wertpapieren bei Bastogi einkaufen wollen, behauptete Foligni auch, der Bischof habe sich mit Sindonas Hilfe mehrere geheime Nummernkonten auf den Bahamas für seinen persönlichen Gebrauch zugelegt.
Mario Foligni hatte weiter zu Protokoll gegeben, er habe persönlich mit dem Büro Benellis, des vatikanischen Staatssekretärs, verhandelt, und als unmittelbare Folge dieses Informationsaustauschs habe der Staatssekretär »strengste interne Maßnahmen gegen Bischof Marcinkus veranlaßt, die dessen bisher enorme finanzielle Macht innerhalb des Vatikan erheblich eingeschränkt« hätten. Foligni hatte mit Nachdruck erklärt, daß er das vatikanische Staatssekretariat über die von ihm in Zürich und Rom hinterlegten »Kostproben« in Kenntnis gesetzt habe und daß die Benelli-Leute diese Information gegen Marcinkus verwendet hätten. Ferner habe er das US-Justizministerium darauf aufmerksam gemacht, daß er dem Staatssekretariat sein Wort gegeben habe, den Ermittlern keine weiteren Einzelheiten über das Schwindelgeschäft zu enthüllen.

Als die Amerikaner dies alles vorgetragen hatten, lehnten sie sich zurück und harrten der Reaktion ihrer Gesprächspartner. Wie William Lynch und William Aronwald mir bei dem Gespräch, das ich mit ihnen führte, klarmachten, betrachtete keine Seite diese erste Unterredung im Vatikan als eine Vernehmung. Es war ein informeller Meinungsaustausch, eine Gelegenheit, Angehörige des vatikanischen Staatssekretariats mit einer Reihe schwerwiegender Aussagen zu konfrontieren.

Die US-Justizbehörden waren sich dessen bewußt, daß die wichtigsten belastenden Aussagen von zwei notorischen Betrügern stammten; es lagen aber auch aussagekräftige interne Anhaltspunkte vor, die für den Wahrheitsgehalt der Behauptungen Folignis und Ledls sprachen.

Dieses internen Materials wegen hatte William Aronwald sich, unter Einschaltung des zuständigen US-Staatsanwalts, an Kardinal Cooke in New York gewandt. Der Kardinal hatte sich sehr kooperativ gezeigt und mit Hilfe der päpstlichen Gesandtschaft in Washington dieses ungewöhnliche Treffen arrangiert, das nicht nur dem Zweck diente, dem Vatikan Informationen zugänglich zu machen – letztlich ging es darum, Marcinkus zur Rede zu stellen.

Während Kaffee nachgeschenkt wurde, gaben sich die drei Monsignores schweigsam und nachdenklich. Schließlich raffte sich Monsignore Martinez, Assessor im Büro des Staatssekretärs, zu einer Äußerung auf. Er versicherte den Amerikanern, er und Monsignore Rauber hätten volle Kenntnis von allen dienstlichen Angelegenheiten des Erzbischofs Benelli und könnten mit Sicherheit ausschließen, daß Foligni sich jemals mit irgendwelchen belastenden Informationen an das Staatssekretariat gewendet hatte. Was die gefälschten Wertpapiere und die Hinterlegung der »Kostproben« betreffe, so habe bis heute niemand im Staatssekretariat etwas von diesen Dingen gewußt. Ganz wie es der Tradition der Kurie entsprach, erklärte Martinez sodann: »Es ist nicht die Absicht des Vatikan, sich in diesem Stadium an den Ermittlungen der Behörden der Vereinigten Staaten zu beteiligen, da wir dies als eine informelle Zusammenkunft betrachten und im Augenblick nichts weiter beabsichtigen, als zuzuhören.«

Was Lynch und seinen Kollegen hier entgegenschlug, war eine

Mentalität, vor der schon größere Männer als sie die Waffen gestreckt haben – der Geist der Kurie, einer verschworenen Gemeinschaft, die absolut nichts nach außen dringen läßt, eines Herrschaftsapparats, der die katholische Kirche in seinem eisernen Klammergriff hält.

Lynch gab den Monsignores zu bedenken, daß bislang erst der geringere Teil der gefälschten Wertpapiere sichergestellt sei, und fuhr fort:

»Da alle Anzeichen zwingend darauf hindeuten, daß die Vatikanbank als Empfängerin aller Falsifikate ausersehen war, und angesichts der Tatsache, daß insgesamt Papiere zum Nominalwert von 950 Millionen Dollar bestellt worden sind, darf ich Ihnen vielleicht eine Liste der [gefälschten] Wertpapiersorten überreichen?«

Martinez ignorierte diesen Wink mit dem Zaunpfahl. Lynch ließ nicht locker. »Auf diese Weise läßt sich anhand der Bücher des ›Istituto per le Opere Religiose‹ feststellen, ob etwa ein Teil der gefälschten Wertpapiere ›versehentlich‹ von dieser Bank zur Aufbewahrung entgegengenommen worden ist.«

Die Defensivtaktik von Monsignore Martinez war wirklich höchst eindrucksvoll. »Ich habe natürlich keine Ahnung, ob irgendwelche von diesen gefälschten amerikanischen Wertpapieren bei unserer Bank gelandet sind. Es ist mir jedoch nicht möglich, zur Prüfung dieser Frage eine Liste von Ihnen entgegenzunehmen. Das wäre die Aufgabe von Bischof Marcinkus. Er ist für solche Dinge zuständig. Vielleicht könnten Sie, falls Sie Schwierigkeiten haben, mit dem Bischof in Kontakt zu kommen, eine solche Liste zusammen mit einem formellen Brief an den päpstlichen Gesandten in Washington schicken.«

Offensichtlich war es an der Zeit, das Kaliber zu wechseln.

Die Amerikaner holten ein Dokument hervor, das sie nach der Verhaftung Leopold Ledls bei diesem sichergestellt hatten. Unter dem Siegel des Vatikan prangte der Briefkopf *Sacra Congregazione dei Religiosi*. Es war das Originalschreiben, in dem der Vatikan gefälschte Wertpapiere im fiktiven Gegenwert von nahezu einer Milliarde Dollar bestellte. Das Dokument hatte die amerikanische Mafia überzeugt. Die Monsignores studierten es eingehend. Ein ums andere Mal beugten sie sich darüber, hielten es unter oder gegen das Licht.

Martinez rieb sich nachdenklich das Kinn. Die Amerikaner beugten sich erwartungsvoll vor. Vielleicht würde die stoische Fassade des vatikanischen Apparatschiks jetzt bröckeln. »Der Briefkopf scheint uns identisch mit dem Briefkopf einer unserer Heiligen Kongregationen zu sein, deren Sitz sich hier im Vatikan befindet.«
Eine Pause trat ein, für die Amerikaner lange genug, um den Augenblick zu genießen. Dann fuhr Martinez fort:

> »Ich möchte jedoch darauf aufmerksam machen, daß der Briefkopf zwar authentisch wirkt, die betreffende Kongregation aber 1968 ihren Namen geändert hat und daß angesichts der Datierung dieses Briefes, der 29. Juni 1971, der im Briefkopf angegebene Name im Grunde nicht stimmt. Der neue Name lautet *Sacra Congregazione per i Religiosi e gli Istitute Secolari.*«

Ihr wichtigstes Ziel erreichten die amerikanischen Ermittler gleichwohl: Man kam überein, daß am folgenden Tag eine persönliche Begegnung mit Bischof Paul Marcinkus stattfinden sollte. Dies allein war schon ein außerordentlicher Erfolg, denn der Vatikan verteidigt in der Regel seinen Anspruch, ein souveräner Staat zu sein, mit Zähnen und Klauen.
Kardinal Benelli bestätigte mir übrigens im persönlichen Gespräch, daß er tatsächlich schon vor dem Erscheinen der amerikanischen Ermittler im Vatikan von Mario Foligni Informationen über die Affäre erhalten hatte. Der Kardinal hatte darin ein Selbstentlastungsmanöver Folignis gesehen, der zu diesem Zeitpunkt wußte, daß das Spiel aus war. Was die Glaubwürdigkeit der von Foligni gegebenen Hinweise betraf, so begnügte Benelli sich mit der Feststellung, daß er die Angaben »sehr interessant und nützlich« gefunden habe.

Am Morgen des 26. April 1973 wurden die beiden Justizbeamten und die beiden FBI-Männer in das private Arbeitszimmer von Bischof Paul Marcinkus geführt. Lynch und Aronwald wiederholten die Geschichte, die sie am Tag zuvor erzählt hatten, und Marcinkus hörte ihnen, eine dicke Zigarre paffend, zu. Im Lichte einiger seiner späteren Dementis war seine einleitende Bemerkung besonders in-

teressant: »Ich bin über die Schwere der erhobenen Beschuldigungen sehr besorgt. In Anbetracht dessen werde ich jede Ihrer Fragen nach bestem Wissen beantworten.«
Er begann mit Michele Sindona. »Michele und ich sind sehr gute Freunde. Wir kennen uns seit Jahren. Meine finanziellen Geschäfte mit ihm sind jedoch sehr geringfügig gewesen. Er ist, wie Sie wissen, einer der wohlhabendsten Industriellen Italiens. Was finanzielle Dinge betrifft, so ist er seiner Zeit um einiges voraus.«
Der Bischof ließ sich recht langatmig über die verschiedenen Tugenden und Talente Michele Sindonas aus. Dann kam er auf das Bankgeheimnis zu sprechen, das er anscheinend ebenso hoch einschätzte wie das Beichtgeheimnis:

> »Ich würde es in vielen Punkten, auf die ich zu sprechen kommen werde, vorziehen, keine Namen zu nennen; denn die Beschuldigungen, die Foligni gegen mich erhebt, sind zwar äußerst schwerwiegend, aber so haarsträubend, daß ich es nicht für erforderlich halte, zum Zwecke meiner Verteidigung das Bankgeheimnis zu verletzen.«

Während die Unterredung vom vorigen Tag größtenteils informeller Natur gewesen war, hatte die Begegnung mit Marcinkus den Charakter einer amtlichen Befragung. Nach dem Beweismaterial zu urteilen, das die amerikanischen Justizbehörden in mehr als zweijähriger sorgfältiger und mühevoller Kleinarbeit zusammengetragen hatten, saßen Lynch, Aronwald und die FBI-Beamten Biamonte und Tammaro dem Mann gegenüber, der eine der größten Betrügereien aller Zeiten eingefädelt hatte. Wenn dieses Belastungsmaterial nicht trog, dann würde vielleicht einmal Al Capone den Ruhm, der berüchtigste Sohn der Chicagoer Vorstadt Cicero zu sein, mit Paul Marcinkus teilen müssen. Aber noch zappelte der große Fisch längst nicht an der Angel.
William Lynch wagte sich einen Schritt weiter vor. »Falls es zu irgendeinem Zeitpunkt nötig werden sollte, werden Sie zu einer persönlichen Gegenüberstellung mit Mario Foligni bereit sein?«
»Ja.«
»Wären Sie, falls es nötig würde, auch bereit, vor einem amerikanischen Gericht auszusagen?«

»Nun ja, gewiß, wenn es absolut notwendig ist. Ich hoffe jedoch, es wird nicht soweit kommen.«
»Warum?«
»Nun ja, die einzigen, die etwas davon hätten, wenn ich vor Gericht erschiene, wären die italienischen Zeitungen.«
»Wie meinen Sie das?«
»Die lassen keine Gelegenheit aus, Stimmung gegen den Vatikan zu machen, ohne Rücksicht darauf, ob etwas wahr ist oder nicht.«
Lynch und Aronwald zeigten keinerlei Rücksichtnahme auf die Empfindlichkeit des Vatikan gegenüber der italienischen Presse.
»Haben Sie ein privates Nummernkonto auf den Bahamas?«
»Nein.«
»Haben Sie ein gewöhnliches Bankkonto auf den Bahamas?«
»Nein.«
»Sind Sie da ganz sicher, Herr Bischof?«
»Es gibt finanzielle Belange des Vatikan auf den Bahamas, aber das hat ausschließlich mit geschäftlichen Transaktionen zu tun, die sich kaum von vielen anderen vom Vatikan getätigten unterscheiden. Es dient nicht dem privaten finanziellen Nutzen irgendeiner Einzelperson.«
»Nein, was uns interessiert, sind persönliche Konten von Ihnen.«
»Ich habe kein privates oder amtliches Konto auf den Bahamas oder irgendwo anders.«
Ob Marcinkus sein Gehalt in bar mit sich herumtrug und seine Ausgaben aus der Hosentasche tätigte, dieser Frage wurde nicht nachgegangen. Der Bischof erwähnte auch nichts davon, daß er im Vorstand der in Nassau auf den Bahamas registrierten Banco Ambrosiano Overseas saß, und zwar schon seit 1971. Diese Position war ihm von den beiden Männern angetragen worden, die dieses Bahama-Unternehmen gegründet hatten: Michele Sindona und Roberto Calvi. Beide Männer machten bei der Tätigung ihrer Geschäfte häufigen Gebrauch vom Namen des Bischofs. Sindona hatte es Marcinkus bei einer Gelegenheit offen erklärt: »Ich habe Sie in den Vorstand aufgenommen, weil Ihr Name mir hilft, Geld zu beschaffen.«
Sindona und Calvi bezeigten ihre Dankbarkeit damit, daß sie Marcinkus und der Vatikanbank einen Zweieinhalbprozentanteil am

Kapital ihrer Nassauer Bank überschrieben. Dieser Anteil kletterte mit der Zeit auf acht Prozent. Marcinkus nahm häufig an Vorstandssitzungen teil und verbrachte Urlaube auf den Bahamas. Es muß ihm lästig geworden sein, beständig die großen Bargeldbeträge wechseln zu müssen, die er, wenn man seinen Beteuerungen gegenüber den amerikanischen Ermittlern Glauben schenken will, stets bei sich zu tragen gezwungen war. Sicher nicht alltäglich: Ein Mann, der im Vorstand einer Bank sitzt, aber selbst nicht über ein Konto verfügt.
An dieser Stelle der Befragung warf Bischof Marcinkus die Bemerkung ein: »Sie müssen wissen, meine Stellung innerhalb des Vatikan ist außergewöhnlich.« Diese bescheidene Selbsteinschätzung erläuterte er sodann wie folgt: »Ich leite das, was viele Leute gern die Vatikanbank nennen. In dieser Funktion trage ich die volle Verantwortung für die finanziellen Angelegenheiten des Vatikan. Was meine Stellung so einzigartig macht, ist, daß ich nur dem Papst Rechenschaft darüber schuldig bin, wie ich diese finanziellen Angelegenheiten handhabe. Theoretisch bekomme ich meine Anweisungen von einer Gruppe von Kardinälen, die von Zeit zu Zeit zusammentritt und allgemein als Aufsichtsgremium der Bank fungiert. In Wirklichkeit habe ich jedoch praktisch freie Hand in der Leitung der finanziellen Angelegenheiten des Vatikan.«
Diese vertrauliche Eröffnung machte auf die Zuhörer des Bischofs keinen Eindruck.
»Was wollen Sie uns damit sagen?«
»Nun ja, daß diese meine Stellung zu, wie soll ich sagen, gewissen unfreundlichen Gefühlen bei anderen Männern in verantwortlichen Positionen im Vatikan geführt hat.«
»Tatsächlich?«
»Ja, gewiß, ich fürchte, das gehört nun einmal dazu. Ich bin der erste Amerikaner, der jemals in eine solche Machtposition im Vatikan aufgestiegen ist, und ich bin sicher, daß das auch mit zur Entstehung bestimmter unfreundlicher Gefühle beigetragen hat.«
Ob Paul Marcinkus der führende Kopf hinter den Kulissen dieses gigantischen Schwindelgeschäfts war oder nicht, wenn er von gewissen »unfreundlichen Gefühlen« anderer hochgestellter Männer im Vatikan (und nicht nur dort) seiner Person gegenüber sprach, so

traf er damit zweifellos den Nagel auf den Kopf. Da gab es zum Beispiel in Venedig den Kardinal Albino Luciani, dessen Gefühle Marcinkus gegenüber zunehmend »unfreundlicher« wurden, je mehr er von Benelli über diese neueste Episode der Marcinkus-Saga erfuhr. Was Benelli zu diesem Zeitpunkt nicht wußte, war, daß Paul Marcinkus bei seinem Gespräch mit den amerikanischen Ermittlern ihn, Benelli, als einen möglicherweise an dem Schwindelgeschäft Beteiligten darzustellen versucht hatte.

Wenn man sich die Äußerungen von Marcinkus ansieht, wird deutlich, daß in seinen Augen alle möglichen anderen es verdienten, unter die Lupe genommen zu werden, nur nicht er. Über Pater Mario Fornasari, der offenbar tief in die Affäre verstrickt war, sagte er: »Einige meiner Mitarbeiter bei der Bank haben mir Fornasari als eine Figur geschildert, mit der man sich nicht einlassen soll. Ich bin sicher, Sie wissen, daß man Fornasari vor einiger Zeit beschuldigt hat, verleumderische Briefe geschrieben zu haben.«

»Tatsächlich? Und was wurde daraus?«

»Ich glaube, die Vorwürfe wurden fallengelassen.«

Marcinkus räumte ein, daß er mit Mario Foligni, der zweifelsfrei einer der Hauptbeteiligten an dem Milliardenschwindel war, bei mindestens zwei finanziellen Unternehmungen zusammengearbeitet hatte. Beim ersten handelte es sich um ein 100-Millionen-Dollar-Investitionsvorhaben, beim zweiten um ein 300-Millionen-Dollar-Geschäft, an dem außer Foligni noch der italienische Industrielle Carlo Pesenti beteiligt war. Beide Projekte waren, Marcinkus' Aussage zufolge, im Sand verlaufen. Auffällig an seiner kargen Schilderung dieser Dinge war, daß er sorgfältig darauf bedacht schien, den Namen Benellis ins Spiel zu bringen. Man merkte ihm an, daß es ein harter Schlag für sein Ego gewesen war, daß Benelli Papst Paul aufgefordert hatte, jenes 300-Millionen-Dollar-Geschäft einmal unter die Lupe zu nehmen; offensichtlich war Marcinkus der Überzeugung, niemand außer ihm dürfe mit dem Papst über Geldangelegenheiten sprechen. Marcinkus versuchte auch eine Verbindung zwischen Benelli und Foligni zu suggerieren und den Staatssekretär so in den Ruch der Mitwisserschaft zu bringen. Angesichts der nachfolgenden Aktivitäten Michele Sindonas und Roberto Calvis, der beiden Busenfreunde von Marcinkus, wäre es interessant zu erfahren, ob der Bischof diese »Haltet-den-Dieb«-Taktik auch heute noch glaubt anwenden zu können.

Was Marcinkus nicht erklärte – vielleicht weil er nicht danach gefragt wurde –, war, weshalb er eine Beteiligung an dem 300-Millionen-Dollar-Projekt Folignis überhaupt in Erwägung zog – acht Monate (respektive sechs Monate) nachdem Foligni Wertpapiere zum Nennbetrag von 1,5 Millionen Dollar bei einer Schweizer Bank (respektive von 2,5 Millionen Dollar bei der Banca di Roma) deponiert hatte. Es ist unvorstellbar, daß unter allen europäischen Bankiers ausgerechnet Marcinkus als Präsident der Vatikanbank von diesen kriminellen Aktivitäten noch nichts gehört hatte.

Als Fazit einer langen Befragung ergab sich, daß Marcinkus seine völlige Unschuld beteuerte und bestritt, irgend etwas gewußt zu haben. Dankend nahm er eine Liste der von den Fälschungen betroffenen Wertpapiersorten entgegen und erklärte, er werde nach den Falsifikaten Ausschau halten.

Eine ganze Reihe von Personen wurde schließlich für schuldig befunden, an dem Milliardenschwindel beteiligt gewesen zu sein. Im Hinblick auf die gegen Bischof Paul Marcinkus erhobenen Vorwürfe der Mittäterschaft erläuterte mir William Aronwald: »Das einzige, was wir hierzu mit Gewißheit feststellen können, ist, daß die Ermittlungen keine ausreichend glaubwürdigen Beweise für oder gegen die Richtigkeit dieser Vorwürfe erbracht haben. Da wir nicht die innerliche Gewißheit gewonnen hatten, daß irgend etwas faul war oder daß Marcinkus oder irgend jemand anders im Vatikan etwas Unrechtes getan hatte, wäre es unlauter gewesen, wenn wir ein paar Schlagzeilen zu schinden versucht hätten.«

Es ist völlig klar, daß es nicht etwa an einem mangelnden Aufklärungswillen der amerikanischen Ermittler gelegen hat, daß diese Untersuchung sowenig zutage förderte. Sie haben ihr möglichstes versucht. Später wurde die These aufgestellt, daß sie selbst Instrumente eines großangelegten Vertuschungsmanövers gewesen seien (und zwar von Richard Hamer in seinem 1982 erschienenen Buch *The Vatican Connection*); ihre Tätigkeit habe nur dem Zweck gedient, den Anschein zu erwecken, als ob ermittelt würde. Das ist unsinnig und zeugt von einer völligen Unkenntnis der sehr realen Probleme, die sich in den Weg stellen, wenn Ermittlungen, die in

einem Land aufgenommen worden sind, in einem anderen Land fortgesetzt werden sollen. Der Vatikan ist ein unabhängiges Staatswesen; daß Lynch und Aronwald und die FBI-Beamten überhaupt im Vatikan vorgelassen wurden, stellt ihrer Hartnäckigkeit ein gutes Zeugnis aus. Daß ein New Yorker Polizist sich, bewaffnet mit Haftbefehlen und einer 45er, ins Flugzeug setzt und in einem fremden Land Zeugen verhört oder gar irgendwelche Amtshandlungen vornimmt, das gibt es allenfalls in einem Fernsehkrimi.
Gehörte der Vatikan zu den Vereinigten Staaten, dann wären zweifellos alle bei der *Sacra Congregazione dei Religiosi* tätigen Mitglieder der Kurie einem gründlichen Verhör unterzogen worden. Fingerabdrücke wären abgenommen und verglichen, alle im Bereich der Kongregation verwendeten Schreibmaschinen untersucht worden. Wäre all dies möglich gewesen, so hätte die Frage nach Schuld oder Unschuld des Bischofs Marcinkus möglicherweise beantwortet werden können. Die Tatsache, daß die Behörden der Vereinigten Staaten das Belastungsmaterial ernst genug nahmen, um eine politisch sehr heikle Untersuchung einzuleiten, spricht im Grunde für sich. Wie William Aronwald mir versicherte: »Es wäre uns nicht eingefallen, das Geld des Steuerzahlers zu verschwenden, wenn wir das Belastungsmaterial nicht wirklich sehr ernst genommen hätten.«
Am Ende mußte das Ermittlungsverfahren gegen Marcinkus aus Mangel an Beweisen, die geeignet gewesen wären, eine Geschworenenjury zu überzeugen, eingestellt werden.
Die Frage bleibt daher unbeantwortet: Wer war der Auftraggeber, der gefälschte Wertpapiere in Höhe von einer knappen Milliarde Dollar bestellt hat? Betrachtet man die Gesamtheit des vorliegenden Materials, so bleiben nur zwei mögliche Antworten. Beide klingen abenteuerlich. Entweder Leopold Ledl und Mario Foligni verlockten die Mafia dazu, unter sicherlich beträchtlichem finanziellem Aufwand die Falsifikate herzustellen, in der Absicht, sie anschließend um diesen potentiell wertvollen »Blütenschatz« zu prellen. Da von den an diesem Geschäft beteiligten Zweigen der Mafia bekannt ist, daß sie gelegentlich Leute umbringen oder verstümmeln lassen, von denen sie vielleicht nur glauben, beleidigt worden zu sein, kann man Ledl und Foligni bescheinigen, daß sie sich, soll-

te das wirklich ihr Plan gewesen sein, eine ungewöhnliche Form des Selbstmordes ausgesucht hatten. Oder aber, und das ist die Alternative, die gefälschten Wertpapiere waren wirklich für den Vatikan bestimmt.

In Venedig trug Albino Luciani die Gewänder auf, die sein Vorgänger, Kardinal Urbani, hinterlassen hatte. Während seiner gesamten Amtszeit als Patriarch lehnte er den Kauf neuer »Berufskleidung« ab und hielt statt dessen die Nonnen, die ihm aufwarteten, immer wieder zum Flicken und Herrichten der alten Sachen an. Die Kardinals- und Patriarchenroben trug er übrigens sehr selten. Er bevorzugte die schlichte Priestersoutane.
Seine große äußerliche und innerliche Bescheidenheit führte oft zu kuriosen Situationen. 1975 unternahm er mit Pater Senigaglia eine Autotour durch Deutschland. Sie machten in Aachen Station, wo Luciani vor dem sehr alten Altar im Dom beten wollte. Im Beisein Senigaglias wurde dem Kardinal auf ziemlich barsche Weise mitgeteilt, daß der Altar nicht zugänglich sei und er ein andermal wiederkommen solle. Nach der Rückkehr zum Wagen erklärte Luciani seinem des Deutschen nicht mächtigen Sekretär, wie und warum man ihn abgewiesen hatte. Voller Zorn stürzte Senigaglia davon, lief in den Dom und deckte die deutschen Kirchenmänner mit einem italienischen Wortgewitter ein. Sie verstanden genug, um zu begreifen, daß der unscheinbare Priester, den sie weggeschickt hatten, der Patriarch von Venedig war. Jetzt war es wiederum Luciani, der, während die deutschen Priester ihn fast mit Gewalt aus dem Auto zerrten, wütend war, und zwar auf seinen Sekretär. In der Kirche sagte einer der sich händeringend entschuldigenden Priester leise zu Luciani: »Eminenz, ein kleines bißchen Rot wäre schon ratsam.«
Ein andermal besuchte Luciani in Venedig einen Ökologenkongreß. Er kam mit einem der Teilnehmer ins Gespräch, und es entwickelte sich eine intensive Diskussion. Luciani, der das Gespräch fortsetzen wollte, lud den Ökologen ein, ihn zu Hause zu besuchen. »Wo wohnen Sie?« erkundigte sich der Mann. »Gleich neben der Markuskirche«, antwortete Luciani. »Sie meinen, im Palast des Patriarchen?« »Ja.« »Und nach wem soll ich fragen?« »Nach dem Patriarchen.«

Hinter dieser Bescheidenheit und Sanftheit verbarg sich ein Mensch mit einer, von Herkunft und Berufung geprägten, außerordentlich starken Persönlichkeit. Weder der Linken noch der Rechten verpflichtet, vermied er es bewußt, sich in die Fraktionskämpfe hineinziehen zu lassen, die in Rom ausgetragen wurden. Das Gerangel um Machtpositionen im Vatikan brachte ihn manchmal dazu, sich verwundert zu fragen, weshalb manche dieser Männer sich für den Priesterberuf entschieden hatten. In einer Predigt zu Ostern 1976 sagte er:

»Es gibt in der Kirche manche, die nur Unruhestifter sind. Sie ähneln dem Angestellten, der erst Himmel und Hölle in Bewegung setzte, um in die Firma zu kommen, aber dann, als er die Stelle hatte, dauernd für Unruhe sorgte und zu einem beißenden und kratzenden Wollhemd auf der Haut seiner Kollegen und Vorgesetzten wurde. Ja, es gibt Menschen, die die Sonne nur anschauen, um Flecken darauf zu finden.«

Sein Verlangen, das nach seiner Ansicht Gute und Richtige aus den sich befehdenden Lagern zu einer Synthese zusammenzuführen, bescherte ihm schon in Venedig ansehnliche Konflikte, zum Beispiel in der Frage der Ehescheidung.

Im Italien der siebziger Jahre war die Scheidung in den Augen des Staates und damit der Justiz legal, in den Augen der Kirche aber nach wie vor unzulässig. Aus den Reihen der Kirche wurde eine Kampagne für eine Volksbefragung zu diesem Thema gestartet. Luciani war entschieden gegen ein solches Referendum, einfach weil er überzeugt war, daß es die Kirche spalten und plötzlich dazu führen würde, daß die Mehrheit sich für den Fortbestand des gültigen Scheidungsrechts aussprach. Dies würde eine offene Niederlage für die römisch-katholische Kirche bedeuten – in dem Land, das sie als ihre traditionelle Domäne betrachtete.

Benelli war gegenteiliger Auffassung. Er war überzeugt, daß sich bei einer Volksbefragung der Standpunkt der Kirche durchsetzen würde.

Nicht nur innerhalb der Kirche, sondern in der italienischen Gesellschaft als Ganzer wurde das Thema heftig diskutiert. Kurz vor

dem für das Referendum angesetzten Termin verschickte eine in Venedig beheimatete, von einem Priester geleitete studentische Vereinigung namens F. U. C. I. eine Stellungnahme an alle Bischöfe der Region Venetien. Es war ein leidenschaftliches Plädoyer für die Möglichkeit der Ehescheidung. Albino Luciani studierte das Papier sorgfältig, ließ sich die Sache eine Zeitlang durch den Kopf gehen und verfügte dann, daß die Studentengruppe sich aufzulösen habe. Vielen innerhalb der Kirche galt dies als mutige Tat. In der Presse hingegen wurde das Vorgehen Lucianis, das Schlagzeilen machte, von vielen Kommentatoren als neues Beispiel für die Intoleranz der katholischen Kirche gebrandmarkt. Indes, was Luciani erzürnt hatte, war gar nicht die Tatsache gewesen, daß die Gruppe sich für die Scheidung ausgesprochen hatte, sondern daß die Autoren sich zur Stützung ihrer Argumente zahlreicher Zitate aus Werken kirchlicher Klassiker, führender Theologen sowie aus Dokumenten des Zweiten Vatikanischen Konzils bedient hatten. Einen solchen Gebrauch von kirchlichen Schriften zu machen, war in den Augen Lucianis eine Verfälschung der kirchlichen Lehren. Er hatte die Geburtsstunde solcher wichtigen Dokumente wie *Lumen Gentium, Gaudium et Spes* und *Dignitatis Humanae* persönlich miterlebt. Gewiß, in der modernen Kirche war auch Raum für Irrtümer, aber für Luciani hatte das Recht auf Irrtum noch immer gewisse Grenzen, zum Beispiel wenn Aussagen des Zweiten Vatikanischen Konzils in offensichtlich unzulässiger Weise interpretiert wurden. So hatten die Studenten etwa eine Stelle aus *Dignitatis Humanae* zitiert, in der die Rechte des einzelnen proklamiert werden: ». . . Die unverletzlichen Menschenrechte zu schützen und zu befördern, ist die Aufgabe jeder staatlichen Macht. Die staatliche Macht muß daher jedem Bürger durch billige Gesetze und andere geeignete Mittel den wirksamen Schutz seiner religiösen Freiheit garantieren.«
Daran knüpften die Autoren der Stellungnahme die Erklärung: »Zu gewissen Zeiten und an gewissen Orten hat die Kirche sich mit . . . gesellschaftlichen Zuständen konfrontiert gesehen, gegen die offensichtlich die Anwendung repressiver Methoden kein geeignetes Mittel der Abhilfe war, sondern denen nur mit der Propagierung gewisser moralischer und rechtlicher Kriterien in dem Sinn entgegengewirkt werden konnte, daß man für das in der historischen Si-

tuation Bestmögliche eintrat: das geringere Übel. So hat die christliche Moral den Gedanken des gerechten Krieges akzeptiert; so hat sie die Legalisierung der Prostitution hingenommen (sogar im Kirchenstaat), während auf moralischer Ebene die Prostitution verpönt blieb. Und so auch bei der Scheidung ... «

Der Versuch, mit solchen Ableitungen den Eindruck zu erwecken, ein bedingtes, aus Opportunitätsgründen zugestandenes Ja zur Scheidung stehe in Einklang mit der Tradition und den Lehren der Kirche, erzürnte Luciani. Offensichtlich ließen sich die Verkündigungen des Zweiten Vatikanischen Konzils, an denen sein Herz so hing, ebenso wie die Texte der Bibel zur Begründung und Rechtfertigung aller möglichen Standpunkte ge- beziehungsweise mißbrauchen.

Als geistlicher Oberhirte der Region Venetien war Luciani sich dessen bewußt, daß die italienische Öffentlichkeit jener Stellungnahme entsprechend viel Gewicht beimessen und sich fragen würde, ob die Bischöfe Venetiens in der Frage der Scheidung anders dachten als alle anderen Kirchenmänner Italiens. In Wirklichkeit löste er die Studentengruppe auch nicht auf, wie allgemein berichtet und geglaubt wurde. Er bediente sich vielmehr einer für sein Verständnis der Welt und der Menschen zentralen Technik. Er war der festen Überzeugung, daß man gruppendynamische Prozesse tiefgreifend beeinflussen konnte, indem man das Machtzentrum der betreffenden Gruppe lokalisierte und neutralisierte. So entfernte er einfach den Priester, der der geistige Kopf der Gruppe war.

Kardinal Luciani vertrat in der Scheidungsfrage, wie Pater Senigaglia mir bestätigte, in der Tat eine Auffassung, die seine Kritiker überrascht hätte: »Seine Anschauung war aufgeklärter, als die Allgemeinheit es annahm. Er war bereit, geschiedene Menschen zu akzeptieren, und tat es auch. Er konnte ohne weiteres auch andere akzeptieren, die, wie die Kirche es nennt, in Sünde lebten. Was ihn ärgerte, war die biblische Begründung.«

Wie Luciani vorausgesagt hatte, ergab das Referendum eine Mehrheit für das bestehende Scheidungsrecht. Zurück blieben eine gespaltene Kirche, ein Papst, der öffentlich sein ungläubiges Erstaunen und seine Bestürzung über das Ergebnis zum Ausdruck brachte, und

ein schwieriges Dilemma für diejenigen, die nun den Versuch machen mußten, die Gegensätze zwischen Kirche und Staat zu versöhnen.
Lucianis eigenes Dilemma bestand darin, daß es für ihn kein Rütteln am Gebot der absoluten Gehorsamspflicht gegenüber dem Papst gab. Dabei kam es oft vor, daß der Papst einen Standpunkt vertrat, den der Patriarch von Venedig nicht teilte. Sobald die päpstliche Auffassung öffentlich verkündet war, hielt Luciani es für seine Pflicht, sich öffentlich dazu zu bekennen. Was er in Vieraugengesprächen mit Vertrauten aus seiner Diözese sagte, hatte oft wenig Ähnlichkeit mit der vom Vatikan vertretenen Linie. Mitte der siebziger Jahre hatte Luciani sich in der Frage der Geburtenregelung schon recht weit auf einen liberalen Standpunkt zubewegt. Der Mann, der nach der Verkündung der Enzyklika *Humanae Vitae* angeblich erklärt hatte: »Rom hat gesprochen. Der Fall ist erledigt«, war ganz offensichtlich der Meinung, der Fall sei ganz und gar nicht erledigt.
Bei Diskussionen über moralische Probleme, die sich im täglichen Leben der Gemeinde ergaben, pflichtete Luciani immer den liberalen Ansichten bei, die sein junger Sekretär Mario Senigaglia vertrat, zu dem der Kardinal mittlerweile ein nahezu väterliches Verhältnis gewonnen hatte. Wie Senigaglia mir erzählte: »Er war ein sehr verständnisvoller Mensch. Sehr, sehr oft habe ich miterlebt, wie er zu einem Ehepaar sagte: ›Wir haben den Sex zur Hauptsünde gestempelt, während er in Wirklichkeit doch vor allem mit menschlicher Schwäche zu tun hat und daher vielleicht die geringste aller Sünden ist.‹ «
Kein Zweifel, an Kritikern ermangelte es Albino Luciani in Venedig nicht. Manche meinten, er habe sich eher von einer wehmütigen Sehnsucht nach dem Vergangenen als vom Wunsch nach Fortschritt und Veränderung leiten lassen. Manchen stand er zu weit rechts, anderen zu weit links. Wieder andere sahen in seiner Bescheidenheit und seiner Sanftmut nichts anderes als Schwäche. Vielleicht sollte die Nachwelt diesen Mann nach dem beurteilen, was er tatsächlich gesagt hat, anstatt nach dem, was er nach Ansicht anderer hätte sagen sollen.

Über Gewalt:
»Verscheucht Gott aus den Herzen der Menschen, sagt den Kindern, die Sünde sei nur ein Märchen, das ihre Großeltern sich ausgedacht hätten, um sie lammfromm zu machen, gebt Schulfibeln heraus, in denen Gott nicht vorkommt und die Autorität verhöhnt wird, und dann wundert euch über das, was dabei herauskommt. Erziehung allein ist nicht genug! Victor Hugo hat einmal geschrieben: Jede Schule mehr bedeutet ein Gefängnis weniger. Schön wär's, wenn das heute noch stimmte!«

Über Israel:
»Die Kirche muß auch an die christlichen Minderheiten denken, die in arabischen Ländern leben. Sie kann sie nicht ihrem Schicksal überlassen ... Für mich persönlich gibt es keinen Zweifel, daß eine besondere Bindung besteht zwischen dem israelischen Volk und Palästina. Aber der Heilige Vater könnte, selbst wenn er dies wollte, nicht erklären, daß Palästina den Juden gehört, denn damit würde er politisch Partei nehmen.«

Über Atomwaffen:
»Es wird gesagt, Atomwaffen seien zu zerstörerisch, und ihr Einsatz sei gleichbedeutend mit dem Ende der Welt. Sie würden zwar hergestellt und angehäuft, aber nur, um den Feind vom Angriff abzuhalten und die internationale Lage stabil zu halten.
Seht euch um! Ist es wahr oder nicht, daß es seit 30 Jahren keinen Weltkrieg mehr gegeben hat?
Ist es wahr oder nicht, daß ernste Krisen zwischen den beiden Großmächten, den USA und der UdSSR, verhütet worden sind?
Seien wir glücklich über dieses Stück Erfolg ... Eine allmähliche, kontrollierte und allgemeine Abrüstung wird nur möglich sein, wenn eine internationale Organisation mit wirksameren Machtbefugnissen und Sanktionsmöglichkeiten, als die Vereinten Nationen sie heute haben, auf den Plan tritt und wenn eine aufrichtige Friedenserziehung Platz greift.«

Über Rassismus in den USA:

»In den Vereinigten Staaten sind, trotz aller Gesetze, die Neger praktisch an den Rand der Gesellschaft gedrängt. Die Nachkommen der Indianer haben eine nachhaltige Verbesserung ihrer Lage erst in den letzten Jahren erlebt.«

Man mag einen solchen Mann nicht ganz zu Unrecht einen reaktionären Nostalgiker nennen. Er wünschte sich eine Welt, die nicht in weiten Teilen von kommunistischen Philosophien regiert wird, eine Welt, in der Abtreibungen nicht ein alltägliches, allminütliches Ereignis sind. Aber wenn er ein Reaktionär war, dann einer mit etlichen höchst fortschrittlichen Ideen.

Anfang 1976 war Albino Luciani unter den Teilnehmern einer italienischen Bischofskonferenz in Rom. Eines der dort erörterten Themen war die schwere Wirtschaftskrise, in der das Land sich befand. Ein damit zusammenhängender Diskussionspunkt, der allerdings nur hinter vorgehaltener Hand besprochen wurde, betraf die Rolle des Vatikan in dieser Krise und die Rolle jenes guten alten Freundes von Bischof Marcinkus: Michele Sindona. Sein Finanzimperium war unter spektakulären Umständen zusammengebrochen. In Italien, der Schweiz, der Bundesrepublik und den USA standen einige Banken vor dem Konkurs. Die italienischen Strafverfolgungsbehörden erhoben gegen Sindona Anklage in den verschiedensten Punkten und betrieben seine Auslieferung aus den Vereinigten Staaten. Die italienische Presse hatte gemeldet, daß der Vatikan durch den Bankrott Sindonas mehr als 100 Millionen Dollar verloren hatte. Der Vatikan bestritt dies, räumte die Tatsache gewisser Verluste jedoch ein. Schon im Juni 1975 hatte die italienische Justiz, während sie sich noch darum bemühte, Sindonas habhaft zu werden, ihn in Abwesenheit zu einer Gefängnisstrafe von dreieinhalb Jahren verurteilt – die Höchststrafe für die der Verurteilung zugrundeliegenden Vergehen. Viele Bischöfe waren der Meinung, Papst Paul VI. hätte Marcinkus schon 1974, als die Sindona-Schecks platzten, als Chef der Vatikanbank ablösen müssen. Doch nichts dergleichen war geschehen, und so verwaltete der Busenfreund Sindonas auch jetzt noch, zwei Jahre später, die Finanzen des Vatikan.

Als Albino Luciani aus Rom abreiste, ließ er eine Stadt hinter sich, deren Luft von Spekulationen darüber schwirrte, wie viele Millionen der Vatikan in der Sindona-Affäre verloren hatte. Und er verließ eine Bischofskonferenz, auf der hauptsächlich darüber gesprochen wurde, welche Anteile an der Banca Privata die Vatikanbank besaß, wie viele Aktien dieses oder jenes Konzerns sie ihr eigen nannte. Er kehrte nach Venedig zurück, wo die Don-Orione-Schule für Behinderte nicht genug Geld hatte, um Lehrbücher zu kaufen.

Luciani setzte sich an die Schreibmaschine und tippte einen Brief, der in der nächsten Ausgabe der Diözesanzeitschrift abgedruckt wurde. Die Überschrift lautete: »Ein Laib Brot für die Liebe Gottes«. Am Anfang stand eine Bitte um Geldspenden für die Opfer eines kürzlichen Erdbebens in Guatemala; der Kardinal kündigte an, daß auf sein Geheiß am Sonntag, dem 29. Februar, in allen Kirchen der Diözese für diesen Zweck gesammelt würde. Er kam dann auf die wirtschaftliche Lage in Italien zu sprechen und teilte seinen Lesern mit, die italienischen Bischöfe und die Mitglieder ihrer Gemeinden seien verpflichtet, praktische Beweise der Solidarität und Hilfsbereitschaft zu geben. Er beklagte

> »... die Lage so vieler junger Menschen, die Arbeit suchen und keine finden, und derjenigen Familien, die mit dem Drama des Arbeitsloswerdens oder der Aussicht darauf konfrontiert sind; derjenigen, die nach Sicherheit gesucht haben, indem sie weit fortgezogen sind, und sich jetzt mit der Aussicht auf eine enttäuschte Rückkehr auseinandersetzen müßten; derjenigen, die alt und krank sind und wegen einer zu niedrigen Rente die Folgen dieser Krise am schwersten zu spüren bekommen ...
>
> Ich wünsche mir, daß die Priester sich der Lage der Arbeiter stets bewußt bleiben und sich, wie immer sie es auch für richtig halten, mit ihr befassen. Wir beklagen uns manchmal darüber, daß die Arbeiter hingehen und sich schlechten Rat von den Parteien der Linken und der Rechten holen. Aber wenn wir ehrlich sind: Haben wir genug getan, um dafür zu sorgen, daß die sozialen Lehren und Gebote der Kirche einen angestammten Platz in unserem Katechismus, in den Herzen der Christen innehaben?

Papst Johannes hat betont, daß die Arbeiter die Macht erhalten müssen, ihr eigenes Geschick auf allen Ebenen, selbst bis in die höchste Sphäre hinauf, selbst zu bestimmen. Haben wir diese Einsicht immer mit mutiger Bestimmtheit gelehrt? Pius XII., der auf der einen Seite vor den Gefahren des Marxismus gewarnt hat, hat auf der anderen Seite diejenigen Priester getadelt, die in Unschlüssigkeit verharren angesichts dieses Wirtschaftssystems, das als Kapitalismus bekannt ist und dessen bedenkliche Auswirkungen die Kirche nicht zu brandmarken versäumt hat. Haben wir uns dies immer zu Herzen genommen?«

Albino Luciani lieferte sodann eine bemerkenswerte Demonstration seines eigenen Widerwillens gegen eine wohlhabende, materialistische Kirche. Er erteilte allen seinen Gemeindepriestern und den Kuratoren der kirchlichen Besitzungen die Erlaubnis und den dringenden Rat, ihr Gold, ihr Geschmeide, ihre Wertgegenstände zu verkaufen. Der Erlös solle dem Don-Orione-Zentrum für Behinderte zugute kommen. Er kündigte seinen Lesern an, daß er das juwelenbesetzte Kreuz und die Goldkette zu verkaufen gedenke, die Pius XII. getragen und die Luciani bei seiner Ernennung zum Bischof von Papst Johannes zum Geschenk erhalten hatte.

»Gemessen an dem, was es an Geld einbringen wird, ist es sehr wenig, aber es ist vielleicht doch etwas, wenn es dazu beiträgt, die Menschen begreifen zu machen, daß die wirklichen Schätze der Kirche, wie der heilige Laurentius gesagt hat, die Armen sind, die Schwachen, denen nicht mit gelegentlichen Almosen geholfen werden kann, sondern nur dadurch, daß man ihnen nach und nach zu jenem Lebensstandard und jener Stufe der Kultur verhilft, auf die sie ein Anrecht haben.«

Des weiteren kündigte er an, daß er ein wertvolles Brustkreuz mit goldener Kette sowie den Ring von Papst Johannes an den höchstbietenden Interessenten verkaufen werde. Diese Schmuckstücke hatte Paul VI. im September 1972 bei seinem Besuch in Venedig als Gastgeschenke mitgebracht. An späterer Stelle im selben Artikel zitierte Luciani zwei indische Denker. Zuerst Ghandi: »Ich bewundere Christus, aber nicht die Christen.«

Dann schrieb er, er wünsche sich, daß die nachfolgenden Worte Sandhu Singhs eines Tages nicht mehr stimmen würden:

> »Eines Tages saß ich am Ufer eines Flusses. Ich holte aus dem Wasser einen runden Stein und brach ihn entzwei. Im Innern war er vollkommen trocken. Dieser Stein lag seit sehr, sehr langer Zeit im Wasser, aber das Wasser hatte ihn nicht durchdrungen. Mir kam der Gedanke, daß es sich mit den Menschen in Europa ähnlich verhält. Seit Jahrhunderten sind sie vom Christentum umgeben, aber das Christentum hat sie nicht durchdrungen, lebt nicht in ihnen.«

Die Reaktion war zwiespältig. Etliche unter den venezianischen Priestern hingen an den wertvollen Juwelen, die sie in ihren Kirchen verwahrten. Heftige Kritik erntete Luciani auch von seiten einiger Traditionalisten, die sich nur zu gern der Pracht- und Machtentfaltung erinnerten, die dem Titel »Patriarch von Venedig« anhaftete, dem letzten Überbleibsel aus der ruhmreichen Blütezeit der »Serenissima«. Der Mann, der auf der Suche nach einem Leben im Sinne der wesentlichen, ewigen Wahrheit des Evangeliums war, empfing in seinem Amtszimmer eine Abordnung dieser Bürger. Nachdem er sie angehört hatte, sagte er:

> »Ich bin vor allem ein Bischof unter Bischöfen, ein Hirte unter Hirten, dessen vornehmste Pflicht es ist, die frohe Botschaft zu verbreiten und auf die Sicherheit seiner Lämmer zu achten. Ich kann hier in Venedig nur wiederholen, was ich in Canale, in Belluno und in Vittorio Veneto gesagt habe.«

Dann rief er bei der Feuerwehr an, bestellte sich ein Boot und ließ sich zu einem Besuch in ein nahegelegenes Krankenhaus fahren.
Wie schon erwähnt, war eines der Kommunikationsmittel, zu denen dieser Hirte griff, um sich seiner Herde verständlich zu machen, die Feder. Mehr als einmal vertraute er seinem Sekretär an, daß er, wenn er nicht die Priesterlaufbahn eingeschlagen hätte, wohl Journalist geworden wäre. Nach seinen Schriften zu urteilen, hätte er diesem Beruf alle Ehre gemacht. Im Laufe der frühen sieb-

ziger Jahre entwickelte er eine interessante Methode, um den Lesern der Diözesanzeitschrift Antworten auf dieses oder jenes moralische Problem zu vermitteln: Er verfaßte offene Briefe an Gestalten der Weltliteratur und historische Persönlichkeiten. Die Artikel fielen dem Chefredakteur einer örtlichen Zeitung ins Auge, und er lud Luciani ein, seine Beiträge durch die Zeitung einem größeren Publikum zugänglich zu machen. Luciani fand, daß er mit Hilfe der Zeitung die »frohe Botschaft« wirkungsvoller verbreiten könne als mit Predigten in halbleeren Kirchen. Eine Sammlung seiner Briefe wurde später in einem Buch mit dem Titel *Illustrissimi* (»Ihr ergebener Albino Luciani«) veröffentlicht. Die Lektüre des Buches ist eine reine Freude. Einmal geben die Briefe einen unschätzbaren Einblick in das Denken Albino Lucianis, und zum andern befassen sie sich jeweils mit einem bestimmten Aspekt des modernen Lebens. Lucianis einzigartige Fähigkeit, sich verständlich auszudrücken – einzigartig jedenfalls unter den italienischen Kardinälen –, erweist sich immer wieder aufs neue. Die Briefe demonstrieren auch eindrucksvoll, wie belesen Luciani war. Unter den Adressaten seiner Briefe waren Chesterton und Walter Scott, Goethe und Alessandro Manzoni, Marlowe und viele andere. Auch einen Brief an Christus gibt es, der in typischer Luciani-Art so beginnt:

> »Lieber Jesus,
> man hat mich kritisiert. ›Er ist Bischof, er ist Kardinal‹, sagen die Leute, ›allen möglichen Leuten hat er Briefe geschrieben: Mark Twain, Peguy, Casella, Penelope, Dickens, Marlowe, Goldini und weiß der Himmel wem noch. Aber nicht eine Zeile an Jesus Christus.‹ «

Sein Brief an den heiligen Bernhard entwickelte sich zu einem Zwiegespräch, in dessen Verlauf der Heilige einige weise Ratschläge erteilte; unter anderem illustrierte er die Wankelmütigkeit der öffentlichen Meinung an einem anekdotischen Beispiel:

> »Im Jahre 1815 begleitete die offizielle französische Zeitung *Le Moniteur* die Rückkehr Napoleons aus Elba mit diesen Schlagzeilen: ›Der Bandit flieht von Elba‹; ›Der Usurpator trifft in

Grenoble ein‹; ›Napoleon zieht in Lyon ein‹; ›Der Kaiser erreicht heute abend Paris‹.«

Jedem der Briefe sind Lebensweisheiten an die Adresse seiner Leser beigemischt – über Klugheit, Verantwortung, Bescheidenheit, Treue, Wohltätigkeit. Als Mittel, um die christliche Botschaft unter die Leute zu streuen, ist das Buch mehr wert als 20 päpstliche Enzykliken.

Die »frohe Botschaft« zu verbreiten, war eine der Aufgaben, denen Luciani sich während seiner Jahre in Venedig widmete. Eine andere war, mit der Widerspenstigkeit fertig zu werden, die einige seiner Priester beständig an den Tag legten. Von jenen einmal abgesehen, die Mieter mit Räumungsklagen drohten oder sich gegen den Verkauf von Kirchenschätzen wehrten, gab es leidenschaftliche Anhänger des Marxismus und ebenso leidenschaftliche Parteigänger des Kapitalismus. Ein Priester pinselte mit roter Farbe auf die Wand seiner Kirche den Spruch: »Jesus war der erste Sozialist«, ein anderer verkündete seiner erstaunten Gemeinde von der Kanzel herab: »Ich werde nicht mehr für den Patriarchen arbeiten, ehe er nicht meinen Lohn erhöht.«

Albino Luciani verfügte zwar über einen hochentwickelten Sinn für Humor, aber solche Kapriolen amüsierten ihn nicht. Im Juli 1978 predigte er in der Erlöserkirche von Venedig. Er sprach über den Irrtum.

> »Es ist gewiß, daß der Papst, die Bischöfe und die Priester stets armselige, dem Irrtum unterworfene Menschen bleiben, und daß wir oft irren.«

An dieser Stelle hob er den Kopf, richtete den Blick auf seine Gemeinde und sagte in schlichter Offenheit: »Ich in überzeugt, daß Papst Paul VI., als er mich zum Erzbischof von Venedig machte, einen Fehler begangen hat.«

Wenige Tage später war Papst Paul VI. tot; er starb am Sonntag, dem 6. August 1978, um 9.40 Uhr vormittags. Der Thron war verwaist.

Der verwaiste Thron

Keine 24 Stunden nach Pauls Tod, noch ehe sein Leichnam begraben und ein vorläufiges Fazit seines Pontifikats gezogen war, kam das Londoner Wettbüro Ladbrokes mit einer ersten Quotentafel für die Wahl des Nachfolgers heraus. Der *Catholic Herald,* der in einem Artikel auf der Titelseite scharfe Kritik an Ladbrokes übte, teilte seinen Lesern gleichwohl die aktuellen Quoten mit.

Favoriten waren Kardinal Pignedoli mit 5 : 2, die Kardinäle Baggio und Poletti mit jeweils 7 : 2 und Kardinal Benelli mit 4 : 1. Gut im Rennen lag auch noch Kardinal Willebrands mit 8 : 1. Kardinal König wurde mit 16 : 1, der englische Kardinal Hume mit 25 : 1 notiert. Diese überraschend klare Außenseiterrolle des Engländers mochte vielleicht auf die Tatsache zurückgehen, daß Hume erklärt hatte, er verfüge nicht über die Qualifikation für diesen Job. Am weitesten abgeschlagen unter den notierten Bewerbern war Kardinal Suenens. Albino Luciani tauchte in der Liste gar nicht erst auf.

Gegen den Vorwurf der Geschmacklosigkeit verteidigte sich Ladbrokes übrigens damit, daß ja im Hinblick auf die Papstwahl auch die »Zeitungen voll sind von Spekulationen über Favoriten, Mitbewerber und Außenseiter«.

In der Tat hatte es Spekulationen – und Geschmacklosigkeiten – sogar schon vor dem Tod des Papstes gegeben. Peter Hebblethwaite, ein zur Vatikan-Berichterstattung übergetretener ehemaliger Jesuit und Priester, hatte am 29. Juli im *Spectator* die Frage gestellt: »Wer kandidiert für den Heiligen Stuhl?« Er hatte drei Favoriten genannt – Pignedoli, Baggio und Pironio. Taktvollerweise hatte Hebblethwaite die Bemerkung vorausgeschickt, es sei »nicht zu erwarten, daß der Papst noch sehr lange lebt«.

Etwas langsamer ließen es die italienischen Medien angehen. Aus dem Radio erklang am Tag nach dem Tod des Papstes ausschließlich Beethoven. Einen Tag später wurde zur Auflockerung gelegentlich ein Mozartstück dazwischengestreut. Am dritten Tag bestand das akustische Menü aus leichter Orchestermusik. Am vierten Tag erhellten gesungene Versionen von »Moonlight Serenade« und »Stardust« die düstere Feierlichkeit. Das italienische Fernsehen bot seinen Zuschauern in den ersten Tagen nach dem Tod des Papstes eine Vielzahl von Spielfilmen, in denen vorwiegend Nonnen, Päpste und Kardinäle auftraten.

Aus einer Analyse der englischsprachigen Presse der ersten Augustwochen des Jahres 1978 ließ sich der Schluß ziehen, daß, wenn bei den 111 Kardinälen eine ebenso große Ratlosigkeit herrschte wie bei den Vatikanologen, die Kirche und die Welt sich auf ein sehr langes Konklave gefaßt machen konnte.

Besonders jene, die die Berichte Peter Hebblethwaites verfolgten, müssen sich ausgesprochen schwergetan haben, einen wirklich heißen Favoriten auszumachen. In der *Sunday Times* vom 13. August nahm er zusätzlich die Kardinäle Felici, Villot, Willebrands, Pellegrino und Benelli in die Liste der Aussichtsreichen auf. Eine Woche später verkündete er seinen Lesern: »Der neue Papst: Er könnte Bertoli heißen.« Am Sonntag darauf fand sogar Luciani Erwähnung. Das alles erinnerte an die Berichte eines Sportreporters, der vor dem Grand National oder vor dem Derby die Formkurve der Rennpferde verfolgt. Wenn er nur jedes Pferd mindestens einmal erwähnte, würde seine Zeitung nach gelaufenem Rennen darauf verweisen können, daß er den Gewinner vorausgesagt hatte.

Tippglück in einem anderen Sinn hatte ein Fischverkäufer in Neapel. Er spielte mit den aus den Todesdaten Papst Pauls zusammengestellten Zahlen im Lotto und gewann.

Bei allem zeremoniellen Pomp war das Begräbnis des Papstes doch eine seltsam emotionslose Angelegenheit. Es war, als sei seine Amtszeit schon vor geraumer Zeit zu Ende gegangen. Nach *Humanae Vitae* hatte er keine Enzyklika mehr herausgegeben, und auch sonst war von ihm während des letzten Jahrzehnts kaum etwas zu hören gewesen, das ihm den Status eines Mannes verliehen hätte, dessen Tod die Welt in Trauer stürzt (die einzige Ausnahme waren seine mutigen Erklärungen während und nach der Entführung und späteren Ermordung seines engen Freundes Aldo Moro, des früheren italienischen Premierministers). Paul VI. war vielleicht ein geachteter, aber kein geliebter Papst gewesen. Viele gescheite Autoren analysierten in ausführlichen Artikeln sein Pontifikat; der Nachwelt wird er, wenn überhaupt, allenfalls als der Papst in Erinnerung bleiben, der die Antibabypille verbot. Vielleicht tut man einem Mann mit einem zuweilen brillanten, oft selbstquälerischen Geist mit einem solchen Nachruf bitter Unrecht, aber Dinge, die sich auf das Geschehen im Ehebett auswirken, sind für die meisten gewöhnlichen Sterblichen nun einmal wichtiger als die Tatsache, daß Paul VI. viele Flugreisen machte, viele Länder besuchte, viele Hände schüttelte und viel grübelte.

Im Oktober 1975 hatte Papst Paul eine Reihe von Anweisungen für den Fall seines Todes erlassen. Eine davon lautete, daß alle Kardinäle mit leitenden Funktionen in der Römischen Kurie automatisch als von ihren Ämtern enthoben gelten sollten. Dies bot die Gewähr dafür, daß der Nachfolger bei der Wahl seiner ranghöchsten Mitarbeiter völlig freie Hand haben würde. Er sorgte freilich auch während der Sedisvakanz, der Periode zwischen Tod und Neuwahl, für ein beträchtliches Maß an nervöser Geschäftigkeit. Als einer der ganz wenigen war der päpstliche *camerlengo,* der Kämmerer, von der automatischen Rücktrittspflicht ausgenommen. Dieses Amt bekleidete Kardinalstaatssekretär Jean Villot. Bis zur Wiederbesetzung des päpstlichen Throns war Villot der Hüter der Schlüssel Petri. Die Führung und Verwaltung der Kirche oblag in der papstlosen Zeit dem Heiligen Kardinalskollegium, das zur Abhaltung täglicher Sitzungen oder »Generalkongregationen« verpflichtet war.

Gleich bei der ersten dieser Sitzungen geriet eine der von Papst Paul hinterlassenen Anweisungen ins Kreuzfeuer der Diskussion. Paul hatte ausdrücklich alle über 80 Jahre alten Kardinäle aus dem Konklave, das seinen Nachfolger wählen sollte, ausgeschlossen. Ottaviani griff die Regelung vehement an. Unterstützt von dem 85jährigen Kardinal Confalonieri und den anderen, die die 80 überschritten hatten, versuchte er sie rückgängig zu machen. Paul hatte manchen Strauß mit dieser Gruppe ausgefochten. In diesem letzten blieb er posthum Sieger. Die Kardinäle entschieden sich für die Beibehaltung der von ihm erlassenen Regeln. Eine andere auf den Generalkongregationen der Kardinäle heftig diskutierte Frage war, ob die Stimmzettel einmal oder aber zweimal gefaltet werden sollten.

Rom begann sich zu füllen, allerdings nicht mit Italienern – die weilten in ihrer Mehrzahl am Meer. Außer den Touristen fielen in die Stadt auch Vatikanologen, Pressekorrespondenten, Vertreter von Interessengruppen und Ausgeflippte aller Art ein. Angehörige dieser letztgenannten Spezies klebten bei ihren Streifzügen durch die Stadt Plakate mit der Aufforderung: »Wählt einen katholischen Papst.«

Einer der »Auguren« flüsterte dem *Time Magazine* atemlos zu: »Ich kenne keinen italienischen Kardinal, der guten Gewissens für einen Ausländer stimmen würde.« Er kannte sicherlich nicht viele italienische Kardinäle, auf keinen Fall den Patriarchen von Venedig. Luciani hatte vor der Abreise nach Rom seinem ehemaligen Sekretär Mario Senigaglia, der jetzt als Priester an der Kirche Santo Stefano amtiert, klar und deutlich gesagt: »Ich glaube, die Zeit ist reif für einen Papst aus der Dritten Welt.«

Er hatte auch nicht im unklaren gelassen, wen er im Auge hatte: Kardinal Aloisio Lorscheider aus Brasilien. Lorscheider, Erzbischof von Fortaleza, galt vielen als einer der besten Köpfe der katholischen Kirche. Luciani hatte ihn in seiner Zeit als Patriarch von Venedig näher kennengelernt und hatte Pater Senigaglia einmal anvertraut: »Er [Lorscheider] ist ein gläubiger und gebildeter Mann. Außerdem weiß er viel über Italien und spricht gut italienisch. Und was das wichtigste ist, sein Herz und seine Gedanken sind bei den Armen.«

Von seinen Begegnungen mit Lorscheider auf italienischem Boden abgesehen, hatte Luciani dem Brasilianer 1975 einen einmonatigen Besuch abgestattet. Sie hatten sich in mehreren Sprachen unterhalten und festgestellt, daß sie viel gemeinsam hatten. Was Luciani nicht wußte, war, wie hoch Lorscheider ihn schätzte. Wie Lorscheider einmal, auf jenen Besuch Lucianis in Brasilien zurückblickend, sagte: »Bei diesem Anlaß wagten viele Leute die Prophezeiung, daß der Patriarch von Venedig eines Tages Papst werden könnte.«

Nach Rom chauffiert und begleitet wurde Luciani von Pater Diego Lorenzi, der zwei Jahre zuvor die Nachfolge Senigaglias als Sekre-

tär des Patriarchen angetreten hatte. Von seiner Teilnahme an den täglichen Generalkongregationen abgesehen, führte Luciani in Rom ein sehr zurückgezogenes Leben; am liebsten ging er in seiner freien Zeit in den Gärten des Augustinums, in dem er untergebracht war, spazieren und hing seinen Gedanken nach. Viele seiner Amtskollegen hatten einen weit aufreibenderen Tagesablauf – Kardinal Pignedoli beispielsweise, der Favorit des Wettbüros Ladbrokes.
Pignedoli war mit dem verstorbenen Papst eng befreundet gewesen. Manche italienischen Kommentatoren bemerkten bissig, er sei der einzige Freund gewesen, den Paul überhaupt gehabt habe. Jedenfalls war er, wie es schien, der einzige, der Paul gegenüber die vertrauliche Anrede »Don Battista« gebraucht hatte. Einer der Parteigänger Pignedolis, Kardinal Rossi aus Brasilien, versäumte keine Gelegenheit, die anderen Kardinäle an die Tradition zu gemahnen, derzufolge Päpste eine Empfehlung für die Wahl ihres Nachfolgers abzugeben pflegten, und er betonte, daß Pignedoli »Pauls geliebtester Sohn« gewesen sei. Pignedoli war einer der fortschrittlichsten unter den Kurienkardinälen und daher bei den meisten seiner Kollegen nicht beliebt. Er war kultiviert, weit gereist, und was für seine Kandidatur vielleicht am wichtigsten war, er hatte bei der Ernennung von mindestens 28 seiner Kardinalskollegen direkt oder indirekt die Hand im Spiel gehabt.
Offen und ehrlich seinen Anspruch auf den päpstlichen Thron anzumelden, gilt in den oberen Etagen der katholischen Kirchenhierarchie als schlechter Stil. Es ist nicht erwünscht, daß ein Bewerber sich hinstellt und öffentlich bekanntgibt, was er im Falle seiner Wahl zu tun beabsichtigt. Dementsprechend gibt es theoretisch keinen Wahlkampf, keine Mobilisierung von Anhängern, kein Buhlen um Stimmen. In der Praxis gibt es natürlich das alles und vieles mehr. In der Theorie versammeln sich die Kardinäle zum geheimen Konklave und warten, bis der Heilige Geist über sie kommt. In der Praxis sorgen Telefonate, heimliche Zusammenkünfte und ebenso heimliche Verabredungen und Versprechungen dafür, daß dem Heiligen Geist einige sehr weltliche Winke erteilt werden.
Ein gebräuchliches Mittel, um für die eigene Kandidatur zu werben, besteht darin, öffentlich zu erklären, man fühle sich einer solchen Aufgabe nicht gewachsen oder sei ihrer nicht würdig. So äu-

ßerte sich zum Beispiel der englische Kardinal Basil Hume, doch meinte er es zweifellos ehrlich. Andere, die ähnliche Erklärungen abgaben, wären höchst ungehalten gewesen, wenn ihre Kollegen sie für bare Münze genommen hätten.

Am 17. August erklärte Pignedoli einer zum Nachmittagstee versammelten Gruppe italienischer Kardinäle, die alle Schattierungen des politischen Spektrums repräsentierten, trotz allen Drängens und Zuredens glaube er nicht, der richtige Mann für das Papstamt zu sein. Er schlug seinen Kollegen vor, an seiner Statt für Kardinal Gantin zu stimmen. Es war ein origineller Vorschlag.

Gantin, der dunkelhäutige Kardinal von Benin, war 56 Jahre alt. Schon deshalb waren seine Wahlchancen sehr gering, galt doch ein Lebensalter zwischen 65 und 70 Jahren als ideal. Pignedoli war 68. Dazu kam die Hautfarbe Gantins. Rassismus ist zu beiden Seiten des Tiber ein Problem. Freilich, daß er Gantin in Vorschlag gebracht hatte, konnte Pignedoli Stimmen aus der Dritten Welt einbringen, die die gewichtige Zahl von 35 Kardinälen stellte.

Pignedoli äußerte die Auffassung, es sei, wer immer gewählt würde, die Hauptsache, daß die Wahl möglichst schnell vonstatten gehe. Der Beginn der Abstimmungsprozedur im Konklave war auf den Morgen des 26. August, eines Samstags, festgesetzt. Pignedoli malte sich womöglich aus, wie praktisch es sein würde, wenn der neue Papst am Sonntagmorgen feststünde und zur Mittagszeit bereits auf dem Petersplatz zu einer dichtgedrängten Menschenmenge sprechen könnte.

Wenn in den Reihen der Kardinäle tatsächlich der Wunsch vorherrschte, das Konklave möglichst schnell zu beenden, dann würde dies natürlich dem Kandidaten zum Vorteil gereichen, der mit der größten Anhängerzahl in die Wahl ging. Der Versuchung, sich auf die Seite der voraussichtlich siegreichen Partei zu schlagen, unterliegen Kardinäle in nicht geringerem Maß als gewöhnliche Sterbliche. Pignedoli war sich darüber im klaren, daß er sich die 75 für eine Zweidrittelmehrheit nötigen Stimmen bei den nicht der Kurie angehörenden Kardinälen holen mußte. Die Kurie würde, sobald ihre internen Kämpfe entschieden oder beendet waren, einhellig einen Kandidaten, möglichst einen aus ihrer Mitte, favorisieren. Die Auguren warfen die Namen einer ganzen Anzahl potentieller

Kurienkandidaten wie Würfel auf einen Tisch – Bertoli, Baggio, Felici.
Um einen Befürworter für seine Kandidatur zu gewinnen, wandte Baggio sich an Paul Marcinkus und versicherte ihm, er werde ihn als Präsidenten der Vatikanbank bestätigen, wenn er zum Papst gewählt werde. Bischof Marcinkus war übrigens von den nachgelassenen Regelungen des verstorbenen Papstes nicht betroffen: Er übte seinen Posten als Leiter der Bank nach wie vor aus, und es gab keine sichtbaren Anzeichen dafür, daß sich daran etwas ändern würde. Der Schritt Baggios gab vielen italienischen Beobachtern Rätsel auf. Wäre es diesen Beobachtern gelungen, irgendeinen der an den nichtöffentlichen Generalkongregationen teilnehmenden Kardinäle zum Sprechen zu bringen, so wäre ihnen vielleicht die tiefere Bedeutung des Manövers von Baggio aufgegangen.
Auf diesen Sitzungen wurde sehr ernsthaft über die Probleme, mit denen die Kirche zu ringen hatte, und über Möglichkeiten ihrer Bewältigung diskutiert. Bei solchen Diskussionen schält sich gewöhnlich heraus, welchen der Kandidaten man die Fähigkeiten zutrauen kann, die Lösung von Problemen in die Hand zu nehmen. Der Kreis der Themen, die in diesen Augusttagen erörtert wurden, war zwangsläufig groß. Es gehörten dazu Fragen der Disziplin innerhalb der Kirche, der Mission, der Ökumene, der Kollegialität und des Weltfriedens. Und noch ein weiteres Thema beschäftigte die Kardinäle: die Finanzen der Kirche. Für viele war es ein Ärgernis, daß Marcinkus auch nach dem Sindona-Skandal noch die Vatikanbank leitete. Andere forderten eine umfassende Untersuchung des Finanzgebarens der Vatikanbank. Kardinal Villot mußte sich als Staatssekretär und Kämmerer eine lange Reihe von Klagen und Beschwerden anhören, die alle einen gemeinsamen Nenner hatten – Kritik an Bischof Paul Marcinkus. Dies war der Hintergrund für das Angebot Baggios, Marcinkus in seinem Amt zu belassen; es war ein Versuch, mit dem Versprechen einer Bewahrung des Status quo die Stimmen von Männern wie Kardinal Cody aus Chicago zu gewinnen, der gewiß entschieden dafür war, Marcinkus in seiner Stellung zu belassen.
Ein anderer Kandidat, dem sich die Aufmerksamkeit der Beobachter zuwandte, war der Kardinal von Florenz, Giovanni Benelli. Als

rechte Hand Papst Pauls hatte er sich zwar viele Feinde gemacht, doch war es kein Geheimnis, daß er einflußreich genug war, um mindestens 15 Stimmen zu dirigieren.
Wie um die Lage noch undurchsichtiger zu machen, begannen die 15 frustrierten Kardinäle, die wegen Überschreitung der Altersgrenze zum eigentlichen Konklave nicht zugelassen sein würden, ihren gesammelten Einfluß geltend zu machen. Diese Gruppe, der einige der reaktionärsten Männer des Vatikan angehörten, begann sich für einen Kardinal stark zu machen, der ihnen als der kongenialste Repräsentant ihrer Interessen und Denkweisen erschien: für den Erzbischof von Genua, Kardinal Giuseppe Siri. Siri hatte an vorderster Front gegen viele der Reformen des Zweiten Vatikanischen Konzils gekämpft. Er war bei der letzten Papstwahl der führende Kandidat der Rechten gewesen. Viele aus der Gruppe der »zu Alten« sahen in ihm den idealen Nachfolger Pauls, dem er seinerzeit unterlegen war. Allerdings dachten nicht alle so: Zumindest einer, Kardinal Carlo Confalonieri, warb unauffällig für Albino Luciani. Gleichwohl gab die Gruppe als Ganze die Devise aus, Siri solle zum Papst gewählt werden.
Kardinal Siri ist ein Mann, der sich gelegentlich mißverstanden fühlt. Er hatte einmal in einer Predigt gegen hosentragende Frauen gewütet und sie ermahnt, zur traditionellen weiblichen Kleidung zurückzukehren, »damit sie ihre wahre Aufgabe auf dieser Welt nicht vergessen«. In dem Bestreben, Seiner Eminenz Gelegenheit zu geben, diese Äußerung zu erläutern, abzuschwächen oder zu dementieren, bat ich Siri im Verlauf meiner Recherchen um ein Gespräch. Er sagte zunächst zu, verlangte dann aber, ich solle ihm meine Fragen vorab schriftlich einreichen. Er bekam sie, einschließlich der Frage zu seiner Äußerung über Frauen und Hosen. Er sagte das Gespräch ab.
Im Zuge der insgesamt neun Trauer- und Gedenkgottesdienste, die für den verstorbenen Papst stattfanden, wurden etliche Nachrufpredigten gehalten, unter anderem eine von Kardinal Siri. Der Mann, der Papst Paul bei jeder Gelegenheit Steine in den Weg gelegt und jede seiner Initiativen blockiert hatte, bekannte sich feierlich zu den Zielen des verstorbenen Pontifex. Eines der von den Anhängern Siris ins Feld geführten Argumente lautete, es müsse wieder ein Ita-

liener Papst werden. Daß dieser Anspruch trotz der Tatsache erhoben wurde, daß nur 27 der insgesamt 111 stimmberechtigten Kardinäle Italiener waren, war ein typisches Zeugnis dafür, welches Denken im Vatikan vorherrscht. Übrigens nahm die Presse von der Flüsterpropaganda zugunsten Siris so gut wie keine Notiz.
Die Überzeugung, daß nur ein aus Italien stammender Papst den Vatikan – und darüber hinaus die Kirche als Ganze sowie vor allem Italien – beherrschen könne, ist einer der unerschütterlichen Glaubenssätze der vatikanischen Insider. Der letzte sogenannte »ausländische« Papst war der 1522 gewählte Adrian VI. gewesen, ein Holländer. Dieser höchst fähige und zutiefst ehrliche Mann hatte die vielen Übelstände, die in Rom wucherten, rasch und gründlich erkannt. Im Hinblick auf den Kampf gegen den im Aufschwung begriffenen Protestantismus in Deutschland schrieb er seinem dortigen Gesandten:

> »Sie sollen auch erklären, daß Wir freimütig einräumen, daß ... sich in vielen Jahren verabscheuungswürdige Dinge im Umkreis des Heiligen Stuhls eingeschlichen haben. Heilige Dinge sind mißbraucht, Gebote sind übertreten worden, in allem ist somit eine Veränderung zum Schlechteren eingetreten. Es ist daher kein Wunder, daß die Krankheit vom Haupt zu den Gliedern hinuntergezogen ist, von den Päpsten in die Hierarchie. Wir alle, Prälaten und Klerus, sind vom rechten Weg abgekommen ... Machen Sie daher in Unserem Namen die Zusage, daß Wir mit aller Gründlichkeit und vor allen Dingen [die Institution] reformieren werden, die vielleicht die Quelle all diesen Übels ist, die Römische Kurie.«

Wenige Monate nach dieser Ankündigung war Papst Adrian tot. Vieles deutet darauf hin, daß er von seinem Arzt vergiftet wurde.

Unverwüstlich wie eh und je, machte sich die Römische Kurie nach dem Tod Papst Paul VI. daran, ein weiteres Mal ihre Interessen durchzusetzen, als Minderheit der Mehrheit ihren Willen aufzuzwingen. Bei einer der ersten Generalkongregationen, als erst 32 Kardinäle, die meisten davon Italiener, anwesend waren, war festgelegt worden, daß die 111 stimmberechtigten Kardinäle sich nicht vor dem 25. August ins Konklave begeben sollten und daß die Wahlprozedur selbst am 26. August beginnen solle. Diese Daten unterschritten die vom verstorbenen Papst festgelegten Höchstfristen nur um einen Tag. So kam es zur längsten Sedisvakanz in der Geschichte des neuzeitlichen Papsttums. 1878 hatten die Kardinäle, die damals noch ohne die Dienste von TWA und PanAm auskommen mußten, nur zehn Tage gebraucht, um zu dem Konklave zusammenzutreten, das Leo XIII. zum Papst wählte. Die jetzt anberaumte dreiwöchige Frist gab den italienischen Kardinälen so viel Zeit, wie nur eben möglich, um den »Ausländern« klarzumachen, daß ein Italiener als Nachfolger Pauls VI. die beste Lösung war. Sie stießen auf unerwarteten Widerstand. Albino Luciani war nicht der einzige, der die Zeit für einen Papst aus einem Land der Dritten Welt für gekommen hielt. Viele Kardinäle aus der Dritten Welt dachten ebenso.

Am 20. August versammelte sich bei einem heimlichen Treffen im Brasilianischen Kolleg in Rom der größere Teil der lateinamerikanischen Kardinäle. Sie einigten sich zwar nicht auf einen Wunschkandidaten, aber immerhin darauf, daß ein Papst kommen müsse, der für die Gläubigen da war, ein wirklicher Hirte, der, sichtbar aus dem Holz eines Heiligen geschnitzt, die Nöte und Bedürfnisse der Armen verstand, der für demokratische Mitwirkung eintrat und das Prinzip der Kollegialität respektierte, ein Mann auch, der kraft seines Wesens und seiner persönlichen Eigenschaften in der Lage sein würde, die Sympathien der Welt zu erringen. Wenn bei der Zusammenkunft auch, wie gesagt, keine Namen genannt wurden, so reduzierte sich doch allein durch die aufgestellten Qualitätskriterien der Kreis der aussichtsreichen Bewerber beträchtlich.

In Florenz erfuhr Giovanni Benelli*, den viele Beobachter fälschlich für einen ernsthaften Bewerber für den Papstthron hielten, von

* Benelli hatte sich in Rom wegen seiner beständigen Versuche, die Ablösung von Bischof Marcinkus als Chef der Vatikanbank durchzusetzen, unbeliebt gemacht. Einer von Marcinkus und Monsignore Macchi, dem Privatsekretär Papst Pauls, dirigierten Clique gelang es schließlich 1977, Benelli aus dem vatikanischen Staatssekretariat hinauszudrängen. Als Abfindung hatte Benelli die Kardinalswürde und das Erzbistum Florenz erhalten.

den Qualifikationsanforderungen, die die Lateinamerikaner aufgestellt hatten. Er mußte lächeln. Diese Aufzählung klang geradezu wie eine Beschreibung des Mannes, den Benelli sich als Papst wünschte. Er griff zum Telefonhörer, wählte eine aus vielen Ziffern bestehende Nummer und befand sich wenig später in einer angeregten Unterhaltung mit dem belgischen Kardinal Suenens.
Unterdessen gab in Rom Pignedoli weiterhin üppige Abendgesellschaften, Kurienkardinäle zogen unsichtbare Fäden, um die Wahlchancen Siris zu mehren, und das vatikanische Presseamt fuhr fort, die Journalisten der Weltpresse mit einem Minimum an Auskünften abzuspeisen. Und der Beginn dessen, was Peter Nichols von der Londoner *Times* »Die geheimste Wahl der Welt« genannt hat, rückte näher.

Die lateinamerikanischen Kardinäle waren nicht die einzigen, die Kriterien aufstellten, denen der neue Papst genügen sollte. Eine Woche zuvor hatte schon eine katholische Gruppierung, die sich CREP nannte (Committee for the Responsible Election of the Pope, d.h. Komitee für eine verantwortungsvolle Papstwahl), im Hotel Columbus eine Pressekonferenz abgehalten. Der mutige Mann, der es auf sich nahm, sich den Fragen von mehr als 400 Reportern zu stellen, war Pater Andrew Greeley. Er, der selbst nicht Mitglied von CREP war, hatte zusammen mit einer Gruppe von Theologen im Auftrag des Komitees eine »Stellenbeschreibung« für das Papstamt verfaßt.
An Kritikern dieses Dokuments fehlte es nicht. Viele der kritischen Einwände waren allerdings banal, viele auch überheblich. Zweifellos ließen die Verfasser den Wunsch nach einem Mann von außerordentlichen Qualitäten erkennen. Ebenso zweifellos zeugte das von ihnen erarbeitete Dokument von einer innigen Verbundenheit mit der katholischen Kirche. Wenn sie sich so sehr für die Qualitäten des neuen Papstes interessierten, dann aus Liebe zu dieser Kirche. Männer vom Format eines Hans Küng, eines Yves Congar und eines Edward Schillebeeckx mit einer Handbewegung abzutun, zeugt von einer Haltung, die man fast als geistigen Autismus bezeichnen möchte. Professor Küng zum Beispiel ist in den Augen vieler, die etwas davon verstehen, der herausragende katholische

Theologe unserer Zeit. Auch alle anderen Unterzeichner des Dokuments waren Männer von Rang.

> *Gesucht*
> Ein hoffnungsvoller, heiliger Mann, der lächeln kann.
> Interessante Tätigkeit, garantiertes Einkommen und Dienstwohnung. Schutz durch eine bewährte Sicherheitsorganisation. Bewerbungen an das Kardinalskollegium, Vatikanstadt.

So begann die Stellenbeschreibung. Es folgte ein Katalog von Eigenschaften, die die Verfasser sich vom neuen Papst wünschten. Zunächst stellten sie fest, worauf es *nicht* ankomme: Ob er der Kurie angehörte oder nicht, ob er Italiener war oder »Ausländer«; ob er aus der Ersten, Zweiten oder Dritten Welt kam, ob er Akademiker war oder nicht, ob Diplomat oder praktizierender Priester, fortschrittlich oder gemäßigt, ob er über »Managerqualitäten« verfügte oder nicht …

Was die katholische Kirche, so die Überzeugung der Theologen, in dieser kritischen geschichtlichen Phase vielmehr brauche, sei ein Mann der Heiligkeit, ein Mann der Hoffnung, ein Mann der Freude. Ein heiliger Mann, der lächeln kann. Ein Papst nicht für alle Katholiken, sondern für alle Völker. Ein Mann, der völlig frei ist von jeglichem Hauch finanzieller und organisatorischer Umtriebigkeit.«

Es folgten weitere als notwendig erachtete Merkmale. Wenn man diesen Kriterienkatalog durchliest und das in ihm enthaltene Wunschbild eines idealen Papstes mit der Liste der seinerzeit favorisierten Kandidaten vergleicht, so kann man erahnen, wie gering die Hoffnung der Verfasser des Dokuments gewesen sein mag, daß ihr schmerzlicher Wunsch in Erfüllung gehen würde.

Greeley hatte bei der Pressekonferenz einen schweren Stand, und dies erst recht, als er die Verwegenheit besaß, anzuregen, ob nicht ein Papst weiblichen Geschlechts eine gute Idee wäre. Einen solchen Gedanken vor einem zum größten Teil aus italienischen Männern bestehenden Publikum vorzutragen, dazu gehörte allerhand Courage. Die Veranstaltung endete mit einem kleinen Tumult, als eine junge Italienerin Pater Greeley ins Gesicht schrie, er sei ein bösartiger Mensch und habe sexuelle Probleme.

Wenige Tage später machte Professor Hans Küng in einem Interview mit dem italienischen Nachrichtenmagazin *Panorama* deutlich, daß seiner Ansicht nach die gesamte römisch-katholische Kirche sexuelle Probleme hatte und sie auch weiterhin hätte, solange an der Enzyklika *Humanae Vitae* nicht gerüttelt würde. Er bezeichnete die Geburtenregelung als das wichtigste der sich vor dem Papst auftürmenden Probleme. »Es ist eine grundlegende Frage für Europa und die Vereinigten Staaten, vor allem aber für die Dritte Welt... Eine Revision der *Humanae Vitae* ist notwendig. Vielen Theologen und auch Bischöfen fiele es nicht schwer, der Geburtenkontrolle, auch mit künstlichen Mitteln, zuzustimmen, wenn erst einmal die Bereitschaft vorhanden wäre, anzuerkennen, daß Regelungen, die von früheren Päpsten erlassen worden sind, korrigiert werden dürfen.«

Am 21. August teilte der brasilianische Kardinal Lorscheider der Öffentlichkeit in einem Zeitungsinterview konkrete Einzelheiten aus der Wunschliste der Lateinamerikaner mit. Sie wünschten sich als Papst einen Mann der Hoffnung, einen Mann mit einer positiven Einstellung zur Welt. Sie wollten einen Papst, der nicht versuchen würde, Nichtchristen christliche Lösungen aufzuzwingen, der sich durch Sensibilität für soziale Probleme und durch Dialogbereitschaft auszeichnete und dem es ein aufrichtiges Anliegen war, für die Einheit der Kirche zu wirken. Außerdem sollte er ein guter Priester sein, ein guter Hirte in der Tradition Jesu; er sollte der ehrlichen Überzeugung sein, daß die Beschlüsse von Bischofskonferenzen Einfluß auf Entscheidungen des Papstes haben mußten, anstatt, wie bisher meist, folgenlos zu verhallen. Schließlich müsse der neue Papst bereit sein, in der Frage der Geburtenregelung einen neuen Weg einzuschlagen, einen Weg, der nicht unbedingt eine völlige Abkehr von *Humanae Vitae* bedeuten, aber aus der jetzigen Sackgasse hinausführen müsse.

Unterdessen arbeiteten die Kardinäle Benelli und Suenens, die es vorzogen, die Sommerhitze Roms solange wie möglich zu meiden, diskret daran, die Voraussetzungen für die erfolgversprechende Kandidatur eines Mannes zu schaffen, der den Erwartungen der lateinamerikanischen Kardinäle, Pater Greeleys und Professor Küngs gerecht werden konnte: Albino Luciani.

Wenn in den Wochen vor Beginn des Konklaves in der italienischen Presse der Name Luciani auftauchte, so meist in Verbindung mit dem Hinweis, das Ins-Spiel-Bringen dieses Namens könne nur ein taktischer Schachzug sein. Der italienische Vatikanologe Sandro Magister sprach in diesem Zusammenhang von dem »farblosen Patriarchen von Venedig«. Ein anderer, der es besser hätte wissen müssen, war Giancarlo Zizola. Wenige Tage vor Eröffnung des Konklaves publizierte Zizola, der neun Jahre zuvor einmal ein langes und intensives Interview mit Albino Luciani geführt hatte, unter dem Titel »Freund der Armen (nicht der Linken)« eine wenig schmeichelhafte Kurzbiographie des Patriarchen. Darin zitierte er einen nicht genannten Gewährsmann mit dem Satz: »Das mindeste, was man sagen kann, ist, daß er heute der anerkannte Führer der kirchlichen Rechten ist, eine venezianische Ausgabe von Kardinal Ottaviani.«
Von der Presse um einen Kommentar zum sporadischen Erscheinen seines Namens in der Liste der Kandidaten gebeten, meinte Luciani lachend: »Ich stehe bestenfalls auf der C-Liste.«
Die Presseleute waren es zufrieden und kümmerten sich nicht mehr um ihn. Sein Name geriet schnell wieder in Vergessenheit.
Die Hektik und Hitze des Gefechts meidend, durchstreifte Luciani die Gärten des Augustinerkollegs, die einen schönen Ausblick auf den Petersdom gewähren. Er kam mit einem der Mönche ins Gespräch, Bruder Clemente, der sich schwitzend in den Blumenbeeten betätigte. Luciani erzählte, wie er als Knabe auf den Feldern gearbeitet hatte. »Damals hatte ich Schwielen an den Händen. Jetzt habe ich Schwielen am Gehirn.«
Der Beginn des Konklaves stand kurz bevor; allein, Albino Luciani hatte seine ganz speziellen Sorgen. Der Motor seines fünf Jahre alten Lancia 2000 wollte nicht mehr so recht. Luciani wies seinen Sekretär, Pater Lorenzi, an, den Wagen schnellstmöglich reparieren zu lassen. Am Samstag, dem 26. August, sollte das Konklave zusammentreten. Am Dienstag, dem 29., so wollte es Luciani, mußte der Wagen für die Rückfahrt nach Venedig bereitstehen. Er wollte keine Zeit verlieren. Zu Hause wartete eine Menge Arbeit.
Am 25. August schrieb Luciani seiner Nichte Pia:

»Liebe Pia,
Ich schreibe Dir, um Dir die neuen Sedisvakanz-Briefmarken zukommen zu lassen, und auch, um Dir zum glücklichen Verlauf Deiner ersten Prüfung zu gratulieren. Hoffen wir, daß der Herr Dir auch bei den restlichen beisteht. Heute haben wir das Präkonklave mit der letzten Generalkongregation abgeschlossen. Danach haben wir die Zellen, nachdem wir sie unter uns ausgelost hatten, besichtigt. Ich habe Nummer 60, ein mit Schlafgelegenheit versehener Wohnraum; ich fühle mich in das Seminar von Feltre im Jahr 1923 zurückversetzt: ein eisernes Bettgestell, eine Matratze, eine Waschschüssel.
Nebenan auf 61 wohnt Kardinal Tomasek aus Prag. Daran anschließend die Kardinäle Tarancon aus Madrid, Medeiros aus Boston, Sin aus Manila, Malual aus Kinshasa. Nur Australien fehlt, sonst hätten wir hier eine Auswahl aus aller Welt. Ich weiß nicht, wie lange das Konklave dauern wird; es wird schwierig sein, die richtige Persönlichkeit zu finden, die diese vielen Probleme anpacken kann, die wirklich schwere Bürden sind. Mir droht die Gefahr zum Glück nicht. Allein schon seine Stimme abzugeben, bedeutet unter diesen Umständen, eine sehr schwere Verantwortung auf sich zu nehmen. Ich bin sicher, daß Du als gute Christin in diesen Tagen für die Kirche beten wirst. Grüße Francesco, Vater und Mutter. Den beiden letzteren schreibe ich nicht, weil ich im Augenblick ziemlich viel um die Ohren habe.
Dein Dir sehr zugetaner

Albino Luciani«

Einen Tag danach, wenige Stunden vor Beginn des Konklaves, schrieb er seiner Schwester Antonia:

»Liebe Schwester,
Ich schreibe Dir kurz vor dem Eintritt in das Konklave. Dies sind schwere Augenblicke der Verantwortung, auch wenn mir keine Gefahr droht, trotz der Gerüchte in den Zeitungen. In dieser Zeit seine Stimme für einen Papst abzugeben ist eine schwere Last. Bete für die Kirche, und liebe Grüße auch an Errere, Roberto und Gino.

Albino Luciani«

Er bat die Augustiner, den Brief für ihn aufzugeben, und machte sie darauf aufmerksam, daß er den größten Teil seiner Sachen auf seinem Zimmer gelassen hatte. Am Morgen hatten er und die anderen Kardinäle eine Messe »für die Wahl eines Papstes« zelebriert. Unterdessen hatte Bruder Clemente für Luciani und Kardinal Freeman Tornister mit dem Notwendigsten zur Sixtinischen Kapelle gebracht. Nach der Messe fanden sich die beiden Kardinäle, zusammen mit ihren Kollegen, in der mit Fresken von Michelangelo ausgeschmückten Capella Paolina ein. Von Monsignore Virgilio Noe, dem päpstlichen Zermonienmeister, dirigiert, bewegte sich der Zug der Kardinäle, voran der Chor der Sixtinischen Kapelle, der singend dem Heiligen Geist huldigte, durch die Sala Ducale, vorbei an den Cherubim Berninis, ins Innere der Sixtinischen Kapelle. Auf Monsignore Noes Ruf »Extra omnes« (»Alle hinaus«) hin verließen die Chorsänger, die Ministranten, die Kamerateams und alle anderen Unbefugten die Kapelle. Zwischen den beiden Hütern des Eingangs, Monsignore Noe draußen und Kardinal Villot drinnen, schloß sich langsam die Tür. Sie würde sich für die 111 eingeschlossenen Kardinäle erst wieder öffnen, wenn ein Papst gewählt war. Dann würden weiße Rauchwolken den auf dem Petersplatz harrenden Gläubigen und den vielen Millionen Interessierten überall auf der Erde verkünden, daß der geheimste Wahlvorgang der Welt zu Ende und der päpstliche Thron neu besetzt war.

Das Konklave

Was immer man Papst Paul an Fehlern und Versäumnissen anrechnen mag – ein Konklave zu organisieren, darauf hatte er sich verstanden. Er hinterließ sehr klare Verfahrensregeln für die Wahl seines Nachfolgers.

Eines seiner wichtigsten Anliegen war es, die Geheimhaltung sicherzustellen. Seine Richtlinien wollten, daß die Kardinäle zwei Tage vor dem Konklave einen feierlichen Eid leisteten. Sie mußten schwören – bei Strafe der Exkommunizierung –, nichts über den Wahlvorgang verlauten zu lassen, weder durch »Zeichen, Worte oder Schrift noch auf irgendeine andere Weise«. Um jedes Mißverständnis auszuschließen, mußten die Kardinäle auch versprechen und beschwören, daß sie »im Konklave keinen Gebrauch von Sende- oder Empfangsgeräten irgendwelcher Art machen, keine in irgendeiner Weise für das Aufnehmen von Bildern geeigneten Apparaturen« benutzen würden. Offenkundig hatte Papst Paul kein uneingeschränktes Vertrauen zu den Würdenträgern der römisch-katholischen Kirche.

Sogar für den Fall, daß der eine oder andere der Kardinäle in der Zeit zwischen dem Ablegen des Verschwiegenheitseides und dem Beginn des Konklaves einen Gedächtnisschwund erlitt, war vorgesorgt: Alle 111 mußten den Schwur noch einmal leisten, sobald sie in der Sixtinischen Kapelle unter sich waren.

Als die Kardinäle die ihnen zugewiesenen Zimmer – oder »Zellen«, wie Paul sie in seinen Anweisungen nannte – aufgesucht hatten, tat Kardinal Villot ein weiteres: Unterstützt von einigen Kardinalskollegen und zwei Technikern, durchkämmte er die gesamte Örtlichkeit auf der Suche nach (technischen oder menschlichen) Lauschern, die jemand, der das Geschäft seines Lebens witterte,

womöglich eingeschleust haben konnte. Sodann wurden alle Mitglieder des in der Kapelle diensttuenden Personals körperlich durchsucht und mußten zu einem Zählappell antreten.
Um zu gewährleisten, daß niemand von draußen nach drinnen gelangen konnte, hatte Paul des weiteren verfügt, daß das Äußere und die engste Umgebung der Sixtinischen Kapelle von einem großen Trupp vatikaneigener Leute untersucht und bewacht würde. Ob diese Anordnung darauf zielte, zu verhindern, daß die wegen Überalterung ausgeschlossenen Kardinäle durch ein Dachfenster in die Kapelle eindrangen, geht aus dem schriftlichen Text nicht hervor.
Villot, seine Helfer und die beiden Techniker verdienten sich ihr täglich Brot während des Konklaves gewiß redlich. Eine ihrer weiteren Aufgaben bestand darin, während der ganzen Zeit Ausschau nach Tonbandgeräten, Videokameras und »Wanzen« aller Art zu halten.
Angesichts aller dieser Durchsuchungs-, Überprüfungs- und Zählvorgänge blieb, wie der verstorbene Papst gewiß vorausgesehen hatte, am ersten Tag nur noch wenig Zeit zur Inangriffnahme der eigentlichen Aufgabe: der Wahl eines Papstes.
Die Heilige Stadt dörrte unter einer Hitzewelle, und man kann annehmen, daß auch im Innern der Sixtinischen Kapelle Temperaturen herrschten, die für die dort versammelten, in der Mehrzahl alten Männer fast unerträglich wurden, zumal der verstorbene Papst auch das Fensterproblem nicht vergessen hatte: Einer seiner Anweisungen zufolge mußten sämtliche Fenster verschlossen, verplombt und zugehangen werden. Unter solchen äußeren Bedingungen sollten 111 Kardinäle nun die wichtigste Entscheidung ihres Lebens fällen.
Wenn draußen, bei den Millionen, die auf den neuen Papst warteten, eine Vielzahl unterschiedlicher Bedürfnisse, Hoffnungen und Wünsche ihrer Erfüllung harrten, so spiegelte sich darin nur getreulich die Vielfalt der Bestrebungen im Konklave selbst. Es gab einen rechten Flügel, dessen Ambitionen darauf gerichtet waren, die Kirche wieder dorthin zu bringen, wo sie vor dem Zweiten Vatikanischen Konzil gestanden hatte, zurück vor allem zu einer rigorosen innerkirchlichen Disziplin. Der »linke« Flügel wollte einen Papst, der die Armen verstehen und ein glaubwürdiger Anwalt ihrer In-

teressen sein konnte, einen Papst, dem demokratische Spielregeln nicht fremd waren und der den Bischöfen das Recht einräumen würde, darüber mitzubestimmen, wohin die Kirche sich bewegte. Sie wünschten sich einen Johannes XXIII., während die Rechten nach einem Pius XII. Ausschau hielten. Dazwischen gab es Männer, die mit diesen oder jenen Einzelforderungen beider Flügel übereinstimmten und es schafften, fortschrittliche mit rückschrittlichen Positionen zu verbinden. Und es gab Albino Luciani, einen Mann von einer Schlichtheit, wie sie bei einem Menschen von so hoher Intelligenz nur selten anzutreffen ist, eine Schlichtheit, die sich mit einem kultivierten und nachdenklichen Geist paarte. Luciani sah seine Aufgabe darin, den unerfüllten Hoffnungen und Wünschen der Dritten Welt Auftrieb zu geben. Daher sein Entschluß, seine Stimme dem Erzbischof von Fortaleza in Brasilien, Aloisio Lorscheider, zu geben, einem Mann mit brillanten Geistesgaben, der die Probleme der Armen ganz genau kannte. Die Wahl eines solchen Mannes wäre – ob mit oder ohne Inanspruchnahme des Heiligen Geistes – ein Zeichen der Erleuchtung.

Aber auch die Wahl, auf die Giovanni Benelli und Leon Joseph Suenens sich verständigt hatten, zeugte von Erleuchtung. Benelli hatte es mit einem schweigenden Lächeln hingenommen, daß die Medien ihn in den Wochen vor dem Konklave als aussichtsreichen Kandidaten gehandelt hatten. Schweigend hatte er auch die Giftpfeile an sich abprallen lassen, die Kurienkardinäle wie Pericle Felici, der Prokurator der Vermögensverwaltung des Heiligen Stuhls, auf ihn abgeschossen hatten, beispielsweise die auf ihn gemünzte Bemerkung Felicis: »Er wird nur sich selber wählen.«

Felici sollte bald feststellen, daß Benelli nicht nur mit seiner eigenen, sondern auch, was wichtiger war, mit den Stimmen anderer Kardinäle ungeahnte Pläne verfolgte. Als erste bruchstückhafte Berichte über die diskrete Wahlwerbung Benellis und Suenens' zugunsten Albino Lucianis an das Ohr der Kurienkardinäle drangen, reagierten sie ebenso abschätzig, wie es zuvor die Journalisten getan hatten. Albino Luciani war kein Thema. Unter den vielen vom Vatikan vor dem Konklave herausgegebenen Kardinalsbiographien war die Lucianis die kürzeste. Offenkundig waren die Mächtigen in der Kirche, genau wie Luciani selber, der Meinung, daß sein Name allenfalls auf der C-Liste stehen könne. Wie die Weltpresse wußte auch die Kurie wenig über diesen Mann. Zum Leidwesen der Kurie kannten ihn die anderen Kardinäle besser. Nach vollbrachter Wahl entschuldigten viele Journalisten und Vatikanologen ihr prognostisches Unvermögen unter Hinweis darauf, daß Luciani ein »Unbekannter« gewesen sei, der »nie aus Italien herausgekommen ist und keinerlei Fremdsprache spricht«.

Tatsächlich verstand und sprach Albino Luciani neben seiner Muttersprache und Latein auch Deutsch, Französisch, Portugiesisch und Englisch. Er war nicht nur den meisten italienischen Kardinälen (mit Ausnahme der Kurienkardinäle) wohlbekannt, sondern pflegte auch im Ausland eine ganze Reihe von Freundschaften. Die Polen Wojtyla und Wyszynski waren bei ihm in Venedig zu Gast gewesen. Wojtyla hatte einen prägenden Einfluß auf Lucianis Einstellung zum Marxismus genommen. Während einer Brasilienreise im Jahr 1975 hatte er Lorscheider besucht. Auch Kardinal Arns, ebenfalls aus Brasilien, war ein guter Freund Lucianis. Der Belgier Suenens, der Holländer Willebrands, der Franzose Marty, die Amerikaner Cooke (New York), Manning (Los Angeles) und Medeiros (Boston) sowie die Deutschen Höffner und Volk waren nur einige von vielen Kardinälen, denen Luciani freundschaftlich verbunden war. Außer Brasilien hatte er Portugal, Deutschland, Frankreich, Jugoslawien, die Schweiz, Österreich sowie Burundi in Afrika besucht, wo er eine Diözesanpartnerschaft zwischen Kiremba und Vittorio Venetto begründet hatte.

Zu Lucianis Freunden gehörten auch viele Nichtkatholiken. Phillip Potter, der dunkelhäutige Sekretär des Weltkirchenrats, war Gast in seinem Hause gewesen, ebenso Vertreter des Judentums, der Anglikanischen Kirche und der Pfingstbewegung. Mit Hans Küng hatte er Bücher und Briefe ausgetauscht. Hätte die Römische Kurie von all dem gewußt, es hätten wohl überall im Vatikan die Alarmglokken geschrillt.

Das war also der Mann, der jetzt nichts weiter beabsichtigte, als seine Stimme abzugeben, die Wahl und Krönung eines neuen Papstes mitzuerleben, in seinen reparierten Lancia zu klettern und nach Venedig zurückzufahren. Freilich hatte er sich auch Gedanken darüber gemacht, was sein würde, wenn durch irgendeine absonderliche Fügung des Schicksals die Wahl auf ihn fallen sollte.

Als Mario Senigaglia ihm Glück gewünscht und ihm geraten hatte, »nur für den Fall der Fälle« die Texte einiger seiner Reden mitzunehmen, hatte Luciani nur abgewinkt. »Es gibt immer eine Möglichkeit, sich zu entziehen. Man kann immer noch nein sagen.«
Dann, nach der Ankunft in Rom, hatte auch Diego Lorenzi, seit 1976 Lucianis Sekretär, den Wunsch ausgesprochen, dieser Mann, den er, wie zuvor schon Senigaglia, wie einen Vater zu verehren gelernt hatte, möge der nächste Papst werden. Wieder winkte Luciani ab. Er erinnerte Lorenzi an die Verfahrensregeln, die der verstorbene Papst aufgestellt hatte. Er sprach von dem unvergleichlichen Augenblick, da einer der Kardinäle das notwendige Minimum von zwei Dritteln plus einer Stimme erreicht haben würde, in diesem Fall 75 Stimmen. Der Betreffende würde dann gefragt werden: »Nehmen Sie die Wahl an?« Luciani lächelte seinem Sekretär zu. »Und wenn ich es wäre, den sie gewählt hätten, würde ich sagen: ›Es tut mir leid. Ich kann sie nicht annehmen.‹ «
Am Samstag, dem 26. August 1978, nachdem die Messe gelesen, das gemeinsame Frühstück eingenommen, die einleitenden Rituale vorüber und die Sicherheitsüberprüfungen durchgeführt waren, nahmen die Kardinäle auf den ihnen zugewiesenen Plätzen in der Sixtinischen Kapelle Platz. Die Verfahrensregeln besagten, daß die Namen mit verstellter Handschrift auf die Stimmkarten geschrieben werden mußten. Bei letzteren handelte es sich um Papierstücke, die nach einmaligem Zusammenfalten nur noch etwa briefmarkengroß waren. Vor Beginn der Wahl wurden Prüfer ernannt, deren Aufgabe darin bestehen würde, die Gültigkeit der abgegebenen Stimmen festzustellen und sie zu zählen. Des weiteren wurde ein aus drei Kardinälen bestehendes Gremium gewählt, das die Arbeit der Wahlprüfer überprüfen sollte. Die Vorschrift »Zweidrittelmehrheit plus eine Stimme« hatte Papst Paul ersonnen, um zu verhindern, daß ein Bewerber nur dank seiner eigenen Stimme zum Papst gewählt werden konnte.
Zu guter Letzt begann, bei steigender Spannung und steigender Temperatur, der erste Wahlgang*.

* Das einzige existente amtliche Protokoll dessen, was im Konklave vorging, liegt unerreichbar in den Archiven des Vatikan. Was im folgenden berichtet wird, ist das

Nachdem die Stimmkarten zweimal überprüft und ausgezählt und dann noch ein drittes Mal überprüft worden waren, um sicherzugehen, daß kein Kardinal zwei Stimmen abgegeben hatte, wurden sie, nach Namen sortiert, an Schnüren aufgefädelt, nochmals gezählt und dann in einen eigens dafür vorgesehenen Behälter getan, wo sie ihrer späteren Verbrennung harrten.
Der erste Wahlgang brachte folgendes Ergebnis:

Siri 25 Stimmen
Luciani 23 Stimmen
Pignedoli 18 Stimmen
Lorscheider 12 Stimmen
Baggio 9 Stimmen

Die übrigen 24 Stimmen verteilten sich auf die Italiener Bertoli und Felici, den Argentinier Pironio, den Polen Karol Wojtyla, den Pakistani Cordeiro und den Österreicher König.
Albino Luciani hatte seinen Ohren nicht getraut, als beim Zählen der Stimmen sein Name dreiundzwanzig Mal ertönt war. Als einige der in seiner Nähe sitzenden Kardinäle sich umgedreht und ihm zugelächelt hatten, hatte er nur ungläubig und verlegen den Kopf geschüttelt. Wie konnte das zugehen, daß er so viele Stimmen bekommen hatte?
Die Kardinäle Benelli, Suenens und Marty hätten diese Frage beantworten können. Sie hatten ihr Ziel erreicht, für ihren Kandidaten Luciani eine »Startrampe« zu bauen, von der aus er mit guten Chancen in die Fortsetzung des Rennens gehen konnte. Die Kardinäle, die sich, zusätzlich zu den drei genannten, im ersten Wahlgang für Luciani entschieden, repräsentierten ein internationales Spektrum. Es waren Renard und Gouyan aus Frankreich, Willebrands und Al-

---

Ergebnis von Mitteilungen, die ich aus einer größeren Zahl gut unterrichteter Quellen erhalten habe. Bei den Zahlenangaben treten Abweichungen auf, die auf Unterschiede in den mir gemachten Angaben beruhen. Daraus folgt notwendigerweise, daß einige der Angaben fehlerhaft sein müssen. Der gleiche Vorbehalt gilt hinsichtlich der Namen der Kardinäle, die im ersten Wahlgang für Luciani stimmten. Trotz der bestehenden Widersprüche und Abweichungen glaube ich, daß das Folgende ein im großen und ganzen zutreffendes Bild des Verlaufs der Papstwahl gibt.

frink aus Holland, König aus Österreich, Volk und Höffner aus Deutschland, Malula aus Zaire; Nsubuga aus Uganda, Thiandoum aus Dakar, der Kurienkardinal Bernardin, Gantin aus Benin, Colombo aus Mailand, Pellegrino aus Turin, Ursi aus Neapel, Poma aus Bologna, Cooke aus New York, Lorscheider aus Brasilien, Ekandem aus Nigeria, Wojtyla aus Krakau und Sin aus Manila.
Luciani, der nicht wußte, wer für ihn gestimmt hatte, rechnete damit, daß die Betreffenden dieses Mißverständnis im zweiten Wahlgang korrigieren würden. Er griff zu einem neuen Stimmzettel und schrieb wiederum den Namen Aloisio Lorscheider darauf.
Die Kurienkardinäle beäugten Luciani mit plötzlich erwachtem Interesse. Ihr wichtigstes Ziel war es gewesen, den Anspruch Pignedolis auf den Papstthron abzuwehren. Wie der zweite Wahlgang zeigte, hatten sie dieses Ziel erreicht:

Siri 35 Stimmen
Luciani 30 Stimmen
Pignedoli 15 Stimmen
Lorscheider 12 Stimmen

Die verbleibenden 19 Stimmen entfielen wiederum auf Diverse.
Die Stimmzettel wurden, zusammen mit denen vom ersten Wahlgang, in den antiquierten Ofen gesteckt. Der Griff mit der Aufschrift NERO wurde gezogen, und schwarzer Rauch quoll – nicht etwa durch den Kamin nach draußen, sondern ins Innere der Sixtinischen Kapelle. Während das Begräbnis Papst Pauls und das Konklave die Kirche etliche Millionen kostete, hatte irgendein Vatikan-Bediensteter es für richtig gehalten, die paar Mark für den Kaminkehrer einzusparen. Die Folgen dieser Unterlassung hätten angesichts der geschlossenen Fenster leicht zu einem raschen vorzeitigen Ende des Konklaves führen können. Zum Glück hatte Papst Paul angeordnet, daß einige Angehörige der vatikanischen Feuerwehr an Ort und Stelle sein mußten. Unter mutigem Verstoß gegen die Verfahrensvorschriften rissen sie mehrere Fenster auf.
Schließlich bahnten sich einige schwarze Rauchwolken ihren Weg aus dem Schornstein der Sixtinischen Kapelle, und Radio Vatikan meldete, daß es noch keinen neuen Papst gab. Viele Vatikanologen

hatten ein langes Konklave vorausgesagt, in der Annahme, daß 111 Männer aus allen Weltteilen einfach längere Zeit benötigen würden, um sich zu einem annähernd einstimmigen Votum durchzuringen. Beim Anblick des schwarzen Rauchs nickten diese Auguren wissend und widmeten sich sodann wieder dem Bemühen, den Männern von der Presseabteilung des Vatikan wenigstens in solch wichtigen Fragen wie der, welche Gerichte den Kardinälen serviert wurden, einige Details zu entlocken.

Das größte und schattierungsreichste Konklave in der Geschichte der Kirche strömte eilig aus der Sixtinischen Kapelle zur provisorischen Kantine.

Der dritte Wahlgang würde eine wichtige Vorentscheidung bringen. Das Rennen zwischen Siri und Luciani war völlig offen. Während ein sich in seiner Haut ganz und gar nicht wohl fühlender Luciani in seinem Essen stocherte, machten andere Politik.

Giovanni Benelli führte leise Gespräche mit den Kardinälen aus Lateinamerika. Sie hatten Flagge gezeigt, aber es war klar abzusehen, daß diese Konklave keinen Papst aus einem Land der Dritten Welt wählen würde. Wollten sie einen Mann wie Siri mit seinen bekannt reaktionären Ansichten auf dem Stuhl Petri? Warum nicht einen Mann, der zwar nicht aus der Dritten Welt kam, von dem man aber wußte, daß sein Herz für sie schlug? Es sei, so fügte Benelli hinzu, ja kein Geheimnis, daß Lucianis Stimme einem der ihren, Aloisio Lorscheider, gehöre.

Benelli rannte offene Türen ein. Die Kardinäle aus Lateinamerika hatten ihre Hausaufgaben weit gründlicher gemacht als alle anderen regionalen Gruppen. Wohl wissend, daß die Chance, ihren Kandidaten Lorscheider durchzubringen, nicht sehr groß war, hatten sie schon vor dem Konklave eine Liste für sie wählbarer, nicht der Kurie angehörender Italiener erstellt. Einer der Männer, mit dem sie diese Liste durchdiskutiert hatten, war Pater Bartolmea Sorges gewesen, ein in Rom beheimateter Jesuitenpriester. Bei einer zweistündigen Debatte hatte Sorges auf die Faktoren hingewiesen, die für beziehungsweise gegen jeden der in Betracht Gezogenen sprachen. Schließlich war der Name Albino Luciani übriggeblieben. Pater Sorges wiederholte für mich aus der Erinnerung die Schlußsätze seines Vortrags vor der Gruppe der Kardinäle:

Wenn Sie einen Papst wählen wollen, der die Kirche in der Welt voranbringt, dann sollten Sie für Luciani stimmen. Aber bedenken Sie, er ist kein Mann, der das Regieren gewöhnt ist, folglich wird er einen guten Staatssekretär brauchen.

Inmitten des summenden Gewirrs von Dutzenden gedämpfter Stimmen versuchten auch die Kardinäle Suenens, Marty und Gantin noch Schwankende zu überzeugen. Kardinal König aus Wien meinte zu seinen Sitznachbarn, die Nichtitaliener hätten keinen Grund, sich gegen die erneute Wahl eines Italieners zu ihrem geistlichen Oberhirten zu wenden.

Auch die Männer der Kurie wogen während der Mittagspause ihre Aussichten ab. Sie konnten mit dem bisherigen Gang der Dinge zufrieden sein. Sie hatten Pignedoli gebremst. Aber es war auch klar, daß ihr Kandidat Siri sein Stimmenpotential weitgehend ausgeschöpft hatte. Sosehr Felici und seine Clique auch vor dem Konklave ihre Druckmittel und Einflußmöglichkeiten hatten spielen lassen, es war doch abzusehen, daß es nicht gelingen würde, von den Männern des linken Flügels und der Mitte eine ausreichende Zahl ins Lager Siris herüberzuziehen. Luciani, der stille, unauffällige Mann aus Venedig, würde im Vatikan gewiß leicht zu beeinflussen und zu dirigieren sein. Diese Zuversicht wurde von denen, die eine Rückkehr zu der Ära vor dem Zweiten Vatikanischen Konzil wünschten, nicht geteilt. Sie wiesen darauf hin, daß Luciani mehr als jeder andere italienische Kardinal den Geist jenes von Papst Johannes XXIII. einberufenen Konzils in praktisches Handeln umgesetzt hatte.

In England ruht zur Teezeit alle Arbeit. In Italien wird dieses tägliche Aussetzen des Pulsschlags der Nation Siesta genannt. Von den Kardinälen nutzten manche die Siesta zu gedämpften Gesprächen im Speisesaal; andere zogen sich zu einem Schläfchen zurück. In Zelle 60 kniete Albino Luciani und betete.

»Aus diesem Teig könnt ihr keine Gnocchi machen«, hatte Luciani vor dem Konklave zu Freunden gesagt, die ihm alles Gute gewünscht hatten. Eine beträchtliche Zahl seiner Kardinalskollegen schien diese seine Selbsteinschätzung nicht zu teilen.

Im Gebet suchte er die Antwort, nicht auf die Frage, wie die Wahl

letztlich ausgehen würde, sondern auf jene, was er tun sollte, falls sie ihn wählten. Luciani, der nie etwas anderes hatte sein wollen als ein Gemeindepriester, stand nun an der Schwelle zum mächtigsten Amt, das die römisch-katholische Kirche zu vergeben hat. Inständig und mit allem Ernst bat er seinen Gott auf den Knien, die Wahl möge auf einen anderen fallen.
Als Albino Luciani um vier Uhr nachmittags aus seiner Zelle trat, begrüßte ihn Kardinal Joseph Malula aus Zaire mit einer herzlichen Umarmung und entbot ihm voller Freude seine Glückwünsche.
Luciani schüttelte traurig den Kopf. »Ein schwerer Sturm wütet in mir«, sagte er, als er sich mit Malula auf den Weg zum dritten Wahlgang machte.

Luciani 68 Stimmen
Siri 15 Stimmen
Pignedoli 10 Stimmen.
Die restlichen 18 Stimmen verteilten sich auf Diverse.

Albino Luciani fehlten jetzt nur noch acht Stimmen. Mit einer Hand seine Stirn bedeckend, murmelte er: »Nein. Bitte nicht.«
Die Kardinäle Willebrands und Riberio auf den Plätzen links und rechts von Luciani hörten dieses Stoßgebet. Beide faßten ihn spontan am Arm. Willebrands redete ihm ruhig zu. »Nur Mut. Wem der Herr diese Last aufbürdet, dem gibt er auch die Kraft, sie zu tragen.«
Riberio nickte und setzte hinzu: »Die ganze Welt wird für den neuen Papst beten.«
Viele der Anwesenden konnten sich des feierlichen Eindrucks nicht erwehren, daß an diesem heißen Nachmittag der Heilige Geist in der Sixtinischen Kapelle gegenwärtig war. Andere hatten eine zynischere Meinung darüber, welcher Geist das Konklave beseelte. Von Taofina'y aus Samoa ist die Bemerkung überliefert: »Macht in menschlicher Gestalt, oder besser in Gestalt eines Kardinals der Kurie.« Seine Augen richteten sich auf Felici, als er diese Worte sprach.
Felici, der am Vormittag für Siri gestimmt hatte, kam jetzt zu Albino Luciani und überreichte ihm ein Kuvert mit der Aufschrift: »Ei-

ne Botschaft für den neuen Papst«. Auf dem darin enthaltenen Zettel standen die Worte »Via Crucis« – die Metapher für den schweren Gang Christi zum Kreuzigungshügel.
Eine erregte und euphorische Stimmung machte sich im Konklave breit. Viele waren sich jetzt sicher, als Werkzeuge göttlicher Inspiration zu handeln. Ohne der Anweisung des verstorbenen Papstes, daß alle Kardinäle vor jedem Wahlgang von neuem einen feierlichen Eid leisten müßten, Folge zu leisten, schritten sie zur vierten Abstimmung.

Luciani 99 Stimmen
Siri 11 Stimmen
Lorscheider 1 Stimme
Die Stimme für Lorscheider stammte von Albino Luciani.

Als das Ergebnis des letzten Wahlgangs verkündet wurde, brach donnernder Beifall los. Es war 18.05 Uhr. Eine kleine Gruppe verschworener Siri-Gefolgsleute, durchweg unversöhnliche Reaktionäre, hatte bis zuletzt an ihrem Kandidaten festgehalten.
Die Türen der Kapelle wurden geöffnet, und mehrere Zeremonienmeister schritten, begleitet von Kardinal Villot, zu Albino Lucianis Platz. Villot nahm das Wort.
»Nehmen Sie die Kanonische Wahl zum Pontifex Maximus an?«
Alle Augen waren auf Luciani gerichtet. Kardinal Giappi hat diesen Augenblick für mich aus der Erinnerung geschildert. »Er saß drei Reihen hinter mir. Auch jetzt noch, da er gewählt war, zögerte er. Kardinal Villot stellte ihm die Frage, und er wirkte immer noch unschlüssig. Die Kardinäle Willebrands und Riberio gaben ihm sichtbare Zeichen der Ermunterung.«
Schließlich gab Luciani eine Antwort: »Möge Gott euch vergeben, was ihr mit mir getan habt.« Dann fügte er hinzu: »Accepto«.
»Wie wollen Sie sich nennen?« fragte Villot.
Luciani zögerte erneut. Dann trat, zum ersten Mal, ein Lächeln auf sein Gesicht: »Johannes Paul der Erste.«
Einige der umstehenden Kardinäle murmelten beifällig. Der Name war eine Neuerung – der erste Doppelname in der Geschichte des Papsttums. Der Tradition zufolge gibt jeder neugewählte Papst

durch die Wahl seines Namens einen Hinweis auf die Richtung, in die er sich zu orientieren gedenkt. Somit hätte »Pius« den Beifall der Rechten gefunden, weil sich darin womöglich eine Rückkehr zur Ära vor dem Zweiten Vatikanischen Konzil angekündigt hätte. Welches Signal Luciani mit seiner Namenswahl setzen wollte, war nicht eindeutig. Johannes Paul war ein Name, mit dem jeder das an Erwartungen verbinden konnte, was er sich wünschte.

Warum hatte Luciani, ein Mann ohne Ehrgeiz, dieses Amt angenommen, das für etliche der anderen Kandidaten die Erfüllung eines Lebensziels gewesen wäre?

Die Antwort ist, wie so vieles an diesem einfachen Mann, kompliziert. Die Analyse der Ereignisse deutet darauf hin, daß er von der Schnelligkeit und Einhelligkeit seiner Wahl überrumpelt wurde. Viele meiner Gesprächspartner wiesen auf diesen Aspekt hin. Am besten erfaßt ist dieser Punkt vielleicht in der Aussage eines Angehörigen der Kurie, den eine enge, zwanzigjährige Freundschaft mit Albino Luciani verband.

> »Er litt darunter. Wenn er nicht von der großen Mehrheit als solcher so überwältigt gewesen wäre, wenn die Dinge sich allmählicher vollzogen hätten und das Konklave in einen zweiten Tag gegangen wäre, er hätte Zeit gehabt, sich zu sammeln und nein zu sagen; und gewiß, wenn er im Konklave zur Gewißheit gelangt wäre, daß er nicht der richtige Mann für dieses Amt war, er hätte nein gesagt. Er ist eine der stärksten Persönlichkeiten, die ich in 30 Jahren bei der Kurie kennengelernt habe.«

Ein wichtiger Faktor ist auch die persönliche Bescheidenheit Lucianis. Die Annahme des höchsten Kirchenamts in die Nähe von Bescheidenheit, Verzicht und Opferbereitschaft zu rücken, mag paradox erscheinen. Doch ist es nicht so unlogisch, wie es klingt. Höchste Macht und Verantwortung zu übernehmen, kann in der Tat ein Opfer sein – wenn höchste Macht und Verantwortung das letzte auf der Welt sind, das man sich wünscht.

Im Konklave war eitel Freude, als der neue Papst in die Sakristei geleitet wurde. Ansonsten herrschte eitel Verwirrung. Während die Gebrüder Gammarelli, die Schneidermeister der Päpste, in aller Eile nach einer passenden weißen Soutane suchten, verbrannten die Kardinäle in fröhlicher Stimmung ihre Stimmzettel unter Hinzufügung jener Chemikalie, die für den weißen Rauch sorgen sollte, auf den die Außenwelt wartete. Die Außenwelt sah aus dem kleinen Schornstein der Sixtinischen Kapelle zuerst weiße und dann, nach wenigen Augenblicken, schwarze Rauchwolken quellen. Um 18.24 Uhr hatte der Kamin zu rauchen begonnen. Jetzt stieß er für längere Zeit Rauchwolken in einer ganzen Reihe von Mischtönen aus. Drinnen hatten die Gebrüder Gammarelli mit der Suche nach der passenden Soutane auch nicht mehr Glück. Früher hatte man vor einem Konklave drei Soutanen geschneidert, eine kleine, eine mittlere und eine große. Diesmal hatten die Meister, auf der Grundlage einer Liste von zwölf *papabili,* vier Stücke angefertigt, darunter ein extra großes. Der zierliche Luciani war auf der Liste offensichtlich nicht verzeichnet gewesen. Endlich trat er doch, in seiner neuen Soutane fast versinkend, aus der Sakristei, nahm auf einem Stuhl vor dem Altar Platz und empfing die Huldigung der 110 Kardinäle, deren jeder ihm die Hand küßte, was der neue Papst jedes Mal mit einer herzlichen Umarmung beantwortete.

Kardinal Suenens, einer der Initiatoren seiner Wahl, sagte zu ihm: »Heiliger Vater, ich danke Ihnen für Ihr Ja.«

Luciani antwortete mit einem breiten Lächeln: »Vielleicht wäre es besser gewesen, wenn ich nein gesagt hätte.«

Die für das offizielle Rauchsignal zuständigen Kardinäle fütterten den Ofen noch immer mit Stimmzetteln und warfen bündelweise jene Stäbchen mit hinein, die den ersehnten weißen Rauch produzieren sollten. Bei Radio Vatikan, wo man sich auf die Nachrichtenübermittlung per Rauchzeichen verlassen hatte, herrschte Ratlosigkeit. Immerhin entschloß man sich zu der bemerkenswerten Meldung: »Wir können jetzt mit völliger Sicherheit sagen, daß der Rauch weder schwarz noch weiß ist.«

Die Redakteure wählten die Privat- und die Geschäftsnummer der Gebrüder Gammarelli, erreichten aber niemanden. Die Firma hielt sich geschlossen in der Sakristei auf und war mit dem Versuch beschäftigt, jemanden zu finden, dem sie das Soutanenfiasko in die Schuhe schieben konnte.

Das Geschehen entwickelte sich zu einer jener komischen Opern, wie nur Italiener sie inszenieren können.

Unterdessen hatten in der Sixtinischen Kapelle die Kardinäle das Tedeum angestimmt.
Draußen, am Rande des Petersplatzes, konnte man beobachten, wie Jesuitenpater Roberto Tucci, der Direktor von Radio Vatikan, auf das bronzene Tor des Lateranspalastes zueilte. Der Hauptmann der Schweizergarde, die die Aufgabe hatte, vor dem neuen Papst zum Salut anzutreten, befragte einen seiner wachhabenden Männer und erfuhr von ihm, daß vor längerer Zeit einmal Beifall aus der Kapelle erklungen sei. In diesem Augenblick vernahm der Hauptmann zu seiner Überraschung das Tedeum. Das konnte nur eins bedeuten – es gab einen neuen Papst, wer immer es auch war. Das Problem des Hauptmanns war nur, daß die Ehrengarde für den Salut nicht bereitstand.
Die Menge auf dem Petersplatz hatte sich, in der Annahme, der in sämtlichen Grautönen variierende Rauch signalisiere eine Vertagung des Konklave, schon weitgehend zerstreut, als aus der leistungsstarken Lautsprecheranlage eine Stimme ertönte »Attenzione!«
Die Leute begannen auf den Platz zurückzuströmen. Die Blicke richteten sich zum Balkon des Petersdoms, dessen große Tür sich langsam öffnete. Einige Gestalten traten auf den Balkon. Es war jetzt 19.18 Uhr, seit der Wahl des Papstes war über eine Stunde vergangen. Kardinal Felici erschien an der Balkonbrüstung, und die Menge auf dem Platz verstummte.
Inmitten der Menge harrte auch Lucianis Sekretär, Don Diego Lorenzi. Er stand bei einer Familie aus Schweden, die sich nach seiner beruflichen Tätigkeit erkundigt hatte. Er hatte nur geantwortet: »Ich bin für einige Tage in Rom. Ich arbeite in Venedig.« Jetzt wandte er sich erwartungsvoll dem Balkon zu.
»Annuncio vobis gaudium magnum: Habemus Papam.« (»Ich verkünde euch große Freude: Wir haben einen Papst.«) – »Cardinalem Albinum Luciani.«
Als das Wort »Albinum« ertönte, drehte der junge Lorenzi sich zu der schwedischen Familie um. Tränen liefen über sein Gesicht. Er lächelte und sagte dann stolz: »Ich bin der Sekretär des neugewählten Papstes.«
Im Jubelgeschrei der Menge war der Name Luciani beinahe unter-

gegangen. Als Felici hinzusetzte: »... der den Namen Johannes Paul der Erste gewählt hat«, war die Reaktion ohrenbetäubend. Viele, vielleicht die meisten, hatten von Luciani noch nie gehört, aber was machte das aus – sie hatten einen Papst. Die personenbezogene Reaktion stellte sich erst etwas später ein, als Albino Luciani an der Balkonbrüstung erschien. Was im Gedächtnis haftet, ist dieses Lächeln, das tief in die Herzen der Menschen drang. Dieser Mann hatte eine Ausstrahlung, die ein Gefühl der Freude und des Glücks gewährte. Was immer dieses Pontifikat bringen mochte, es würde ein fröhliches Pontifikat sein. Nach der bedrückenden und lähmenden Amtszeit Papst Pauls war dies ein Kontrast, wie er krasser nicht hätte sein können. Als der neue Papst der Stadt und der Welt den Segen »Urbi et Orbi« spendete, war dies für viele ein Gefühl ähnlich dem, das man empfindet, wenn nach endlos scheinenden düsteren Tagen ein erster heller Sonnenstrahl durch die Wolken bricht.

Sehr schnell war Luciani den Blicken wieder entschwunden, aber dann kam er nochmals heraus. Der Hauptmann der Schweizergarde hatte zu guter Letzt eine Kompanie zusammengebracht. Albino Luciani winkte und lächelte. Dieses Lächeln erfaßte alle, die zugegen waren. Der Bauernsohn aus einem norditalienischen Bergdorf, der als Junge keinen größeren Wunsch gehabt hatte, als Gemeindepfarrer zu werden, stand jetzt, am Abend des 26. August 1978, als Papst Johannes Paul I. auf dem Balkon des Petersdoms.

Das Konklave tagte nach dem Willen Lucianis weiter. Zum Abendessen suchte er wieder seinen Platz inmitten der Kardinäle auf. Einer seiner ersten Gedanken galt den vom Konklave ausgeschlossenen »Alten«, die bereits telefonisch vom Wahlergebnis verständigt waren. Er lud sie ein, am nächsten Morgen an der Messe der Konklave-Kardinäle teilzunehmen.

Das Staatssekretariat hatte für den neuen Papst einen Redetext vorbereitet, der einen programmatischen Ausblick auf die Kirchenpolitik der nächsten Zukunft geben sollte. Luciani zog sich mit dem Text in seine Zelle zurück, um die Rede zu überarbeiten und einige vage und unbestimmte Aussagen über Liebe, Krieg und Frieden durch konkrete Ankündigungen zu ersetzen.

Er hielt die Rede am nächsten Morgen nach der Dankesmesse. Er erklärte, er widme sein Pontifikat den Verkündungen des Zweiten Vatikanischen Konzils. Er bekannte sich zum Prinzip der Kollegialität, der Teilung der Macht mit den Bischöfen. Er erklärte, er wolle die innere Kraft und Disziplin der Kirche wieder herstellen und werde sich zu diesem Zweck vorrangig um die Revision der beiden Kodizes des Kanonischen Rechts bemühen. Das Streben nach der Einheit mit anderen christlichen Konfessionen solle ohne Kompromisse in der katholischen Lehre, aber auch ohne Zögern, fortgesetzt werden.

Auf ihren zentralen Tenor reduziert, verriet die Rede, daß dieser Mann, der sich in Venedig einmal als einen »armen Mann« charakterisiert hatte, »gewöhnt an kleine Dinge und an die Stille«, daß dieser Mann einen Traum hatte, einen anarchischen, revolutionären Traum. Was er ankündigte, war nichts anderes als seine Absicht, die ganze Kirche zu missionieren, ja nicht nur die Kirche, sondern die ganze Welt.

> »Die Welt wartet heute auf so etwas; sie weiß sehr wohl, daß die unvergleichliche Perfektion, die sie durch Forschung und Technik erreicht hat, bereits an einem Gipfelpunkt angelangt ist, jenseits dessen der Abgrund gähnt, der die Augen mit Finsternis blendet. Es ist die Versuchung, den Willen Gottes durch eigene Entscheidungen zu ersetzen, Entscheidungen, die moralische Gesetze untergraben würden. Der heutige Mensch läuft Gefahr, aus der Erde eine Wüste, aus der Person einen Automaten, aus der brüderlichen Liebe eine systematische Kollektivierung zu machen und in vielen Fällen dort den Tod zu bringen, wo Gott sich das Leben wünscht.«

Den Text des *Lumen gentium* (Licht der Völker) in der Hand, der »Dogmatischen Konstitution« des Zweiten Vatikanischen Konzils, verkündete Albino Luciani seine Absicht, die Kirche wieder dahin zu bringen, wo sie hingehörte: zur Wirklichkeit der Welt und zu den Worten Jesu Christi; zur Schlichtheit und Redlichkeit ihrer Anfänge. Luciani wünschte sich, daß Christus bei seiner Rückkehr zur Erde eine Kirche vorfinden würde, die er wiedererkennen konnte, eine Kirche, frei von politischen Interessen, frei von jener

finanzkapitalistischen Mentalität, die den ursprünglichen Auftrag der Kirche wie ein Gift von innen her durchsetzte.
Zur Mittagszeit trat der neue Papst auf den mittleren Balkon des Petersdoms. Auf dem Platz unter ihm drängten sich um die 200 000 Menschen. Gleichzeitig mit Millionen von Fernsehzuschauern in aller Welt erlebten sie, wie bei dem tosenden Beifall das Lächeln auf seinem Gesicht immer breiter wurde. Eigentlich war er herausgekommen, um den Angelus zu beten, aber er hatte sich entschlossen, sein Publikum zuvor noch einen kleinen Blick hinter die Kulissen des geheimen Konklaves tun zu lassen. Als der Beifall und der Jubel verebbten, machte er diesen Vorsatz wahr und verstieß dabei gleich gegen zwei päpstliche Vorschriften: das überängstliche Geheimhaltungsgebot, das Papst Paul in bezug auf das Konklave erlassen hatte, und den Gebrauch des *Pluralis majestatis,* dessen sich die Päpste seit fast zwei Jahrtausenden zum Zeichen ihres Anspruchs auf territoriale Souveränität bedient hatten. Johannes Paul I. lächelte der Menge zu und begann zu sprechen.
»Gestern« – dem Wort folgte ein fast unmerkliches Achselzucken, so als wolle er fortfahren: »... ist mir auf dem Weg zum Konklave etwas Merkwürdiges passiert«. Die Menge brach in fröhliches Gelächter aus, und der Papst stimmte in ihre Fröhlichkeit ein und setzte dann von neuem an. »Gestern früh bin ich in die Sixtinische Kapelle gegangen, um in aller Ruhe meine Stimme abzugeben. Niemals hätte ich mir träumen lassen, was sich ereignen würde. Als es gefährlich für mich zu werden begann, flüsterten mir zwei meiner Kollegen, die zu meinen Seiten saßen, ermutigende Worte zu.«
In einfacher, unprätentiöser Sprache wiederholte er die Worte Willebrands' und Riberios. Dann erklärte er den Gläubigen, weshalb er sich für den Namen Johannes Paul entschieden hatte.

»Mein Gedankengang war folgender: Es war der ausdrückliche Wunsch von Papst Johannes gewesen, mir hier im Petersdom die Weihe zu erteilen. Dann trat ich, ohne seiner würdig zu sein, in der Kathedrale des heiligen Markus in seine Fußstapfen, in einem Venedig, das noch immer den Geist von Papst Johannes atmet. Die Gondolieri erinnern sich seiner, die Schwestern, alle.

Papst Paul andererseits machte mich nicht nur zum Kardinal; er war es auch, der mich, schon einige Monate vorher, bis zu den Haarspitzen erröten machte, weil er auf der großen Tribüne auf dem Markusplatz vor 20 000 Menschen den Schal abgenommen und ihn um meine Schultern gelegt hat. Ich bin noch nie so puterrot im Gesicht gewesen. Dieser Papst hat außerdem in den 15 Jahren seines Pontifikats nicht nur mir, sondern der ganzen Welt gezeigt, wie sehr er die Kirche liebte, wie er ihr diente, für sie arbeitete und für diese Kirche Christi litt. Daher habe ich den Namen Johannes Paul gewählt.

Laßt euch versichern: Ich besitze nicht die Herzensweisheit von Papst Johannes und ebensowenig die Bildung und Kultur von Papst Paul. Trotzdem stehe ich jetzt an ihrem Platz. Ich werde versuchen, der Kirche zu dienen, und ich hoffe, daß ihr mir mit euren Gebeten dabei helft.«

Mit diesen schlichten, alltäglichen Worten, denen er den Angelus und seinen päpstlichen Segen folgen ließ, stellte Johannes Paul I. sich der Welt vor. Die warmherzige und freudige Reaktion der Menge auf dem Petersplatz war ein getreues Abbild des Eindrucks, den dieser Papst auf die Welt machte.

Die Vatikanologen rätselten, welche verborgenen Hinweise auf die Politik des neuen Papstes in dem von ihm gewählten Namen stekken mochten. Wollte er ein Johannes oder ein Paul werden? Einer von denen, an die diese Frage gerichtet wurde, war Kardinal Suenens. »Er wird, auf seine persönliche Weise, beides sein. In seiner Art ähnelt er mehr Johannes, aber es ist, wie wenn man Wasserstoff und Sauerstoff zusammengibt – man bekommt Wasser; zwei verschiedene Elemente ergeben eine dritte Substanz.«

Der Name Johannes Paul schien auf Kontinuität zu deuten. Die Tatsache allerdings, daß Luciani sich von Anfang an Johannes Paul *der Erste* nannte, im Gegensatz zur bis dahin geübten Praxis, mit der Durchnumerierung erst beim zweiten in einer Reihe gleichnamiger Päpste zu beginnen, hätte für die Vatikankenner schon ein kleiner Hinweis sein können. Was sie und die katholische Kirche als ganze von diesem Papst zu gewärtigen hatten, war nicht einfach ein Anknüpfen an einen seiner beiden unmittelbaren Vorgänger. Es war etwas Neues und Einzigartiges.

Er hatte seinen Zuhörern an diesem ersten Tag nicht näher erläutert, wie er es anzustellen gedachte, seinen Traum von einer armen Kirche Wirklichkeit werden zu lassen; doch binnen weniger Stunden nahm er Weichenstellungen vor, die für das Gelingen seiner Absichten von grundlegender Bedeutung waren.

Am Abend des 27. August, einem Sonntagabend, speiste er mit Kardinal Jean Villot und bat ihn, sein Amt als Vatikanischer Staatssekretär wenigstens noch für eine gewisse Zeit auszuüben. Villot erklärte sich dazu bereit. Der neue Papst bestätigte auch die übrigen leitenden Kurienkardinäle in ihren Ämtern. Nachdem er ohne jeden Ehrgeiz, Papst zu werden, ins Konklave gegangen war, wäre es ja auch verwunderlich gewesen, wenn er schon einen Tag später eine neue kirchliche »Regierungsmannschaft« präsentiert hätte.

Am 31. August druckte die führende Wirtschaftszeitschrift Italiens, *Il Mondo,* einen langen offenen Brief an Albino Luciani ab. Unter der Überschrift »Eure Heiligkeit, ist es rechtens?« erhob der finanzpolitische Redakteur der Zeitschrift, Paolo Panerai, eine ganze Reihe schwerer, in Frageform gekleideter Vorwürfe gegen das Finanzgebaren des Vatikans:

> »Ist es rechtens, wenn der Vatikan sich auf den Finanzmärkten wie ein Spekulant gebärdet? Ist es rechtens, wenn der Vatikan eine Bank sein eigen nennt, die beim ungesetzlichen Kapitaltransfer aus Italien in andere Länder mitwirkt? Ist es rechtens, wenn diese Bank italienischen Bürgern hilft, Steuern zu umgehen?

Sodann nahm Panerai die Verbindungen des Vatikan zu Michele Sindona aufs Korn. Er stellte Luigi Mennini und Paul Marcinkus von der Vatikanbank und ihre Geschäftsbeziehungen zu den »zynischsten Finanzjongleuren der Welt« an den Pranger, »von Sindona bis zu den Bossen der Continental Illinois Bank in Chicago (durch die, wie die Berater Eurer Heiligkeit Ihnen bestätigen können, sämtliche Investitionen der Kirche in den Vereinigten Staaten verwaltet werden)«. Panerai fragte:

> »Warum läßt die Kirche Investitionen in nationalen und multinationalen Unternehmen zu, deren einziges Ziel der Profit ist,

Unternehmen, die notfalls bereit sind, die Menschenrechte von Millionen von Armen zu verletzen und mit Füßen zu treten, insbesondere in der Dritten Welt, die doch Eurer Heiligkeit so sehr am Herzen liegt?«

Über Marcinkus hieß es in dem offenen Brief:

»Er ist ... der einzige Bischof, der im Vorstand einer weltlichen Bank sitzt, einer Bank, die übrigens eine Filiale in einem der bekanntesten Steuerparadiese der kapitalistischen Welt betreibt. Die Rede ist von den Cisalpine Overseas Bank in Nassau auf den Bahamas. Steuerparadiese zu nutzen, ist nach weltlichem Gesetz erlaubt, und kein weltlicher Bankier könnte vor ein Gericht zitiert werden, nur weil er diese Möglichkeit nützt (sie tun es alle); aber ist es auch nach dem Gesetz Gottes zulässig, an dem die Kirche ihr ganzes Handeln messen sollte? Die Kirche predigt Gleichheit, aber wir gestatten uns zu bezweifeln, daß man mehr Gleichheit schafft, indem man Steuern hinterzieht, Steuern, aus denen doch der weltliche Staat die Mittel bezieht, um eben jene Gleichheit zu fördern.«

Panerai forderte den Papst auf, der »Spekulation in trüben Gewässern« ein Ende zu bereiten und für »Ordnung und Moral« im Finanzgebaren des Heiligen Stuhls zu sorgen. Zur Untermauerung der Vorwürfe war dem offenen Brief eine ausführliche Analyse der kirchlichen Finanzpolitik unter dem Titel »Der Reichtum Petri« beigefügt.
Aus dem Vatikan kam keine offizielle Reaktion; doch innerhalb der Mauern der Vatikanstadt tat die Veröffentlichung ihre Wirkung, eine Wirkung, die von der stillschweigenden Genugtuung derjenigen, die den Aktivitäten der Vatikanbank und der APSA (Vermögensverwaltung des Apostolischen Stuhles) ohnehin kritisch gegenüberstanden, bis zu der Verärgerung derjenigen reichte, die die kirchlichen Finanzspekulationen völlig in Ordnung fanden, solange sie Gewinn brachten.
Die Tageszeitung *La Stampa* behandelte in einem Beitrag mit dem Titel »Reichtum und Macht des Vatikan« dasselbe Thema. Der Au-

tor des Artikels, Lamberto Furno, rückte die vatikanischen Finanzen in ein im allgemeinen freundlicheres Licht und wies einige der Beschuldigungen, die im Laufe der Jahre im Zusammenhang mit dem angeblichen Riesenvermögen des Vatikan erhoben worden waren, als unzutreffend zurück. Zugleich wies er aber auf eine Reihe drängender Probleme hin, mit denen der neue Papst sich beschäftigen müsse; so müsse zum Beispiel der Nachweis dafür erbracht werden, daß die nach Ansicht Furnos von Papst Johannes eingeleiteten und von Paul fortgeführten Reformen die Kirche dem proklamierten Ziel, eine »Kirche der Armen« zu werden, nähergebracht hatten. Zu diesem Zweck müßten »die vatikanischen Haushaltsbilanzen offengelegt werden«.
Furno schloß mit den Worten:

> »Die Kirche verfügt nicht über Reichtümer oder Einnahmequellen, die ihre Bedürfnisse übersteigen. Es ist aber notwendig, daß sie dafür Beweis ablegt. Wie Bernanos seinen Landpfarrer sagen läßt: ›Auf jeden Geldsack hat unser Herr mit eigener Hand geschrieben: Lebensgefahr!‹ «

Der neue Papst las diese Artikel mit Interesse. Er fand darin die Bestätigung dafür, daß die Maßnahmen, die er zu diesem Zeitpunkt bereits in die Wege geleitet *hatte,* richtig waren.
Albino Luciani hatte schon vor seiner Wahl zum Papst Kenntnis von den vielen Beschwerden über das Finanzgebaren des Vatikan gehabt. Schon damals hatte er das Gefühl gehabt, daß an der ganzen Struktur und Philosophie des vatikanischen Finanzwesens irgend etwas ganz schrecklich faul sein müsse. Damals war er machtlos gewesen. Jetzt war er mächtig. An diesem Sonntag, dem 27. August 1978, beim Abendessen, wies er seinen gerade im Amt bestätigten Staatssekretär Kardinal Villot an, sofort eine Untersuchung einzuleiten. Die gesamten finanziellen Verhältnisse der Kirche sollten durchleuchtet und in jeder Hinsicht einer eingehenden Analyse unterzogen werden. »Keine Kongregation, kein Sekretariat, keine Präfektur soll davon ausgenommen sein«, ordnete Luciani an.
Er machte Villot deutlich, daß sein Interesse hauptsächlich den Geschäften des Istituto per le Opere Religiose (»Institut für die religiö-

sen Werke«) galt, besser bekannt unter der Bezeichnung Vatikanbank. Die Untersuchung sollte diskret und zügig vorgenommen werden und umfassend sein. Sobald ihm der Bericht darüber vorliege, werde er die Entscheidung über die zu treffenden Maßnahmen fällen.

Luciani war als ein Mann bekannt, der seinen Worten Taten folgen ließ. In einem seiner offenen Briefe an den heiligen Bernhard hatte er die Vorzüge der Klugheit erörtert:

> »Ich stimme der Ansicht zu, daß der Klugheit etwas Dynamisches, die Menschen zum Handeln Drängendes innewohnen sollte. Es sind jedoch drei Stufen zu beachten: erwägen, entscheiden und ausführen.
>
> Erwägen heißt, die Mittel ausfindig machen, die zum Ziel führen. Dieser Vorgang beruht auf Nachdenken, auf Auskünften und Ratschlägen, die man eingeholt hat, auf sorgfältiger Prüfung. Entscheiden heißt, daß man, nachdem man die verschiedenen denkbaren Vorgehensweisen geprüft hat, eine davon auswählt. ... Klugheit bedeutet nicht ein unaufhörliches Hin- und Herschwanken, ein Alles-in-der-Schwebe-Lassen, ein quälendes Grübeln vor lauter Unschlüssigkeit; Klugheit bedeutet auch nicht, daß man wartet, bis einem die beste Entscheidung in den Schoß fällt. Man sagt, die Politik sei die Kunst des Möglichen, und daran ist etwas Richtiges.
>
> Das Ausführen ist die wichtigste der drei Stufen: Klugheit, gepaart mit Stärke, verhindert ein Resignieren im Angesicht von Schwierigkeiten und Hemmnissen. Dies ist der Augenblick, in dem ein Mann sich als Führer und Lotse erweist.«

Albino Luciani, dessen feste Überzeugung es war, daß die römisch-katholische Kirche eine Kirche der Armen sein müsse, leitete nun also eine Untersuchung der Vermögensverhältnisse des Vatikan in die Wege. Er beabsichtigte, zu erwägen, zu entscheiden und dann zu handeln.

Vatikan GmbH & Co. KG

Mit der Übernahme des Papstamts im August 1978 wurde Albino Luciani zum Herrscher über eine wahrhaft eigenartige, ja einzigartige Organisation. Über 800 Millionen Menschen, nahezu ein Fünftel der Weltbevölkerung, erkannten ihn als ihren geistlichen Führer an. Ihm in einem unmittelbaren Sinn unterstellt war der administrative Apparat, der nicht nur die katholische Glaubenslehre kontrollierte, sondern auch die Finanzpolitik der Kirche.

Das, was man als »Vatikan GmbH & Co. KG« bezeichnen kann, ist ein wichtiger Bestandteil dieses Apparats. Seine Existenz manifestiert sich nicht nur in materiellen Werten, sondern auch in bestimmten Denkhaltungen. Dem Chef der Vatikanbank, Paul Marcinkus, wird die Bemerkung zugeschrieben: »Von Ave Marias allein läuft die Kirche nicht.« Offenbar ist der Wert des Gebets, wie auch der zahlreicher Währungen, in den vergangenen Jahren gesunken.

Man sollte indes Marcinkus aus einer materialistisch anmutenden Aussage keinen Vorwurf machen. Die Kirche spielt viele Rollen in vielen Ländern. Sie braucht Geld. Wieviel Geld, das ist eine andere Frage. Was sie mit diesem Geld tun sollte, ist noch einmal eine andere Frage. Daß sie viel Lobenswertes tut, steht zweifelsfrei fest. Ebenso steht aber auch fest, daß sie vieles tut, was höchst fragwürdig ist. Eine große Zahl von Veröffentlichungen gibt detaillierte Auskunft über die vielen von der Kirche finanzierten Wohltätigkeitseinrichtungen, über die Hilfen, die sie den Hungernden der Welt gewährt, über ihre Bemühungen, Leiden jeder Art zu lindern. Schulische und ärztliche Betreuung, Ernährung, Unterbringung – dies sind einige der begrüßenswerten Resultate kirchlicher Arbeit. Was die Öffentlichkeit nicht erfährt, ist, wieviel Geld die Kirche einnimmt und wie sie es tut. In dieser Hinsicht ist der Vatikan – und war er zu allen Zeiten – sehr verschwiegen. Diese Geheimniskrämerei hat, kaum verwunderlich, eine der interessantesten unbeantworteten Fragen unserer Zeit entstehen lassen: Wie reich ist die römisch-katholische Kirche?

Auf einen Artikel in einer Schweizer Zeitung eingehend, demzufolge »das Produktivkapital des Vatikan auf zwischen 50 und 55 Milliarden Schweizer Franken geschätzt werden« könne, erklärte der *Osservatore Romano* 1970: »Das ist schlicht und einfach eine Phantasiezahl. In Wirklichkeit beläuft sich das Produktivkapital des Heiligen Stuhls, alle Einlagen und Investitionen sowohl in Italien als auch außerhalb Italiens mit eingerechnet, nicht annähernd auf den hundertsten Teil dieser Summe.« Dies als richtig unterstellt, hätte das Anlagevermögen des Vatikan am 22. Juli 1970 »nicht annähernd« 111 Millionen Dollar betragen.

Die erste in dieser Feststellung enthaltene Irreführung besteht darin, daß die Vermögenswerte der Vatikanbank nicht einbezogen sind. Das ist ungefähr so, als würde man Texaco oder ITT zur völligen Offenlegung ihrer Finanzen auffordern und als Auskunft den aktuellen Bargeldbestand in den Konzernkassen erhalten. Selbst wenn man die jährlichen Gewinne der Vatikanbank außer acht läßt, ist die vom Vatikan behauptete Zahl absolut lächerlich. Dies hinderte die Männer der Kurie nicht, die einmal in die Welt gesetzten Lügen im Lauf der Jahre immer wieder zu bekräftigen. Im April 1975 stellte Lamberto Furno von *La Stampa* an Kardinal Vagnozzi die Frage: »Wenn ich für das Anlagevermögen der fünf Administraturen* die Summe von 300 Milliarden Lire veranschlagen würde, käme ich damit der Wahrheit nahe?«

Furno klammerte in seiner Frage die Vatikanbank bewußt aus. Er entlockte Vagnozzi die Beteuerung: »Ich kann Ihnen sagen, das Anlagevermögen des Heiligen Stuhls, in Italien und in der ganzen

* 1. Die Ordentliche Sektion der APSA (Vermögensverwaltung des Apostolischen Stuhls). 2. Die Außerordentliche Sektion der APSA. 3. Das Gouverneursamt des Vatikanstaats. 4. Die Kongregation für den Klerus. 5. Die Präfektur für die Wirtschaftsangelegenheiten des Heiligen Stuhls.

Welt, beläuft sich auf weniger als ein Viertel der von Ihnen genannten Summe.«
Wäre diese Feststellung zutreffend gewesen, so hätte der Wert des Anlagevermögens des Heiligen Stuhls, ohne Berücksichtigung der Vatikanbank, am 1. April 1975 höchstens etwa 13 Millionen Dollar betragen. Dabei wird der APSA von der Weltbank, dem Internationalen Währungsfonds und der Bank für Internationalen Zahlungsausgleich in Basel der Status einer Zentralbank zuerkannt. Die Baseler veröffentlichen jährlich einmal einen Geschäftsbericht, aus dem hervorgeht, was die Zentralbanken der Welt bei anderen Banken in den Ländern des Zehnerclubs deponiert oder sich von ihnen geliehen haben. Der Bericht für 1975 weist aus, daß der Vatikan zu dieser Zeit Einlagen im Wert von 120 Millionen Dollar bei ausländischen Banken unterhielt – und daß er völlig schuldenfrei war; keine andere Zentralbank auf der ganzen Welt konnte dies von sich behaupten. Diese Angaben bezogen sich, wie gesagt, allein auf die APSA, die Vermögensverwaltung des Apostolischen Stuhles, eine von mehreren Finanzverwaltungen des Vatikan. Dabei muß man, um das tatsächliche Vermögen auch nur dieser einen Administratur einigermaßen exakt zu bestimmen, neben den im Bericht der Bank für Internationalen Zahlungsausgleich erfaßten Einlagen noch sehr viele andere Vermögenswerte berücksichtigen.
Wie Rom nicht an einem Tag erbaut, so wurden die Reichtümer des Vatikan nicht an einem Tag zusammengetragen. Das Problem einer reichen Kirche – und alle, die die Lehren Jesu Christi für sich als verbindlich anerkennen, müssen in kirchlichem Reichtum ein Problem sehen – reicht bis in die Anfänge des Christentums als einer etablierten Religion zurück. Als der römische Kaiser Konstantin im 4. Jahrhundert zum Christentum übertrat, übereignete er dem damaligen Papst Silvester I. riesige Vermögenswerte und machte ihn damit zum ersten reichen Papst. Dante bezieht sich hierauf im XIX. Gesang seines *Infernos:*

»O Konstantin! Wie vieles Übel deine
Bekehrung nicht, doch jene Schenkung zeugte,
die du erteilt dem ersten reichen Vater!«

Der Anspruch auf Einzigartigkeit, den die katholische Kirche erhebt, besteht zu Recht. Sie ist die einzige religiöse Organisation auf der Welt, deren »Hauptquartier« den Status eines selbständigen Staatswesens innehat. Mit 43,99 ha Grundfläche ist die Vatikanstadt kleiner als viele Golfplätze. Für einen gemütlichen Rundgang entlang der Außenmauern der Vatikanstadt benötigt man nicht viel mehr als eine Stunde. Die Schätze des Vatikan zu zählen, würde wesentlich länger dauern.

Seinen heutigen Reichtum verdankt der Vatikan der Großzügigkeit Benito Mussolinis. In den Lateran-Verträgen, die seine Regierung 1929 mit dem Vatikan abschloß, erhielt die katholische Kirche eine ganze Reihe von Garantien und Privilegien zugesprochen:

Der Heilige Stuhl wurde als souveränes Staatsgebilde anerkannt. Das bedeutete, daß er und seine Bürger an den italienischen Staat weder Steuern noch Zölle auf eingeführte Güter zu entrichten hatten, daß seine Diplomaten und die bei ihm akkreditierten Gesandten anderer Länder diplomatische Immunität und die damit verbundenen Vorrechte genossen. Mussolini sicherte außerdem die Einführung eines katholischen Religionsunterrichts an allen höheren staatlichen Schulen und die Anpassung des Ehe- und Familienrechts an das Kanonische Recht zu, was bedeutete, daß es keine legale Möglichkeit der Scheidung mehr gab. Dem Vatikan gereichten diese Verträge in vielfacher, nicht zuletzt finanzieller Hinsicht, zum Vorteil:

> Artikel 1: Italien verpflichtet sich, dem Heiligen Stuhl unmittelbar nach der Ratifizierung des Vertrages die Summe von 750 Millionen Lire zu bezahlen und ihm gleichzeitig 5prozentige konsolidierte Inhaber-Staatspapiere im Nominalwert von einer Milliarde Lire zu überhändigen.

Dies entsprach nach dem damals geltenden Wechselkurs einem Betrag von 81 Millionen Dollar. Auf heutige Kaufkraft umgerechnet, läge der Gegenwert dieser Zuwendungen bei etwa 500 Millionen Dollar. Das war für die Vatikan GmbH ein ansehnliches Startkapital. Sie hat damit stets gut zu wuchern gewußt.

Um eine adäquate Verwaltung des finanziellen Segens sicherzustellen, rief Papst Pius XI. am 7. Juni 1929 die »Sektion für Außerordentliche Aufgaben« der APSA ins Leben (im Folgenden der Kürze halber »Außerordentliche Sektion« genannt). Zum Leiter dieser Abteilung ernannte er den Laien Bernardino Nogara. Für Nogara war das nicht nur deshalb ein Traumjob, weil er viele Millionen Dollar in die Hände bekam, mit denen er spielen konnte. Er wußte auch zu schätzen, daß die römisch-katholische Kirche rund hundert Jahre zuvor in Sachen Geldverleih einen radikalen Wechsel des Standpunktes vollzogen hatte. Die Kirche könnte mit gutem Recht von sich behaupten, dem Wort Wucher eine neue Definition gegeben zu haben.

Traditionell wurde unter »Wucher« jeder aus dem Verleihen von Geld gezogene Gewinn verstanden. Über 1800 Jahre lang hatte die Kirche dogmatisch die Auffassung vertreten, das Erheben von Zinsen für einen verliehenen Geldbetrag verstoße gegen göttliches Gesetz und sei daher unzulässig. Das Wucherverbot wurde auf mehreren Kirchenkonzilen erneuert und bestätigt: In Arles (314), Nicäa (325), Karthago (345), Aix (789), Lateran (1139) – auf diesem Konzil wurde über Wucherer die Sanktion der Exkommunizierung verhängt. Obgleich das Wuchern in den weltlichen Rechtssystemen vieler Länder in neuerer Zeit legalisiert wurde, blieb es nach Kirchenrecht verpönt – bis 1830. Seither geschieht das Erheben von Zinsen mit dem Segen der Kirche, und unter Wucher versteht man nur noch das Kassieren stark überhöhter Zinsen.

Es war das wirtschaftliche Eigeninteresse der Kirche, das sie zu ihrer gründlichen Abkehr von den bis dahin verkündeten Lehren veranlaßte. (Vielleicht würde die katholische Kirche auch ihren Widerstand gegen die künstliche Empfängnisverhütung aufgeben, wenn der Zölibatzwang für Priester eines Tages abgeschafft würde.)

Nogara entstammte einer gläubigen katholischen Familie. Viele seiner Angehörigen und Verwandten leisteten auf irgendeine Art bedeutsame Beiträge für die Kirche. Drei seiner Brüder wählten den Priesterberuf, ein vierter wurde Direktor der Vatikanischen Museen. Bernardinos Beitrag war jedoch der in jeder Hinsicht folgenreichste.

In Bellano unweit des Comer Sees geboren, machte er sich schon früh einen Namen als Mineraloge. Er arbeitete vorwiegend in der

Türkei. Im Oktober 1912 spielte er eine führende Rolle bei der Aushandlung des Friedensvertrags von Ouchy zwischen Italien und der Türkei. 1919 gehörte er der italienischen Delegation an, die den Friedensvertrag zwischen Italien, Frankreich, Großbritannien und Deutschland aushandelte. Später arbeitete er im Auftrag der italienischen Regierung als Geschäftsträger der (italienischen) Banca Commerciale in Istanbul. Als Papst Pius XI. nach einem Mann Ausschau hielt, der das Zeug hatte, mit den Pfunden zu wuchern, die der Kirche durch die Lateranverträge in den Schoß gefallen waren, schlug sein Busenfreund und Vertrauter, Monsignore Nogara, seinen Bruder Bernardino vor. Mit der Wahl dieses Mannes tat Pius XI., wirtschaftlich gesehen, einen Glücksgriff.

Nogara zögerte zunächst, auf das päpstliche Stellenangebot einzugehen, und nahm es erst an, als Papst Pius sich mit einigen seiner Bedingungen einverstanden erklärt hatte. Nogara bat sich aus, seine Arbeit dürfe nicht durch irgendwelche traditionellen Vorbehalte gegen das gewinnbringende Wirtschaften mit Geld behindert werden, die in der Kirche möglicherweise noch vorhanden sein mochten. Zu den Bedingungen, die er stellte und durchsetzte, gehörten:

1. freie Hand, jegliche Investitionen seiner Wahl ohne Rücksicht auf irgendwelche religiösen oder doktrinären Gesichtspunkte vornehmen zu können;
2. freie Hand, kirchliches Kapital überall auf der Welt zu investieren.

Die Zustimmung des Papstes zu diesen Bedingungen war gleichbedeutend mit einem Freibrief für Nogara, das Geld des Vatikan für Devisenspekulationen, Edelmetallgeschäfte und Börsenmanöver aller Art einzusetzen, beispielsweise Aktien von Unternehmen zu erwerben, deren Erzeugnisse die katholische Kirche aus Glaubensgründen ablehnte. Während einerseits die Priester von der Kanzel gegen Bomben, Panzer, Gewehre und Empfängnisverhütungsmittel wetterten, kaufte auf der anderen Seite Nogara für den Vatikan Aktien von Gesellschaften, die eben diese Dinge produzierten, und half damit die Schatulle des Papstes zu füllen.

Nogara spekulierte auf dem Gold- und auf dem Warenterminmarkt. Er kaufte die Firma Italgas, die in vielen italienischen Städten das faktische Gasversorgungsmonopol innehatte, und entsandte Francesco Pacelli als Vertreter des Vatikan in den Vorstand des Unternehmens. Pacellis Bruder, der Kardinal gleichen Namens, wurde wenig später zum Papst gewählt (Pius XII.), und der Nepotismus, der unter diesem Papst blühte, manifestierte sich bald in vielen Bereichen der italienischen Wirtschaft. Die Faustregel lautete: »Wenn ein Pacelli im Vorstand sitzt, dann steht es 6:4, daß die Firma dem Vatikan gehört.«

Zu den Banken, die durch die Aktienkäufe Nogaras unter den Einfluß oder die Kontrolle des Vatikan gerieten, waren die Banco di Roma, die Banco di Santo Spirito und die Cassa di Risparmio di Roma. Nogara wußte nicht nur mit Geld umzugehen, er war auch ein Meister der Überredungskunst. Als die Banco di Roma ins Taumeln geriet und zusammenzukrachen und einen großen Batzen kirchlichen Kapitals unter sich zu begraben drohte, brachte er Mussolini dazu, die weitgehend wertlosen Börsenpapiere der Bank zu übernehmen und sie in eine staatliche Auffanggesellschaft namens I.R.I. einzubringen. Mussolini erklärte sich auch bereit, den Vatikan auszuzahlen, und zwar auf der Grundlage nicht etwa des aktuellen Marktwerts seiner Banco-Anteile, der praktisch gleich Null war, sondern des ursprünglichen Kaufpreises. Das I.R.I. zahlte an die Banco di Roma über 630 Millionen Dollar. Den Verlust trug die italienische Staatskasse, was nichts anderes bedeutete, als daß letzten Endes die Bevölkerung die Zeche zahlte. (Wie sie es, in Form des Kirchenzehnten, das ganze Mittelalter hindurch getan hatte.)

Viele der Spekulationsgeschäfte, die Nogara im Namen und auf Rechnung des Vatikan unternahm, waren sowohl nach bürgerlichem Recht als auch erst recht nach den von der Katholischen Kirche gesetzten Maßstäben fragwürdig oder unzulässig, aber da der Auftraggeber, der Papst, weder Fragen stellte noch Einwände erhob, konnte Nogara, ein zum Katholizismus konvertierter Jude, unbekümmert schalten und walten.

Die Firmenanteile, die Nogara in rascher Folge erwarb, verschafften dem Vatikan bei den betreffenden Unternehmen oft einen beträchtlichen und manchmal einen bestimmenden Einfluß. Allerdings trat Nogara in den wenigsten Fällen in den Vorstand oder

Aufsichtsrat einer dieser Firmen ein; er zog es vor, diese Posten mit vertrauenswürdigen Vertretern der vatikanischen Elite zu besetzen.

Die drei Neffen Pius' XII., die Prinzen Carlo, Marcantonio und Giulio Pacelli verkörperten idealtypisch diese Insider-Elite; sie traten bei einer wachsenden Zahl von Firmen als Inhaber von Direktorenposten in Erscheinung. Dies waren die »uomini di fiducia«, die Vertrauensmänner, der Kirche.

Textilindustrie, Elektrizität, Eisenbahnen, Zement, Wasserversorgung – Bernardino Nogara war allgegenwärtig. Als Mussolini 1935 für seinen äthiopischen Feldzug Waffen benötigte, war einer der wichtigsten Lieferanten eine Munitionsfabrik, die Nogara für den Vatikan gekauft hatte.

Früher als viele andere die Unausweichlichkeit eines Zweiten Weltkriegs erkennend, tauschte Nogara einen Teil der Aktiva, über die er zu der betreffenden Zeit verfügte, in wertbeständiges Gold um. Zum Unzenpreis von 35 Dollar kaufte er Gold im Wert von 26,8 Millionen Dollar. Als er davon später ein knappes Fünftel auf dem amerikanischen Markt verkaufte, erlöste er allein dafür mehr als die 26,8 Millionen Dollar, die er seinerzeit für die Gesamtmenge bezahlt hatte. Mit dieser Bilderbuchspekulation hatte Nogara dem Vatikan also praktisch kostenlos zu einem Goldschatz verholfen, von dem sich meinen Recherchen zufolge ein Teil noch heute im Besitz des Vatikan befindet. Der gegenwärtige Marktpreis dieses in Fort Knox lagernden Goldes, das den Vatikan seinerzeit bei einem Unzenpreis von 35 Dollar 17,3 Millionen Dollar kostete, dürfte an die 230 Millionen Dollar betragen.

Auch im Jahr 1933 stellte die Vatikan GmbH ihre Fähigkeit zu erfolgreichen Verhandlungen mit faschistischen Regierungen unter Beweis. Wie 1929 mit Mussolini, handelte der Heilige Stuhl jetzt ein Konkordat mit dem in Deutschland an die Macht gekommenen Hitler-Regime aus. Hatte beim Zustandekommen des Vertrages mit Mussolini der Anwalt Francesco Pacelli eine Schlüsselrolle gespielt, so war es bei den Verhandlungen, die zum Konkordat mit Hitlerdeutschland führten, sein Bruder, Kardinal Eugenio Pacelli, der spätere Pius XII., der als treibende Kraft wirkte.

Hitler versprach sich von dem Vertrag mit dem Vatikan viele aktuelle und potentielle Vorteile; nicht zuletzt kalkulierte er damit, daß Pacelli, der ohnehin ausgeprägte Sympathien für das faschistische Deutschland zeigte, sich im Kriegsfall als wertvoller Verbündeter erweisen konnte. Wie die weitere Entwicklung zeigte, hatte Hitler in dieser Beziehung durchaus richtig gerechnet.

Ungeachtet des starken Drucks der Weltöffentlichkeit lehnte Papst Pius XII. es ab, Hitler oder Mussolini zu exkommunizieren. Vielleicht beruhte diese Weigerung auf einer gewissen Einsicht in die Tatsache seiner eigenen Irrelevanz. Er war der Papst, der sich auf den Standpunkt einer unverbindlichen Neutralität zurückzog, der den deutschen Bischöfen gegenüber vom »gerechten Krieg« sprach und den französischen Bischöfen ganz dasselbe sagte, was dazu führte, daß sich im Krieg die deutschen Bischöfe auf die Seite der deutschen, die französischen Bischöfe auf die Seite der französischen Waffen schlugen. Er war der Papst, der sich nicht bereit fand, den deutschen Überfall auf Polen zu verurteilen, weil, wie er sagte »wir nicht vergessen dürfen, daß es im [Deutschen] Reich 40 Millionen Katholiken gibt. Wie würde es ihnen nach einem solchen Akt von seiten des Heiligen Stuhls ergehen?«

Aus der Sicht des Vatikan bestand eine der wichtigsten Errungenschaften des Konkordats mit Hitler in der verbindlichen Zusage, daß die Kirchensteuer beibehalten würde. Diese Steuer wurde und wird noch heute zusammen mit der Lohnsteuer einbehalten und ans Finanzamt abgeführt. Man kann sich ihr nur durch den Austritt aus der Kirche entziehen. Der Kirchensteuersatz beträgt zwischen acht und zehn Prozent der Einkommensteuer. In den Jahren unmittelbar vor dem Zweiten Weltkrieg begannen aus Deutschland beträchtliche Kirchensteuereinnahmen nach Rom zu fließen. Dieser Geldfluß hielt den ganzen Krieg über an und belief sich beispielsweise 1943 auf umgerechnet 100 Millionen Dollar. Im Vatikan wurde dieses Geld unter den Händen Nogaras, ebenso wie die aus anderen Ländern eingehenden Devisen, zu gewinnträchtigem Kapital.

Am 27. Juni 1942 beschloß Papst Pius XII. einen weiteren Teilbereich des Vatikan den Gegebenheiten der modernen Zeit anzupassen und der Regie Bernardino Nogaras anzuvertrauen. Aus der »Verwaltung der Religiösen Werke« wurde das »Institut für die Religiösen Werke«. Diese unscheinbare Veränderung wurde natürlich nicht auf den Titelseiten der Weltpresse gemeldet, zumal zu dieser Zeit das Kriegsgeschehen die Schlagzeilen beherrschte. Das IOR, in aller Welt, außer im Vatikan selbst, auch unter dem Namen Vatikanbank bekannt, war geboren. Die Vatikan GmbH hatte einen Ableger hervorgetrieben. Die ursprüngliche Aufgabe der 1887 von Papst Leo XIII. ins Leben gerufenen Verwaltung der Religiösen Werke hatte darin bestanden, Geldmittel für bestimmte von der Kirche geförderte Projekte zu sammeln und bereitzustellen; mit den Geschäften einer Bank hatte diese Aufgabe keine Ähnlichkeit. Nun aber definierte Pius XII. die Funktion des IOR wie folgt: »Verwahrung und Verwaltung von Geldern (in Form von Wertpapieren und Bargeld) und Vermögenswerten, die dem Institut von Finanzorganen oder juristischen Personen zur Erfüllung religiöser Aufgaben und christlicher Pflichten übereignet oder anvertraut werden.« Hinter dieser unverfänglichen Aufgabenstellung verbarg sich eine Praxis, die alle Merkmale der Geschäftstätigkeit einer Bank aufwies.

Nogara unterzog zu dieser Zeit die Paragraphen des Lateran-Vertrags, insbesondere die Artikel 29, 30 und 31, einer sehr eingehenden Prüfung. Diese Artikel befaßten sich mit Steuerbefreiungen und mit der Möglichkeit, »kirchliche Körperschaften« einzurichten, die steuerfrei und unabhängig von jeder Kontrolle des italienischen Staates operieren sollten. Es kam zu interessanten Diskussionen über die Bedeutung des Begriffs »kirchliche Körperschaften«. Mussolini legte ihn, zweifellos von anderen Zeitereignissen stärker in Anspruch genommen, großzügig aus. Am 31. Dezember 1942 veröffentlichte das italienische Finanzministerium ein Rundschreiben, das die Befreiung des Heiligen Stuhls von der Dividendensteuer bekanntmachte. Unterzeichnet war das Schreiben vom damaligen Generaldirektor im Finanzministerium, der passenderweise Buoncristiano (d. h. Gutchrist) hieß. Die verschiedenen Unterorganisationen der katholischen Kirche, die in den Genuß der Steuerbefreiung kommen sollten, waren in dem Rundschreiben einzeln aufgeführt. Es war eine lange Liste, und sie enthielt unter anderem die »Außerordentliche Sektion« und das »Istituto per le Opere Religiose«.

Der Mann, dem auf Empfehlung Nogaras die Leitung der Vatikanbank anvertraut wurde, war Pater Alberto di Jorio, der es später zum Kardinal bringen sollte. Jorio, der seither als Assistent Nogaras in der »Außerordentlichen Sektion« tätig gewesen war, behielt diese Funktion neben seinem neuen Amt als Erster Sekretär (und später Präsident) der Vatikanbank bei und konnte so in beiden Abteilungen mitmischen. Was Nogara betraf, so standen ihm nun, von den Kontrollmehrheiten abgesehen, die er bei vielen weltlichen Banken erworben hatte, für seine finanziellen Winkelzüge zwei innervatikanische Banken zur Verfügung.

Den Blick stets auf das Ziel gerichtet, den Reichtum des Vatikan zu mehren, eroberte Nogara Bastion auf Bastion. Die Greifarme der Vatikan GmbH legten sich um den ganzen Globus. Ein engmaschiges Netz von Beziehungen zu anderen Banken wurde gewoben. Die Rothschild-Häuser in Paris und London machten mit dem Vatikan schon seit dem frühen 19. Jahrhundert Geschäfte. Seit Nogara die Finanzen des Vatikan leitete, hatte der Umfang dieser Geschäfte sprunghaft zugenommen, desgleichen auch die Zahl der Geschäftspartner, zu denen nun Banken wie Crédit Suisse, Hambros, J.P. Morgan, Chase Manhattan, First National, Continentel Bank of Illinois und die Bankers Trust Company of New York zählten – letztere ein besonders nützlicher Partner immer dann, wenn Nogara an der New Yorker Börse Wertpapiere kaufen oder verkaufen wollte.

Ganz offensichtlich gehörte Nogara zu der Sorte Menschen, mit der man nicht ungestraft Monopoly spielt. Nicht nur bei Banken, sondern auch bei Versicherungsgesellschaften, bei Unternehmen der Stahl- und Zementindustrie, bei Mühlen und Teigwarenbetrieben und bei Unternehmen der Metallbranche erwarb er maßgebliche Anteile. Nicht zuletzt kaufte sich der Vatikan mit mindestens 15 Prozent bei dem italienischen Großkonzern Immobiliare ein und wurde dadurch Mitbesitzer eines außerordentlich gut sortierten Vermögens. Die Società Generale Immobiliare ist die älteste Baufirma Italiens. Über ihre Tochtergesellschaft SOGENE war die Immobiliare – und über sie wiederum, mit einem wenigstens 15prozentigen Anteil, der Vatikan – im Besitz beziehungsweise Mitbesitz folgender Hotels und Hotelketten:

Des Hilton-Hotels Rom; der Itale Americana Nuovo Alberghi; der

Alberghi Ambrosiani, Mailand; der Compagnia Italiana Alberghi Cavalieri und der Soc. Italiani Alberghi Moderni, um nur die größten Perlen aus dem Hotelbestand der Immobiliare auf italienischem Boden zu nennen. Die Liste der anderen im Besitz dieses Konzerns befindlichen italienischen Immobilien und Firmen wäre noch einmal doppelt so lang.

In Paris errichtete die Immobiliare an der Avenue des Champs Elysées 90 ein großes Büro- und Geschäftshaus, desgleichen an der Rue de Ponthieu 61 und an der Rue de Berry 6.

In Kanada gehörte der Immobiliare der Stock Exchange Tower in Montreal, einer der höchsten Wolkenkratzer der Welt, der Port Royal Tower, ein Wohnhochhaus mit 224 Apartments, eine ausgedehnte Wohnsiedlung in Greensdale bei Montreal ...

In den Vereinigten Staaten gehörten der Immobiliare fünf große Gebäudekomplexe, darunter das Watergate-Hotel, dazu in New York, an der Oyster Bay, eine komplette Wohnsiedlung von 110 ha Größe.

In Mexiko war Lomas Verdes, eine Trabantenstadt am Rand von Mexiko City, zur Gänze ein Latifundium der Immobiliare.

Diese Aufzählung ist keineswegs vollständig.

Nogara kaufte sich, das heißt den Vatikan, ferner bei General Motors, Shell, Gulf Oil, General Electric, Bethlehem Steel, bei IBM und TWA ein. Wenn die Kurse in Bewegung gerieten – und sie bewegten sich zumeist nach oben –, dann gaben dazu oft die Börsenmanöver von Männern wie Nogara den Anstoß.

Wenn sich Nogara auch 1954 aus dem Geschäftsleben zurückzog, so stand er dem Vatikan doch bis zu seinem Tod im Jahr 1958 mit seinen unbezahlbaren Ratschlägen zur Seite. Die Presse nahm vom Tod dieses Mannes nur beiläufig Notiz, war doch von seinen Aktivitäten zugunsten der katholischen Kirche nur sehr wenig ans Licht der Öffentlichkeit gedrungen. Diesem Mann, dessen Tätigkeit bezeugte, daß, von welcher Welt auch immer das Reich Christi sein mag, das Reich der katholischen Kirche ganz gewiß von *dieser* Welt ist, hat Kardinal Spellman von New York den denkwürdigen Satz nachgerufen: »Das Beste, was der katholischen Kirche nach Jesus Christus widerfahren ist, war Bernardino Nogara.«

Mit einem Startkapital von 80 Millionen Dollar, abzüglich der

30 Millionen Dollar, die Pius XI. und sein Nachfolger Pius XII. zur Finanzierung innerkirchlicher Projekte (wie beispielsweise für den Bau von San Trastevere, den Ausbau der Bibliothek und der Museen des Vatikan, den Bau und Unterhalt von Seminaren und Gemeindehäusern in Süditalien) reserviert wissen wollten, hatte Nogara die Vatikan GmbH übernommen. Zwischen 1929 und 1933 floß ihm außerdem ein Anteil der Einnahmen aus dem jährlich weltweit erhobenen Peterspfennig zu. Als Frucht seines Wucherns mit den »Pfennigen« der Gläubigen, den Liremillionen Mussolinis und den Reichsmarkmillionen von Hitler konnte er seinen Nachfolgern ein breitgestreutes Sortiment finanzieller Beteiligungen übergeben; nach Administraturen getrennt beläuft sich der Wert dieser Beteiligungen, vorsichtig geschätzt, auf:

– 500 Millionen Dollar unter der Ägide der »Außerordentlichen Sektion«,
– 650 Millionen Dollar unter der Ägide der APSA und
– 940 Millionen Dollar (Minimum) unter der Ägide der Vatikanbank.

Dem Papst fließen aus dem Zinsertrag dieses Riesenvermögens Jahr für Jahr etwa 40 Millionen Dollar netto zu. Nach kapitalistischen Maßstäben hatte Nogara der katholischen Kirche mit geradezu atemberaubendem Erfolg gedient. Nach den Maßstäben der christlichen Lehre, wie die Evangelien sie verkünden, war das, was Nogara tat und wofür er stand, eine katastrophale Fehlentwicklung. Aus dem Stellvertreter Christi war so etwas wie der Vorstandsvorsitzende eines Großkonzerns geworden.

Vier Jahre nach Nogaras Tod hätte der Vatikan seines fachmännischen Rats dringend bedurft: Die italienische Regierung spielte 1962 mit dem Gedanken, wieder eine generelle Besteuerung von Einkünften aus Kapitalvermögen, also zum Beispiel Dividenden, einzuführen. Was darauf folgte, war von ursächlicher Wirkung für eine Serie aufeinanderfolgender Katastrophen für den Vatikan, Katastrophen, die sich durch die Stichworte Mafia, Finanzgangstertum und Mord umschreiben lassen.

In der Liste der schwärzesten Jahre in der Geschichte der katholischen Kirche müßte das Jahr 1968 sehr weit oben stehen. Es war nicht nur das Jahr der Enzyklika *Humanae Vitae,* es war auch das

Jahr, in dem der Gorilla und der Hai, wie man sie allgemein nannte, auf die beiden vatikanischen Banken losgelassen wurden. Der Gorilla war Paul Marcinkus, der Hai war Michele Sindona.

Benjamin Franklin hat einmal den denkwürdigen Ausspruch getan: »Die einzigen Dinge im Leben, die feststehen, sind Geburt, Tod und Steuern.« Zu den wenigen, die die ausnahmslose Geltung dieses Satzes nicht anerkennen wollen, gehören jene Männer, die die Finanzen des Vatikan verwalten. Sie sind seit langer Zeit bemüht, sich dem Steuerzahlen zu entziehen.

Im Dezember 1962 verabschiedete das italienische Parlament ein Gesetz über die Besteuerung von Einkünften aus Aktienbesitz. Der Steuersatz wurde ursprünglich auf 15 Prozent festgesetzt und ging dann den Weg aller Steuern – nach oben, auf die doppelte Quote.

Der Vatikan wehrte sich zunächst nicht gegen die Steuer, zumindest nicht öffentlich. Hinter den Kulissen jedoch machte er die italienische Regierung auf diplomatischem Wege darauf aufmerksam, daß es »im Geiste unseres Konkordats und in Anbetracht des Gesetzes vom 2. Oktober 1942 zu wünschen wäre, daß dem Heiligen Stuhl eine Vorzugsbehandlung eingeräumt würde«. Dieser Satz stammt aus einem Brief des vatikanischen Staatssekretärs Kardinal Cicognani an den italienischen Gesandten beim Heiligen Stuhl, Bartolomio Pignone; wie die »Vorzugsbehandlung« aussehen sollte, wurde in dem Schreiben gleich im einzelnen erläutert: Befreiung von der neuen Steuer für eine Reihe vatikanischer Körperschaften, deren Aufzählung eine Liste von Länge eines Unterarms ergab, eine Liste, in der natürlich auch die beiden vatikanischen Banken aufgeführt waren, die »Außerordentliche Sektion« und das IOR.

Der Vatikan wollte sich auf dem Kapitalmarkt betätigen und bereichern, aber er wollte freien Eintritt. Die amtierende kirchentreue christlich-demokratische Minderheitsregierung bekreuzigte sich, küßte den päpstlichen Ring und willfahrte den Wünschen des Vatikan. Vom Parlament oder von der öffentlichen Meinung des Landes war dabei nicht die Rede. Als die Minderheitsregierung stürzte und einer Koalitionsregierung aus Christdemokraten und Sozialisten unter Aldo Moro Platz machte, fiel der Posten des Finanzministers an den Sozialisten Roberto Tremelloni. Er war nicht geneigt,

der Regelung seinen Segen zu geben, die sein Vorgänger dem Vatikan unter eindeutiger Verletzung geltenden Rechts, ohne Zustimmung des Parlaments und, was am schwersten wog, acht Tage nach dem Rücktritt der Minderheitsregierung zugestanden hatte.
Konfrontiert mit einem Finanzminister, der zurückzutreten drohte, und einem unnachgiebig seinen Besitzstand verteidigenden Vatikan, suchte Aldo Moro nach einer Kompromißlösung. Er forderte den Vatikan auf, als Voraussetzung für die Befreiung von der Steuer eine Aufstellung seiner Kapitalbeteiligungen vorzulegen. Dahinter stand die nicht unvernünftige Überlegung, das italienische Volk solle wenigstens vorher erfahren, wieviel Geld der Staatskasse verlorengehen würde. Der Vatikan weigerte sich, die geforderten Angaben zu machen, und pochte lautstark auf seine staatliche Souveränität. Daß der Vatikan von den wirtschaftlichen Leistungen des italienischen Volks (und anderer Völker) erheblich profitiert, finden die Männer der Kirche offenbar ganz in Ordnung; aber groß ist ihre Empörung, wenn dieses Volk sich erdreistet, Rechenschaft über die Größe der abgeschöpften Gewinne zu verlangen.
Mehrere Regierungen kamen und gingen. Von Zeit zu Zeit wurde im italienischen Parlament über das Thema debattiert. Eine Episode im Jahr 1964 zeigte, wie weit sich der Vatikan schon von der Aussage Christi: »Mein Königreich ist nicht von dieser Welt«, entfernt und sich statt dessen die Lehren Bernardino Nogaras zu eigen gemacht hatte, deren eine lautete: »Je mehr du deinen Konzern vergrößerst, desto leichter kannst du dich der fiskalischen Kontrolle des Staates entziehen.«
Der »Konzern«, den Nogara meinte, war die Vatikan GmbH, der »Staat«, das waren die unglücklichen italienischen Finanzbehörden, die sich mit einem exotischen Steuerparadies direkt vor der eigenen Nase konfrontiert sahen.
Im Juni 1964, Aldo Moro war gerade wieder Regierungschef, verlieh die »Kirche der Armen« ihren Forderungen dadurch Nachdruck, daß sie damit drohte, die ganze italienische Wirtschaft in eine tiefe Krise zu stürzen. Im Rahmen einer Verhandlungsrunde erklärten die Vertreter des Vatikan denen der italienischen Regierung, man werde, wenn die Regierung nicht nachgebe, sämtliche italienischen Aktien aus dem Besitz des Vatikan auf den Markt wer-

fen. Der Augenblick war geschickt gewählt, da am italienischen Kapitalmarkt die Kurse gerade kontinuierlich sanken. Wenn der Vatikan jetzt unvermittelt seinen riesigen Aktienbesitz auf den Markt warf, so würde das womöglich zum Kollaps der ganzen italienischen Volkswirtschaft führen. Von dieser Aussicht geschreckt, streckte die Regierung die Waffen. Im Oktober 1964 wurde eine Gesetzesvorlage ausgearbeitet, die die rechtswidrige Vereinbarung nachträglich legalisiert hätte. Sie wurde allerdings nie dem Parlament vorgelegt, und zwar hauptsächlich deshalb, weil in jenen Jahren die italienischen Regierungen so schnell wechselten, daß die aufeinanderfolgenden Finanzminister nicht die Zeit hatten, alles zu sichten, was sich auf ihrem Schreibtisch stapelte. Den Vatikan freilich hinderte dies nicht, sich in den Genuß der Steuerbefreiung zu setzen: Seit April 1963 hatte er die Entrichtung von Steuern auf seine Kapitalbeteiligungen wieder eingestellt. 1967 ging die italienische Presse, insbesondere die Linkspresse, zum Angriff über. Sie wollte wissen, warum, und sie wollte auch wissen, wieviel – welche Kapitalanteile beispielsweise besaß der Vatikan an welchen italienischen Unternehmen? Zahlen wurden ausgestreut. Die Schätzungen für den Gesamtwert des vatikanischen Bestands an italienischen Börsenpapieren schwankten zwischen 160 Millionen und 2,4 Milliarden Dollar.
Mit Anfragen aus dem italienischen Senat konfrontiert, erteilte im März 1967 der damalige Finanzminister Luigi Preti Auskünfte, die einen Schimmer amtlichen Lichts auf Art und Umfang der italienischen Kapitalbeteiligungen des Vatikan warfen. Pretis Übersicht zeigte, daß der weitaus größte Kapitalanleger innerhalb des Vatikan das IOR war, gefolgt von der »Außerordentlichen Sektion«. Auch verschiedene andere vatikanische Administraturen mit klingenden Namen wie Fabrica Sancti Petri, Pontifikalgesellschaft für den Heiligen Apostel Petrus, Vermögensverwaltung des Apostolischen Stuhles oder Propaganda Fide wurden als Teilnehmer am großen Spiel um Kurse und Dividenden enttarnt. Finanzminister Preti erklärte, der Vatikan besitze Kapitalanteile im Wert von etwa 100 Milliarden Lire; dies entsprach nach damaligem Wechselkurs der Summe von 104,4 Millionen Dollar. Dieser Betrag war mit Sicherheit erheblich zu niedrig angesetzt. So waren in den von Preti

genannten Zahlen beispielsweise die riesigen Bestände des Vatikan an staatlichen Anleihepapieren aller Art – die keiner Form der Besteuerung unterliegen – nicht enthalten. Seine Angaben bezogen sich ausschließlich auf Wertpapiere, die für die Dividendensteuer in Frage kamen.

Der Finanzminister berücksichtigte ferner nicht die Tatsache, daß nach den italienischen Börsenbestimmungen ein Aktienbesitzer anfallende Dividenden für die Dauer von fünf Jahren »stehenlassen« kann, so daß sie in seiner Einkommensbilanz während dieser Zeit nicht auftauchen. Berücksichtigt man diese beiden Sachverhalte, so kann man das Wertpapiervermögen des Vatikan mit guten Gründen auf mindestens das Doppelte dessen ansetzen, was Finanzminister Preti nach seinen enger gefaßten Kriterien veranschlagte. Danach hätte sich der reale Zeitwert der italienischen Kapitalbeteiligungen des Vatikan im Jahre 1968 zuallermindest auf 208,8 Millionen Dollar belaufen. Dazu müßte noch der Wert des kirchlichen Grundbesitzes, namentlich in Rom und Umgebung, addiert werden und schließlich noch die Gesamtheit der außeritalienischen Beteiligungen, Besitzungen und Vermögenswerte des Vatikan.

Schließlich rang sich der italienische Staat zu einer härteren Gangart gegenüber dem Vatikan durch: Die katholische Kirche sollte jetzt endlich, zumindest in Italien, dem Kaiser geben, was des Kaisers war. Im Januar 1968 erklärte die von Giovanni Leone geführte Regierung – die ebenfalls nur ein kurzes Leben fristete –, am Ende des Jahres müsse der Vatikan Rechnung legen. Unter hörbarem Murren und unter Hinweis auf die Ankurbelung der italienischen Wirtschaft durch seine Investitionen lenkte der Vatikan ein – aber er tat es in einer für ihn typischen Art. Wie ein für schuldig befundener Angeklagter, bat er um Vollstreckungsaufschub – wenn schon, dann wenigstens in bequemen Raten.

Die ganze Sache bescherte dem Vatikan eine Reihe unangenehmer Folgen. Auf welche Summe das vatikanische Kapitaleinkommen letztlich auch immer festgesetzt würde, die bisher öffentlich diskutierten Zahlen hatten mittlerweile auch dem letzten Italiener klargemacht, daß die »Kirche der Armen« über einen riesigen Kapitalbesitz verfügte, der ihr jährliche Erträge in Höhe von Millionen von Dollars bescherte. Zum zweiten hatten die sechsjährigen Auseinandersetzungen um die Besteuerung dieser Einkünfte die Nebenwirkung gezeitigt, daß eine beträchtliche Anzahl von Unternehmen als ganz oder teilweise dem Vatikan gehörend identifiziert worden waren. Mochte der Umfang der Beteiligungen auch von einem gekonnten kapitalistischen Management zeugen, so war es doch dem Image der katholischen Kirche höchst abträglich, daß der einfache Bürger, der das Telefonsystem oder die Wasser- und Stromversorgung schlecht oder zu teuer fand, jetzt wußte, daß er seine Beschwerdebriefe an den Vatikan schicken mußte. Am schwersten aber wog, daß der Vatikan sich, wenn er an seinen umfangreichen Kapitalbeteiligungen in Italien festhielt, künftig auf massive Steuerbescheide gefaßt machen mußte. Papst Paul VI. stand zweifellos vor einem Problem. Die Männer, denen er die Bewältigung dieses Problems anvertraute, waren der Gorilla und der Hai.

Wenn die Annahme Sigmund Freuds richtig ist, daß die Persönlichkeit eines Menschen sich in den ersten fünf Lebensjahren formt, dann dürfte Paul Marcinkus ein besonders interessantes Objekt für psychologische Studien sein. Aber auch von denen, die Freuds Auffassung nicht teilen, würden wohl die wenigsten bestreiten, daß die Umwelt in den entwicklungspsychologisch entscheidenden Lebensjahren ein wichtiger Einflußfaktor ist.

Paul Marcinkus kam in einer Stadt zur Welt, in der die Mafia regierte, in der tödliche Bandenkriege an der Tagesordnung waren und die vom Bürgermeister bis zum jüngsten Mitglied einer Jugendbande korrupt war. Es war eine Stadt, die von Verbrechen aller nur denkbaren Art heimgesucht wurde, eine Stadt, in der zwischen 1919 und 1960 insgesamt 976 Menschen bei Auseinandersetzungen zwischen Banden ermordet wurden; nur zwei dieser Mordtaten wurden durch die Verurteilung eines Täters gesühnt. In dieser Stadt richtete im Herbst 1928 der Vorsitzende des Ausschusses für Verbrechensbekämpfung an einen berühmten Mann die Bitte, dafür zu sorgen, daß die im November anstehenden Wahlen in korrekter und demokratischer Weise über die Bühne gehen würden. Der Mann, dem der Appell galt, war Al Capone. Die Stadt war Chicago. »Die Polizei gehört mir«, brüstete Capone sich zuweilen. Richtiger wäre es gewesen, zu sagen: »Die Stadt gehört mir.« Capone verschloß sich der Bitte, für einen fairen Ablauf der Wahl zu sorgen, nicht. Er sagte der Polizei der zweitgrößten Stadt der USA, was sie tun sollte, und die Polizei gehorchte. Wie der Vorsitzende des Ausschusses für Verbrechensbekämpfung später feststellte: »Es wurde die sauberste und erfolgreichste Wahl seit vierzig Jahren. Es gab nicht eine Beschwerde, nicht einen Wahlschwindel und den ganzen Tag über keine einzige bedrohliche Situation.«

Paul Marcinkus wurde am 15. Januar 1922 in Cicero (Illinois), einer Vorstadt von Chicago, geboren. Im Jahr darauf verlegte Al Capone, konfrontiert mit dem außerordentlichen Phänomen, daß in Chicago ein rechtschaffener Bürgermeister und ein ebenso rechtschaffener Polizeipräsident ins Amt kamen, sein Hauptquartier nach Cicero. Die rund 60000 Einwohner Ciceros, zumeist Polen, Böhmen und Litauer der ersten und zweiten Einwanderergeneration, gewöhnten sich an die Präsenz der Mafia in ihrer Mitte. Capone schlug sein Hauptquartier im Hawthorne Inn, 22. Straße Nr. 4833, auf. Im Gefolge Capones zogen in Cicero so namhafte Herren ein wie Jake Guzik, genannt »Schmierfinger-Jake«, Tony Volpi, genannt »Mops«, Frank Nitti, genannt »der Schraubstock«, Frankie Pope, genannt »der millionenschwere Zeitungsjunge«.

Das war die Stadt, in der Paul Casimir Marcinkus aufwuchs. Seine Eltern waren Einwanderer aus Litauen. Sein Vater arbeitete als Fensterputzer, seine Mutter in einer Bäckerei. Beide sprachen zeit ihres Lebens nur notdürftig englisch. Wie so viele, die mit leeren Händen auf der Suche nach einem besseren Leben in das Land der Freiheit gekommen waren, hatten auch sie den Klischeewunsch, es durch ehrliche und harte Arbeit dahin zu bringen, daß ihre Kinder es einmal besser haben würden. Bei Paul, dem jüngsten ihrer fünf Kinder, erfüllte sich dieser Wunsch auf eine ihre kühnsten Träume übertreffende Weise. Der Arbeitersohn aus der Vorstadt brachte es zum Bankier Gottes.

Vom Priester seines Bezirks unter die Fittiche genommen, entwikkelte Paul Marcinkus eine Neigung zum Priesterberuf. Seine Weihe erhielt er 1947, im gleichen Jahr, in dem Al Capone an den Folgen einer Syphilis starb. Das nach katholischem Ritus begangene Begräbnis des größten Gangsters aller Zeiten fand in Chicago statt und wurde von Monsignore William Gorman zelebriert, der der Presse gegenüber erklärte: »Die Kirche heißt das Böse niemals gut, auch nicht das Böse, das ein Mensch in seinem Leben tut. Dieses sehr kurze Zeremoniell soll zeigen, daß seine [Capones] Reue anerkannt wird und daß er gestärkt von den Sakramenten der Kirche aus dem Leben schied.«

Marcinkus ging nach Rom und studierte an der Gregorianischen Universität, an der Albino Luciani seinen Doktor gemacht hatte. Auch Marcinkus studierte mit Erfolg und erwarb den Titel eines Doktors im Fach »Kanonisches Recht«. In seinen Seminarjahren hatte er seinen wuchtigen, 1,90 m großen und 100 Kilo schweren Körper mit beachtlichem Erfolg auf dem Sportplatz eingesetzt. Wenn er sich bei einem Footballmatch in eine Spielertraube stürzte, war er gewöhnlich derjenige, der am Ende den Ball hatte. Seine imposante körperliche Statur war, wie sich zeigte, seinem Aufstieg zur Spitze der Kirchenhierarchie entschieden förderlich. Einige der Lektionen, die er auf den Straßen von Cicero gelernt hatte, zahlten sich für ihn aus.

Nach Chicago zurückgekehrt, betätigte Marcinkus sich als Gemeindepriester und wurde bald darauf Mitglied des Diözesangerichts. Einer der ersten, auf die der junge Geistliche Eindruck machte, war der damalige Erzbischof von Chicago, Kardinal Samuel Stritch. Auf dessen Empfehlung hin wurde der 30jährige Marcinkus 1952 nach Rom, in die englische Sektion des vatikanischen Staatssekretariats, abgeordnet. Es folgten diplomatische Missionen in Bolivien und Kanada, jeweils als Attaché des dortigen päpstlichen Nuntius, dann 1959 die Rückkehr nach Rom und ins Staatssekretariat. Die Tatsache, daß er fließend spanisch und italienisch spricht, bewirkte, daß er bei Gesprächen häufig als Dolmetscher hinzugezogen wurde.

Kardinal Spellman aus New York machte 1963, anläßlich einer seiner zahlreichen Reisen nach Rom, den neugewählten Papst Paul darauf aufmerksam, daß Marcinkus ein höchst vielversprechender Mann sei. Angesichts der Tatsache, daß Spellman das Oberhaupt der zu jener Zeit reichsten Diözese der Welt war – in Würdigung seiner finanziellen Meriten wurde er allgemein »Kardinal Geldsack« genannt –, nahm der Papst diesen Hinweis ernst und behielt Paul Marcinkus im Auge.

Als der Papst 1964 bei einer Ausfahrt nach Rom in der Menge stekkenblieb und in Gefahr schwebte, von den vor Begeisterung aus dem Häuschen geratenen Gläubigen überrannt und zertrampelt zu werden, trat Marcinkus auf den Plan: Mit der Kraft seiner Schultern, Ellbogen und Hände bahnte er dem verschreckten Papst einen Weg durch die Menge. Am Tag darauf rief Paul ihn zu sich, um ihm persönlich zu danken. Von da an war Paul Marcinkus so etwas wie der inoffizielle Leibwächter Papst Pauls, und so erhielt er seinen Spitznamen: »der Gorilla«.

Im Dezember 1964 begleitete er Papst Paul nach Indien, im Jahr darauf nach New York, zu den Vereinten Nationen. Praktisch übte Marcinkus bei Reisen dieser Art die Funktion eines Sicherheitsberaters aus. Persönlicher Leibwächter, persönlicher Sicherheitsberater, persönlicher Dolmetscher des Papstes – der Junge aus Cicero hatte es schon weit gebracht. Er hatte mittlerweile enge Freundschaft mit dem persönlichen Sekretär des Papstes, Pater Pasquale Macchi, geschlossen. Macchi war einer der wichtigsten Männer des engsten Beraterkreises um Papst Paul, eines Kreises, für den sich in der Römischen Kurie die Bezeichnung »die Mailänder Mafia« eingebürgert hatte. Nach seiner Wahl zum Papst im Jahr 1963 hatte Paul, bis dahin als Kardinal Montini Erzbischof von Mailand, einen ganzen Troß von Beratern, Finanzfachleuten und Prälaten nachgezogen, darunter auch Macchi. Alle Wege führen nach Rom? Möglich, aber einige davon über Mailand. Das Ausmaß, in dem Papst Paul sich dem Rat von Männern wie Macchi überließ, stand außer jedem Verhältnis zu deren offizieller Stellung. Macchi war es, der dem Papst ins Gewissen redete, wenn dieser in eine seiner morbiden oder depressiven Phasen verfallen schien. Er sagte ihm, wenn es Zeit war, zu Bett zu gehen, er sagte ihm, wen es zu befördern und wen es durch eine unliebsame Versetzung zu bestrafen galt. Abends, nachdem er Seine Heiligkeit zu Bett gebracht hatte, fand Macchi sich regelmäßig in einem ausgezeichneten Restaurant nahe der Piazza Gregorio Settimo ein. Sein Tischgenosse war meist Paul Marcinkus.

Weitere Auslandsreisen mit dem »Pilgerpapst« – im Mai 1967 nach Portugal, im Juli desselben Jahres in die Türkei – festigten die Freundschaft zwischen Paul VI. und Marcinkus.

Im Herbst 1967 richtete der Papst eine neue Behörde ein, die den

Namen »Präfektur für die Wirtschaftsangelegenheiten des Heiligen Stuhls« erhielt. Unter dem Gesichtspunkt der Allgemeinverständlichkeit hätte man lieber die Bezeichnung Schatzkanzlei oder Rechnungshof wählen sollen. Worauf es dem Papst ankam, war, eine Stelle zu schaffen, die in der Lage sein würde, jährlich eine exakte Übersicht über den Stand des vatikanischen Vermögens und über die Entwicklung vorzulegen, die die Finanzen der einzelnen vatikanischen Administraturen nahmen; schwarz auf weiß und mit konkreten Zahlen sollte so für jedes Geschäftsjahr eine Gesamtbilanz der vatikanischen Wirtschaftslage aufgemacht werden.

Von ihren Anfängen an litt die Präfektur für die Wirtschaftsangelegenheiten des Heiligen Stuhls unter erheblichen Behinderungen. Zunächst einmal sollten ihre Aufsichtsbefugnisse auf ausdrückliche Weisung Papst Pauls nicht für die Vatikanbank gelten. Zum zweiten war da die vatikanische Paranoia.

Nachdem die Präfektur sich zunächst in Gestalt eines aus drei Kardinälen bestehenden Gründungskollegiums konstituiert hatte, wurde in der Folge Kardinal Egidio Vagnozzi zu ihrem Leiter bestellt. Theoretisch hätte er nach maximal einem Amtsjahr in der Lage sein müssen, dem Papst eine genaue Übersicht über den Stand der vatikanischen Finanzen vorzulegen. Praktisch mußte Vagnozzi erfahren, daß die verschiedenen vatikanischen Administraturen die fast zwanghafte Geheimniskrämerei in finanziellen Dingen, die sie häufig gegenüber auskunftsuchenden Journalisten demonstrierten, auch ihm zuteil werden ließen. Die Kongregation für den Klerus wollte ihre Zahlen ebensowenig herausrücken wie die APSA. Ähnlich verhielten sich die anderen Stellen. 1969 erklärte Kardinal Vagnozzi einem seiner Kollegen: »Man müßte eine Kombination aus KGB, CIA und Interpol aufbieten, um auch nur einen entfernten Eindruck davon zu gewinnen, wieviel Geld da ist und wo es steckt.«

Um den betagten Mitarbeiter Bernardino Nogaras, den 84jährigen Kardinal Alberto di Jerio, der noch immer als Leiter der Vatikanbank amtierte, zu entlasten, machte Papst Paul seinen Vertrauten Paul Marcinkus zum Bischof. Einen Tag nachdem er, dem Papst zu Füßen liegend, die Weihe entgegengenommen hatte, trat er seinen Dienst als Sekretär der Vatikanbank an. Praktisch war er von Anfang an und in jeder Hinsicht der Chef der Vatikanbank. Beim Gespräch zwischen Präsident Johnson und dem Papst zu dolmetschen, war eine verhältnismäßig leichte Aufgabe gewesen; jetzt stand er vor einer Aufgabe, von der er, wie er freimütig einräumte, nichts verstand: »Ich habe keine Erfahrung in Bankdingen.« Paul Marcinkus hatte es weit gebracht: vom unbekannten Priester in Cicero zum Großbankier im Vatikan, zum Inhaber einer persönlichen Machtstellung, wie sie in solcher Unumschränktheit vielleicht kein Amerikaner vor ihm besessen hatte.

Einer der Männer, die den Aufstieg von Paul Marcinkus gefördert hatten, war Giovanni Benelli. Er hatte Papst Paul gegenüber den golfspielenden, zigarrenrauchenden, extrovertierten Mann aus Cicero als einen Gewinn für die Vatikanbank beurteilt. Zwei Jahre später war Benelli zu der Erkenntnis gelangt, daß dies ein Fehlurteil gewesen war und daß Marcinkus schnellstens aus seinem Amt entfernt werden müsse. Allein, wie er feststellen mußte, Marcinkus hatte sich in diesem kurzen Zeitraum eine Hausmacht aufgebaut, die stärker war als die Benelli zu Gebote stehende. Als es 1977 zur entscheidenden Kraftprobe kam, war es Benelli, der den kürzeren zog und aus dem Machtzentrum des Vatikan ausschied.

Der außerordentliche Aufstieg, der Marcinkus ermöglicht wurde, war Bestandteil einer sorgfältig durchgeplanten Strategie mit dem Ziel einer Umorientierung der vatikanischen Politik. Dem italienischen Fiskus Millionenbeträge an Steuern auf Kapitalerträge in den Rachen werfen zu müssen und als Besitzer zahlreicher italienischer Unternehmen in aller Munde zu sein – noch dazu wenn diese Unternehmen so kompromittierende Kleinigkeiten produzierten wie die Antibabypille, auf die Papst Paul soeben erst seinen Bannstrahl geschleudert hatte –, dies waren Anzeichen einer Entwicklung, der man im Vatikan begreiflicherweise nicht untätig zuschauen wollte. In diesem Sinn hatten der Papst und seine Berater den Entschluß gefaßt, ihre Präsenz auf dem italienischen Kapitalmarkt zu reduzieren und das Gros der vatikanischen Vermögenswerte anderswo anzulegen, vorzugsweise in den USA. Außerdem wollte man in die höchst einträgliche Welt der Eurodollargeschäfte und der Steuerparadiese einsteigen.

Marcinkus wurde protegiert, weil ihm eine wesentliche Funktion im Rahmen dieser Strategie zufallen sollte. Eine andere Schlüsselrolle besetzte der Papst mit einem Mann aus seiner »Mailänder Mafia«; strenggenommen stammte dieser Mann zwar nicht aus Mailand, sondern hatte dort nur sein geschäftliches Hauptquartier aufgeschlagen; geboren war »der Hai«, wie er genannt wurde, in Patti bei Messina auf Sizilien. Sein Name war Michele Sindona.

Wie Albino Luciani, so lernte auch Michele Sindona in seiner Kindheit die Armut aus erster Hand kennen, und wie Luciani wurde auch er von dieser Erfahrung und diesem Milieu geprägt. Während sich dies bei Luciani allerdings in die Entschlossenheit umsetzte, zur Linderung oder Beseitigung der allgemeinen Armut beizutragen, faßte Sindona den Vorsatz, um jeden Preis selbst ein reicher Mann zu werden.

Der am 8. Mai 1920 geborene und von Jesuiten erzogene Sindona legte bereits als Kind eine ausgeprägte Affinität zu mathematischem und ökonomischem Denken an den Tag. Sein Studium der Rechte an der Universität von Messina schloß er 1942 mit Auszeichnung ab; der Einberufung in das italienische Heer, die danach eigentlich fällig gewesen wäre, entzog er sich mit Hilfe eines entfernten Verwandten seiner Verlobten, der im vatikanischen Staatssekretariat arbeitete; dies war ein gewisser Monsignore Amleto Tondini.

Während der letzten drei Weltkriegsjahre ließ Sindona sein Juristendiplom erst einmal in der Schublade und wandte sich einem sehr einträglichen Broterwerb zu. Dabei machte er im Prinzip schon dasselbe, wofür er später weltberühmt wurde: kaufen und verkaufen. Er kaufte auf dem schwarzen Markt in Palermo Lebensmittel ein, die er mit Hilfe der Mafia nach Messina schmuggelte, wo sie sich mit gutem Gewinn an eine hungernde Bevölkerung absetzen ließen.

Nach der alliierten Landung auf Sizilien im Juni 1943 taten sich in Gestalt der amerikanischen Truppen neue Bezugsquellen für Sindona auf. Mit dem Umfang seiner Geschäfte wuchsen auch seine Verbindungen zur Mafia. 1946 zog er nach Mailand um; er brachte aus Sizilien nicht nur seine junge Frau Rina mit, sondern in seinem Reisegepäck auch eine Reihe wertvoller Lektionen in bezug auf das Gesetz von Angebot und Nachfrage sowie eine Anzahl noch wertvollerer Empfehlungsbriefe von der Hand des Erzbischofs von Messina, dessen Freundschaft Sindona sorgfältig kultiviert hatte.

Er bezog eine Wohnung im Mailänder Vorort Affori und nahm eine Stellung bei einer Firma für Unternehmensberatung und Wirtschaftsprüfung an. Er spezialisierte sich darauf, amerikanische Investoren durch die verschlungenen Pfade des komplexen italienischen Steuerrechts zu führen, was in einer durch einen starken Zustrom amerikanischen Kapitals nach Italien gekennzeichneten Zeit eine gefragte Dienstleistung war. Seine Freunde und Partner von der Mafia waren von dem Erfolg des jungen, dynamischen Geschäftsmanns beeindruckt. Er war talentiert, ehrgeizig und, was in den Augen der Mafia am meisten zählte, er war bedenkenlos im Verfolgen seiner Ziele, war durch und durch korrupt und war einer von ihnen. Er war mit der Bedeutung traditioneller Mafiagepflogenheiten wie der »omerta«, dem Schweigegebot, vertraut. Er war Sizilianer.

Eine Mafiafamilie, die von dem jungen Sindona und der Geschicklichkeit, mit der er Dollarinvestitionen durch die Klippen einer lästigen und umständlichen Steuergesetzgebung bugsierte, besonders angetan war, war der Gambino-Clan. Die Familie Gambino hat weltweite finanzielle Interessen, aber ihre wirtschaftlichen Hauptbastionen sind New York und Palermo. Während in New York die Gambinos selbst regieren, sind es in Palermo ihre sizilianischen Vettern, die Inzerillos. Am 2. November 1957 fand im Grand Hotel des Palmes in Palermo ein großes »Familientreffen« statt. Unter den geladenen Gästen, war auch Michele Sindona.

Die Gambinos unterbreiteten Sindona ein Angebot, das er nur allzugern annahm. Sie wollten ihn mit der Aufgabe betrauen, die Wiederanlage der riesigen Gewinne zu organisieren, die der Familie um diese Zeit aus dem Heroinhandel zuzufließen begannen. Sie brauchten einen Geldwäscher. Sindona, der zur Genüge bewiesen hatte, daß er es verstand, große Kapitalbeträge nach Italien hinein- und aus Italien herauszumanövrieren, ohne dabei schlafende Hunde in den Finanzämtern zu wecken, schien der ideale Mann für diese Aufgabe zu sein. Die Tatsache, daß er zum Zeitpunkt dieses Mafiagipfeltreffens bereits einer ganzen Anzahl von Firmen als Direktor vorstand, sprach zusätzlich für ihn. Zu dankbaren Kunden sagte er oft: »Ich möchte mein Honorar gerne in Form von Aktien Ihrer Firma.« In der Technik, ein in Schwierigkeiten geratenes Unternehmen aufzukaufen, es aufzuspalten, einzelne gesunde Teilbereiche abzustoßen, andere zu neuen Kombinationen zusammenzusetzen, allen unproduktiven Ballast abzuwerfen und das Ergebnis dieser Sanierung schließlich mit hohem Gewinn zu veräußern, näherte er sich ebenfalls der Perfektion. Es war atemberaubend, das Wirken dieses Mannes zu beobachten, jedenfalls solange man nicht zu denen gehörte, die die Zeche bezahlten.

Siebzehn Monate nach dem Gipfeltreffen von Palermo kaufte Sindona mit Hilfe von Mafiageldern seine erste Bank. Er hatte eine der Grundregeln des Wirtschaftsgangstertums längst begriffen: Wenn du eine Bank möglichst wirkungsvoll ausrauben willst, kaufe sie.

Sindona gründete eine Holdinggesellschaft namens Fasco AG mit Sitz in Liechtenstein. Die Fasco erwarb kurz darauf die Mailänder Banca Privata Finanziaria, kurz BPF genannt.

1930 von einem Ideologen der faschistischen Bewegung gegründet, war die BPF ein kleines, privates, sehr exklusives Bankinstitut, das einigen wenigen Auserwählten als Vehikel für den illegalen Kapitaltransfer aus Italien diente. Zweifellos war diese stolze Tradition der Grund dafür, daß Sindona sich gerade für diese Bank erwärmte. Ungeachtet der Tatsache, daß er keine Lust hatte, für Mussolini in den Krieg zu ziehen, war und ist Sindona doch ein Faschist reinsten Wassers. Somit war die BPF durchaus ein kongeniales Objekt seines Erwerbstriebs. Der Geldwäscher hatte sich eine eigene Wäscherei zugelegt.

Im gleichen Jahr, in dem er die BPF erwarb, tätigte Sindona eine weitere clevere Investition. Der Erzbischof von Mailand bemühte sich um diese Zeit, Geld für den Bau eines Altenheims aufzutreiben. Sindona trat auf den Plan und stellte den gesamten Betrag zur Verfügung: 2,4 Millionen Dollar. Als Kardinal Giovanni Battista Montini die Casa della Madonnina einweihte, stand Sindona neben ihm. Die beiden Männer wurden gute Freunde, und Montini verließ sich von da an bei Problemen mit Investitionen (kirchlicher oder nichtkirchlicher Art) zunehmend auf den Rat Sindonas.

Was Kardinal Montini vielleicht nicht wußte, war, daß die 2,4 Millionen Dollar Sindona im wesentlichen aus zwei Quellen zugeflossen waren: von der Mafia und der CIA. Wie der Ex-CIA-Agent Victor Marchetti später enthüllte:

»In den 1950er und 1960er Jahren gab die CIA finanzielle Zuschüsse für viele Projekte und Aktivitäten der katholischen Kirche, vom Bau von Waisenhäusern bis zur Missionstätigkeit. Millionen von Dollar wurden Jahr für Jahr an eine große Zahl von Bischöfen und Monsignores verteilt. Einer davon war Kardinal Giovanni Battista Montini. Es ist denkbar, daß Kardinal Montini nicht wußte, woher diese Gelder stammten. Vielleicht glaubte er, sie kämen von Freunden der Kirche.«

Diesen Freunden lag so viel daran, das Gespenst eines Wahlsiegs der italienischen Kommunisten um jeden Preis zu bannen, daß sie nicht nur viele Millionen Dollar in das Land pumpten, sondern auch bereit waren, Männer wie Michele Sindona mit wohlwollendem Lächeln zu goutieren – mochte er auch ein Gangster sein, so stand er doch wenigstens politisch auf der rechten Seite.

Der Hai begann sich freizuschwimmen. Die Mailänder, die von Hause aus dazu neigen, auf die Römer, und erst recht auf die Sizilianer, herabzublicken, hatten diesen leisen, höflichen Mann aus dem Süden anfänglich einfach ignoriert. Nach einiger Zeit waren die Finanzkreise der Stadt, die die finanzielle Hauptstadt Italiens war und ist, bereit, Sindona zuzubilligen, daß er ein glänzender Steuerberater war. Als er anfing, die eine oder andere Firma zu kaufen und dabei gute Geschäfte zu machen, taten sie dies als Anfängerglück ab. Als er auf einmal Besitzer einer Bank und vertrauter Berater des Mannes war, in dem viele den nächsten Papst sahen, war es zu spät, ihn noch aufzuhalten. Sein Aufstieg war unaufhaltsam. Er kaufte, wieder über seine Holdinggesellschaft Fasco, die Banca di Messina. Dieser Coup gefiel den Mafiafamilien Gambino und Inzerillo besonders gut, gewannen sie doch hierdurch unbehinderten Zugang zu einer in Sizilien, Sindonas Heimatprovinz, angesiedelten Bank.

Sindona trat unterdessen in enge geschäftliche und persönliche Beziehungen mit Massimo Spada; dieser Vertrauensmann des Vatikan war Geschäftsführer des IOR und saß als Vertreter des Vatikan im Aufsichtsrat von 24 Unternehmen. Mit Luigi Mennini gewann Sindona einen weiteren Spitzenmann der Vatikanbank zum Freund, und schließlich eroberte er auch Pater Macchi, den Sekretär Montinis.

Die Banca Privata begann zu florieren. Im März 1965 verkaufte Sindona einen 22prozentigen Anteil an die Londoner Hambros Bank. Bei Hambros, einer Bank, die seit langer Zeit enge Beziehungen zum Vatikan pflegte, fand man die Art und Weise, wie Sindona die der BPF zufließenden Gelder handhabte, »brillant«. Die Gambinos und Inzerillos teilten diese Meinung, ebenso die Continental Bank of Illinois, die Sindona ebenfalls einen 22-Prozent-Anteil an der BPF abkaufte. Die Continental hatte sich zur wichtigsten Durchgangsstation für alle US-Investitionen des Vatikan entwikkelt. Das Netz von Verbindungen, in das Sindona sich und die finanziell maßgeblichen Leute im Vatikan eingebunden hatte, war jetzt doppelt und dreifach gewoben. Er hatte Freundschaft mit Monsignore Sergio Guerri geschlossen. Guerri leitete die »Außerordentliche Sektion«, das monolithische Geschöpf des genialen Nogara.

1964 erwarb Sindona eine weitere Bank, diesmal in der Schweiz: Die Banque de Financement in Lausanne, kurz Finabank genannt. Mehrheitlich im Besitz des Vatikan, war diese Bank, ähnlich wie auch die Mailänder BPF, wenig mehr als eine Umschlagstelle für illegales Fluchtkapital aus Italien. Auch nachdem Sindona die Aktienmehrheit an der Finabank erworben hatte, hielt der Vatikan noch einen 29-Prozent-Anteil. Auch Hambros in London und die Continental in Chicago waren an der Finabank beteiligt.

Die Tatsache, daß drei so hochkarätige Firmen wie die Vatikan GmbH, Hambros und Continental so eng mit Michele Sindona verbunden waren, läßt eigentlich nur den Schluß zu, daß Sindona seine Bankgeschäfte zu ihrer vollen Zufriedenheit geführt hat.

Wie dies konkret aussah, erlebte Carlo Bordoni an vorderster Front. Bordoni lernte Sindona in der zweiten Novemberhälfte 1964 in Sindonas Wohnung in Mailand, Via Turati 29, kennen. Bis kurz zuvor hatte Bordoni die Mailänder Niederlassung der First National City Bank of New York (Citibank) geleitet. Er war entlassen worden, weil er bei Devisengeschäften das ihm gesetzte Umsatzlimit überschritten hatte. In Sindonas Augen sprach dies ganz und gar nicht gegen Bordoni. Er fragte ihn, ob er nicht Lust habe, die Devisengeschäfte der BPF in die Hand zu nehmen. Bordoni lehnte das Angebot ab, als er erfuhr, daß die Bank nur über Einlagen von weniger als 15 Milliarden Lire (das waren zirka 15 Millionen Dollar) verfügte. Verglichen mit den Umsätzen der Citibank, die in der Größenordnung von Milliarden Dollar lagen, war das Kleingeld. Dazu kam, daß die BPF zu diesem Zeitpunkt gar keine Konzession für den Devisenhandel besaß. Und abgesehen davon, war sie im internationalen Bankgeschäft eine unbekannte Größe und hatte daher, wie Bordoni befand, »keine Möglichkeit, sich in den vornehmen Club der internationalen Banken einzureihen«.

Bordoni hatte eine bessere Idee. Weshalb nicht eine international operierende Maklerfirma gründen, die die Vermittlung von Devisengeschäften als Dienstleistung anbot? Mit fleißiger Arbeit und mit Bordonis ausgezeichneten Kontakten könnte eine solche Firma große und einträgliche Aufträge an Land ziehen. Dies würde, um wieder mit Bordoni zu sprechen, »den Nimbus der damals noch bescheidenen Sindona-Gruppe aufpolieren. Und nach einiger Zeit könnte man fast sicher mit laufenden Devisenkrediten für die BPF und die Finabank rechnen«.

Wie Bordoni später in einer beeideten Erklärung für ein Mailänder Gericht ausführte, versetzte der Vorschlag Sindona in sichtliche Euphorie, und er erteilte dem Projekt ohne Zögern seine Zustimmung. Die Begeisterung Sindonas ist nicht schwer zu verstehen. Ein Dieb zu sein, war schön und gut. Ein international operierender Dieb zu sein, war schöner und besser. Die von Bordoni vorgeschlagene Firma, auf den Namen Moneyrex getauft, nahm am 5. Februar 1965 ihre Geschäftstätigkeit auf. Von Bordoni anfänglich reell geführt, fuhr sie beträchtliche Gewinne ein. 1967 war sie bereits bei einem Jahresumsatz von 40 Milliarden Dollar und einem Nettoprofit von mehr als zwei Millionen Dollar angelangt. Sindona wäre nicht Sindona gewesen, hätte er diese Gewinne nicht verschwinden lassen, bevor das Finanzamt auch nur den Finger heben konnte. Aber Sindona wollte mehr als ehrlich verdiente, unversteuerte Gewinne. Er drängte Bordoni, seinen beiden Banken so viele Deviseneinlagen wie nur irgend möglich zu vermitteln. Bordoni wies auf mehrere sehr schwerwiegende Probleme hin, die dieses Ansinnen seiner Überzeugung nach undurchführbar machten. Der Hai geriet in Wut und erinnerte Bordoni lautstark an die »Überzeugungskraft« und »Macht«, die ihm zu Gebote standen. Bordoni brüllte zurück, dies genau habe er gemeint, als er von Problemen gesprochen habe. Um alle Unklarheiten zu beseitigen, fügte er hinzu: »Ihre ›Überzeugungskraft‹ ist die Mafia, und Ihre ›Macht‹ ist die Freimaurerei. Ich habe nicht die Absicht, meinen guten Namen und den Erfolg der Moneyrex zu riskieren, nur weil ein Mafioso es von mir verlangt.«

Am Ende siegte bei Bordoni der Opportunismus über die Prinzipientreue, und er erklärte sich bereit, die BPF und die Finabank in die Geschäfte der Moneyrex einzubeziehen. Als erstes verschaffte er sich Einblick in die Geschäftspraktiken und die geschäftliche Situation der beiden Sindona-Banken. Was er dabei feststellte, sagt ebensoviel über den Vatikan, die Hambros Bank und die Continental aus wie über Sindona. In dem bereits einmal zitierten beeideten Protokoll einer Aussage, die er in einem Gefängniskrankenhaus in Caracas für die Mailänder Justizbehörden abgab, heißt es:

> »Als ich im Sommer 1966 bei der BPF ein- und auszugehen begann, war ich tief betroffen von dem Chaos, das in den verschiedenen Abteilungen herrschte. Es war eine winzige Bank, die ihr Überleben nur den Gewinnspannen verdankte, die, in entsprechend getarnter Form natürlich, mit einer Vielzahl von ›schwarzen Operationen‹ erzielt wurden, die die BPF im Auftrag des Credito Italiano, der Banca Commerciale Italiana und anderer bedeutender nationaler Banken ausführte. Diese schwarzen Devisenoperationen, ein umfangreicher illegaler Kapitalexport, fanden Tag für Tag statt, und es waren hohe Summen im Spiel. Die Methode war wirklich die primitivste und kriminellste, die man sich vorstellen kann.«

Bordoni fand zahlreiche Konten, die überzogen waren, ohne daß Sicherheiten vorlagen. Die Summe der Sollbeträge überstieg bei weitem das gesetzlich festgelegte Limit von einem Fünftel des Eigenkapitals der Bank. Bordoni entdeckte auch massive Diebstähle. Es war gang und gäbe, daß die Angestellten der Bank von Kundenkonten ohne Wissen der Inhaber Geldbeträge abzogen. Diese Gelder wurden dann dem Konto der Vatikanbank gutgeschrieben. Die Vatikanbank ihrerseits überwies die Beträge, abzüglich einer Provi-

sion von 15 Prozent, auf ein Konto bei der Finabank in Genf; dieses Konto lief unter der Inhaberbezeichnung Mani. Ma stand für Marco, ni für Nino; Marco und Nino hießen die beiden Söhne Sindonas. Die Provision, die die Vatikanbank einbehielt, betrug nicht immer genau 15 Prozent, sondern konnte, je nach den auf dem Devisenschwarzmarkt gerade gültigen Kursen, nach oben und unten ausschlagen.
Wenn ein Kunde der Banca Privata sich beschwerte, daß ein von ihm im Vertrauen auf sein Guthaben ausgeschriebener Scheck geplatzt war oder daß mit seinem Kontostand etwas nicht stimmte, bekam er gewöhnlich zunächst die patzige Antwort, er möge sich doch bitte eine andere Bank suchen. Wenn er daraufhin unangenehm wurde, griff der Geschäftsführer ein, erklärte dem Kunden in der Pose des seriösen Mailänder Geschäftsmanns, es müsse sich »um einen Buchungsfehler handeln, Sie wissen ja, diese modernen Computer«, und bat vielmals um Entschuldigung.
Ähnlich haarsträubende Praktiken entdeckte Bordoni bei der Finabank in Genf. Deren Geschäftsführer, ein gewisser Mario Olivero, hatte keine Ahnung vom Bankgeschäft, und der Direktor tat den ganzen Tag nichts anderes, als an den Wertpapier-, Warentermin- und Devisenbörsen zu spekulieren. Machte er Verluste, so buchte er diese auf ein Kundenkonto. Machte er Gewinne, schrieb er sie sich selbst gut. Die Leiter der einzelnen Abteilungen eiferten dem Beispiel ihres Direktors nach, und auch die Vatikanbank war mit von der Partie.
Das IOR war einerseits Miteigentümer der Finabank und unterhielt andererseits bei ihr eine Reihe von Konten. Bordoni stellte fest, daß über diese Konten offenbar »ausschließlich gigantische Spekulationsgeschäfte abgewickelt wurden, die in kolossale Verluste mündeten«. Diese Verluste wurden, wie die aller anderen Teilnehmer dieses Spiels, von einer Scheinfirma namens Liberfinco (Liberian Financial Company) getragen. Zu dem Zeitpunkt, als Bordoni seine Überprüfung durchführte, wies das Konto dieser Firma ein Soll von 30 Millionen Dollar auf. Als 1973 die schweizerische Bankenaufsicht auf den Plan trat, waren die Schulden der Liberfinco auf 45 Millionen Dollar angewachsen. Die Aufsichtsbeamten stellten Sindona, den Vatikan, die Hambros Bank und die Continental Illi-

nois vor eine ultimative Wahl: Entweder sie liquidierten die Liberfinco binnen 48 Stunden, oder man werde die Finabank offiziell für bankrott erklären. Gian Luigi Clerici di Cavenago, einer von Sindonas Konsorten, zeigte in dieser Situation, daß es ihm an rettenden Ideen ebensowenig mangelte wie an Namen. Durch die Eröffnung eines Gegenkontos mit einem Guthaben von 45 Millionen Dollar, die freilich nur auf dem Papier existierten, glich er das Saldo der Liberfinco aus und löste sie dann auf; zugleich eröffnete er eine neue Firma namens Aran Investment of Panama, deren Konto von vornherein mit einem Defizit von 45 Millionen Dollar belastet war.

Als Sindona Bordoni beauftragte, sich um die Finabank zu kümmern, hatte er mit denkwürdigem Understatement angemerkt: »Dort spielen sich seltsame Dinge ab.« Von Bordoni darüber aufgeklärt, wie seltsam diese Dinge in der Tat waren, geriet Sindona in Rage, beschimpfte Bordoni und warf ihn aus seinem Büro. Bei beiden Banken wurde weitergewirtschaftet wie gehabt. Als Sindona merkte, daß Bordoni sich abzuseilen versuchte, griff er zu einem probaten Mittel – Erpressung. Auch Bordoni hatte bei seinen Devisengeschäften die gesetzlichen Limits überzogen. Sindoni drohte, dies dem Präsidenten der italienischen Staatsbank anzuzeigen. Bordoni blieb.

Carlo Bordoni hätte merken müssen, woran er mit Sindona war, ehe er sich mit ihm einließ. Schon bei einer ihrer ersten Plänkeleien hatte Sindona ihn angeschnauzt: »Aus dir wird nie ein richtiger Bankier, weil du nicht nur nicht lügen kannst, sondern auch ein Mann mit Grundsätzen bist. Du wirst es nie verstehen, die Waffe der Erpressung wirksam einzusetzen.«

Der »Mann mit Grundsätzen« wäre vielleicht erheblich in Sindonas Achtung gestiegen, wenn dieser gewußt hätte, daß Bordoni begonnen hatte, Geld auf geheime Schweizer Konten abzuzweigen. Er erleichterte Sindona auf diese Weise in Lauf der Zeit um über 45 Millionen Dollar. Das war zwar keine Summe, die sich mit der von Sindona zusammengegaunerten Beute messen konnte, aber Bordoni hatte ja schließlich keinen Hochschulabschluß.

Sindona war ein Meister in der Kunst der Erpressung. Wenn man von einer möglichen angeborenen Begabung einmal absieht, hatte er dies wohl der Tatsache zu verdanken, daß er durch die Schule der Mafia gegangen war; dazu kam, daß er die Möglichkeit hatte, sich der Talente des vollendetsten Praktikers dieser Kunst zu bedienen, den es um diese Zeit in Italien gab – Licio Gelli. Bordoni spielte, als er Sindona wütend dessen Verbindungen mit der Mafia und der Freimaurerei vorhielt, mit zwei Feuern. Denn die Freimaurerloge, der Sindona angehörte, konnte ihre Ursprünge nicht bis zu den Steinmetzen Salomos zurückführen. Sie hatte auch nichts mit den Logen zu tun, die sich auf den italienischen Patrioten Garibaldi beriefen. Sie hatte keinen Herzog von Kent zum Großmeister. Sindonas Freimaurerloge war die »Propaganda 2« oder »P 2«, und ihr Großmeister war Licio Gelli.

Gelli wurde am 21. April 1919 in der mittelitalienischen Stadt Pistoia geboren. Sein formeller Bildungsweg war zu Ende, als er im Alter von ungefähr 15 Jahren von der Schule verwiesen wurde. Als 17jähriger machte er vor allem durch einen Kommunistenhaß auf sich aufmerksam, der von ähnlich mörderischer Intensität war wie die Furcht des Königs Herodes vor dem Messias. In den Reihen der italienischen Schwarzhemden-Division kämpften Gelli und sein Bruder in Spanien, Seite an Seite mit den Truppen Francos, gegen die Kommunisten. »Nur ich kehrte lebend zurück«, so resümierte Gelli später diese Episode seines Lebens.

In der Anfangsphase des Zweiten Weltkriegs kämpfte er in Albanien. Später trat er in die Waffen-SS ein, brachte es in ihr bis zum Obersturmführer und betätigte sich in dieser Funktion als »Verbindungsoffizier« für die Nazis. Zu seinen Aufgaben gehörte es, italienische Partisanen aufzuspüren und sie an seine deutschen Befehlshaber zu verraten. Einen Teil seines früh erworbenen Wohlstands verdankte er der Tatsache, daß er in der italienischen Stadt Cattaro stationiert war, wo während des Krieges der jugoslawische Staatsschatz versteckt gehalten wurde. Ein beträchtlicher Teil dieses Schatzes kehrte nicht wieder nach Jugoslawien zurück, weil Gelli ihn gestohlen und fortgeschafft hatte. Gellis eingewurzelter Haß auf alles Kommunistische verringerte sich in dem Maße, wie die Aussichten der Achsenmächte auf eine siegreiche Beendigung des Krieges dahinschwanden. Gelli begann mit den Partisanen, von denen sehr viele Kommunisten waren, zusammenzuarbeiten, etwa in der

Form, daß er, wenn er einen Partisanenschlupfwinkel entdeckt hatte, zwar pflichtgemäß den Deutschen Meldung machte, aber zugleich auch die Partisanen warnte, so daß sie sich rechtzeitig in Sicherheit bringen konnten.

Dieses Doppelspiel trieb er bis ans Kriegsende weiter; in der Tat war er unter den letzten italienischen Faschisten, die sich den Alliierten ergaben – in den Bergen Norditaliens, nicht weit entfernt von Belluno, wo ein junger Priester namens Albino Luciani Partisanen versteckt hatte.

Mit dem Versprechen, auch nach dem Krieg weiterhin Spionagedienste für die Kommunisten zu leisten, rettete Gelli sich das Leben: Einer antifaschistischen Spruchkammer in Florenz, vor der er sich verantworten mußte, lagen Aussagen vor, er habe italienische Patrioten gefoltert und ermordet; auf eine diskrete Intervention der Kommunisten hin erkärte die Kammer die Aussagen für nicht ausreichend glaubwürdig.

Nach dieser »Entlastung« ging er sofort daran, einen »Rattenpfad« für untergetauchte Nazis zu organisieren, die nach Südamerika fliehen wollten. Als Gebühr behielt er 40 Prozent ihrer Barschaft ein. Einer der Mitorganisatoren des »Rattenpfades« war ein katholischer Priester aus Kroatien, Pater Krujoslav Dragonovic. Unter den Männern, denen er und Gelli zur Flucht verhalfen, war der SS-Hauptsturmführer Klaus Barbie, der »Schlächter von Lyon«. Barbie brauchte das Honorar für Gelli und Pater Dragonovic übrigens nicht aus eigener Tasche zu bezahlen; die Kosten für seine Ausschleusung übernahm das Counter Intelligence Corps der US-Armee, für das Barbie noch bis zum Februar 1951 als Informant tätig war.

Während Gelli einerseits dem US-Geheimdienst und kirchlichen Stellen zu Diensten war, spionierte er andererseits noch bis 1956 für die Kommunisten. 1954 benutzte er den Pfad, auf dem er so viele deutsche Kriegsverbrecher in Sicherheit gebracht hatte, um sich selbst nach Südamerika abzusetzen. Er ließ sich in Argentinien nieder und schloß sich dort Gruppierungen der extremen Rechten an. Er schloß Freundschaft mit General Juan Peron und wurde zu dessen vertrautem Berater. Als Peron von der katholischen Kirche exkommuniziert wurde, erlitt Gelli einen seiner wenigen Fehlschläge

– er versuchte vergeblich, den Vatikan milde zu stimmen. Perons antikirchliche Kampagne, die der Grund für seine Exkommunizierung gewesen war, wog für die Kirche schwerer als die Beteuerungen Gellis, General Peron sei ein Genie, das leider vollkommen mißverstanden werde. Als Peron nach einem Militärputsch 1956 aus Argentinien fliehen mußte, zögerte Licio Gelli nicht, sich und seine Freundschaft der neuen Junta anzudienen. Mit Geduld und Sorgfalt baute er sich eine Machtbasis auf, die er nach und nach um Bastionen in fast allen südamerikanischen Ländern erweiterte. Es waren immer die Reichen und Mächtigen (beziehungsweise jene, die es zu werden versprachen), deren Gunst Gelli sich zu verschaffen suchte. Wenn es stimmt, daß die Politik eine Hure ist, dann war (und ist) Licio Gelli die personifizierte Politik. Wer immer es sich leisten konnte, ihn zu engagieren, dem stellte er sich zur Verfügung. In der gleichen Zeit, in der er für die reaktionäre argentinische Militärjunta tätig war, spionierte er für die Sowjetunion, zu der er über seine Kontakte in Rumänien Verbindung hielt. Er konnte, je nach Bedarf, ein Empfehlungsschreiben der italienischen Kommunisten, die ihm nach dem Krieg das Leben gerettet hatten, aus der Tasche ziehen oder ein Notizbuch mit den Telefonnummern seiner Kontaktagenten von der CIA, der er nach wie vor Informationen verkaufte. Nebenbei war er weiterhin für den Nachrichtendienst der italienischen Streitkräfte, den S.I.D., tätig.
Während Michele Sindona sich im Finanzdschungel von Nachkriegs-Mailand nach oben arbeitete, baute sich Gelli Nistplätze in den Winkeln des verschachtelten Machtgefüges der lateinamerikanischen Welt. Ein General hier, ein Admiral da, Politiker, Staatsdiener, Großgrundbesitzer. Während Sindona seine Freundschaften in der Überzeugung kultivierte, daß die Macht im Geld wurzelt, versuchte Gelli über seine neuen Freunde an das heranzukommen, was er für die Quelle wirklicher Macht hielt: Wissen. Informationen, die persönlichen Daten dieses oder jenes Bankiers, ein geheimes Dossier über diesen oder jenen Politiker. Sein Kontaktnetz erstreckte sich von Argentinien aus nach Paraguay, Brasilien, Bolivien, Kolumbien, Venezuela und Nicaragua. Er erwarb, zusätzlich zur italienischen, die argentinische Staatsbürgerschaft. 1972 machte ihn die argentinische Regierung zu ihrem Wirtschaftsberater und

schickte ihn in dieser Funktion nach Italien. Eine seiner wichtigsten Aufgaben war es, Waffenkäufe für Argentinien auszuhandeln und zu tätigen. Unter anderem vermittelte er den Argentiniern Panzer, Flugzeuge, Schiffe, Radaranlagen und nicht zuletzt die später zu kriegerischem Ruhm gelangten Exocet-Raketen. Für Licio Gelli öffneten sich jetzt in Italien Türen, die ihm früher verschlossen gewesen waren, hatte er doch vor seiner Übersiedlung nach Argentinien im italienischen Wirtschaftsleben nur eine höchst bescheidene Rolle gespielt – beispielsweise als zeitweiliger Hauptgeschäftsführer einer Matratzenfabrik namens Permaflex oder, allerdings nur für kurze Zeit, als Manager bei der Remington Rand Co. in der Toskana. (Dem Vorstand der Remington Rand Co. gehörte zu der betreffenden Zeit übrigens Michele Sindona an.)

Immer darauf bedacht, seinen Macht- und Einflußbereich auszuweiten, schien ihm die rehabilitierte Freimaurerbewegung ein hierfür geeignetes Instrument zu sein. Ironischerweise war es sein angebeteter Führer Mussolini gewesen, der die Freimaurerlogen verboten hatte. In seinen Augen waren sie ein »Staat im Staate« gewesen. Ebenso ironischerweise war es die von Gelli so abgrundtief verachtete italienische Demokratie, die die Freimaurer wieder gewähren ließ, wenn auch allerdings jene Bestimmung aus dem faschistischen Gesetzbuch beibehalten wurde, wonach die Gründung geheimer Organisationen strafbar war. Die Freimaurerlogen waren folglich verpflichtet, den Behörden Einsicht in ihre Mitgliederlisten zu gewähren.

Im November 1963 trat Gelli in eine Freimaurerloge herkömmlichen Typs ein. Er brachte es binnen kurzem zum »Meister«, was ihm das Recht gab, selbst eine Loge zu führen. Der damalige Großmeister Giordano Gamberini drängte Gelli, einen Kreis einflußreicher Männer um sich zu scharen, die, gleich wie viele von ihnen man für die Mitgliedschaft in einer Loge gewinnen konnte, die Entwicklung der legitimen Freimaurerbewegung würden fördern können. Gelli ließ sich dies nicht zweimal sagen. Was ihm vorschwebte, war allerdings eine regelrechte illegale Geheimorganisation. Als erstes erhielt die Organisation einen Namen: Raggruppamento Gelli P2. Das P stand für Propaganda, den Namen einer Freimaurerloge des 19. Jahrhunderts.

Die ersten Mitglieder der Gruppe rekrutierte Gelli unter den pensionierten Offizieren der italienischen Streitkräfte. Über sie kam er in Kontakt mit den aktiven Militärs. Das Netz, das er zu knüpfen begann, sollte nach einiger Zeit die gesamte Machtstruktur Italiens umschlingen. Die Ideale und Ziele der echten Freimaurerei wurden sehr bald über Bord gekippt, wenn auch natürlich nach außen hin der Schein gewahrt blieb. Gellis Ziel war ein anderes: Alle Macht den Rechten, das bedeutete die Besetzung aller wichtigen Machtpositionen in Staat und Gesellschaft Italiens mit Männern rechter Gesinnung, die durch das unsichtbare Band der Mitgliedschaft in der P 2 miteinander und mit Gelli verbunden waren. Ein kleiner Kreis von Eingeweihten, ein Staat im Staate, würde auf diese Weise die totale politische Kontrolle ausüben – solange nicht das Undenkbare passierte: daß die Kommunisten an die Macht gewählt wurden. Sollte dies geschehen, so würde keine andere Wahl bleiben, als einen Staatsstreich zu machen. Die Rechte würde dann offen die Macht übernehmen. Gelli war zuversichtlich, daß die Westmächte eine solche Lösung akzeptieren würden. Und in der Tat wurden Gelli von den Kindertagen der P 2 an Zuspruch und aktive Unterstützung seitens der in Italien operierenden CIA-Dienststellen zuteil. Wer den Eindruck hat, die Pläne Gellis seien Hirngespinste eines politischen Wirrkopfes gewesen, bar jeder Aussicht auf Verwirklichung, der sollte sich vergegenwärtigen, daß der P 2 allein in Italien (bedeutende Ableger von ihr gab und gibt es in mehreren anderen Ländern) der hochrangige Armeekommandant Giovanni Torrisi, die Geheimdienstchefs Giuseppe Santovito und Giulio Grassini, der Chef der italienischen Finanzpolizei, Orazio Giannini, Minister und Politiker jeder politischen Richtung (Kommunisten natürlich ausgenommen), 30 Generäle, acht Admirale, Journalisten, Fernsehgewaltige, Industrieführer und Bankiers wie Roberto Calvi und Michele Sindona angehörten. Anders als bei konventionellen Freimaurerlogen, war bei der P 2 die Liste der Mitglieder so geheim, daß nur Gelli alle Namen kannte.

Gelli bediente sich vielerlei Methoden, um den Einfluß der P 2 zu vergrößern. Die harmloseste war das persönliche Anwerben von Neumitgliedern durch bloße Überredung. Es kamen aber auch andere, unschönere Methoden zur Anwendung. Erpressung war eine bevorzugte Variante. Wenn ein neuer Logenbruder in die P 2 aufgenommen wurde, mußte er zum Zeichen seiner Loyalität bei Gelli Dokumente mit kompromittierenden oder empfindlichen Informationen hinterlegen, Geheimnisse, die nicht nur dem Betreffenden selbst gefährlich werden konnten, sondern auch anderen, die man als potentielle Kandidaten für die Mitgliedschaft in der P 2 betrachtete. Diese Leute konnte man, indem man ihnen ihre Verfehlungen vorhielt, zum Beitritt »gewinnen«. Auf diese Weise wurde beispielsweise der Präsident der E.N.I., der staatlichen Mineralölgesellschaft, Giorgio Mazzanti, »angeworben«. Gelli hatte erfahren, daß es bei einem Erdölgeschäft der E.N.I. mit den Saudis zu massiven Schmiergeldzahlungen gekommen war; als er Mazzanti mit Belegen für diese Machenschaften konfrontierte, zog dieser es vor, sich der P 2 anzuschließen, und natürlich brachte er neue Informationen über andere Korruptionsfälle mit.

Ein anderes Verfahren zur Anwerbung neuer Mitglieder, das Gelli benutzte, funktionierte so: Er erfuhr aus einer bereits korrumpierten Quelle die Namen der drei aussichtsreichsten Bewerber um eine Spitzenposition, rief alle drei nacheinander an und sagte jedem, er, Gelli, werde sich für ihn verwenden. Kurz darauf konnte er in der Regel einen dankbaren neuen Logenbruder willkommen heißen.

Auf den ersten Blick war die P 2 – und ist es noch – eine fanatische Versicherungspolice gegen die Gefahr einer kommunistischen Regierungsübernahme. Von Italien abgesehen, existieren noch aktive Ableger in Argentinien, Venezuela, Paraguay, Bolivien, Frankreich, Spanien, Portugal und Nicaragua. Auch in der Schweiz und in den USA gibt es praktizierende Mitglieder. Die P 2 ist verzahnt mit der Mafia in Italien, Kuba und den USA, mit einer Reihe lateinamerikanischer Militärregimes und mit einer größeren Zahl neofaschistischer Gruppen. Sie ist auch sehr eng mit der CIA verzahnt. Ihre Verbindungen reichen bis ins Innerste des Vatikan. Den wichtigsten gemeinsamen Nenner bilden offenbar ihr Haß auf den Kommunismus und ihre Angst vor ihm. Die P 2 ist nicht das Instrument einer Weltverschwörung; sie ist eine Interessengemeinschaft, die nicht nur durch den Abscheu vor einer bestimmten Ideologie, sondern auch durch den Hunger nach Macht und Reichtum zusammenge-

halten wird. Das alles verbirgt sich hinter der politisch salonfähigen Fassade der »Verteidigung der freien Welt«.
Licio Gelli verfügte allerorten über Kontakte und Gefährten. Er kannte Stefano Delle Chiaie, Pierluigi Foghera und Joachim Fiebelkorn, alle drei Mitglieder der von Klaus Barbie, dem Ex-Gestapochef, in Bolivien aufgestellten privaten Kampfgruppe »Bräute des Todes«. Auf Bestellung wurden politische Morde verübt, unter anderem der an dem bolivianischen Sozialistenführer Marcelo Quiroga Cruz, und 1980 half die Gruppe auch mit, General Garcia Meza in Bolivien an die Macht zu bringen. Klaus Barbie vermarktete seine Gestapo-Erfahrungen als »Sicherheitsberater« von Oberst Gomez, einem Mann, an dessen Händen viel bolivianisches Blut klebte.
Die Gruppe, die Barbie mit dem Segen der bolivianischen Regierungsjunta um sich scharte, verstärkte ihre Aktivitäten nach dem Staatsstreich von 1980. Die Zahl der Morde an politischen Gegnern, nachforschenden Journalisten, an Gewerkschaftsführern und Studenten nahm zu. Dazu gesellte sich die Aufgabe, die Kokainindustrie zu »rationalisieren« – die vielen kleinen Händler auszuschalten, so daß die großen Schmuggler- und Händlerringe, die sich der Protektion der Junta erfreuten, ungestört absahnen konnten. Seit 1965 gehörten zu den bolivianischen Aktivitäten Klaus Barbies auch Waffengeschäfte, nicht nur für Bolivien selbst, sondern auch für andere südamerikanische Rechtsregime und für Israel. Im Zuge solcher Waffengeschäfte ergab es sich, daß Barbie, der ungeläuterte SS-Mann, und Licio Gelli zu Partnern wurden – Barbie, der Mann, der zwischen Mai 1940 und April 1942 die Liquidierung aller registrierten Freimaurer in Amsterdam organisiert hatte, und Gelli, der Großmeister der Freimaurerloge P 2. Die beiden Männer hatten viel gemeinsam, unter anderem eine hohe Wertschätzung für Männer wie Stefano Delle Chiaie.
Der Italiener Delle Chiaie war an mindestens zwei Putschversuchen in seinem Herkunftsland beteiligt. Als in Bolivien im Oktober 1982 wieder eine zivile Regierung ins Amt kam, floh Delle Chiaie nach Argentinien. Dort fand er Unterschlupf und Hilfe bei dem P2-Mitglied José Lopez Rega, dem Gründer der berüchtigten AAA-Todesschwadrone. Rega hatte auch einen großen Kokain-

schmuggelring in Argentinien und den USA. Licio Gelli war im Verkaufen seiner speziellen Weltanschauung ebenso geschickt wie einst im Verkaufen von Matratzen. Einen Kreis enger Freunde und Mitstreiter zu haben, dem so verschiedene Geschöpfe wie José Lopez Rega und der esoterische Kardinal Paolo Bertoli angehören, ist schon eine besondere Leistung. Der Kardinal ist, wie Gelli, Toskaner. Er blickt auf eine vierzigjährige Laufbahn im diplomatischen Dienst des Vatikan zurück. Bertoli war in dem Konklave, das Albino Luciani zum Papst gewählt hatte, nicht ohne Anhänger.

Kardinal Bertoli war nur einer von vielen, die Licio Gelli im Vatikan Türen öffneten. Gelli hatte mehrere Audienzen bei Papst Paul. Er speiste und trank mit Bischof Paul Marcinkus. Manch ein Kardinal, Erzbischof, Bischof, Monsignore oder Priester, der heute am liebsten abstreiten würde, Gelli zu kennen, hielt sich in den 60er und 70er Jahren viel darauf zugute, mit ihm gesehen zu werden.

Einer der engsten P 2-Vertrauten Gellis war der italienische Anwalt und Geschäftsmann Umberto Ortolani. Wie »Il Burattinaio«, lernte auch Ortolani früh im Leben den Wert vertraulicher Kenntnisse schätzen. Im Zweiten Weltkrieg leitete er zwei Einsatzgruppen des italienischen Geheimdienstes SISMI. Sein Spezialgebiet war Spionageabwehr. Der junge Katholik begriff früh, daß eines der wirklichen Machtzentren dieser Welt am rechten Tiberufer, hinter den Mauern der Vatikanstadt, lag. Konsequenterweise bemühte er sich – mit durchschlagendem Erfolg – darum, im Vatikan ein Netz heimlicher Kontakte anzulegen, Kontakte, die Wissen und Einfluß bedeuteten.

Ortolani war in seinem Haus an der Via Archimede in Rom Gastgeber vatikanischer Würdenträger wie Bischof Marcinkus. Wie weit seine vatikanischen Kontakte reichten, läßt sich an seinem vertraulichen Verhältnis zu Kardinal Lercaro ermessen. Ortolani wurde Lercaro im Jahr 1953 vorgestellt. Lercaro war ein einflußreicher Mann innerhalb der katholischen Kirche und sollte beim Zweiten Vatikanischen Konzil einer der vielen »Moderatoren« werden. Er galt allgemein als einer jener liberal eingestellten Kirchengewaltigen, die darauf hinwirkten, daß die auf dem Konzil beschlossenen Reformen in die Tat umgesetzt würden. Von Ortolani hieß es allgemein, er sei ein Vetter des Kardinals, eine Fehlannahme, der er fleißig Vorschub leistete.

Im Vorfeld des Konklaves, das dann Papst Paul VI. wählte, drehten sich die Diskussionen vor allem um die Frage, ob der von Johannes XXIII. eingeschlagene Weg weiter beschritten oder ob es eine Rückkehr zur reaktionären Politik Pius' XII. geben würde. Die »Liberalen« brauchten einen sicheren Versammlungsort, wo sie ihre Strategie erörtern konnten. Lercaro, einer der liberalen Wortführer, bat Ortolani, ihnen sein Haus zu öffnen. Die Gruppe versammelte sich einige Tage vor Beginn des Konklaves in Ortolanis Villa in Grottaferata bei Rom. Unter den Anwesenden waren die Kardinäle Suenens aus Brüssel, Döpfner aus München, König aus Wien, Alfrink aus Holland – und »Onkel« Giacomo Lercaro.
Diese höchst geheime Zusammenkunft war von entscheidender Bedeutung für den Verlauf des Konklaves. Die Kardinäle kamen überein, für den Fall, daß die sehr beachtlichen Bataillone Lercaros sich als nicht stark genug erweisen würden, ihr Stimmenkontingent in die Waagschale von Giovanni Battista Montini zu werfen. So kam es, daß Montini nach dem dritten Wahlgang zu seiner eigenen Überraschung dem Papstthron, den er schließlich auch erklomm, auf einmal um 20 Stimmen näher war.
Kaum hatte der neue Papst sein Amt angetreten, ging ein Regen kirchlicher Ehrenzeichen, Auszeichnungen, Titel und Orden auf Umberto Ortolani nieder. Er brachte es sogar fertig, die Aufnahme des Nichtkatholiken Licio Gelli in den Malteserorden und den Orden vom Heiligen Grabmal zu bewerkstelligen. Als guter Freund Kardinal Casarolis, der wegen seines bestimmenden Einflusses auf die kirchliche »Außenpolitik« gelegentlich als der Kissinger des Vatikan bezeichnet wird, vermochte Ortolani seinem Logenbruder Gelli hervorragende Kontakte an allen Ecken und Enden des Vatikan zu erschließen. Wie sein Großmeister ist auch Ortolani, zumindest auf dem Papier, Bürger vieler Staaten. Im italienischen Viterbo geboren, hat er inzwischen die brasilianische Staatsbürgerschaft erworben. Das ist unter anderem insofern praktisch, als zwischen Italien und Brasilien kein Auslieferungsabkommen existiert.
Die Liste allein der italienischen P 2-Mitglieder wuchs mit der Zeit auf nahezu 1 000 Namen an, die aber nur der sichtbare Teil des Eisbergs sind. Der italienische Geheimdienst SISMI geht davon aus,

daß es mindestens noch 2000 weitere P2-Mitglieder gibt. Gelli selbst hat ihre Zahl mit 2400 angegeben. Wie dem auch sei, einige europäische Geheimdienste sind sich darin einig, daß die Identität der meisten P2-Mitglieder noch nicht gelüftet ist und daß in ihren Reihen an die 300 Personen sind, die zu den mächtigsten Männern der sogenannten Freien Welt zählen. Als 1981 in Italien die Existenz dieser Geheimgesellschaft ruchbar und die Namen von knapp 1000 Mitgliedern bekannt wurden, erklärte Senator Fabrizio Cicchitto, P2-Mitglied: »Wenn man es in den 70er Jahren in Italien zu etwas bringen wollte, dann ging das am besten über Gelli und die P2.«

Die innigen Beziehungen zwischen der P2 und dem Vatikan waren, wie alle von Gelli angebahnten Beziehungen, beiden dienlich. Gelli machte sich die beinahe wahnhafte Angst vor dem Kommunismus zunutze, die im Vatikan verbreitet ist. Besonders gern zitierte er Äußerungen aus der Zeit vor dem Zweiten Weltkrieg, in denen Kirchenvertreter für den Faschismus Partei ergriffen hatten, beispielsweise eine Stelle aus einer Predigt des Kardinals Hinsley von Westminster aus dem Jahr 1935: »Wenn der Faschismus untergeht, wird die Sache Gottes mit ihm untergehen«.

Der bizarrste Aspekt der engen und dauerhaften Kontakte, die zwischen der P2 und dem Vatikan bestanden, war die Tatsache, daß diverse Kardinäle, Bischöfe und Priester für diesen mißratenen Sprößling des orthodoxen Freimaurertums so viel Wohlwollen übrig hatten. Die katholische Kirche hat Freimaurer jahrhundertelang als Jünger des Bösen betrachtet. Die Logen sind wiederholt mit dem Bannstrahl belegt worden und waren Zielscheibe von mindestens sechs speziell dem Kampf gegen das Freimaurertum gewidmeten päpstlichen Bullen; die erste in dieser Reihe war *In eminenti,* 1738 von Papst Clemens XII. verkündet.

Die Kirche betrachtet die Freimaurerei als eine konkurrierende Religion – eine Religion der Gottlosen. Sie geht davon aus, daß eines der Hauptziele der Freimaurer die Vernichtung der katholischen Kirche ist. Daher wurde bis vor kurzem jeder als Mitglied einer Loge enttarnte Katholik mit sofortiger Exkommunizierung bestraft.

Es unterliegt kaum einem Zweifel, daß viele revolutionären Bewegungen in der Geschichte sich des Freimaurertums als einer Waffe gegen die Kirche bedient haben. Ein klassisches Beispiel dafür lieferte der italienische Patriot Garibaldi, der die Freimaurer des Landes zu einer Kraft zusammenfaßte, die in der Lage war, die Massen zu mobilisieren, die päpstliche Vorherrschaft zu brechen und die Einigung Italiens voranzutreiben.

Hinter dem Etikett der Freimaurerei verbergen sich heute von Land zu Land unterschiedliche Gruppierungen und Ideologien. Alle behaupten von sich, dem Guten zu dienen. Nicht-Freimaurer betrachten diese sich selbst genügenden, das Licht der Öffentlichkeit meidenden Bünde mit allen erdenklichen Nuancen des Mißtrauens und der Feindseligkeit. Die katholische Kirche behauptete bis in die jüngste Zeit kategorisch ihren hergebrachten Standpunkt: Freimaurerei ist ein Erzübel, und alle, die sich zu ihr bekennen, müssen dem Bann verfallen. Wenn dies die Haltung der Kirche zur orthodoxen Freimaurerei war, dann muten die engen Bindungen zwischen der P 2 und dem Vatikan äußerst merkwürdig an: einer der kleinsten, aber mächtigsten Staaten der Erde in trauter Umarmung mit einem Staat im Staate. Die Mitglieder der P 2 waren und sind in ihrer überwältigenden Mehrzahl praktizierende Katholiken.

Die italienische Loge der P 2 ist sicherlich niemals vollzählig zusammengetreten (dafür hätte man die Mailänder Scala mieten müssen), aber Zusammenkünfte einzelner Gruppen gab es zweifellos. Dabei wurden nicht nur Klagen über den bösen Kommunismus geführt, sondern konkrete Pläne für die Bekämpfung und Eindämmung dessen geschmiedet, was Gelli und seine Freunde als die größte und schlimmste aller denkbaren Gefahren betrachtete: die Übernahme der Regierungsgewalt durch eine demokratisch gewählte kommunistische Regierung.

In Italien sind im Verlauf der letzten zwei Jahrzehnte eine Reihe von Bombenanschlägen verübt worden, die unaufgeklärt geblieben sind. Falls es den italienischen Strafverfolgungsbehörden jemals gelingen sollte, Gellis habhaft zu werden, und falls er sich dafür entschiede, zu sprechen und die Wahrheit zu sagen, könnten sich einige dieser ungelösten Fälle aufklären. Dazu zählen: der Bombenanschlag an der Piazza Fontana in Mailand 1969 (16 Tote), der Bombenanschlag auf den Schnellzug »Italicus« bei Bologna 1974 (12 Tote), die Explosion auf dem Hauptbahnhof von Bologna 1980

(85 Tote, 182 Verletzte). Nach Angaben eines enttäuschten Gelli-Gefolgsmanns, eines Neofaschisten namens Elio Ciolini, wurde dieser letzte verheerende Anschlag bei einer P2-Sitzung am 11. April 1980 in Monte Carlo geplant. Licio Gelli persönlich soll diese Sitzung als Großmeister geleitet haben.
Der beschworenen Aussage von Ciolini zufolge sollen drei der unmittelbar mit dem Bombenanschlag auf den Bahnhof Befaßten Stefano Delle Chiaie, Pierluigi Pagliani und Joachim Fiebelkorn gewesen sein.
Der Zweck dieser Serie fürchterlicher Anschläge bestand darin, die öffentliche Empörung auf die italienischen Linksradikalen zu lenken, indem man den Eindruck zu erwecken versuchte, sie steckten dahinter.
Am 10. Juli 1976 wurde der italienische Staatsanwalt Vittorio Occorsio von einer Maschinengewehrsalve durchsiebt und getötet. Er war zu dieser Zeit mit Untersuchungen über die Verbindungen zwischen einer neofaschistischen Bewegung namens »Nationale Vorhut« und der P 2 beschäftigt. Die neonazistische Gruppe »Neue Ordnung« übernahm die Verantwortung für den Mord. »Neue Ordnung«, »Nationale Vorhut« – die Namen sind austauschbar. Worauf es ankam, war, daß Vittorio Occorsio, ein aufrechter und mutiger Beamter, im Sarg lag und daß eine Untersuchung, die der P 2 hätte gefährlich werden können, gestoppt war.
Michele Sindona war Ende der 60er Jahre Mitglied der P 2 und gut mit Licio Gelli befreundet. Er und Gelli hatten viel miteinander gemein, nicht zuletzt die Tatsache, daß sich CIA und Interpol für beide sehr interessierten. Die Aktivitäten dieser beiden Organisationen greifen nicht immer reibungslos ineinander. Die Ermittlungen von Interpol gegen Sindona bieten dafür ein anschauliches Beispiel. Im November 1967 ging im Polizeipräsidium von Rom das folgende Fernschreiben von Interpol Washington ein:

> »Wir haben kürzlich unbestätigte Information erhalten, derzufolge die folgenden Personen an unerlaubtem Handel mit Beruhigungs- und Aufputschmitteln sowie mit halluzinogenen Drogen zwischen Italien, den Vereinigten Staaten und möglicherweise anderen europäischen Ländern beteiligt sind.«

Der erste der vier aufgezählten Namen lautete Michele Sindona. Die italienische Kriminalpolizei schrieb zurück, ihr lägen keine Anhaltspunkte dafür vor, daß Sindona in den Handel mit Drogen verwickelt sei. Eine Kopie der Interpol-Anfrage und des italienischen Antworttelex landeten noch in derselben Woche auf Sindonas Tisch. Hätte Interpol Washington eine gleichlautende Anfrage an die CIA-Agenten in der amerikanischen Botschaft in Rom oder im amerikanischen Konsulat in Mailand gerichtet, so wäre von dort – eine ehrliche Antwort vorausgesetzt – die Bestätigung gekommen, daß der Hinweis, den Interpol erhalten hatte, vollkommen richtig war.

Die CIA führte um diese Zeit bereits ein ausführliches Dossier über Sindona. Es enthielt Angaben über die Beziehungen Sindonas zur New Yorker Mafiafamilie Gambino mit ihren 253 Angehörigen und ihren 1147 »Mitarbeitern«. Ferner waren darin Details der gemeinsamen Verwicklung der fünf New Yorker Mafiafamilien Colombo, Bonanno, Gambino, Lucchese und Genovese in ein ganzes Spektrum krimineller Aktivitäten aufgeführt, vor allem im Bereich der Herstellung von und des Handels mit Rauschgiften – Heroin, Kokain und Marihuana. Als weitere Sparten der illegalen Betätigung dieser Familien werden in den CIA-Akten genannt: Prostitution, Glücksspiel, Pornographie, Kreditwucher, Schutzgelderpressung, Unterwanderung von Gewerkschaften, Großbetrügereien sowie Unterschlagung und Veruntreuung von Bankeinlagen und Pensionskassengeldern.

Die Dossiers enthalten detailreiche Berichte darüber, wie die sizilianischen Mafiafamilien Inzerillo und Spatola das veredelte Heroin aus Sizilien zu ihren Geschäftspartnern in New York brachten, wie sie ihre Leute in die italienische Fluggesellschaft *Alitalia* einschleusten und wie die »Mitarbeiter« der New Yorker Familien für ein 50 000-Dollar-Honorar »herrenlose« Gepäckstücke aus Palermo vom Flughafen abholten, Gepäckstücke, die Heroin enthielten, das in einem der fünf Laboratorien der Inzerillos in Sizilien veredelt worden war. Ende der 60er Jahre beliefen sich die Gewinne der Inzerillos und der Spatolas aus dem Heroingeschäft auf über 500 Millionen Dollar jährlich.

Die Akten geben ferner detaillierte Auskunft über die Bewegungen

von knapp dreißig Schiffen, die bis vor kurzem Jahr für Jahr libanesische Häfen anfuhren und mit Ladungen von rohem und veredeltem Heroin, bestimmt für Zielhäfen in Sizilien, wieder ablegten.
Die nächstliegende und ominöseste Frage, die sich angesichts dieser Dossiers stellt, ist: Wieso blieben diese höchst brisanten belastenden Informationen die 60er und 70er Jahre hindurch ungenutzt in den Aktenschränken liegen? Nun, die CIA wird grundsätzlich nicht aus eigener Initiative tätig, sondern führt nur amtliche Anweisungen des Präsidenten aus (oder versucht sie wenigstens auszuführen). Waren mehrere US-Präsidenten nacheinander der Ansicht, die Aktivitäten der Mafia seien hinnehmbar, wenn sie dazu beitrugen, zu gewährleisten, daß der NATO-Staat Italien nicht per Stimmzettel in die Hände der Kommunisten fiel?
Was die Mafiafamilien selbst betraf, sie brauchten Männer wie Sindona dringend. Die außerordentliche Zunahme der Bankguthaben und die wundersame Vermehrung der Banken und Bankfilialen in Sizilien, einer der ärmsten Regionen Europas, legen stummes Zeugnis ab von den Problemen der Mafia mit ihrem aus allen Nähten platzenden Reichtum. Hier wartete eine Aufgabe für einen Kapitaljongleur wie Michele Sindona. Als er einmal gefragt wurde, woher er das Geld für seine verschiedenen grandiosen Operationen nehme, antwortete er: »Es ist zu 95 Prozent das Geld anderer Leute.« Das war eine zu 95 Prozent zutreffende Antwort. Sindona war *der* Bankier der Mafia, und ein beträchtlicher Teil der Gelder, die er verwaltete, stammte direkt aus dem Handel mit Heroin. Dies also war der Mann, den Papst Paul VI. zum Finanzberater des Vatikan erwählte, der Mann, an den der Papst sich vertrauensvoll mit der Bitte wandte, die massive wirtschaftliche Präsenz der Kirche in Italien abzubauen. Vorgesehen war, daß Sindona einige der bedeutendsten in der Nogara-Ära erworbenen Beteiligungen übernehmen sollte. Die Vatikan GmbH schickte sich an, die Kirche von den häßlichen Gerüchen des Kapitalismus zu befreien. Dies war, im Prinzip zumindest, die praktische Konsequenz aus der Philosophie, die Papst Paul VI. der Welt 1967 in seiner Enzyklika *Populorum Progressio* verkündet hatte:

> »Gott hat die Erde mit allem, was sie enthält, zum Nutzen für alle Menschen und Völker bestimmt; darum müssen diese geschaffenen Güter in einem billigen Verhältnis allen zustatten kommen; dabei hat die Gerechtigkeit die Führung, Hand in Hand mit ihr geht die Liebe ... Alle anderen Rechte, ganz gleich welche, auch das des Eigentums und des freien Tausches, sind diesem Grundgesetz untergeordnet. Sie dürfen seine Verwirklichung nicht erschweren, sondern müssen sie im Gegenteil erleichtern. Es ist eine ernste und dringende soziale Aufgabe, alle diese Rechte zu ihrem ursprünglichen Sinn zurückzuführen.«

Im gleichen Text zitierte Paul den heiligen Ambrosius:

> »Es ist nicht dein Gut, mit dem du dich gegen den Armen großzügig erweist. Du gibst ihm nur zurück, was ihm gehört. Denn du hast dir nur herausgenommen, was zu gemeinsamer Nutzung gegeben ist. Die Erde ist für alle da, nicht nur für die Reichen.«

In dem Moment, da diese Enzyklika verkündet wurde, war der Vatikan der größte private Grundeigentümer auf der Erde. *Populorum Progressio* enthielt auch die denkwürdige Belehrung, daß selbst dann, wenn die Masse der Bevölkerung eines ganzen Landes unter schweren Ungerechtigkeiten leidet, revolutionärer Widerstand nicht zulässig sei: »Man kann das Übel, das existiert, nicht mit einem noch größeren Übel vertreiben.«

Mit dem Problem konfrontiert, als Oberhaupt einer äußerst wohlhabenden Kirche nach außen hin glaubhaft den Wunsch nach einer Kirche für die Armen vertreten zu wollen, entschieden sich der Papst und seine Ratgeber dafür, sich von einem nennenswerten Teil ihrer italienischen Kapitalanlagen zu trennen und sie in anderen Ländern zu reinvestieren. Auf diese Weise konnte man einmal der zu erwartenden starken Besteuerung ausweichen und zum anderen auf ertragsgünstigere Investitionen umsteigen. Als Papst Paul 1967 die wunderbare Botschaft seiner Enzyklika *Populorum Progressio* verkündete, waren die Vatikan GmbH und Michele Sindona schon seit einigen Jahren enge Geschäftspartner. Mit Hilfe des ungesetzlichen Devisen- und Kapitaltransfers von Sindonas italienischen

Banken über die Vatikanbank in die Kassen der Schweizer Bank, die beiden, Sindona und dem Vatikan, gemeinsam gehörte, ließen sie die Segnungen der Schöpfung zwar nicht den Armen zu-, aber dafür um so sicherer aus Italien abfließen. Anfang 1968 geriet eine andere vom Vatikan kontrollierte Bank in Schwierigkeiten, die Banca Unione. Dem Vatikan gehörten ungefähr 20 Prozent ihrer Aktien. Im Vorstand war er durch Massimo Spada und Luigi Mennini vertreten. Theoretisch stand die Bank, zwei Jahre nachdem Sindona als Mehrheitsaktionär eingestiegen war (wobei der Vatikan weiterhin ein Teilhaber von Gewicht blieb), in voller Blüte. Mit ihren auf den kleinen Sparer gemünzten überdurchschnittlich günstigen Zinssätzen hatte sie viele neue Kunden gewonnen, und die Summe der bei ihr deponierten Sparguthaben hatte sich von 35 Millionen auf über 150 Millionen Dollar erhöht. Das war die Theorie.

In der Praxis sah es so aus, daß Sindona und seine Freunde die Bank während desselben Zeitraums um über 250 Millionen Dollar erleichtert hatten. Der größte Teil dieses Betrags war über eine weitere Sindona-Bank, die Amincor in Zürich, in dunkle Kanäle und Geschäfte geflossen. Ein Teil war bei wahnwitzigen Spekulationen auf dem Silbermarkt verlorengegangen.

Zu den Leuten aus der Bankenwelt, auf die Sindona zu jener Zeit tiefen Eindruck machte und die ihm ihre Reverenz erwiesen, gehörte der Vorstandschef der Continental Illinois in Chicago, David Kennedy, der bald danach als Finanzminister ins Kabinett von Präsident Nixon berufen wurde.

1969 mußte sich die Vatikan GmbH eingestehen, daß sie ihren langen Kampf mit der italienischen Regierung um die Besteuerung ihrer Kapitalerträge verloren hatte. Man wußte im Vatikan freilich, daß man, wenn man in dieser Situation seinen gesamten Aktienbestand auf den Markt würfe, damit den Zusammenbruch der italienischen Wirtschaft riskieren würde; da ein solcher Zusammenbruch auch zu Verlusten für den Vatikan führen würde, kam man dort zu der Einsicht, daß man sich mit diesem Vorgehen ins eigene Fleisch schneiden würde. Zusammen mit Kardinal Guerri, dem Chef der »Außerordentlichen Sektion« der APSA, entschloß sich der Papst, aus dem italienischen Portefeuille des Vatikan zunächst eine der größten Beteiligungen abzustoßen, nämlich die an der Società Generale Immobiliare. Mit Besitzungen im Wert von mehr als einer halben Milliarde Dollar in allen Weltteilen verkörperte die Società Generale sicherlich einen sehr sichtbaren Teil des kirchlichen Wohlstandes.

Der Hai war wieder gefragt.

Die Aktien der Società Generale Immobiliare waren mit zirka 350 Lire notiert. Dem Vatikan gehörten direkt oder indirekt rund 25 Prozent der 143 Millionen Anteilscheine. Hatte Sindona Lust, zuzugreifen? Kardinal Guerri stellte ihm die Frage. Sindonas Antwort kam prompt und war erfreulich – ja, er wolle den ganzen Pakken übernehmen, und zwar zum Zweifachen des Marktpreises. Guerri und Papst Paul waren entzückt. Der Vertrag zwischen Sindona und Guerri wurde bei einem mitternächtlichen Geheimtreffen im Vatikan im Frühjahr 1969 unterzeichnet.

Es war ein für den Vatikan besonders positives Treffen. Man wünschte sich auch der Mehrheitsbeteiligungen an der Condotte d'Acqua, den römischen Wasserwerken, und an der Ceramica Pozzi zu entledigen, einer Chemie- und Keramikfirma, die seit einiger Zeit Verluste machte. Man einigte sich auf einen Preis, und der Hai schnappte sich lächelnd beide Beteiligungen.

Wer hatte nun eigentlich diese ganze Operation erdacht und eingefädelt? Wer war der Mann, der dafür mit höchstem Lob aus dem Munde Papst Pauls VI. und Kardinal Guerris und mit einer hübschen Provision aus den Händen Michele Sindonas bedacht wurde? Die Antwort hierauf legt beredtes Zeugnis ab nicht nur dafür, wie weit die P 2 den Vatikan schon durchsetzt hatte, sondern auch dafür, wie identisch die Interessen von P 2, Mafia und Vatikan oft waren. Licio Gellis Kronprinz, Umberto Ortolani, war der Einfädler der Mammuttransaktion. Alles, was Sindona dann noch zu tun hatte, war, das Geld herbeizuschaffen.

Wenn man mit dem Geld anderer Leute jongliert, ist es nicht schwer, ein Großunternehmen aufzukaufen. Sindona bestritt seine Anzahlung zur Gänze mit den Geldern, die er rechtswidrig aus Kundenkonten der Banca Privata Finanziara abgezweigt hatte.

In der letzten Maiwoche 1969 überwies Sindona fünf Millionen Dollar an eine kleine Züricher Bank, die Privat-Kredit-Bank. Er wies die Bank an, das Geld an die BPF zurückzuüberweisen, auf das

Konto von »Mabusi Beteiligung«. Firmensitz der »Mabusi« war ein Postfach in Vaduz, der Hauptstadt von Liechtenstein; Besitzer der Firma war Michele Sindona. Die fünf Millionen Dollar wanderten von der »Mabusi Beteiligung« zu einer weiteren von Sindona kontrollierten Firma, der »Mabusi Italiana«. Von dort aus sollte das Geld an den Vatikan weiterfließen.

Zusätzliche Geldbeträge, um seine enormen Erwerbungen bezahlen zu können, trieb Sindona dadurch auf, daß er Hambros und den amerikanischen Großkonzern Gulf & Western mit ins Spiel brachte. Sindona verfügte offenbar über einen hochentwickelten Sinn für Humor. Eine der Firmen im Besitz von Gulf & Western war die Paramount in Hollywood. Eine ihrer erfolgreichsten Produktionen jener Zeit war der Film *Der Pate* nach dem Roman von Mario Puzo. Somit kann man sagen, daß ein Film, der ein ebenso glitzerndes wie amoralisches Bild der Mafiawelt vermittelte, seinen Produzenten enorme Profite einbrachte, von denen wiederum ein Teil dem Finanzberater der Mafiafamilien Gambino und Inzerillo, Michele Sindona, zur Verfügung gestellt wurde, dem Mann, der zugleich die Abermillionen verwaltete, die diese Familien hauptsächlich durch den Handel mit Heroin scheffelten. So schloß sich der Kreis. Die Realität imitierte die Fiktion.

Der massive illegale Kapitaltransfer aus Italien begann in den frühen 70er Jahren schwerwiegende nachteilige Auswirkungen auf die Wirtschaft des Landes zu zeitigen. Für Sindona und Marcinkus mochte es höchst profitabel sein, Geld aus Italien hinauszuschaffen, aber für die Lira hatte dies verheerende Folgen. Die Arbeitslosigkeit im Lande nahm zu. Die Lebenshaltungskosten stiegen. Unbekümmert um diese Dinge, setzten Sindona und seine Konsorten ihre Praktiken fort. Durch das Hochtreiben von Aktienkursen in völlig unrealistische Höhen zogen die Sindona-Banken einem gutgläubigen Publikum viele Millionen Dollar aus der Tasche und operierten damit. Sindona und sein guter Freund Roberto Calvi von der Banco Ambrosiano brüsteten sich in jenen Jahren ganz offen damit, daß sie die Mailänder Börse kontrollierten. Es war eine Kontrolle, aus der sie ein ums andere Mal kriminelle Vorteile schlugen. Die Kurse verschiedener Aktien sprangen auf und ab wie Jo-Jos. Für ihr Amüsement und ihren finanziellen Vorteil machten Sindona und seine

Partner immer wieder dieses oder jenes Unternehmen zum Spielball ihrer Börsenmanöver. Ihre Manipulationen mit der vatikaneigenen Firma Pacchetti bieten ein anschauliches Beispiel für das alltägliche Geschäftsgebaren dieser Herren.

Die Firma Pacchetti begann ihren geschäftlichen Lebenszyklus als unbedeutende kleine Ledergerberei. Sindona erwarb sie 1969 und entschied sich, daraus einen Mischkonzern aufzubauen. Zum Vorbild erwählte er sich den amerikanischen Konzerngiganten Gulf & Western, dessen weitgestreute Beteiligungen von den Paramount-Filmstudios über Verlagshäuser bis zu Fluggesellschaften reichen. Die Erwerbungen, die Sindona für Pacchetti tätigte, nahmen sich bescheidener aus. Der »Konzern« war eher so etwas wie eine wirtschaftliche Rumpelkammer, in der Beteiligungen an unrentablen Stahlwerken und an Firmen, die unverkäufliche Reinigungsmittel herstellten, versammelt waren. Ein Juwel glitzerte jedoch inmitten des Krempels – Sindona hatte von Marcinkus eine Option auf den Kauf der Banca Cattolica Veneto erworben. Zweifellos trug die Tatsache, daß der Geschäftsführer der Vatikanbank, Massimo Spada, auch im Vorstand von Pacchetti saß, dazu bei, daß Marcinkus die vorrangigen Ansprüche und Mitspracherechte des venezianischen Klerus und des Patriarchen Luciani vergaß.

Roberto Calvi, der an den Verhandlungen über diese Erwerbungen teilnahm, gab die Zusicherung ab, zu einem festgelegten Stichtag eine Sindona-Firma namens Zitropo zu übernehmen. Damit lag das Drehbuch für eine erneute illegale Manipulation an der Mailänder Börse fertig vor.

Der Buchwert der Pacchetti-Aktie lag bei rund 250 Lire. Sindona wies die Wertpapierabteilung der Banca Unione an, Pacchetti-Aktien aufzukaufen. Unter Benutzung von Strohmännernamen wurden diese Aktien sodann illegal bei Firmen aus dem Sindona-Besitz untergebracht. An der Mailänder Börse kletterte der Kurs der Pacchetti-Aktien im Gefolge der Manöver Sindonas auf 1 600 Lire. Als im März 1972 der festgesetzte Termin für die Übernahme der Zitropo herannahte, verscherbelten sämtliche Firmen, bei denen Sindona seine hochgetriebenen Pacchetti-Aktien untergestellt hatte, ihre Bestände an diesen Papieren auf einen Schlag an die Zitropo. Die Folge war ein abrupter, enormer Wertzuwachs der Zitropo –

freilich nur auf dem Papier. Da Calvi bei der Übernahme der Zitropo diesen um ein Vielfaches überhöhten Preis bezahlte, sackte Sindona bei dieser Transaktion einen riesigen illegalen Gewinn ein. Er hatte die gesamte Operation mit Hilfe fiktiver Garantien finanziert. Eine Ahnung davon, wieviel Profit er aus dieser einen Operation schlug, ergibt sich aus der Tatsache, daß, wie der vom Staat eingesetzte Konkursverwalter Giorgio Ambrosoli 1978 herausfand, Sindona an Calvi ein Schmiergeld von 6,5 Millionen Dollar gezahlt und daß Calvi diese Prämie für sein Mitmachen an dem geglückten Börsenschwindel brüderlich mit Bischof Paul Marcinkus geteilt hatte.

Weshalb kaufte Calvi die Zitropo um einen so horrend überhöhten Preis? Drei Gründe kommen in Frage: 1. war es das Geld anderer Leute, mit dem er den Kauf tätigte. 2. verbuchte er einen persönlichen Profit von 3,25 Millionen Dollar. 3. erwarb er im Zuge des Pacchetti-Geschäfts eine Option für den Kauf der Banca Cattolica Veneto. Diese Option hatte Sindona zuvor von Marcinkus erworben. Die Tatsache, daß niemand es für nötig gehalten hatte, in dieser Sache den Patriarchen von Venedig, Albino Luciani, oder diejenigen Angehörigen seiner Diözese zu konsultieren, die ihre Banca-Cattolica-Aktien bei der Vatikanbank deponiert hatten, focht Bischof Marcinkus nicht im geringsten an.

Sindona und Calvi entwickelten sich zu wahren Virtuosen in dieser Art der Räuberei. Niemals in der Geschichte des Bankenwesens ist so viel für so wenig bezahlt worden. 1972 bekam Calvi weitere fünf Millionen Dollar von Sindona zugeschoben, als Bastogi-Aktien die Besitzer wechselten, und dann noch einmal 540 Millionen Schweizer Franken, als Sindona Calvi 7 200 Aktien der Finabank verkaufte. Diese Schmierprämien Sindonas an Calvi liefen jedesmal über Sindonas Mani-Konto bei der Finabank. Die Gelder landeten auf den Schweizer Geheimkonten, die Calvi zusammen mit seiner Frau unterhielt. Bei der Schweizerischen Bankgesellschaft und bei der Zürcher Kreditbank unterhielten die Calvis vier Geheimkonten mit den Nummern beziehungsweise Kennwörtern 618934, 619112, Ralrov/G21 und Ehrenkranz. Der Gewinn, den Sindona selbst bei jeder der genannten Operationen gemacht hat, entsprach ganz sicher mindestens den Summen, die er jeweils Calvi als Schmiergeld zukommen ließ.

Roberto Calvi entwickelte eine unstillbare Zuneigung zu dieser speziellen Art von Verbrechen und versuchte sich darin gelegentlich als Solist. So veranlaßte er beispielsweise 1976 eine seiner eigenen Banken, die Centrale, ein großes Paket von Aktien der Toro Assicurazioni zu einem Preis aufzukaufen, der um 25 Milliarden Lire über ihrem wirklichen Wert lag. Dieses Geld landete auf einem der schon erwähnten Schweizer Konten. Dort fanden sich auch 20 Milliarden Lire ein, die Calvi verdiente, indem er das gleiche Spiel mit einem weiteren Paket von mehr als einer Million Centrale-Aktien noch einmal spielte. Diese Riesensummen existierten nicht nur als Ziffern auf einem Kontoauszug. Das Geld wanderte physisch aus den Taschen einer Vielzahl von Aktienbesitzern in die Taschen Calvis und Sindonas.

Was Bischof Marcinkus mit den ihm zugeschobenen 3,25 Millionen Dollar aus dem Pacchetti-Schwindel anfing, wird sich später zeigen.

Auch die Aktien der Banca Cattolica wurden zum Objekt von Betrugsmanövern. Sindona wußte, daß Calvi mit Marcinkus über die Übernahme der Bank verhandelte – der Preis der Aktien schnellte nach oben. Am Ende der Übung waren alle Beteiligten sehr viel reicher als vorher, nur nicht die Diözese Venetien.

Calvi war Marcinkus 1971 von Sindona vorgestellt worden. Somit hatte also Bischof Marcinkus, der nach seinem eigenen Bekunden vom Bankgeschäft nichts verstand, zwei ausgezeichnete Lehrmeister. Zur Erinnerung: Marcinkus war von Papst Paul zum Präsidenten der Vatikanbank ernannt worden.

Die verschiedenen Abteilungen des Vatikan boten unterdessen Sindona und wenig später auch Calvi Firmen im Dutzend an. 1970 beispielsweise stieß der Vatikan endgültig das Pharmaunternehmen Serono ab, das als eines seiner erfolgreicheren Erzeugnisse eine Antibabypille produzierte.

Eine zusätzliche Profitquelle für die Finabank (und damit für Sindona und den Vatikan zu gleichen Teilen) eröffnete sich durch eine Praxis, die zugleich eine der weiteren Ursachen für den wirtschaftlichen Niedergang Italiens war: das System der doppelten Rechnungsstellung. Wie Bordoni erklärte: »Es war nicht so saftig wie die ›Rückvergütungen‹, die beim illegalen Export von schwarzem Kapital anfielen, aber es brachte ebenfalls hohe Summen.«

Der Trick bestand darin, daß man bei Lieferungen ins Ausland Rechnungen über einen viel zu niedrigen Betrag ausstellte. Die auf diese Weise getürkten Rechnungen wurden offiziell, über die italienische Staatsbank, abgewickelt, die natürlich diese Vorgänge an die Steuerbehörden weitermeldete. Der Exporteur wurde dann auf der Grundlage des angegebenen niedrigen Rechnungsbetrags besteuert.

Die Differenz zum wirklichen Preis der Lieferung wurde vom Empfänger direkt auf ein Konto bei der Finabank in Genf überwiesen. In vielen Fällen machten italienische Exporteure bei derartigen Geschäften einen Verlust geltend und erhielten vom Finanzamt dafür noch eine Steuergutschrift. Michele Sindona war Besitzer vieler Exportfirmen, die solche Verluste präsentierten. Sindonas gängige Praxis war es, durch die Bestechung von Politikern der regierenden Parteien dafür zu sorgen, daß diese Verluste stets und weiterhin anerkannt wurden. Er brachte auch das Argument vor, auf diese Weise würden schließlich Arbeitsplätze in Italien gesichert.

Auf ähnliche Weise wurde der Staat bei Importgeschäften geschröpft. Hier wurden stark überhöhte Rechnungen ausgeschrieben. Diese Rechnungen wurden vom Importeur zunächst in voller Höhe bezahlt. Der ausländische Lieferant überwies dann einen Teil der Summe wieder zurück – meist auf ein Nummernkonto bei der Finabank, gelegentlich auch auf Konten bei den anderen Schweizer Banken.

Papst Pauls Kirche für die Armen mehrte ihren unermeßlichen Reichtum von Jahr zu Jahr. Der finanzielle Rückzug des Vatikan aus Italien hatte dazu geführt, daß Männer wie Sindona und Calvi jetzt überall Geld zusammenraubten, um St. Peter und Papst Paul auszuzahlen.

Die Finabank war auch ein Element innerhalb einer riesigen Waschanlage für schwarze Gelder der Mafia, der P 2 und anderer krimineller Vereinigungen. Dem Vatikan gehörte, über die ihm verbliebene fünfprozentige Beteiligung an der Società Generale Immobiliare, ein Teil dieser Waschanlage. Infolge der Tatsache, daß die Mafia sich weiterhin der Vatikanbank bediente, um Geld sowohl nach Italien hinein- als auch aus Italien herauszubringen, war der Vatikan schließlich Besitzer der gesamten Waschanlage. Welchen Gebrauch Sindona und seine Leute von den Konten machten, die die Vatikanbank bei der BPF unterhielt, wurde bereits erläutert. Dies war eine der Methoden, mit denen man »schmutziges Geld« außer Landes schaffen und bei der Finabank »waschen« konnte; die Methode funktionierte übrigens nach zwei Seiten. Schmutziges Geld aus Mafia-Aktivitäten in Mexiko, Kanada und den USA wurde ebenso in Italien gewaschen. Der Vorgang war ganz einfach. Um wieder Carlo Bordoni zu zitieren:

> »Diese Firmen in Kanada und Mexiko dienten dazu, über die kanadische und mexikanische Grenze Dollars von der Mafia von den Freimaurern und von zahlreichen illegalen und kriminellen Aktivitäten in die USA zu schaffen; das Geld kam in Koffern an und wurde dann in amerikanische Staatspapiere investiert. Diese wurden dann an die Finabank geschickt – sauber und leicht zu Geld zu machen.«

Die amerikanische Mafia hatte mit Grenzen offenbar keinerlei Probleme. Ihr Geld wurde direkt bei der Ediltecno in Washington in Staatspapiere konvertiert, und diese fanden dann auch ihren Weg zur Finabank. Wenn die Mafia Teile dieses gewaschenen Geldes nach Italien zu holen wünschte, so tat sie das über die Vatikanbank.

Sindona beschrieb sein Erfolgsgeheimnis Bordoni gegenüber Anfang der 70er Jahre einmal so: »Meine Geschäftsphilosophie beruht auf meiner Persönlichkeit, die einzigartig auf der Welt ist: auf geschickt vorgebrachten Lügen und auf den wirksamen Einsatz der Waffe der Erpressung.«

Zur Technik der Erpressung gehörte es unter anderem, Leute zu bestechen. Für Sindona war ein Schmiergeld »nichts anderes als eine Investition. Man erwirbt damit Einfluß auf die bestochene Person.« Nach diesem Rezept verschaffte er sich Einfluß bei der führenden politischen Partei Italiens, der Democrazia Cristiana (DC) – 2 Milliarden Lire, um die Ernennung des DC-Kandidaten Mario Barone zum Direktor der Banco di Roma sicherzustellen, 11 Milliarden Lire, um die DC-Kampagne gegen die Volksabstimmung zur Scheidungsfrage zu finanzieren. Er ließ die Christdemokraten Milliarden von Dollars »verdienen«. Er eröffnete für die Partei unter der Chiffre SIDC ein Konto bei der Finabank. Im Lauf der frühen 70er Jahren sammelte sich auf diesem Konto eine Dreiviertelmillion Dollar an. Aber Sindona schürte nicht nur *ein* Feuer. Der selbsternannte Kämpfer gegen den Kommunismus eröffnete bei der Finabank ein Konto für die Kommunistische Partei Italiens. Die Kontobezeichnung lautete SICO. Auch auf dieses Konto floß monatlich eine Dreiviertelmillion Dollar aus den Beutezügen Sindonas.

Er spekulierte gegen die Lira, den Dollar, die D-Mark und den Schweizer Franken. Was seine massive Spekulation gegen die Lira betraf (eine von Sindona ganz allein durchgezogene 650-Millionen-Dollar-Operation), so erklärte er dem italienischen Premierminister Andreotti, er wisse, daß es einen schweren Spekulationsdruck gegen die Lira gebe, und er habe, um mehr über den Umfang und die Hintergründe dieser Vorgänge zu erfahren, seinen Finanzmakler Bordoni beauftragt, mit der Moneyrex »symbolisch« in diese Spekulationsgeschäfte einzusteigen. Prompt pries Andreotti den Mann, der mit Spekulationen gegen die italienische Währung riesige Gewinne gemacht hatte, als den »Retter der Lira«. Etwa um dieselbe Zeit wurde er mit einer Auszeichnung bedacht, die ihm der amerikanische Botschafter in Rom persönlich überbrachte – Michele Sindona wurde zum »Mann des Jahres 1973« gekürt.

Ein Jahr zuvor hatte Sindona den in Rom erscheinenden *Daily American* übernommen und hatte bei einem aus diesem Anlaß veranstalteten Galaempfang seine Absicht verkündet, sein Betätigungsfeld auszuweiten und weitere 100 Millionen Dollar in den USA zu investieren. Unter denen, die dieser Rede lauschten, befand sich sein guter Freund Bischof Paul Marcinkus. In der Tat hatte Sindona sich durch den Kauf des *Daily American* bereits ein hervorragendes Entrée in die Welt des US-Kapitals verschafft. Die Zeitung war von der CIA finanziert worden. In den USA standen die Geheimdienste zu dieser Zeit im Kreuzfeuer der Kritik, und der Kongreß verlangte von der CIA exakte Rechenschaft über die Verwendung der von ihr jährlich verausgabten Steuermilliarden. Ähnlich wie Papst Paul, erschien auch gewissen Leuten an der Spitze der CIA der geeignete Augenblick gekommen, sich von einigen peinlichen »Tochterfirmen« zu trennen. Sindona behauptet beharrlich, er habe die Zeitung

auf ausdrücklichen Wunsch von US-Botschafter Martin gekauft, der befürchtet habe, sie werde sonst »in die Hände der Linken fallen«. Martin dementierte diese Behauptung in einer höchst undiplomatischen Sprache: Er schimpfte Sindona einen »Lügner«.
Von wem die Initiative auch ausgegangen sein mag, es besteht kein Zweifel daran, daß der *Daily American* vor seiner Übernahme durch Sindona ein von der CIA bezuschußtes Blatt gewesen ist. Genausowenig ist daran zu zweifeln, daß das nicht der erste Gefallen war, den Sindona der »Company« erwies.

1970 hatte die CIA ihn gebeten, eine von der jugoslawischen Staatsbank aufgelegte Zwei-Millionen-Anleihe zu zeichnen. Sindona ließ sich nicht zweimal bitten und kaufte die Papiere. Die CIA übernahm sie und sorgte dafür, daß sie bei »befreundeten Kreisen« in Jugoslawien landeten. Sindona war der CIA auch dabei behilflich, rechtsstehende politische Gruppen in Griechenland und Italien mit Geld zu versorgen.

Nachdem sein Versuch, Bastogi, die große Mailänder Holdinggesellschaft, zu schlucken, vom italienischen Finanzestablishment vereitelt worden war (teilweise aus einer gewissen Furcht vor einem zu mächtig werdenden Sindona, teilweise aus Klassen- und Rassendünkel gegenüber dem sizilianischen Emporkömmling), wandte der Hai sein Augenmerk dem US-amerikanischen Kapitalmarkt zu. 1972 stieg der Mann, der bereits mehr Banken besaß als manch andere Männer Hemden, als Großaktionär bei der Franklin-Bank in New York ein.

Die Franklin-Bank nahm in der Liste der größten amerikanischen Banken den 20. Platz ein. Sindona zahlte für eine Million Aktien dieser Bank 40 Millionen Dollar und erwarb damit einen Anteil von 21,6 Prozent. Er zahlte 40 Dollar pro Aktie, zu einer Zeit, als die Franklin-Aktie an der Börse mit 32 Dollar notiert war. Dies wog um so schwerer, als er dieses Mal eine sehr gebrechliche Bank gekauft hatte. Die Franklin taumelte am Rande des Bankrotts. Die Tatsache, daß er diesen Kauf mit 40 Millionen Dollar aus seinen italienischen Banken, das heißt mit dem Geld anderer Leute, finanzierte, die nicht um ihre Meinung gefragt wurden, sollte uns nicht übersehen lassen, daß dieses Mal einige Leute in New York den Kopf hoben und den Mann aus Patti scharf ins Auge faßten.

Das wahre Ausmaß des Größenwahns, der Michele Sindona beseelt haben muß, läßt sich daraus ersehen, daß er, als er erkannte, was er gekauft hatte, nicht einmal mit der Wimper zuckte. Mit schwindsüchtigen Firmen umzugehen war für ihn ein alltägliches Geschäft, das er mit der linken Hand erledigte, solange es ihm möglich war, auf dem Papier große Geldbeträge hin- und herzuschieben, solange das Telexgerät da war, um Millionenbeträge von A nach B, von B nach C und von C zurück nach A zu transferieren.

Keine 24 Stunden, nachdem Sindona die Franklin-Bank gekauft und bevor er noch Gelegenheit gehabt hatte, sich das Direktionsbüro anzuschauen, gab die Bank ihre Umsatzzahlen für das zweite Quartal 1972 bekannt. Sie wiesen gegenüber dem gleichen Zeitraum 1971 einen Rückgang um 28 Prozent auf. Sindona, der Hai, der Retter der Lira, der Mann, der nach Paul Marcinkus' Urteil »in Bankdingen seiner Zeit weit voraus« war, reagierte auf diese Botschaft in typischer Sindona-Manier. »Ich habe wichtige Verbindungen in allen wichtigen Finanzzentren. Diejenigen, die mit Michele Sindona Geschäfte machen, werden mit Franklin National Geschäfte machen.«

Die Vorbesitzer der Franklin-Bank lachten sich ins Fäustchen, während sie sich nach besseren Anlagemöglichkeiten für ihr Geld umsahen. Was die »wichtigen Verbindungen« betraf, so konnte niemand bestreiten, daß Sindona über sie tatsächlich verfügte. Sie erstreckten sich von den Mafiafamilien Gambino und Inzerillo in Sizilien und New York bis zu Papst Paul VI., den Kardinälen Guerri und Caprio und Bischof Paul Marcinkus im Vatikan. Sie deckten einen Ausschnitt des politischen Spektrums ab, der von Andreotti und Fanfani in Italien bis zu Richard Nixon und David Kennedy im Weißen Haus reichte. Sie schlossen intime Geschäftsbeziehungen zu einigen der mächtigsten Finanzinstitute der Welt ein – Hambros in London, Continental in Chicago, Rothschild in Paris. Über Licio Gellis P 2 hatte Sindona enge Bande zu den Männern geknüpft, die in Argentinien, Paraguay, Uruguay, Venezuela und Nicaragua herrschten. Über den damaligen Diktator von Nicaragua, Somoza, meinte Sindona im Gespräch mit einem römischen Anwalt:

»Ich ziehe es vor, mit Männern wie Somoza zusammenzuarbeiten. Mit einer Einmanndiktatur kann man wesentlich leichter Geschäfte machen als mit demokratisch gewählten Regierungen. Bei denen gibt es zu viele Ausschüsse, zu viele Kontrollen. Sie sind auch auf Ehrlichkeit erpicht, das ist schlecht für Bankgeschäfte.«

Dies ist eine ausgezeichnete Illustration der Philosophie der P 2, wie ihr Gründer Licio Gelli sie formuliert hatte: »Die Türen aller Banktresore müssen sich öffnen für die Rechte.« Während Sindona mit Somoza Geschäfte machte und sich nach einem ähnlichen Partner in den Vereinigten Staaten umsah, war auch Gelli in Argentinien nicht untätig geblieben. Die Enttäuschung der Bevölkerung über die herrschende Junta witternd, begann er sich an Gedankenspielen über eine Rückkehr General Perons aus dem Exil zu beteiligen. 1971 brachte er den damaligen Präsidenten Lanusse zu der Überzeugung, einzig die Rückkehr Perons könne Argentinien wieder auf den Weg zu politischer Stabilität bringen. Nicht lange danach zog der General, von den Massen umjubelt, in Buenos Aires ein. Eines der ersten Dinge, die er tat, war, Licio Gelli kniend seine Dankbarkeit zu bezeugen – eine Geste, zu deren Augenzeugen unter anderem der italienische Premierminister Andreotti gehörte. Im September 1973 war Peron wieder argentinischer Staatspräsident.

Während Gelli in Argentinien einen Präsidenten machte, heftete Sindona sich in den Vereinigten Staaten an die Fersen eines schon amtierenden Präsidenten. Nachdem er die politische Szene der USA in Augenschein genommen hatte, war er zu dem Ergebnis gekommen, daß Richard Milhouse Nixon der Mann war, der den politischen Idealen eines Somoza und eines Peron am nächsten stand.

Um seine guten Verbindungen auszubauen, verschaffte Sindona sich einen Termin bei Maurice Stans, dem Verwalter der Nixonschen Wahlkampfkasse für die Präsidentschaftswahl 1972. Sindona brachte zu dem Rendezvous einen großen Koffer mit. Er enthielt eine Million Dollar in bar. Sindona bot Stans das Geld als Wahlkampfkostenzuschuß an; er wollte damit, wie er sagte, »seinen

Glauben an Amerika demonstrieren«. An das demokratische Amerika scheint er dabei weniger gedacht zu haben, legte er doch größten Wert darauf, daß seine Finanzspritze für Nixon ein Geheimnis bleiben müsse. Stans erklärte später, er habe Sindonas Wahlkampfspende nicht angenommen, weil einem kurz zuvor verabschiedeten Gesetz zufolge anonyme Zuwendungen nicht mehr erlaubt gewesen seien.

Ungefähr um die gleiche Zeit, als Bischof Marcinkus den US-Justizbeamten, die wegen des Milliarden-Dollar-Schwindels mit gefälschten Wertpapieren ermittelten, etwas von den glänzenden Bankiersqualitäten Michele Sindonas vorschwärmte, schrieb er einen Scheck über 307 000 Dollar aus. Dieser Betrag diente zur Begleichung einer Zahlungsverpflichtung, die Sindona dem Vatikan durch ungesetzliche Manöver mit Aktien eines Unternehmens namens Vetco Industries an den amerikanischen Börsen eingebrockt hatte. Unter Verstoß gegen die Bestimmungen der amerikanischen Börsenaufsichtsbehörde S.E.C. hatte ein von Los Angeles aus operierender Börsenmakler auf Geheiß Sindonas und Marcinkus' etwa 27 Prozent des Vetco-Kapitals erworben. Der Vatikan zahlte die fällige Geldstrafe und verkaufte dann seine Vetco-Aktien mit Gewinn.

Die Finanzlöcher in den Bilanzen der Sindona-Banken hatten um die Mitte des Jahres 1973 riesige Ausmaße angenommen. Große Geldbeträge auf dem Papier von einer Bank zur anderen zu schieben und dabei alle möglichen Gesetze zu verletzen und zahllose betrügerische Akte zu begehen, ist ein Spiel, das man sehr, sehr lange spielen kann, vorausgesetzt, man placiert die Schmiergelder an den richtigen Stellen. Problematisch wird es aber, wenn man anfängt, größere Geldbeträge abzuzweigen und beiseite zu bringen. Finanzlöcher tun sich auf. Man füllt sie, indem man Gewinne vorweist, die allerdings nur auf dem Papier existieren. Je mehr wirkliches, hartes Geld man abzweigt, desto größer werden die Löcher, desto größer müssen auch die fiktiven Gewinne werden, die man zum Ausgleich der Bilanz benötigt. Sindona ließ das Geld, das er aus seinen Banken abschöpfte (und das natürlich das Geld anderer Leute war), einer ganzen Palette von Empfängern zukommen – die Democrazia Cristiana, die P 2, der Vatikan, rechtsgerichteten Regie-

rungen in Südamerika, dies waren nur einige der wichtigsten Nutznießer seiner Wohltaten. Nebenbei brachten auch viele seiner Mitarbeiter ihr persönliches Schäfchen ins trockene.
An seinem Schreibtisch in einem Bürohochhaus an der New Yorker Sixth Avenue übte sich der Hai in der japanischen Kunst des Origami. Der Boden seines herrschaftlichen Büros war mit zahllosen Zeugnissen seiner fortgeschrittenen Meisterschaft im Papierfalten übersät. Fast wie symbolische Abbilder seiner vielen Firmen stapelten sich um ihn herum kleine leere Schachteln. Die Geschäfte des Hais waren nun in ein Stadium getreten, in dem sie einer hektischen interkontinentalen Jongleurnummer glichen – die Firma A mit dem Bankhaus B fusionieren, das Aktienpaket C der Holding D zuschustern. Fusionieren. Trennen. Herauslösen. Neu zusammenfügen.
Die Italiener nannten es »Il Crack Sindona«. Als es passierte, als das Monument der Geldgier und Korruption, das Sindona errichtet hatte, einstürzte, da war dies ein eindrucksvolles Schauspiel. Hatte er nicht mit wegwerfender Gebärde gesagt, er wisse nicht, wie groß sein persönliches Vermögen sei, müsse es aber akzeptieren, wenn andere es auf ungefähr eine halbe Milliarde Dollar schätzten?
Vielleicht wußte Sindona es wirklich nicht besser. Die Realität sah anders aus. Aber Realismus war schließlich nie die Stärke des Hais gewesen. Andere hatten mit ihren Illusionen seine Selbsttäuschungen, seinen Größenwahn genährt, wie sich aus der Aufzählung einiger Marksteine seiner kometenhaften Karriere ablesen läßt:
September 1973: Im Waldorf Astoria in New York erhebt sich während eines festlichen Essens der italienische Premierminister Giulio Andreotti und hält eine Lobrede auf den Hai; darin preist er ihn als den »Retter der Lira«.
Januar 1974: Im Grand Hotel in Rom erhielt Sindona aus der Hand des amerikanischen Botschafters John Volpe die Auszeichnung zum »Mann des Jahres 1973«.
März 1974: Der Hai verkündet dem Aufsichtsrat der Società Generale Immobiliare, die neue Jahresbilanz sei die beste in der Geschichte des Unternehmens.
März 1974: An der Mailänder Börse haussieren die Aktienkurse, und zugleich festigt sich die Lira gegenüber dem Dollar auf einen

Kurs von 825 : 1. Hätte Sindona in diesem Augenblick seine großangelegten Devisenoperationen abgebrochen, so wäre ihm ein Profit von mindestens 100 Milliarden Lire sicher gewesen. Anna Bonomi, eine Rivalin Sindonas in der Mailänder Finanzwelt, unterbreitet ihm ein ausgezeichnetes Angebot für seine Immobiliare-Beteiligung. Sindona weigert sich zu verkaufen.

April 1974: Die Aktienkurse purzeln, und der Wechselkurs der Lira fällt dramatisch ab. »Il Crack Sindona« zeichnet sich ab. Die Franklin-Bank in New York gibt für das erste Quartal 1974 einen Nettobetriebsgewinn von zwei Cent pro Aktie bekannt (im gleichen Zeitraum des Vorjahres waren es noch 68 Cent gewesen). Selbst diese Zahl ist geschönt. In Wirklichkeit hat die Bank 40 Millionen Dollar Verlust gemacht.

Mai 1974: Den Devisenspekulationen der Franklin-Bank wird ein Riegel vorgeschoben. Die National Westminster Bank in London erhebt Einspruch gegen den Umfang der Sterling-Verrechnungen, die Franklin über ihr Konto abwickelt. In der davorliegenden Woche hat dieses Volumen bei durchschnittlich 50 Millionen Pfund pro Tag gelegen. Franklin kündigt daraufhin an, man werde vorläufig keine vierteljährlichen Dividenden mehr ausschütten – das erste Mal seit der Weltwirtschaftskrise, daß eine größere amerikanische Bank sich gezwungen sieht, ihre Aktionäre leer ausgehen zu lassen.

Juli 1974: Sichtbare Finanzierungslöcher tun sich in Italien und den USA auf. In einem Versuch, die italienischen Löcher zu stopfen, verschmilzt der Hai die Banca Unione mit der Banca Privata Finanziara. Er nennt die Neuschöpfung Banca Privata. Anstelle zweier mittelgroßer Banken besitzt Sindona in Mailand nunmehr eine sehr große. Anstelle zweier großer Löcher gähnt nun ein riesenhaftes Loch – ein 200-Milliarden-Lire-Loch.

August 1974: Zeit für das Establishment, sich um den Scherbenhaufen zu scharen. In Italien buttert die Banco di Roma, die sich einen großen Teil des Sindona-Imperiums als Sicherheit hat überschreiben lassen, 128 Millionen Dollar in die Banca Privata, in der Hoffnung, das Loch stopfen zu können. In den Vereinigten Staaten gewährt die Regierung, die fürchtet, daß ein Zusammenbruch der Franklin-Bank zu einem neuen Schwarzen Freitag führen könnte,

der Franklin eine unbegrenzte Stützungszusage. Mehr als zwei Milliarden Dollar aus dem Reservefonds der US-Staatsbank fließen der Franklin zu.
September 1974: Zwangskonkurs für die Banca Privata. Der geschätzte Verlust beläuft sich auf über 300 Millionen Dollar. Der Vatikan muß 27 Millionen Dollar Einlagen sowie seinen Anteil an der Bank abschreiben.
3. Oktober 1974: Licio Gelli zahlt einen kleinen Teil der immensen Gelder zurück, die Sindona der P 2 hat zukommen lassen. Von P-2-Mitgliedern im Justiz- und Polizeiapparat wird er darauf aufmerksam gemacht, daß Sindona am folgenden Tag verhaftet werden soll. Gelli informiert Sindona.
4. Oktober: Ein Haftbefehl für Michele Sindona wird ausgestellt. Sindona indessen ist aus Italien geflohen. Von jeher ein Mann von vorausschauender Phantasie, hat er vorsorglich seine Staatsangehörigkeit gewechselt. Er ist jetzt Bürger der Schweiz. Der Hai aus Sizilien befindet sich in seiner neuen Heimat Genf.
8. Oktober: Die Franklin-Bank bricht zusammen. Verlust für die amerikanische Bankeinlagenversicherung: zwei Milliarden Dollar. Es ist der größte Bankzusammenbruch in der amerikanischen Geschichte.
Oktober 1974–Januar 1975: Die europäische Finanzwelt bebt, als kurz hintereinander mehrere Banken zusammenbrechen, die entweder von Sindona kontrolliert worden oder mit ihm liiert gewesen sind – die Bankhäuser Wolff AG in Hamburg und I. K. Herstatt in Köln, die Amincor-Bank in Zürich und die Finabank in Genf. Was letztere betrifft, so schätzen schweizerische Bankenkreise den Schaden für den Vatikan auf 240 Millionen Dollar. Die Verluste der Finabank allein aus Devisengeschäften werden auf mindestens 82 Millionen Dollar beziffert.
Die italienischen Behörden – genauer gesagt, diejenigen Teile davon, die nicht unter der Kontrolle der P 2 standen, befanden sich zu diesem Zeitpunkt im Zustand gesteigerter Erregung. Sindona, der mittlerweile in den USA aufgetaucht war, zeigte keinerlei Neigung, nach Italien zurückzukehren. Im Oktober 1974 setzte ein langwieriges Ringen um seine Auslieferung ein. Dieses Ringen sollte direkte Auswirkungen auf das spätere Schicksal des Mannes haben, der zur

betreffenden Zeit noch damit beschäftigt war, in Venedig und Umgebung Geld zur Finanzierung von Hilfseinrichtungen für Behinderte aufzutreiben. Es wäre schwierig, einen größeren Kontrast zu finden als den zwischen Albino Luciani und dem Hai und zwischen den Werten und Zielen, für die diese Männer standen.

Während Sindonas Anwesenheit in Italien von vielen Leuten dringend herbeigewünscht wurde, galt er im Vatikan höchstwahrscheinlich als »persona non grata«. Die Erbitterung Papst Pauls nahm mit jeder Nachricht über einen neuen Aspekt der Sindona-Affäre zu, die Kardinalstaatssekretär Villot ihm überbrachte. Es ist gesagt worden, Papst Paul habe darauf hingearbeitet, der erste arme Papst der Neuzeit zu werden. Das stimmt nicht. Die Liquidierung der meisten italienischen Beteiligungen des Vatikan diente nur einem Ziel: der Gewinnsteigerung. Von dem Wunsch beseelt, der bevorstehenden Besteuerung von Kapitaleinkünften in Italien zu entgehen und ihre wirtschaftliche Präsenz in Italien zu verringern, hatte die Vatikan GmbH sich von Sindona und seinem Clan mit der Verheißung noch größerer Gewinne durch Investitionen in den USA, in der Schweiz, in Deutschland und in anderen Ländern ködern lassen.

Der Vatikan möchte die Öffentlichkeit heute gerne glauben machen, daß Papst Paul fast ein Jahrzehnt lang ganz alleine für die intensive und beständige Partnerschaft des Vatikan mit Michele Sindona verantwortlich war. Das ist eine Schutzbehauptung. Bezeichnenderweise war von dieser Behauptung zu Lebzeiten Papst Pauls nie etwas zu hören. Zweifellos öffnete der Papst dem Hai die bronzenen Tore des Vatikan und winkte ihn hinein, aber er tat es, weil sein Sekretär, Monsignore Pasquale Macchi, seine Ratgeber Kardinal Guerri und Benedetto Argentieri von der »Außerordentlichen Sektion« und sein Staatssekretär, Kardinal Villot, ihn davon überzeugt hatten, daß Sindona die gottgesandte Lösung für die Probleme der Kirche war. Wenn die Berater des Papstes gewisse Vorsichtsmaßregeln hätten walten lassen, hätten sie Paul rechtzeitig warnen können, und er hätte ihren Warnungen zweifellos Gehör geschenkt. Die nähere Beschäftigung mit den geschilderten Geschehnissen führt zu der unabweislichen Folgerung, daß viele hochgestellte Männer innerhalb der Mauern des Vatikan nur allzugern bereit waren, die kriminellen Machenschaften Michele Sindonas zu dulden und mitzumachen. Waren Macchi, Argentieri, Guerri und Villot ehrenwerte Männer? Waren Marcinkus, Mennini und Spada von der Vatikanbank ehrenwerte Männer? War Seine Heiligkeit Papst Paul VI. ein ehrenwerter Mann?

Bischof Marcinkus mußte sich mehrere peinliche, eingehende Vernehmungen durch die italienischen Justizbehörden gefallen lassen, bei denen er über seine persönlichen und geschäftlichen Beziehungen zu Sindona befragt wurde. Marcinkus, der auf Einladung Sindonas und Roberto Calvis einen Direktorenposten bei einer im Steuerparadies Nassau auf den Bahamas beheimateten Bank annahm, Marcinkus, der enge Freund Sindonas, hatte 1973 den amerikanischen Ermittlern, die ihn bei einem Besuch im Vatikan befragten, erklärt:

> »Michele und ich sind sehr gute Freunde. Wir kennen uns seit Jahren. Meine finanziellen Geschäfte mit ihm sind jedoch sehr geringfügig gewesen. Er ist, wie Sie wissen, einer der wohlhabendsten Industriellen Italiens. Was finanzielle Dinge betrifft, so ist er seiner Zeit um einiges voraus.«

Nicht ganz zwei Jahre später, am 20. Februar 1975, erklärte der ehrenwerte Bischof Marcinkus gegenüber der italienischen Zeitschrift *L'Espresso,* über seine Beziehung zu Sindona befragt: »Die Wahrheit ist, daß ich Sindona gar nicht kenne. Wie könnte ich durch ihn Geld verloren haben? Der Vatikan hat nicht einen Cent verloren, alles andere ist Phantasie.«

Bischof Marcinkus' Gedächtnis erwies sich als bemerkenswert schlecht, bedenkt man, daß er Präsident einer Bank war. 1973 hatte er den amerikanischen Regierungsanwälten erklärt: »Meine finanziellen Geschäfte mit Michele Sindona sind nur von geringfügigem Umfang gewesen.« In Wirklichkeit waren seine Finanzgeschäfte mit dem Mafiabankier sehr umfangreich, und dies über den gesamten Zeitraum zwischen den späten 60er Jahren und Anfang 1975, kurz vor »Il Crack Sindona«. Keine zwei Jahre vor seiner Befragung durch die US-Anwälte und die FBI-Ermittler hatte Marcinkus unter wesentlicher Mitwirkung Sindonas die Banca Cattolica für

46,5 Millionen Dollar an Roberto Calvi verkauft und war dafür von Sindona mit einer Provision in Millionenhöhe bedacht worden. Dies war ganz und gar keine »Phantasie«, ebensowenig wie die späteren Verluste, die Sindona dem Vatikan einbrockte.
Dr. Luigi Mennini, Sekretär der Vatikanbank, wurde im Gefolge des Sindona-Zusammenbruchs verhaftet; sein Paß wurde eingezogen. Mennini, der direkt unter Marcinkus gearbeitet hatte, stritt alles ab und wußte von nichts. Man kann sich denken, daß Alessandro Mennini, Luigis Sohn, der einen hohen verantwortlichen Posten in der Auslandsabteilung der Banco Ambrosiano bekleidete (also in dem Nervenzentrum von dem aus ein guter Teil der Devisenspekulationen gesteuert wurde), ebenso erstaunt und ahnungslos gewesen wäre, wenn jemand ihn über die kriminellen Aktivitäten Sindonas und Calvis befragt hätte.
Vor Sindonas spektakulärem »Crack« hatte Mennini im Auftrag und auf Rechnung der Vatikanbank mit Devisen spekuliert, Seite an Seite mit Sindonas Mitarbeiter Carlo Bordoni. Im Lauf der Jahre lernte Bordoni ihn recht gut kennen.

> »Obwohl er auftrat wie ein Prälat, war er ein mit allen Wassern gewaschener Spekulant. Er piesackte mich in jeder Beziehung, weil er Geld und immer mehr Geld verdienen wollte. Er spekulierte mit der Finabank, mit Aktien, mit Rohstoffen. Ich erinnere mich, daß er mir eines Tages ein kurzes Schreiben von Paul VI. gab, worin mir der päpstliche Segen für meine Arbeit als Berater des Heiligen Stuhls ausgesprochen wurde. Mennini war praktisch ein wehrloses Erpressungsopfer Sindonas. Dieser hatte oft gedroht, Informationen über die illegalen Operationen Menninis im Zusammenhang mit der Finabank an die Öffentlichkeit zu lancieren.«

Massimo Spada wirkte, obwohl er offiziell schon 1964 von seiner Funktion als Verwaltungssekretär der Vatikanbank zurückgetreten war, nach wie vor tatkräftig und in enger Abstimmung mit Bischof Marcinkus an der Verwaltung der vatikanischen Finanzen mit. Wie Mennini, erhielt auch Spada eines Morgens Besuch von Beamten der italienischen Finanzpolizei, die ihm einen Durchsuchungsbe-

fehl vorwiesen. Seine persönlichen Bankkonten wurden per Gerichtsbeschluß sistiert, sein Paß wurde eingezogen. Drei verschiedene Verfahren wurden gegen ihn eröffnet, die jeweils ein breites Spektrum von Verstößen gegen das Bankgesetz, bis hin zum betrügerischen Bankrott, abdeckten.
Spada, der Bordonis eidesstattlicher Aussage zufolge ebenfalls eines von Sindonas Erpressungsopfern und voll und ganz in seine illegalen Machenschaften eingeweiht war, zog sich, als er im Februar 1975 von *L'Espresso* deswegen befragt wurde, auf die Standard-Verteidigungsposition der Vatikanbank zurück. »Wer hätte gedacht, daß Sindona ein Wahnsinniger ist?« fragte Spada. Dieser Mann, der in dreien von Sindonas Banken hochbezahlte Direktorenposten innegehabt hatte, fuhr fort:

> »In 45 Jahren bin ich nicht in eine solche Lage geraten. Ich habe schon die schwierigsten Perioden durchlebt, aber so etwas ist mir noch nie widerfahren. Übergeschnappte Traumtänzer, die plötzlich angefangen haben, mit europäischen Devisen Milliarden von Dollars zu kaufen. Daher kamen alle diese Verluste. Wer hätte wissen sollen, daß Herr Bordoni Tag für Tag 50 oder 100 Millionen Dollar verkaufte gegen Schweizer Franken oder holländische Gulden? Was weiß ein Aufsichtsrat von den verrückten Machenschaften, die zwischen Januar und Juni 1974 abliefen?«

Zu dem Zeitpunkt, als Spada diese Äußerungen tat, galt er, mit 70 Jahren, noch als so fähiger Geschäftsmann, daß er im Aufsichtsrat von 35 Unternehmen saß.
Und so ging es weiter. Niemand von der Vatikan GmbH hatte die geringste Ahnung von Sindonas kriminellen Praktiken. Die gutgläubigen Gottesmänner waren allesamt einem teuflischen Verführer auf den Leim gegangen.
Ist es wirklich möglich, daß sie alle ehrenwerte Männer waren, die von Michele Sindona hinters Licht geführt wurden? Ist es möglich, daß Männer wie Mennini und Spada, die als Vertreter des Vatikan in den Aufsichtsräten der Sindona-Banken saßen, nichts von den Verbrechen merkten, die Sindona und Bordoni begingen? Massimo

Spada gab sich in seinem Interview mit *L'Espresso* eine Blöße, als er gefragt wurde, ob die Devisenspekulationen wirklich allein von Sindona und Bordoni zu verantworten seien.

> »Sie machen wohl Witze. Devisenoperationen in Höhe von Hunderten und Aberhunderten Milliarden [Lire] zu machen, ist für die Banken zu einer Gewohnheit geworden. Wenn ein durchschnittlicher Händler auf dem Mailänder Markt 25–30 Milliarden Lire und eine kleine Mailänder Bank 10–12 Milliarden pro Tag in Devisen umsetzt, dann muß man sagen, daß wir der Vorsehung, dem lieben Gott, dem heiligen Ambrosius, dem heiligen Georg und vor allem dem heiligen Januarius dafür danken müssen, daß nicht das gesamte italienische Bankensystem in die Binsen gegangen ist. Ich würde sagen, daß es in diesem Fall gut gewesen wäre, wenn man alle italienischen Banken amtlich davon benachrichtigt hätte, daß gegen sie ermittelt wurde.«

Massimo Spada, ein Name, der stellvertretend stehen kann für die Firma Vatikan GmbH; der Träger dieses Namens war ein Abkömmling der Dynastie Spada, sein Urgroßvater war der Bankier des Fürsten Torlonia gewesen, sein Großvater Direktor der Bank von Italien, sein Vater Luigi Börsenmakler. Er selbst stand seit 1929 in den Diensten der Vatikan GmbH. Ein Mann von so erlesener Provenienz räumte ein, daß die gesamte italienische Bankenwirtschaft bis zum Hals in ungesetzliche Machenschaften verstrickt war, behauptete jedoch zugleich, nicht zu wissen, was in den Banken vorging, bei denen er selbst im Aufsichtsrat saß.

Die nach dem Zusammenbruch Sindonas angestellten Schätzungen über mögliche Verluste des Vatikan variierten. Sie reichten von den 240 Millionen Dollar, von denen, wie bereits erwähnt, schweizerische Bankenkreise ausgingen, bis zur Behauptung der Vatikan GmbH selbst: »Wir haben keinen Cent verloren.« Die Wahrheit liegt wahrscheinlich in der Gegend von 50 Millionen Dollar. Wenn der Multi vom rechten Tiberufer behauptete, nicht einen Cent verloren zu haben, dann bezog er dabei zweifellos die massiven Profite in die Rechnung mit ein, die ihm durch seine Verbindung mit dem

Hai zugeflossen waren. Freilich wird die Minderung eines Gewinns von 300 auf 250 Millionen in allen Sprachen, auch in der lateinischen, gemeinhin als Verlust bezeichnet.
Zu diesen 50 Millionen Dollar Sindona-bedingten Verlusten gesellten sich weitere 35 Millionen Dollar, die die Vatikan GmbH in jener merkwürdigen Affäre einbüßte, die mit der Banco di Roma per la Svizzera in Lugano, der sogenannten Svirobank, zu tun hatte. Der Vatikan hielt bei dieser schweizerischen Bank eine 51prozentige Aktienmehrheit; Präsident der Bank war Giulio Pacelli, Geschäftsführer Luigi Mennini. Wie alle anderen mit dem Vatikan verbundenen Banken, spekulierte auch die Svirobank mit den schwarzen Geldern, die sie für eine bestimmte Sorte von Kunden verwaltete – Kapitalflüchtlinge und Teile des italienischen Großgangstertums. Gold- und Devisenspekulationen gehörten zum täglichen Brot. 1974 begann sich ein Finanzierungsloch aufzutun. Die Verantwortung dafür wurde dem stellvertretenden Geschäftsführer Mario Tronconi angelastet, was in Anbetracht der Tatsache, daß nicht er, sondern ein gewisser Franco Ambrosio es war, der die Geschäfte de facto abwickelte, merkwürdig anmutet.
Im Herbst 1974 wurde Mario Tronconi Opfer eines »Selbstmordes« – seine Leiche wurde auf den Gleisen der Eisenbahnstrecke Lugano–Chiasso gefunden. In seiner Tasche fand sich ein Abschiedsbrief an seine Frau. Pacelli, Mennini und die anderen Direktoren der Svirobank hatten Tronconi offensichtlich dazu gezwungen, vor seinem Tod ein Geständnis zu unterschreiben, in dem er die volle Verantwortung für das 35-Millionen-Manko übernahm. Niemand beschuldigte Ambrosio, den Mann, der den Verlust tatsächlich verursacht hatte. Allerdings wurde Ambrosio mit der undankbaren Aufgabe betraut, den Verlust wieder wettzumachen. Die Wahrheit über diese Vorgänge kam erst zwei Jahre später ans Licht, als Mario Barone, einer der beiden Aufsichtsratsvorsitzenden der Banco di Roma (der die verbleibenden 49 Prozent der Svirobank-Anteile gehörten), verhaftet und zu der Sindona-Affäre vernommen wurde. In Italien Bankier zu sein, ist offensichtlich nicht ungefährlich. Mario Tronconi war nicht der einzige Angehörige dieser Gilde, der einen plötzlichen, nach außen hin als Selbstmord verkleideten Tod fand. Die Liste solcher »Selbstmörder« sollte im Ver-

lauf des darauffolgenden Jahrzehnts auf eine alarmierende Länge anschwellen. Mit zunehmender Häufigkeit wurden Probleme mit Hilfe der »italienischen Lösung« bereinigt.

Während Michele Sindona in New York gegen seine Auslieferung an Italien kämpfte und Vergeltungspläne schmiedete, widmete sich die Vatikan GmbH bereits wieder dem Spekulationsgeschäft; diesmal bediente man sich des Mannes, der in die Fußstapfen Sindonas getreten war: Roberto Calvi. Calvi war in Mailänder Finanzkreisen als »Il Cavaliere« (»der Ritter«) bekannt – ein merkwürdiger Spitzname für den Mann, der der Kämmerer der P 2 war. Er trug ihn seit 1974, als der damals amtierende italienische Staatspräsident Giovanni Leone ihn zum Dank für seine Verdienste um die italienische Wirtschaft zum »Cavaliere del Lavoro« ernannt hatte. Calvi war dazu ausersehen, die Rolle Sindonas als Geldwäscher der Mafia und als Manager aller möglichen anderen krummen Dinge zu übernehmen.

Roberto Calvi wurde am 13. April 1920 in Mailand geboren. Aber seine familiären Wurzeln lagen im Veltlin, einem langgezogenen Gebirgstal nahe der Schweizer Grenze, nicht allzuweit vom Geburtsort Albino Lucianis entfernt. Beide waren Söhne der Berge. Nach dem Studium an der angesehenen Bocconi-Universität kämpfte er an der russischen Front für Mussolini. Nach dem Krieg wandte er sich, seinem Vater nacheifernd, dem Bankgeschäft zu. 1947 trat er in die Dienste der Banco Ambrosiano in Mailand. Die Bank, deren Namenspatron der heilige Ambrosius war, hatte ein religiöses Flair. Wie die Banca Cattolica Veneto war sie als »die Bank der Priester« bekannt. Wer bei ihr ein Konto eröffnen wollte, mußte zuerst mittels eines Taufscheins nachweisen, daß er katholisch war. Aufsichtsratssitzungen wurden mit einem Dankgebet für die erzielten Umsätze und Gewinne beschlossen. In dieser Bank herrschte in den frühen 60er Jahren eine salbungsvollere Atmosphäre als in manchen Mailänder Kirchen. Der »Ritter« mit den eiskalten Augen hatte mit dieser verschlafenen Diözesanbank, zu deren Kunden der Erzbischof von Mailand, Kardinal Giovanni Montini, gehörte, einige unorthodoxe Dinge vor. Als Montini 1963 Papst wurde, hatte Calvi es zum stellvertretenden Geschäftsführer der Banco Ambrosiano gebracht. Zu der Zeit, als Papst Paul

Sindona in den Vatikan berief, um ihn mit der Liquidierung eines großen Teils der peinlich umfangreichen italienischen Kapitalanlagen der Kirche zu betrauen, waren der Hai und der Ritter gute Freunde. Sie hatten miteinander bereits den Plan geschmiedet, sich der Banco Ambrosiano zu bemächtigen und daraus ein internationales Bankinstitut ganz besonderer Art zu machen. 1971 wurde Calvi geschäftsführender Direktor der Bank. Mit 51 Jahren war er weit über die bescheidene geistliche Stellung seines Vaters hinausgewachsen. Wäre er ein Mann von durchschnittlichem Zuschnitt gewesen, so hätte er sich vielleicht damit begnügt, auf seinen Lorbeeren auszuruhen und bei den Sitzungen des Aufsichtsrats den Vorbeter zu spielen. Allein, das einzig Durchschnittliche an Roberto Calvi war seine Körpergröße. Seine Fähigkeit, sich immer neue krumme Wege einfallen zu lassen, auf denen Mafiagelder gewaschen werden konnten, seine Expertise im illegalen Kapitalexport, im Umgehen von Steuern, im Verschleiern der ungesetzlichen Praxis, Aktien seiner eigenen Bank zu kaufen, im Manipulieren der Mailänder Börse, im Bestechen, im Unterlaufen des Rechts, im Arrangieren eines Mordes hier, einer ungerechtfertigten Verhaftung dort – seine Fähigkeit zu all dem und anderem, machte den Ritter zu einem Kriminellen ganz besonderer Güteklasse.
Calvi wurde dem Chef der Vatikanbank, Bischof Marcinkus, 1971 von Sindona vorgestellt und fand sofort Aufnahme in den exklusiven Kreis der *uomini di fiducia,* »Vertrauensmänner« des Vatikan. Diesem Kreis von Beratern und Finanzagenten der Vatikan GmbH gehörten Männer wie Sindona, Spada, Mennini und Bordoni an, durchweg mit äußerster Sorgfalt ausgewählte Männer.
Calvis Beitrag bestand darin, das Krebsgeschwür vatikanisch inspirierter Wirtschaftskriminalität über die ganze Welt zu verbreiten. 1963 errichtete er eine in Luxemburg ansässige Firma namens Compendium, die er später in Banco Ambrosiano Holdings SA umbenannte. Diese Briefkastenfirma spielte in den Finanzmanövern Calvis eine Schlüsselrolle. Millionen geliehener Eurodollars sollten über ihre Konten strömen. Die Anzahl der Banken, die dazu verleitet wurden, dieser kleinen Tarnfirma Geld zu leihen, kletterte nach und nach weltweit auf über 250, die Gesamtsumme der Kredite auf über 450 Millionen Dollar.

Das Reich des Ritters wurde schnell größer. Bereits Anfang der 60er Jahre hatte die Banco Ambrosiano die Banco del Gottardo im schweizerischen Lugano gekauft. Sie wurde nach dem Zusammenbruch von Sindonas Amincor-Bank in Zürich zum Hauptumschlagplatz für Mafiagelder, die gewaschen werden mußten. Andere Auslandserwerbungen folgten. Eine davon war die Banco Ambrosiano Overseas Ltd. in Nassau. Diese Niederlassung auf den steuerparadiesischen Bahamas wurde 1971 gegründet; einer ihrer Direktoren war von Anfang an Bischof Paul Marcinkus. Ursprünglich wurde die Firma unter dem Namen Cisalpine Overseas Bank eingetragen, vermutlich der besseren Tarnung wegen. Die Erträge, die in die Kassen der Vatikanbank flossen, wuchsen im gleichen Maß wie Calvis Imperium.
Um die sehr komplizierten, häufig ganz bewußt kompliziert gestalteten finanziellen Manipulationen zu verstehen, auf die Calvi sich im Verlauf der 70er Jahre einließ, müssen wir uns eines klarmachen: Die Banco Ambrosiano in Mailand und die Vatikanbank waren eng miteinander verzahnt. Viele der wichtigsten Operationen waren gemeinsame Operationen beider Institute. Daß Calvi in der Lage war, immer wieder Gesetzesverstöße zu begehen, verdankte er der bereitwilligen Beihilfe, die die Vatikanbank ihm dabei angedeihen ließ. Als Calvi beispielsweise am 19. November 1976 einen 53,3-Prozent-Anteil an der Banco Mercantile SA in Florenz erwarb, trat die Vatikanbank als offizieller Käufer in Erscheinung. Auf verschlungenen Wegen landeten die Aktien am 17. Dezember 1976 bei der Mailänder Börsenmaklerfirma Giammei & Co., die häufig Aufträge für den Vatikan erledigt. Mittels einiger geschickter Transaktionen auf dem Papier wurden die Aktien noch am gleichen Tag bei der Vatikanbank »geparkt«. Das Problem, daß der Vatikan auf dem betreffenden Konto nicht genug Geld stehen hatte, um die Aktien bezahlen zu können, wurde dadurch gelöst, daß am 17. Dezember 1976 auf einem neu eröffneten Konto mit der Nummer 42801 ein Verfügungskredit in Höhe von acht Milliarden Lire zugunsten der Vatikanbank auftauchte. Ein halbes Jahr später, am 29. Juni 1977, kauften Giammei & Co. unter Einschaltung des Credito Commerciale in Mailand die Aktien von der Vatikanbank zurück. Inzwischen hatten sie, zumindest auf dem Papier, auf wunder-

same Weise an Wert gewonnen. Der ursprüngliche Kauf war zu einem Kurs von 14 000 Lire per Aktie getätigt worden. Als sie im Juni 1977 wieder zu Giammei & Co. zurückkamen, wurden sie mit 26 000 Lire pro Aktie bewertet. Am 30. Juni 1977 wurde das Aktienpaket von der Credito Commerciale an die Firma Immobiliare XX. Settembre SA verkauft; Besitzer dieser Firma war Roberto Calvi. Die Vatikanbank hatte bei diesem Geschäft auf dem Papier einen Gewinn von 7 724 378 100 Lire gemacht. In Wirklichkeit hatte Calvi der Vatikanbank 800 Millionen Lire für die Erlaubnis bezahlt, ihren Namen und ihre Utensilien benutzen zu dürfen. Die Vatikanbank lag auf dem Territorium des unabhängigen Staatswesens Vatikanstadt, außerhalb der Reichweite und des Zugriffs der italienischen Bankenaufsicht. Calvi hatte, indem er Aktien aus seinem eigenen Besitz sich selbst zum Zweifachen des ursprünglichen Kaufpreises verkaufte, den Buchwert der Banco Mercantile beträchtlich gesteigert und sich somit auf betrügerische Weise um 7 724 378 100 Lire reicher gemacht, wovon allerdings noch die »Rückvergütung« an die Vatikanbank abging. Später verkaufte Calvi seinen Anteil an der Banco Mercantile um 33 Milliarden Lire an seine Mailänder Konkurrentin Anna Bonomi.

Dank der großzügigen und beständigen Kooperationsbereitschaft der Vatikanbank konnte Calvi über Jahre hinweg die italienischen Gesetze auf illegalen und kriminellen Schleichwegen umgehen. Operationen wie die soeben beschriebene wären ohne die volle Mitwisserschaft und Zustimmung von Marcinkus nicht möglich gewesen.

Was das Vorgehen von Sindona, Calvi und Marcinkus in Sachen Banca Cattolica Veneto betrifft, so deuten alle verfügbaren Anhaltspunkte auf eine kriminelle Verschwörung hin, an der die drei Männer gleichermaßen beteiligt waren. Denn die Aktien dieser Bank gehörten einer Reihe von Kirchen in der Region Venetien, und sie ohne Wissen und Zustimmung dieser ihrer Besitzer zu verkaufen, war betrügerisch und illegal.

Marcinkus wollte die Operation denn auch geheimhalten, sogar vor Papst Paul VI. Einige Jahre später stellte Calvi die Sache im Gespräch mit Flavio Carboni so dar:

»Marcinkus, der einer von der zähen Sorte ist, als Sohn armer Leute in einem Vorort von Chicago geboren, wollte, daß von der Operation nicht einmal der Boß etwas erfuhr. Das heißt der Papst. Ich war es, der ihm immer wieder sagte: ›Geh zum Boß, sag's ihm.‹ Marcinkus befolgte meinen Rat. Etwas später verschaffte er mir eine Audienz bei Paul VI., der mir dankte, weil ich inzwischen ein paar Probleme der Ambrosiano-Bibliothek geregelt hatte. Mir war klar, daß er mir in Wirklichkeit für die Banca Cattolica del Veneto dankte.« [Carboni schnitt diese und viele andere Unterredungen mit Calvi zwischen Oktober 1981 und Mai 1982 heimlich auf Tonband mit.]

Wer eine Bestätigung dafür sucht, daß der Papst spätestens zu Beginn der 70er Jahre de facto zum Präsidenten eines multinationalen Konzerns geworden war, findet sie vielleicht darin, daß Calvi, wenn er vom Heiligen Vater, vom Nachfolger auf dem Stuhl des heiligen Petrus, vom Pontifex Maximus sprach, den Inhaber aller dieser würdigen und heiligen Titel schlicht und einfach den »Boß« nannte. Ähnlich aufschlußreich sind Calvis besorgte Fragen an Marcinkus: »Bist du sicher? Kannst du sie kriegen?« Der Mailänder Bankier wußte offenbar genau über die engen Bindungen Bescheid, die zwischen der Banca Cattolica und der Geistlichkeit Venetiens bestanden. Die Tatsache, daß Marcinkus die Transaktion anfangs ohne Wissen des Papstes abwickeln wollte, ist ein weiteres Indiz dafür, wie fragwürdig der Verkauf der Bank an Calvi war.
Die Ansicht Benellis, Luciani und seine Bischöfe würden in bezug auf den Verkauf der Banca Cattolica an Calvi von Papst Paul VI. kaum nennenswerte Hilfe erwarten können, war offensichtlich wohlbegründet. Es hatte wenig Sinn, sich wegen des Verkaufs der Banca bei dem Mann zu beschweren, der seinen Segen dazu gegeben hatte. Was Calvi und Marcinkus, unter Mithilfe Sindonas, hier fabriziert hatten, war freilich eine Zeitbombe, die im stillen weitertickte, bis zum September 1978.
Eine empörte Reaktion aus Venedig befürchtend, unterdrückten Marcinkus und Calvi alle Informationen über den Verkauf der Bank. Am 30. März 1972 gab die Calvi-Gruppe offiziell bekannt, daß sie 37,4 Prozent Anteile an der Banca Cattolica erworben habe;

allein, die mir vorliegenden Dokumente sprechen eine andere Sprache: Am 27. Juli 1971 schrieb Calvi an Marcinkus:

> »Mit diesem Schreiben möchten wir Sie von unserem ernstgemeinten Angebot unterrichten, bis zu 50 Prozent der Aktien der Banca Cattolica del Veneto in Vicenza zu einem Preis von 1 600 Lire pro Aktie mit normalem Nießbrauch zu kaufen, und zwar in folgenden Schritten:
>
> 1. 45 Prozent der Aktien des obengenannten Unternehmens, das sind 16 254 000 Aktien gegen Zahlung von $ 42 000 000 durch uns, vorausgesetzt, Sie akzeptieren unser ernstgemeintes Angebot.
> 2. Die verbleibenden Aktien, das heißt bis zu einem weiteren Fünf-Prozent-Anteil am Kapital, das sind 1 806 000 Aktien, [mit einer Optionsfrist] vom Datum der ›Absichtserklärung‹ betreffend die vorerwähnte Banca Cattolica del Veneto bis spätestens zum 31. Oktober 1971 und gegen Zahlung von $ 4 500 000 am 29. 10. 1971.«

Im Endeffekt erhielt die Vatikanbank 46,5 Millionen Dollar. Auf heutige Kaufkraft umgerechnet, würde dies einer Summe von 115 Millionen Dollar entsprechen.
Calvi, der Mann, der einige der gewissenlosesten Betrügereien der 70er Jahre begehen sollte, fügte seinem Angebot, wohl wissend, daß es in diesem Fall dem Papst selbst vorgelegt werden würde, den Satz hinzu:

> »Wir teilen Ihnen mit, daß wir uns förmlich verpflichten, das Geschäftsgebaren der Banca Cattolica del Veneto unter dem Gesichtspunkt der hohen sozialen, moralischen und katholisch-religiösen Ansprüche unverändert zu bewahren.«

Das bei der Vatikanbank verwahrte Exemplar dieses Briefes ist von Bischof Marcinkus gestempelt und abgezeichnet. Es dauerte also beinahe ein Jahr, ehe die heimliche Transaktion von 1971 in Venedig ruchbar wurde.
Von den »hohen sozialen, moralischen und katholisch-religiösen

Ansprüchen«, denen das Geschäftsgebaren der Banca Cattolica bis dahin verpflichtet gewesen war, verabschiedete Calvi sich so schnell, daß die gesamte Geistlichkeit der Region aus dem Häuschen geriet und Lucianis Amtszimmer in Venedig belagerte. Wie bereits geschildert, wurde Luciani daraufhin sogleich in Rom vorstellig, aber offensichtlich war es damals noch zu früh für Gegenmaßnahmen, zumal Paul VI. die Transaktion gutgeheißen hatte. Die Zeit zum Handeln kam sechs Jahre später, im September 1978.

Während der Dauer dieser sechs Jahre herrschte eine merkwürdige Situation vor. Die Aktien verließen zu keinem Zeitpunkt die Vatikanbank. Am 29. Oktober 1971, dem Tag, an dem theoretisch die restlichen fünf Prozent der Aktien in Calvis Besitz übergehen sollten, wurden sie, zusammen mit den anderen 45 Prozent – die ebenfalls noch bei der Vatikanbank lagen – einer Firma namens Citropo überschrieben, die zu jener Zeit Sindona gehörte. Citropo ging später zunächst in den Besitz Calvis und danach in den der Vatikanbank über; die Aktien der Banca Cattolica aber blieben im Tresor des Vatikan. So verwundert es kaum, daß Paul Marcinkus, inzwischen Erzbischof, noch im März 1982 von »unseren Investitionen in die Banca Cattolica« sprach, »die sehr gut laufen«.

Als an der Mailänder Börse 1974 die Kurse zu fallen begannen, gehörte die Banco Ambrosiano zu den härter Betroffenen. Calvi war in dieser Beziehung besonders verwundbar. Das tragende Element im internationalen Bankgeschäft ist Vertrauen. In einschlägigen Kreisen war bekannt, daß Calvi ein enger Partner Sindonas war. Als es zum »Crack Sindona« kam, begann die Bankenwelt sich dem Ritter gegenüber in größerer Zurückhaltung zu üben. Der Kreditrahmen der Banco Ambrosiano wurde zurückgeschraubt. Calvi tat sich auf einmal schwer, auf dem internationalen Geldmarkt Kredite zu bekommen, und was am schwersten wog: Die Nachfrage kleiner Anleger nach Aktien seiner Bank begann nachzulassen, was ein Sinken der Kurse zur Folge hatte. Durch eine wundersam erscheinende Fügung sprang in dieser für Ambrosiano bereits brenzlig werdenden Situation eine Firma namens Suprafin SA in die Bresche. Dieses Finanzinstitut, das in Mailand ein Büro unterhielt, zeigte ein erstaunliches Vertrauen in die Bonität Signor Calvis. Es kaufte Tag für Tag Aktien der Banco Ambrosiano, Aktien, die jedoch so schnell, daß gar keine Zeit blieb, den Namen Suprafin in das Aktionärsverzeichnis aufzunehmen, wieder verkauft waren, und zwar an Firmen in Liechtenstein und Panama. Das Vertrauen zu Calvi begann zurückzukehren, und die Suprafin kaufte weiter. 1975, 1976, 1977, 1978 – alle diese Jahre hindurch demonstrierte Suprafin einen unerschütterlichen Glauben an die Zukunft von Calvis Bank, einen Glauben, der ihr 50 Millionen Dollar wert war.

Ganz offensichtlich mußte Suprafin etwas wissen, das niemand sonst wußte. Obwohl die Ambrosiano-Aktien zwischen 1974 und 1978 kontinuierlich im Kurs fielen, erwarb Suprafin in diesem Zeitraum einen 15prozentigen Anteil an der Bank. Suprafin war laut Handelsregister die Tochter zweier Liechtensteiner Firmen namens Teclefin und Inparfin. Beide gehörten theoretisch und in einem technischen Sinn der Vatikanbank. Praktisch aber gehörte die Suprafin Roberto Calvi. Das bedeutet, daß Calvi mit vollstem Wissen der Vatikanbank den Kurs der Ambrosiano-Aktien durch massive Aufkäufe stützte – ein illegales Vorgehen. Das zur Finanzierung dieses Schwindels nötige Geld stammte aus internationalen Krediten, die seine Luxemburger Tochterfirma aufgenommen hatte, und aus der Kasse der Banco Ambrosiano selbst.

Die Vatikanbank erhielt Jahr für Jahr riesige Geldbeträge dafür, daß sie dem Ritter für die Abwicklung gigantischer internationaler Schwindelgeschäfte ihren Namen und ihre Einrichtung zur Verfügung stellte. Die Gelder wurden der Vatikanbank auf vielerlei Weise gutgebracht. Beispielsweise wurden alle vatikanischen Guthaben bei der Banco Ambrosiano um mindestens ein Prozent höher verzinst als die Guthaben anderer Einleger. Eine andere Methode bestand darin, daß die Ambrosiano dem Vatikan Aktien »abkaufte«. Das funktionierte so, daß die Vatikanbank pro forma ein Aktienpaket an eine in Panama registrierte Firma verkaufte, und zwar zu einem Preis, der bis zu 50 Prozent über dem tatsächlichen Wert der Aktien lag. Tatsächlich verließen die »verkauften« Wertpapiere zu keinem Zeitpunkt das Protefeuille des Vatikan; am Ende der Operation war Marcinkus' Bank um einige Millionen Dollar reicher. Die panamesische Firma, die in der Regel ein Eigenkapital von nur wenigen tausend Dollar besaß, lieh sich die Millionen, die sie zur

Bezahlung der Aktien brauchte, von der Banco Ambrosiano Overseas in Nassau, in dessen Vorstand Marcinkus saß. Die Nassauer Bank wiederum hatte das Geld von ihrer Luxemburger Schwesterbank, die es ihrerseits von internationalen Banken zusammengeborgt hatte.
Calvi hoffte offenbar gegen jede Vernunft, daß der Kurs seiner Ambrosiano-Aktien irgendwann so hoch steigen würde, daß er sie mit realem Gewinn abstoßen könnte. Schon 1978 glichen seine Finanzmanöver einem Tanz auf einem hauchdünnen Drahtseil. Als ob dies nicht genügt hätte, ihm schlaflose Nächte zu bereiten, mußte er sich auch noch mit den Problemen herumschlagen, die das Waschen von Mafiageldern mit sich brachte. Damit einher gingen die unaufhörlichen Geldforderungen der P 2, die er nur durch weitere Betrugsmanöver erfüllen konnte. Darüber hinaus litt er auch noch an den Nachwirkungen einer von Michele Sindona inszenierten Erpressungsgeschichte.
Der Hai war, während der Ritter alle Hände voll damit zu tun hatte, den Kurs seiner Ambrosiano-Aktien mittels erschwindelter Dollarmillionen hochzuhalten, ganz und gar nicht untätig geblieben. Bei Sindona fühlt man sich unwillkürlich an eine Figur aus einem Pirandello-Stück erinnert, in dem alles sicher Geglaubte sich am Ende als Illusion erweisen kann. Ein Romanautor würde sich vermutlich weigern, eine so unwahrscheinliche Figur zu kreieren. Nur das wirkliche Leben konnte einen Michele Sindona hervorbringen.
Licio Gelli fuhr fort, sich bei Sindona für die Dienste zu revanchieren, die dieser der P 2 geleistet hatte. Als die Mailänder Staatsanwaltschaft im Januar 1975 die Auslieferung des Hais nach Italien beantragte, erklärten die amerikanischen Justizbehörden, sie benötigten zunächst noch zusätzliche Angaben und eine Fotografie von Sindona. Sie verlangten darüber hinaus, das Auslieferungsersuchen müsse ins Englische übersetzt werden. Die Mailänder Staatsanwälte fertigten einen neuen, mit allen Anlagen 200 Seiten umfassenden Antrag an und schickten ihn mit der Bitte um Übersetzung und Weiterleitung nach Washington an das Justizministerium in Rom. Nach einiger Zeit erhielten sie ihn mit der Bemerkung zurück, das Ministerium sehe sich außerstande, die Übersetzung anzufertigen. Tatsächlich verfügt das Justizministerium über eine der leistungsfä-

higsten Übersetzungsabteilungen, die es in Italien gibt. Die amerikanische Botschaft in Rom erklärte, sie wisse nichts von einem Auslieferungsantrag betreffend Michele Sindona. Licio Gelli hatte viele Freunde an vielen Stellen.
Sindona lebte derweil unbehelligt in seinem luxuriösen, auf 200 000 Dollar geschätzten Appartement im New Yorker Hotel Pierre. Er engagierte die Anwaltskanzlei von Richard Nixon und John Mitchell als Beistand in seinem Kampf gegen die Auslieferung. Von Reportern interviewt, tat er seine Probleme mit den italienischen Behörden als Resultat einer gegen ihn gerichteten Verschwörung ab:

> »Der Gouverneur der Bank von Italien und andere Angehörige des italienischen Establishments intrigieren gegen mich. Ich habe in meinem ganzen Leben kein Devisengeschäft getätigt. Meine Feinde in Italien haben mich verleumdet, und ich hoffe nur, daß eines Tages die Gerechtigkeit ihren Lauf nehmen wird.«

Als im September 1975 in der italienischen Presse Fotos auftauchten, die den Hai im Smoking beim Händeschütteln mit dem New Yorker Bürgermeister Abraham Beame zeigten, reagierten zumindest Teile der italienischen Öffentlichkeit verärgert. Der *Corriere della Sera* schrieb:

> »Sindona gibt nach wie vor Erklärungen ab, gibt Interviews und verkehrt in seinem amerikanischen Exil mit dem Jet-set. Die Gesetze und Mechanismen der Auslieferung sind nicht für alle gleich. Jemand, der Äpfel gestohlen hat, schmachtet vielleicht monate- oder gar jahrelang im Gefängnis. Einer, der als Gastarbeiter im Ausland lebt und seinem Einberufungsbefehl nicht Folge leistet, wird zwangsweise zurückgeholt und vor ein Militärtribunal gestellt. Für solche Leute existieren die verschlungenen Pfade und die Schlupflöcher der Bürokratie nicht.«

In Italien schlossen sich Kleinsparer zusammen und versuchten, mit Hilfe von Anwälten etwas von dem Geld wiederzubekommen, das sie durch den Bankrott Sindonas verloren hatten; der Vatikan ver-

kündete ein »ernsthaftes Haushaltsdefizit«. In New York engagierte der Hai einen PR-Berater und begab sich auf eine Gastvorlesungstournee.
Während leitende Angestellte der Franklin National Bank verhaftet und wegen fahrlässiger Verschwendung von Millionen von Dollars durch Spekulationen an der Devisenbörse angeklagt wurden, erklärte Sindona vor Studenten der Wharton Graduate School in Philadelphia:

> »Das – vielleicht sehr ehrgeizige – Ziel dieses kurzen Vortrags ist es, dazu beizutragen, daß die Vereinigten Staaten den Glauben an die Funktionsfähigkeit ihres Wirtschafts-, Finanz- und Währungssystems wiederfinden, und sie daran zu erinnern, daß die freie Welt Amerika braucht.«

Während er von einem Mailänder Gericht in Abwesenheit zu dreieinhalb Jahren Haft verurteilt wurde, nachdem die Richter ihn für schuldig befunden hatten, in 23 Fällen insgesamt 10 Millionen Pfund veruntreut zu haben, versicherte er den Studenten der Columbia University treuherzig:

> »Wenn Zahlungen in der Absicht geleistet werden, um unbilliger Vorteile willen das Gesetz zu umgehen, ist die Öffentlichkeit eindeutig zum Handeln aufgerufen. Sowohl der Bestochene als auch der Bestecher sollten bestraft werden.«

Während er dabei war, sein erpresserisches Vorgehen gegen seinen engen Freund und P 2-Logenbruder Roberto Calvi zu planen, zeichnete er vor Studenten, die in ihm ein nacheifernswertes Vorbild sahen, dieses visionäre Bild:

> »Ich hoffe, daß in einer nicht zu weit entfernten Zukunft, wenn wir mit anderen Planeten und neuen Welten in den Myriaden von Sonnensystemen in Verbindung getreten sein werden, die Studenten dieser Universität die Möglichkeit haben werden, den Unternehmen, für die sie tätig sind, die Gründung von Tochterunternehmen im Kosmos, von »multigalaktischen Kon-

zernen« vorzuschlagen, die den schöpferischen Geist des privaten Unternehmertums durch das All tragen.«

Sindona meinte das wirklich ernst. Bei einigen von ihm arrangierten Zusammenkünften zwischen den Spitzen der amerikanischen und der sizilianischen Mafia versuchte er seine Gesprächspartner, darunter Licio Gelli, davon zu überzeugen, daß es an der Zeit war, die Loslösung Siziliens von Italien zu betreiben. Einige Jahre davor, 1972, hatte er bei der Planung des sogenannten Weißen Coups mitgewirkt, einer Verschwörung zur Übernahme der Macht in Italien. Die Mafialeute waren skeptisch, Gelli ließ kein gutes Haar an der Idee. Er bezeichnete sie als »verrückt« und erklärte Sindona, eine Loslösung Siziliens könne nur mit aktiver Unterstützung der P-2-Mitglieder aus Militär und Politik bewerkstelligt werden; diese Leute hielten jedoch den Zeitpunkt für verfrüht. Gelli riet Sindona, den Plan unter der Rubrik »Unerledigtes« abzulegen.
Im September 1976 gelang es den italienischen Strafverfolgungsbehörden endlich, Sindona in New York festnehmen zu lassen. Es war der erste wichtige Etappensieg, den sie in ihrem langen Kampf um seine Auslieferung errungen hatten. Sindona brachte seine Überraschung darüber zum Ausdruck, daß »die Vereinigten Staaten sich jetzt, rund zwei Jahre nachdem diese falschen Anschuldigungen gegen mich in Italien erhoben worden sind, entschlossen haben, dieses Auslieferungsverfahren in Gang zu setzen. Ich möchte hervorheben, daß die Anschuldigungen in Italien auf der Grundlage geringfügiger oder gar keiner Ermittlungen erhoben worden sind und schlicht und einfach falsch sind.« Er wurde schließlich gegen eine Kaution von drei Millionen Dollar auf freien Fuß gesetzt, aber 1977 begann das Netz sich endgültig zuzuziehen. Vor einer Anklagejury wurden angebliche Gesetzesverstöße Sindonas im Zusammenhang mit dem Konkurs der Franklin-Bank untersucht.
Sindona kämpfte mit allen ihm zu Gebote stehenden Waffen. Einflußreiche Leute traten vor der Jury auf und leisteten dem Hai mit entlastenden Aussagen Beistand. Carmelo Spagnuolo, der Präsident des Obersten Gerichtshofs in Rom, erklärte unter Eid, daß die Anklagen gegen Sindona das Ergebnis einer kommunistischen Intrige seien. Er beschwor, daß Sindona eine blütenweiße Weste habe, daß

die mit der Anklage gegen Sindona befaßten Leute in Italien bestenfalls Dilettanten seien und daß sie auf Anweisung politisch motivierter Ankläger handelten. Zu guter Letzt eröffnete er den erstaunten amerikanischen Juroren, daß viele Angehörige der italienischen Justiz mit dem Linksextremismus sympathisierten und daß der Hai, falls man ihn nach Italien auslieferte, wahrscheinlich umgebracht würde. Carmelo Spagnuolo war Mitglied der P 2.

Auch Licio Gelli beschwor, daß Sindona das auserkorene Opfer einer kommunistischen Verschwörung sei. Er erklärte, er selbst sei beschuldigt worden, »CIA-Agent, Chef eines argentinischen Todeskommandos, Resident des portugiesischen Geheimdienstes, Koordinator des griechischen, chilenischen und westdeutschen Geheimdienstes, Anführer der internationalen Untergrundbewegung der Faschisten usw.« zu sein.

Er machte keinen Versuch, irgendeine dieser Beschuldigungen zurückzuweisen, und bot keinerlei Beweise dafür an, daß es unwahre Behauptungen waren. Er begnügte sich damit, sie durch den Hinweis auf »den zunehmenden kommunistischen Einfluß in Italien« abzuqualifizieren. Unter Eid stellte er dann seinerseits einige Behauptungen auf, zum Beispiel: »Der kommunistische Einfluß hat bereits in gewissen Bereichen des Staates Fuß gefaßt, besonders im Justizministerium, wo sich im Lauf der letzten fünf Jahre eine politische Verschiebung von der Mitte zur äußersten Linken hin vollzogen hat.« Auch dafür bot er nicht die Spur eines Beweises auf. Er behauptete lediglich kategorisch, in Anbetracht der »von links unterwanderten« italienischen Justiz werde Sindona in Italien keinen fairen Prozeß bekommen, ganz abgesehen davon, daß er wahrscheinlich ermordet würde. Er fügte hinzu: »Die Kommunisten hassen Michele Sindona, weil er ein Antikommunist ist und immer für ein System des freien Unternehmertums in einem demokratischen Italien eingetreten ist.«

Am 13. November 1977 lieferte Michele Sindona eine Demonstration dessen, was er unter einem freien Unternehmertum in einem demokratischen Italien verstand. Die seit längerem geplante Erpressungsaktion gegen Calvi wurde gestartet: Überall in Mailand begannen Plakate und Flugblätter aufzutauchen, die Calvi des Betrugs, des illegalen Exports von Devisen, der Kontenfälschung, der Unterschlagung und der Steuerhinterziehung bezichtigten. Einzelne illegale Transaktionen wurden konkret benannt. Die Nummern einiger Calvi gehörender Geheimkonten in der Schweiz wurden angegeben. Seine Verbindungen zur Mafia wurden angeprangert. In diesen Tagen war es interessanter, die Mailänder »Wandzeitungen« zu lesen als den *Corriere della Sera*. Sindona, der hinter dieser öffentlichen Anprangerung Calvis steckte, war der Meinung, Calvi sei seinen Verpflichtungen ihm gegenüber nicht nachgekommen. In Wirklichkeit hatte Calvi ihm jahrelang Geld zugeschustert, aber das Wort »genug« kommt in Sindonas Wortschatz nicht vor.

Roberto Calvi griff wieder einmal tief in die Tasche, genauer gesagt, in die Taschen derjenigen, die ihm ihr Geld anvertraut hatten. Im April 1978 überwies er eine halbe Million Dollar an die Banca del Gottardo; der Inhaber des Empfängerkontos war Michele Sindona.

Der Mann, der die Plakat- und Flugblattkampagne gegen Calvi im Auftrag Sindonas organisiert hatte, Luigi Cavallo, hatte sich dieser Aufgabe mit lustvollem Eifer entledigt. Cavallo hatte sich in Italien als Einzelkämpfer gegen wirkliche oder vermeintliche Mißstände aller Art einen zweifelhaften Namen gemacht. Er stellte seine propagandistischen Talente jeweils in den Dienst dessen, der am besten zahlte. Auf die Plakataktion folgte am 24. November 1977 ein Brief an den Gouverneur der italienischen Staatsbank, Paolo Baffi, in dem nochmals alle Anschuldigungen zusammengefaßt waren, die an den Mauern von Mailand geprangt hatten. Außerdem nahm das Schreiben Bezug auf einen früheren Brief, dem Fotokopien von Tagesauszügen von Calvis Schweizer Bankkonten beigelegen hatten. Cavallo schloß seinen Brief an den Gouverneur mit einer Drohung: Falls die Bank von Italien nicht unverzüglich eine Untersuchung gegen die Banco Ambrosiano einleitete, werde er sie wegen Pflichtversäumnis anklagen.

Dieser Brief demonstriert den grundlegenden Unterschied zwischen einem Kriminellen von Format wie Sindona und einem drittklassigen Gauner wie Cavallo. Cavallo hatte den Brief aus eigenem Antrieb und ohne Rücksprache mit Sindona geschrieben, der ein solches Vorgehen niemals gutgeheißen hätte. Goldene Eier zu stehlen, ist schön und gut, aber die Gans, die sie legt, zu schlachten, ist dumm.

In der gleichen Aprilwoche 1978, in der Sindona seine Stillhalteprämie von einer halben Million Dollar erhielt, verschaffte sich eine Ermittlungsbrigade der Bank von Italien, die seit einer Reihe von Jahren ernsteste Bedenken gegenüber der Banco Ambrosiano und Roberto Calvi gehegt hatte, gewaltsam Zutritt zu der Mailänder Bank. Es handelte sich um zwölf vom Gouverneur der Bank von Italien, Paolo Baffi, und seinem Mitarbeiter Mario Sarcinelli sorgfältig ausgewählte Männer. Zum Leiter des Einsatzes war Giulio Padalino ernannt worden. Zum Leidwesen Calvis war Padalino ein unbestechlicher Mann.

Die von Sindona ausgeheckte Plakat- und Flugblattaktion war im Vergleich zu den Problemen, vor die Calvi sich jetzt gestellt sah, ein harmloses Wehwehchen gewesen. Die Nachricht von der großen Durchsuchungsaktion sprach sich in der Mailänder Geschäftswelt rasch herum. Der Kurs der Ambrosiano-Aktien sank weiter, und Calvi sah sich, um ihn zu stützen, zu verstärkten Aufkäufen und zur Beschaffung von entsprechend mehr Geld gezwungen. Das verschachtelte Imperium, das er leitete, besaß inzwischen auch in Nicaragua eine Niederlassung, eine weitere war in Peru geplant. Es gab Calvi-Banken in Puerto Rico, auf den Cayman-Inseln und in Paris, und es gab Calvi-Firmen in Kanada, Belgien und den USA. Das Imperium war umfangreich, fast so umfangreich wie die Diebstähle seines Beherrschers.

Die Achillesferse war die Suprafin. Wenn die Fahnder von der Staatsbank die Wahrheit über die Suprafin entdeckten, dann waren der Zusammenbruch der Banco Ambrosiano und die Verhaftung und Verurteilung Calvis unausweichlich, und auch die so lange vergeblich betriebene Auslieferung Sindonas würde dann nicht mehr lange auf sich warten lassen. Beide Männer drohten alles, einschließlich ihrer Freiheit, zu verlieren, wenn die Ermittler dem Geheimnis der Suprafin auf die Spur kamen. Calvi wurde nervös. Sindona in New York verlor die Freude an der halben Dollarmillion, die er dem Ritter soeben entlockt hatte. Die große Hoffnung für beide Männer war Bischof Paul Marcinkus. Und Marcinkus ließ sich nicht lumpen. Als die Inspekteure von der Staatsbank den geschäftsführenden Direktor von Ambrosiano, Carlo Olgiati, fragten, wem die Suprafin gehöre, erklärte er ihnen, sie sei Eigentum des Istituto per le Opere Religiose, der Vatikanbank.

Ruhig und gründlich ermittelten die Bankprüfer weiter; sie arbeiteten sich durch einen Wust von Unterlagen über Aktienkäufe, Transaktionen, Dreiecksgeschäfte, Rückkäufe und dergleichen mehr hindurch. Die italienischen Gesetze erschwerten ihnen die Arbeit erheblich. Was sie an Auskünften über ausländische Beteiligungen und Geschäftspartner verlangen durften, war nicht allzuviel. Wäre es ihnen beispielsweise möglich gewesen, eingehende Informationen über Calvis Luxemburger Holding einzuholen, und hätten sie daraus ersehen, daß Millionen von Dollars, die Calvi auf dem europäischen Kapitalmarkt zusammengeborgt hatte, nach Nassau und Managua geschleust worden waren und daß die beiden dort residierenden Ambrosiano-Töchter Millionenbeträge ohne Sicherheit an kleine panamesische Briefkastenfirmen verliehen hatten, dann wäre Calvis Kartenhaus sicher bald in sich zusammengestürzt. Allein, nähere Auskünfte über die Luxemburger Holdinggesellschaft wurden den Inspekteuren verwehrt. Calvi mauerte und antwortete ausweichend. »Sie wissen doch, wie diese Ausländer sind. Ich kann es mir nicht leisten, ihr Gebot der Vertraulichkeit zu verletzen.« Die Ermittler bohrten weiter. Sie entdeckten, daß Luigi Landra, ein ehemaliger leitender Angestellter der Banco Ambrosiano, und Livia Godeluppi, ein Bruder des Hauptbuchhalters der Bank, am 6. Mai 1975 zu Direktoren der Suprafin bestellt worden waren. Waren diese beiden eindeutig der Banco Ambrosiano verbundenen und verpflichteten Männer in den erlauchten Kreis der *uomini di fiducia,* der Vertrauensmänner des Vatikan, aufgestiegen?
Die Bankprüfer stellten fest, daß die Suprafin im November 1971 von zwei von Calvis engsten Mitarbeitern gegründet worden war: Vahan Pasargiklian, der mittlerweile geschäftsführender Direktor der Banca Cattolica geworden war, und Gennaro Zanfagna. Waren auch sie »Vertrauensmänner« des Vatikan? Die Suprafin roch an allen Ecken und Enden nach Calvi.
Die Überprüfung ging weiter. Eine sorgfältige Analyse der von der Suprafin unterhaltenen Konten brachte die Prüfer zu der Überzeugung, daß die Firma in der Tat der Banco Ambrosiano und nicht dem Vatikan gehörte. Warum sollte die Banco von der Suprafin Aktien des Unternehmens La Centrale zum Stückpreis von 13,864 Lire kaufen und sie ihr später für 9,340 Lire pro Aktie wieder verkau-

fen, während der offizielle Kurs bei 9,650 Lire lag? Um sich einen Dankesbrief von Papst Paul zu verdienen? Oder ein Schulterklopfen von Marcinkus?

Im Juli 1978 nahmen sie Calvis Vorstandskollegen Carlo Olgiati noch einmal in die Mangel. Olgiati erklärte, er müsse Rücksprache mit Calvi halten. Er kehrte mit einem Brief zurück. Mit ausgeprägter Mailänder Nonchalance übergab er Padalino das Schreiben. Es war eine Mitteilung der Vatikanbank an Roberto Calvi, datiert vom 20. Januar 1975. Sie lautete:

> »Wir beziehen uns auf den Aktienbestand, den die Firma Suprafin SA per 31. Dezember 1974 in ihrem Portefeuille hatte. [Suprafin ist] eine zu unserem Institut gehörende Firma. Wir möchten Sie hiermit bitten, das besagte Portefeuille auf sachgerechteste Weise zu verwalten und alle zweckmäßigen und liquidatorischen Operationen abzuwickeln. Wollen Sie uns bitte über den Stand des obengenannten Portefeuilles und der damit zusammenhängenden Transaktionen auf dem laufenden halten.«

Unterzeichnet war der Brief von Luigi Mennini und dem Hauptbuchhalter der Vatikanbank, Peregrino de Strobel. Die Bankprüfer hegten den bestimmten Verdacht, daß der Brief nicht im Januar 1975 geschrieben worden war, sondern erst nach Beginn ihrer Ermittlungen im April 1978, und daß dies mit Zustimmung von Bischof Marcinkus geschehen war.

Wenn es nach Marcinkus und seinen Mitarbeitern in der Vatikanbank geht, dann müssen wir uns wohl an eine neue Definition des Begriffes »christliche Wohltätigkeit« gewöhnen, die das Agieren an der Mailänder Börse und die Verausgabung von Millionen einzig zum Zweck der Stützung des Kurses der Banco-Ambrosiano-Aktien mit einschließt. Die Prüfer von der italienischen Bankenaufsicht hielten es für unwahrscheinlich, daß die Gläubigen in aller Welt an derartige kirchliche Wohltaten dachten, wenn sie ihre Opfergroschen in den Klingelbeutel steckten. Gleichwohl, fürs erste war Calvi dank der freundlichen Hilfe des Bischofs aus dem Schneider, lag doch nun schwarz auf weiß die Bestätigung dafür vor, daß die Suprafin der Vatikanbank gehörte. Der ansonsten kühle und unnahbare Calvi zeigte sich gegenüber einigen seiner leitenden Mitarbeiter im Mailänder Hauptquartier plötzlich von einer fast liebenswürdigen Seite. Guten Mutes, daß er die für ihn potentiell unangenehmen Ermittlungen der Bankenaufsicht erst einmal abgeblockt hatte, traf er die letzten Vorkehrungen für eine Reise nach Südamerika in Begleitung seiner Frau Clara. Es sollte zur Hälfte eine Geschäfts- und zur Hälfte eine Vergnügungsreise werden. Einige mögliche Standorte für Bankfilialen in den südamerikanischen Ländern sollten in Augenschein genommen werden, dazu würden die mit solchen Geschäftsplänen zwangsläufig verbundenen Sitzungen kommen, und schließlich sollten auch ganz normale touristische Bedürfnisse gestillt werden.

Auf dem südamerikanischen Kontinent gelandet, atmete Calvi befreit auf, und seine Anspannung begann sich zu legen. Dann starb Papst Paul VI. Ein reger Fernsprechverkehr zwischen Calvis Hotelsuite in Buenos Aires und diversen italienischen Telefonanschlüssen setzte ein.

Calvi war zutiefst bestürzt, als er erfuhr, wer zum neuen Papst gewählt worden war. Jeder andere der 110 Kardinäle wäre ihm lieber gewesen als Albino Luciani.

Calvi wußte nur zu gut, welche Verärgerung er mit dem Kauf der Banca Cattolica Veneto in Venedig ausgelöst hatte, und er wußte auch, daß Luciani nach Rom gefahren war und den Versuch unternommen hatte, die Bank für seine Diözese zu retten. Er war sich der Tatsache bewußt, daß Luciani ein Mann von großer persönlicher Bescheidenheit war, daß er keinerlei Vermögen besaß und daß er materielles Gewinnstreben unter religiösem Deckmantel kompromißlos ablehnte. Die Affäre mit den beiden Priestern und dem spekulierenden Vertreter in Vittorio Veneto war in ganz Norditalien bekannt und unvergessen. Calvi begann einige der Banca-Cattolica-Aktien aus dem Portefeuille der Suprafin zu verkaufen. Angesichts der ihm im Nacken sitzenden Bankprüfer mußte er vorsichtig vorgehen. Immerhin aber schlug er in den ersten drei Septemberwochen 1978 350000 Aktien los. Dann wurde ihm zugetragen, was er schon lange befürchtet hatte: Die Tage von Bischof Paul Marcinkus waren gezählt. War der Bischof erst einmal weg, dann würde es nur noch eine Frage der Zeit sein, bis alles herauskam. Calvi erinnerte sich daran, was Marcinkus wenige Tage nach der Wahl Lucianis zu ihm gesagt hatte: »Jetzt wird sehr vieles anders werden. Dieser Papst ist ein ganz anderer Mensch.«

Albino Luciani stellte für Michele Sindona und Roberto Calvi eine sehr konkrete und sehr ernste Bedrohung dar. Die folgenden Ereignisse sollten eindrucksvoll demonstrieren, was mit Leuten passierte, die für den Hai und den Ritter eine Gefahr darstellten.

Auch Bischof Paul Marcinkus, der Präsident der Vatikanbank, mußte in dem neuen Papst einen gefährlichen Gegner sehen. Falls Luciani die Vatikanbank unter die Lupe nahm, dann war abzusehen, daß einige Leute ihren Posten verlieren würden. Mennini und de Strobel, die ihre Unterschrift unter den Suprafin-Brief gesetzt hatten, gehörten dazu. Beide hatten sich im Lauf der Jahre weit in die kriminellen Aktivitäten Sindonas und Calvis verstrickt. Wenn Marcinkus irgendwelche Zweifel bezüglich der Frage hegte, ob Luciani das Zeug dazu hatte, in dieser Sache kraftvoll und wirkungsvoll durchzugreifen, brauchte er sich nur mit de Strobel zu unterhalten, einem Anwalt aus der Umgebung von Venedig, der mit den Details der Affäre um die spekulierenden Priester von Vittorio Veneto bestens vertraut war.

Bernardino Nogara mag ein Mann von klassischer kapitalistischer Geisteshaltung gewesen sein, verglichen mit seinen Nachfolgern in der Vatikan GmbH war er ein Heiliger. Die Firma hatte es weit gebracht, seit Mussolini ihr 1929 zu modernen Statuten verholfen hatte.

So gewiß es war, daß das Oberhaupt der katholischen Kirche längst auch zum Vorstandsvorsitzenden eines internationalen Konzerns geworden war, so sicher war andererseits, daß Albino Luciani für diese Rolle nicht geschaffen war. Dieser Mann, der sich immer wieder zum Prinzip einer armen Kirche bekannt hatte, stellte im Gegenteil eine Bedrohung für den Fortbestand der Vatikan GmbH dar, wenn er im Ernst daranging, seine Vision, der letzte in der Reihe der »reichen Papas« zu sein, in die Tat umzusetzen. Dies würde eine ungeheure historische Tat sein, die nur ein Mann von ungeheurer historischer Größe würde vollbringen können – die planmäßige Liquidierung eines Machtimperiums von innen her. Gewiß, einen Kirchenstaat im alten Sinn, als weltliches Staatswesen, gab es nicht mehr, aber an seine Stelle war ein enorm umsatzstarkes wirtschaftliches Gebilde getreten, das längt ein dynamisches Eigenleben entwickelt hatte und sich jedem Versuch, es zu liquidieren, wütend widersetzen würde.

Da war die Vermögensverwaltung des Apostolischen Stuhls, die APSA, mit ihrem Präsidenten, Kardinal Villot, ihrem Sekretär, Monsignore Antonetti, mit ihrer »Ordentlichen« und ihrer »Außerordentlichen Sektion«. Die »Ordentliche Sektion« verwaltete das Vermögen der Kongregationen, Kommissionen und Ämter. Sie verwaltete insbesondere auch einen großen Teil des vatikanischen Grund- und Immobilienbesitzes – in Rom allein über 5000 Mietwohnungen. Die Summe aller dieser Vermögenswerte belief sich 1979 auf über eine Milliarde Dollar.

Die »Außerordentliche Sektion« der APSA, die zweite Bank des Vatikan, war im täglichen Spekulationsgeschäft an den großen Börsen der freien Welt ebenso aktiv wie das von Marcinkus geleitete IOR. Sie widmete sich besonders dem Devisenmarkt und arbeitete dabei eng mit dem Crédit Suisse und der Schweizerischen Bankgesellschaft zusammen. Die von ihr gehüteten Vermögenswerte summierten sich im September 1978 auf mindestens 1,8 Milliarden Dollar.

Die Vatikanbank (IOR) verfügte über Aktiva in Höhe von über einer Milliarde Dollar. Ihr Reingewinn pro Jahr hatte 1978 die beachtliche Höhe von 120 Millionen Dollar erreicht; 85 Prozent dieser Summe flossen direkt dem Papst zu, der darüber nach Gutdünken verfügen konnte. Die Zahl der bei der Vatikanbank unterhaltenen Konten überstieg 11 000. Als die Bank während des Zweiten Weltkriegs von Pius XII. gegründet wurde, war dies in der erklärten Absicht geschehen, daß dort vorwiegend kirchliche Orden, Institute und Körperschaften (wie zum Beispiel Pfarreien) ihre Gelder deponieren sollten. Zum Zeitpunkt der Wahl Albino Lucianis zum Papst gehörten nur 1047 Konten religiösen Orden und Instituten; 312 wurden von Pfarreien unterhalten und 290 von Diözesen. Die übrigen 9351 gehörten Diplomaten, Prälaten und anderen »privilegierten Bürgern«, von denen die Mehrzahl nicht einmal Italiener waren. Vier Italiener waren allerdings mit Sicherheit darunter: Sindona, Calvi, Gelli und Ortolani. Andere Konten

lauteten auf die Namen führender Politiker und bedeutender Industrieller aus allen möglichen Ländern. Viele Kunden benutzten ihr IOR-Konto als »Hintertür« für illegale Devisenausfuhren aus Italien. Und natürlich blieben Gelder, die bei der Vatikanbank deponiert wurden, von den Nachstellungen der Finanzämter verschont.
Die beiden Sektionen der APSA und die Vatikanbank waren die größten Hindernisse, die Albino Luciani aus dem Weg würde räumen müssen, wenn er seinen Traum von einer Besinnung der Kirche auf das Ethos des frühen Christentums verwirklichen wollte. Es gab noch viele weitere Hindernisse, aber die hartnäckigsten würden die sein, die mit dem Reichtum zusammenhingen, den die Kirche im Lauf der Jahrhunderte angehäuft hatte. Ein Teil dieses Reichtums verkörperte sich in den vielen der Kirche gehörenden Kunstschätzen.
Wie alle multinationalen Konzerne, die auf ein gutes Image bedacht sind, hatte auch die Vatikan GmbH etwas für Kunst übrig. Das Mäzenatentum der Kirche ist für alle Welt sichtbar, zumindest während der Öffnungszeiten: die Caravaggios, die Raffael-Gobelins, das goldene Altarkreuz von Farnese und die Kerzenständer von Antonio Gentili, der Belvedere-Apollo, der Belvedere-Torso, die Fresken und Gemälde von Leonardo da Vinci, die Skulpturen von Bernini. Wären die Worte Jesu Christi in einem bescheideneren Bauwerk, als es die Sixtinische Kapelle mit ihren majestätischen Michelangelo-Fresken ist, weniger klar zu hören? Der Vatikan stuft all diese Kunstwerke als unproduktiven Besitz ein. Wie der Begründer der christlichen Religion sie einstufen würde, läßt sich aus seinen Kommentaren zu Reichtum und Besitz erahnen.
Was hätte Jesus Christus empfunden, wenn er im September 1978 auf die Erde zurückgekehrt wäre und sich Zutritt zur Vatikanstadt verschafft hätte?
Was hätte der Mann, der verkündete: »Mein Königreich ist nicht von dieser Welt«, empfunden, wenn er durch die Büros der APSA gewandert wäre, in denen geistliche und weltliche Börsenfachleute, jeder auf ein bestimmtes Segment des Kapitalmarkts spezialisiert, mit Hilfe modernster Telekommunikationsmittel die täglichen und oft minütlichen Kursbewegungen der Aktien und Rentenpapiere

verfolgten, die die APSA in ihrem Portefeuille hortet? Wie hätte er auf die IBM-Datenterminals reagiert, über die die APSA-Zentrale und das IOR direkt mit den Computern der bedeutenden internationalen Börsen verbunden sind? Was hätte der Mann, der sagte, eher gehe ein Kamel durch ein Nadelöhr, als daß ein reicher Mann in den Himmel komme, zu den letzten Börsennotierungen aus London, New York, Zürich, Mailand, Montreal und Tokio gesagt?

Wie hätte der Mann, der erklärte: »Selig sind die Armen«, sich zu den Gewinnen in Höhe von über einer Million Dollar gestellt, die Jahr für Jahr allein aus dem Verkauf vatikanischer Briefmarken erlöst werden? Wie hätte er über den Peterspfennig gedacht? Die unter diesem Titel einmal im Jahr veranstaltete Kollekte, deren Ertrag in den Augen vieler ein zuverlässiges Barometer für die Beliebtheit des jeweils amtierenden Papstes ist, hatte unter dem charismatischen Johannes XXIII. zwischen 15 und 20 Millionen Dollar jährlich eingebracht. Unter Papst Paul VI. und nach der Verkündung von *Humanae Vitae* war der durchschnittliche Ertrag auf vier Millionen Dollar im Jahr abgesackt.

Was hätte der Begründer der christlichen Religion empfunden angesichts dieser wenigen Beispiele dafür, wie sehr seine wunderbare und anrührende Botschaft von denen, die sich als Wahrer seines Vermächtnisses ausgeben, pervertiert worden ist? Die Frage muß natürlich rhetorisch bleiben. Aber alles spricht dafür, daß Jesus Christus, wenn er heute auf die Erde zurückkehren, predigend gen Rom ziehen und seine Absicht verkünden würde, seinen rechtmäßigen Platz auf dem Thron Petri einzunehmen, daß er dann spätestens am Santa-Anna-Tor des Vatikan verhaftet und der italienischen Polizei übergeben würde. Er käme gar nicht dazu, sich vor Ort über das Innenleben der Vatikan GmbH zu informieren, jenes sich aus so vielen Wurzeln nährenden multinationalen Konzerns. Er würde nicht erfahren, welche Summen seiner Kirche Jahr für Jahr aus reichen Ländern wie den USA und der Bundesrepublik Deutschland, aber auch aus den Ländern der Armen, zufließen. Man würde ihm nicht sagen, daß allein in Westdeutschland die katholische Kirche, unter gütiger und kostenloser Mithilfe der staatlichen Finanzbehörden, pro Jahr über fünf Milliarden D-Mark an Kirchensteuern einstreicht, wovon ein beträchtlicher Teil an den Vatikan überwiesen wird.

Wenn Albino Luciani seinen Traum von einer armen Kirche für die Armen wahrmachen wollte, dann stand ihm eine Herkulesarbeit bevor. Der Apparat, den Bernardino Nogara ins Leben gerufen hatte, war mittlerweile zu einem sich selbst erhaltenden und fortzeugenden Monster herangewachsen.

Als die Kardinäle Ende August 1978 Albino Luciani zum Papst wählten, programmierten sie damit einen Konflikt zwischen einem ehrlichen, gläubigen, vollkommen unbestechlichen Papst und der Vatikan GmbH. Die gebieterischen Gesetze des Kapitalmarktes, denen die APSA und die Vatikanbank gehorchten, prallten auf die unbeugsame Redlichkeit Albino Lucianis.

Die dreiunddreißig Tage

Als Albino Luciani weniger als 24 Stunden nach seiner Wahl die Fenster der päpstlichen Wohnräume aufstieß, da versinnbildlichte diese Geste gewissermaßen seine gesamte Amtsführung. Frische Luft und helles Sonnenlicht strömten in eine römisch-katholische Kirche, in der es während der letzten Amtsjahre Pauls VI. zunehmend dunkler und stickiger geworden war.

Luciani, der sich, als er noch Patriarch von Venedig war, einmal als einen »armen, an kleine Dinge und an Stille gewöhnten Mann« charakterisiert hatte, sah sich jetzt dem Anspruch ausgesetzt, einen an Prachtentfaltung gewöhnten Vatikan zu repräsentieren und in die lärmende Betriebsamkeit der Kurie einzutauchen. Der Sohn eines Maurers war nun oberster Hirte einer Religionsgemeinschaft, deren Begründer der Sohn eines Zimmermanns gewesen war.

Von den Vatikanologen, die zuvor nicht einmal die Möglichkeit in Erwägung gezogen hatten, daß die Wahl auf Luciani fallen könnte, verpaßten viele ihm sogleich das Etikett »der unbekannte Papst«. Den Kardinälen kann er keinesfalls so unbekannt gewesen sein, wenn 99 von ihnen die Zukunft der Kirche in seine Hände legten, in die Hände dieses Mannes, der weder über eine diplomatische Ausbildung noch über praktische Kurienerfahrung verfügte. Keiner der zahlreichen Kurienkardinäle war gewählt worden. Im Grunde hatte die gesamte Kurie eine Abfuhr erlitten, war verschmäht worden zugunsten eines ruhigen, bescheidenen Mannes, der prompt ankündigte, er wolle lieber Pastor als Pontifex genannt werden.

Worauf Luciani zusteuerte, wurde sehr rasch deutlich: auf eine völlige Umwälzung. Sein Ziel war, die Kirche zu ihren Ursprüngen zurückzuführen, zur Einfachheit und Ehrlichkeit, zu den Idealen und Geboten Jesu Christi. Andere vor ihm hatten den gleichen

Traum geträumt, waren aber von der Wirklichkeit, wie ihre Berater sie verstanden, sehr schnell eingeholt und auf den Boden zurückgezerrt worden. Wie sollte dieser kleine, zurückhaltende Mann auch nur die ersten Schritte auf dem Weg zu der sowohl materiellen als auch geistigen Umkehr zuwege bringen, die er und andere für überfällig hielten?

Durch die Wahl Albino Lucianis hatten die Kardinäle des Konklaves unmißverständlich klargemacht, was sie wollten und was sie nicht wollten. Was sie eindeutig nicht wollten, war ein reaktionärer Papst oder ein Papst, der die Gläubigen mit weltfremden und unverständlichen akademischen Predigten langweilen würde.

Was ihnen allem Anschein nach vielmehr vorgeschwebt hatte, war, der Welt ein Signal zu geben, indem sie einen Mann zum Papst wählten, dessen Güte, Weisheit und beispielhafte Bescheidenheit für jedermann klar ersichtlich sein würden. Wenn es das war, was sie wollten, dann bekamen sie es: einen Hirten, dem das Wohl seiner Herde über alles ging.

Die Römer fanden den Namen, den er sich aussuchte, ein wenig zu umständlich auszusprechen, und sie kürzten ihn bald zu »Gianpaolo« ab; der Papst nahm diesen Kosenamen erfreut an und benutzte ihn hin und wieder sogar beim Unterzeichnen von Briefen, die sein Staatssekretär Villot ihm jedesmal prompt zurückreichte mit der Bitte, den formell korrekten Namen Johannes Paul einzusetzen. In einem solchen Brief, handgeschrieben, dankte er den Augustinern für ihre Gastfreundschaft in den Wochen vor dem Konklave. Diese schlichte Handlung war typisch für Albino Luciani. Zwei Tage nach seiner Wahl zum Oberhirten von 800 Millionen Katholiken nahm er sich die Zeit, seinen Quartiergebern zu danken.

In einem anderen, am gleichen Tag geschriebenen Brief schlug Albino Luciani einen ernsteren Ton an. Einem italienischen Priester, für dessen Arbeit er große Bewunderung hegte, vertraute er an, daß er sehr wohl um die Schwere der Aufgabe wußte, die in Angriff zu nehmen er sich vorgenommen hatte. »Ich weiß nicht, wie ich dazu kam, die Wahl anzunehmen. Einen Tag danach habe ich es schon bereut, aber da war es zu spät.«

Eines der ersten Dinge, die er nach seinem Einzug in die päpstlichen Gemächer getan hatte, war, daß er ein Ferngespräch in seine norditalienische Heimat anmeldete. Er ließ sich mit einem baß erstaunten Monsignore Ducoli verbinden, seinem langjährigen Freund und Weggefährten, der jetzt Bischof von Belluno war. Er sagte ihm, er fühle sich einsam und sehne sich nach »seinen Leuten«. Später telefonierte er mit seinem Bruder Eduardo. »Jetzt sieh nur, was sie mit mir gemacht haben.« Das waren private Gesten; andere, öffentliche Handlungen des neuen Papstes fesselten die Aufmerksamkeit der Welt. Da war zunächst einmal sein Lächeln. Mit dieser wortlosen Bekundung seiner Fröhlichkeit brachte er in vielen Menschen eine Saite zum Schwingen. Es war unmöglich, die von diesem Mann ausstrahlende Wärme nicht zu spüren, und es war ein schönes Gefühl, sich von ihr aufwärmen zu lassen. Paul VI. mit seiner gequälten Distanziertheit hatte viele Millionen Gläubige verprellt. Albino Luciani hatte eine umgekehrte Wirkung auf die Menschen. Er machte, daß die Welt plötzlich wieder Interesse am Papsttum zeigte. Als die Welt vernahm, was sich hinter dem Lächeln verbarg, horchte sie auf. Lucianis Lächeln funktionierte anders als eine intellektuelle Belehrung in einem Buch, das aus seinen Lesern bessere Christen machen möchte; es funktionierte auf eine unmittelbare Weise, indem es die Freude vermittelte, die dieser Mann im Christentum gefunden hatte. Was Luciani auf eine Art und in einem Ausmaß demonstrierte, wie man es nie zuvor bei einem Papst erlebt hatte, war die Fähigkeit, sich den Menschen mitzuteilen, sei es direkt, sei es durch Presse, Funk und Fernsehen. Albino Luciani war ein unerhörter Trumpf für die römisch-katholische Kirche.

Was er tat, war eine praktische Lektion in der Kunst, die Herzen, die Köpfe und die Seelen der Menschen zu erobern. Zum ersten Mal fast seit Menschengedenken sprach ein Papst zu den Gläubigen in einem Gestus und einer Sprache, die sie verstanden. Man hörte die Katholiken in aller Welt förmlich vor Erleichterung aufseufzen. Das beifällige Gemurmel blieb den ganzen September 1978 über hörbar. Albino Luciani nahm die Kirche an der Hand und machte sich mit ihr auf den langen Weg zurück zur Botschaft des Evangeliums.

Für die Öffentlichkeit stand sehr schnell fest, daß dieser Mann ein großer Papst war. Die professionellen Vatikan-Beobachter allerdings wußten nicht recht, wie sie ihn einordnen sollten. Viele von

ihnen hatten sogleich gescheite Kommentare über die Bedeutung seiner Namenswahl abgegeben, hatten von einer »symbolischen Kontinuität« gesprochen, die sich darin ankündige. Luciani hatte alle diese Interpretationen in seiner ersten Sonntagspredigt entwertet: »Johannes hat mich zum Bischof, Paul hat mich zum Kardinal gemacht« – viel hatte es mit der Kontinuität offenbar nicht auf sich. Die Experten schrieben Artikel, in denen sie Vermutungen darüber anstellten, was der neue Papst in dieser oder jener Frage tun oder nicht tun würde. Ein großer Teil dieser Spekulationen war nach jener allerersten Ansprache Johannes Pauls Makulatur, in der er erklärte: »... das Zweite Vatikanische Konzil, dessen Lehren ich meine ganze Mission widmen will, als Priester, als Lehrer, als Hirte ...« Es war nicht nötig, Vermutungen anzustellen; man brauchte nur die verschiedenen Beschlüsse des Konzils nachzulesen.
Bei seiner Predigt vor einer dichtgedrängten Menschenmenge auf dem Petersplatz am Sonntag, dem 10. September, sprach Luciani von Gott und sagte: »Er ist unser Vater; und mehr noch ist er unsere Mutter.« Diese Erklärung alarmierte besonders die italienischen Vatikanologen. In einem für seinen männlichen Chauvinismus bekannten Land das Bild eines mit weiblichen Eigenschaften ausgestatteten Gottes zu suggerieren, das war für manche so etwas wie ein Zeichen dafür, daß das Ende der Welt nahte. Es kam zu vielen aufgeregten Diskussionen über diesen Einbruch des Weiblichen in die Heilige Dreifaltigkeit – bis Luciani höflich darauf aufmerksam machte, daß er Jesaja zitiert hatte. Die männlich dominierte Mutter Kirche atmete erleichtert auf.
Einige Tage davor, am 6. September, hatten einige Mitglieder des päpstlichen Gefolges bei einer Generalaudienz in aller Öffentlichkeit ihre Betretenheit gezeigt, während der Papst über 15 000 Zuhörer in seinen Bann schlug. Wie erregte Fliegen um ein schwitzendes Pferd, waren sie um den Heiligen Vater herumgeschwirrt, als er, beinahe im Laufschritt, in den bis zum Rand gefüllten Nervi-Saal trat und über die Seele zu sprechen begann. Das war kein außergewöhnliches Thema für einen Papst. Außergewöhnlich war aber die Art, wie er das Thema darstellte.

»Ein Mann ging einmal ein neues Auto kaufen. Der Verkäufer gab ihm einige Ratschläge mit. ›Sehen Sie, es ist ein erstklassiges Auto; vergessen Sie nicht, es entsprechend zu behandeln: Superbenzin in den Tank, das beste Öl in den Motor.‹ Der Kunde antwortete: ›Ach nein, ich kann den Gestank von Benzin und Öl nicht ausstehen. Füllen Sie doch Champagner in den Tank, den mag ich gerne; schmieren werde ich die Maschine mit Marmelade.‹ Der Verkäufer sagte achselzuckend: ›Tun Sie, was Sie wollen; aber kommen Sie bloß nicht hinterher zu mir und beschweren sich, wenn Sie mit dem Auto im Straßengraben landen.‹
Der Herr hat etwas Ähnliches mit uns getan: Er hat uns diesen Körper gegeben, beseelt von einer erkennenden Seele, einem guten Willen. Er hat gesagt: Dieser Motor ist ausgezeichnet, aber behandelt ihn gut.«

Während sich der vatikanischen Elite ob solcher Profanität die Haare sträubten, wußte Albino Luciani sehr gut, daß seine Worte von Mund zu Mund um die Erde getragen wurden. Wenn man nur genug Samenkörner ausstreute, würden einige davon aufgehen. Ihm stand die mächtigste Kanzel der Welt zu Gebote. Er nutzte dieses Geschenk auf eine zutiefst eindrucksvolle Weise. Viele Geistliche reden bis zum Überdruß von der frohen Botschaft des Evangeliums und vermitteln dabei den Eindruck, ihre Zuhörer auf ungeahnte Katastrophen vorbereiten zu wollen. Wenn Luciani von der frohen Botschaft sprach, so wurde aus seinem ganzen Gebaren deutlich, daß er wirklich der Überzeugung war, es gebe allen Grund zur Freude.

Mehrmals holte er einen Knaben aus dem Chor und ließ ihn neben sich ans Mikrofon treten. Es ist bei politischen Führern eine beliebte Übung, hier und da ein Kind hochzunehmen und zu umarmen. Albino Luciani sprach mit den Kindern und ließ sie sprechen, nicht nur zu denen, die jener Audienz im Nervi-Saal beiwohnten, sondern zu den vielen unsichtbaren Zuhörern draußen; und was noch bemerkenswerter war: Er hörte den Kindern zu und antwortete auf das, was sie zu sagen hatten.

Er zitierte Mark Twain, Jules Verne und den italienischen Dichter Trissula. Er sprach von Pinocchio. Er hatte einen Vergleich angestellt zwischen der Seele und einem Automotor; jetzt stellte er eine Analogie zwischen einem Gebet und einem Stück Seife her. »Ein Gebet, wenn man guten Gebrauch davon macht, könnte eine wunderbare Seife sein, mit der wir uns alle zu Heiligen reinwaschen könnten. Wir sind nicht alle Heilige, weil wir diese Seife nicht oft genug benutzen.«

Die Kurie, namentlich bestimmte Bischöfe und Kardinäle, schreckte auf; die Öffentlichkeit lauschte.

Ein paar Tage nach seiner Wahl trat er vor eine Versammlung von mehr als 1 000 Journalisten aus aller Welt; nachdem er sie gelinde dafür gescholten hatte, daß sie sich auf banale Begleitumstände des Konklaves gestürzt hatten, statt sich auf das Wesentliche zu konzentrieren, gestand er ihnen zu, daß dies kein neues Problem sei, und erinnerte daran, daß ein italienischer Redaktionsleiter einmal seinen Reportern eingeschärft hatte: »Vergeßt nicht, die Öffentlichkeit will nicht erfahren, was Napoleon III. zu Wilhelm von Preußen gesagt hat. Sie will erfahren, ob er dabei sandfarbene oder rote Hosen trug und ob er eine Zigarre rauchte.«

Offenkundig fühlte Luciani sich in der Gesellschaft der Reporter wohl. Mehr als einmal hatte er ja erklärt, daß er, wenn er nicht den Priesterberuf gewählt hätte, gerne Journalist geworden wäre. Seine zwei Bücher und seine zahlreichen Artikel deuteten auf ein Talent zum Schreiben, mit dem er sich sicherlich neben einem Großteil der anwesenden Korrespondenten nicht hätte verstecken brauchen. Der Bemerkung des verstorbenen Kardinals Mercier eingedenk, daß der Apostel Paulus, wenn er heute lebte, wohl Journalist wäre, bewies der neue Papst ein klarsichtiges Bewußtsein der Wichtigkeit der modernen Nachrichtenmedien, indem er das Gedankenspiel einer Verpflanzung des Apostels in die Gegenwart fortführte: »Nicht nur Journalist, sondern vielleicht Chef von Reuter. Nicht nur Chef von Reuter – ich glaube, er würde auch Sendezeit im italienischen Fernsehen und bei der NBC verlangen.«

Die Presseleute waren begeistert. Die Kurie war weniger erfreut. Alle hier zitierten Äußerungen des Papstes gegenüber den Reportern fehlen im offiziellen Protokoll der Ansprache. Für die Nachwelt erhalten blieb eine eintönige, salbungsvolle, aufgesetzte Rede, verfaßt von Vatikan-Funktionären, ein Text, von dem der Papst in Wirklichkeit immer wieder abwich – Zeugnis für die Geistesgegenwart und die Persönlichkeit Albino Lucianis. Diese Zensierung des Papstes durch die Vatikan-Bürokratie wurde in jenem September 1978 zu einem beständigen Ärgernis.

Das Buch *Illustrissimi,* die Sammlung seiner Briefe an verstorbene Berühmtheiten, war in Italien seit 1976 erhältlich gewesen. Es hatte sich als ein äußerst erfolgreiches Buch erwiesen. Die Tatsache, daß sein Autor jetzt zum Oberhirten über 800 Millionen Katholiken aufgestiegen war, verlieh dem Buch einen kommerziellen Reiz, der der Verlagsbranche nicht entging. Hochgestellte Verlagsherren begannen bei der Direktion von *Il Messaggero* in Padua vorstellig zu werden. Die katholische Monatszeitschrift saß auf der sprichwörtlichen Goldgrube (minus Autorentantiemen). Die eigentliche Belohnung für den Autor lag allerdings darin, daß die Briefe mit den darin enthaltenen Gedankengängen und Beobachtungen jetzt von einem Millionenpublikum auf der ganzen Welt gelesen würden. Daß viele das Buch nur deshalb kaufen würden, weil er Papst geworden war, machte Luciani nichts aus. Je mehr Samenkörner unter die Leute gestreut würden, desto mehr würden aufgehen.

Eines der wirklich großartigen Resultate der Papstwahl vom August war, daß sich unter Luciani die ganze Schar der vatikanischen Experten, Auguren, Propheten und Deuter als auf einmal überflüssig geworden erwies. Die Vatikan-Berichterstattung konnte sich auf die wörtliche Wiedergabe päpstlicher Äußerungen beschränken. Daraus gingen die Absichten Johannes Pauls klar genug hervor.

Am 28. August warf die Revolution, die Luciani zu vollbringen gedachte, einen ersten Schlagschatten voraus, und zwar in Gestalt einer päpstlichen Verlautbarung, in der es hieß, es werde keine Krönungszeremonie stattfinden. Der neue Papst lehnte es ab, sich krönen zu lassen. Es würde keine Sedia gestatoria, keine offene Sänfte zum Tragen des Papstes geben und keine mit Smaragden, Rubinen, Saphiren und Diamanten besetzte Tiara, keine Straußenfedern, keine sechsstündige Zeremonie. Kurzum, das Ritual, mit dem die Kirche zu demonstrieren pflegte, daß es sie noch immer nach weltlicher Macht gelüstete, war gestrichen. Albino Luciani mußte lange, erbitterte Auseinandersetzungen mit den Traditionalisten des Vatikan durchstehen, ehe er gegen ihren Widerstand seinen Willen durchsetzte. Luciani, der nie das fürstliche »Wir«, den Plura-

lis majestatis benutzte, war entschlossen, das Papstfürstentum mit allen seinen weltlicher Macht- und Prachtentfaltung verpflichteten Attributen zugunsten einer an den Vorstellungen der Urchristen orientierten Kirche aufzugeben. Er reduzierte seine Krönungszeremonie zu einer einfachen Messe. Statt des lächerlichen Anblicks eines Pontifex, der in der Art eines Kalifen aus Tausendundeiner Nacht auf schwankendem Thron einherschwebt, bot sich das Bild eines mit ruhigem Schritt die Stufen zum Altar ersteigenden Hohenpriesters. Mit dieser Geste setzte Luciani einen Schlußstrich unter 1 000 Jahre Kirchengeschichte und brachte die Kirche auf einen Weg, der sie wieder näher an Jesus Christus heranführen sollte.
Die dreikantige, bienenkorbförmige Tiara wurde durch das Pallium, ein weißes wollenes Schultertuch, ersetzt, der Monarch durch den Hirten. Die Ära der armen Kirche war offiziell eingeläutet.
Unter den zwölf Staatsoberhäuptern und den anderen Staatsgästen, die der Zeremonie beiwohnten, waren Männer, denen der Papst eigentlich nach Möglichkeit nicht hatte begegnen wollen. Er hatte sein Staatssekretariat gebeten, insbesondere die Staatsoberhäupter Argentiniens, Chiles und Paraguays nicht zu seiner Amtseinführung einzuladen; Kardinal Villots Leute hatten jedoch die Einladungen bereits ohne vorherige Rücksprache mit Luciani verschickt. Sie hatten mit einer Krönungszeremonie in traditioneller Form gerechnet und eine dementsprechende Gästeliste aufgestellt.
So kam es, daß an der Messe auf dem Petersplatz General Videla aus Argentinien, der Außenminister von Chile und der Sohn des Staatspräsidenten von Paraguay teilnahmen – Vertreter von Staaten, in denen die Einhaltung der Menschenrechte nicht gerade an oberster Stelle stand. Es gab denn auch lautstarke Proteste gegen die Anwesenheit dieser Männer, und nahezu 300 Demonstranten wurden verhaftet. Daß Männer wie Videla als Ehrengäste seiner Einführungsmesse beiwohnten, wurde Luciani später von Kritikern angekreidet. Diesen Kritikern war jedoch entgangen, daß hierfür Kardinal Villot verantwortlich war. Die kritischen Kommentare, von denen hier die Rede ist, wurden erst laut, als Albino Luciani nicht mehr auf sie antworten konnte. Kardinal Villot schwieg dazu begreiflicherweise.
Bei der Privataudienz nach der Messe ließ Luciani, der Sohn eines

Sozialisten, der den Faschismus in allen seinen Erscheinungsformen verabscheut hatte, General Videla nicht im Zweifel darüber, daß er die humanistische Gesinnung seines Vaters übernommen hatte. Er brachte namentlich seine Sorge um »los desaparecidos« zum Ausdruck, um jene Tausende, die in Argentinien spurlos verschwunden waren. Am Ende der 15minütigen Audienz fragte sich der General, ob es nicht klüger gewesen wäre, dem Rat der Vatikan-Funktionäre zu folgen, die in letzter Minute versucht hatten, ihn von der Reise nach Rom abzubringen.

Harmonischer verlief die Audienz mit dem amerikanischen Vizepräsidenten Mondale. Mondale überreichte dem neuen Papst ein Buch mit den gebundenen Titelseiten von mehr als 50 amerikanischen Zeitungen, die mit der Nachricht von seiner Wahl aufgemacht hatten. Ein sinnreicheres Geschenk war eine Erstausgabe von Mark Twains *Leben auf dem Mississippi*. Offenbar hatte irgend jemand im State Department seine Hausaufgaben gemacht.

So begann das Pontifikat von Johannes Paul I., ein auf klar formulierte Ziele hin orientiertes Pontifikat. Albino Luciani verlor keine Zeit. Schon vor seiner Einführungsmesse hatte er einige für eine ganze Anzahl vatikanischer Mägen unverdaulicher Brocken ausgestreut. Dies war anläßlich einer Rede vor den beim Vatikan akkreditierten Botschaftern geschehen. Sein eigener diplomatischer Troß war sichtlich erbleicht, als er, im Namen der ganzen römisch-katholischen Kirche sprechend, erklärte:

> »Wir haben [mit den Staaten der Erde] keine weltlichen Güter auszutauschen und keine wirtschaftlichen Interessen zu erörtern. Unsere Möglichkeiten des Eingreifens sind nach Art und Umfang begrenzt und haben einen besonderen Charakter. Sie betreffen und beeinträchtigen nicht die rein weltlichen, technischen und politischen Dinge, mit denen Ihre Regierungen sich beschäftigen.
>
> So verstanden, sind die diplomatischen Gesandtschaften, die wir bei Ihren höchsten zivilen Amtsträgern unterhalten, alles andere als ein Überbleibsel der Vergangenheit, sondern vielmehr ein Zeugnis unseres tiefen Respekts vor rechtmäßiger weltlicher Macht und unseres lebendigen Interesses an den menschlichen Zielen, deren Förderung weltliche Macht dienen soll.«

»... keine weltlichen Güter auszutauschen ...« – das war nichts anderes als das öffentlich gesprochene Todesurteil für die Vatikan GmbH; unklar war einzig noch, wie viele Tage oder Monate der Galgenfrist ihr blieben. Die hellhörigen Leute an den internationalen Börsen von Mailand, London, Tokio und New York registrierten die Worte Lucianis mit Interesse. Wenn er wirklich ernst meinte, was er da gesagt hatte, dann würde sich ganz gewiß einiges ändern. Es würde nicht damit getan sein, daß bei der Vatikanbank und der APSA eine Reihe von Personen ausgewechselt würden; es mußte auch mit einer Beschneidung der wirtschaftlichen Aktivitäten der Vatikan GmbH gerechnet werden. Den Großinvestoren an den bedeutenden Kapitalumschlagplätzen der Welt winkten Milliardengeschäfte, wenn sie das richtige Gespür dafür hatten, wohin das Wirtschaftsunternehmen Kirche unter seiner neuen Führung steuern würde. Albino Luciani wollte eine arme Kirche für die Armen. Was hatte er mit denen vor, die die Kirche reich gemacht hatten? Was hatte er mit dem Reichtum der Kirche vor?
Lucianis Bescheidenheit leistete verschiedenen Mißverständnissen Vorschub. Viele Beobachter sahen in diesem offenkundig sehr frommen Mann einen schlichten, unkomplizierten Charakter, dem die Bildung seines Vorgängers Paul VI. fehlte. In Wirklichkeit war Luciani weit gebildeter und scharfsinniger als Paul. So selbstverständlich sicher war er sich dieser außerordentlichen Gaben, daß es ihm nicht das geringste ausmachte, nach außen hin plebejisch zu erscheinen. Er besaß eine Schlichtheit, die das Resultat einer geistigen Entwicklung war (und nicht etwa das Fehlen einer solchen anzeigte), eine Schlichtheit, die einer tiefen Weisheit entsprang, die zu erlangen nur wenigen beschieden ist.
Eine der Merkwürdigkeiten unseres Zeitalters ist, daß Schlichtheit und Sanftmut als Anzeichen von Schwäche gewertet werden. Tatsächlich aber sind sie oft Attribute großer persönlicher Stärke.
Als der neue Papst erzählte, er habe das Jahrbuch des Vatikan durchgeblättert, um einmal festzustellen, wer in welcher Funktion tätig war, grinsten viele Kurienmitglieder sich ins Fäustchen und vermeinten in diesem Mann ein Leichtgewicht zu erkennen, dem sie unschwer den Schneid abkaufen konnten. Es gab andere, die es besser wußten.

Die Männer, die Albino Luciani seit vielen Jahren kannten, warteten ab und beobachteten. Sie kannten den stählernen Kern, die Kraft zu schwierigen oder unpopulären Entscheidungen, die diesem Mann innewohnte. Viele sprachen zu mir von diesen verborgenen Eigenschaften Albino Lucianis – Monsignore Tiziano Scalzotto, Pater Mario Senigaglia, Monsignore Da Rif, Pater Bartolomo Sorge, Pater Busa und viele andere. Pater Busa sagte:

> »Sein Verstand war stark, hart und scharf wie ein Diamant. Das war das wirkliche Geheimnis seiner Kraft. Er hatte die Fähigkeit, ein Problem zu begreifen und sogleich zum Wesentlichen vorzudringen. Man konnte ihn nicht überrumpeln. Während alle Welt dem lächelnden Papst applaudierte, wartete ich auf den Augenblick, an dem er ›tirare fuori le unghie‹, seine Krallen zeigen würde. Ihm konnte man ungeheuer viel zutrauen.«

Ohne eigene Hausmacht – keine venezianische Mafia löste die Mailänder Clique im Apostolischen Palast ab – würde Albino Luciani jedes Fünkchen innerer Kraft benötigen, das er mobilisieren konnte, wenn er verhindern wollte, daß die Kurie ihn zu ihrem Gefangenen machte.

Der vatikanische Regierungsapparat war in den Tagen nach dem Konklave nicht untätig gewesen. Am Sonntag, dem 27. August, im Anschluß an seine mittägliche Ansprache, speiste Luciani mit Kardinal Jean Villot. Villot hatte sich in seiner fast zehnjährigen Amtszeit als Staatssekretär Pauls VI. den Ruf erworben, die Staatsgeschäfte des Vatikan mit lautloser Souveränität zu führen. Im Vorfeld des Konklaves hatte Villot als Camerlengo fungiert, das heißt praktisch als geschäftsführender Papst, beraten von einem Kardinalsgremium. Jetzt bat Luciani ihn, noch »eine kleine Weile, bis ich meinen Weg gefunden habe«, als Staatssekretär weiterzuamtieren. Der 73jährige Villot hatte gehofft, sich aus dem Amt zurückziehen zu können. Doch Luciani behielt ihn als seinen Staatssekretär und bestätigte auch alle anderen leitenden Kurienkardinäle in ihrer bisherigen Stellung; man war sich in der Kurie jedoch bewußt, daß dies nur ein vorübergehender Zustand sein würde. »Erwägen. Entscheiden. Ausführen.« – Der Mann aus den Bergen hatte sich seine Besonnenheit auch in seiner neuen Rolle bewahrt. Wenn die Kurie wissen wollte wie der neue Papst vorzugehen gedachte, so brauchte sie sich lediglich seinen Brief an den heiligen Bernhard zu vergegenwärtigen. Nicht wenige taten dies auch. Sie beschäftigten sich überhaupt sehr gründlich mit Albino Luciani. Was sie herausfanden, löste in vielen vatikanischen Abteilungen Bestürzung, in manchen aber auch Vergnügen und Vorfreude aus.

Der Tod Papst Pauls VI. brachte viele in der vatikanischen Dorfgemeinschaft schwelenden Animositäten zum offenen Ausbruch. Die Römische Kurie, das zentrale Verwaltungsorgan der Kirche, war seit vielen Jahren Schauplatz von Gruppen- und Flügelkämpfen, und nur dank der Geschicklichkeit Papst Pauls waren diese Kämpfe der Öffentlichkeit zum größten Teil verborgen geblieben. Im Konklave hatten die verfeindeten Lager sich gegenseitig blockiert und waren auf die vermeintlich ungefährliche Lösung Albino Luciani ausgewichen. Jetzt setzte das Machtgerangel wieder in voller Stärke ein, und natürlich wurde der neue Papst sogleich damit konfrontiert. Albino Luciani beklagte sich gegenüber einer Reihe von Freunden, die ihn besuchen kamen, bitter über die Situation: »Ich möchte das Geschäft des Papstseins so schnell wie möglich erlernen, aber fast niemand erklärt mir Probleme und Situationen gründlich und objektiv. Ich bekomme fast nur Klagen und Beschwerden über alles und jeden zu hören.«

Einem anderen Freund aus dem Norden vertraute er an: »Mir ist aufgefallen, daß zwei Dinge im Vatikan sehr schwer zu bekommen sind: Ehrlichkeit und eine gute Tasse Kaffee.«

Gruppen und Fraktionen gab es in der Römischen Kurie fast so viele wie Chorknaben in der Sixtinischen Kapelle.

Da gab es die Anhänger Pauls VI., deren erklärtes und ausschließliches Anliegen es war, zum einen dafür zu sorgen, daß das Andenken an den verstorbenen Papst unablässig und in gehöriger Form geehrt wurde, und zum anderen jede Abweichung von den Auffassungen, Lehren und Verkündigungen Pauls VI. zu verhindern.

Da war die Fraktion, die mit Kardinal Giovanni Benelli sympathisierte, und jene, die ihn zur Hölle wünschte. Papst Paul VI. hatte Benelli zu seinem Unterstaatssekretär, also zum zweiten Mann hinter Kardinal Villot, berufen. Er war in diesem Amt rasch zum starken Arm des Papstes geworden, zu demjenigen, der sicherstellte, daß die erklärte Politik auch befolgt wurde. Paul hatte Benelli dann nach Florenz versetzt, eine Beförderung, die zugleich eine Schutzmaßnahme gewesen war. Jetzt war Benellis Gönner und Beschützer tot, aber seine Gegner hielten sich noch bedeckt. Schließlich war Luciani mit tatkräftiger Nachhilfe Benellis und seiner Freunde zum Papst gewählt worden.

Es gab in der Kurie Fraktionen, in denen sich die jeweiligen Anhänger und Gegner der Kardinäle Baggio, Felici und Bertoli zusammengefunden hatten; es gab Gruppierungen, die für ein Mehr, und andere, die für ein Weniger an zentraler Macht und Kontrolle eintraten.

Sein ganzes Leben lang hatte Albino Luciani sich um Besuche im Vatikan gedrückt. Er hatte seine Kontakte zur Römischen Kurie auf ein Mindestmaß beschränkt. Die unbeabsichtigte Folge war, daß er vor seiner Wahl zum Papst in der Kurie wahrscheinlich weniger Feinde hatte als jeder andere Kardinal. Dies änderte sich rasch und gründlich. Hier war ein Papst, der in der Kurie ein »bloß ausführendes« Organ der Kirche sah, der von der Notwendigkeit einer stärkeren Mitbestimmung der Bischöfe in aller Welt an kirchlichen Entscheidungen überzeugt war und bestehende hierarchische Strukturen entflechten und dezentralisieren wollte. Mit seiner Weigerung, sich krönen zu lassen, hatte er die Traditionalisten vor den Kopf gestoßen. Eine andere Entscheidung, die kaum geeignet war, Johannes Paul I. die spontane Sympathie der Kurie einzutragen, war seine Anordnung, das bei der Wahl eines neuen Papstes normalerweise automatisch fällige zusätzliche Monatsgehalt auf die Hälfte zu kürzen.

Gewiß gab es unter den rund 3 000 Angehörigen der Kurie viele, die den neuen Papst mochten und ihm loyal dienen würden; aber es ist auf dieser Welt nun einmal so, daß die negativen Kräfte häufig obsiegen.

Kaum war die Nachricht vom Ergebnis der Papstwahl bekanntgeworden, da trat die Kurie – beziehungsweise traten bestimmte Gruppen der Kurie – in Aktion. Innerhalb weniger Stunden war eine Sonderausgabe des *Osservatore Romano* an den Kiosken, die eine ausführliche Biographie des neuen Papstes enthielt. Auch Radio Vatikan brachte sehr schnell ein Porträt Albino Lucianis.

Wer ein Lehrbeispiel dafür sucht, wie man das Bild beeinflussen kann, das sich die Weltöffentlichkeit von einem bis dahin unbekannten Staatsoberhaupt macht, könnte kein besseres finden als jene Porträtierung Albino Lucianis durch den *Osservatore Romano*. Insofern als darin bewußt eine Person dargestellt wurde, die einzig in der reaktionären, übelwollenden Phantasie des unbekannten Verfassers der Kurzbiographie existierte, liefert diese besagte Ausgabe des *Osservatore Romano* auch eine anschauliche Erklärung dafür, daß die halbamtliche Vatikan-Zeitung sich gelegentlich Vergleiche mit der *Prawda* gefallen lassen muß. Viele Journalisten schrieben unter Termindruck die »offiziellen Daten« über den neuen Papst aus diesem Porträt eines nicht real existierenden Mannes ab. So hieß es etwa im *Economist*, um nur eins von hundert möglichen Beispielen zu zitieren, über Johannes Paul I.: »In der Gesellschaft von Dr. Hans Küng würde er sich nicht allzu wohl fühlen.« Hätte man selbständig recherchiert, so hätte man herausfinden können, daß Luciani und Hans Küng sehr freundschaftliche Briefe gewechselt und einander Bücher geschickt hatten. Man hätte auch feststellen können, daß Luciani in seinen Predigten Küng mehr als einmal lobend oder zustimmend zitiert hatte. Praktisch alle Zeitungen und Zeitschriften auf der Welt, die sich mit dem neuen Papst beschäftigten, stellten ähnliche vollkommen irreführende Behauptungen auf.

Liest man die Sonderausgabe des *Osservatore Romano,* dann bekommt man den Eindruck, sie handle von einem neuen Papst, der noch konservativer war als Paul VI. Die Verfälschungen und Verzerrungen betrafen die Anschauungen Lucianis zu einem breiten Spektrum von Fragen, darunter auch eine, die im Hinblick auf das Leben und den Tod Albino Lucianis eine besonders wichtige Rolle spielt: die Frage der Geburtenregelung.

Der *Osservatore Romano* porträtierte einen Mann, der die Enzyklika *Humanae Vitae* unbeirrt und kritiklos bejahte:

> »Er studierte gewissenhaft die Frage der verantwortungsbewußten Mutter- und Vaterschaft, ließ sich von medizinischen Fachleuten und Theologen beraten und diskutierte mit ihnen. Er ermahnte die Kirche, sich bei Äußerungen zu einer so heiklen und umstrittenen Frage ihrer schweren Verantwortung bewußt zu sein.«

Dies war vollkommen richtig und entsprach der Wahrheit. Was dann kam, war vollkommen falsch:

> »Die Verkündung der Enzyklika *Humanae Vitae* ließ für Zweifel keinen Raum mehr, und der Bischof von Vittorio Veneto war einer der ersten, die [die Enzyklika] weiterverbreiteten, und denen, denen sie Kopfzerbrechen bereitete, nachdrücklich klarzumachen versuchten, daß ihre Aussage über jeden Zweifel erhaben war.«

Wenn die Kurie sich einmal in Bewegung setzt, dann erweist sie sich als ein beängstigend gut funktionierender Apparat. Das Tempo und die Effektivität ihres Handelns würden andere Bürokratien vor Neid erblassen lassen. Abgesandte der Kurie erschienen in der Gregorianischen Universität und sammelten alle schriftlichen Zeugnisse von Lucianis Studium ein. Andere Abgesandte der Kurie tauchten in Venedig, in Vittorio Veneto, in Belluno auf. Überall, wo Luciani gewirkt hatte, trat die Kurie in Aktion. Alle Exemplare der von Luciani verfaßten Stellungnahme zur Geburtenregelung wurden eingezogen und in das vatikanische Geheimarchiv verbracht, desgleichen seine Doktorarbeit über Rosmini und eine große Anzahl weiterer von ihm verfaßter Schriften. Man könnte sagen, daß die Stilisierung Albino Lucianis zu einem Papst nach dem Geschmack der Kurie am Tag seiner Wahl begann. Man könnte es auch anders ausdrücken: An jenem Tag begann der Prozeß der Unkenntlichmachung Albino Lucianis.
Was gewisse Gruppen innerhalb der Kurie zu ihrem tiefsten Erschrecken erkannt hatten, war, daß die Kardinäle ihnen einen Papst eingebrockt hatten, der es nicht bei *Humanae Vitae* als dem letzten Wort der Kirche in der Frage der Geburtenregelung belassen würde. Das Studium dessen, was Luciani zu diesem Thema tatsächlich gesagt hatte, nicht nur in seinen öffentlichen Predigten, sondern auch in Gesprächen mit Freunden und Kollegen, machte sehr schnell deutlich, daß der neue Papst ein Befürworter der künstlichen Geburtenregelung war. Das falsche Bild, das der *Osservatore Romano* gezeichnet hatte, war der Eröffnungszug eines Gegenangriffs, der darauf abzielte, Albino Luciani in ein Korsett der Loyalität zu der

von seinem Vorgänger getroffenen Entscheidung zu zwängen. Der nächste Streich folgte alsbald.

Die Presseagentur UPI fand heraus, daß Luciani einer Tolerierung bestimmter Möglichkeiten der künstlichen Empfängnisverhütung das Wort geredet hatte. In italienischen Zeitungen tauchten Meldungen auf, in denen von der von Luciani verfaßten Stellungnahme die Rede war, die Kardinal Urbani aus Venedig an Papst Paul geschickt hatte und in der ein Ja der Kirche zur Antibabypille empfohlen worden war. Die Kurie beeilte sich, Pater Henri de Riedmatten, der als Sekretär der päpstlichen Kommission zur Geburtenkontrolle fungiert hatte, als Zeugen aufzubieten. Er bezeichnete die Meldungen, nach denen Luciani sich gegen eine kategorische Verurteilung der künstlichen Geburtenkontrolle ausgesprochen habe, als »Phantasien«. Er stellte ferner fest, daß Luciani nie Mitglied der Kommission gewesen sei – womit er zweifellos recht hatte. Schließlich bestritt er, daß Luciani jemals einen Brief oder einen Bericht zu dem Thema verfaßt habe, der dann an Papst Paul geschickt worden sei.

Dieses Dementi ist in der Art, wie es formuliert ist, ein gutes Beispiel für die Unredlichkeit, die bei der Kurie gang und gäbe ist. Die von Luciani verfaßte Stellungnahme wurde über Kardinal Urbani nach Rom weitergeleitet und trug das Imprimatur Urbanis. In einem rein technischen Sinne war es daher zutreffend zu behaupten, daß kein die Unterschrift Lucianis tragendes Dokument dieser Art existiere. Aber Tatsache war, daß Luciani im Auftrag und im Namen seiner Bischofskollegen in der Region Venetien ein solches Dokument verfaßt hatte und daß es über Urbani dem Papst zugeleitet worden war. Und dies abzustreiten, war eine vorsätzliche Lüge.

Albino Luciani unternahm bereits im Laufe der ersten drei Wochen seines Pontifikats die ersten bedeutsamen Schritte in Richtung auf eine Neuorientierung der römisch-katholischen Kirche in der Frage der künstlichen Geburtenregelung. Während diese Schritte sich vollzogen, setzte sich im Bewußtsein der Weltöffentlichkeit ein nicht zuletzt auch durch den *Osservatore Romano,* durch Radio Vatikan und durch vertrauliche Hintergrundgespräche gewisser Kurienmitglieder mit Journalisten gefördertes, völlig falsches Bild von den Anschauungen Albino Lucianis fest.

Luciani berief sich im Laufe seiner kurzen Amtszeit auf eine ganze Anzahl von Verlautbarungen seines Vorgängers und zitierte aus ihnen. Die Enzyklika *Humanae Vitae* erwähnte er auffälligerweise mit keinem Wort. Daß der neue Papst ihnen hier möglicherweise einen Strich durch die Rechnung machen würde, war den Anhängern jener Enzyklika zu ihrer Bestürzung erstmals klargeworden, als sie erfuhren, daß Luciani aus dem vom Staatssekretariat aufgesetzten Entwurf seiner Jungfernrede die Stellen, in denen *Humanae Vitae* erwähnt – und das heißt natürlich in den höchsten Tönen gelobt – wurde, samt und sonders getilgt hatte. Sodann machten die Anti-Empfängsnisverhüter im Vatikan die Entdeckung, daß Albino Luciani im Mai 1978 eine Einladung, als Redner bei einem einen Monat später in Mailand geplanten internationalen Kongreß aufzutreten, ausgeschlagen hatte. Anlaß und Hauptanliegen des Kongresses war die Feier des 10. Jahrestages der Verkündung der Enzyklika *Humanae Vitae* gewesen. Luciani hatte nicht nur auf einen Auftritt als Redner, sondern auch auf eine Teilnahme an dem Kongreß verzichtet. Zu denen, die zu dem Kongreß anreisten und eine Laudatio auf *Humanae Vitae* hielten, gehörte der polnische Kardinal Karol Wojtyla.

Während die Weltpresse gutgläubig die Lügen des *Osservatore Romano* nachbetete, diskutierte Albino Luciani in den Papstgemächern mit seinem Staatssekretär, Kardinal Villot. »Ich freue mich darauf«, so sagte er, »mit dieser amerikanischen Delegation über das Thema zu sprechen. Meiner Ansicht nach können wir es nicht bei dem gegenwärtigen Zustand belassen.«

Das »Thema« war die Bevölkerungsexplosion auf der Erde. Der »Zustand« war die offizielle Haltung der Kirche, wie sie ihren Ausdruck in der Enzyklika *Humanae Vitae* gefunden hatte. Im Verlauf der Unterredung bekam Villot von Johannes Paul I. Ansichten zu hören, die viele andere, darunter etwa sein Privatsekretär Pater Diego Lorenzi, viele Male aus seinem Munde vernommen hatten. Pater Lorenzi ist nur einer von mehreren, die mir Lucianis diesbezügliche Äußerungen im authentischen Wortlaut zitieren konnten:

»Ich weiß von der Phase des Eisprungs bei einer Frau, und daß diese Phase der Fruchtbarkeit zwischen 24 und 36 Stunden währt. Selbst wenn man eine Lebensdauer von 48 Stunden für den männlichen Samen annimmt, beträgt die Zeitspanne, in der die Empfängnis möglich ist, weniger als vier Tage. Bei einer regulären Monatsperiode bedeutet dies: vier Tage Fruchtbarkeit und 24 Tage Unfruchtbarkeit. Wie in aller Welt kann es eine Sünde sein, aus 24 Tagen 28 Tage zu machen?«

Den Anlaß für diese wahrhaft historische Unterredung hatte eine tastende Anfrage der amerikanischen Botschaft in Rom an den Vatikan geliefert. Die Botschaft hatte ihrerseits auf Veranlassung des Außenministeriums in Washington und des amerikanischen Kongreßabgeordneten James Scheuer gehandelt. Scheuer war zu dieser Zeit Vorsitzender eines gemischten Kongreßausschusses zu Bevölkerungsfragen und Stellvertretender Vorsitzender des UNO-Fonds für Bevölkerungsforschung. Die Nachricht über die von Luciani für Papst Paul VI. verfaßte Stellungnahme zur Geburtenregelung hatte Scheuer und seine Ausschußkollegen aufhorchen lassen – zeichnete sich vielleicht die Möglickeit ab, daß die Kirche ihren Standpunkt in dieser Frage revidierte? Scheuer hielt es zwar für unwahrscheinlich, daß er und seine Kollegen so bald nach dem Amtsantritt des neuen Papstes eine Audienz bei ihm erhalten würden, aber er hielt es trotzdem für sinnvoll, einmal probeweise das State Department und auch die US-Botschaft in Rom beim Vatikan anklopfen zu lassen. Die Antwort sollte für Scheuer erfreulich ausfallen.
Wie viele Männer aus der engeren Umgebung des Heiligen Stuhls, hatte auch Villot beträchtliche Schwierigkeiten mit der Anpassung an den neuen Papst. Seinerzeit von Paul VI. ernannt, hatte er im Laufe der Jahre ein vertrautes Arbeitsverhältnis zu Lucianis Vorgänger entwickelt und dessen Regierungsstil zu bewundern gelernt. Jetzt war an die Stelle des resignativen 81jährigen Zauderers ein optimistischer Mann der Tat getreten, der mit 65 Jahren für vatikanische Verhältnisse noch fast ein Jüngling war.
Das Verhältnis zwischen Luciani und seinem Kardinalstaatssekretär war von Anfang an getrübt. Villot erschien dem neuen Papst kalt und distanziert und war jeden Augenblick mit Belehrungen darüber bei der Hand, wie Paul VI. dieses oder jenes Problem angepackt oder was er zu diesem oder jenem Thema gesagt hätte.

Paul VI. war tot, aber es wurde deutlich, daß Villot und eine ansehnliche Gruppe innerhalb der Kurie dies nicht wahrhaben wollten.
Die Ansprache, die der neue Papst 24 Stunden nach dem Konklave gehalten hatte, hatte weitgehend nur allgemeine Feststellungen enthalten. Seine konkreten Pläne begannen sich erst in den frühen Septembertagen genauer abzuzeichnen. Diese Periode atmete den elanvollen Geist der ersten 100 Tage Johannes' XXIII.
Johannes war am 28. Oktober 1958 zum Papst gewählt worden. Während der ersten 100 Tage seiner Amtszeit hatte er eine Anzahl einschneidender personalpolitischer Entscheidungen getroffen, beispielsweise mit der Ernennung Kardinal Domenico Tardinis zum Staatssekretär (ein Posten, der seit 1944 unbesetzt gewesen war). Wichtiger als alles andere war sein Beschluß gewesen, das Zweite Vatikanische Konzil einzuberufen. Diese Entscheidung wurde am 25. Januar 1959, 89 Tage nach seiner Wahl, öffentlich bekanntgemacht.
Albino Luciani nahm sich, jetzt, da er auf dem Stuhl des Fischers vom See Genezareth saß, vor, dem von Johannes gegebenen Beispiel eines revolutionären 100-Tage-Anfangs nachzueifern. Ganz oben auf seiner Liste der vordringlichen Reformen und Veränderungen standen die Notwendigkeit, das Verhältnis des Vatikan zum Kapitalismus radikal umzuwälzen, und der Wunsch, das sehr reale massenhafte Leid zu lindern, das er persönlich kennengelernt hatte und das ganz unmittelbar in der Enzyklika *Humanae Vitae* wurzelte.
Nach Angaben Kardinal Benellis, Kardinal Felicis und anderer vatikanischer Gewährsleute lauschte der unnahbare Kardinal Villot mißmutig den Darlegungen des neuen Papstes über die durch *Humanae Vitae* mit verursachten Probleme. Daß Felici in dieser Frage ganz und gar nicht mit Villot einigging, daran ließen die Andeutungen, die er in den Unterredungen mit mir machte, keinen Zweifel.
Erst vor wenigen Monaten hatte Villot die Enzyklika anläßlich des 10. Jahrestages ihrer Verkündung in den höchsten Tönen gepriesen. In einem Brief an den Erzbischof von San Francisco, John Quinn, hatte Villot Papst Pauls Nein zur künstlichen Empfängnisverhütung

bekräftigt; er hatte betont, für wie wichtig Paul diesen Aspekt der katholischen Lehre gehalten und wie fest er an dessen »Übereinstimmung mit dem Gesetz Gottes« geglaubt habe.
Daran hatten sich noch eine ganze Reihe ähnlicher Argumente angeschlossen. Jetzt, keine zwei Monate später, mußte er hören, daß Pauls Nachfolger gewillt war, von *Humanae Vitae* abzurücken. Der Kaffee wurde in den Tassen kalt, als Luciani, der sich von seinem Schreibtisch erhoben hatte, in seiner ruhigen Art über einige der Auswirkungen sprach, die die Enzyklika im Verlauf des verflossenen Jahrzehnts nach sich gezogen hatte.
In der erklärten Absicht verkündet, die päpstliche Autorität zu stärken, indem die Möglichkeit einer Abkehr von der traditionellen katholischen Haltung in Fragen der Empfängnisverhütung kategorisch verneint wurde, hatte die Enzyklika *Humanae Vitae* gerade das Gegenteil bewirkt. Dafür gab es unumstößliche Beweise. In Belgien, Holland, Deutschland, Großbritannien, den Vereinigten Staaten und in vielen anderen Ländern hatte es nicht nur heftige Kritik an der Enzyklika gegeben, sondern auch ein beträchtliches Maß an praktischem Ungehorsam. In den Reihen der Gläubigen hatte sich rasch die Gepflogenheit entwickelt, daß man, wenn ein Priester sich bei der Beichte unnachsichtig zeigte, einfach nach einem großzügiger denkenden Geistlichen Ausschau hielt. Luciani führte für diese zwiespältige Praxis einige ihm persönlich bekannt gewordene Beispiele aus der Region Venetien an.
In der Theorie und aus der Perspektive der Männerbastion Vatikan mochte *Humanae Vitae* sich wie das Zeugnis einer idealen moralischen Gesinnung ausnehmen. Die Wirklichkeit, die Luciani in Norditalien und bei seinen Auslandsreisen kennengelernt hatte, bewies jedoch schlagend die Unmenschlichkeit dieses kirchlichen Gebots. In den zehn Jahren seit der Verkündung der Enzyklika hatte die Weltbevölkerung um mehr als eine Dreiviertelmilliarde zugenommen.
Als Villot zu bedenken gab, daß Papst Paul die Vorzüge natürlicher Methoden der Empfängnisverhütung betont habe, hielt Luciani in seiner Wanderung durch das Zimmer inne und warf dem Staatssekretär ein Lächeln zu – nicht jenes strahlende Lächeln, wie die Öffentlichkeit es kannte, sondern eher ein wehmütiges Schmunzeln.

»Eminenz, was wissen wir alten Zölibatler schon von den sexuellen Begierden der Verheirateten?«

Dieses Gespräch, das erste von mehreren, die der Papst mit seinem Staatssekretär über dieses Thema führte, fand am 19. September 1978 im Arbeitszimmer des Papstes im Apostolischen Palast statt. Es dauerte eine knappe Dreiviertelstunde. Als es beendet war und Villot sich zum Gehen anschickte, begleitete Luciani ihn zur Tür und sagte:

> »Eminenz – wir haben jetzt eine Dreiviertelstunde lang über Empfängnisverhütung diskutiert. Wenn die Angaben, die man mir gegeben hat, die verschiedenen Statistiken, wenn diese Angaben stimmen, dann sind in der Zeit dieses unseres Gesprächs über 1 000 Kinder im Alter von weniger als fünf Jahren an Unterernährung gestorben. In der nächsten Dreiviertelstunde, während Sie und ich uns auf unsere nächste Mahlzeit freuen, werden wiederum 1 000 Kinder an Unterernährung sterben. Morgen um diese Zeit werden 3 000 Kinder, die in diesem Moment noch am Leben sind, tot sein – an Unterernährung gestorben. Nicht immer sorgt der Herr dafür, daß uns nichts mangelt.«

Dem vatikanischen Staatssekretär fiel offenbar keine schlagende Erwiderung ein.

Die Verhandlungen über eine mögliche Audienz einer amerikanischen Parlamentsdelegation zur Diskussion des Übervölkerungsproblems wurden sowohl vom Vatikan als auch vom State Department sorgsam geheimgehalten. Ein solches Treffen, noch dazu zu einem so frühen Zeitpunkt, würde, wenn es öffentlich bekannt wurde, zu Recht als ein höchst bedeutsames Signal interpretiert werden.

Noch größer würde die Bedeutung dieser Zusammenkunft in den Augen der Weltöffentlichkeit, wenn bekannt würde, aus welchem Grund Papst Johannes Paul I. nicht vorhatte, an der Puebla-Konferenz in Mexiko teilzunehmen. Es war dies die Nachfolgeveranstaltung zu einer sehr bedeutsamen Konferenz, die 1968 in der kolumbianischen Stadt Medellin stattgefunden hatte.

In Medellin hatten die Kardinäle und Bischöfe Lateinamerikas Beschlüsse gefaßt, die der römisch-katholischen Kirche auf dem südamerikanischen Kontinent neues Leben einhauchten. In dem von ihnen verabschiedeten »Manifest von Medellin« hieß es beispielsweise, es müsse künftig das Hauptanliegen der Kirche sein, sich den Armen, den Vernachlässigten und den Hungernden zuzuwenden. Das war für eine Kirche, die bis dahin mit den Reichen und Mächtigen identifiziert worden war, ein revolutionärer Umschwung. Die »Theologie der Befreiung«, die aus der Konferenz von Medellin hervorging, gab den verschiedenen Juntas und diktatorischen Regimen Lateinamerikas deutlich zu verstehen, daß die Kirche sich vorgenommen hatte, gegen wirtschaftliche Ausbeutung und soziale Ungerechtigkeit anzukämpfen. Es war tatsächlich eine Kampfansage gegen die bestehenden Verhältnisse gewesen. Der Widerstand gegen diese fortschrittliche Philosophie ließ natürlich nicht lange auf sich warten, und er kam nicht nur von den verschiedenen repressiven Regimen, sondern auch von den reaktionären Elementen innerhalb der Kirche. Die Puebla-Konferenz, zehn Jahre nach Medellin, würde aller Voraussicht nach bedeutsame Entscheidungen bringen. Würde die Kirche den eingeschlagenen Weg weitergehen, oder würde es eine Umkehr zu den alten, moralisch unerträglichen Positionen geben? Daß der neue Papst die Einladung zur Teilnahme an der Konferenz ausschlug, unterstrich die große Bedeutung, die er dem Treffen mit der Kongreßdelegation beimaß. Er war sich der möglichen Tragweite dessen, was die Puebla-Konferenz bringen würde, sicherlich voll bewußt.

Noch im Konklave, keine Stunde nach seiner Wahl zum Papst, hatten die Kardinäle Baggio und Lorscheider, die beiden zentralen Figuren bei der geplanten Konferenz in Mexiko, ihn auf dieses Thema angesprochen. Die Veranstaltung war wegen des Todes von Papst Paul zunächst einmal abgesagt worden. Die beiden Kardinäle wollten jetzt von dem neuen Papst wissen, ob er bereit war, einen neuen Termin für die Puebla-Konferenz festzusetzen.

Weniger als eine Stunde nach seiner Wahl zum Papst befand Albino Luciani sich mitten in einer intensiven Diskussion der Frage, um die in Puebla gestritten werden sollte. Er sprach sich schließlich dafür aus, die Konferenz stattfinden zu lassen, und einigte sich mit den Kardinälen auf den Termin 12.–28. Oktober. Im Lauf der

Diskussion setzte er Baggio und Lorscheider mit seiner genauen Kenntnis der Probleme in Erstaunen, um deren Lösung in Puebla gerungen werden sollte. Was die Frage seiner eigenen Teilnahme betraf, so hielt er es für besser, sich nicht zu einem so frühen Zeitpunkt seines Pontifikats öffentlich zu exponieren. Als Villot darauf aufmerksam machte, daß Scheuer und seine Ausschußkollegen um eine Audienz am 24. Oktober gebeten hatten, erklärte er Baggio und Lorscheider, er werde nicht nach Puebla kommen. Er wies Villot an, den Amerikanern ihren Audienztermin zu bestätigen. Albino Luciani hatte sich endgültig zu der Einsicht durchgerungen, daß sein Platz fürs erste im Vatikan war. Es gab sehr triftige Gründe für diese seine Entscheidung, in Rom zu bleiben. Johannes Paul I. war sich im Verlauf seiner ersten beiden Amtswochen darüber klar geworden, daß seine vordringliche Aufgabe darin bestand, das eigene Haus in Ordnung zu bringen. Insbesondere das Problem der Vatikanbank und ihrer »Geschäftsphilosophie« machten ihm zu schaffen.

Der neue Papst handelte mit einer Schnelligkeit, die sein Vorgänger, zumindest in seinen letzten Amtsjahren, schmerzlich hatte vermissen lassen. Nicht daß er glaubte, vor Ablauf seiner ersten 100 Tage den gesamten Vatikan umkrempeln zu müssen, aber zumindest einige Weichen während dieser Zeit in eine neue Richtung zu stellen, insbesondere was die Vatikan GmbH betraf, hatte er sich fest vorgenommen.

Schon in der ersten Woche nach seiner Wahl hatte Johannes Paul I. denen, die Zeichen zu deuten verstanden, einen Vorgeschmack auf die kommenden Dinge vermittelt. Er hatte dem Wunsch Kardinal Villots »stattgegeben« und ihn von einem seiner zahlreichen Posten, dem Amt des Präsidenten von *Cor Unum,* entbunden. Kardinal Bernard Gantin übernahm dieses Amt. *Cor Unum* ist eine der wichtigsten Adern, durch die Gelder, die in aller Welt gesammelt werden, den ärmsten Ländern der Erde zufließen.

In der Konzeption Albino Lucianis, derzufolge die Kirche sich in ihrem Finanzgebaren ebenso wie in jeder anderen Beziehung nach den Geboten des Evangeliums richten müsse, nahm *Cor Unum* einen wichtigen Platz ein. Villot wurde – auf sanfte Art, aber das änderte nichts an der Tatsache – durch Gantin ersetzt, einen Mann von großer geistiger Tiefe und einnehmender Aufrichtigkeit.

In der vatikanischen Dorfgemeinschaft brodelten die Spekulationen. Vorsorglich verkündeten einige, sie hätten nie etwas mit Sindona oder Calvi oder irgendwelchen anderen von der Mailänder Mafia zu tun gehabt, die den Vatikan im Verlauf der Amtszeit Papst Pauls unterwandert hätten. Andere begannen im Rahmen einer individuellen Überlebensstrategie, der Umgebung des neuen Papstes vertrauliche Informationen zufließen zu lassen.
Wenige Tage nach der Berufung Gantins fand Johannes Paul auf seinem Schreibtisch ein Exemplar eines Rundschreibens der italienischen Devisenaufsichtsbehörde U.I.C. Es handelte sich zweifellos um eine direkte Reaktion auf die kritischen Fragen, die das Magazin *Il Mondo* seinerzeit an Papst Paul gerichtet hatte, und den darin enthaltenen indirekten Vorwurf eines klaffenden Widerspruchs zwischen dem offiziellen Bekenntnis der Kirche zu Armut und den Armen und ihrem tatsächlichen finanziellen Gebaren.
Das vom italienischen Außenhandelsminister Rinaldo Ossola unterzeichnete Rundschreiben war an alle italienischen Banken geschickt worden. Es gemahnte sie daran, daß das IOR., also die Vatikanbank, »in jeder Beziehung ein nicht-inländisches Bankinstitut« war. Mithin galten für die Geschäftsbeziehungen italienischer Kreditinstitute zur Vatikanbank genau die gleichen Regeln wie für den Verkehr mit allen anderen ausländischen Banken.
Dem Minister ging es in erster Linie um Devisenmanipulationen im Zusammenhang mit der illegalen Kapitalflucht aus Italien. Mit seinem Rundschreiben lieferte er eine amtliche Bestätigung dafür, daß solche Manipulationen vorkamen. Sein Appell wurde in italienischen Finanzkreisen als ein Versuch gewertet, wenigstens einer der vielen fragwürdigen Aktivitäten der Vatikanbank einen Riegel vorzuschieben. Im Vatikan betrachtete man die Aktion des Ministers allgemein als weitere Bestätigung dafür, daß für Bischof Paul Marcinkus das letzte Stündlein in seinem Amt als Präsident des IOR. angebrochen war.
Eine Geschichte, die ich für apokryph halte, von der mir jedoch viele Gewährsleute aus dem Vatikan und aus den italienischen Medien versichert haben, sie sei wahr, begann Anfang September im Vatikan die Runde zu machen. Sie betraf den seinerzeitigen Verkauf der Banca Cattolica Veneto an Roberto Calvi und den Besuch im Vati-

kan, mit dem Albino Luciani den Vollzug der Transaktion noch zu verhindern versucht hatte. Ich habe bereits an früherer Stelle in diesem Buch den meiner Überzeugung nach authentischen Verlauf seiner Unterredung mit Kardinal Benelli anläßlich dieses Besuchs geschildert. In der mit italienischen Zutaten angereicherten Version aus der vatikanischen Gerüchteküche hörte sich die Geschichte so an, daß Luciani bei Papst Paul VI. persönlich vorgesprochen und ihm seine Beschwerde vorgetragen hatte; Paul soll geantwortet haben:

»Auch du mußt dieses Opfer für die Kirche bringen. Unsere Finanzen haben sich von dem durch Sindona angerichteten Schaden noch nicht erholt. Aber geh zu Monsignore Marcinkus und lege ihm deine Beschwerde dar.«

Wenig später, so geht die Sage weiter, kreuzte Luciani in Marcinkus' Büro auf und trug ihm die Litanei der in der Diözese Venedig laut gewordenen Klagen über den Verkauf der Banca vor. Marcinkus ließ ihn ausreden und sagte dann zu ihm:

»Euer Eminenz, haben Sie nichts Besseres zu tun heute? Tun Sie Ihre Arbeit und lassen Sie mich meine machen.«

Woraufhin er Luciani die Tür gewiesen habe.

Alle, die Marcinkus leibhaftig erlebt haben, bestätigen, daß er in seinem Auftreten und Benehmen seinem Spitznamen »Der Gorilla« alle Ehre macht. Für die Bischöfe, Monsignores, Priester und Nonnen im Vatikan war es jedenfalls ausgemachte Sache, daß diese Szene sich genau so zugetragen hatte. Jetzt war der kleine, stille Mann aus Belluno mit einem Mal in der Position, dem Gorilla von heute auf morgen den Stuhl vor die Tür zu setzen.

Einige Kurienmitglieder organisierten eine Lotterie. Es ging darum, den Tag zu erraten, an dem Marcinkus formell von seinem Posten abgelöst würde. Der Papst freilich, der immer für Besonnenheit plädierte, war noch dabei, Beweise zusammenzutragen. Neben der Untersuchung, die Kardinal Villot in Lucianis Auftrag durchführte, erschloß sich der lächelnde Papst mit der typischen List des Mannes aus den Bergen weitere Informationsquellen. Er begann mit Kardinal Felici Gespräche über die Vatikanbank zu führen. Er telefonierte mit Kardinal Benelli in Florenz.

Giovanni Benelli war es, der dem Papst von den Ermittlungen der italienischen Staatsbank gegen die Banco Ambrosiano erzählte. Das war nicht untypisch für die Art und Weise, wie die Dinge in der katholischen Kirche liefen: Ein Kardinal in Florenz berichtete dem Papst in Rom, was in Mailand vorging.

Der ehemalige zweite Mann des vatikanischen Staatssekretariats hatte sich ein leistungsfähiges Netz von Kontakten aufgebaut, das sich über das ganze Land spannte. Licio Gelli von der P 2 wäre von der breiten Fächerung und der Qualität der Informationsquellen, die Benelli zugänglich waren, als Kenner der Materie sicherlich beeindruckt gewesen. Zu diesen Quellen gehörten hochgestellte Personen in der Bank von Italien. Von ihnen hatte der Kardinal von der Durchleuchtung des Calvischen Imperiums erfahren, die im September 1978 in ihre entscheidende Phase trat. Was Benelli und in der Folge auch Luciani am meisten interessierte, war der Teil der Ermittlungen, der sich mit den Verbindungen Calvis zum Vatikan befaßte. Benellis Gewährsmann in der Staatsbank war überzeugt, daß die Untersuchung in schwerwiegende strafrechtliche Anklagen gegen Roberto Calvi und möglicherweise auch gegen einige seiner leitenden Mitarbeiter münden würde. Ebenso sicher war er sich, daß die Vatikanbank tief in eine ansehnliche Zahl von Geschäften verstrickt war, bei deren Abwicklung reihenweise gegen gesetzliche Bestimmungen verstoßen worden war. Die Ermittlungskommission führte eine Liste mit den Namen von möglicherweise straffällig gewordenen Funktionären der Vatikanbank, und ganz oben auf dieser Liste standen Paul Marcinkus, Luigi Mennini und Peregrino de Strobel.

Benelli hatte in einem knappen Jahrzehnt der Bekanntschaft mit Luciani die Erfahrung gemacht, daß man das Handeln dieses Mannes am allerwenigsten durch energische Überredungsversuche beeinflussen konnte. Er sagte mir:

> »Beim Luciani-Papst [war es so]: Man legte ihm die Fakten vor, gab eine Empfehlung dazu ab und ließ ihm dann Zeit und Raum

zum Nachdenken. Wenn er alle verfügbaren Informationen verarbeitet hatte, traf er eine Entscheidung, und wenn Luciani eine Entscheidung getroffen hatte, dann gab es nichts – und wenn ich das sage, so meine ich es: nichts –, was ihn noch davon abbringen oder ablenken konnte. Sanft, ja. Bescheiden, ja. Aber wenn er erst einmal ein bestimmtes Ziel im Auge hatte, hart wie Stein.«

Benelli war nicht der einzige, der vertrauliche Mitteilungen aus den oberen Etagen der Bank von Italien erhielt. Vertrauensleute und Mitglieder der P2 versorgten Licio Gelli in Buenos Aires mit exakt denselben Informationen, und Gelli hielt seinerseits seine umherreisenden Kompagnons Roberto Calvi und Umberto Ortolani auf dem laufenden.

Von seinen Logenbrüdern im Rathaus von Mailand erfuhr Gelli, daß nach Abschluß der Ermittlungen in Sachen Banco Ambrosiano die Prüfberichte an den Mailänder Richter Emilio Alessandrini weitergeleitet würden. Wenige Tage, nachdem Gelli diese Information erhalten hatte, wurde eine in Mailand operierende linksterroristische Gruppe namens Prima Linea von ihrem Verbindungsmann im Rathaus kontaktiert; er übermittelte ihr die Personalien des Mannes, der als Opfer ihres nächsten Anschlags auserkoren war. Der Anführer von Prima Linea befestigte ein Foto des Betreffenden an der Wand seines Apartments: es war der Richter Emilio Alessandrini.

Die P2 kümmerte sich um vieles – auch im Vatikan. In den ersten Septembertagen des Jahres 1978 machte Albino Luciani die Entdeckung, daß er durch irgendeine mysteriöse Fügung auf die exklusive Liste der Abonnenten einer außergewöhnlichen Nachrichtenagentur namens *Osservatore Politico* (O.P.) geraten war. Die Agentur war ein Einmannbetrieb und wurde von dem Journalisten Mino Pecorelli geleitet. Sie zeichnete sich dadurch aus, daß die Meldungen, die sie verbreitete und die sich oft wie aufgebauschte Enthüllungs- und Skandalgeschichten lasen, sich am Ende stets als zutreffend erwiesen. Zu den Lesern von O.P. gehörte, neben Spitzenpolitikern, Journalisten, politischen Auguren und anderen, die Wert darauf legten, wichtige Dinge frühzeitig zu erfahren, nun also unversehens auch Albino Luciani, und der Artikel, der ihm in jenen frühen Septembertagen ins Auge fiel, handelte von der »Großen Vatikan-Loge«. Er enthielt eine Aufzählung von 121 Namen von Personen, die, so wurde behauptet, Mitglieder einer Freimaurerloge waren. Unter den 121 fanden sich zwar etliche Laien, aber in der großen Mehrzahl handelte es sich um Kardinäle, Bischöfe und andere höherrangige Prälaten. Daß Pecorelli diese Liste veröffentlicht hatte, hatte einen einfachen Grund: Er lag im Zwist mit seinem Exgroßmeister Licio Gelli. Pecorelli war Mitglied der P2 gewesen und im Zorn von ihr geschieden.

Wenn die Angaben Pecorellis zutrafen, bedeutete dies, daß Luciani praktisch von Freimaurern umgeben war – und Freimaurer zu sein war normalerweise gleichbedeutend mit sofortiger Exkommunizierung.

Schon vor Beginn des Konklaves war verschiedentlich gemunkelt worden, daß mehrere der am höchsten gehandelten *papabili* Freimaurer seien. Jetzt, am 12. September, hatte der neue Papst die Liste mit den Namen vor sich. Luciani vertrat im Hinblick auf die Freimaurerei den Standpunkt, daß ein Priester auf keinen Fall Mitglied einer Loge sein konnte. Er wußte, daß eine Reihe katholischer Laien, die er persönlich kannte, Mitglieder in Freimaurerlogen waren. Er nahm dies ebenso in Kauf wie die Tatsache, daß andere Freunde, die er hatte, Kommunisten waren. Er hatte gelernt, mit solchen Dingen zu leben, aber wenn es um Männer im Priesterrock ging, legte er einen weit strengeren Maßstab an. Die römisch-katholische Kirche hatte vor langer Zeit ihre unmißverständliche Ablehnung des Freimaurertums kundgetan. Gewiß war der neue Papst bereit, über das Thema zu diskutieren, aber eine Liste mit den Namen von 121 eingeschriebenen Logenmitgliedern war für den Anfang einer Diskussion doch ein allzu forsches Argument.

Kardinalstaatssekretär Villot, Logenname Jeanni, Logennummer 041/3, aufgenommen in eine Züricher Loge am 6. August 1966. Vatikan-Außenminister Kardinal Agostino Casaroli. Kardinal Ugo Poletti, Vikar von Rom. Kardinal Baggio. Bischof Paul Marcinkus und Monsignore Donato des Bonis von der Vatikanbank. Der fassungslose Papst hielt eine Liste in Händen, die sich wie ein Who's Who des Vatikan las. Mit Erleichterung registrierend, daß weder

Benelli nach Kardinal Felici auf der Liste verzeichnet waren – sehr wohl aber der Sekretär des verstorbenen Papstes, Monsignore Pasquale Macchi –, griff Albino Luciani zum Telefon, rief Felici an und lud ihn zu einer Tasse Kaffee ein.
Felici machte den Papst darauf aufmerksam, daß ein ganz ähnliches Namensverzeichnis schon einmal vor über zwei Jahren, im Mai 1976, im Vatikan von Hand zu Hand gegangen war. Hinter dem erneuten Auftauchen der Liste stand offenbar der Wunsch, die Personalentscheidungen des neuen Papstes zu beeinflussen.
»Ist die Liste authentisch?« wollte Luciani wissen.
Felici antwortete, seiner Ansicht nach sei sie eine raffinierte Mischung: Manche der Genannten seien tatsächlich Freimaurer, andere dagegen nicht. Er analysierte: »Diese Liste mutet so an, also ob sie von der Lefebvre-Fraktion herrührte ... Nicht von unserem rebellischen französischen Bruder verfaßt, aber sicherlich von ihm verwendet.«
Bischof Lefebvre war seit Jahren ein Stachel im Fleisch der katholischen Kirche. Der Traditionalist, der im Zweiten Vatikanischen Konzil eine Ausgeburt des Ketzertums sah, wollte von den dort gefaßten Beschlüssen nichts wissen und ignorierte sie größtenteils. Mit seiner Forderung, die Messe dürfe ausschließlich in lateinischer Sprache gelesen werden, hatte er weltweit Schlagzeilen gemacht. Seine politisch als rechtsradikal einzuordnenden Anschauungen in einer Reihe von Fragen hatten Papst Paul veranlaßt, ihn öffentlich zu verurteilen. Was den neuen Papst betraf, so hatten die Anhänger Lefebvres zunächst einmal erklärt, daß sie seine Wahl nicht anerkennen würden, weil die über 80jährigen Kardinäle aus dem Konklave ausgeschlossen waren. Seine Entscheidung für den Namen Johannes Paul I. hatten sie als »ominös« kommentiert.
Luciani überlegte einen Moment lang. »Sie sagen, daß Listen wie diese schon seit über zwei Jahren kursieren?«
»Ja, Eure Heiligkeit.«
»Sind sie in die Hände der Presse gelangt?«
»Ja, Eure Heiligkeit. Die vollständige Liste ist allerdings nie veröffentlicht worden, nur der eine oder andere Name daraus.«
»Und die Reaktion des Vatikan?«
»Wie üblich. Keine Reaktion.«

Luciani lachte. Er mochte Pericle Felici. Bis in die Fingerspitzen ein Mann der Kurie und in seinem Denken ein Traditionalist, war der Kardinal gleichwohl ein witziger, geistreicher Mann von beachtlichem Format.

»Eminenz, die Reform des Kanonischen Rechts, der Sie einen so großen Teil Ihrer Zeit geopfert haben – hat der Heilige Vater daran gedacht, die Haltung der Kirche zur Freimaurerei zu ändern?«

»Er ist im Laufe der Jahre von verschiedenen Seiten dazu gedrängt worden. Von gewissen interessierten Gruppen, die für eine ›moderne‹ Einstellung plädierten. Der Heilige Vater war noch dabei, sich eine Meinung zu bilden, als er starb.«

Felici ließ im weiteren Verlauf des Gesprächs durchblicken, daß zu denen, die nachdrücklich für eine Lockerung der kanonischen Bestimmungen über die Unvereinbarkeit von Freimaurerei und katholischer Religionszugehörigkeit eintraten, Kardinalstaatssekretär Jean Villot gehörte.

In den Tagen nach dieser Unterredung nahm der Papst einige seiner zahlreichen Besucher prüfend ins Visier. Leider unterscheiden sich Freimaurer äußerlich in nichts vom Rest der Menschheit. Während Luciani mit diesem unvorhergesehenen Identifizierungsproblem beschäftigt war, schleusten mehrere Kurienmitglieder, die entschieden mit der reaktionären Weltanschauung eines Licio Gelli sympathisierten, eifrig Informationen aus dem Vatikan, Informationen, deren Endstation das Arbeitszimmer von Roberto Calvi in Mailand war.

Die Nachrichten aus dem Vatikan klangen beunruhigend. Calvi war überzeugt, daß der Papst auf Vergeltung für die Banca Cattolica Veneto sann. Er konnte sich nichts anderes vorstellen, als daß Luciani mit einer Durchleuchtung der Geschäftspraktiken der Vatikanbank den Zweck verfolgte, ihm mißliebige Personen und letztlich vor allem ihn, Calvi, zur Strecke zu bringen. Der Chef der Banco Ambrosiano dachte zurück an die Erbitterung der venezianischen Geistlichen und an die Proteste Lucianis im Zusammenhang mit der Banca Cattolica, er erinnerte sich daran, daß die Diözese ihre zahlreichen Konten aufgelöst und ihre Gelder einer Konkurrenzbank anvertraut hatte. Einige Tage lang spielte Calvi mit dem Gedanken, Luciani zu bestechen, vielleicht mit einem eindrucksvollen Geschenk an den

Vatikan oder mit der Einrichtung einer gut dotierten Stiftung für wohltätige Werke. Allein, alles was Calvi über Luciani in Erfahrung gebracht hatte, sagte ihm, daß er es hier mit einem Exemplar der Spezies Mensch zu tun hatte, wie es ihm in seinem Berufsleben noch kaum untergekommen war: mit einem völlig unbestechlichen Menschen.

Die Septembertage verflossen. Calvi war noch immer in Südamerika unterwegs – Uruguay, Peru, Argentinien. Stets weilten entweder Gelli oder Ortolani an seiner Seite. Wenn der Papst Marcinkus ablöste – und nach allem, was man hörte, war damit mit Sicherheit zu rechnen –, dann konnte er, Calvi, sich gleich unter einen Zug legen oder sich einen Strick kaufen. Wenn Marcinkus flog, dann würde sein Nachfolger sehr bald dahinterkommen, wie es um das Verhältnis zwischen der Vatikanbank und der Banco Ambrosiano bestellt war. Mennini und de Strobel würden ihre Posten verlieren. Die Bank von Italien würde eingeschaltet werden, und Roberto Calvi würde den Rest seines Lebens im Gefängnis verbringen.

Er hatte Vorkehrung für jeden erdenklichen Eventualfall, jede potentielle Gefahr, getroffen, hatte alle Lücken seines Systems abgedichtet. Was er geschaffen hatte, war perfekt. Es war ein neuer Stil: Nicht *ein* Diebstahl, nicht der eine große Coup; seine Masche war der beständige, unsichtbare Diebstahl – Diebstahl in einer bis dahin unvorstellbaren Größenordnung. Im September 1978 hatte Calvi insgesamt schon über 400 Millionen Dollar beiseite gebracht. Die Tochterfirmen in den entlegenen Steuerparadiesen; die ausländischen Partner; die Tarnfirmen – für die meisten Diebe mag ein geglückter Einbruch in einen Banktresor ein berauschendes Erfolgserlebnis sein, Calvi aber raubte, ohne sich staubig zu machen, gleichzeitig Dutzende von Banken aus. Und sie standen auch noch Schlange, um sich von ihm ausrauben zu lassen, balgten sich um die Ehre, der Banco Ambrosiano Geld leihen zu dürfen.

Jetzt, im besten Schwung seines unwiderstehlichen Aufstiegs, mußte er sich mit Prüfern von der italienischen Staatsbank herumschlagen, die sich nicht bestechen ließen und die mit jedem Tag dem Abschluß ihrer Untersuchung näherkamen. Gelli hatte Calvi zwar versichert, man könne und werde das Problem in den Griff bekommen, aber wie sollte selbst ein Gelli, bei allem Einfluß und aller Macht, die er ausübte, einen Papst in den Griff bekommen?

Das Problem fraß an Calvi, und Calvi fraß sich in das Problem hinein. Wie konnte er Luciani daran hindern, ihn zur Strecke zu bringen? Normalerweise konnte man auf einen Menschen Druck ausüben, ihn wenn nötig sogar bedrohen. Wenn das nichts fruchtete, gab es viele, die man unschwer dafür gewinnen konnte, einen solchen lästigen Menschen unschädlich zu machen – für immer. Aber das hier war kein gewöhnlicher Sterblicher, sondern ein Staatsoberhaupt. Was noch mehr zählte, es war der Papst. Wie stellte man es an, einen Papst durch Druck oder Drohungen einzuschüchtern?

Wenn durch irgendeine wundersame Fügung Albino Luciani tot umfiele, bevor er dazu kam, Marcinkus abzulösen, dann wäre zumindest einmal Zeit gewonnen; nur ein Monat, gewiß. Aber was konnte nicht alles in einem Monat passieren. Und was konnte nicht alles in einem neuen Konklave passieren. Es würde doch um Gottes willen nicht noch einmal ein Papst gewählt, der sich einbildete, die Finanzen des Vatikan reformieren zu müssen? Calvi schlug sich diese Gedanken aus dem Kopf; es waren Luftschlösser, Tagträume. Mit einem solchen Glücksfall konnte man unmöglich rechnen. Er wandte sich, wie er es in solchen Momenten immer getan hatte, an Licio Gelli und vertraute ihm seine schlimmsten Ängste an. Nach einem langen Auslandstelefonat mit Gelli fühlte Roberto Calvi sich etwas erleichtert. Gelli hatte ihm Zuversicht eingeflößt: Das »Problem« konnte und würde aus der Welt geschafft werden.

Unterdessen spielte sich im Apostolischen Palast rasch eine um den neuen Papst kreisende tägliche Routine ein. Wie er es zeit seines Lebens gehalten hatte, stand Luciani sehr früh auf. Vor die Wahl gestellt, in dem von Johannes XXIII. oder dem von Paul VI. benutzten Bett zu schlafen, hatte er sich für ersteres entschieden. Wie er von Pater Magee erfuhr, hatte Pauls Weigerung, das gleiche Bett wie sein Vorgänger zu benutzen, auf seiner »Achtung vor Papst Johannes« beruht. Luciani hatte ihm darauf geantwortet: »Ich werde wegen meiner Liebe zu ihm in seinem Bett schlafen.«

Wenn auch der Wecker auf dem päpstlichen Nachttisch jeden Abend auf fünf Uhr gestellt wurde, so war dies doch nur eine Vorsichtsmaßnahme für den Fall des Verschlafens. In der Regel wurde der Papst um halb fünf durch ein Pochen an seiner Tür geweckt. Dieses Pochen signalisierte ihm, daß Schwester Vincenza ein Kännchen Kaffee vor der Tür deponiert hatte. Selbst bei diesem schlichten Vorgang hatte die Kurie die Hand im Spiel gehabt. In Venedig war es stets so gewesen, daß die diensthabende Schwester an die Tür klopfte, mit einem Gutenmorgengruß hereinkam und Luciani den Kaffee ans Bett stellte. Die pflichteifrigen Monsignores im Vatikan sahen in diesem unschuldigen Ritual einen Verstoß gegen irgendeine imaginäre Protokollvorschrift und trugen ihre Bedenken dem verblüfften Luciani vor. Man einigte sich darauf, daß der Kaffee in dem ans Schlafgemach anstoßenden Arbeitszimmer abgestellt werden sollte. Die Gewohnheit, gleich nach dem Aufwachen eine Tasse Kaffee zu trinken, ging auf eine Operation wegen einer Fistel zurück, der Luciani sich vor vielen Jahren unterzogen hatte. Seit damals verspürte er beim Aufwachen einen unangenehmen Geschmack im Mund, den er mit Kaffee oder, wenn es keinen Kaffee gab, etwa auf Reisen, mit einem Bonbon vertrieb.

Nach dem Kaffee rasierte er sich und nahm ein Bad. Von fünf bis halb sechs übte er Englisch, mit Hilfe eines Audiosprachkurses auf Kassetten. Um halb sechs verließ der Papst sein Schlafzimmer und begab sich in die nahegelegene kleine Privatkapelle. Dort blieb er bis sieben Uhr, betend, meditierend und sein Brevier lesend.

Um sieben Uhr stießen gewöhnlich die anderen Mitglieder des päpstlichen Haushalts zu ihm, namentlich seine Sekretäre Pater Lorenzi und Pater Magee. Lorenzi, wie der Papst selbst ein Neuling im Vatikan, hatte Luciani gebeten, ob Magee, der bis dahin einer von Papst Pauls Sekretären gewesen war, nicht auf seinem Posten bleiben könne. Da der neue Papst bereits während der ersten beiden Tage nach seinem Amtsantritt einen guten Eindruck von Magee und insbesondere von dessen Geschick im Besorgen einer guten Tasse Kaffee gewonnen hatte, war er sogleich einverstanden gewesen.

Rechtzeitig zur allmorgendlichen Messe gesellten sich zu den drei Männern die Schwestern aus der Kongregation von Maria Bambina, zu deren Aufgaben es gehörte, für den Papst zu waschen, zu putzen und zu kochen. Die Mutter Oberin Elena und die Schwestern Margherita, Assunta, Gabriella und Clorinda erhielten bald Verstärkung: Auf Vorschlag Pater Lorenzis kam Schwester Vincenza aus Venedig in den Vatikan.

Vincenza hatte seit seiner Zeit in Vittorio Veneto in Lucianis Diensten gestanden; sie kannte seine Bedürfnisse und Gewohnheiten. Sie war mit ihm nach Venedig gegangen und hatte dort als Oberin der vier Nonnen amtiert, die den Patriarchen betreut hatten. 1977 war sie nach einer Herzattacke ins Krankenhaus eingeliefert worden. Die Ärzte hatten ihr gesagt, sie dürfe nie wieder arbeiten, allenfalls dürfe sie im Sitzen den anderen Schwestern Anweisungen erteilen. Sie hatte diese Mahnungen in den Wind geschlagen und ihr Amt weiterhin ausgeübt – der Köchin, Schwester Celestina, in die Töpfe geguckt und den Patriarchen ausgeschimpft, wenn er vergaß, seine Arznei gegen zu niedrigen Blutdruck einzunehmen.
Für Albino Luciani waren Vincenza und Pater Lorenzi die einzigen Bindeglieder zu seiner norditalienischen Heimat, einer Heimat, die er, wie er wußte, nur noch sehr selten wiedersehen würde. Wer zum Papst gewählt wird, muß nun einmal gleich an Ort und Stelle bleiben, wissend, daß er in den Räumen, die er gleich nach seiner Wahl bezieht, aller Wahrscheinlichkeit nach sterben wird.
Das eigentliche Frühstück mit Milchkaffee, einem Brötchen und Obst, wurde gleich im Anschluß an die Messe, um halb acht, eingenommen. Albino Luciani zu beköstigen war, wie Vincenza den anderen Nonnen erläuterte, ein mit beträchtlichen Frustrationen verbundenes Geschäft. Es war ihm nämlich in aller Regel gleichgültig, was auf den Tisch kam, und sein Hunger entsprach ungefähr dem eines Kanarienvogels. Wie viele, die die Armut am eigenen Leibe erfahren haben, verabscheute er jede Prasserei. Wenn einmal für Gäste etwas Besonderes gekocht wurde und etwas davon übrigblieb, pflegte er sich am Tag danach die aufgewärmten Reste auftragen zu lassen.
Beim Frühstück las Luciani mehrere italienische Morgenzeitungen. Er erweiterte die vorhandene Auswahl um die in Venedig erscheinende Tageszeitung *Il Gazzettino*. Zwischen acht Uhr und zehn Uhr zog der Papst sich in sein Arbeitszimmer zurück, um sich in aller Ruhe auf seine ersten Audienzen vorzubereiten. Zwischen zehn Uhr und 12.30 empfing er dann seine Besucher, die von Helfern wie Monsignore Jacques Martin, dem Präfekten des päpstlichen Haushalts, pünktlich zu den festgesetzten Terminen in den Audienzraum im zweiten Stock des Apostolischen Palastes vorgelassen

und wieder hinausgeleitet wurden, und unterhielt sich mit ihnen.
Martin und andere Kurienmänner stellten bald fest, daß Luciani seinen eigenen Kopf hatte. So kam es oft vor, daß er, alle mißmutigen Zeichen und Zuflüsterungen überhörend, im Gespräch mit Besuchern die vorgesehenen Zeiten überzog und den Terminkalender durcheinanderbrachte. In Männern wie Monsignore Martin manifestiert sich eine im Vatikan häufig anzutreffende Einstellung, die sich mit den Worten charakterisieren läßt: Wir würden mit allen unseren Aufgaben wunderbar fertig, wenn nur der Papst nicht wäre.
Das Mittagessen, eingeleitet mit *minestrone* oder *pasta,* gefolgt von einem Hauptgang aus dem Kochbuch Schwester Vincenzas, wurde um 12.30 serviert. Auch das paßte einigen Leuten nicht – Papst Paul hatte immer erst um halb zwei Uhr zu Mittag gegessen. Daß es über ein so banales Thema im Vatikan zu lebhaften Diskussionen kam, sagt viel über die dorfartige Struktur dieses Gemeinwesens aus. Wie ein Lauffeuer breitete sich beispielsweise die Nachricht aus, daß der neue Papst Angehörigen des weiblichen Geschlechts einen Platz an seiner Tafel eingeräumt hatte. Vermutlich sind seine Nichte Pia und seine Schwägerin auf diese Weise in die Annalen des Vatikan eingegangen.
Zwischen halb zwei und zwei Uhr legte Luciani eine kleine Mittagsruhe ein. Daran schloß sich ein Spaziergang im Dachgarten oder in den vatikanischen Gärten an. Manchmal wurde Luciani hierbei von Kardinal Villot begleitet; meistens aber nahm er sich ein Buch mit und las. Von seinem Brevier einmal abgesehen, suchte und fand er Zerstreuung bei der Lektüre von so unterschiedlichen Autoren wie Mark Twain und Sir Walter Scott. Kurz nach vier Uhr kehrte er in sein Arbeitszimmer zurück und durchforstete den Inhalt einer ihm von Monsignore Martin auf den Schreibtisch gelegten Aktenmappe, die unter anderem eine Liste der für den folgenden Vormittag zur Audienz Angemeldeten enthielt, mit einem ausführlichen Dossier zu jedem Namen. Um 16.30 empfing der Papst in seinem Arbeitszimmer, nebenbei an einer Tasse Kamillentee nippend, die »Tardella«, sein inneres Kabinett, bestehend aus verschiedenen Kardinälen, Erzbischöfen und Kongregationssekretären. Auf diesen

wichtigen Sitzungen wurden die Entscheidungen getroffen, die dafür sorgten, daß der komplizierte Apparat der katholischen Kirche störungsfrei lief.

Abendessenszeit war um 19.45 Uhr. Um acht Uhr sah der Papst sich gewöhnlich, noch während des Essens, die Abendnachrichten im Fernsehen an. Seine Tischgenossen waren, von gelegentlichen Gästen einmal abgesehen, die Patres Lorenzi und Magee.

Nach dem Essen widmete Luciani sich wieder der Vorbereitung auf die Audienzen des folgenden Tages; anschließend las er sein tägliches Brevier zu Ende, und um halb zehn herum zog er sich ins Schlafzimmer zurück.

Wie beim Mittagsmahl, begnügte sich Luciani auch beim Abendessen mit schlichten, anspruchslosen Gerichten. Am 5. September bewirtete er einen Priester aus Venetien, Pater Mario Ferrarese. Die gleichsam entschuldigende Begründung, mit der er die Einladung Ferrareses an die päpstliche Tafel rechtfertigte, war die Begleichung einer Gastgeberschuld – er war in Venedig Gast von Pater Mario gewesen. Die Einladungen der Reichen und Mächtigen Italiens, die ihm auf den Tisch flatterten, interessierten Luciani nicht. Er zog die Gesellschaft eines gewöhnlichen Gemeindepfarrers vor. An diesem 5. September wurde das Essen von zwei Angestellten des päpstlichen Hausstaats aufgetragen, den Brüdern Guido und Gian Paolo Guzzo. Der Papst ließ sich Neues aus Venedig berichten und sagte dann leise:

»Bitte die Menschen dort, für mich zu beten, denn Papst zu sein, ist nicht leicht.«

An die Guzzo-Brüder gewandt, sagte der Papst: »Da wir einen Gast haben, müssen wir einen Nachtisch anbieten.« Es dauerte eine Weile, doch dann wurden zwei Eisbecher aufgetischt. Für Gäste der päpstlichen Tafel stand stets Wein bereit. Luciani selbst blieb allerdings seinem Mineralwasser treu.

Dies war der Tagesablauf von Papst Johannes Paul I. – ein Tagesablauf, an dem er ausgesprochenes Vergnügen fand, manchmal zum Verdruß anderer. Zuweilen legte er ganz unvorhergesehen einen Spaziergang durch die vatikanischen Gärten ein. Warum nicht? könnte man denken. Allein, ein spontaner Abstecher dieser Art stürzte das vatikanische Protokoll und namentlich die Schweizergarde in helle Aufregung. Ohnehin hatte der Papst bei den leitenden Offizieren der Garde mit seiner Gewohnheit Befremden ausgelöst, hin und wieder Gespräche mit wachestehenden Gardisten anzufangen oder sich zu verbitten, daß sie auf die Knie fielen, wenn sie ihn kommen sahen. Wie er Pater Magee erklärte: »Wer bin ich, daß sie vor mir in die Knie gehen müßten?«

Monsignore Virgilio Noe, der Zeremonienmeister, bat ihn, nicht mit den Wachen zu sprechen und sich mit einem schweigenden Kopfnicken zu begnügen. Der Papst wollte wissen, warum. Noe hob entgeistert die Arme. »Heiliger Vater, es ist nicht üblich. Kein Papst hat je mit ihnen gesprochen.«

Albino Luciani lächelte und sprach weiterhin mit den Wachen. Welcher Kontrast gegenüber den frühen Jahren des Pontifikats von Paul VI., als Priester und Nonnen beim Gespräch mit dem Papst stets knieten, selbst wenn es ein Telefongespräch war.

Auch Lucianis emanzipiertes Verhältnis zum Telefon irritierte viele Traditionalisten in der Kurie. Sie mußten sich jetzt an einen Papst gewöhnen, der sich für befähigt hielt, mit eigenen Fingern Nummern zu wählen und Anrufe entgegenzunehmen. Er telefonierte mit Freunden in Venedig. Er rief diese oder jene Schwester Oberin an, einfach um sich mit ihr zu unterhalten. Als er seinem Freund, Pater Bartolomeo Sorges, sagte, er wünsche sich, daß der Jesuitenpriester Pater Dezza ihm die Beichte abnehme, rief keine Stunde später Pater Dezza an, um einen Termin für seinen Besuch zu vereinbaren. Er verlangte, den Sekretär des Papstes zu sprechen. Die Stimme am Telefon antwortete ihm: »Es tut mir leid, der Sekretär des Papstes ist im Augenblick nicht da. Kann ich Ihnen helfen?«

»Ja, mit wem spreche ich denn?«

»Mit dem Papst.«

Nein, so ging es einfach nicht. Das hatte es nie gegeben, und das wird es vielleicht nie wieder geben. Die zwei Männer, die als Lucianis Sekretäre amtierten, bestreiten vehement, daß solches sich jemals zutrug. Es war undenkbar. Und doch steht fest, daß es so war.

Luciani begann sich im Vatikan mit seinen 10 000 Zimmern und Sälen, mit seinen 997 Treppen (darunter 30 Geheimtreppen) umzusehen. Hin und wieder brach er unangekündigt zu einem Erkundungsgang auf, entweder allein oder in Begleitung von Pater Lorenzi, und tauchte überraschend in den Amtsräumen einer Kurienabteilung auf.

»Ich mache mich nur mit den Örtlichkeiten vertraut«, erklärte er einmal einem verblüfft aufspringenden Erzbischof Caprio, dem stellvertretenden Chef des Staatssekretariats.

Es gefiel ihnen nicht. Es gefiel ihnen gar nicht. Die Mitglieder der Kurie waren an einen Papst gewöhnt, der seinen Platz im Vatikan kannte, der sich der eingespielten bürokratischen Mechanismen bediente. Dieser Neue war überall, interessierte sich für alles und wollte, was noch schlimmer war, alles mögliche verändern. Das Tauziehen um die unselige Sedia gestatoria zog erstaunliche Kreise. Luciani hatte das Möbel in die Rumpelkammer verbannt. Die Traditionalisten kämpften um seine Rehabilitierung. Daß ein Papst seine Zeit mit Auseinandersetzungen über solche Bagatellen vertun mußte, wirft ein bezeichnendes Licht auf das geistige Format gewisser Teile der Römischen Kurie.

Luciani redete Monsignore Noe und dessen Miteiferern zu wie störrischen Kindern. Er erklärte ihnen, er wolle auch bei öffentlichen Auftritten auf eigenen Füßen gehen, weil er nicht glaube, daß er besser sei als irgendein anderer Mensch. Er verabscheute die Sänfte und alles, wofür sie stand. »Ja, aber die Menge kann Sie nicht sehen«, erwiderte die Kurie. »Die Leute wollen die Sänfte wiederhaben. Alle sollten den Heiligen Vater sehen können.« Ungerührt erklärte ihnen Luciani, daß er doch oft im Fernsehen gezeigt werde und daß er jeden Sonntag auf den Balkon des Petersdoms trete, um den Angelus zu beten. Er erklärte auch, wie sehr ihm der Gedanke mißfalle, gewissermaßen auf dem Rücken anderer Menschen zu reiten. »Aber Eure Heiligkeit«, sagte die Kurie, »wenn Sie sich noch größere Demut auferlegen wollen, als Sie sie schon jetzt sichtbar beweisen, was könnte ein demutsvolleres Opfer sein, als sich in dieser Sänfte tragen zu lassen, die Sie so sehr verabscheuen?« Diesem Argument gab der Papst sich geschlagen. Zu seiner zweiten Generalaudienz ließ er sich auf der Sedia gestatoria in den Nervi-Saal tragen.

Solche und andere Wehwehchen der Kurie beanspruchten zwar einen Teil von Lucianis Zeit, aber in der Mehrzahl seiner Arbeitsstunden konnte er sich doch ernsteren Problemen widmen. Er hatte vor dem diplomatischen Korps verkündet, daß der Vatikan allen Ansprüchen auf weltliche Macht entsagen werde. Nun entdeckte er sehr schnell, daß praktisch jedes wichtige Weltproblem in Form eines schriftlichen Vorgangs auf seinem Schreibtisch landete. Mit einer religiösen Gefolgschaft, die einem Anteil von über 18 Prozent an der Weltbevölkerung entspricht, stellt die Kirche einen gewichtigen Machtfaktor dar. In dieser Eigenschaft kann sie sich der Pflicht nicht entziehen, zu einer breiten Palette von Problemen Stellung zu beziehen und Positionen zu formulieren.

Wie wollte Albino Luciani sich zu alle jenen Despoten und Diktatoren stellen, die über Länder mit bedeutender katholischer Bevölkerung herrschten? Wie würde er sich zu der Marcos-Clique auf den Philippinen mit ihren 43 Millionen Katholiken stellen? Zu Pinochet, den durch einen blutigen Putsch an die Macht gekommenen starken Mann Chiles mit seinem katholischen Bevölkerungsanteil von über 80 Prozent? Zu General Somoza, dem vom Finanzberater des Vatikan, Michele Sindona, so bewunderten Diktator von Nicaragua? Wie wollte Luciani seinen Plan, die römisch-katholische Kirche wieder zu einer Heimstätte der Armen und Entrechteten zu machen, in einem Land wie Uganda verwirklichen, wo fast täglich katholische Priester bei Unglücksfällen starben, die Idi Amin inszenierte? Welche Botschaft hatte er für die Katholiken von El Salvador bereit, einem Land, in dem man in den Augen mancher Mitglieder der herrschenden Clique fast schon als Staatsfeind galt, wenn man katholisch war? In einem Land mit einem katholischen Bevölkerungsanteil von 95 Prozent war dies beinahe schon ein Rezept für einen Völkermord – und ein Problem, das ein bißchen schwerer wog als die Sorgen der Kurie um die päpstliche Sänfte.

Wie würde der Mann, der von seiner Kanzel in Venedig herab mit dem Kommunismus hart ins Gericht gegangen war, vom Balkon des Petersdoms herab zur kommunistischen Welt sprechen? Würde er, der als Kardinal das atomare »Gleichgewicht des Schreckens« bejaht hatte, zu dieser Haltung stehen, wenn die einseitigen Abrüster dieser Erde an sein Audienzzimmer pochten?

Auch in seinem ureigensten Revier hatte er von Papst Paul eine schier endlose Liste ungelöster Probleme geerbt. Viele Priester drängten auf eine Aufhebung des Zölibatzwangs. Es gab Bestrebungen, die Zulassung von Frauen zum Priesterberuf durchzusetzen. Es gab Gruppen, die für eine Reform des Kanonischen Rechts in bezug auf Scheidung, Abtreibung, Homosexualität und ein Dutzend weiterer »Verfehlungen« forderten. Alle diese Bitten, Forderungen, Empfehlungen und dringenden Anträge brachen auf einen Mann herein.

Der neue Papst lieferte schnell den Beweis dafür, daß er, um mit dem Exsekretär von Papst Johannes XXIII., Monsignore Loris Capovilla zu sprechen, »mehr im Laden hatte, als er ins Schaufenster legte«. Als sein Außenminister Monsignore Agostino Casaroli dem Papst sieben Fragen vorlegte, die die Beziehungen der Kirche zu verschiedenen Ländern Osteuropas betrafen, erteilte Albino Luciani ihm die Antwort auf fünf der Fragen sofort und bat für die beiden restlichen um ein wenig Bedenkzeit. Ein verblüffter Casaroli kehrte in sein Büro zurück und erzählte einem Kollegen, was sich zugetragen hatte. Der Kollege fragte: »Waren es die richtigen Lösungen?« – »Die absolut richtigen in meinen Augen. Es hätte mich ein Jahr gekostet, von Paul diese Antworten zu bekommen.«

Ein anderes Problem, mit dem der neue Papst konfrontiert wurde, betraf Irland und die Haltung der Kirche zur IRA. Viele waren der Meinung, daß die katholische Kirche das fortdauernde Blutvergießen in Nordirland nicht entschieden genug verurteilt hatte. Nur wenige Wochen vor Lucianis Wahl hatte der allirische Primas, Erzbischof O'Fiaich, mit seiner anklagenden Kritik an den Zuständen im Maze-Gefängnis von Long Kesh Schlagzeilen gemacht. O'Fiaich hatte nach der Besichtigung des Gefängnisses erklärt, er sei schokkiert gewesen über den »Gestank und Dreck in manchen Zellen, mit verfaulten Essensüberresten und menschlichen Exkrementen in den Ecken und an den Wänden«. Eine ganze Reihe weiterer ähnlicher Vorwürfe folgte. An keiner Stelle der sehr langen, mit beachtlichem Professionalismus mediengerecht aufbereiteten Verlautbarung des Erzbischofs stand ein Wort davon, daß die geschilderten Zustände von den Inhaftierten selbst verursacht waren.

Irland besaß zu dieser Zeit keinen Kardinal. Von verschiedenen Seiten wurde Luciani zugunsten dieses oder jenes Kandidaten bedrängt. Manche favorisierten O'Fiaich; andere allerdings waren der Meinung, schon die Ernennung O'Fiaichs zum Erzbischof von Armagh sei ein katastrophales Malheur gewesen.

Albino reichte seinem Staatssekretär das Dossier über O'Fiaich zurück und sagte kopfschüttelnd: »Ich glaube, Irland verdient einen Besseren.« Die Kandidatensuche begann von neuem.

Im September 1978 galten die Wirren im Libanon noch nicht als drängendes Weltproblem. Seit zwei Jahren herrschte eine Art Frieden, durchsetzt von sporadischen Kämpfen zwischen syrischen Truppen und christlichen Milizen. Lange vor irgendeinem anderen Staatsoberhaupt erblickte der stille kleine Priester aus Venetien im Libanon ein potentielles Schlachtfeld. Er erörterte das Problem ausführlich mit Casaroli und erklärte diesem, er wolle gerne noch vor Weihnachten 1978 Beirut besuchen.

Einer der Männer, die Luciani am Vormittag des 15. September zur Audienz empfing, war Kardinal Gabriel-Marie Garrone, Präfekt der Kongregation für die Katholische Glaubenslehre. Das Gespräch zwischen ihnen war ein ausgezeichnetes Beispiel dafür, wie bemerkenswert die Gaben Lucianis waren. Garrone war gekommen, um mit dem Papst die Erklärung »Sapientia Christiana« zu erörtern, die sich mit der Apostolischen Verfassung und mit den die Arbeit der katholischen Lehreinrichtungen in aller Welt regelnden Weisungen und Bestimmungen befaßte. Vor 15 Jahren hatte das Zweite Vatikanische Konzil die Richtlinien für den Seminarbetrieb reformiert. Nach zweijähriger interner Diskussion hatte die Römische Kurie ihre Vorschläge mit der Bitte um Kommentierung den Bischöfen in aller Welt zugeschickt. Danach waren alle wichtigen Dokumente bei zwei Beratungssitzungen der Kurie, an denen auch kurienfremde Fachleute teilnahmen, erörtert worden. Die dabei erzielten Ergebnisse waren wiederum von mindestens sechs Abteilungen der Kurie überarbeitet und die endgültigen Vorschläge dann im April 1978, 16 Jahre nach den ersten Reformbeschlüssen in dieser Sache, Papst Paul VI. vorgelegt worden. Paul hatte die Vorlage abgesegnet und sie am 29. Juni, dem Tag von Peter und Paul, als offiziellen Beschluß verkünden wollen; allein, ein Dokument mit einer Trächtigkeitszeit von an die 16 Jahren ließ sich nicht so schnell durch die Übersetzungsabteilung der Kurie schleusen. Als es endlich soweit war, war Papst Paul tot. Wenn ein kirchlicher Beschluß beim Tode eines Papstes noch nicht verkündet ist, wird er nichtig, es sei denn, der Nachfolger bestätigt ihn. So ist es verständlich, daß Kardinal Garrone seiner Audienz bei dem neuen Papst mit beträchtlichem Bangen entgegensah. Das Resultat von 16 Jahren Arbeit würde Makulatur sein, wenn Luciani die Beschlußvorlage ablehnte. Der ehemalige Seminarlehrer aus Belluno erklärte Garrone, er habe den Großteil des gestrigen Tages damit zugebracht, das Dokument zu studieren. Dann begann er es mit ihm in großer Ausführlichkeit und bis in die Details hinein zu erörtern, ohne dabei auch nur einen Blick in die Unterlagen zu werfen. Die Tatsache, daß, und die Art, wie der Papst die höchst komplizierte Thematik erfaßt und verstanden hatte, setzte Garrone in Erstaunen. Die Audienz endete damit, daß Luciani dem Dokument seine Zustimmung erteilte und seine Veröffentlichung auf den 15. Dezember festsetzte.

Wie Casaroli, Baggio, Lorscheider und eine Reihe weiterer Kirchenmänner vor ihm, war auch Garrone von seinem Gesprächspartner tief beeindruckt. Auf dem Rückweg zu seinem Büro begegnete er zufällig Monsignore Scalzotto von Propaganda Fide und sagte zu ihm: »Ich habe gerade mit einem großen Papst gesprochen.«

Der Papst wühlte sich weiter geduldig durch den von Paul hinterlassenen Berg von Problemen. Eines dieser Probleme betraf John Cody, den Kardinal aus einer der wohlhabendsten und einflußreichsten Diözesen der Welt, Chicago.

Daß ein Kardinal, irgendein Kardinal, im Vatikan als ernster Problemfall betrachtet wird, ist ungewöhnlich; aber Cody war schließlich auch ein sehr ungewöhnlicher Mann, ein Mann, über den in den zehn Jahren vor der Wahl Lucianis etliche höchst bemerkenswerte Behauptungen kursiert waren. Wenn davon auch nur der zwanzigste Teil zutraf, dann war Cody eigentlich als Priester und erst recht als Kardinal fehl am Platz.

Vor seiner Berufung zum Erzbischof von Chicago im Jahr 1965 hatte Cody an der Spitze der Diözese New Orleans gestanden. Viele der Priester, die in New Orleans mit ihm zusammenzuarbeiten versucht hatten, können davon noch heute ein Lied singen. Wie einer mir sagte: »Als dieser Dreckskerl Chicago bekam, haben wir eine Fete gefeiert und das Tedeum gesungen. Was uns anging, so verbuchten wir den Wechsel als Glück für uns und Pech für Chicago.«

Bei meinem Gespräch mit dem namhaften katholischen Soziologen, Autor und langjährigen Kritiker Codys, Pater Andrew Greeley, über das Wirken des Kardinals in Chicago erwähnte ich, daß ein anderer Chicagoer Geistlicher Kardinal Cody mit Commander Queeg verglichen hatte, dem von Verfolgungswahn besessenen, tyrannischen Kapitän aus dem Roman *Die Caine war ihr Schicksal*. Pater Greeley antwortete: »Ich glaube, das ist ungerecht gegenüber Commander Queeg.«
Nachdem Kardinal Cody sein Amt in Chicago angetreten hatte, wurde es dort üblich, Vergleiche zwischen ihm und Bürgermeister Richard Daley anzustellen, einem Mann, dessen Art, die Stadt zu regieren, nur zufällig demokratisch war. Ein grundlegender Unterschied bestand jedoch. Daley mußte sich, zumindest formal, alle vier Jahre den Wählern stellen. Wenn sie seinem politischen Apparat zu widerstehen vermochten, konnten sie ihn aus dem Amt wählen. Cody war in das seine nicht gewählt worden. Er würde es für unbegrenzte Zeit behalten, es sei denn, daß Rom einen dramatischen Eingriff vornähme. Cody pflegte gern zu sagen: »Ich bin niemandem verantwortlich außer Rom und Gott.« Wie die Ereignisse zeigten, dachte er nicht daran, sich Rom gegenüber zu verantworten. Blieb also nur Gott übrig.
Als Cody nach Chicago kam, stand er in dem Ruf, ein ausgezeichneter Finanzverwalter und ein fortschrittlicher Liberaler zu sein, der in New Orleans lange und heftig für die Rassenintegration an den Schulen gekämpft hatte; er galt außerdem als ein Mann, der anderen sehr viel abverlangte. Was die beiden erstgenannten Qualitäten betraf, so verwelkten die Vorschußlorbeeren sehr bald: Als Schatzmeister der Amerikanischen Kirche investierte er im Juni 1970 zwei Millionen Dollar in Aktien der Eisenbahngesellschaft Penn Central. Wenige Tage später stürzten die Kurse ins Bodenlose, und die Gesellschaft ging in Konkurs. Cody hätte diese Investition gar nicht tätigen dürfen; sein rechtmäßig gewählter Nachfolger war zu diesem Zeitpunkt schon im Amt. Cody weigerte sich, ihm die Kontobücher auszuhändigen, und gab sie erst einige Zeit nach dem Verlustgeschäft heraus. Er überstand den Skandal.
Schon in den ersten Wochen nach seiner Ankunft in Chicago demonstrierte Cody an einigen seiner Priester, was von seinem fort-

schrittlichen Liberalismus zu halten war. Er entdeckte in den Papieren seines Vorgängers, Kardinal Albert Meyer, eine Liste mit den Namen von »Problempriestern«, Männern, die dem Alkohol verfallen, senil oder aus anderen Gründen ihrer Aufgabe nicht gewachsen waren. Er gewöhnte sich an, je einen von ihnen am Sonntagnachmittag zu Hause zu besuchen. Das endete zumeist damit, daß er den betreffenden Priester persönlich entließ und ihm zwei Wochen Zeit gab, um das Pfarrhaus zu räumen. Es gab um diese Zeit, Mitte der 60er Jahre, für Priester in Chicago keine Pensionskasse, keine Ruhestandsregelungen oder Versicherungspolicen. Viele der von Cody geschaßten Männer waren über 70. Er jagte sie einfach auf die Straße.

Er fing an, Priester aus einem Teil der Stadt in einen anderen zu versetzen, ohne vorherige Aussprache oder Ankündigung. Ähnlich hemdsärmelig ging er auch bei der Schließung von Pfarrstellen, Schulen und Klöstern zu Werke. In einem Fall rückte eine Abbruchfirma auf Weisung Codys an und begann mit dem Niederreißen eines Pfarrhauses und eines dazugehörigen Konvents, während die Bewohner in der Badewanne und am Frühstückstisch saßen.

Es scheint, daß eins der grundlegenden Probleme Codys darin bestand, daß er absolut unfähig war, das Zweite Vatikanische Konzil als Realität anzuerkennen. Dort war unendlich viel von der Teilung der Macht, von einem kollegialen Modus der Entscheidungsfindung die Rede gewesen. Nichts davon scheint bis in die Villa des Kardinals gedrungen zu sein.

Früh schon bildete sich in der Diözese Chicago mit ihren 2,4 Millionen Katholiken eine Front zwischen Freunden und Gegnern Codys. Die Masse der Gläubigen der Stadt fragte sich zunächst noch irritiert, was vorging.

Die Priester schlossen sich in einer Art Gewerkschaft, der A.C.P. (Association of Chicago Priests), zusammen. Deren Forderungen nahm Cody zum allergrößten Teil einfach nicht zur Kenntnis. Briefe, in denen die A.C.P. ihn um die Teilnahme an Versammlungen bat, blieben unbeantwortet. Bei Anrufen war der Kardinal für sie grundsätzlich »nicht zu erreichen«. Viele gaben den Kampf um mehr innere Demokratie in der Kirche auf, nur einige führten ihn weiter. Innerhalb eines Jahrzehnts zog ein Drittel der Chicagoer

Geistlichen den Priesterrock aus. Ungerührt von diesen unübersehbaren Signalen dafür, daß etwas ungeheuer faul war im Staate Illinois, behauptete Kardinal Cody weiterhin, seine Gegner stellten »nur eine lautstarke Minderheit« dar.
Der Kardinal prangerte auch die lokale Presse als voreingenommen und böswillig an. In Wirklichkeit bewiesen die Chicagoer Nachrichtenmedien fast die ganze Amtszeit Codys über ein außerordentliches Maß an Fairneß und Toleranz.
Der Mann, der in New Orleans für die Rassenintegration gekämpft hatte, profilierte sich jetzt in Chicago als der Mann, der die schwarzen Schulen mit der Begründung schloß, die Kirche könne sich deren Betrieb nicht mehr leisten – dies in einer Diözese mit Einkünften von an die 300 Millionen Dollar jährlich.
Wie vieles von dem, was er tat, verfügte Cody auch viele Schulschließungen, ohne zuvor mit irgend jemandem darüber gesprochen oder jemanden informiert zu haben, die Schulleitung eingeschlossen. Als er als »Rassist« beschimpft wurde, verteidigte er sich mit dem Argument, viele der Farbigen seien Nichtkatholiken, und er halte es nicht für die Pflicht der katholischen Kirche, schwarzen Mittelschichtsprotestanten eine Schulbildung zu ermöglichen. Allein, er tat sich schwer, das Etikett des Rassisten wieder abzuschütteln.
Im Verlauf der Jahre vermehrten und verschärften sich die Vorwürfe und Anklagen, die gegen Cody erhoben wurden. Seine Konflikte mit großen Teilen seiner eigenen Priesterschaft wurden immer verbissener. Im gleichen Maß nahm sein Verfolgungswahn zu.
Er begann Geschichten über geheime Spionagetätigkeiten zu erzählen, für die die US-Regierung ihn angeworben habe. Er prahlte mit den Diensten, die er dem FBI angeblich erwiesen hatte. Er berichtete Priestern, daß er auch Sonderaufträge für die CIA ausgeführt habe, unter anderem in Saigon. Die Details waren stets sehr vage, aber wenn etwas Wahres an Codys Erzählungen war, dann hatte er schon seit Beginn der 40er Jahre im Auftrag staatlicher Stellen nachrichtendienstliche Aufträge ausgeführt. Es hatte den Anschein, als ob John Patrick Cody, der Sohn eines Feuerwehrmanns aus St. Louis, ein Leben mit doppeltem Boden geführt hatte.
Der Nimbus, mit Geld umgehen zu können, den Cody mit nach

Chicago gebracht hatte und der durch das Zwei-Millionen-Dollar-Debakel mit den Penn-Central-Aktien schon etwas angekratzt war, bekam weitere Sprünge, als einige seiner Kritiker Näheres über den bisherigen Verlauf seiner höchst farbigen Karriere herausfanden. Zwischen seinen wirklichen oder eingebildeten Missionen in Feindesland war es ihm ungewollt gelungen, eine Sektion der katholischen Kirche in den Zustand der Armut zu versetzen, allerdings nicht ganz in dem Sinne, wie es Albino Luciani vorschwebte. Er hatte der Diözese von Kansas City, St. Joseph, 30 Millionen Dollar Schulden hinterlassen. Dasselbe Kunststück hatte er in New Orleans vollbracht – wodurch das Tedeum, das dort aus Dankbarkeit über seinen Weggang gesungen wurde, noch verständlicher wird. In Kansas City hatte er wenigstens ein dauerhaftes Denkmal seines Wirkens hinterlassen: Für viel Geld hatte er dort die Kuppel der restaurierten Kathedrale vergolden lassen.
In Chicago begann Cody bald damit, diejenigen Priester und Nonnen, die er der Illoyalität verdächtigte, auf Schritt und Tritt überwachen zu lassen. Dossiers wurden angelegt. Geheime Verhöre mit Freunden von »Verdächtigen« wurden die Regel. Was all dies mit dem christlichen Evangelium zu tun hatte, blieb Codys Geheimnis.
Als einige dieser Aktivitäten des Kardinals in Form von Beschwerden aus Chicagoer Priesterkreisen nach Rom drangen, stürzten sie Papst Paul VI. in Unruhe und Verzweiflung. Obwohl spätestens Anfang der 70er Jahre kein Zweifel mehr daran bestehen konnte, daß der ranghöchste Würdenträger der katholischen Kirche in Chicago unfähig war, seine Diözese zu führen, verharrte der Papst, einer eigenartigen Güterabwägung gehorchend, in Unschlüssigkeit. Das Bestreben, Kardinal Cody nicht weh zu tun, wog für ihn allem Anschein nach schwerer als die Sorge um das Wohlergehen von 2,4 Millionen Gläubigen. Einer der erstaunlichsten Aspekte der Cody-Affäre ist, daß dieser Mann, offenbar ohne irgend jemandem Rechenschaft ablegen zu müssen, ganz allein die Einkünfte der katholischen Kirche in Chicago kontrollierte. Die Aufgabe, einen Betrag von 250 bis 300 Millionen Dollar jährlich zu verwalten und mit einem Maximum an Effektivität zu verausgaben, würde die Kräfte selbst eines psychisch intakten und hochintelligenten Men-

schen überfordern. Daß man einen Mann wie Cody mit solchen Summen schalten und walten ließ, ist schlechthin unbegreiflich.
Das Gesamtvermögen der Diözese von Chicago betrug 1970 über eine Milliarde Dollar. Da Kardinal Cody nicht bereit war, einen überprüfbaren jährlichen Rechenschaftsbericht vorzulegen, gingen die Priester in verschiedenen Chicagoer Gemeindebezirken dazu über, Geldbeträge einzubehalten, die unter besseren Umständen an den Kardinal weitergeleitet worden wären. 1971 schließlich, sechs Jahre nach Beginn seiner despotischen Herrschaft, bequemte Cody sich zur Herausgabe eines Dokuments, das ein Rechenschaftsbericht für mehrere zurückliegende Haushaltsjahre zu sein vorgab.
Es waren seltsame Abrechnungen. Sie enthielten keine Angaben über Immobilienkäufe. Sie enthielten keine Angaben über Wertpapierinvestitionen. Was die Einkünfte der Friedhofsverwaltungen betraf, so offenbarten sich wenigstens in dieser Beziehung Zeichen für ein Leben nach dem Tode. Diese Einkünfte bewegten sich nämlich sehr lebhaft. Sechs Monate vor der Veröffentlichung der Berichte hatte Cody einem Mitarbeiter anvertraut, die Summe liege bei 50 Millionen Dollar. In den veröffentlichten Abrechnungen waren es dann auf einmal nur noch 36 Millionen. Denkbar, daß für einen Mann, der die Gabe besaß, gleichzeitig in Rom, in Saigon, im Weißen Haus, im Vatikan und in seinem Chicagoer Kardinalssitz zu sein, das Verschwinden von 14 Millionen Dollar aus Friedhofseinkünften eine Bagatelle war.
Diözesangelder in Höhe von 60 Millionen Dollar waren in Chicago mündelsicher angelegt. Cody weigerte sich, irgend jemandem zu sagen, in welcher Form die Gelder angelegt waren und wem die Zinsen zugute kamen.
Zu den wichtigsten persönlichen Trümpfen des Kardinals gehörte die Tatsache, daß er sich im Laufe der Jahre in kluger Voraussicht eine große Anzahl einflußreicher Freunde innerhalb des hierarchischen Apparats der Kirche herangezogen hatte. Die diesbezüglichen Investitionen, die er im Zug seiner Vorkriegstätigkeit in der Römischen Kurie getätigt hatte – er hatte zunächst am Nordamerikanischen Kolleg in Rom und daran anschließend im Büro des Staatssekretärs gearbeitet –, trugen jetzt, wo es darauf ankam, reiche Früchte. Cody war immer schon ein Mann mit einem Blick für das

Wesentliche gewesen. Indem er sich die Gunst Pius' XII. und des späteren Paul VI. erwarb, schuf er sich einen machtvollen Rückhalt in Rom.
Die Chicago-Connection war für den Vatikan in den frühen 70er Jahren einer der wichtigsten Außenposten in den USA. Das Gros der Wertpapierinvestitionen der Vatikan GmbH am amerikanischen Kapitalmarkt wurde über die Continental Illinois abgewickelt. Im Aufsichtsrat dieser Bank saß Seite an Seite mit David Kennedy, einem Busenfreund Michele Sindonas, der Jesuitenpriester Raymond C. Baumhart. Die großen Geldbeträge, die Cody seinerseits nach Rom schleuste, wurden zu einem wichtigen Stützpfeiler der vatikanischen Finanzpolitik. Cody mochte ein schlechter Hirte seiner Priester und Gläubigen sein, doch wenn es galt, Geld zu beschaffen, stand er zweifellos seinen Mann. Als der Bischof, der der Diözese von Reno vorstand, ein paar »glücklose Investitionen« tätigte und damit die Finanzen der Diözese völlig ruinierte, wandte sich der Vatikan an Cody mit der Bitte, dem Mann aus der Patsche zu helfen. Cody rief seine Bankiersfreunde an, und das nötige Geld war schnell beisammen.
Zu besonderer Innigkeit entwickelte sich mit den Jahren die Freundschaft zwischen Cody und Marcinkus; beide hatten so viel gemeinsam, so viele zinstragende Interessen. Cody begann in den 70er Jahren, über die Continental Illinois Hunderttausende von Dollars, die zu einem nicht geringen Teil von der sehr starken polnischen Bevölkerungsgruppe in Chicago stammten, an Marcinkus in der Vatikanbank zu transferieren. Marcinkus verteilte dann das Geld an die polnischen Kardinäle.
Zusätzliche »Versicherungspolicen« erwarb sich Cody, indem er den Reichtum seiner Diözese über gewisse Abteilungen der Römischen Kurie ausschüttete. Wann immer er den Vatikan besuchte – und er reiste über hundertmal nach Rom –, brachte er teure Geschenke mit und plazierte sie dort, wo er sich den meisten Nutzen davon versprach. Ein goldenes Feuerzeug für Monsignore X, eine Patex-Philippe-Uhr für Bischof Y.

So viele Klagen, wie über ihn in Rom eingingen, konnte Cody jedoch auch mit seinen teuren Geschenken nicht aufwiegen. In der

Heiligen Kongregation für die Katholische Glaubenslehre, die in Fragen der theologischen Orthodoxie und der innerkirchlichen Moral eine Aufpasserfunktion erfüllte, stapelten sich die Briefe in ständig wachsenden Stößen. Sie kamen nicht nur von Chicagoer Priestern und Nonnen, sondern von Männern und Frauen aus den verschiedensten Berufen und Stellungen. Erzbischof Jean Hamer, O.P., der Präfekt der Kongregation, wälzte das Problem. Gegen einen untragbar gewordenen Priester vorzugehen, war verhältnismäßig einfach. Nach Abschluß der einschlägigen Ermittlungen pflegte die Kongregation den zuständigen Bischof zur Entfernung des Betroffenen aus seinem bisherigen Wirkungsfeld aufzufordern. Wen aber konnte man zur Entfernung eines Kardinals auffordern?

Die Chicagoer »Priestergewerkschaft« trat mit Vorwürfen gegen Cody an die Öffentlichkeit; sie erklärte, er belüge sie notorisch. Wenig später kam es zu einem Mißtrauensvotum der Chicagoer Priesterschaft gegen den Kardinal. Doch Rom rührte keinen Finger.

Erzbischof Hamer war nicht der einzige hohe Würdenträger der Römischen Kurie, der von den Problemen mit der Chicago-Connection wußte: Die Kardinäle Benelli und Baggio waren, zunächst unabhängig voneinander und dann gemeinsam, zu dem Schluß gekommen, daß Cody abgelöst werden müsse.

Nach langen Beratungen mit Papst Paul einigte man sich auf eine Strategie. Als Cody im Frühjahr 1976 zu einem seiner zahlreichen Besuche nach Rom kam, bot Benelli ihm einen Posten in der Römischen Kurie an, einen Posten, der eine herrlich klingende Amtsbezeichnung, aber nicht die geringste Macht verhieß. Es war bekannt, daß Cody ehrgeizig war und sich zu höheren Aufgaben als zur Leitung der Chicagoer Erzdiözese berufen fühlte. Was ihm vorschwebte, war nichts Geringeres, als Papst zu werden. Daß ein Mann, der in seiner eigenen Diözese das Chaos gesät hatte, ernsthaft glaubte, Papst werden zu können, dürfen wir als ein Schulbeispiel verblendeter Arroganz verbuchen. Angesichts seines hochfahrenden Ziels hätte Cody nur allzugerne seine Villa in Chicago für einen Platz an der Spitze einer der vatikanischen Kongregationen eingetauscht, die, aus den vollen Kassen der Kirche schöpfend, überall in der Welt kirchliche Projekte förderten und bedürftigen

Diözesen unter die Arme griffen. Cody kalkulierte, daß er sich in einer solchen Stellung die Sympathie so vieler Bischöfe würde erkaufen können, daß er, wenn es soweit war, gute Chancen auf den Thron Petri haben würde. Benelli wußte dies, daher sein Angebot an Cody; dieser aber sah darin nicht die Position, die er erstrebte, und schlug das Angebot aus. Eine andere Lösung mußte gesucht werden.

Im Januar 1976, wenige Monate vor dem Geplänkel zwischen Benelli und Cody, war Jean Jadot, der päpstliche Gesandte in Washington, von einer Abordnung aus Chicago aufgesucht worden. Jadot hatte den aufgebrachten Priestern erklärt, Rom sei Herr der Lage. Als aber das Jahr verging, ohne daß sich eine Bereinigung des Problems abzeichnete, flammte der Kampf in Chicago wieder auf. Codys Image war mittlerweile so negativ, daß er, auf Kosten der Kirche, eine Werbeagentur engagierte, die versuchen sollte, eine freundlichere Darstellung seiner Person in den Medien zu erreichen.

Die entnervten Priester und Nonnen begannen Jadot in Washington wiederum mit Beschwerden einzudecken. Er riet ihnen zur Geduld. »Rom wird eine Lösung finden«, versprach er. »Sie müssen mit diesen öffentlichen Angriffen aufhören. Lassen Sie die Sache abkühlen. Dann wird Rom sich des Problems annehmen, diskret und ohne Aufsehen.«

Die Geistlichen zeigten Verständnis. Die öffentliche Kritik an Cody verebbte, aber dann provozierte er selbst sie in aller Schärfe von neuem, als er die Schließung einer Reihe von Schulen in der Innenstadt anordnete. Kardinal Baggio in Rom nahm dies zum Anlaß für einen neuen Versuch, Papst Paul VI. zu sofortigem durchgreifenden Handeln zu bewegen. Der Papst tat, was er unter durchgreifendem Handeln verstand: Er schrieb einen gestrengen Brief an Cody, in dem er eine Erklärung für die Schließung der Schulen forderte. Cody ignorierte den Brief und rühmte sich dessen auch noch öffentlich.

Die Untätigkeit des Vatikan hatte die natürliche Folge, daß die Beschwerdebriefe, die in Rom eingingen, sich wieder häuften. Zu den bekannten Vorwürfen gesellten sich neue, die sich auf Aussagenprotokolle, eidesstattliche Erklärungen und Buchungsunterlagen

stützten. Dieses Material schien zu belegen, daß das Verhalten des Kardinals auch in anderer Hinsicht zu wünschen übrigließ – gemeint war seine Freundschaft mit einer weiblichen Person namens Helen Dolan Wilson.
Cody hatte seinen Mitarbeitern im Ordinariat erzählt, Helen Wilson sei eine Verwandte von ihm. Der genaue Grad ihrer Verwandtschaft variierte, aber gewöhnlich definierte er Frau Wilson als seine Cousine. Um ihre sehr extravagante Lebensweise, ihre modische Art, sich zu kleiden, ihre ausgeprägte Reisetätigkeit und ihre teure Mietwohnung zu erklären, ließ der Kardinal verbreiten, seine Cousine sei dank ihres verstorbenen Gatten sehr »gut versorgt«. Codys Gegner behaupteten in ihren Schreiben an den Vatikan, Cody und Helen Wilson seien keineswegs verwandt. Ihr Mann, von dem sie vor vielen Jahren geschieden worden sei, sei zu einer Zeit, in der Cody ihn schon im Jenseits wissen wollte, noch sehr lebendig gewesen und habe, als er im Mai 1969 dann wirklich starb, kein Testament und an weltlichen Habseligkeiten nur ein acht Jahre altes Auto im Wert von 150 Dollar hinterlassen, das in den Besitz seiner zweiten Frau übergegangen sei.
Des weiteren besagten und belegten die unter dem Siegel strengster Vertraulichkeit nach Rom geschleusten Mitteilungen, daß die Freundschaft zwischen dem Kardinal und Helen Wilson bereits in den Jugendjahren der Frau begonnen hatte, daß Cody eine Lebensversicherung über 100 000 Dollar mit Frau Wilson als Begünstigter abgeschlossen hatte und daß die Unterlagen über ihre Arbeit als Angestellte des Chicagoer Ordinariats von Cody durch nachträgliche falsche Eintragungen so manipuliert worden waren, daß Frau Wilson eine überhöhte Rente erhielt. Die Rente war auf der Grundlage von 24 Arbeitsjahren im Dienst der Diözese berechnet, und so lange war Frau Wilson nachweislich nicht angestellt gewesen. Es wurden ferner Belege dafür vorgelegt, daß Cody seiner Freundin 90 000 Dollar für den Kauf einer Eigentumswohnung in Florida zugewendet hatte. Man erinnerte den Vatikan daran, daß Cody anläßlich seiner Ernennung zum Kardinal von Helen Wilson nach Rom begleitet worden war. Gewiß hatte Cody damals einen ganzen Troß von Begleitern mitgebracht, aber nicht viele von ihnen hatten, wie Helen Wilson, jederzeit freien Zugang zum Chicagoer

Ordinariat oder wirkten an der Einrichtung und Ausstattung der Residenz des Kardinals mit. Insgesamt, so wollten die Beschwerdeführer wissen, habe Cody Hunderttausende von Dollars aus Mitteln der Kirche für diese Frau abgezweigt. Damit nicht genug, zählten die Cody-Kritiker auch noch die ganze lange Liste von Versicherungen auf, die die Diözese Chicago über den Versicherungsmakler David Wilson abgeschlossen hatte, den Sohn von Helen Wilson.

David Wilson hatte zum ersten Mal 1963 in St. Louis von der Großzügigkeit seines »Onkels« John profitiert. Zusammen mit dem Kardinal war auch der Versicherungsagent umgezogen. Die Provisionen, die David Wilson als allem Anschein nach exklusiver Vermittler und Betreuer der von der Diözese Chicago – und das heißt, von Cody – abgeschlossenen Versicherungen verdiente, betrugen insgesamt angeblich mehr als 150 000 Dollar.

Kardinal Baggio studierte die lange, detailreiche Liste sorgfältig. Er ließ Erkundigungen einziehen. Der Apparat, der dem Vatikan für Spionagezwecke zu Gebote steht, ist unvergleichlich: Man überlege sich nur, wie viele Priester und Nonnen es auf der Welt gibt, die allesamt der Kirchenführung Loyalität schulden. Die Auskünfte, die bei Kardinal Baggio einliefen, deuteten darauf hin, daß die Vorwürfe zu Recht bestanden. Man schrieb jetzt Ende Juni 1978.

Im Juli 1978 erörterte Baggio das Problem Cody wieder einmal mit Papst Paul, der sich schließlich zu der Einsicht bequemte, daß Cody abberufen werden müsse. Er bestand allerdings darauf, daß dies auf eine rücksichtsvolle Weise geschehen müsse, die dem Kardinal einen Gesichtsverlust erspare. Und was noch wichtiger war: Jedes öffentliche Aufsehen sollte nach Möglichkeit vermieden werden. Man kam überein, daß Cody sich bereit erklären müsse, einen Koadjutor verpaßt zu bekommen – einen Bischof, der praktisch in jeder Beziehung die Amtsgeschäfte der Diözese führen würde. Offiziell würde man bekanntgeben, daß dies aus Rücksicht auf Codys nachlassende Gesundheit geschehe, mit der es tatsächlich nicht zum besten stand. Formell würde Cody bis zum Erreichen des Pensionsalters von 75 Jahren, das heißt bis 1982, Oberhaupt der Diözese Chicago bleiben.

Mit dem päpstlichen Erlaß bewaffnet, traf Kardinal Baggio rasch seine Reisevorbereitungen, packte seinen Koffer und fuhr zum Flughafen in Fiumicino. Dort angekommen, erhielt er die Nachricht, der Papst wolle ihn vor seinem Abflug nach Chicago noch einmal sprechen.

Paul führte wieder einmal einen seiner Eiertänze auf. Er erklärte Baggio, die Absicht, Cody durch die Installierung eines Koadjutors zu entmachten, dürfe nur mit Zustimmung Codys verwirklicht werden.

Der frustrierte Baggio erwiderte dem Papst: »Aber Heiliger Vater, ich darf doch ultimativ auftreten?«

»Nein, nein, Sie dürfen ihn nicht zwingen. Abgesprochen ist, daß Sie nur vorgehen, wenn Seine Eminenz einverstanden ist.«

Wütend und enttäuscht flog Kardinal Baggio nach Chicago.

Auf den Leitungsbahnen von Spionagenetzen können Informationen in beiden Richtungen fließen, und Kardinal Cody hatte eigene Informationsquellen in der Römischen Kurie. Das Überraschungsmoment, mit dem Baggio seinen Kollegen in Chicago überrumpeln zu können gehofft hatte, war, ohne daß Baggio es wußte, längst dahin: Weniger als einen Tag nach dessen entscheidender Unterredung mit dem Papst hatte Cody erfahren, was im Busch war.

In der Lage, in der Cody sich befand, würden wohl die meisten Menschen ein klein wenig in sich gehen, würden sich vielleicht Gedanken machen darüber, welche Ereignisse und Entwicklungen diesen sensibelsten aller Päpste nach so vielen Jahren zu dem Entschluß veranlaßt haben könnten, die von Cody ausgeübte Macht im Interesse aller in andere Hände zu legen. Wie immer allergrößte Rücksicht auf die Gefühle des Mannes nehmend, den er abgelöst sehen wollte, hatte der Papst dafür Sorge getragen, daß Baggios Stippvisite nach Chicago ein Geheimnis bleiben würde. Offiziell hieß es, er fliege direkt nach Mexiko, um dort die letzten Vorkehrungen für die bevorstehende Puebla-Konferenz zu treffen. Solche Rücksichtnahmen waren bei Kardinal Cody vergeudete Liebesmühe.

Die beiden Männer traten sich in der Villa des Kardinals auf dem Gelände des Seminars von Mundelein gegenüber. Baggio legte das Belastungsmaterial auf den Tisch. Daraus ging eindeutig hervor, daß der Kardinal bei seinen Geldgeschenken an Helen Wilson Gelder, über die er rechtmäßig privat verfügen durfte, mit Geldern der Kirche vermischt und daß er seiner Freundin eine überhöhte Rente zugeschanzt hatte. Die Erkundigungen, die der Vatikan eingezogen hatte, hatten eine Vielzahl von Enthüllungen erbracht, die die römisch-katholische Kirche sicherlich in Verruf bringen würden, wenn sie an die Öffentlichkeit drangen.

Cody zeigte sich keineswegs zerknirscht, und die Unterredung entwickelte sich rasch zu einem Duell der Stimmbänder. Cody erinnerte an die riesigen Geldbeträge, die er zur Weiterleitung nach Polen in die Vatikanbank gepumpt hatte, an die Geldgeschenke, die er dem Papst bei seinen Besuchen *ad limina* (den alle fünf Jahre fälligen Besuchen zur Berichterstattung) dargebracht hatte – nicht die jämmerlichen paar tausend Dollar, die andere mitbrachten, sondern Hunderttausende. Das Geschrei der beiden Kirchenfürsten war auf dem ganzen Seminargelände zu hören. Cody wich keine Handbreit zurück. Ein fremder Bischof würde kommen und seine Diözese leiten? – »Nur über meine Leiche.« Zuletzt brachte er, wie eine Schallplatte mit springender Rille, nur noch immer wieder einen einzigen Satz heraus: »Ich werde die Macht in Chicago nicht abtreten.«

Baggio reiste ab; seine Mission war vorläufig gescheitert. Daß Cody sich weigerte, einen Koadjutor zu akzeptieren, war ein krasser Bruch kanonischen Rechts, aber welches Mittel gab es dagegen? Einen öffentlichen Fall daraus zu machen, daß der Kardinal einer der mächtigsten Diözesen der Welt sich offen einer Anordnung des Papstes widersetzte, war schon Papst Pauls wegen undenkbar. Lieber würde der Papst Cody bis ans Ende seiner Tage im Amt dulden, als diese Alternative in Kauf zu nehmen. Paul brauchte sich mit dem Problem nicht mehr lange herumzuschlagen. Eine Woche, nachdem er Baggios Bericht empfangen hatte, war er tot.

Albino Luciani hatte die Cody-Akte bis Mitte September gründlich durchgearbeitet. Er erörterte den Fall und seine möglichen Weiterungen mit Kardinal Baggio und sodann auch mit dessen Kollegen Villot, Benelli, Felici und Casaroli.

Am 23. September hatte er nochmals eine lange Unterredung mit Kardinal Baggio. Als sie sich trennten, sagte er zu Baggio, er werde ihm seine Entscheidung in den nächsten Tagen mitteilen.

In Chicago überkam Kardinal Cody zum ersten Mal in seiner langen und turbulenten Karriere eine gewisse Unsicherheit. Nach dem Konklave hatte er sich im privaten Kreis abschätzig über diesen stillen Italiener geäußert, der die Nachfolge Pauls antrat. »Es wird weitergehen wie bisher«, hatte er einem seiner Intimfreunde von der Kurie erklärt. Weiter wie bisher, das war es, was Cody wollte; es würde ihm erlauben, in Chicago weiterhin unangefochten zu herrschen. Dann aber trafen Nachrichten aus Rom ein, die deutlich machten, daß er Luciani erheblich unterschätzt hatte. Als der September sich seinem Ende näherte, kam John Cody immer mehr zu der Überzeugung, daß Luciani handeln werde, wo Paul gezaudert hatte. Seine Freunde in Rom gaben ihm zu verstehen, daß man sich bei diesem neuen Papst auf eines verlassen könne: Gleich, für welche Maßnahmen er sich entschied, er würde sie konsequent durchführen. Sie konnten auf viele Beispiele aus Lucianis Vergangenheit verweisen, die auf eine außergewöhnliche innere Stärke dieses Mannes schließen ließen.

Auf Lucianis Schreibtisch in seinem Arbeitszimmer befand sich eines der wenigen persönlichen Besitztümer, die ihm teuer waren, eine Fotografie. Ursprünglich hatte sie in einem alten Rähmchen gesteckt. Während seiner Zeit als Patriarch von Venedig hatte ein dankbares Gemeindemitglied das Foto in einen neuen silbernen, mit mäßig wertvollen Juwelen besetzten Rahmen fassen lassen. Das Bild zeigte Lucianis Eltern vor dem Hintergrund der schneebedeckten Dolomiten. Die Mutter hielt die kleine Pia im Arm, die jetzt verheiratet war und selbst Kinder hatte. In diesem September 1978 beobachteten die päpstlichen Sekretäre mehrmals, wie Luciani gedankenverloren auf die Fotografie starrte. Sie erinnerte ihn an glücklichere Zeiten, in denen kein Cody, kein Marcinkus, kein Calvi und wie sie sonst noch alle hießen, seinen Seelenfrieden gestört hatten. Damals hatte er Zeit gehabt für ruhige Einkehr und für die kleinen Dinge des Lebens. Jetzt schien es Albino Luciani manchmal, als ob es für diese wichtigen Momente der Besinnung in seinem jetzigen Dasein keinen Platz mehr gebe. Er war von Canale, ja selbst von seiner Familie abgeschnitten. Gewiß, da waren die gelegentlichen telefonischen Unterhaltungen mit Eduardo, mit Pia, aber mit den spontanen Stippvisiten war es endgültig vorbei, dafür

sorgte der vatikanische Apparat zuverlässig. Sogar Diego Lorenzi hatte versucht, Pia abzuwimmeln, als sie telefonisch ihren Besuch angekündigt hatte. Sie hatte dem Papst einige kleine Geschenke, Erinnerungen an den Norden, bringen wollen. »Geben Sie sie an der Pforte ab«, hatte Lorenzi gesagt. »Der Papst ist zu beschäftigt, um Sie zu empfangen.« Luciani hatte mitgehört, was gesprochen worden war, und hatte den Telefonhörer an sich genommen. »Komm her. Ich habe keine Zeit, aber komm trotzdem.«
Er aß mit ihr zu Mittag. Pia erlebte einen Onkel Albino, der vor Gesundheit und guter Laune strotzte. Im Laufe des Essens meinte er über seine neue Rolle: »Hätte ich gewußt, daß ich eines Tages Papst würde, ich hätte mehr studiert. Es ist sehr anstrengend, Papst zu sein.«
Wie anstrengend es war und wieviel die Kurie in ihrer nie versiegenden Wachsamkeit dafür tat, es noch anstrengender zu machen, zeigte sich, als Luciani den Wunsch äußerte, Rom in einem konkreten Sinn als seine neue Gemeinde zu behandeln; er wollte durch die Straßen der Stadt wandern, wie er es in Venedig und in seinen anderen Diözesen getan hatte. Wenn ein Staatsoberhaupt ein solches Ansinnen stellte, so warf das Probleme auf. Die Kurie erklärte schlicht und einfach, so etwas sei völlig undenkbar, in der Stadt werde jedesmal ein Chaos ausbrechen, wenn der Heilige Vater zu einem Spaziergang ansetze. Luciani ließ sich die Sache ausreden, aber nur um den Preis, daß ihm eine abgewandelte Version der Idee zugestanden wurde. Er erklärte den vatikanischen Funktionären, er wolle jedes Krankenhaus, jede Kirche und jedes Flüchtlings- und Obdachlosenheim in Rom besuchen und sich auf diese Weise allmählich durch »seine Gemeinde« durcharbeiten. Für einen Mann, der sich fest vorgenommen hatte, als Papst ein guter Hirte zu sein, war es eine Verlockung und eine Herausforderung, die Realität unmittelbar vor der eigenen Türschwelle kennenzulernen. Rom hat zweieinhalb Millionen katholische Einwohner. Die Stadt sollte mindestens 70 Nachwuchspriester pro Jahr hervorbringen. Zu der Zeit, als Luciani Papst wurde, brachte sie gerade sechs hervor. Das religiöse Leben in der Stadt konnte nur durch Übernahme zahlreicher ortsfremder Geistlicher aufrechterhalten werden. Große Teile der Stadt waren im Grunde genommen heidnisch; die Kirchenbe-

suchsquote lag dort bei weniger als drei Prozent. In Rom, im Zentrum der Christenheit, hatte der Zynismus Hochkonjunktur.
Die Stadt, die jetzt Lucianis neue Wirkungsstätte war, war auch die Wirkungsstätte eines kommunistischen Bürgermeisters namens Carlo Argan – ein kommunistischer Bürgermeister in einer Stadt, deren berühmtester Ausfuhrartikel die Religion war und deren industrielle Potenz nur von ihrer Kriminalitätsrate übertroffen wurde. Einer der Ehrentitel, die Luciani mit seiner Wahl zum Papst automatisch erworben hatte, lautete: Bischof von Rom. Tatsächlich hatte Rom seit mindestens einem Jahrhundert keinen Bischof mehr gehabt in dem Sinne, wie Mailand, Venedig, Florenz und Neapel einen Bischof hatten. Das machte sich bemerkbar.
Zur selben Stunde, als der Papst mit seiner Nichte Pia zu Mittag aß, hatte Don Diego einen langen und lautstarken Streit mit einem Funktionär der Kurie, der es ablehnte, den Wunsch des Papstes nach Besuchen in verschiedenen Teilen Roms auch nur ernsthaft zu erörtern. Luciani unterbrach sein Gespräch mit Pia.
»Don Diego, sagen Sie ihm, es muß sein. Sagen Sie ihm, der Papst wünscht es.«
Lorenzi übermittelte die päpstliche Weisung, erntete aber ein promptes Nein. Er wandte sich an den Papst. »Die sagen, es geht nicht, Heiliger Vater, weil so etwas noch nie gemacht worden ist.«
Pia wartete gespannt, wie diese vatikanische Kraftprobe weitergehen würde. Luciani entschuldigte sich bei seiner Nichte für die Unterbrechung und sagte seinem Sekretär, er werde Villot mit der Sache beauftragen. Dann wandte er sich lächelnd an Pia und meinte zu ihr: »Wenn die Römische Kurie es erlaubt, dann hofft dein Onkel, daß er noch vor Weihnachten den Libanon besuchen kann.«
Er ließ sich ausführlich über dieses schwergeprüfte Land aus und sprach von seinem Wunsch, vermittelnd einzugreifen, bevor das Pulverfaß explodierte. Als sie sich nach dem Essen verabschiedete, bestand er darauf, ihr eine Medaille mitzugeben, die er von der Mutter des mexikanischen Staatspräsidenten geschenkt bekommen hatte.
Einige Tage später, am 15. September, hatte er beim Abendessen seinen Bruder Eduardo zu Gast. Diese beiden Familientreffen sollten für Albino Luciani die letzten sein. Die letzten seines Lebens.

Mit jedem weiteren Tag der Amtszeit Johannes Pauls I. weitete sich die Kluft zwischen dem Papst und den professionellen Vatikan-Beobachtern, und zwar im gleichen Maß, wie das Verhältnis und die Beziehungen zwischen dem neuen Papst und der breiten Öffentlichkeit herzlicher wurden. Das Befremden der »Fachwelt« war verständlich.

Mit einem Amtsträger konfrontiert, der nicht aus den Reihen der Kurie stammte und vermeintlich kein internationales Ansehen genoß, waren die Vatikanologen zu dem Schluß gekommen, daß sie das erste Beispiel für einen Papst neuen Typs erlebten, einen Mann, der in der bewußten Absicht gewählt worden war, das Exempel einer Reduzierung der päpstlichen Machtfülle, einer Verkleinerung der Rolle des Papstes zu statuieren. Es leidet kaum einen Zweifel, daß Luciani selbst seine Rolle in einem solchen eingeschränkten Sinn verstand. Das Hauptproblem an dieser Vision war der Mann als solcher. Die Persönlichkeit Albino Lucianis, seine außerordentlichen geistigen und menschlichen Gaben verschafften dem neuen Papst in den Augen der breiten Öffentlichkeit sehr schnell hohes Ansehen – man maß dem, was er zu sagen hatte, größere Bedeutung bei als den Äußerungen seines Vorgängers. Die öffentliche Reaktion auf Luciani zeugte eindeutig von einem starken Bedürfnis nach einer Aufwertung der Rolle des Papstes – genau das Gegenteil von dem, was viele Kardinäle anstrebten. Je mehr Luciani sich selbst herunterspielte, desto höher stieg er in der Achtung der Gläubigen.

Viele, die Luciani nur aus seinen Jahren in Venedig kannten, waren zutiefst überrascht von der Wandlung, die sie an dem Manne wahrzunehmen glaubten. In Vittorio Veneto, Belluno und Canale aber war man nicht überrascht. Das war der echte Luciani! Die Schlichtheit, der Humor, die Hervorhebung der Rolle des Katechismus, das waren vertraute Attribute Albino Lucianis.

Am 26. September konnte Luciani zufrieden auf seinen ersten Monat im neuen Amt zurückblicken. Er hatte bedeutsame Dinge in Bewegung gesetzt. Seine eingehende Beschäftigung mit korrupten und unmoralischen Praktiken innerhalb der Kirche hatte diejenigen, die es anging, in Angst und Schrecken versetzt. Sein Widerwille gegen die Prunksucht der Kurie hatte die Traditionalisten in

Alarmstimmung versetzt. Ein ums andere Mal war er vom Text vorbereiteter Ansprachen abgewichen und hatte öffentlich kritisiert: »Das klingt zu sehr nach Kurie«, oder: »Das ist viel zu salbungsvoll.«

Seine Reden und Äußerungen wurden von Radio Vatikan oder vom *Osservatore Romano* nur selten im Wortlaut übertragen oder zitiert, aber andere Medien und das Publikum registrierten sie und merkten auf. Auf ein Wort des heiligen Gregor anspielend, kommentierte Luciani seine Wahl zum Papst einmal so: »Der Kaiser hat aus einem Affen einen Löwen machen wollen.« Im Vatikan froren die Gesichter ein, während sie sich beim Publikum zu einem Lächeln verzogen. Hier war ein »Affe«, der im Laufe seines ersten Monats auf lateinisch, italienisch, französisch, englisch, deutsch und spanisch zu den Menschen gesprochen hatte – »und was für ein Affe«, wie Winston Churchill vielleicht gesagt hätte.

Am 7. September hatte Luciani seinen Freund Vittore Branca zu einer Privataudienz empfangen – um acht Uhr früh, allein dies schon ein Anlaß für Stirnrunzeln in der Kurie. Branca hatte seine Sorge über die Schwere des päpstlichen Amtes geäußert. Luciani hatte geantwortet:

> »Ja, gewiß bin ich zu klein für große Dinge. Ich kann nur die Wahrheit und den Appell des Evangeliums wiederholen, wie ich es in meiner kleinen Kirche zu Hause getan habe. Das ist es, was die Menschen im tiefsten Grunde brauchen, und ich bin vor allem Seelsorger. Der Unterschied zwischen dem Gemeindepriester von Canale und mir liegt nur in der Zahl der Gläubigen, die Aufgabe jedoch ist dieselbe: Christus und seine Botschaft in Erinnerung zu rufen.«

Später am gleichen Tag empfing er sämtliche Priester Roms und sprach zu ihnen über die Notwendigkeit der Einkehr und Meditation; wenn man bedenkt, wie wenig Zeit und Gelegenheit zum Meditieren ein neugewählter Papst hat, gewinnt eine solche Mahnung aus seinem Munde eine besondere Eindringlichkeit.

»Ich war tief berührt vom Anblick eines Gepäckträgers am Bahnhof von Mailand, der, mit dem Rücken an eine Säule gelehnt und mit dem Kopf auf einem Sack voll Kohle selig schlief. Die abfahrenden Züge pfiffen, und die Räder der ankommenden Züge kreischten, und über all dem ertönten beständig Lautsprecherdurchsagen. Es herrschte ein lärmendes Kommen und Gehen. Er aber schlief und schien sich zu sagen: ›Tut, was ihr nicht lassen könnt, aber ich brauche meine Ruhe.‹ Wir Priester sollten uns daran ein Beispiel nehmen. Um uns herum herrscht beständiges Gewimmel. Radio und Fernsehen, Zeitungen, Menschenstimmen. Mit der Disziplin und Mäßigung des Priesters müssen wir sagen: ›Jenseits einer bestimmten Grenze existiert ihr für mich nicht. Ich bin ein Priester des Herrn. Ich brauche ein bißchen Stille für meine Seele. Ich entferne mich von euch, um eine Weile mit meinem Gott allein zu sein.‹ «

Der Vatikan fertigte Aufzeichnungen der Reden an, die der Papst bei seiner allwöchentlichen Generalaudienz am Mittwochmorgen hielt. Dabei sprach er mehrmals von Glauben, Hoffnung und Wohltätigkeit. Seine Aufforderung, diese Tugenden beispielsweise auch gegenüber Drogenabhängigen walten zu lassen, wurde von der Kurie, die die vatikanischen Medien kontrollierte, schlicht unterschlagen.
Als er am 20. September den denkwürdigen Ausspruch tat, es sei falsch, zu glauben: »Ubi Lenin ibi Jerusalem« (»Wo Lenin ist, dort ist Jerusalem«), verbreitete die Kurie die Meldung, der Papst habe deutlich gemacht, daß er die »Theologie der Befreiung« ablehne. Das war nicht der Fall. Ferner versäumten sowohl Radio Vatikan als auch der *Osservatore Romano,* Lucianis wichtige Differenzierung wiederzugeben, daß zwar zwischen Kirche und religiöser Erlösung einerseits, Gesellschaft und menschlicher Erlösung andererseits »eine gewisse Übereinstimmung besteht, wir aber keinen vollkommenen Gleichklang herstellen können«.
Am 23. September, einem Samstag, verließ der Papst zum ersten Mal die Vatikanstadt, um in seiner Funktion als Bischof von Rom »seine« Kathedrale in Besitz zu nehmen. Er tauschte einen Händedruck mit Bürgermeister Argan, und beide hielten eine Rede. Nach der anschließenden Messe kam der Papst in Anwesenheit der mei-

sten Kurienkardinäle auf die innerkirchlichen Probleme zu sprechen, mit denen er zu ringen hatte. Seine Ermittlungen in Sachen Vatikan GmbH waren zu diesem Zeitpunkt schon recht weit gediehen. Villot, Benelli und andere hatten ihm Berichte vorgelegt, und er hatte sie durchgearbeitet und sich Gedanken darüber gemacht. Jetzt sprach er über die Armen, jene Gruppe der Gesellschaft, die seinem Herzen am nächsten stand. Er erklärte:

»Sie sind, wie der römische Diakon Laurentius gesagt hat, der wahre Schatz der Kirche. Sie müssen jedoch durch die Hilfe derer, die helfen können, dazu gebracht werden, mehr zu haben und mehr zu sein, ohne daß man sie demütigt und beleidigt durch zur Schau getragenen Reichtum, durch Geld, das man für flüchtige Dinge vergeudet, anstatt es, soweit wie möglich, in Unternehmungen zu investieren, die allen Nutzen bringen.«

An einer späteren Stelle der Rede wandte er sich um, richtete seinen Blick direkt auf die Herren von der Vatikanbank, die in einer Gruppe zusammenstanden, und kam auf die Schwierigkeiten des Führens und Regierens zu sprechen.

»Obwohl schon seit 20 Jahren Bischof, zuerst in Vittorio Veneto und dann in Venedig, muß ich gestehen, daß ich das Handwerk noch nicht beherrsche. In Rom werde ich beim heiligen Gregor dem Großen in die Lehre gehen, der schreibt: ›[Der Hirte] sollte, voll des Mitgefühls, jedem der ihm Untergebenen nahe sein: Seinen Rang vergessend, sollte er sich als auf gleicher Stufe mit den guten Untertanen stehend betrachten, aber er sollte sich auch nicht scheuen, die Rechte, die sein Amt ihm verleiht, gegenüber den bösen auszuüben …‹ «

Das Gros der Zuhörer, das von den Verhältnissen im Vatikan nichts wußte, nickte nur beifällig. Die Männer von der Kurie indessen verstanden sehr genau, worauf der Papst anspielte. Dies war eine nach vatikanischer Art elegant verblümte Ankündigung bevorstehender Maßnahmen.
Veränderungen lagen in der Luft, und im Vatikandorf schwirrte es

nur so vor Spekulationen. Bischof Marcinkus und mindestens zwei seiner engsten Mitarbeiter, Mennini und de Strobel, mußten gehen, soviel galt als sicher. Was die Gemüter der Kurie weit mehr erhitzte, waren die Gerüchte über weitere Umbesetzungen.
Als am 25. September ein scharfäugiger Monsignore einen die Papstgemächer betretenden Privatbesucher als Lino Marconato identifizierte, erreichte die erwartungsvolle Unruhe im Vatikandorf einen neuen Höhepunkt. Marconato war einer der Direktoren der Banco San Marco. War sein Besuch beim Papst ein Indiz dafür, daß schon ein neuer Hausbankier für die Kirche gefunden war?
Tatsächlich wünschte der Papst den Bankier aus Venedig aus einem ganz und gar nicht weltbewegenden Grund zu sprechen. Luciani hatte die Banco San Marco zur offiziellen Hausbank der Diözese Venedig gemacht, nachdem er in seiner Verärgerung über den Verkauf der Banca Cattolica alle dortigen Diözesankonten gekündigt hatte. Jetzt, da er, wie er wußte, niemals mehr nach Venedig zurückkehren würde (es sei denn zu Besuch), wollte der Papst seine persönlichen Konten bei der Banco San Marco auflösen. Marconato fand seinen scheidenden Kunden in bester gesundheitlicher Verfassung vor. Sie unterhielten sich fröhlich über Venedig, und Luciani beauftragte den Bankier, das auf seinem »geschäftlichen« Konto verbliebene Geld seinem Nachfolger im Patriarchenamt gutzuschreiben.
Die sich ankündigenden Veränderungen im Vatikan waren ein Thema, das vielen Leuten heftig durch den Kopf ging. Vielen Leuten in vielen Städten.
Es gab noch jemanden, der ein unmittelbares und handfestes Interesse an der Frage hatte, was Luciani möglicherweise unternehmen würde: Michele Sindona. Sein vierjähriger Kampf gegen eine Auslieferung nach Italien steuerte im September 1978 auf eine Entscheidung zu. Im Mai dieses Jahres hatte ein Bundesrichter entschieden, der Sizilianer, der sich inzwischen in einen Schweizer Staatsbürger verwandelt hatte, müsse nach Mailand überstellt werden, um die Suppe auszulöffeln, die er sich eingebrockt hatte. Sindona war bereits in Abwesenheit zu dreieinhalb Jahren Freiheitsstrafe verurteilt worden, aber er war sich darüber im klaren, daß diese Strafe wie ein Gnadenurteil wirken würde, wenn die italieni-

schen Gerichte sich seines Falles noch einmal gründlich annähmen. In den Vereinigten Staaten wurde zwar ebenfalls gegen ihn ermittelt, aber bislang war noch keine Anklage gegen ihn erhoben worden. Mehrere Männer waren nach dem Zusammenbruch der Franklin-Bank aufgrund unterschiedlicher Tatbestände verhaftet worden, nicht aber der Hai. Die größte Gefahr drohte ihm im September 1978 aus Italien.

Sindonas millionenschwere Anwaltsgilde hatte dem Gericht das Zugeständnis abgerungen, daß er nicht ausgeliefert werden dürfe, solange die US-Justizbehörden nicht beweiskräftig darlegten, daß gegen Sindona in den Fällen, deretwegen er in Mailand vor Gericht kommen sollte, hieb- und stichfestes Belastungsmaterial vorlag.

Die US-Staatsanwälte hatten sich seitdem alle erdenkliche Mühe gegeben, dieses Belastungsmaterial herbeizuschaffen. Sindona hatte sich, unterstützt von der Mafia und seinen Logenbrüdern von der P2, ebensoviel Mühe gegeben, das Material unzugänglich zu machen. Indes war Sindonas Lage, als der September 1978 sich dem Ende näherte, immer noch brenzlig, da eine Reihe von »Problemen« nach wie vor ungelöst war.

Das erste dieser Probleme war die Aussage, die ein Zeuge namens Nicola Biase im Rahmen des Auslieferungsverfahrens gemacht hatte. Biase war ein ehemaliger Angestellter Sindonas, und seine Aussage war in den Augen der Sindona-Partei gefährlich. Prompt machte man sich daran, den Zeugen zu »entschärfen«. Das Problem wurde mit der Mafiafamilie Gambino besprochen, und das Resultat dieser Beratung war ein kleiner »Kontrakt«, nichts besonders Brutales: Biase, seine Familie und sein Anwalt sollten mit einer Todesdrohung eingeschüchtert werden. Wenn sie die Botschaft verstanden und Biase seine Aussage zurückzog, würde man es dabei bewenden lassen. Wenn er sich renitent zeigte, dann, so machte man ab, würden die Gambinos und Sindona die Lage »neu überdenken«. Das Resultat dieses Überdenkens verhieß nichts Gutes für die Gesundheit des Zeugen Biase. Der erste, harmlose Kontrakt der Kategorie bis 1 000 Dollar wurde in einen größerkalibrigen umgewandelt. Er ging an Luigi Ronsisvalle und Bruce McDowall. Ronsisvalle war Killer von Beruf.

Ronsisvalle wurde noch ein weiterer Kontrakt angetragen: Die

Mafia teilte ihm mit, daß Michele Sindona den Tod eines gewissen John Kenney, seines Zeichens stellvertretender US-Distriktstaatsanwalt, wünschte.
Nichts charakterisiert die Mentalität Michele Sindonas so schlagend wie sein Vorhaben, John Kenney ermorden zu lassen. Kenney war Chefankläger im Auslieferungsverfahren, war also der Mann, der den juristischen Kampf gegen das Verbleiben Sindonas in den Vereinigten Staaten an vorderster Front führte – im Namen und Auftrag seiner Regierung. Sindona kalkulierte, das Problem werde sich erledigen, wenn es nur gelang, Kenney auszuschalten. Die US-Regierung würde dann gewarnt sein und wissen, daß er, Michele Sindona, nicht so mit sich umspringen ließ. Wenn sie klug war, würde sie ihre Ermittlungen gegen ihn einstellen, würde ihn nicht mehr zu ärgerlichen Gerichtsterminen zitieren und ihre absurden Versuche beenden, ihn nach Italien abzuschieben. Die Denkweise, die sich hierin offenbarte, entsprach zu 100 Prozent dem Weltbild eines sizilianischen Mafioso. Es ist eine Philosophie, deren Rechnung in Italien immer wieder aufgeht, und es ist ein wesentlicher Bestandteil der »italienischen Lösung«: Die Behörden lassen sich einschüchtern und werden eingeschüchtert. Ein Untersuchungsrichter, der an die Stelle eines ermordeten Kollegen tritt, wird seine Schritte mit Bedacht wählen. Sindona glaubte, was in Palermo funktionierte, werde auch in New York klappen.
Obgleich Luigi Ronsisvalle ein berufsmäßiger Killer war, wollte er von dem Kenney-Kontrakt nichts wissen. Die gebotene Prämie von 100000 Dollar war verlockend, aber Ronsisvalle, der vom amerikanischen Geist mehr begriffen hatte als Sindona, wußte, daß er von dem Geld möglicherweise nicht viel haben würde. Die Ermordung Kenneys würde Wellen schlagen, sehr hohe Wellen. Ronsisvalle begab sich, im Auftrag der Familie Gambino, auf die Suche nach jemandem, der unbekümmert genug war, zu glauben, daß er nach der Ermordung eines US-Staatsanwalts eine reelle Chance hatte, ungeschoren davonzukommen.
Sindona und seine Berater wandten sich unterdessen dem nächsten Problem zu: Carlo Bordoni, dem einstigen Geschäftspartner und engen Freund Sindonas. Gegen Bordoni war bereits eine Reihe von Anklagen im Zusammenhang mit dem Bankrott der Franklin-Bank

erhoben worden, und Sindona war sich der Gefahr bewußt, daß sein Expartner gegen das Versprechen einer milden Strafe »auspakken« könnte. Man kam überein, die für Nicola Biase, seine Familie und seinen Anwalt vorgesehene Behandlung auch Carlo Bordoni angedeihen zu lassen.
Die restlichen Probleme für Sindona stellten sich in Italien, insbesondere im Vatikan. Falls Marcinkus stürzte, würde er Calvi mitreißen, wenn Calvi fiel, würde er Sindona mitziehen. Die Hoffnung, den vierjährigen Kampf gegen die Auslieferung doch noch zu gewinnen, wäre dann gleich Null. Mochte nicht ein Mann, der glaubte, seine Probleme in den USA durch die Ermordung eines amerikanischen Staatsanwalts lösen zu können, auf den Gedanken kommen, eine ernste Gefahr, die ihm aus Italien drohte, durch die Tötung eines Papstes auszuschalten?
Sindona, Calvi, Marcinkus und Kardinal Cody: Jeder dieser Männer hatte am 28. September 1978 allen Grund, mit dem Schlimmsten zu rechnen, wenn Albino Luciani sich zu bestimmten Maßnahmen entschloß. Zwei weitere Männer, denen unmittelbares Ungemach drohte, waren Licio Gelli und Umberto Ortolani. Mit Calvi würden sie den Zahlmeister ihrer Loge verlieren. Und am 28. September gesellte sich zu diesen sechs ein siebenter, den die Maßnahmen, die Luciani vorhatte, das Fürchten lehrten: Kardinal Jean Villot, der vatikanische Staatssekretär.
Nach einem leichten Frühstück mit Kaffee, einem Croissant und Brötchen saß Albino Luciani schon vor acht Uhr an seinem Schreibtisch. Es gab viel zu tun.
Das erste Problem, dem er sich widmete, war der *Osservatore Romano*. Luciani hatte im Lauf des verflossenen Monats oftmals Anlaß gehabt, sich über die Zeitung zu beklagen. Auch nach der siegreichen Beendigung der ersten Schlacht, in der es um den Pluralis majestatis gegangen war, den die Zeitung in ihren Berichten hartnäckig für das vom Papst gebrauchte, bescheidenere »ich« eingesetzt hatte, war der Papst Tag für Tag bei der Lektüre des *Osservatore* über Dinge gestolpert, die ihn ärgerten. So hatte die Zeitung stur die von der Kurie verfaßten Entwürfe für die Reden des Papstes abgedruckt und die von diesem persönlich vorgenommenen Änderungen und Zusätze ignoriert. Sie hatte sich sogar bei anderen Zeitungen be-

schwert, wenn deren Berichterstatter den Papst wörtlich zitiert hatten, statt den vorgestanzten Text aus dem *Osservatore Romano* zu übernehmen. Jetzt tauchte ein neues, weit schwerer wiegendes Problem auf.

Einige Kurienkardinäle hatten zu ihrer Bestürzung festgestellt, daß Albino Luciani kurz vor dem Konklave um seine Meinung zur Geburt von Louise Brown gefragt worden war, die als »das erste Retortenbaby« Schlagzeilen gemacht hatte. Luciani war zu diesem Thema drei Tage vor dem Tod Papst Pauls VI. interviewt worden, aber seine Antworten wurden erst nach seiner Wahl zum Papst durch einen Artikel in *Prospettive nel Mondo* einer breiten Öffentlichkeit bekannt. Die unbeirrbaren Konservativen der katholischen Kirche lasen mit zunehmendem Unmut, wie ihr jetziger Papst über die künstliche Befruchtung dachte.

Luciani hatte in einer vorsichtigen Vorbemerkung zunächst deutlich gemacht, daß er seine ganz persönliche Meinung vertrete und wie alle anderen darauf wartete, »die verbindliche Lehrmeinung der Kirche« zu erfahren, »wenn die Fachleute konsultiert sein werden«. Jetzt war eine Situation eingetreten, in der die »verbindliche Lehrmeinung der Kirche« zu dieser wie zu allen anderen Fragen ganz wesentlich von Luciani selbst abhing.

Luciani äußerte sich in dem Interview mit gebremstem Enthusiasmus über die Geburt Louise Browns. Er fürchtete allerdings, es könnten möglicherweise »Babyfabriken« entstehen – eine wohlbegründete Befürchtung, wenn man weiß, daß in Kalifornien derzeit die Frauen Schlange stehen, um sich mit dem Samen eines Nobelpreisträgers befruchten zu lassen. In einer auf den konkreten Fall bezogenen Bemerkung erklärte Luciani:

> »Dem Beispiel Gottes folgend, der das menschliche Leben wünscht und liebt, möchte auch ich dem Neugeborenen meine besten Wünsche übermitteln. Was die Eltern betrifft, so habe ich kein Recht, sie zu verurteilen; subjektiv haben sie, wenn sie in guter Absicht und gutem Glauben gehandelt haben, mit dem, wofür sie sich entschieden und worum sie die Ärzte gebeten haben, vielleicht etwas dem Herrn sehr Wohlgefälliges getan.«

Er lenkte sodann das Augenmerk auf eine frühere Verkündigung Pius' XII., die möglicherweise eine Unvereinbarkeit der künstlichen Befruchtung mit der kirchlichen Lehre begründe. Sogleich konzedierte er jedoch, daß jeder einzelne das Recht hatte, selbst für sich zu entscheiden. In diesem Zusammenhang äußerte er eine Ansicht, die an die tiefste Wurzel seiner Einstellung zu vielen moralischen Problemen rührte:

> »Was das Gewissen des einzelnen betrifft, so meine auch ich, daß man ihm stets Folge leisten muß, ob es nun befiehlt oder verbietet; allerdings muß der einzelne immer danach streben, sein Gewissen zu vervollkommnen.«

Diejenigen Elemente im Vatikan, die der Überzeugung waren, das Beste für das Gewissen eines Katholiken sei der Gehorsam gegen Rom, begannen zu murren. Verschwiegene Zusammenkünfte fanden statt. Diejenigen, die diesen Treffen beiwohnten, waren sich darin einig, daß Luciani gebremst werden müsse. Sie sprachen pathetisch von »Verrat an Paul«; aus der sublimierten vatikanischen Redeweise in schlichte Umgangssprache rückübersetzt, hieß das, daß ihnen Lucianis Art nicht paßte.

Als diese Männer von den vorsichtig angebahnten Kontakten zwischen dem vatikanischen Staatssekretariat und dem amerikanischen Außenministerium erfuhren, beschlossen sie zu handeln. Die bald darauf eintreffende Meldung, daß der Papst einer parlamentarischen Delegation, die sich um Fragen der Geburtenkontrolle kümmerte, eine Audienz zugesagt hatte, bestärkte diejenigen, nach deren Überzeugung *Humanae Vitae* das letzte Wort der Kirche zu diesem Thema bleiben sollte, noch in ihrer Panik.

Am 27. September erschien auf der Titelseite des *Osservatore Romano* ein langer Beitrag mit der Überschrift »*Humanae Vitae* und die katholische Moral«. Der Kampf darum, Luciani ein für allemal auf die von seinem Vorgänger verkündeten Positionen festzunageln, erreichte mit diesem Artikel seinen Höhepunkt. Der Verfasser war Kardinal Luigi Ciappi, O.P., Theologe im päpstlichen Hausstaat. Ciappi war der persönliche Theologe Pauls VI. und Pius' XII. gewesen. Aus der Feder eines so ranghohen Verfassers mußte der Artikel wie eine authentische Interpretation der Politik des neuen Papstes wirken. Der Beitrag war zuvor bereits im *Laterano* zur »Feier« des 10. Jahrestags der Verkündung von *Humanae Vitae* veröffentlicht worden. Sein Wiederabdruck war ein bewußter Versuch, jeden von Albino Luciani möglicherweise ins Auge gefaßten Wandel in der Haltung der Kirche zur Geburtenregelung von vornherein zu vereiteln. Der Artikel war eine langatmige Lobrede auf *Humanae Vitae*. Er enthielt zahlreiche Zitate von Paul VI., doch von Luciani nicht ein einziges Wort, aus dem hervorging, daß er die Ansichten Pauls oder Ciappis geteilt hätte. Der Grund dafür war einfach: Ciappi hatte den Artikel mit Luciani nicht durchgesprochen. Tatsächlich wartete der Kardinal am 27. September noch immer auf seine erste Privataudienz beim neuen Papst. Dieser wurde auf den Artikel und die darin geäußerten Auffassungen erst durch die Lektüre des *Osservatore* am 27. September aufmerksam. Mit wachsendem Unmut wendete er das Blatt, um die Fortsetzung des Textes auf Seite 2 zu lesen – es war, wie schon gesagt, ein sehr langer Beitrag. Der Papst entdeckte auf der zweiten Seite noch einen weiteren Artikel, der offensichtlich einen Versuch der Kurie darstellte, seine Position zu untergraben. Dieser dreispaltige Beitrag hatte den Titel »Die Gefahr der Manipulation bei der Erschaffung von Leben«, und er kam einer glatten, dogmatischen Verurteilung der künstlichen Befruchtung im allgemeinen und der Zeugung und Geburt des »Retortenbabys« Louise Brown im besonderen gleich.

Auch in diesem Text fand sich kein Verweis auf den amtierenden Papst. Dabei wußte die Kurie ganz genau, daß, wenn auch der *Osservatore Romano* sich stets nur als halbamtliches Organ bezeichnete, solche Artikel von der Öffentlichkeit als Meinungsäußerungen des Papstes gewertet wurden. Der Kampf war angesagt.

Am 28. September, kurz nach acht Uhr morgens, rief der Papst seinen Staatssekretär Villot an und verlangte von ihm eine Erklärung, wie und warum die beiden Artikel in den *Osservatore* gekommen waren. Dann rief er Kardinal Felici in Padua an, wo dieser weilte, um einem geistlichen Zapfenstreich beizuwohnen. Luciani hatte sich mehr und mehr angewöhnt, Felici als einen Resonanzkörper für seine Ideen zu benutzen. Luciani war sich zwar darüber klar, daß zwischen ihm und Felici in einer ganzen Reihe von Fragen Mei-

nungsunterschiede bestanden, aber ebenso wußte er auch, daß Felici ein Mann war, der offen und aufrichtig seine Meinung sagte. Er wußte ferner, daß Felici sich im unwegsamen Dickicht der Kurie so gut auskannte wie kaum ein anderer.
Luciani bekannte ihm seine Verärgerung über die beiden Artikel. »Erinnern Sie sich, daß Sie mir vor einigen Tagen zu verstehen gaben, die Kurie wünsche sich, daß ich mich in meinem natürlichen Überschwang bremse?«
»Es war nur eine Anregung, Eure Heiligkeit.«
»Vielleicht würden Sie so freundlich sein, das Kompliment in meinem Namen dankend zurückzugeben. Sagen Sie dieser kleinen Zeitung, sie möge sich in ihren Äußerungen über solche Themen bremsen. Chefredakteure sind wie Päpste – nicht unersetzlich.«
Die beiden Männer vereinbarten, nach der Rückkehr Felicis aus Padua nochmals zusammenzutreffen, und Luciani wandte sich dann dem nächsten Problem auf seiner Liste zu, der Kirche in Holland. Fünf der sieben holländischen Bischöfe hatten die Absicht geäußert, in den Fragen der Abtreibung, der Homosexualität und des Priesterzölibats eine gemäßigte Haltung zu vertreten. Zu den fünfen gehörte Kardinal Willebrands, der Mann, der im Konklave Worte der Aufmunterung für Luciani gefunden hatte. Konfrontiert waren die fünf im eigenen Land mit zwei äußerst konservativen Bischöfen, Gijsens aus Roermond und Simonis aus Rotterdam. Für November 1978 war eine Konferenz in den Niederlanden geplant, bei der die tiefen Gegensätze innerhalb der holländischen Kirche aller Wahrscheinlichkeit nach aufbrechen und für die Öffentlichkeit sichtbar werden würden. Es gab noch ein anderes Problem; es fand sich in dem detaillierten Bericht, den die Holländer dem verstorbenen Papst unterbreitet hatten.
Die Jesuiten machten Jagd auf den weltbekannten dominikanischen Theologen und Professor Edward Schillebeeckx, dessen in ihren Augen radikale Ideen die Konservativen geächtet sehen wollten, ähnlich wie die des Schweizer Theologen Hans Küng. Der gefürchtete Index der mit dem Bannstrahl belegten und verbotenen Bücher war von Paul VI. eingezogen worden. Sein Tod hatte freilich das ungelöste Problem hinterlassen, wie die römisch-katholische Kirche ihre eigenen Vordenker im Zaum halten sollte. Luciani

hatte in der Vergangenheit, einen Ausdruck von Küng aufnehmend, Kritik an »theologischen Heckenschützen« geübt, aber Männer wie Küng und Schillebeeckx waren keine Heckenschützen; was sie artikulierten, war eine tiefempfundene Sehnsucht nach einer Rückkehr der Kirche zu ihren Ursprüngen, etwas, dem Albino Luciani von ganzem Herzen zustimmen konnte. Kurz vor zehn Uhr legte der Papst den Bericht beiseite und wandte sich den erfreulicheren Seiten seines Amtes zu: Einige Audienzen standen an.

Als erstes empfing er eine Gruppe, der auch jener Mann angehörte, den Luciani zum Präsidenten von *Cor Unum* berufen hatte: Kardinal Bernard Gantin. Der Papst musterte die kräftige, jugendliche Gestalt Gantins wohlwollend, der in seinen Augen die Zukunft der Kirche repräsentierte. Im Verlauf ihres Gesprächs sagte Luciani: »Es ist allein Jesus Christus, den wir der Welt zu offerieren haben. Von ihm abgesehen, hätten wir kein Anliegen, keinen Zweck. Niemand würde uns zuhören.«

Ein anderer, der an diesem Morgen eine Audienz erhielt, war Henri de Riedmatten. Als sich kurz nach dem Konklave in Rom die Nachricht herumgesprochen hatte, daß Luciani vor der Verkündung von *Humanae Vitae* an Papst Paul geschrieben und ihn dringend gebeten hatte, das Verbot der künstlichen Empfängnisverhütung nicht festzuschreiben, war es Riedmatten gewesen, der diese Berichte als »frei erfunden« abgetan hatte. Zwar ging es bei seinem jetzigen Gespräch mit dem Papst um seine Arbeit als Sekretär von *Cor Unum,* aber Luciani gab ihm klar zu verstehen, daß er derartige »Dementis« in Zukunft nicht mehr wünschte.

»Wie ich höre, ist Ihnen mein Bericht zur Geburtenkontrolle entgangen?«

Riedmatten murmelte etwas von einem möglichen Irrtum.

»Sie sollten sich vorsehen, Pater Riedmatten, und nicht öffentlich das Wort ergreifen, bevor alle Irrtumsmöglichkeiten ausgeräumt sind. Sollten Sie ein Exemplar meines Berichts benötigen, so bin ich sicher, daß eines für Sie gefunden werden kann.«

Riedmatten bedankte sich untertänigst. Danach hörte er in wohlweislichem Schweigen zu, wie Luciani mit Kardinal Gantin die Probleme des Libanon erörterte. Er teilte Gantin mit, daß er am Tag zuvor seinen geplanten Libanon-Besuch mit dem Patriarchen Ha-

kim besprochen hatte, dessen griechisch-melkitische Diözese nicht nur Teile des besetzten Libanon umfaßte, sondern sich auch auf das Gebiet der Besatzungsmacht Syrien erstreckte.
Ebenfalls zu einer Audienz empfangen wurde an diesem Vormittag eine Gruppe philippinischer Bischöfe, die dem Papst ihren *Ad-limina*-Besuch abstatteten. Zu diesen Männern, die in ihrer Heimat mit der täglichen Realität der Marcos-Diktatur konfrontiert waren, sprach Luciani über ein Thema, das ihm sehr am Herzen lag: die Mission. Wohl wissend, daß er diese Männer in Schwierigkeiten bringen würde, wenn er offene Kritik an Marcos übte, zog der Papst es vor, seine Botschaft indirekt zu äußern, eingebettet in Bemerkungen über die Bedeutung der Missionstätigkeit. Er erinnerte die Bischöfe an den Besuch Papst Pauls auf den Philippinen.

»In einem Moment, in dem er es für richtig hielt, über die Armen, über Gerechtigkeit und Frieden, über die Menschenrechte, über wirtschaftliche und soziale Befreiung zu sprechen, in einem Moment, in dem er auch praktisch eine Verpflichtung der Kirche zur Linderung der Not konstatierte, wollte und konnte er es andererseits nicht unterlassen, über die ›höheren Güter‹ zu sprechen, über die reiche Fülle des Lebens im himmlischen Königreich.«

Die Botschaft wurde ganz genau verstanden, nicht nur von den Bischöfen, sondern in der Folge auch von der Familie Marcos.
Nach den Audienzen des Vormittags hatte Luciani eine Unterredung mit Kardinal Baggio. Er hatte eine ganze Reihe von Entschlüssen gefaßt, von denen er dem Kardinal nun zwei mitteilen wollte.
Der erste betraf das Problem Cody in Chicago. Nach Abwägung aller Gesichtspunkte war Luciani zu der Einsicht gekommen, daß er den Kardinal ablösen mußte. Es sollte auf altgewohnte vatikanische Weise vor sich gehen, ohne jedes unnötige öffentliche Aufsehen – so hoffte er wenigstens. Er erklärte Baggio, Cody werde die Möglichkeit bekommen, sein Amt aus Gesundheitsgründen abzugeben. Kritische Pressestimmen dazu waren eigentlich kaum zu erwarten, da es mit der Gesundheit Kardinal Codys tatsächlich nicht zum be-

sten stand. Falls Cody sich weigerte zurückzutreten, wollte der Papst, um den Eklat einer zwangsweisen Amtsenthebung zu vermeiden, dem Kardinal einen Koadjutor an die Seite stellen, einen Mann im Bischofsrang, der alle praktischen Leitungsbefugnisse in der Diözese Chicago übernehmen würde. Luciani war sich sicher, daß Cody sich, vor eine solche Wahl gestellt, für einen ehrenvollen Rückzug entscheiden würde. Beharrte er aber darauf, zu bleiben, dann sollten die Dinge ihren Lauf nehmen. Man würde ihn von aller Verantwortung entbinden. Es würde kein Bitten und kein Feilschen geben. Er würde einen Koadjutor einsetzen.

Baggio war hocherfreut. Endlich wurde die Situation bereinigt. Alles andere als erfreut war er über den zweiten Beschluß, den Luciani gefaßt hatte. Venedig war ohne einen Patriarchen; der Papst bot Baggio das Amt an.

Viele Männer der Kirche hätten sich durch ein solches Angebot geehrt gefühlt; anders Baggio, ihm war es unangenehm. Er hatte kurzfristig und langfristig andere Pläne. Kurzfristig: eine dominierende Rolle auf der Puebla-Konferenz in Mexiko zu spielen – war er doch überzeugt davon, daß die Zukunft der Kirche in der Dritten Welt liegt. Langfristig sah Baggio seinen Platz in Rom, im Zentrum der kirchlichen Macht. In Venedig würde er abseits stehen, würde vor allem keinen Einfluß mehr auf die Formulierung der zukünftigen Politik der Kirche haben. Seine Weigerung, das Amt in Venedig anzunehmen, setzte Luciani in Erstaunen. Die Pflicht zum Gehorsam gegenüber dem Heiligen Vater war Luciani von seinen Anfängen im Priesterseminar von Feltre an eingeimpft worden, und der Gehorsam, den er sich anerzogen hatte, war immer bedingungslos gewesen. Gewiß, im Lauf der Jahre und Jahrzehnte seiner Laufbahn hatte er gelernt, Dinge in Frage zu stellen, namentlich was die Vatikan GmbH und die Enzyklika *Humanae Vitae* betraf; aber offene Opposition, selbst in so wichtigen Fragen, wäre für Luciani undenkbar gewesen. Wie viele Artikel hatte er auf Bitten Papst Pauls verfaßt, in denen er die päpstliche Politik verteidigt hatte? Wie oft war es ihm ähnlich ergangen wie damals, als er einen solchen Artikel zum Thema Scheidung verfaßt und ihn seinem Sekretär, Pater Mario Senigaglia, mit den gequälten Worten übergeben hatte: »Das wird mir viel Kopfschmerzen bereiten, wenn es veröffentlicht ist, da bin ich sicher; aber der Papst hat mich darum gebeten.« Einen persönlichen Auftrag des Papstes auf eine so barsche Weise abzulehnen, wie Baggio es jetzt tat, das ging fast über Lucianis Fassungsvermögen. Offensichtlich waren die Wertmaßstäbe der beiden Männer alles andere als deckungsgleich. Luciani orientierte sich daran, was das Beste für die römisch-katholische Kirche war. Baggio orientierte sich daran, was das Beste für Baggio war.

Der Entschluß des Papstes, Baggio von Rom nach Venedig abzuschieben, hatte mehrere Gründe. Einer der gewichtigeren hatte mit jener Liste zu tun, die Luciani erhalten hatte: Freimaurer Baggio, Logenname Seba, Logennummer 85/2640, aufgenommen am 14. August 1957.

Luciani hatte im Anschluß an seine damalige Unterredung mit Kardinal Felici zusätzliche Nachforschungen anstellen lassen. Felicis Bemerkung hatte ihm keine Ruhe gelassen: »Manche auf der Liste sind Freimaurer, andere nicht.« Die Frage war, wie ließen sich die Richtigen von den Falschen sondern? Die Nachforschungen hatten in einigen Fällen mehr Klarheit gebracht.

Das Gespräch zwischen Baggio und Luciani war nach den Beschreibungen meiner Gewährsleute »ein sehr heftiger Streit, wobei die Heftigkeit und Wut ganz allein auf seiten Seiner Eminenz waren. Der Heilige Vater blieb ruhig.«

Ruhig oder nicht, Luciani setzte sich mit einem ungelösten Problem an den Mittagstisch. Venedig hatte immer noch keinen Patriarchen; Baggio beharrte darauf, daß sein Platz in Rom sei. In Gedanken versunken, begann Luciani seine Suppe zu löffeln.

Der warme Altweibersommer, in dem Rom sich den September über gesonnt hatte, wich an jenem Donnerstag kälterem Wetter. Nach einer kurzen Mittagsruhe entschloß sich Luciani, sein Pensum an körperlicher Bewegung an diesem Tag im Innern zu absolvieren. Er wanderte eine Zeitlang durch die Korridore des Apostolischen Palasts. Um halb vier kehrte er in sein Arbeitszimmer zurück und erledigte einige Telefonate. Er sprach mit Kardinal Felici in Padua und Kardinal Benelli in Florenz. Er erzählte ihnen von den Vorgängen des Vormittags, einschließlich seiner Konfrontation mit Baggio, und kam dann auf seine bevorstehende Verabredung zu sprechen: Für vier Uhr war Kardinal Villot bestellt. Der Papst wollte

seinem Staatssekretär eröffnen, welche Entscheidungen und Entschlüsse er getroffen hatte.
Luciani und Villot unterhielten sich bei einer Tasse Kamillentee. In dem Bemühen, seinem Staatssekretär näherzukommen, hatte der Papst sich bei seinen zahlreichen Gesprächen mit Villot gelegentlich dessen französischer Muttersprache bedient. Es war eine Geste, die der Kardinal aus St.-Amande-Tallende zu schätzen wußte. Es hatte ihn zutiefst beeindruckt, wie schnell Luciani gelernt hatte, das Papstamt auszufüllen. Die Nachricht hatte sich vom Staatssekretariat aus weiterverbreitet und war auch einigen Freunden und ehemaligen Kollegen Lucianis ans Ohr gedrungen. Einer der vielen, die einen Bericht über das gute »Einschlagen« des neuen Papstes erhielten, war Monsignore Da Rif, der noch immer in Vittorio Veneto wirkte.

> »Von Kardinal Villot abwärts bewunderten alle die Arbeitsweise von Papa Luciani. Seine Fähigkeit, das Wesentliche eines Problems zu erfassen, und schnelle und feste Entschlüsse zu fassen. Sie staunten darüber, wie gut er seine Aufgaben bewältigte. Es zeigte sich, daß er ein Mann war, der Entscheidungen traf und zu ihnen stand. Er ließ sich nicht unter Druck setzen. Meiner persönlichen Erfahrung nach war diese Fähigkeit, einen eingeschlagenen Kurs entschlossen beizubehalten, eine sehr bemerkenswerte Eigenschaft von Albino Luciani.«

Jean Villot erlebte am Spätnachmittag des 28. September eine ausgiebige Demonstration der Qualitäten, die ihn während des verflossenen Monats an Luciani so beeindruckt hatten. Das erste zu erörternde Problem war das Istituto per le Opere Religiose, die Vatikanbank.
Luciani war inzwischen im Besitz einer Menge sehr detaillierter Informationen. Villot selbst hatte ihm einen vorläufigen Bericht vorgelegt. Andere Quellen, aus denen er sich sachkundig gemacht hatte, waren Villots Stellvertreter, Erzbischof Giuseppe Caprio, und die Kardinäle Benelli und Felici gewesen.
Für Bischof Paul Marcinkus sollte nun bald die Stunde schlagen, da der Verkauf der Banca Cattolica, bei dem er seinem Freund Calvi so

tatkräftig in die Hände gearbeitet hatte, und viele andere Coups auf ihren Urheber zurückfallen würden. Villot machte den Papst darauf aufmerksam, daß, wie nicht anders zu erwarten, Gerüchte über die gegen die Vatikanbank laufenden Untersuchungen nach draußen gesickert waren. Die italienische Presse wurde zunehmend neugieriger, und ein größerer Artikel war bereits erschienen.
Das amerikanische Nachrichtenmagazin *Newsweek* verfügte ganz offenkundig über ausgezeichnete Kontakte zum Vatikan. Es hatte in Erfahrung gebracht, daß vor Beginn des Konklaves eine größere Anzahl von Kardinälen von Villot einen ausführlichen Bericht über die Geschäftstätigkeit der Vatikanbank verlangt hatten. Es hatte durch seine »informierten Kreise« auch davon erfahren, daß etwas gegen Marcinkus im Gange war. Die Zeitschrift zitierte ihren Gewährsmann von der Kurie wie folgt: »Es läuft ein Versuch, ihn hinauszudrängen. Er wird wahrscheinlich auf eine unbedeutende Bischofsstelle abgeschoben.«
Luciani lächelte. »Kann *Newsweek* mir auch sagen, durch wen ich Marcinkus ersetzen werde?«
Villot schüttelte den Kopf. Im weiteren Verlauf des Gesprächs machte Luciani klar, daß er nicht daran dachte, Marcinkus im Vatikan zu belassen und erst recht nicht in der Vatikanbank. Der Papst hatte sich vor einiger Zeit in einem 45minütigen persönlichen Gespräch einen Eindruck von Marcinkus verschafft und war zu dem Ergebnis gelangt, daß dieser Mann als Hilfsbischof in Chicago besser aufgehoben wäre. Er hatte damals Marcinkus nichts von diesen Gedankengängen mitgeteilt, aber die kühle Höflichkeit, mit der er dem Mann aus Cicero gegenübergetreten war, war nicht unbemerkt geblieben.
Als Marcinkus nach dem Treffen mit Luciani in die Amtsräume der Bank zurückgekehrt war, hatte er einem Freund anvertraut: »Es kann sein, daß ich nicht mehr lange hier bin.« Seinen Kollegen in der Bank hatte er erklärt: »Stellen Sie sich darauf ein, daß dieser Papst andere Anschauungen hat als der letzte. Es wird hier Veränderungen geben. Große Veränderungen.«
Marcinkus hatte recht. Luciani erklärte Villot am Nachmittag jenes 28. September, Marcinkus solle sofort abgelöst werden. Nicht in einem Monat oder einer Woche, sondern am nächsten Tag. Man

würde ihn beurlauben und einen passenden Posten für ihn finden, sobald einmal das Problem Cody gelöst war.
Der Papst beschied Villot, daß an Marcinkus' Stelle Monsignore Giovanni Angelo Abbo treten werde, der Sekretär der Präfektur für die Wirtschaftsangelegenheiten des Heiligen Stuhls. Als einer der wichtigsten Funktionäre des vatikanischen Finanzwesens würde Monsignore Abbo logischerweise viel finanzielles Fachwissen in sein neues Amt einbringen.
Das Beispiel der elanvollen ersten 100 Tage von Papst Johannes hatte Albino Luciani sicherlich angespornt. Wenn diejenigen, die Luciani gut kannten, seit seiner Wahl darauf gewartet hatten, daß der Löwe die Krallen zeigte, so war es an diesem 28. September soweit, und Villot war es, der sie zu spüren bekam. Der unauffällige und schlichte Mensch Albino Luciani war, bevor er Papst wurde, vielen kleiner vorgekommen, als er es mit seinen 1,75 m Körpergröße tatsächlich war. Die Anwesenheit dieses unscheinbaren und stillen Mannes war so manchem Teilnehmer selbst einer stundenlangen Sitzung nicht bewußt geworden. Für Villot allerdings war die Präsenz Albino Lucianis an diesem Septemberabend eine unabweisliche Realität. Der Papst erklärte ihm:

> »Es gibt noch andere Veränderungen im Istituto per le Opere Religiose, die ich sofort vollzogen sehen möchte. Mennini, de Strobel und Monsignore de Bonis sind abzulösen. Sofort. An die Stelle von de Bonis soll Monsignore Antonetti treten. Über die Nachfolger der beiden anderen werde ich mit Monsignore Abbo sprechen. Ich wünsche, daß unsere sämtlichen Beziehungen zur Banco-Ambrosiano-Gruppe abgebrochen werden und daß dies in sehr naher Zukunft geschieht. Es wird meiner Ansicht nach nicht möglich sein, diesen Schritt zu tun, solange die Zügel in den Händen der jetzigen Amtsinhaber liegen.«

Pater Magee sagte mir dazu: »Er wußte, was er wollte. Er wußte sogar ganz genau, was er wollte. Die Art und Weise, wie er sein Ziel anvisierte, war sehr delikat.«
Das »Delikate« lag in der Begründung, die er Villot gab. Beide Männer wußten, daß Marcinkus, Mennini, de Strobel und de Bonis

allesamt mit goldenen Ketten nicht nur an Calvi, sondern auch an Sindona geschmiedet waren. Das brauchte nicht eigens gesagt zu werden, und was nicht gesagt wurde, konnte später nicht falsch zitiert werden.

Kardinal Villot nahm Lucianis Anweisungen fast kommentarlos entgegen. Er hatte im Lauf der Jahre vieles registriert. Im Vatikan gab es viele, die Villot für wenig befähigt hielten, aber das war nur bedingt richtig; er hatte es eben oft für klüger gehalten, einfach wegzublicken. In der vatikanischen Dorfgemeinschaft war das eine probate Überlebenstechnik.

Luciani kam auf das Problem Chicago und auf seine Diskussion mit Baggio über das Ultimatum zu sprechen, vor das Kardinal John Cody gestellt werden sollte. Villot gab murmelnd seine Zustimmung. Wie Baggio, betrachtete auch er Cody als eine eiternde Wunde im Fleisch der amerikanischen Kirche. Daß diese Wunde nun endlich ausgebrannt werden sollte, war für den Staatssekretär eine tiefe Genugtuung. Luciani erklärte, er wünsche, daß das Staatssekretariat über den päpstlichen Nuntius in Washington Fühlung mit den Amerikanern aufnehme und wegen eines möglichen Nachfolgers für Cody sondiere; er fügte hinzu: »Es ist in Chicago viel Vertrauen verspielt worden. Wir müssen dafür Sorge tragen, daß an die Stelle Seiner Eminenz jemand tritt, der die Fähigkeit besitzt, die Herzen und Seelen aller Gläubigen in dieser Diözese zu gewinnen.«

Luciani berichtete sodann, daß Baggio das Patriarchenamt in Venedig ausgeschlagen hatte, und erklärte, er sei nach wie vor entschlossen, den Kardinal dorthin zu schicken. »Venedig ist kein sanftes Ruhekissen. Es braucht einen starken Mann wie Baggio. Ich möchte, daß Sie mit ihm sprechen. Sagen Sie ihm, daß wir alle jetzt Opfer zu bringen haben. Vielleicht können Sie ihn daran erinnern, daß ich mir *dieses* Amt weiß Gott nicht gewünscht habe.« – Dieses Argument konnte einen Mann, der selbst ernste Ambitionen auf die Nachfolge Papst Pauls gehabt hatte, nur wenig beeindrucken, aber Villot verzichtete diplomatischerweise darauf, diese Anmerkung zu machen.

Luciani setzte Villot schließlich noch von den anderen Umbesetzungen in Kenntnis, die er vorzunehmen gedachte. Kardinal Pericle Felici sollte als Nachfolger von Kardinal Ugo Poletti Vikar von

Rom werden; Poletti sollte Benelli als Erzbischof von Florenz ablösen. Benelli sollte Staatssekretär des Vatikan werden – als Nachfolger Villots.

Villot nahm die angekündigten personellen Veränderungen, die seine eigene Absetzung in sich schlossen, schweigend zur Kenntnis. Er war ein alter, erschöpfter Mann. Er war darüber hinaus schwer krank, und die zwei Päckchen Zigaretten, die er täglich rauchte, waren nicht dazu angetan, sein Leiden zu lindern. Villot hatte schon während des Konklaves keinen Zweifel daran gelassen, daß er amtsmüde war und sich in Bälde zurückziehen wollte. Nun war dieser Augenblick doch etwas früher eingetreten, als er es sich ausgedacht hatte. Natürlich würde es eine Übergangsperiode geben, aber das änderte nichts daran, daß er jetzt Abschied von der Macht würde nehmen müssen. Daß Luciani ausgerechnet Kardinal Benelli zu seinem Nachfolger berufen wollte, erfreute Villot sicherlich nicht. Benelli war früher sein Untersekretär gewesen, und er war mit ihm nicht sehr gut ausgekommen.

Luciani legte das Blatt mit seinen handschriftlichen Notizen über die geplanten Umbesetzungen zur Seite und goß sich und Villot Tee nach.

»Ich hatte gedacht, Sie würden als meinen Nachfolger Casaroli in Erwägung ziehen«, sagte Villot.

»Das habe ich auch getan, eine ganze Weile lang. Ich glaube, er leistet teilweise glänzende Arbeit. Was allerdings die in den letzten Jahren gestarteten politischen Initiativen gegenüber Osteuropa betrifft, so teile ich die Vorbehalte Giovanni Benellis gegen einige davon.«

Luciani wartete auf ein Zeichen oder Wort der Zustimmung und Aufmunterung. Eine Schweigepause trat ein und wurde länger. Nie, seit Luciani und Villot sich kannten, hatte dieser seine steife Förmlichkeit abgelegt. Stets hatte er eine kalte Distanziertheit bewahrt. Luciani hatte versucht, nicht nur in der persönlichen Begegnung mit Villot, sondern auch auf dem Umweg über Felici und Benelli, seine Beziehung zum Staatssekretär mit einem Schuß persönlicher Wärme zu beleben, aber die Mauer der Förmlichkeit, mit der der Franzose sich umgab, schien undurchdringlich.

Schließlich war es der Papst, der dem Schweigen ein Ende machte.

»Nun, Eminenz?«
»Sie sind der Papst. Sie sind frei, zu entscheiden.«
»Ja, ja, aber was meinen Sie dazu?«
Villot zuckte die Achseln. »Diese Entscheidungen werden für manche Grund zur Freude, für andere Grund zur Verärgerung sein. Es gibt Kardinäle in den Reihen der Römischen Kurie, die viel dafür getan haben, daß Sie gewählt worden sind, und die sich verraten fühlen werden. Sie werden diese Veränderungen, diese Ernennungen als gegen die Wünsche des verstorbenen Heiligen Vaters gerichtet betrachten.«
Luciani lächelte. »Wollte der verstorbene Heilige Vater die Personalentscheidungen für alle Ewigkeit treffen? Was die Kardinäle betrifft, die sagen, sie hätten viel dafür getan, mich zum Papst zu machen, so hören Sie gut zu: Ich habe es schon viele Male gesagt, aber wie ich sehe, muß ich es noch einmal sagen. Ich habe nicht danach getrachtet, Papst zu werden. Ich wollte nicht Papst werden. Sie werden mir nicht einen einzigen Kardinal nennen können, dem ich irgendwelche Versprechungen gemacht habe. Nicht einen, den ich in irgendeiner Form zu überreden versucht habe, mir seine Stimme zu geben. Es war nicht mein Wunsch. Es war nicht mein Werk. Es gibt hier im Vatikan Männer, die vergessen haben, wofür sie da sind. Sie haben aus diesem Ort einen Marktplatz gemacht. Das ist der Grund, aus dem ich diese Veränderungen vornehme.«
»Man wird sagen, daß Sie Paul verraten haben.«
»Man wird auch sagen, daß ich Johannes verraten habe, daß ich Pius verraten habe. Jeder wird sich seinen eigenen Kronzeugen suchen, je nach Bedarf.«
Die Diskussion zog sich über knappe zwei Stunden hin. Abends um halb acht verabschiedete sich Villot. Er kehrte in sein nicht weit entferntes Arbeitszimmer zurück und studierte die Liste der Umbesetzungen. Aus einer Schublade seines Schreibtisches holte er eine zweite Liste heraus, vielleicht ohne bestimmte Absicht. Er nickte, als er die Namen verglich. Die Namen all derer, die Luciani von ihrem Posten abzulösen gedachte, fanden sich auf der Liste der angeblichen Freimaurer wieder, die das abtrünnige P2-Mitglied Pecorelli veröffentlicht hatte. Marcinkus, Villot, Poletti, Baggio, de Bonis. Und die Namen derer, die nach dem Willen des Papstes die

verwaisten Positionen übernehmen sollten, fehlten auf der Freimaurerliste: Benelli, Felici, Abbo, Antonetti.
Kardinal Villot legte die Listen beiseite und widmete sich einem anderen Papier auf seinem Schreibtisch. Es war die endgültige Bestätigung dafür, daß die vorgesehene Zusammenkunft zwischen Albino Luciani und dem amerikanischen Parlamentsausschuß für Geburtenregelung am 24. Oktober stattfinden würde. Eine Gruppe von Politikern, die darauf aus waren, die römisch-katholische Kirche zu einer Revision ihrer Haltung in der Frage der künstlichen Empfängnisverhütung zu bewegen, würde in wenigen Wochen mit einem Papst zusammentreffen, der selbst eine solche Revision wünschte. Villot erhob sich vom Schreibtisch, ohne die Papiere wegzuräumen. Der Löwe hatte in der Tat seine Krallen gezeigt.
Gleich nachdem Villot gegangen war, hatte Albino Luciani seinen Sekretär Lorenzi gebeten, ihn mit Kardinal Colombo in Mailand zu verbinden. Lorenzi kehrte wenige Augenblicke später mit der Auskunft zurück, Colombo werde erst etwa gegen dreiviertel neun erreichbar sein. Lorenzi suchte wieder sein Büro auf, und der Papst las zusammen mit Pater Magee auf englisch den letzten Teil des täglichen Breviers. Um zehn Minuten vor acht setzten sich Luciani, Magee und Lorenzi zu Tisch. Ohne das geringste Anzeichen dafür, daß die lange Debatte mit Villot ihn mitgenommen hätte, plauderte der Papst unbeschwert, während die Schwestern Vincenza und Assunta das Abendessen auftrugen, das aus klarer Brühe, Kalbfleisch, grünen Bohnen und Salat bestand. Luciani trank dazu einige Schlückchen Wasser.
Pater Lorenzi, der an einem der Tischenden saß, kam plötzlich der Gedanke, Lucianis Amtszeit währe jetzt wohl schon länger als das bislang kürzeste Pontifikat in der Geschichte des Papsttums. Er wollte den Gedanken gerade aussprechen, als der Papst schimpfend an seiner neuen Uhr herumzuhantieren begann. Monsignore Macchi, der Sekretär des verstorbenen Papstes, hatte sie ihm geschenkt, nachdem in der Kurie Kritik an Lucianis unansehnlich gewordener alter Uhr geübt worden war. Mit einem so unschönen Gegenstand am Handgelenk dürfe sich der Papst nicht in der Öffentlichkeit zeigen, das schade dem Image der Kirche – als ob der Papst ein Gebrauchtwagenverkäufer wäre, der des seriösen Eindrucks wegen auf

ordentliche Bügelfalten und saubere Fingernägel achten muß. Luciani reichte die Uhr schließlich Magee und bat ihn, sie beim Beginn der 20-Uhr-Nachrichten zu stellen.
Nach einem angenehmen, ereignislosen Abendessen kehrte der Papst in sein Arbeitszimmer zurück, um noch einmal die Notizen durchzusehen, die er bei seinem Gespräch mit Villot benutzt hatte. Um viertel vor neun erreichte Lorenzi Kardinal Colombo in Mailand und verband ihn mit Luciani. Der Kardinal selbst war zwar nicht bereit, sich von mir befragen zu lassen, aber aus anderen Quellen läßt sich erschließen, daß Luciani auch mit ihm über die geplanten personellen Veränderungen sprach. Zu einer Auseinandersetzung kam es eindeutig nicht. Kardinal Colombo war immerhin bereit, so viel zu sagen: »Er sprach zu mir längere Zeit in einem vollkommen normalen Ton, aus dem kein Anzeichen für eine körperliche Erkrankung herauszuhören war. Er war vollkommen gelassen und zuversichtlich. Sein Abschiedswort war: ›Beten Sie.‹ «
Lorenzi bemerkte, daß das Telefonat mit Colombo bis etwa viertel nach neun Uhr dauerte. Luciani ging danach die Rede durch, die er am Samstag, dem 30. September, vor den Jesuiten halten wollte. Im Zusammenhang mit diesem Auftritt hatte er bereits einmal den Jesuitengeneral Pedro Arrupe angerufen und ihn vorgewarnt, daß er ein paar Worte zum Thema Disziplin werde sagen müssen. Er unterstrich einen Teil des Redetextes, der nicht ohne tieferen Bezug zu den Veränderungen stand, die er soeben angeordnet hatte:

> »Sie sind wohlvertraut mit den großen wirtschaftlichen und sozialen Problemen, die heute auf der Menschheit lasten und die auf so unmittelbare Weise mit dem christlichen Leben zusammenhängen. Und Sie kümmern sich mit Recht um sie. Mögen Sie jedoch auf der Suche nach einer Lösung für diese Probleme stets den Unterschied beachten zwischen den Aufgaben des christlichen Priesters und denen des Laien. Als Priester müssen wir die Laien zur Erfüllung ihrer Pflichten animieren und inspirieren, dürfen aber nicht versuchen, ihren Platz einzunehmen und unsere eigene spezifische Aufgabe, die Mission, zu vernachlässigen.«

Luciani legte den Redetext zur Seite und nahm nochmals seine Notizen zu den bevorstehenden dramatischen Umbesetzungen zur Hand. Er ging zur Tür seines Arbeitszimmers, öffnete sie und wünschte Pater Magee und Pater Lorenzi eine gute Nacht. Seine Worte waren: »Buona notte. A domani. Se Dio vuole.« (»Gute Nacht. Bis morgen. So Gott will.«)

Es war kurz vor 21.30 Uhr, als Albino Luciani die Tür seines Arbeitszimmers schloß. Er hatte seine letzten Worte gesprochen. Seine Leiche wurde am darauffolgenden Morgen entdeckt. Die konkreten Umstände, unter denen diese Entdeckung vor sich ging, deuten mit überwältigender Klarheit darauf hin, daß der Vatikan hier etwas vertuschte. Es begann mit einer Lüge und setzte sich mit einem ganzen Lügengespinst fort. Sie logen im Kleinen. Sie logen im Großen. Mit allen ihren Lügen verfolgten sie nur einen Zweck: zu vertuschen, daß Albino Luciani, Papst Johannes Paul I., irgendwann zwischen 21.30 Uhr am Abend des 28. September und 4.30 Uhr am Morgen des 29. September 1978 ermordet wurde.

Cody. Marcinkus. Villot. Calvi. Sindona, Gelli. Mindestens einer dieser Männer hatte einen verzweifelten Plan geschmiedet, der am späten Abend des 28. oder am frühen Morgen des 29. September ausgeführt wurde. Der Plan war aus der Entschlossenheit geboren, die italienische Lösung anzuwenden: Der Papst mußte sterben.

Albino Luciani war seit über 100 Jahren der erste Papst, der einsam starb, und noch viel länger ist es her, daß zum letzten Mal ein Papst ermordet wurde.

Wir stehen schreckerfüllt da

Wie geschah es, daß sich am 28. September 1978 Dunkelheit über die katholische Kirche senkte, und warum?
Die Antwort auf das »Warum?« ist bereits gegeben worden. Motive gab es mehr als genug. Auch auf das »Wie?« ist eine beunruhigend große Zahl von Antworten möglich. Wenn Albino Luciani ermordet wurde, dann mußten, vom Standpunkt seiner Mörder aus gesehen, mehrere Bedingungen erfüllt sein beziehungsweise beachtet werden:
1. Wenn die Ermordung Lucianis darauf abzielte, den Status quo ante der vatikanischen Korruption, wie er bis zur Wahl Lucianis bestanden hatte, wiederherzustellen, dann mußte die Tat als natürlicher Todesfall oder als Unfall getarnt werden. Ein Anschlag in aller Öffentlichkeit, beispielsweise auf dem Petersplatz, kam nicht in Frage. Nichts kam in Frage, was die Behörden zu einer gründlichen Untersuchung und die Öffentlichkeit zum Nachdenken darüber provoziert hätte, weshalb dieser stille, heilige Mann aus dem Weg geräumt worden war. Sein Tod mußte auf eine Weise herbeigeführt werden, die möglichst wenig Aufsehen und Verdacht erregte.
2. Als wirksamste »Mordwaffe« bot sich Gift an, ein Gift, das keine verräterischen äußeren Spuren hinterließ. Die medizinische Wissenschaft kennt über 200 Substanzen, die diese Bedingung erfüllen. Digitalis ist nur eine aus diesem großen Sortiment. Es ist geschmack- und geruchlos. Es läßt sich einer Speise oder einem Getränk beimischen oder einer Arznei. Das arglose Opfer merkt im Moment der Einnahme nicht das geringste davon, daß es sich selbst eine tödliche Dosis Gift verabreicht.
3. Wer immer den Papst auf diese Weise umzubringen plante, mußte voll und ganz mit den Verhältnissen im Vatikan und mit den

päpstlichen Lebensgewohnheiten vertraut sein. Die Verschwörer mußten wissen, daß, was auch immer nach Auffindung der Leiche geschah, keine Autopsie durchgeführt werden würde. Wenn sie sich dieses einen Umstands sicher sein konnten, dann war es ziemlich egal, für welches Gift sie sich entschieden. Digitalis hatte den Vorteil, daß es seine tödliche Wirkung erst einige (zwei bis sechs) Stunden nach der Einnahme entfalten würde. Wenn man die Sache so einfädelte, daß Luciani das Gift am späten Abend einnahm, konnte man ziemlich sichergehen, daß er irgendwann im Lauf der Nacht in seinem Bett eines einsamen Todes sterben würde. Die vatikanischen Ärzte würden aus den bei einer äußerlichen Untersuchung des Toten feststellbaren Anzeichen schließen, daß der Tod als Folge eines Herzinfarkts eingetreten war. Die Verschwörer müssen gewußt haben, daß es im Apostolischen Recht keine bindende Bestimmung gab, die beim Tod eines Papstes eine Autopsie vorschrieb. Abgesehen davon konnten sie sicher sein, daß selbst dann, wenn in den Kreisen der höchsten vatikanischen Würdenträger Verdacht aufkam, die Angst vor einem die katholische Kirche erschütternden Skandal größer sein würde als das Interesse an der Erforschung der Wahrheit.

Auf dem Nachttisch des Papstes stand, neben einem verbeulten Wecker, ein Fläschchen mit Effortil, einem flüssigen Medikament, von dem Luciani wegen seines zu niedrigen Blutdrucks seit Jahren jeden Abend einige Tropfen einnahm. Die einzigen anderen Medikamente, die der Papst benutzte, waren Vitamintabletten, die er dreimal täglich zu den Mahlzeiten einnahm, sowie ein die Adrenalinproduktion der Nebennieren anregendes Mittel, das er sich in bestimmten Abständen injizieren ließ; auch dieses Mittel war ihm wegen seines niedrigen Blutdrucks verschrieben worden. Es wurde ihm zweimal im Jahr, einmal zur Frühjahrszeit, einmal im Herbst, in längeren Injektionsserien verabreicht. Es war Schwester Vincenza, die ihm diese Spritzen gab. Im September 1978 unterzog er sich einer solchen Injektionsserie, und das war auch der Hauptgrund dafür, daß Schwester Vincenza aus Venedig geholt worden war.

Die Spritzen enthielten nicht immer ein und dasselbe Markenpräparat, da es für diesen therapeutischen Zweck mehrere Mittel mit gleichwertiger Wirkung gibt. Am häufigsten bekam Luciani jedoch ein Präparat namens Cortiplex gespritzt. Sowohl das Cortiplex als auch das Effortil auf dem Nachttischchen waren für jedermann, der Zutritt zu den Papstgemächern hatte oder sich ihn verschaffen konnte, leicht zugänglich. Und sich Zutritt zu den Papstgemächern zu verschaffen, war, wie wir noch sehen werden, kein Problem.

Am frühen Morgen des 29. September 1978, eines Freitags, trug Schwester Vincenza, wie gewöhnlich um 4.30 Uhr, ein Tablett mit einem Kännchen Kaffee und einer Tasse ins päpstliche Arbeitszimmer. Sie klopfte an die Tür des Schlafzimmers und rief: »Guten Morgen, Heiliger Vater.« Anders als sonst, kam keine Antwort. Vincenza wartete einige Augenblicke und entfernte sich dann lautlos. Eine Viertelstunde später kam sie wieder und lauschte vor der geschlossenen Tür des Arbeitszimmers. Es war nichts zu hören, was auf irgendeine Aktivität drinnen hingedeutet hätte. Schwester Vincenza war 1959 in Vittorio Veneto in die Dienste Lucianis getreten und arbeitete seitdem für ihn. Kein einziges Mal in diesen 19 Jahren hatte er verschlafen. Sie lauschte sorgenvoll. Sie klopfte an die Tür, schüchtern zuerst, dann kräftiger. Immer noch rührte sich nichts. Als sie die Tür öffnete, sah sie, daß durch die untere Ritze der gegenüber liegenden Tür, die zum Schlafzimmer des Papstes führte, ein Lichtschein drang. Sie eilte zu der Tür und klopfte an. Keine Antwort. Sie öffnete die Tür und sah Albino Luciani in seinem Bett sitzen. Er hatte seine Brille auf und umklammerte mit den Händen ein paar Blätter Papier. Sein Kopf hing nach rechts, die Lippen waren geöffnet, die Zähne sichtbar. Aber was sie sah, war nicht das lächelnde Antlitz, dem Millionen zugejubelt hatten, sondern ein qualvoll verzogenes Gesicht. Sie fühlte den Puls des Papstes. Im Gespräch mit mir ließ sie den Augenblick noch einmal aufleben: »Es war ein Wunder, daß ich es überlebt habe – ich habe ein schwaches Herz. Ich drückte die Klingel, um die Sekretäre herbeizurufen, und ging dann hinaus, um die anderen Schwestern zu suchen und Don Diego zu wecken.«

Die Schwestern wohnten am entgegengesetzten Ende des Stockwerks, Pater Magee schlief einen Stock höher im Dachgeschoß. Pater Lorenzi nächtigte vorübergehend in einer Kammer nahe dem päpstlichen Schlafzimmer, weil das ihm zugedachte Zimmer, das bis vor kurzem Pauls Sekretär, Monsignore Macchi, bewohnt hatte, gerade renoviert wurde. Schwester Vincenza rüttelte ihn aus dem Schlaf.

Einige römische Frühaufsteher hatten bereits mit innerer Genugtuung registriert, daß im Schlafzimmer des Papstes das Licht brannte – gut zu wissen, daß auch andere schon zu so früher Stunde auf waren. Hatte von den patrouillierenden Sicherheitsbeamten des Vatikan die ganze Nacht über keiner das erleuchtete Fenster bemerkt?

Der erste, der angelaufen kam, war Pater Magee. Zum zweiten Mal innerhalb von nur zwei Monaten hatte er einen toten Papst vor sich, wenn auch diesmal unter ganz anderen Umständen als beim ersten Mal. Als Papst Paul am 6. August verstarb, waren viele Personen um sein Totenbett in Castel Gandolfo, der päpstlichen Sommerresidenz unweit Roms, versammelt. Ärztliche Bulletins hatten damals ein sehr detailliertes Bild der letzten 24 Stunden von Pauls Leben und ein ebenso detailliertes Bild der verschiedenen Krankheiten gezeichnet, denen er schließlich um 9.40 Uhr erlegen war.

Albino Luciani war nach nur 33tägiger Amtszeit als Papst einsam gestorben.

Auf eines der kürzesten Konklaven der Geschichte war eines der kürzesten Pontifikate gefolgt. Seit beinahe 400 Jahren war kein Papst mehr so bald nach seiner Wahl gestorben. Um eine noch kürzere Amtszeit zu finden, müssen wir ins Jahr 1605 zurückgehen, in die Zeit des Medici-Papstes Leo XI., der 17 Tage lang amtierte. Woran war Albino Luciani gestorben?

Pater Magees erste Reaktion war, Kardinal Villot anzurufen, der zwei Stockwerke tiefer wohnte. Vor weniger als zwölf Stunden hatte Albino Luciani den Staatssekretär über seine bevorstehende Ablösung durch Benelli informiert. Der Tod des Papstes änderte alles: Villot war jetzt alles andere als der abgehalfterte Staatssekretär; er würde nicht nur bis zur Wahl eines neuen Papstes im Amt bleiben, sondern darüber hinaus auch die Funktion des Camerlengo, des gleichsam geschäftsführenden Oberhaupts der Kirche, übernehmen. Villot betrat das päpstliche Schlafzimmer gegen fünf Uhr und überzeugte sich davon, daß Luciani tot war.

Wenn Albino Luciani eines natürlichen Todes gestorben ist, dann gibt es für das, was Villot nun tat, und für die Anweisungen, die er erteilte, keine rationale Erklärung. Dagegen erscheint sein Verhalten nur allzu verständlich, wenn man annimmt, daß er entweder Mitwisser beziehungsweise Teilhaber einer Verschwörung zur Ermordung des Papstes war oder im Schlafzimmer des Toten eindeutige Hinweise darauf entdeckte, daß der Papst ermordet worden war, und sich sofort entschloß, im Interesse der Kirche die Corpora delicti verschwinden zu lassen.

Auf dem Tischchen am Bett des Papstes stand die Arznei, die Luciani wegen seines niedrigen Blutdrucks eingenommen hatte. Villot steckte das Fläschchen ein und nahm dem Toten die Blätter, auf denen die geplanten Umbesetzungen verzeichnet waren, aus den Händen. Auch diese Papiere verschwanden in der Tasche des Kardinals. Das Testament des Papstes, das in seinem Schreibtisch im Arbeitszimmer lag, verschwand ebenso wie seine Brille und seine Hausschuhe. Keines dieser Dinge ist jemals wiederaufgetaucht.

Villot kreierte sodann für die erschütterten Mitglieder des päpstlichen Haushalts eine frei erfundene Version der Umstände, die zur Auffindung des Toten geführt hatten. Er nahm ihnen das feierliche Versprechen ab, nichts über die Tatsache, daß Schwester Vincenza die Leiche entdeckt hatte, verlauten zu lassen, und erklärte ihnen, die Nachricht vom Tod des Papstes müsse geheim bleiben, bis er ihnen anderweitige Instruktionen erteile. Dann tätigte er vom Arbeitszimmer des Papstes aus eine Reihe von Telefonanrufen.

Aus den Angaben der unmittelbaren Augenzeugen des Geschehens, mit denen ich gesprochen habe, geht hervor, daß das Effortil-Fläschchen, die Brille, die Pantoffeln und das päpstliche Testament sich im Schlafzimmer beziehungsweise im Arbeitszimmer des Papstes befanden, bevor Villot die Gemächer betrat. Als er sie wieder verließ, waren alle diese Gegenstände verschwunden.

Villot übermittelte die Nachricht vom Tod des Papstes an Kardinal Confalonieri, den 86jährigen Dekan des Heiligen Kollegs, danach an Kardinal Casaroli, den Chef der vatikanischen Außenpolitik. Sodann beauftragte er die Nonnen in der Telefonzentrale, seinen Stellvertreter Erzbischof Giuseppe Caprio, der in Monte Catini Ferien machte, an die Strippe zu bekommen. Caprio war die Nummer drei in der Kirchenhierarchie. Erst danach rief Villot einen Arzt an: Dr. Renato Buzzonetti, den stellvertretenden Leiter des vatikanischen Gesundheitsdienstes. Dann rief er in der Wachstube der Schweizergarde an, wo sich der Feldwebel Hans Roggan meldete; Villot befahl ihm, sofort in die päpstlichen Gemächer zu kommen.

Pater Diego Lorenzi, der einzige Mann, der mit Luciani aus Venedig gekommen war, streifte, erschüttert und keines klaren Gedankens fähig, durch die Zimmerfluchten. Er hatte einen Menschen verloren, der ihm während der verflossenen beiden Jahre zu einem zweiten Vater geworden war. Mit Tränen in den Augen versuchte er zu begreifen, in dem, was geschehen war, einen Sinn zu entdecken. Als Villot schließlich entschied, daß die Welt die Wahrheit erfahren solle, teilten Millionen Lorenzis Kummer und Fassungslosigkeit.

Der Anordnung Villots zum Trotz, daß nach außen hin nichts über das Geschehene verlauten dürfe, rief Diego Lorenzi Dr. Giuseppe Da Ros an, der über 20 Jahre lang Lucianis Hausarzt gewesen war. Lorenzi erinnert sich noch heute sehr genau an die Reaktion des Arztes: »Er war schockiert, sprachlos, konnte es einfach nicht glauben. Er fragte nach der Todesursache, aber ich wußte sie nicht. Dr. Da Ros stand auch vor einem Rätsel. Er sagte, er werde sofort nach Venedig fahren und in ein Flugzeug nach Rom steigen.«

Lorenzis nächster Gedanke galt Albino Lucianis Nichte Pia, die ihrem Onkel vermutlich näherstand als alle übrigen Familienmitglieder. Es scheint, als sei Diego Lorenzi der einzige im Vatikan gewesen, der sich der Tatsache bewußt war, daß auch ein Papst Verwandte hat. Er fand, daß die Familie ein selbstverständliches Recht hatte, durch einen persönlichen Anruf und nicht erst aus dem Radio vom Tod des Papstes zu erfahren. »Wir haben ihn heute morgen gefunden«, erklärte er Pia. »Sie brauchen jetzt viel Vertrauen zu Gott.«

Viele würden jetzt viel Vertrauen zu Gott brauchen. Viele würden sich auf eine schwere Glaubensprobe gestellt sehen angesichts dessen, was Villot und seine Kollegen in den folgenden Tagen von sich gaben.

Die Neuigkeit begann sich im Vatikandorf herumzusprechen. Auf dem Innenhof hinter der Vatikanbank traf Feldwebel Roggan auf Bischof Paul Marcinkus. Es war Viertel vor sieben. Warum Marcinkus, der in der Villa Stritch in Rom wohnte und nicht als Frühaufsteher galt, sich zu so früher Stunde dort aufhielt, ist bis heute ungeklärt geblieben. Die Villa Stritch liegt an der Via della Nocetta, 20 Autominuten vom Vatikan. Roggan platzte mit der Neuigkeit heraus: »Der Papst ist tot.«

Marcinkus starrte den Feldwebel nur an; Roggan trat einige Schritte auf ihn zu. »Papa Luciani. Er ist tot. Man hat ihn in seinem Bett gefunden.«

Noch immer starrte der Chef der Vatikanbank den Feldwebel ausdruckslos an. Roggan setzte sich daraufhin wieder in Bewegung und ließ den ihm hinterherstarrenden Marcinkus stehen.

Einige Tage später, beim Begräbnis des Papstes, lieferte Marcinkus eine Erklärung für sein merkwürdiges Verhalten nach: »Tut mir leid, ich glaubte, Sie wären übergeschnappt.«

Dr. Buzzonetti nahm eine kurze provisorische Untersuchung des Toten vor. Er erklärte Villot, die Todesursache sei ein akuter Myokardinfarkt gewesen, also eine Herzattacke. Den Todeszeitpunkt setzte der Arzt auf etwa 23 Uhr fest. Einen über sieben Stunden zurückliegenden Todeszeitpunkt zu bestimmen, ist mit einer so oberflächlichen Untersuchung ebenso unmöglich, wie als Todesursache Herzinfarkt anzugeben.

Bereits vor der Untersuchung der Leiche durch Dr. Buzzonetti, die ungefähr um sechs Uhr stattfand, hatte Villot angeordnet, daß der Tote sogleich einbalsamiert werden solle. Dafür, daß diese Arbeit auch tatsächlich in die Wege geleitet wurde, hatte er sogar schon vor seinem Anruf bei Kardinal Confalonieri um 5.15 Uhr gesorgt: Die Gebrüder Ernesto und Renato Signoracci hatten schon zwei Päpste einbalsamiert. Ein frühmorgendlicher Anruf und ein vatikanischer Dienstwagen, der um fünf Uhr vor dem Haus der Signoraccis hielt, läuteten jetzt für die beiden Brüder einen langen Arbeitstag ein. Daß die Einbalsamierer so früh benachrichtigt und abgeholt wurden, läßt eindeutig darauf schließen, daß der Vatikan bereits zwischen 4.45 und fünf Uhr Kontakt mit dem medizinischen Institut aufgenommen haben muß, dessen Angestellte die Gebrüder Signoracci waren.

Um sieben Uhr, mehr als zwei Stunden, nachdem Schwester Vincenza die Leiche gefunden hatte, wußte die Außenwelt noch immer nicht, daß Johannes Paul I. tot war. Dies, obgleich die Bewohner des Vatikandorfs sich keineswegs an das Schweigegebot Villots hielten. Kardinal Benelli in Florenz wurde um 6.30 Uhr per Telefon benachrichtigt. Überwältigt von Gram zog er sich weinend in sein Zimmer zurück und begann zu beten. All seine Hoffnungen, Träume, Erwartungen waren zerstoben. Die Pläne, die Luciani geschmiedet hatte, die Veränderungen, die Neuorientierung, alles war jetzt Makulatur. Wenn ein Papst stirbt, gelten alle von ihm getroffenen, aber noch nicht öffentlich verkündeten Entscheidungen als null und nichtig – es sei denn, sein Nachfolger bestätigt sie ausdrücklich.

Um 7.20 Uhr begannen in Canale d'Agordo, dem Geburtsort Albino Lucianis, die Kirchenglocken zu läuten. Radio Vatikan bewahrte noch Stillschweigen über den Tod des Papstes. Endlich um 7.27 Uhr, zweidreiviertel Stunden nach der Auffindung des Toten durch Schwester Vincenza, hielt Kardinal Villot den richtigen Zeitpunkt für gekommen:

> »Am frühen Morgen dieses 29. September 1978 gegen 5.30 Uhr ging der Privatsekretär des Papstes auf der Suche nach dem Heiligen Vater, den er entgegen aller Gewohnheit nicht in der zu seinen Privatgemächern gehörenden Kapelle angetroffen hatte, in das Schlafzimmer des Papstes und fand ihn bei eingeschaltetem Licht tot im Bett sitzend, wie jemand, der sich anschickt, etwas zu lesen. Der Arzt Dr. Renato Buzzonetti, der sofort herbeieilte, bestätigte, daß der Tod eingetreten war, und zwar vermutlich gegen elf Uhr gestern abend, ein ›plötzliches, als Folge eines akuten Myokardinfarkts zu deutendes Ableben‹.«

In späteren Kommuniqués hieß es, der besagte Sekretär sei Pater Magee gewesen, der gewöhnlich um 5.30 Uhr mit dem Papst die Frühmesse gelesen habe. Ferner wurde gesagt, der Papst sei bei der Lektüre des Buches *De imitatione Christi* gestorben, eines Werkes aus dem 15. Jahrhundert, das gewöhnlich Thomas a Kempis zugeschrieben wird.

Ebenso wie das Arzneifläschchen und die Blätter mit den Notizen des Papstes hatten sich jetzt auch Schwester Vincenza, die Entdeckerin des Leichnams, und der Auffindungszeitpunkt 4.45 Uhr in Luft

aufgelöst. Obwohl Villot und diejenigen, die ihm mit Rat und Tat beistanden, sich zweidreiviertel Stunden Zeit nahmen, enthielt die Legende, die sie der Öffentlichkeit schließlich auftischten, einen Webfehler. Während alle Zeitungen und Rundfunkstationen der freien Welt Meldungen verbreiteten, die sich auf die Verlautbarungen des Vatikan stützten, verhedderte Villot sich in seiner eigenen Version.
Villot mag es für einen glänzenden Einfall gehalten haben, Luciani über der Lektüre eines von ihm sehr geschätzten Buches sterben zu lassen. Das Dumme war nur, daß sich im päpstlichen Schlafzimmer kein Exemplar dieses Buches fand und auch nirgendwo sonst im päpstlichen Wohnbereich. Lucianis eigenes Exemplar war noch in Venedig, und als er vor einigen Tagen ein wörtliches Zitat aus dem Buch benötigt hatte, war Pater Lorenzi in seinem Auftrag zu seinem vatikanischen Beichtvater gegangen und hatte ein Exemplar ausgeliehen. Dieses hatte Don Diego vor dem Tod des Papstes wieder zurückgebracht. Seiner Beschwerde, daß hier eine offensichtliche Falschmeldung verbreitet werde, hatte der Vatikan nichts entgegenzusetzen; gleichwohl hielt man an dieser Lüge vier Tage lang, bis zum 2. Oktober, fest. In dieser Zeit hatte sich die falsche Darstellung der Umstände des Todes längst zu einer jener Legenden verfestigt, gegen die die Wahrheit nur noch Außenseiterchancen hat.
Dies war nicht das einzige Stück Desinformation, das aus dem Vatikan lanciert wurde. Da gab es zum Beispiel auch noch die Geschichte, daß Pater Magee am Abend des 28. September kurz vor 22 Uhr nochmals ins Schlafzimmer des Papstes gegangen sei und ihm von der Ermordung eines Studenten in Rom erzählt habe. »Schießen diese jungen Leute wieder einmal aufeinander? Es ist wirklich schrecklich« – diese Sätze gingen als die letzten Worte von Papst Johannes Paul I. um die Welt. Sie hatten ganz nebenbei den Vorteil, eine vulgärpsychologische Erklärung für den überraschenden Tod Lucianis zu bieten: Könnte ihn diese bedrückende Nachricht nicht so tief getroffen haben, daß er in der Folge einen tödlichen Herzanfall erlitt? In Wirklichkeit hatte dieses Zwiegespräch zwischen Magee und Luciani nicht stattgefunden. Es war eine freie Erfindung, die ihren Ursprung im Zentrum der Römischen Kurie hatte.
Irreführend war auch der von den vatikanischen Verlautbarungen

hervorgerufene Eindruck, Luciani habe die Gewohnheit gehabt, um 5.30 Uhr morgens mit Magee eine Messe zu lesen. Die morgendliche Messe des päpstlichen Hausstaats wurde in Wirklichkeit nicht vor sieben Uhr zelebriert. Wie an anderer Stelle ausgeführt, verbrachte Luciani die Zeit zwischen 5.30 Uhr und 7 Uhr mit Beten und Meditieren, wobei er gewöhnlich allein war; manchmal gesellten sich Magee und Lorenzi gegen halb sieben Uhr zu ihm. Daß ein ahnungsloser Pater Magee um 5.30 Uhr die Kapelle betrat und mit Bestürzung feststellte, daß der Papst nicht da war, ist Fiktion made in Vatikanstadt.

Tiefe Betroffenheit ob dieses tragischen, unerwarteten Todesfalls breitete sich um die Erde aus. Die massiven Bronzetore des Petersdoms wurden geschlossen, die Vatikanflagge wurde auf halbmast gesetzt – das waren unabweisliche Zeichen, aber dennoch: Die Nachricht vom Tod Albino Lucianis war so schockierend, daß Millionen ähnlich ungläubig reagierten wie sein Hausarzt. Wie konnte es sein, daß dieser Mann, der der Kandidat Gottes gewesen war, der die Welt in Entzücken versetzt hatte, nach so kurzer Zeit schon wieder abberufen wurde?

Der holländische Kardinal Willebrands, der große Hoffnungen in das Pontifikat Johannes Pauls I. gesetzt hatte, sagte: »Es ist ein großes Unglück. Ich kann nicht mit Worten ausdrücken, wie glücklich wir an jenem Augusttag waren, als wir Johannes Paul gewählt hatten. Wir hatten so große Hoffnungen. Es war ein so schönes Gefühl, ein Gefühl, daß ein Ruck durch unsere Kirche gehen würde.«

Kardinal Baggio, einer der Männer, die nach dem Willen Lucianis ihren Platz in Rom hätten räumen müssen, äußerte sich zurückhaltender: »Der Herr benutzt uns, aber er braucht uns nicht.« Er äußerte dies frühmorgens, nachdem er den Toten besichtigt hatte. Er setzte hinzu: »Er war so etwas wie ein Gemeindepriester für die Kirche.« Auf die Frage, was nun geschehen werde, antwortete Baggio gleichmütig: »Wir werden einen neuen machen.«

Baggio gehörte jedoch zu den Ausnahmen. Die meisten Menschen bekundeten ihre tiefe Erschütterung und machten aus ihrer Liebe zu dem Verstorbenen keinen Hehl. Als Kardinal Benelli um neun Uhr aus der Abgeschiedenheit seines Zimmers zurückkehrte, fand er sich sogleich von Reportern umlagert. Mit noch immer tränennassem Gesicht sagte er: »Die Kirche hat einen Führer verloren, der der richtige Mann im richtigen Augenblick war. Wir sind sehr verzweifelt. Wir stehen schreckerfüllt da. Der Mensch findet für so etwas keine Erklärung. Es ist ein Augenblick, der uns zurückwirft und auf die Probe stellt.«

Im Vatikan war unterdessen das Vorhaben Villots, die Leiche unverzüglich einbalsamieren zu lassen, ins Stocken geraten. Die Kardinäle Felici in Padua und Benelli in Florenz, die sich über die von Luciani angeordneten personellen Veränderungen sehr genau im klaren waren, hatten ein höchst mulmiges Gefühl und brachten dies in ihren Telefongesprächen mit Villot auch zum Ausdruck. Schon wurde überall in Italien hinter vorgehaltener Hand die Forderung nach einer Autopsie erhoben. Es war eine Forderung, die Benelli und Felici unter den gegebenen Umständen zumindest nicht leichthin von der Hand weisen wollten. Im Falle einer Einbalsamierung würde eine spätere Autopsie an Aussagekraft einbüßen, insbesondere falls Gift die Todesursache war.

Offiziell erweckte der Vatikan den Eindruck, Johannes Paul I. sei bereits einbalsamiert gewesen, als er am Freitag zur Mittagszeit in der Sala Clementina öffentlich aufgebahrt wurde. In Wirklichkeit defilierten die Trauernden an diesem Tag an einer noch gänzlich unbehandelten Leiche vorbei. Wie Pater Diego Lorenzi mir erzählte:

> »Der Tote wurde aus den Privatgemächern in den Clementina-Saal auf dem päpstlichen Stockwerk gebracht. Pater Magee, Monsignore Noe und ich hatten Papa Luciani angezogen. Ich blieb ebenso wie Magee bis elf Uhr an der Seite des Toten. Um diese Zeit kamen die [Gebrüder] Signoracci wieder, und die Leiche wurde in die Santa Clementina gebracht.«

Der Gegensatz zur Stimmung nach dem Tod Papst Pauls war schlagend. Damals war kaum eine öffentliche Gefühlsregung zu bemerken gewesen; jetzt schlugen die Wogen der Emotion hoch. Am ersten Tag huldigte eine Viertelmillion Menschen dem aufgebahrten Toten. Die Gerüchte, daß es bei seinem Tod nicht mit rechten Din-

gen zugegangen sei, wurden von Minute zu Minute lauter. Von Männern und Frauen, die den Katafalk passierten, hörte man laute Rufe wie: »Wer hat dir das angetan? Wer hat dich umgebracht?«
Unterdessen wurde in dem Grüppchen der sich in Rom aufhaltenden oder sich dort einfindenden Kardinäle zunehmend hitziger über die Frage debattiert, ob eine Autopsie vorgenommen werden solle oder nicht. Wäre Luciani irgendein italienischer Staatsbürger gewesen, so hätte es keinerlei Diskussion gegeben: Die italienischen Gesetze verbieten die Einbalsamierung eines Leichnams vor Ablauf der ersten 24 Stunden nach Eintritt des Todes, es sei denn, die Zustimmung eines Richters liegt vor. Bei einem italienischen Staatsbürger, der unter ähnlichen Umständen stürbe wie Albino Luciani, würde unverzüglich eine Autopsie vorgenommen.
Für Leute, die nichts zu verbergen haben, verhielten sich Villot und andere Männer der Römischen Kurie auch weiterhin höchst seltsam, um nicht zu sagen völlig unverständlich. Ein in Rom residierender Kardinal vertraute mir an, daß Villot intern eine ganz andere Erklärung für den Tod des Papstes zum besten gab, die ebenso eigenwillig war wie seine Begründung dafür, daß die Öffentlichkeit davon nichts erfahren dürfe:

> »Er [Villot] sagte mir, was sich ereignet habe, sei ein tragischer Unfall gewesen. Der Papst habe versehentlich eine Überdosis seiner Arznei eingenommen. Der Camerlengo erklärte, wenn eine Autopsie durchgeführt würde, würde diese zweifellos die verhängnisvolle Überdosierung belegen. Niemand aber würde glauben, daß Seine Heiligkeit einem eigenen Versehen zum Opfer gefallen sei. Manche würden Selbstmord vermuten, andere Mord. So kam man überein, keine Autopsie machen zu lassen.«

Ich habe zweimal mit Professor Giovanni Rama gesprochen, dem Facharzt, der Albino Luciani die Effortil-Tropfen und die Spritzen (mit Cortiplex und anderen, wirkungsgleichen Präparaten) verordnet hat. Luciani war seit 1975 Patient bei Dr. Rama. Was Dr. Rama über die Möglichkeit einer versehentlichen tödlichen Überdosierung durch den Patienten selbst zu sagen hat, ist aufschlußreich:

»Eine versehentliche Überdosierung scheidet praktisch aus. Er war ein sehr gewissenhafter Patient. Er sprach sehr empfindlich auf Medikamente an. Er benötigte nur sehr kleine Dosen. Bei Effortil nahm er tatsächlich die Minimaldosis. Normal sind 60 Tropfen pro Tag, aber bei ihm genügten 20 bis 30. Wir waren beim Verschreiben von Medikamenten immer sehr zurückhaltend.«

Weitere Nachfragen bei meinen Gewährsleuten ergaben, daß Villot alle diese Erkenntnisse im päpstlichen Schlafzimmer innerhalb jener kurzen Zeitspanne zugeflogen sein müssen, die verging, bis er das Arzneifläschchen in seiner Tasche verschwinden ließ. Villot muß in der Tat ein Mann von blitzschneller und unerhörter Urteilsfähigkeit sein: Da stirbt ein Papst, der sich am Ende eines Tages, an dem er eine Reihe tiefgreifender Entscheidungen getroffen hatte, bei guter Gesundheit in sein Schlafzimmer zurückgezogen hat, und ein betagter Staatssekretär, von jenen Entscheidungen selbst unmittelbar und negativ betroffen, stellt auf einen Blick, ohne jede gerichtsmedizinische Untersuchung, ohne jeden zwingenden oder auch nur plausiblen Anhaltspunkt, fest, daß dieser Tod ein Selbstmord aus Versehen war. Möglich, daß unter den einzigartigen klimatischen Bedingungen, die im Vatikandorf herrschen, eine solche Geschichte sogar geglaubt wird.
Einige Dinge, die eine Schlüsselrolle bei der Wahrheitsfindung hätten spielen können, hatte Villot sogleich beseitigt – die Arznei und die Blätter mit den Notizen Lucianis. Wie groß sein Vertuschungseifer gewesen sein muß, läßt sich am Verschwinden des päpstlichen Testaments ablesen. Es enthielt ganz sicher nichts, was irgendwelche Aufschlüsse hinsichtlich seines Todes geben würde, und doch wurde es zusammen mit wichtigen Corpora delicti beseitigt. Warum die Brille und die Pantoffeln des Papstes ebenfalls verschwanden, bleibt rätselhaft.
Gerüchte schwirrten durch das Vatikandorf. Es hieß, das Alarmlämpchen in einem der Vorzimmer der Papstgemächer habe die ganze Nacht hindurch gebrannt, doch habe niemand auf diesen stummen Hilferuf reagiert. Es hieß, man habe im päpstlichen Schlafzimmer Erbrochenes entdeckt; mehrere Gegenstände seien

damit besudelt gewesen, und das sei der Grund für das Verschwinden der Brille und der Pantoffeln. Erbrechen ist oft eines der ersten Symptome, wenn jemand eine Überdosis Digitalis abbekommen hat.
Bischöfe und Priester scharten sich auf Korridoren und in Zimmern zu Gruppen zusammen und tauschten Neuigkeiten und Vermutungen aus. Sie erinnerten sich an einen Zwischenfall, der sich am 5. September zugetragen hatte. Der russisch-orthodoxe Erzbischof von Leningrad, Nikodem, war während einer Privataudienz bei Johannes Paul I. ganz plötzlich in seinem Stuhl zusammengesackt und wenige Augenblicke später tot gewesen. Jetzt machte im Vatikan die Vermutung die Runde, Nikodem habe aus einer Kaffeetasse getrunken, die für den Papst bestimmt gewesen war. Freilich, Nikodem war trotz seiner erst 49 Lebensjahre ein kränklicher Mann gewesen und hatte bereits eine Reihe von Herzanfällen hinter sich gehabt. In der Erregung und Bestürzung des Augenblicks wurden diese Tatsachen jedoch beiseite geschoben, und der Tod Nikodems erschien vielen nun im Rückblick als Omen, als Menetekel für das Verhängnis, das in dieser Nacht in den päpstlichen Gemächern seinen Lauf genommen hatte.
Im weiteren Verlauf des Tages wurden aus den päpstlichen Räumen alle noch darin befindlichen Dinge, die Albino Luciani gehörten oder mit ihm in irgendeinem Zusammenhang standen, entfernt, so etwa seine Briefe, seine Bücher, seine Aufzeichnungen und die wenigen persönlichen Erinnerungsstücke, wie beispielsweise das Foto, das seine Eltern mit der neugeborenen Pia zeigte. Die Mitarbeiter Villots aus dem Staatssekretariat holten sämtliche vertraulichen Papiere und Unterlagen ab. In Windeseile wurden alle physischen Zeugnisse dafür, daß je ein Albino Luciani hier gelebt und gearbeitet hatte, weggeräumt und fortgeschafft. Um sechs Uhr abends fand sich in keinem der 19 Räume der päpstlichen Wohnung mehr irgend etwas, das auch nur von ungefähr an Papst Johannes Paul I. erinnert hätte. Kardinal Villot selbst verschloß und versiegelte die päpstlichen Gemächer um 18 Uhr. Sie würden bis zur Wahl eines Nachfolgers verschlossen bleiben.
Die Nonnen und die beiden Sekretäre verließen fast verstohlen die Stätte ihres kurzen Wirkens. Magee behielt zur Erinnerung an den

Papst die Kassetten, mit deren Hilfe Luciani sein Englisch aufpoliert hatte. Lorenzi nahm lediglich ein Bündel von Erinnerungen und Eindrücken mit. Den wartenden Reportern bewußt ausweichend, begab sich die Gruppe zu einem von den Maria-Bambina-Schwestern verwalteten Haus, wo sie Unterkunft fanden.

John Magee ist inzwischen zum dritten Mal von einem Papst als Sekretär auserkoren worden, ein bemerkenswerter und stolzer Rekord. Diego Lorenzi, der temperamentvolle junge Italiener, war nach dem Tod des von ihm verehrten Mannes am Boden zerstört. Er kehrte nach Norditalien zurück, um an einer kleinen Schule zu arbeiten. Schwester Vincenza wurde noch weiter in den Norden, in ein verschlafenes Kloster, verpflanzt. Der vatikanische Staatsapparat sorgte auf diese Weise dafür, daß keiner der engsten Gefährten des verstorbenen Papstes leicht aufzuspüren war.

Als die Pforten des Clementina-Saals sich am Freitag, den 29. September um 18 Uhr für das Publikum schlossen, war Kardinal Villot der am erleichtertsten aufatmende Mann im Vatikan. Endlich konnten die Kosmetiker des Todes mit ihrer Arbeit beginnen. War die Leiche erst einmal einbalsamiert, so würde es selbst bei einer späteren Autopsie nicht mehr möglich sein, Giftspuren im Körper des Toten nachzuweisen. Sollte der Papst aber in der Tat an einem akuten Myokardinfarkt gestorben sein, so würden die hierfür charakteristischen Beschädigungen an den Blutgefäßen trotz der in den Körper gepumpten Chemikalien erhalten geblieben sein.

Ein eigentümlicher Zufall wollte es, daß der Römische Apothekerverband genau an diesem Tag eine Pressemitteilung herausgab, derzufolge eine ganze Reihe für die Behandlung gewisser Vergiftungen und Herzleiden unerläßlicher Medikamente »zur Zeit nicht erhältlich« waren.

Bedeutsamer war vielleicht die Äußerung, zu der sich Kardinal Villot, von italienischen Reportern bedrängt, schließlich und endlich bequemte: »Als ich gestern abend mit Seiner Heiligkeit zusammentraf, war er bei allerbester Gesundheit und bei vollkommen klarem Verstand, und er hatte mir sämtliche Anweisungen für den folgenden Tag erteilt.«

Hinter den verschlossenen Türen des Clementina-Saals wurde in dreistündiger Arbeit der Leichnam Johannes Pauls I. einbalsamiert.

Die Verantwortung für den fachgerechten Umgang mit der Leiche trug Professor Cesare Gerin, die konkreten Verrichtungen wurden jedoch von Professor Marracino und von Ernesto und Renato Signoracci vorgenommen.

Die Gebrüder Signoracci hatten den Leichnam bereits einmal begutachtet, bevor er in den Clementina-Saal gebracht worden war; dabei hatten sie aufgrund der Hauttemperatur und des Fehlens aller Anzeichen von Leichenstarre den Schluß gezogen, daß der Tod nicht am Donnerstag abend um 23 Uhr eingetreten war, sondern am Freitag morgen zwischen vier und fünf Uhr. Eine verbürgte Bestätigung fand ihre Auffassung durch eine Äußerung Monsignore Noes, der den Brüdern erklärte, der Papst sei kurz vor fünf Uhr morgens verstorben. Ich habe mit den beiden Brüdern drei ausführliche Unterredungen geführt. Sie sind unbeirrt der Überzeugung, daß der Tod zwischen vier und fünf Uhr eingetreten sein muß, daß der Leichnam also binnen einer Stunde nach dem Ableben des Papstes entdeckt wurde. Wenn sie recht haben, war Albino Luciani vielleicht erst wenige Minuten tot, als Schwester Vincenza zum ersten Mal an seine Schlafzimmertür klopfte. Nur eine gründliche Autopsie hätte hier Klarheit schaffen können.

Auf ausdrückliche Anordnung des Vatikan hin wurden dem Leichnam weder Blut noch die Eingeweide entnommen. Formalin und andere Konservierungsstoffe wurden durch die Gefäßsysteme (Arterien und Venen) in den toten Körper injiziert. Der Hauptgrund dafür, daß der Vorgang drei Stunden in Anspruch nahm, war die kategorische Forderung der Vertreter des Vatikan, daß dem Toten kein Blut abgezapft werden dürfe – üblicherweise wird das Blut abgelassen oder mittels einer durch den Körper gepumpten Kochsalzlösung herausgespült. Ein einziger Tropfen vom Blut des Toten hätte freilich einem Pathologen genügt, um das Vorhandensein von Giftstoffen festzustellen.

Dank der Kunst der Leichenkosmetiker verschwand der gequälte Ausdruck vom Gesicht des Toten. In die Hände, die die abhanden gekommenen Papiere umklammert hatten, wurde ein Rosenkranz gelegt. Kurz vor Mitternacht zog Kardinal Villot sich zum Schlafen zurück.

Nach dem Tod Papst Pauls VI. hatte man, genau wie die italienischen Gesetze es vorsehen, 24 Stunden verstreichen lassen, ehe mit der Einbalsamierung der Leiche begonnen wurde. Damals war zwar Kritik laut geworden wegen der mangelnden Kompetenz der päpstlichen Leibärzte, aber daß Pauls Tod andere als natürliche Ursachen gehabt haben könnte, war von niemandem auch nur angedeutet worden. Jetzt, wo nicht nur die allgemeine öffentliche Meinung, sondern gewichtige und seriöse Stimmen in der Presse, in Hörfunk und Fernsehen eine Autopsie forderten, hatte man sich beeilt, den Leichnam lange vor Ablauf der gesetzlich vorgeschriebenen 24-Stunden-Frist einzubalsamieren.

Im Verlauf des darauffolgenden Tages, des 30. September, wurde eine bestimmte Frage mit zunehmender Ungeduld gestellt: »Warum keine Autopsie?« Die Medien begannen nach Erklärungen für einen so plötzlichen Tod zu forschen. Die Kurie hatte sich beeilt, neugierige Reporter an eine Bemerkung zu erinnern, die Luciani bei seiner letzten Generalaudienz im Nervi-Saal am Mittwoch, dem 27. September, hingeworfen hatte. Zu einer Gruppe von Kranken und Behinderten gewendet, hatte er gesagt: »Vergeßt nicht, daß euer Papst achtmal im Krankenhaus war und vier Operationen hinter sich hat.«

Die Pressestelle des Vatikan beschied jeden, der Genaueres über den Gesundheitszustand Lucianis erfragen wollte, mit dem Verweis auf diese Bemerkung des Verstorbenen. Sie wurde so eifrig zitiert, daß es bald wirkte wie die Ansage eines automatischen Anrufbeantworters, und entsprechend frustriert fühlten sich die Anrufer.

Die meisten Zeitungen und anderen Medien erinnerten daran, daß Luciani während seiner kurzen Amtszeit ganz und gar nicht wie ein kranker Mann gewirkt hatte. Ganz im Gegenteil war er, so stellten sie fest, äußerlich geradezu ein Ausbund an Gesundheit, Lebensfreude und Elan gewesen. Leute, die Luciani seit längerer Zeit kannten, wurden in zunehmendem Maß von Presseleuten angesprochen und um ihre Meinung gebeten.

Als Monsignore Senigaglia, der in Venedig sechs Jahre lang Lucianis Sekretär gewesen war, berichtete, der verstorbene Papst habe sich kurz vor seiner Abreise zum Konklave in Venedig einer eingehenden ärztlichen Inspektion unterzogen und diese sei »in jeder Beziehung gut ausgefallen«, wurden die Forderungen nach einer Autopsie lauter.

Als eine Reihe von Ärzten kategorisch die Forderung nach einer Autopsie zur genauen Bestimmung der Todesursache erhob, geriet der Vatikan in Panik. Zwar waren die Ärzte durchaus bereit, die Möglichkeit einer Herzattacke als Hypothese anzuerkennen und einige Faktoren zu benennen, die vielleicht als Nebenursachen in Frage kamen (der plötzliche Streß des Papstseins wurde in diesem Zusammenhang besonders gern zitiert), aber keiner war bereit, ohne Autopsie die Behauptung des Vatikan, Albino Luciani sei an einem Myokardinfarkt gestorben, als gesicherte Diagnose zu akzeptieren.

Der Vatikan konterte mit der Erklärung, die Vornahme einer Autopsie verstoße gegen kirchliche Bestimmungen. Das war erneut eine eindeutige Lüge an die Adresse der gesamten Weltöffentlickeit. Auf weitere Nachfragen italienischer Journalisten hin kam heraus, daß der Vatikan die von Paul VI. 1975 verkündete Apostolische Konstitution gemeint hatte. Das war jenes Dokument, in dem Paul die Verfahrensweisen für die Wahl seines Nachfolgers festgelegt hatte – wie etwa die Suche nach »Wanzen« oder die Anweisungen über die Größe der Stimmkarten. Wie eine sorgfältige Lektüre der Apostolischen Konstitution zeigt, hatte Papst Paul es versäumt, Vorkehrungen für den Fall zu treffen, daß eine Kontroverse über die Ursache seines Todes ausbrechen würde. Er hatte eine Autopsie weder verboten noch erlaubt; er hatte zu diesem Thema einfach nichts gesagt.

Vorübergehend avancierten die Umstände des Todes von Paul VI. zum Diskussionsthema. Kein Zweifel, das Leben Papst Pauls hätte verlängert werden können. Die ärztliche Behandlung, die ihm in seinen letzten Tagen zuteil wurde, ließ nach Ansicht vieler namhafter Mediziner in aller Welt viel zu wünschen übrig. Aus Kapstadt meldete sich Dr. Christiaan Barnard und kommentierte die Tatsache, daß Papst Paul nicht in eine Intensivstation verlegt worden war, mit den Worten: »Wenn so etwas in Südafrika passiert wäre, wären die dafür verantwortlichen Ärzte wegen fahrlässiger Pflichtversäumnis bei ihrer Berufsvereinigung angezeigt worden.«

Einer der für die Behandlung Papst Pauls verantwortlichen Ärzte war Dr. Renato Buzzonetti gewesen, der stellvertretende Chef des vatikanischen Gesundheitsdienstes. Derselbe Arzt, der sich nach

Ansicht Dr. Barnards im August der fahrlässigen Pflichtversäumnis schuldig gemacht hatte, hatte jetzt das medizinische Unding vollbracht, ohne Autopsie eine definitive Aussage über die Ursache für den einsamen Tod Albino Lucianis zu treffen.
Das war der Hintergrund, vor dem Kardinal Confalonieri die erste Sitzung der Kardinalskongregation leitete, des Gremiums, das nach dem Tod eines Papstes bis zur Wahl des Nachfolgers die Verfügungsgewalt ausübt. Diesem Gremium gehören automatisch alle Kardinäle an, das heißt jene, die sich zum betreffenden Zeitpunkt in Rom aufhalten. Als am Samstag, dem 30. September, um elf Uhr vormittags die erste Sitzung stattfand, war naturgemäß nur eine Minderheit der Kardinäle zugegen, 29 der insgesamt 127, die es in aller Welt gab, und die meisten waren, ebenso natürlich, Italiener. Diese Minderheit traf nun eine Reihe von Entscheidungen. Es wurde beschlossen, daß das Begräbnis Albino Lucianis am folgenden Mittwoch, dem 4. Oktober, stattfinden sollte.
Bis es soweit war, sollte den Funktionären des Vatikan noch einiger Ärger ins Haus stehen, vor allem weil das Publikum einen überwältigenden Drang an den Tag legte, den Leichnam Johannes Pauls I. persönlich in Augenschein zu nehmen. Man hatte im Vatikan mit einem ähnlichen Ausmaß an öffentlicher Anteilnahme gerechnet wie nach dem Tod Papst Pauls – ein weiteres Beispiel dafür, wie unfähig die Kurie war, die Wirkung Lucianis auf die Menschen einzuschätzen. Die Kardinäle beschlossen, den Toten am Abend im Petersdom aufbahren zu lassen. Die beiden wichtigsten Entscheidungen jedoch, die an diesem Vormittag fielen, besagten, daß das Konklave zum frühestmöglichen Zeitpunkt, am 14. Oktober, beginnen sollte und daß es keine Autopsie geben werde.
Die Zweifel und Bedenken von Männern wie Benelli, Felici und Caprio ob des plötzlichen Todes Albino Lucianis wurden vom Tisch gewischt. Villot und seine Freunde, die ganz genau wußten, daß die Kontroverse sich verschärfen würde, solange das Interesse des Publikums nicht von anderen Dingen in Anspruch genommen wurde, setzten jetzt auf ein Kalkül, das dem vom August gerade entgegengesetzt war. Hatten sie damals den Beginn des Konklaves nahezu auf den spätestmöglichen Termin angesetzt, so entschieden sie sich jetzt für die kürzeste Frist. Das war taktisch nicht unklug.

War erst einmal das Begräbnis vorbei, so würden die Medien sich der Frage zuwenden, wer Lucianis Nachfolger werden könnte. Die Männer der Kurie konnten daher mit gutem Grund hoffen, daß, wenn es ihnen gelang, bis zum Begräbnis in einigen Tagen den Deckel auf den Topf zu halten, danach nichts mehr anbrennen würde. Sollte es dem einen oder anderen der jetzt nach und nach in Rom eintreffenden Kardinäle einfallen, eine Autopsie zu fordern, so würde er sich mit einem bereits gefällten gegenteiligen Beschluß der Kongregation auseinandersetzen müssen. Einen solchen Beschluß in der kurzen Zeit bis zum Begräbnis umzustoßen, war praktisch ein Ding der Unmöglichkeit. »Ihr werdet die Wahrheit erkennen, und die Wahrheit wird euch frei machen«, sagt uns die Bibel – eine wohlwollende Prophezeiung, die von 29 Kardinälen der katholischen Kirche am Vormittag des 30. September 1978 ad absurdum geführt wurde.
Nachdem Kardinal Confalionieri die Sitzung eröffnet hatte, gab er seine persönliche Ansicht über die Ursachen für den plötzlichen Tod des Papstes zum besten.

> »Er konnte die Einsamkeit nicht ertragen; alle Päpste leben in so etwas wie einer institutionalisierten Einsamkeit, aber Luciani litt darunter vielleicht mehr [als andere]. Er, der immer inmitten der Menschen gelebt hatte, fand sich plötzlich auf die Gesellschaft zweier Sekretäre, die er nicht kannte, und zweier Nonnen, die in Anwesenheit des Papstes nicht einmal den Kopf hoben, reduziert. Er hatte auch keine Zeit, Freunde zu gewinnen.«

Pater Diego Lorenzi war seit über zwei Jahren Lucianis enger Mitarbeiter und Gefährte gewesen. Schwester Vincenza hatte fast 20 Jahre für ihn gearbeitet. Weit davon entfernt, in seiner Gegenwart den Blick auf den Boden zu senken, war sie für Luciani im Gegenteil stets ein Quell der Erbauung gewesen. Gewiß war Luciani als Papst von vielen Kontakten abgeschnitten, aber wer in seiner Umgebung hatte irgendwelche Anzeichen dafür wahrgenommen, daß ihn dies übermäßig bekümmerte – oder gar so sehr, daß ihm darüber das Herz stehenblieb? Kein Zweifel, die Feindseligkeit und Arroganz, die die Kurie ihm in seinen 33 Tagen als Papst entgegen-

gebracht hatte, haben ihm zugesetzt; aber auch in Venedig hat Albino Luciani fast ein Jahrzehnt lang gegen kuriale Feindseligkeit und Arroganz angekämpft.
Am Samstag, dem 30. September, um 18 Uhr wurde der einbalsamierte Leichnam im offenen Sarg in den Petersdom überführt. Millionen in aller Welt erlebten am Fernsehschirm mit, wie die Prozession, angeführt von 24 Kardinälen und 100 Bischöfen und Erzbischöfen, sich durch den Ersten Bogengang, den Herzogssaal, den Saal und das Treppenhaus der Könige und schließlich durch das Bronzetor auf den Petersplatz hinaus bewegte. An dieser Stelle wurde der Singsang des Magnifikats plötzlich von einer jener so typisch italienischen spontanen Gefühlskundgebungen überflutet: Ein brausender, lang anhaltender Beifallssturm erhob sich aus der dichtgedrängten Menge.
Gut informierte und schlecht informierte Meinungsmacher in aller Welt versuchten sich mit Würdigungen des Lebens und Sterbens von Albino Luciani. Vieles von dem, was geschrieben und gedruckt wurde, verrät mehr über die Autoren als über Johannes Paul I. Wie sich zeigte, ging die Erwartung der Kurie, das allgemeine Interesse werde sich rasch von den mit dem Tod des gewesenen Papstes zusammenhängenden Fragen auf die Frage nach dem Nachfolger verlagern, in Erfüllung. In England schloß die *Times* in einem Leitartikel mit der Überschrift »Das Jahr der drei Päpste« das Kapitel Luciani mit einer nachdenklichen Betrachtung über die Vergänglichkeit allen Lebens ab.
Manche Beobachter sprachen scharfsichtig von einem großen, unerfüllt gebliebenen Versprechen, andere oberflächlicher von der Aussicht auf ein fröhliches Pontifikat, die man nun begraben müsse. Was die Ursachenforschung in bezug auf den so unerwarteten Tod Albino Lucianis betraf, so erwies sich die Desinformationskampagne der Römischen Kurie als bemerkenswert erfolgreich. Ein Kommentator nach dem anderen wies auf die vielen Krankheiten hin, die Luciani durchgemacht habe. Daß ein so erfahrener Journalist wie Patrick O'Donovan vom *Observer* sich zu Sätzen wie dem folgenden versteigen konnte, beweist nur, von welch durchschlagender Wirkung die Lügen des Vatikan waren: »Erst jetzt wird die Öffentlichkeit darauf aufmerksam, daß Kardinal Luciani ein langes Register lebensbedrohlicher Krankheiten auf dem Buckel hatte.«

Was für Krankheiten das im einzelnen gewesen waren, wurde nicht weiter erläutert. Es ist klar, daß O'Donovan und seine Berufskollegen angesichts des steten Termindrucks, dem sie unterworfen sind, nicht die Zeit hatten, eigene Recherchen anzustellen, und sich statt dessen auf die Auskünfte aus dem Vatikan verließen. So konnte man in manchen Blättern lesen, daß Luciani ein starker Raucher gewesen sei, daß er nur noch einen Lungenflügel gehabt habe, daß er mehrmals wegen akuter Tuberkulose behandelt worden sei. Nach seinem Tod erhielten andere, die danach fragten, aus dem Vatikan die Auskunft, Luciani habe vier Herzanfälle hinter sich gehabt und außerdem an Phlebitis gelitten, einer schmerzhaften Kreislauferkrankung. Wieder andere erwähnen, er habe ein Emphysem gehabt, ein chronisches Lungenleiden, das meist bei Gewohnheitsrauchern auftritt. An alldem war und ist kein wahres Wort.

Im Grunde führen diese mit Overkill-Kapazität verbreiteten Lügen des Vatikan sich selbst ad absurdum. Hätten die 111 Kardinäle, die sich im August 1978 in Rom versammelten, einen von all den angeführten schweren Krankheiten gezeichneten Mann gewählt? Und ihn dann ohne jede medizinische Betreuung ins Rennen gehen lassen?

Der Desinformationsapparat des Vatikan beschränkte sich nicht darauf, Lügen über den Gesundheitszustand Lucianis in die Welt zu setzen. Auf unsichtbaren Kanälen wurde auch die Parole verbreitet, Johannes Paul I. sei ohnehin kein guter Papst gewesen. Weshalb einem Muster ohne Wert nachtrauern? Ich sprach mit Kardinal Benelli über diese häßliche Geschichte, und er meinte dazu:

> »Meinem Eindruck nach verfolgten sie [das heißt die Mitglieder der Römischen Kurie] ein doppeltes Ziel: Indem sie Luciani in ein möglichst schlechtes Licht rückten, konnten sie den Schmerz um seinen Verlust und damit auch die Forderungen nach einer Autopsie dämpfen. Zum zweiten bereitete die Kurie sich auf das nächste Konklave vor. Man wollte diesmal einen Mann der Kurie gewählt sehen.«

An dem Tag, als Johannes Paul I. mit seiner Nichte Pia zu Mittag gegessen hatte, war die Manipulierbarkeit von Nachrichten und

Menschen durch die Presse eines ihrer Gesprächsthemen gewesen. Jetzt stand der tote Papst selber im Mittelpunkt einer extrem manipulativen Berichterstattung. Die Souffleure für die abwertenden Urteile über ihn saßen hauptsächlich im Vatikan; es waren irgendwelche unbedeutenden Priester und Monsignores, die normalerweise damit beschäftigt waren, unbedeutende Denkschriften für die Kirchenbürokratie zu verfassen. Es schmeichelte ihrem Selbstgefühl, von Journalisten nach ihrer Meinung über den verstorbenen Papst befragt zu werden. Die Tatsache, daß keiner von ihnen je den Pulsschlag der Macht vernommen oder die päpstlichen Gemächer von innen gesehen hatte, wurde mit der vielsagenden Formel überkleistert: »Wie aus gutinformierten Kreisen im Vatikan heute zu erfahren war ...« Was unter Berufung auf solche Quellen zusammengeschrieben wurde, addierte sich zu einer regelrechten Verleumdungskampagne gegen den verstorbenen Papst. Viele von denen, die Luciani vor dem Konklave keine Beachtung geschenkt hatten, stiegen in diese Kampagne bereitwillig ein, ließ sich aus ihr doch ableiten, daß nicht sie einem Irrtum und einer Fehleinschätzung erlegen waren, sondern die 99 Kardinäle, die Luciani gewählt hatten. Hören wir Robert Sole, den Vatikan-Korrespondenten von *Le Monde:*

> »Seine Audienzen bescherten ihm die spontane Sympathie des Publikums; Vertreter der Kirche dagegen fanden sie oft enttäuschend und manchmal besorgniserregend. Der Papst artikulierte eine Lebensphilosophie, die gelegentlich an den *Reader's Digest* erinnerte: gesunder Menschenverstand [von noch dazu ziemlich schlichtem Zuschnitt] anstelle der großen theologischen Grundsatzreden Pauls VI. Er besaß eindeutig nicht die Bildung und das geistige Format seines Vorgängers.«

Oder hören wir den Kommentator der Zeitschrift *Commonweal:*

> »Wir verfolgten erst mit Spannung, dann mit zunehmender Belustigung seine ausgiebigen Bemühungen, sich selbst zu entdekken. Er lächelte, sein Vater war Sozialist, er verschmähte die Tiara und er sprach bei seinen Audienzen im Plauderton.«

Newsweek gab zu bedenken, Luciani habe mit seinem Nein zu der Formel »Ubi Lenin ibi Jerusalem« die lateinamerikanischen Kardinäle im Stich gelassen, die so wesentlichen Anteil daran hatten, daß er zum Papst gewählt worden war.

Mit jener Äußerung habe Luciani, so meinte *Newsweek,* seine ablehnende Haltung zur »Theologie der Befreiung« deutlich gemacht. Was *Newsweek* und der Rest der Weltpresse dank der durch die Kurie geübten Zensur nicht mitbekommen hatten, war, daß der Papst seine Äußerung mit einer bedeutsamen Einschränkung versehen hatte; daher lagen sie mit ihrem Urteil voll daneben.

Der sehr vatikanerfahrene *Times*-Korrespondent Peter Nichols verglich Luciani in einem Beitrag für den *Spectator* mit einem einstmals sehr populären italienischen Schauspieler, der sich nur vor das Publikum hinzustellen brauchte, um einen Beifallssturm auszulösen. Was Nichols nicht erklärte, war, weshalb Paul VI. bei seinen Auftritten keine solchen Ovationen erhalten hatte.

Andere kritisierten, daß Luciani alle führenden Kurienkardinäle in ihren Ämtern bestätigt hatte. Sie vergaßen dabei, daß auch die drei Päpste vor Luciani dies so gehalten hatten, und daß es natürlich in seiner Macht stand, jeden dieser Würdenträger jederzeit abzulösen.

Ein großer Teil der Weltpresse hatte in den Tagen nach dem Tod des Papstes in Schilderungen des vatikanischen Totenbettrituals geschwelgt. Kardinal Villot habe sich, so konnte man in vielen Zeitungen lesen, dem leblosen Luciani genähert und dreimal gerufen: »Albino, bist du tot?« Jedesmal habe er nach dem Ausrufen der Frage mit einem kleinen silbernen Hammer symbolisch auf die Stirn des Papstes geklopft. Dramatisch auch die Beschreibung des Augenblicks, in dem Villot dem toten Luciani angeblich den Ring Petri vom Finger zog, um ihn später in Stücke zu schlagen.

In Wirklichkeit geschah am Totenbett Albino Luciani nichts von alledem. Es wurde weder gerufen noch an die Stirn des Toten geklopft. Diese rituellen Handlungen waren noch zu Lebzeiten Pauls aus dem Programm gestrichen worden. Was den Ring Petri betraf, so war er wegen der kurzen Dauer von Lucianis Amtszeit zum Zeitpunkt seines Todes noch nicht einmal angefertigt. Der einzige Ring, den er trug, war der, den Johannes XXIII. seinerzeit an alle Bischöfe verteilt hatte, die dem Zweiten Vatikanischen Konzil beiwohnten.

Wenn man weiß, zu welch großen Dingen Luciani in der kurzen ihm vergönnten Zeit ausholte, und wenn man weiß, welch großen Respekt ihm Männer wie Casaroli, Benelli, Lorscheider, Garrone, Felici und viele andere entgegenbrachten, könnte man derlei erfundene Schilderungen einfach als läppische Entgleisungen abtun; unter einem bestimmten Gesichtspunkt betrachtet, sind sie aber wichtig und hochinteressant: Sie waren Teil einer inszenierten Kampagne. Es war kein Zufall, daß in keinem einzigen der nach Lucianis Tod veröffentlichten Analysen und Nachrufe auch nur der kleinste Hinweis auf die im vorigen Kapitel geschilderten Hintergründe zu finden war. Eine der vielsagenden Bemerkungen, die man von Vatikan-Insidern immer wieder hört, lautet: »Nichts dringt aus dem Vatikan nach außen, ohne daß eine bestimmte Absicht dahintersteckt.«

Am 1. Oktober gewann die Forderung nach einer Autopsie der Leiche Lucianis an Nachdruck. Die angesehenste Zeitung Italiens, der *Corriere della Sera,* veröffentlichte auf der Titelseite einen Artikel mit der Überschrift: »Warum nein zu einer Autopsie?« Der Verfasser war Carlo Bo, ein fähiger Journalist und guter Vatikankenner. Schon das bloße Erscheinen dieses Artikels war bemerkenswert. Als Folge des Lateran-Vertrags und einiger späterer Vereinbarungen zwischen dem italienischen Staat und dem Vatikan sind der italienischen Presse bei der Berichterstattung über kirchliche Themen sehr enge Grenzen gesetzt. Verletzungen der Sorgfaltspflicht werden in diesem Bereich so streng verfolgt, daß bereits ein kritischer Kommentar, ganz zu schweigen vom Erheben irgendwelcher schwerwiegender Anschuldigungen, die betreffende Zeitung sehr schnell vor den Richter bringen kann.

Carlo Bo vermied es geschickt, auf eine der ausgelegten juristischen Minen zu treten. In einem Stil, der an die berühmte Ansprache Mark Antons an die Einwohnerschaft Roms erinnerte, erwähnte er die Verdächtigungen und Behauptungen, die nach dem plötzlichen Tod Lucianis laut geworden waren. Er versicherte seinen Lesern, er glaube zuversichtlich, daß die Paläste und Verliese des Vatikan seit Jahrhunderten nicht mehr Zeugen von Morden und anderen Verbrechen geworden seien. Gerade deshalb, so schrieb er, könne er einfach nicht begreifen, weshalb der Vatikan beschlossen hatte, keine medizinische Untersuchung zuzulassen, »einfacher gesagt: warum keine Autopsie vorgenommen wurde«. Er fuhr fort:

> »Die Kirche hat nichts zu befürchten, also auch nichts zu verlieren. Sie hätte im Gegenteil viel zu gewinnen.
> . . . Die Frage nach der Ursache für den Tod des Papstes ist eine legitime Frage nach einem historischen Faktum; [sein Tod] ist ein Bestandteil unserer erlebten Geschichte, und [seine wissenschaftliche Klärung] verletzt in keiner Weise das geistliche Geheimnis seines Todes. Die sterbliche Hülle, die wir zurücklassen, wenn wir dahinscheiden, läßt sich mit unseren dürftigen Instrumenten untersuchen, sie ist ein Überbleibsel. Die Seele dagegen gehorcht schon – gehorchte vielmehr schon immer – anderen Gesetzen, die nicht von dieser Welt sind und undurchschaubar bleiben. Wir sollten nicht aus einem Mysterium ein aus weltlichen Gründen gehütetes Geheimnis machen; gestehen wir uns doch ein, wie klein und unbedeutend unsere Geheimnisse sind. Erklären wir nicht etwas für heilig, was nicht heilig ist.«

Die 15 Ärzte des vatikanischen Gesundheitsdienstes lehnten es ab, sich zu der Frage zu äußern, ob verstorbene Päpste einer Autopsie unterzogen werden sollten oder nicht. Eduardo Luciani hingegen, gerade aus Australien zurückgekehrt, äußerte sich, nach dem Gesundheitszustand seines Bruders befragt, klar und deutlich, wenn auch sicher nicht im Sinne des Vatikan:

> »Am Tag nach der Einführungszeremonie fragte ich seinen Hausarzt, welchen Eindruck er von ihm hatte, angesichts der ganzen Belastungen, unter denen er jetzt stand. Der Doktor beruhigte mich; er sagte, meinem Bruder gehe es ausgezeichnet, und sein Herz sei in guter Verfassung.«

Befragt, ob sein Bruder je Probleme mit dem Herzen gehabt habe, antwortete Eduardo: »Soweit ich weiß, nicht die geringsten.« Das paßte nicht gut zu den vom Vatikan soufflierten Phantastereien.

Am Montag, dem 2. Oktober, entbrannte die Diskussion über den Tod des Papstes weltweit. Im französischen Avignon sah Kardinal Silvio Oddi sich einem Kreuzfeuer von Fragen ausgesetzt. Er als italienischer Kardinal könne das französische Publikum doch sicher mit den authentischen Fakten vertraut machen? Oddi entgegnete, das Kardinalskollegium werde »die Möglichkeit einer Untersuchung nicht einmal erwägen; es denkt nicht daran, sich von irgend jemandem etwas vorschreiben zu lassen, und es wird über das Thema nicht einmal diskutieren«. Kategorisch erklärte der Kardinal: »Tatsächlich wissen wir mit Bestimmtheit, daß der Tod Johannes Pauls des Ersten dadurch ausgelöst wurde, daß sein Herz zu schlagen aufhörte, aus rein natürlichen Gründen.«
Damit hatte Kardinal Oddi eine bedeutsame medizinische Pioniertat vollbracht – er hatte ohne Autopsie eine Diagnose gefällt, die selbst der beste Arzt nicht ohne Autopsie zu stellen wagen würde.
Unterdessen hatten die Proteste von Pater Lorenzi und anderen Angehörigen des päpstlichen Haushalts gegen eine bestimmte Falschinformation endlich zu einem Ergebnis geführt:

> »Nach den notwendigen Nachforschungen sind wir jetzt in der Lage, zu erklären, daß der Papst, als er am Morgen des 29. September tot aufgefunden wurde, einige Papierblätter in den Händen hielt, Papiere mit von ihm persönlich aufgesetzten Texten wie Predigten, Ansprachen, Gedanken und verschiedenen Notizen.«

Als der Vatikan Tage zuvor bekanntgegeben hatte, Luciani habe das Buch *De imitatio Christi* in der Hand gehalten, hatten, wie Pater Andrew Greeley in seinem Buch *The Making of the Popes* berichtet, »einige Reporter laut gelacht«.
Es ist interessant zu sehen, welche Metamorphosen diese in den Händen des Toten gefundenen Blätter im Lauf der Jahre durchgemacht haben: Bericht über die katholische Kirche in Argentinien, Notizen für seine nächste Angelus-Ansprache, Predigten, die er in Belluno/Vittorio Veneto/Venedig gehalten hatte, ein Gemeindeblättchen, Text einer Rede, die er vor Jesuiten halten wollte, ein

Bericht von der Hand Papst Pauls. Wenn ein Staatsoberhaupt auf eine Art und Weise aus dem Leben scheidet, wie Johannes Paul I. es tat, so ist die Frage danach, was er als letztes geschrieben oder gelesen hat, sicherlich von einem gewissen Interesse. Daß der tote Luciani bei seiner Auffindung die Papiere in den Händen hielt, auf denen er handschriftlich die einschneidenden personellen Veränderungen skizziert hatte, die er vorzunehmen gedachte, ist mir aus fünf verschiedenen Quellen bestätigt worden. Zwei davon sind unmittelbare Augenzeugen des Geschehens gewesen, die anderen drei sind zuverlässige Gewährsleute von außerhalb des Vatikan. Die Tatsache, daß der Vatikan die Legende, der tote Papst sei mit dem Buch *De imitatio Christi* aufgefunden worden, zurückzog, machte deutlich, daß die Kurie unter Druck zu geraten begann.
Am 2. Oktober verstärkte sich der Druck, als die Weltpresse sich mit zunehmend kritischerer Tendenz einigen beunruhigenden Aspekten des Falles widmete. Viele Beobachter fanden es befremdlich, daß es für einen angeblich so kranken Papst im Vatikan keinen nächtlichen Fürsorgedienst gab. Daß Dr. Renato Buzzonetti hauptberuflich in einem römischen Krankenhaus arbeitete und daher nicht jederzeit zur Verfügung stand, schien unbegreiflich. Hätten diese Kommentatoren das volle Ausmaß des im Vatikan herrschenden Schlendrians gekannt, wäre die Empörung noch viel größer gewesen. Indes, es ging hier nicht um Fahrlässigkeit: Die Tatsachen deuten auf eine Mordverschwörung.
Wie in anderen Ländern, brach sich auch in Spanien das Unbehagen in öffentlichen Kontroversen Bahn. Professor Rafael Gambra von der Madrider Universität war nur einer von vielen, die sich darüber beklagten, daß im Vatikan gewisse Dinge »auf italienische Art oder auf florentinische Art, wie in der Renaissance, erledigt« würden. Gambra scheute sich nicht, seine Befürchtung zu artikulieren, ein Papst, der offensichtlich begonnen hatte, eine dringend benötigte disziplinarische Erneuerung der Kirche zu erzwingen, könnte möglicherweise ermordet worden sein, und forderte eine Autopsie.
In Mexiko City erhob der Bischof von Cuernabraqua, Sergio Arothco, öffentlich die Forderung nach einer Autopsie. Er erklärte: »Kardinal Miranda und ich sind der Ansicht, daß sie nützlich sein würde.« Der Bischof verfaßte eine ausführliche Stellungnahme, die

nach seinem Willen in allen Kirchen seiner Diözese verlesen werden sollte. Der vatikanische Apparat reagierte schnell. Die Stellungnahme verschwand, wie so vieles andere in dieser Affäre, vom Angesicht der Erde, und was Kardinal Miranda betraf, so erklärte dieser, offenbar vom Vatikan in die Mangel genommen, nach seinem Eintreffen in Rom, er sehe keinen Grund zum Argwohn in bezug auf den Tod des Papstes.

Am 3. Oktober, während im Petersdom nach wie vor 12 000 Gläubige pro Stunde am Leichnam des Papstes vorbeidefilierten, rumorte die Kontroverse weiter. Nachdem das Testament Albino Lucianis sich verflüchtigt hatte, sorgte der Vatikan für ein Vermächtnis eigener Art: einen bitteren Nachgeschmack. Ein Papst, der sich durch Offenheit, Direktheit und Schlichtheit ausgezeichnet hatte, wurde nach seinem Tod in ein Gewebe aus Lügen, Verstocktheit und Ausflüchten eingehüllt. Es war offensichtlich, daß die Masse der Gläubigen seinen Tod als ungeheuren Verlust empfand. Aus dem Vatikan kam fast nichts, was diesem weitverbreiteten Gefühl Rechnung getragen hätte – was kam, war eher ein verbittertes Rückzugsgefecht, in dem die Ehre und das Andenken Albino Lucianis bedenkenlos den Interessen derer geopfert wurden, die sich des Verdachts einer Beteiligung oder Mitwisserschaft an der Ermordung des Papstes erwehren mußten.

In den Zeitungen äußerten sich nun auch Geistliche von außerhalb der Kurie über das Für und Wider einer Autopsie. Vatikanische Auguren und Experten geißelten den Vatikan wegen seines Starrsinns.

Was sich jetzt deutlich herausgeschält hatte, war, wie Vittorio Zucconi im *Corriere della Sera* feststellte, daß »hinter dem Hin und Her um den Tod des Papstes ein großes und verbreitetes Unbehagen an den ›offiziellen Versionen‹ steckt«.

Wie intensiv dieses Unbehagen war, wird aus dem Vorgehen der Civilita Cristiana deutlich, einer Vereinigung traditionalistisch eingestellter Katholiken. Ihr Sekretär Franco Antico erklärte öffentlich, daß er im Namen seiner Organisation den obersten Richter des Vatikanstaats schriftlich zu einer umfassenden Aufklärung der Umstände des Todes von Papst Johannes Paul I. aufgefordert habe.

Dieser Appell und seine Begründung machten in aller Welt Schlagzeilen. Antico zählte einige der Ungereimtheiten auf, die in den bisherigen Darstellungen des Vatikan zutage getreten waren. Was seine Organisation wünschte, war nicht nur eine Autopsie, sondern eine vollgültige Untersuchung des Falles nach kriminalistischen Richtlinien. Antico erklärte: »Wenn Präsident Carter unter solchen Umständen gestorben wäre, hätte das amerikanische Volk ganz sicher eine Erklärung gefordert.«

Antico teilte der Presse weiter mit, seine Organisation habe sich ursprünglich mit dem Gedanken getragen, öffentlich und explizit den Vorwurf zu erheben, der Papst sei von einer unbekannten Person oder Personengruppe getötet worden. In einem Anflug jenes wunderbaren Sinns der Italiener für verqueres Denken fügte er hinzu, man habe von einem solchen Schritt abgesehen, weil »wir nicht darauf aus sind, einen Skandal zu entfachen«. Die Civilita Cristiana hatte ihre Forderung auch Kardinal Confalonieri, dem Dekan des Heiligen Kollegs, übermittelt. Unter den aufgeworfenen Fragen waren die nach der großen zeitlichen Lücke zwischen der Auffindung des Papstes und der öffentlichen Bekanntgabe seines Todes, nach der Sorglosigkeit, mit der man einen Papst, der offensichtlich die Gewohnheit hatte, im Bett noch zu arbeiten, in seinem Zimmer allein ließ, und nach dem Nichtvorliegen eines Totenscheins. Kein vatikanischer Arzt war bereit gewesen, durch die Ausstellung eines Totenscheins die öffentliche Verantwortung für die Beglaubigung der Todesursache zu übernehmen.

Die Anhänger des abtrünnigen Erzbischofs Marcel Lefebvre, die zunächst erklärt hatten, Luciani sei gestorben, weil Gott ihn nicht zum Papst haben wollte, ließen jetzt durch Lefebvres rechte Hand, den Abt Ducaud-Bourget, eine neue Theorie verbreiten: »Angesichts all der Geschöpfe des Teufels, die im Vatikan hausen, ist es schwer, daran zu glauben, daß es ein natürlicher Tod war.«

Nachdem der Vatikan seine ursprünglich aufgestellte Behauptung, die kirchlichen Bestimmungen ließen eine Autopsie nicht zu, notgedrungen hatte korrigieren müssen, trommelten die italienischen Zeitungen nochmals nachdrücklich gegen seine brüchig gewordene Deckung. Autopsien an verstorbenen Päpsten, so fanden sie heraus, hatte es in der Tat schon gegeben. So war beispielsweise dem Tagebuch des Fürsten Don Agostini Chigi zu entnehmen, daß am

Abend des Tages nach dem Tod von Papst Pius VIII. am 30. November 1830 eine Leichenöffnung vorgenommen worden war. Offiziell hat es diese Autopsie nie gegeben, und daher sind natürlich auch ihre Ergebnisse nirgendwo dokumentiert; aus dem Tagebuch des Fürsten geht jedoch hervor, daß alle inneren Organe Pius' VIII. für gesund befunden wurden; lediglich die Funktion der Lunge schien beeinträchtigt. Es bestand seinerzeit der Verdacht, daß der Papst vergiftet worden war.

Am Abend dieses 3. Oktober 1978 um sieben Uhr ereignete sich etwas Kurioses. Wie immer schlossen sich um diese Zeit die Pforten des Petersdoms für das Publikum. Die Basilika war menschenleer, abgesehen von den vier Soldaten der Schweizergarde, die den Katafalk bewachten, wie es nach dem Tod eines Papstes seit jeher üblich ist. Um dreiviertel acht Uhr wurde eine Seitentür geöffnet, um einer Gruppe von etwa 150 Pilgern aus Canale d'Agordo, Albino Lucianis Geburtsort, Einlaß zu gewähren. Sie waren in Begleitung des Bischofs von Belluno gerade erst in Rom eingetroffen und hatten vom Vatikan eine Sondergenehmigung erhalten, nach der offiziellen Schließung des Doms dem Mann, den viele von ihnen persönlich kannten, die letzte Ehre zu erweisen. Offensichtlich war irgend jemand im Vatikan, der selbst etwas mit dem Leichnam des Papstes vorhatte, über den Besuch dieser Gruppe nicht informiert worden. Wenige Minuten, nachdem sie den Dom betreten hatten, sahen die Pilger aus dem Norden sich jedenfalls auf sehr unzeremonielle Weise wieder an die Luft des Petersplatzes gesetzt.

Einige vatikanische Würdenträger waren aufgetaucht, zusammen mit einer Gruppe von Ärzten. Alle Anwesenden waren angewiesen worden, die Kirche zu verlassen. Auch die vier Gardisten waren weggeschickt worden. Dann hatte die neu angekommene Gruppe große purpurfarbene Sichtschirme um den Katafalk herum aufgestellt, damit ja kein etwa noch in der Nähe befindlicher Neugieriger den Ärzten bei ihrem Tun zuschauen konnte.

Diese unangemeldete Visite dauerte bis 21.30 Uhr. Nachdem sie beendet war, baten einige der Pilger aus Canale d'Agordo, die noch draußen warteten, darum, dem Toten nun endlich die letzte Ehre erweisen zu dürfen. Man ließ sie nicht hinein.

Was war der Zweck dieses abendlichen Kommandounternehmens

weniger als 24 Stunden vor dem Bestattungstermin? In den Reihen der Journalisten waren sich die meisten einig: Eine Autopsie war durchgeführt worden. Bereitete der Vatikan ein Entlastungsmanöver zur Beruhigung der öffentlichen Meinung vor? Wenn ja, dann müssen wir aus der Art und Weise, wie der Vatikan diese ärztliche Untersuchung hinterher darstellte, den zwingenden Schluß ziehen, daß dieses Vorhaben gründlich mißlungen sein, daß die Untersuchung den Verdacht, der Papst sei einem Mord zum Opfer gefallen, bestätigt haben muß.

Es gab keine offizielle Verlautbarung nach der abendlichen Untersuchung, und die Presseabteilung des Vatikan hüllte sich, obwohl von den Medienvertretern mit Fragen bestürmt, in völliges Schweigen darüber, was im Petersdom vor sich gegangen war – ein Schweigen, das sie erst nach der Bestattung des Papstes brechen sollte. Lediglich inoffiziell erfuhr die italienische Nachrichtenagentur ANSA, bei der ärztlichen Untersuchung habe es sich um eine normale Überprüfung des Konservierungszustands der Leiche gehandelt; mit von der Partie seien Professor Gerin und die Gebrüder Arnaldo und Ernesto Signoracci gewesen. Man teilte ANSA darüber hinaus mit, dem Leichnam sei noch ein zusätzliches Quantum Einbalsamierungsflüssigkeit injiziert worden.

Als das vatikanische Presseamt sich endlich offiziell äußerte. verkürzte es zunächst einmal die neunzigminütige Untersuchung auf eine zwanzigminütige. Die Untersuchung habe, so hieß es, ergeben, daß alles in Ordnung war, und die Pilger aus Canale d'Agordo seien anschließend wieder hereingelassen worden. Abgesehen von den Irrtümern oder bewußten Unwahrheiten, die diese Erklärung enthielt, ist auf eine Anzahl anderer beunruhigender Fakten aufmerksam zu machen: Professor Cesare Gerin wohnte der Untersuchung im Gegensatz zu der Behauptung der vatikanischen Gewährsleute, auf die ANSA sich berief, nicht bei. Und auch die Signoracci-Brüder bestritten im Gespräch mit mir nachdrücklich, daß sie an jener unheimlichen abendlichen Visite teilgenommen hätten. Eine »Überprüfung des Konservierungszustands« in Abwesenheit der dafür zuständigen und verantwortlichen Experten ist allerdings erstaunlich!

Wenn, wie viele glauben, tatsächlich eine Autopsie vorgenommen wurde (oder auch nur eine Teilautopsie – die 90 Minuten hätten für die vollständige Standardprozedur nicht ausgereicht) und wenn die Resultate negativ gewesen wären, so hätte man sie gewiß lauthals verkündet – wie hätte man die bösen Zungen besser zum Schweigen bringen können! Der *Corriere della Sera* schrieb: »In letzter Minute stieß ein berühmter Arzt von der Katholischen Universität zu dem Sonderkommando.« Der »berühmte Arzt« verschwand unerkannt in dem vom Tiber aufsteigenden Morgennebel.

Der katholische Psychologe Rosario Mocciaro kommentierte das Verhalten der Männer, die in dieser Periode des verwaisten Throns mit der Führung der römisch-katholischen Kirche betraut waren, mit den Worten: »Eine Art ›omerta‹ [Verschwiegenheit] nach Mafiarezept, verkleidet als christliche Rücksichtnahme und Etikette.«

Die innige Beziehung, die Albino Luciani zwischen sich und den gläubigen Massen hergestellt hatte, hielt an. Den Dauerregen nicht scheuend, versammelten sich an die hunderttausend Menschen am 4. Oktober zur Begräbnismesse auf dem Petersplatz. Beinahe eine Million Menschen hatten in den vier Tagen davor den Leichnam besichtigt. Die erste der drei liturgischen Lesungen, der Offenbarung des Johannes entnommen, endete mit den Worten: »Ich bin das A und das O, der Anfang und das Ende. Ich will dem Durstigen geben von dem Brunnen des lebendigen Wassers umsonst.«

Der Leichnam Albino Lucianis, hermetisch verpackt im Innern dreier ineinandergesetzter Särge aus Zypressenholz, Blei und Ebenholz, wurde zu seiner endgültigen Ruhestätte in einem Marmorsarkophag in der Krypta des Petersdoms gebracht. Aber auch nachdem die sterblichen Überreste dort, in der schummrigen Kühle der Heiligen Grotte, zwischen Johannes XXIII. und Paul VI. beigesetzt waren, hielt die Diskussion darüber an, ob man Albino Luciani am Abend vor seinem Tod vielleicht etwas anderes zu trinken gegeben hatte als einen Schluck aus dem Brunnen des lebendigen Wassers.

Sehr viele Menschen störten sich weiterhin daran, daß keine Autopsie vorgenommen worden war; einer von ihnen war Lucianis vertrauter Arzt, Giuseppe Da Ros. Die Tatsache, daß Lucianis persönlicher Arzt der Meinung war, es sei »vielleicht glücklicher, die

Todesursache wissenschaftlich zu verifizieren«, sollte zu denken geben.
Daß die Kurie, nachdem sie Johannes Paul I. glücklich in einem dreifachen Sarg unter die Erde gebracht hatte, dazu bewogen werden konnte, es sich noch einmal anders zu überlegen, war so gut wie undenkbar. Der von der Civilita Cristiana offiziell dem Vatikanischen Gerichtshof unterbreitete Antrag lag einem einzelnen Richter namens Giuseppe Spinelli zur Entscheidung vor. Selbst wenn dieser Mann der festen Überzeugung gewesen wäre, daß eine Autopsie und eine vollständige Untersuchung nötig waren, kann man sich nur schwer vorstellen, wie er es hätte schaffen sollen, dies gegen die gesammelte Macht des Vatikan und der führenden Männer der Kurie durchzusetzen – Männer, die stolz auf die historische Tatsache verweisen können, daß sie und ihre Vorgänger die römisch-katholische Kirche nun seit fast 2000 Jahren im Griff haben.
Daß den Jesuiten zum Tod Lucianis der Vergleich mit einer Blume auf einer Wiese einfiel, die nachts ihre Blütenblätter schließt, oder daß die Franziskaner davon sprachen, der Tod komme manchmal wie ein Dieb in der Nacht, war schön und gut. Weniger entrückte Leute suchten nach wie vor nach einer nüchternen Erklärung. Zweifler fanden sich an beiden Ufern des Tiber. Zu den Argwöhnischsten innerhalb des Vatikan gehörten diejenigen, die die Wahrheit über die Entdeckung der Leiche durch Schwester Vincenza kannten. Ihre Unruhe steigerte sich im gleichen Maß, wie die Zahl der offiziellen Lügen zunahm. Nachdem der Papst beigesetzt war, begannen einige von ihnen zu sprechen. Zunächst vertrauten sie sich der Nachrichtenagentur ANSA an, vor kurzem dann auch mir. In der Tat wurde der Wunsch, ich möge den Tod Albino Lucianis untersuchen, aus den Reihen dieser Leute an mich herangetragen.
Am 5. Oktober, kurz nach Mittag, erzählten sie einem ANSA-Redakteur, was sie im einzelnen über die Entdeckung des Toten durch Schwester Vincenza wußten. Zu den Blättern, die Luciani in den Händen hielt, bemerkten sie zutreffend, sie hätten mit »bestimmten Umbesetzungen in der Römischen Kurie und im italienischen Episkopat« zu tun gehabt. Sie enthüllten auch, daß der Papst sich zu dem Problem geäußert hatte, daß Baggio sich weigerte, das Patriar-

chenamt in Venedig zu übernehmen. Als ANSA mit diesen brisanten Informationen herausplatzte, reagierte der Vatikan darauf in einer Weise, die an jenes Dementi erinnerte, mit dem Monsignore Henri Riedmatten die Fragen nach der von Luciani verfaßten Stellungnahme zur Geburtenregelung beantwortet hatte: Als »Erfindungen« hatte er Berichte über die Existenz eines solchen Dokuments abgetan. Jetzt beantwortete der Direktor des vatikanischen Presseamts, Pater Panciroli, die Anfragen von Hunderten von Reportern zu den jüngst durchgesickerten Informationen mit der lakonischen Feststellung: »Diese Berichte entbehren jeder Grundlage.«

Unter denen, die sich von diesem Dementi nicht beeindrucken ließen, waren auch einige der Kardinäle, die zum Konklave anreisten. Bei der am 9. Oktober abgehaltenen Kardinalskongregation brach sich ihr Unmut Bahn. Besonders Kardinal Villot sah sich im Kreuzfeuer der Kritik. Er hatte als Camerlengo die Entscheidungen getroffen und die Verlautbarungen abgesegnet, aus denen deutlich hervorging, daß die Umstände des Todes von Albino Luciani vertuscht worden waren. Viele der nichtitalienischen Kirchenfürsten forderten genaue Aufklärung darüber, was hier vertuscht wurde. Sie verlangten zu wissen, weshalb die Todesursache nicht eindeutig festgestellt worden war und man es bei einer Vermutung belassen hatte. Sie verlangten zu wissen, weshalb der Todeszeitpunkt nicht genauer bestimmt worden war und weshalb offenbar kein Arzt die Verantwortung für die Ausstellung eines Totenscheins übernehmen wollte, den man der Öffentlickeit hätte präsentieren können.

Ihre Versuche, diese Dinge zu ergründen, blieben fruchtlos. Dafür hatte eine kleine Gruppe von Kardinälen mit ihrer Entscheidung gesorgt, das Konklave möglichst rasch beginnen zu lassen. Das Denken der Kardinäle begann sich auf die Frage zu richten, wer der Nachfolger Johannes Pauls I. werden sollte, und auf die damit zusammenhängenden Intrigen und Absprachen. (Daß diese Taktik aufging, zeigt, wie gut die Männer der Römischen Kurie die Lektion aus den kumulierten Erfahrungen von nahezu 2 000 Jahren Kirchengeschichte gelernt haben.)

Am 12. Oktober, weniger als 48 Stunden vor Beginn des Konklaves, gab der Vatikan seine letzte öffentliche Stellungnahme zum

Tod Johannes Pauls I. ab. Die Erklärung wurde vom Pressesprecher des Vatikan, Pater Romeo Panciroli, herausgegeben.

»Am Ende des ›Novendiale‹, da wir in eine neue Phase der Sedisvakanz eintreten, möchte der Direktor des Presseamts des Heiligen Stuhls seine tiefe Mißbilligung des Verhaltens derer zum Ausdruck bringen, die sich in den vergangenen Tagen in der Verbreitung eigenartiger, ungeprüfter und oft falscher Gerüchte gefallen haben, die manchmal an beleidigende Unterstellungen heranreichten, was besonders schwer wiegt in Anbetracht der möglichen Auswirkungen solcher Unterstellungen in Ländern, in denen die Menschen nicht an eine extrem saloppe Ausdrucksweise gewöhnt sind. In diesen Augenblicken, in denen die Kirche trauert, hätte man mehr Disziplin und größeren Respekt erwarten können.«

Er bekräftigte, daß das Geschehen »in zutreffender Weise im Kommuniqué vom Freitag, dem 29. September, wiedergegeben wurde, das seine volle Gültigkeit behält und das den von Professor Mario Fontana und Dr. Renato Buzzonetti unterzeichneten Totenschein so getreu referierte, daß dessen Veröffentlichung unnötig war«.
Sodann erklärte er, er registriere mit Genugtuung »die Redlichkeit vieler Journalisten, die in einem für die Kirche so schwierigen Moment eine loyale Anteilnahme an den Ereignissen bewiesen und die öffentliche Meinung mit besonnenen und objektiven Berichten informiert haben«.
Da ich nicht gerne »beleidigende Unterstellungen« von mir gebe, werde ich statt dessen eine kategorische Feststellung treffen: Ich bin vollkommen davon überzeugt, daß Papst Johannes Paul I., Albino Luciani, ermordet worden ist.
Es gibt bis heute keinen öffentlich zugänglichen Totenschein, und der Vatikan hat es trotz mehrmaliger Ersuchen abgelehnt, mir einen Totenschein zur Einsichtnahme vorzulegen. Zweifellos dürfte auf einem solchen Schein als Todesursache »Myokardinfarkt« stehen. Die beharrliche Weigerung des Vatikan, eine solche Urkunde herauszugeben, kann nur bedeuten, daß kein Arzt bereit ist, die amtliche und juristische Verantwortung für die Diagnose der Todesursa-

che zu übernehmen. Die Tatsache, daß diese Diagnose lediglich aufgrund einer äußerlichen Untersuchung der Leiche gestellt wurde – ein aus medizinischer Sicht völlig ungenügendes Verfahren –, hat womöglich etwas mit diesem lichtscheuen Verhalten zu tun.

Die Tatsache, daß trotz des weltweit zutage getretenen Unbehagens, trotz der von vielen Seiten geäußerten Besorgnisse und Forderungen keine offizielle, rechtsgültige Autopsie vorgenommen wurde, ist ein schwerwiegendes Indiz dafür, daß der Papst ermordet wurde. Wenn er eines natürlichen Todes gestorben ist, weshalb dann nicht eine Autopsie, die die Kritiker zum Schweigen bringen würde?

Fest steht, daß der Vatikan, offiziell zumindest, nicht weiß, wann Albino Luciani starb und woran er starb. »Vermutlich gegen 23 Uhr« und »ein plötzliches Ableben, das die Folge eines Myokardinfarkts sein könnte«, dies sind Feststellungen, die von großer Unsicherheit zeugen. Die Leiche jedes unbekannten Stadtstreichers, irgendwo am Straßenrand gefunden, würde sehr wahrscheinlich fachmännischer und mit mehr Interesse für Todeszeitpunkt und Todesursache untersucht werden.

Noch skandalöser wird die Sache, wenn man bedenkt, daß die Ärzte, die die Leiche untersuchten, Albino Luciani zu Lebzeiten niemals betreut hatten. Als ich mich in Rom mit Dr. Buzzonetti unterhielt, fragte ich ihn, welche Medikamente der Papst in den Wochen vor seinem Tod eingenommen habe. Er entgegnete: »Ich weiß nicht, welche Medikamente er nahm. Ich war nicht sein Arzt. Meine erste Begegnung mit ihm in meiner Eigenschaft als Arzt fand statt, als er tot war.«

Dr. Seamus Banim ist ein Herzspezialist mit mehr als zwanzigjähriger Berufserfahrung. Er ist dienstältester leitender Arzt am Londoner St.-Bartholomew-Krankenhaus und am Nuffield-Krankenhaus. Er erklärte mir:

> »Ein Arzt, jeder Arzt, der einen Myokardinfarkt als Todesursache diagnostiziert, begeht einen Fehler. Ich würde das nicht für ausreichend halten. Wenn er den Patienten vorher gekannt, ihn schon längere Zeit behandelt, ihn vorher schon einmal bei einer Herzattacke betreut hätte, wenn er den Mann nach der sich später

als tödlich erweisenden Herzattacke noch lebend vorgefunden [und dann seinen Tod miterlebt] hätte, dann könnte man eine solche Diagnose notfalls durchgehen lassen. Wenn er aber den Patienten vorher nicht kannte, darf er eine solche Diagnose nicht stellen. Er geht ein sehr großes Risiko ein, und man würde ihm eine so riskante und leichtfertige Diagnose hierzulande sicherlich nicht durchgehen lassen. Eine Diagnose dieser Art kann man nur nach einer Autopsie abgeben.«

Wir haben es also mit einer höchst fragwürdigen Aussage über die Todesursache und mit einer ebenso fragwürdigen Aussage über den Todeszeitpunkt zu tun. Der Vatikan machte die Welt glauben, daß Papst Johannes Paul I. »vermutlich gegen elf Uhr am Abend des 28. September« gestorben sei. Dr. Derek Barrowcliff, Pathologe im Ruhestand mit über 50jähriger Berufserfahrung, sagte mir dazu:

»Wenn nicht eine Serie abgestufter Temperaturmessungen im Rektum vorgenommen worden ist, dann muß derjenige ein sehr, sehr mutiger Mann sein, der sagt, der Tod ist um die und die Zeit eingetreten. Wirklich ein sehr mutiger Mann.
Die Totenstarre macht sich normalerweise nach fünf oder sechs Stunden bemerkbar, was aber von einer Reihe von Faktoren abhängt, beispielsweise von der Zimmertemperatur. Bei hoher Temperatur tritt sie schneller, bei niedriger Temperatur langsamer ein. Sie kann zwölf Stunden brauchen, um sich voll zu entwickeln, dann zwölf Stunden lang anhalten und dann im Verlauf von weiteren zwölf Stunden wieder nachlassen. Das ist aber eine ganz, ganz ungefähre Verlaufsbeschreibung. Wenn Totenstarre zu erkennen ist, dann darf man davon ausgehen, daß der Tod vor sechs oder mehr Stunden eingetreten ist. Sicherlich wäre eine Messung der Lebertemperatur [die nicht vorgenommen wurde] hilfreich gewesen. Wenn man eine Leiche einer sehr, sehr sorgfältigen gerichtsmedizinischen Untersuchung unterzieht, kann man auch Vorstufen der Leichenstarre feststellen. Sie tritt sehr allmählich ein. Wenn die Leiche also um sechs Uhr morgens schon starr war, dann könnte man mit gutem Grund sagen, daß der Tod [nicht viel später als] um elf Uhr am voraufgegangenen

Abend eingetreten ist. Genausogut könnte er aber schon um neun Uhr abends eingetreten sein.«

Zweierlei steht also unbestreitbar fest:
1. Wir wissen nicht, woran Albino Luciani gestorben ist.
2. Es ist keine sichere Aussage darüber möglich, um welche Zeit er gestorben ist.
Als Papst Paul VI. im August 1978 starb, war er von Ärzten, Sekretären und Priestern umringt. Vergegenwärtigen wir uns einmal den Detailreichtum des offiziellen, von Dr. Mario Fontana und Dr. Renato Buzzonetti unterzeichneten Bulletins:

»Im Verlauf der letzten Woche mußte der Heilige Vater Paul VI. eine schwere Verschärfung der schmerzhaften Symptome erleiden, die auf die arthritische Erkrankung zurückzuführen sind, an der er seit vielen Jahren litt. Am Nachmittag des 5. August stellte sich infolge der plötzlichen Wiederkehr einer akuten Zystitis Fieber ein. Nachdem wir die Ansicht von Professor Fabrio Prosperi, dem Chefurologen der Vereinigten Römischen Krankenhäuser, eingeholt hatten, begannen wir mit den geeigneten therapeutischen Maßnahmen. In der Nacht vom 5. auf den 6. August und den ganzen Sonntag (6. August) über litt der Heilige Vater an hohem Fieber. Gegen 18.15 Uhr am Sonntag, dem 6. August, registrierten wir eine plötzliche, ernste und fortschreitende Erhöhung des arteriellen Blutdrucks. Daran schlossen sich rasch die typischen Symptome einer Insuffizienz der linken Herzkammer an, mit dem klinischen Bild eines akuten pulmonalen Ödems. Trotz aller von uns sogleich eingeleiteten Applikationen verstarb Seine Heiligkeit Paul VI. um 21.40 Uhr.«

Die verantwortlichen Ärzte konstatierten zum Zeitpunkt des Todes das folgende allgemeine klinische Bild: »Kardiopathische arteriosklerotische Polyarthritis, chronische Pyelonephritis und akute Zystitis. Unmittelbare Todesursache: hypertonische Krise, Insuffizienz der linken Herzkammer, akutes pulmonales Ödem.«
Keine zwei Monate später stirbt Pauls Nachfolger »wie eine Blume in der Nacht«, und kein Arzt interessiert sich für eine genaue Erforschung der Ursachen seines Todes.

Es ist wichtig, dem Wust von Lügen über die Krankengeschichte Albino Lucianis, der aus dem Vatikan quoll, die Tatsachen entgegenzusetzen.

In seiner Kindheit hatte Luciani Anzeichen einer tuberkulösen Erkrankung gezeigt; die Symptome waren geschwollene Drüsen. Mit elf Jahren wurden ihm die Mandeln herausgenommen. Vier Jahre später erfolgte ein weiterer Eingriff, bei dem Polypen entfernt wurden. Beide Operationen wurden im Allgemeinen Krankenhaus von Padua vorgenommen. 1945 und nochmals 1947 wurde er mit Verdacht auf Tuberkulose in ein Sanatorium eingewiesen. Beide Male erbrachten die entsprechenden Untersuchungen negative Ergebnisse, und seine Lungenbeschwerden wurden als eine Bronchitis diagnostiziert. Von da an ergaben sich bei den regelmäßigen Durchleuchtungen der Lunge stets negative Befunde. Er war in dieser Beziehung also völlig wiederhergestellt.

Im April 1964 unterzog er sich einem chirurgischen Eingriff, bei dem ein Dickdarmverschluß behoben und Gallensteine entfernt wurden, im August des gleichen Jahres wurde er wegen eines Hämorrhoidalleidens operiert. Professor Amedeo Alexandre vom Pordenon-Krankenhaus in Treviso, der beide Eingriffe vornahm, versicherte mir nach Durchsicht seiner Unterlagen aus der betreffenden Zeit, daß Albino Luciani sich bei allen präoperativen und postoperativen Tests und Untersuchungen als ein völlig gesunder Mann erwiesen habe. Diese Untersuchungen umfaßten Röntgenaufnahmen und eine Reihe von EKG-Messungen, die speziell auf die Früherkennung von Anomalien der Herztätigkeit ausgerichtet waren. Der Professor erklärte mir, sein Patient habe sich damals von den beiden relativ leichten Operationen vollständig und dauerhaft erholt. »Ich untersuchte ihn nochmals im Sommer nach der zweiten Operation. Auch da war er in einem ausgezeichneten Gesundheitszustand.«

Eine Illustration für diesen guten Gesundheitszustand Lucianis liefert die Schilderung seines normalen Tagesablaufs, wie sie mir von Monsignore Taferal beschrieben worden ist, der in Vittorio Veneto an seiner Seite arbeitete. Luciani behielt diesen Tagesablauf auch später in Venedig und im Vatikan praktisch unverändert bei. Er stand zwischen 4.30 Uhr und 4.45 Uhr morgens auf und zog sich rund 16 Stunden später, zwischen neun und zehn Uhr abends, zum Schlafen zurück. Wie Monsignore Taferal mir sagte, besuchte Luciani neben seinen vielen anderen Pflichten nacheinander alle 180 Pfarrgemeinden seiner Diözese und hatte etwa zwei Drittel seines zweiten Besuchszyklus hinter sich, als er nach Venedig berufen wurde. Im Dezember 1975 bildete sich in der Hauptvene der Netzhaut seines linken Auges ein Blutgerinnsel. Eine Operation war jedoch nicht nötig. Der behandelnde Facharzt, Professor Rama, sagte mir dazu:

> »Die Behandlung war nur allgemeiner Natur und beruhte auf hämokinetischer Therapie – Antikoagulanzien und leichten Medikamenten zur Erweiterung der Blutgefäße sowie vor allem ein paar Tage Ruhe im Krankenhaus. Das Ergebnis stellte sich fast unverzüglich ein: vollständige Rückkehr der Sehfähigkeit und allgemeine Erholung. Er war nie der Typ, dem man die sprichwörtliche ›Konstitution eines Ochsen‹ zuschreiben würde, aber er war auf eine solide Art gesund, und bei den wiederholte Male durchgeführten Untersuchungen zeigten sich niemals irgendwelche Herzbeschwerden.«

Professor Rama wies mich darauf hin, daß Luciani mit Werten, die um 120/80 schwankten, einen verhältnismäßig niedrigen Blutdruck hatte. Alle 23 Ärzte, mit denen ich mich unterhielt, waren sich darin einig, daß niedriger Blutdruck »der bestmögliche Indikator einer langen Lebenserwartung« sei.
Während seiner Amtszeit in Venedig litt Luciani gelegentlich unter angeschwollenen Knöcheln. Seine Ärzte meinten dies dem niedrigen Blutdruck und dem Mangel an körperlicher Bewegung zuschreiben zu können. Im Juli 1978 verbrachte er zehn Tage im Stella-Maris-Institut auf dem Lido, um sich einer Vorbeugungskur gegen eine mögliche Wiederkehr seiner Gallensteine zu unterziehen. Er wurde auf leichte Diät gesetzt und unternahm morgens und abends ausgiebige Spaziergänge, um das Abklingen der leichten Knöchelschwellungen zu fördern. Eine ärztliche Routineuntersuchung nach seinem Kuraufenthalt ergab, daß er sich in ausgezeichnetem Gesundheitszustand befand.

Mit dem Vorstehenden ist die medizinische Biographie Albino Lucianis vollständig und lückenlos beschrieben. Die Angaben gründen sich auf Gespräche mit den Ärzten, die ihn behandelten, mit Verwandten, Freunden und Kollegen. Es ist angebracht, einen Vergleich anzustellen zwischen diesen nachprüfbaren Angaben und dem Schwall von Lügen über seine vermeintlichen Leiden, den der Vatikan abließ. Die erste Frage, die sich dabei aufdrängt, lautet: Wozu alle diese Lügen? Je mehr man sich mit dem Menschen Albino Luciani und seinem Leben beschäftigt, desto sicherer wird man sich, daß dieser Mann ermordet worden ist. Jahrelang sind die Lügen, die der Vatikan über Johannes Paul I. in Umlauf gesetzt hat, ungeprüft und unwidersprochen geblieben. Die Römische Kurie wollte und will die Welt glauben machen, Albino Luciani sei ein Mann von schlichtem, ja einfältigen Verstand gewesen, ein schwerkranker Mann zudem, dessen Wahl ein bedauerlicher »Betriebsunfall« gewesen sei und über dessen Tod die Kirche im Grunde genommen froh sein könne. Hinter diesem blauen Dunst hoffen sie, die Wahrheit verborgen halten zu können. Es scheint, als seien 400 Jahre Zivilisationsgeschichte spurlos an der Kirche vorbeigegangen – man fühlt sich in die Zeit der Borgia-Päpste zurückversetzt.

Während die Nachrichtenmedien der Welt eifrig die Details der vom Vatikan lancierten Legenden über Lucianis angebliche Leiden weiterverbreiteten, wurden diejenigen, die es besser wußten, von niemandem gefragt. Dabei hätten ihre Aussagen ein ganz anderes Bild vermittelt:

> »Ich kannte ihn seit 1936. Abgesehen von den beiden Sanatoriumsaufenthalten wegen Verdachts auf Tuberkulose, war er völlig gesund. Nach seinem zweiten Kuraufenthalt war die Sache vollständig ausgeheilt. Ich weiß mit Bestimmtheit, daß er bis 1958, als er Bischof von Vittorio Veneto wurde, keine nennenswerten Krankheiten hatte.« (Monsignore Da Rif im Gespräch mit dem Autor)
>
> »Während seiner Zeit in Vittorio Veneto war sein Gesundheitszustand ausgezeichnet. Er hatte 1964 die beiden Operationen wegen der Gallensteine und der Hämorrhoiden, nach denen er

aber vollständig wiederhergestellt war. Sein Arbeitspensum blieb genau dasselbe. Ich habe von dem niedrigen Blutdruck und den Schwellungen an den Beinen gehört. Während seiner hiesigen Zeit [d.h. in Vittorio Veneto] war weder von dem einen noch von dem anderen etwas zu merken, und danach, als er nach Venedig gegangen war, haben wir uns noch viele Male gesehen. Es ging ihm gesundheitlich immer ausgezeichnet. Zwischen 1958 und 1970 ließ sein Gesundheitszustand, von diesen beiden Operationen einmal abgesehen, nichts zu wünschen übrig.« (Monsignore Taferal im Gespräch mit dem Autor)

»In den acht Jahren, die er in Venedig war, habe ich Kardinal Luciani nur einmal das Krankenbett hüten sehen, und zwar wegen einer einfachen Grippe. Die ganze übrige Zeit war der Patriarch von Venedig sehr gesund und hatte keinerlei Leiden.« (Monsignore Giuseppe Bosa, Apostolischer Administrator von Venedig)

»Er hatte absolut keine kardiopathischen Symptome, und abgesehen davon hätte sein niedriger Blutdruck, theoretisch zumindest, eine Versicherung gegen kardiovaskuläre Anfälle sein müssen. Der einzige Anlaß, bei dem ich ihn behandeln mußte, war diese grippale Infektion.« (Dr. Carlo Frizziero, Arzt in Venedig)

»Albino Luciani hatte ein gesundes Herz. Jemand, der ein schwaches Herz hat, steigt nicht auf hohe Berge, wie der Patriarch und ich es zwischen 1972 und 1977 jedes Jahr getan haben. Wir fuhren nach Maria Weißenstein bei Bozen und wanderten auf das Weißhorn, von 1 500 auf [beinahe] 2 400 m, in flottem Marschtempo ... Nie waren Anzeichen einer Herzschwäche zu bemerken. Im Gegenteil, als auf mein Drängen hin 1974 ein Elektrokardiogramm gemacht wurde, zeigten sich keine Unregelmäßigkeiten. Kurz vor seiner Abreise zum Konklave im August 1978 und nach seinem Aufenthalt in der Stella-Maris-Kurklinik unterzog er sich einer umfassenden Routineuntersuchung. Die Befunde waren in jeder Hinsicht günstig. Was die Streß- und Überarbeitungstheorie anbetrifft, so ist sie ein Unsinn. Sein Arbeitstag war im Vatikan nicht länger als hier in Venedig, und im Vatikan hatte er viel mehr Assistenten, sehr viel mehr Unterstützung und Gott weiß wieviel mehr Berater. Die Leute aus den Bergen sterben nicht an einem Herzanfall.« (Monsignore Mario Senigaglia, 1970–76 Sekretär Albino Lucianis, im Gespräch mit dem Autor)

»Dr. Da Ros fragte mich einmal: ›Haben Sie ein Geheimmittel? Albino Luciani ist bei so ausgezeichneter Gesundheit, und er ist um soviel entspannter. Was für ein Zaubermittel haben Sie?‹ « (Pater Diego Lorenzi, 1976–78 Sekretär Albino Lucianis, im Gespräch mit dem Autor)

Alle soeben zitierten sowie mehr als 20 weitere Personen, die Albino Luciani von Kindheit an kannten, bestätigten, daß er niemals geraucht, nur selten Alkohol getrunken und stets frugal gegessen hat. Diese Lebensweise liest sich geradezu wie ein Lehrbeispiel dafür, wie man sich ernähren soll, um Problemen mit dem Herzen möglichst vorzubeugen.

Außer den bereits zitierten Ärzten, bei denen Luciani bestimmte Spezialbehandlungen erfahren hatte, können wir als Kronzeugen noch seinen Hausarzt, Dr. Giuseppe Da Ros, benennen. Von ihm wurde Albino Luciani in seinen letzten 20 Lebensjahren regelmäßig und ständig ärztlich betreut. Dr. Da Ros war nicht nur Lucianis Arzt, sondern auch sein Freund. In Vittorio Veneto besuchte er den Bischof jede Woche einmal. Nach Venedig kam er einmal alle zwei Wochen. Er kam um halb sieben Uhr morgens und blieb gewöhnlich mindestens eineinhalb Stunden. In dieser Zeit frühstückten die beiden Männer miteinander, aber die Besuche waren nicht nur geselliger, sondern auch ärztlicher Natur.

Bei diesen regelmäßigen Besuchen blieb es auch, nachdem Luciani zum Papst gewählt war. Im Lauf des September 1978 weilte Dr. Da Ros dreimal im Vatikan und unterzog den Papst jedesmal einer eingehenden Untersuchung. Die letzte dieser Untersuchungen fand am Samstag, dem 23. September, statt, unmittelbar bevor Luciani sich zu seinem ersten öffentlichen Auftritt außerhalb des Vatikan begab – zur feierlichen Übernahme der Kirche San Giovanni in Laterano sowie zu seiner ersten Zusammenkunft mit Oberbürgermeister Argan. Diese mehrstündige, anstrengende Pflichtübung hätte gesundheitliche Probleme des Papstes gewiß sichtbar werden lassen, sofern er welche gehabt hätte. Dr. Da Ros fand seinen Patienten in so vortrefflichem Zustand, daß die beiden übereinkamen, den 14 Tage später vorgesehenen nächsten Besuchstermin des Doktors um eine Woche zu verschieben.

An jenem 23. September hatte Dr. Da Ros auch eine Unterredung mit Dr. Buzzonetti vom vatikanischen Gesundheitsdienst. Dabei wurde über Lucianis Krankengeschichte gesprochen. Es bestand Einvernehmen darüber, daß der Papst auf längere Sicht einen in Rom ansässigen Hausarzt brauchen werde; beide Ärzte waren jedoch der Meinung, daß es damit keine Eile hatte. Vorerst sollte es dabei bleiben, daß Dr. Da Ros regelmäßig aus Vittorio Veneto anreiste.

Dies ist vielleicht das aufschlußreichste Indiz überhaupt: daß der Arzt, der Luciani seit über 20 Jahren betreute, und der verantwortliche Leiter des vatikanischen Gesundheitsdienstes keine Bedenken trugen, sich auf eine Regelung zu einigen, die vorsah, daß der fast 600 km weit vom Vatikan entfernt ansässige Dr. Da Ros bis auf weiteres der primäre ärztliche Betreuer des Papstes bleiben würde. Die Tatsache, daß alle Beteiligten diese Regelung akzeptabel fanden, erlaubt nur zwei Schlußfolgerungen: Entweder Dr. Da Ros und die vatikanischen Mediziner machten sich einer so unerhörten Fahrlässigkeit schuldig, daß man ihnen eigentlich die ärztliche Approbation entziehen müßte, oder Albino Luciani war ein kerngesunder Mann, dem wenige Tage vor seinem Tod nicht das geringste fehlte. Bedenkt man, mit welcher Regelmäßigkeit und Sorgfalt Dr. Da Ros sich um seinen Patienten kümmerte – dem er darüber hinaus auch in inniger Freundschaft verbunden war –, so kann man die erstere Möglichkeit mit Sicherheit ausschließen. Wie bereits an anderer Stelle geschildert, war Dr. Da Ros absolut fassungslos, als er die Nachricht vom Tode Albino Lucianis erhielt.

> »Dr. Da Ros erklärte, er habe den Papst in so gutem Gesundheitszustand vorgefunden, daß er künftig nur noch an jedem dritten Sonnabend kommen werde statt an jedem zweiten, weil der Papst so wohlauf sei. Am letzten Abend ging es ihm blendend. In seiner Zeit als Papst trat die Geschichte mit den Schwellungen am Bein nicht auf. Er ging täglich spazieren, entweder in

den vatikanischen Gärten oder im großen Saal.« (Pater John Magee, Sekretär Papst Johannes Pauls I. von Ende August 1978 bis zu seinem Tod, im Gespräch mit dem Autor)

Albino Luciani kam, hauptsächlich dank seiner Freundschaft mit Dr. Da Ros, in den Genuß einer besseren und lückenloseren ärztlichen Betreuung als die meisten anderen Menschen – über die Dauer von mehr als 20 Jahren regelmäßige Untersuchungen in zunächst wöchentlichem, dann vierzehntäglichem Abstand. Und dieser Mann, nach dem Urteil aller Ärzte, die ihn kannten, bei bester Gesundheit, starb eines plötzlichen Todes, dessen Ursache unaufgeklärt blieb und auf keinem amtlichen Dokument deklariert ist, da ein Totenschein nie veröffentlicht wurde.
Wie also sollen wir das Unerklärliche erklären? Eine Theorie, die in den Tagen nach dem Tod Johannes Pauls I. gerne vertreten wurde, besagte, daß die Ursache »Streß« gewesen sei. Kaum einer der vielen Ärzte, mit denen ich gesprochen habe, hält etwas von dieser Theorie. Viele äußerten sich mit beißendem Spott über die »Streßkonjunktur«, wie sie es nannten, das einträgliche Geschäft mit gewissen weitverbreiteten Ängsten – zuviel Geschlechtsverkehr verursacht Streß, zuwenig Geschlechtsverkehr verursacht Streß; Videospiele verursachen Streß, Sportübertragungen im Fernsehen verursachen Streß; zuviel körperliche Anstrengung verursacht Streß, zuwenig körperliche Anstrengung verursacht Streß.

»Zu mir kommen sehr, sehr viele Menschen mit Streßsymptomen, aber das sind nicht die Leute mit den Herzkrankheiten. Die drückt es anderswo. Sie machen alle Überstunden, sind überarbeitet, haben eine Sechs- oder Siebentagewoche, gehen völlig in ihrer Arbeit auf, verlieren die Perspektive. Mein Eindruck ist, daß sie nach einiger Zeit dieses ungeheure körperliche Negativsaldo angesammelt haben, wenn sie sich nicht zwischendurch entspannen. Sie suchen einen Neurologen auf wegen Kopfschmerzen, einen Internisten wegen Magenbeschwerden, zum Beispiel Geschwüren, sie kommen zu mir mit Schmerzen in der Brust. Es ist eigentlich nie eine Herzkrankheit, an der sie leiden. Wir haben hier im St.-Bartholomew-Krankenhaus eine Abteilung für Erkrankungen der Herzkranzgefäße, die sehr stark ausgelastet ist. Es sind aber nicht die Hansdampfe aus der City, die dort als Patienten hereinkommen, sondern die Chauffeure und Boten. Wenn der Streßmythos eine reale Basis hätte, dann würden wir nicht diese Verschiebung der Sterblichkeitsursachen erleben, die wir erleben. Was wir registrieren, ist, daß bei den gehobenen Schichten die Herzanfälle zurückgehen, während sie bei den unteren Schichten zunehmen. Wenn Sie der untersten Sozialschicht angehören, haben Sie einen viel höheren Risikofaktor, als wenn Sie der Oberschicht angehören. Die große Mehrzahl der Leute, die Streßsymptome aufweisen, haben es nicht am Herzen, sondern entwickeln eigenartige Brustschmerzen, oder sie bemerken eine merkwürdige Atemnot, oder sie fühlen sich einfach seltsam. Es ist nie das Herz. Sie brauchen hauptsächlich sehr viel Zuspruch. Und wehe, man sagt ihnen, wie die Symptome eines wirklichen Herzleidens aussehen – dann kommen sie am nächsten Tag damit an.« (Dr. Seamus Banim im Gespräch mit dem Autor)

Wie die medizinische Forschung ergeben hat, kann Streß unter bestimmten Umständen zu chronischen Herzleiden und manchmal auch zu akuten und tödlichen Herzanfällen führen, aber streßbedingte Herzleiden stellen sich nicht unangekündigt über Nacht ein. Die Entwicklung der einschlägigen Symptome zieht sich über Monate, ja Jahre hin. Kein einziger der Ärzte, bei denen Albino Luciani zeit seines Lebens in Behandlung war, hat bei ihm jemals eines dieser Symptome bemerkt.

Der Vatikan log, als er behauptete, die Bestimmungen des kirchlichen Rechts untersagten eine Autopsie.

Der Vatikan log, als er behauptete, eine Autopsie sei noch bei keinem verstorbenen Papst vorgenommen worden.

Aus dem Rinnsal der Lügen wurde ein Strom.

Das Testament des Papstes. Der Gesundheitszustand des Papstes. Der Zeitpunkt der Einbalsamierung seines Leichnams. Die geheimnisvolle nächtliche Untersuchung des Leichnams in der Nacht vor der Beisetzung. Alle diese Dinge hüllte der Vatikan in ein Gewebe von Lügen ein.

Nehmen wir die Sache mit dem Testament. Kein Testament Johannes Pauls I. ist je der Öffentlichkeit präsentiert worden. Den Angehörigen Lucianis wurde mitgeteilt, es existiere keines. Allein:

»Es existiert ganz sicher eines. Ich weiß nicht, wie ausführlich es ist, und noch weniger, was darin steht. Ich entsinne mich aber, daß der Papst etwa 14 Tage vor seinem Tod bei Tisch davon gesprochen hat. Eduardo, sein Bruder, hatte sich sehr enthusiastisch über das Testament Pauls VI. geäußert. ›Mein Testament ist in anderem Ton gehalten und nicht so bedeutungsschwer‹, sagte er [Luciani] darauf. Dann deutete er mit Daumen und Zeigefinger einen schmalen Zwischenraum an und sagte: ›Meines ist so.‹« (Pater Diego Lorenzi im Gespräch mit dem Autor)

»Als Kardinal von Venedig setzte er ein aus drei Zeilen bestehendes Testament auf, in dem er alles seinem Seminar in Venedig vermachte und seinen Hilfsbischof zum Vollstrecker einsetzte. Als der Hilfsbischof starb, strich er dessen Namen durch und schrieb meinen darüber und zeigte mir das Testament.« (Pater Mario Senigaglia im Gespräch mit dem Autor)

»Sein Testament wurde nach seinem Tod nicht gefunden, aber ich bin sicher, daß er eines gemacht hat. Ein Geldbetrag, den er auf einem Konto in Venedig stehen hatte, wurde meiner Familie überwiesen, weil er theoretisch kein Testament hinterlassen hatte. Wir schickten es nach Venedig zurück an die Diözese, weil wir wußten, daß das sein Wille war. Ein Teil ging an seinen Nachfolger, ein Teil an ausgewählte Wohlfahrtseinrichtungen. Ich weiß, daß ein Testament da war. Als er von Belluno nach Vittorio Veneto ging, vernichtete er sein Testament und machte ein neues; und entsprechend, als er nach Venedig ging, da vernichtete er dieses Testament und machte wieder ein neues. Und ebenso, als er Papst wurde; Pater Carlo, einer seiner Sekretäre in Venedig, wurde gebeten, das Testament hinunter [nach Rom] zu bringen. Don Carlo brachte es in den Vatikan. Es müßte entweder ein Testament vorhanden sein, das er in den 33 Tagen aufgesetzt hat, oder das Testament aus Venedig. Er war in dieser Beziehung immer sehr genau. Ich weiß nicht, warum man es nicht hat finden können.« (Pia Luciani im Gespräch mit dem Autor)

Weltliche Güter hatten, wie bereits gezeigt, für Luciani keine Bedeutung; von einem päpstlichen Testament ist allerdings mit Sicherheit anzunehmen, daß es mehr enthält als nur Anweisungen über die Verteilung materieller Besitzansprüche. Traditionell stehen in einem solchen Testament immer auch geistliche Botschaften, Kommentare und Gedanken zum Zustand der Kirche. Wurde das Testament Albino Lucianis deshalb unterschlagen, weil es ein authentisches Bild von den Gefühlen und Ansichten vermittelte, die sich dem Papst in den ersten Wochen nach seinem Amtsantritt aufgedrängt hatten? Sollte der schreibgewandte Luciani, einer der literarisch beschlagensten Päpste der neueren Zeit, keinerlei schriftliches Zeugnis seiner Eindrücke hinterlassen haben? Sollte der gewissenhafte Luciani es versäumt haben, den Stand seiner Einsichten für die Nachwelt zu fixieren? Sollte der revolutionäre Luciani darauf verzichtet haben, Gedanken und Notizen zu Papier zu bringen?

Daß aus dem Innern des Vatikan so viele falsche und irreführende Informationen an die Öffentlichkeit gegeben wurden, aus einem Ort, an dem in den Augen von Millionen das Herz der Christenheit schlägt, mag viele Leser schockieren. Ist es aber nicht ebenso erschreckend, wenn Männer, die ihr Leben Jesus Christus gewidmet haben, sich nach dem Tode des Papstes wie billige Spitzbuben aufführen? Ist es nicht ebenso erschreckend, wenn Kardinalstaatssekretär Villot Mitglieder des päpstlichen Haushalts feierlich zum Schweigen vergattert? Ist es nicht ebenso erschreckend, wenn Villot in seiner Funktion als gleichsam geschäftsführender Papst die Arznei, die Brille und die Pantoffeln des Verstorbenen aus dem päpstlichen Schlafzimmer verschwinden läßt? Wenn er dem toten Papst ein Bündel von Papieren aus den Händen windet und es ebenso verschwinden läßt – Papiere, aus denen die konkreten personellen Veränderungen zu ersehen waren, die Luciani plante und die er kurz vor seinem völlig unerwarteten Tod mit Kardinal Villot besprochen hatte?

War Villot Mitwisser oder Teilnehmer einer Verschwörung zur Ermordung des Papstes? Seine Handlungen am Morgen des 29. September waren sicherlich den Handlungen eines Mannes, der es darauf anlegt, die wahren Umstände dieses Todes zu vertuschen, zum

Verwechseln ähnlich. Er könnte das Testament des Papstes leicht an sich genommen haben, als er von dessen Schreibtisch aus seine frühmorgendlichen Telefongespräche führte. Klar ist, daß er jedes Interesse daran haben mußte, zu verhindern, daß ein schriftlicher Beleg für die Absicht Lucianis, ihn abzuberufen, erhalten blieb. Gott allein weiß, was sonst noch alles aus den päpstlichen Gemächern entwendet wurde.

> »Pater Magee und die Schwestern und ich suchten überall in den Papstgemächern nach diesen Gegenständen. Wir fanden sie nicht. Wir suchten sie am 29. September im Lauf des Vormittags.« (Pater Diego Lorenzi im Gespräch mit dem Autor)

Wir wissen mit Sicherheit, daß diese Gegenstände sich an Ort und Stelle befanden, bevor Villot herbeigerufen wurde. Die Brille beispielsweise hatte der Tote ja noch auf, als er von Schwester Vincenza gefunden wurde. Nachdem Villot gegangen war, fehlten die Sachen.

Der Vatikan log, als er behauptete, es sei Pater Magee gewesen, der »gegen 5.30 Uhr am Morgen des 29. September« die Leiche entdeckt habe. Schwester Vincenza schilderte mir im persönlichen Gespräch, wie und wann sie den Toten fand. Sie hatte ihre Geschichte zuvor praktisch mit den gleichen Worten Monsignore Mario Senigaglia, Lucianis Nichte Pia und seiner Schwester Nina erzählt: »Es war ein Wunder, daß ich es überlebt habe – ich habe ein schwaches Herz. Ich drückte die Klingel, um die Sekretäre herbeizurufen, und ging dann hinaus, um die anderen Schwestern zu suchen und Don Lorenzi zu wecken.« Sie erzählte mir ferner, es habe plötzlich, als sie schreckerfüllt auf den Leichnam starrte, der Wecker geklingelt, sie habe instinktiv die Hand ausgestreckt und ihn abgestellt.

Es gibt einen objektiven Anhaltspunkt, der Schwester Vincenzas Aussage erhärten kann. In einem der Romane Conan Doyles zieht Sherlock Holmes eine bedeutsame Schlußfolgerung aus der simplen Tatsache, daß ein Hund in einer bestimmten Situation nicht gebellt hat. Auf dem Nachttisch des Papstes befand sich ein Wecker, der am Morgen des 29. September nicht klingelte. Ich habe sowohl die beiden Sekretäre des Papstes als auch andere Angehörige des päpstlichen Haushalts sehr eingehend zu diesem Thema befragt. Sie alle sind sich völlig sicher, daß an dem Morgen, an dem Albino Luciani tot in seinem Bett aufgefunden wurde, der Wecker, den er seit vielen Jahren Tag für Tag stellte, nicht klingelte. Der Wecker war stets auf 4.45 Uhr gestellt. Nach offiziellen Angaben wurde der Tote um 5.30 Uhr entdeckt. Diego Lorenzi, der in so unmittelbarer Nachbarschaft zum päpstlichen Schlafzimmer nächtigte, daß er die Schritte des Papstes herüberhörte, erklärt, er habe den Wecker nicht klingeln hören.

Nach dem Tod Papst Pauls VI. im August 1978 waren volle 24 Stunden verstrichen, ehe die Leiche einbalsamiert wurde – genau, wie die italienischen Gesetze es verlangen. Der Leichnam Albino Lucianis wurde 14 Stunden nach seiner Auffindung, 20 Stunden nach dem offiziell genannten Todeszeitpunkt, einbalsamiert. Weshalb diese Eile? Einige Anzeichen deuten darauf hin, daß Villot es mit der Einbalsamierung ursprünglich sogar noch viel eiliger hatte, daß die entsprechenden Fachkräfte schon bestellt wurden, bevor der Tote »offiziell« gefunden war. Wenn Magee den Leichnam »gegen 5.30 Uhr« entdeckte, weshalb wurden dann die Gebrüder Signoracci bereits zwischen 4.45 Uhr und fünf Uhr herbeibeordert? War das nicht ein bißchen viel der Vorsorge?

Am 29. September schickte die italienische Nachrichtenagentur ANSA, die in puncto Zuverlässigkeit einen nicht geringeren Ruf genießt als Agenturen wie AP oder Reuter, neben vielen anderen mit dem Tod des Papstes zusammenhängenden Meldungen auch eine Nachricht durch ihr Fernschreibnetz, in der es unter anderem hieß:

> »Die beiden Signoracci-Brüder Ernesto und Renato … wurden heute morgen bei Tagesanbruch geweckt und um fünf Uhr von einem Vatikan-Dienstwagen von zu Hause abgeholt, der sie zur Leichenhalle des Zwergstaats brachte, wo sie sich ans Werk machten.«

Ich habe den für diese Meldung verantwortlichen Redakteur ausfindig gemacht und mit ihm gesprochen. Mario de Francesco bestätigte die Genauigkeit seiner Geschichte, die auf einem am gleichen

Tag geführten Interview mit den Signoracci-Brüdern beruhte. Ich habe auch die Brüder selbst befragt. Was den Zeitpunkt betrifft, zu dem sie aus dem Bett geholt wurden, so können sie sich daran heute, nach nahezu fünf Jahren, nicht mehr genau erinnern. Sie konnten lediglich bestätigen, daß es am frühen Morgen des 29. September war. Wenn es zutrifft, was de Francesco seinerzeit berichtete, dann müssen wir eine »mafiaeske« Situation konstatieren: Die Leichenbestatter werden bestellt, bevor die Leiche entdeckt ist.

Auf jeden Fall wurden sie bestellt, bevor die Todesursache auch nur vorläufig ermittelt war. Welches Interesse hatte der Vatikan daran, die Leiche, den für die Bestimmung der Todesursache wichtigsten Gegenstand, für diesen Zweck unbrauchbar zu machen?

Wenn es in Italien einen Menschen gibt, der hätte beurteilen können, ob Albino Luciani an einem Myokardinfarkt gestorben war oder nicht, dann ist dies Professor Giovanni Rama, der Augenfacharzt, der Luciani seit 1975 wegen eines Blutgerinnsels im linken Auge behandelt hatte. Er hält es für möglich, daß dieses Gefäßproblem zu irgendeinem Zeitpunkt den Tod Lucianis hätte herbeiführen können, wies mich jedoch zugleich darauf hin, daß diese Aussage, solange sie nicht durch eine Autopsie verifiziert werden kann, rein theoretisch bleibt. Falls Kardinal Villot daran geglaubt hätte, Albino Luciani wäre eines natürlichen Todes gestorben, dann wäre Professor Rama *der* kompetente Mann gewesen, dies zu bestätigen. Wie er mir berichtete, wurde er nach dem Tod Lucianis vom Vatikan in keiner Weise angesprochen oder kontaktiert. »Ich war sehr überrascht, daß man mich nicht aufforderte, zu kommen und die Leiche des Papstes zu untersuchen«, sagte er.

Die aufschlußreichste Äußerung aus ärztlichem Munde, die in diesem Zusammenhang gefallen ist, tat Professor Mario Fontana (jedenfalls wird sie ihm zugeschrieben). Wie es heißt, gab er diesen Kommentar bereits kurz nach dem Tode des Papstes in privatem Kreis ab. Öffentlich bekannt wurde die Äußerung jedoch erst nach Professor Fontanas Tod 1980.

»Wenn ich unter solchen Umständen nach dem Ableben irgendeines gewöhnlichen, unbedeutenden Bürgers einen Totenschein ausstellen müßte, ich müßte mich einfach weigern und würde nicht zulassen, daß er beerdigt wird.«

Professor Mario Fontana war Direktor des vatikanischen Gesundheitsdienstes.
Um belegen zu können, daß jemand eines gewaltsamen Todes gestorben ist, braucht man nicht unbedingt nachzuweisen, daß jemand ein Motiv hatte, den Mord zu begehen. Aber ein Motiv ist ein nützlicher Wegweiser, wie jeder erfahrene Kriminalist bestätigen wird. In Unkenntnis eines Motivs tappt man im dunkeln. Was den Tod Albino Lucianis betrifft, so gibt es geradezu beängstigend viele Motive. Ich habe eine Reihe davon in diesem Buch dargestellt. Ich habe auch die Personen benannt, die diese Motive hatten.
Die Tatsache, daß drei von diesen Personen – Villot, Cody und Marcinkus – Geistliche sind, schließt sie keineswegs aus dem Kreis der Verdächtigen aus. Natürlich sollten kirchliche Würdenträger von Rechts wegen über jeden Verdacht erhaben sein. Allein, seit der Geburtsstunde des Christentums haben nicht wenige Priester und Prälaten ihre Fähigkeit bewiesen, abscheuliche Verbrechen zu begehen.
Villot, Cody, Marcinkus, Calvi, Sindona, Gelli: Jeder hatte ein handfestes Motiv. Könnte Kardinal Villot den Papst getötet haben, um sein Amt als Staatssekretär des Vatikan behalten zu können, um die anderen zur Ablösung vorgesehenen Amtsträger vor dieser Unbill zu bewahren, um vor allem zu verhindern, daß Albino Luciani die Kirche auf eine neue Haltung in der Frage der Geburtenkontrolle festlegte?
Könnte Kardinal Cody mit Hilfe einiger seiner vielen Freunde im Vatikan einen Papst aus dem Wege geräumt haben, der im Begriff stand, ihn aus seiner mächtigen Stellung in Chicago zu entfernen?
Könnte Bischof Marcinkus, das Oberhaupt eines nachweislich durch und durch korrumpierten Bankinstituts, einen Mord begangen oder angestiftet haben, um sicherzustellen, daß er Präsident des IOR blieb?
Es ist denkbar, daß einer dieser drei den Papst auf dem Gewissen hat. Fest steht, daß Villot nach der Auffindung der Leiche kriminelle Dinge getan hat: Beweismittel beseitigt, eine wissentlich falsche Darstellung der Vorgänge gegeben, Augenzeugen zum Schweigen vergattert. Solche Verhaltensweisen können nur Verdacht erregen.

Aus welchem Grund war Bischof Paul Marcinkus zu so früher Stunde im Apostolischen Palast unterwegs?
Bei einer normalen staatsanwaltschaftlichen Ermittlung müßten diese drei Männer viele Fragen beantworten; heute, fünf Jahre später, ist eine Aufklärung auf diesem Weg nicht mehr möglich. Villot und Cody sind tot, und Marcinkus sitzt unerreichbar im Vatikan.
Das stärkste Argument, das man zur Verteidigung dieser drei Männer vorbringen kann, ist gewiß nicht der Hinweis auf ihre eigenen Unschuldsbeteuerungen, sondern die Tatsache, daß sie Gottesmänner, Würdenträger der römisch-katholischen Kirche sind beziehungsweise waren. 2000 Jahre Kirchengeschichte haben diese Männer der Kirche gelehrt, mit Weitblick und Besonnenheit zu handeln. Die Geschichte des Vatikan ist die Geschichte zahlreicher Päpste, die antraten mit dem Vorsatz, Reformen durchzuführen, und erleben mußten, wie das System, der Apparat, diese Impulse bremste und zunichte machte. Wenn die Kirche im allgemeinen oder die Kurie im besonderen es wollen, können sie die Entscheidungen eines Papstes ganz erheblich beeinflussen. An anderer Stelle wurde bereits gezeigt, wie eine Gruppe von Männern, die eine Minderheit innerhalb der Kirche repräsentierte, Papst Paul VI. in der Frage der Geburtenregelung ihren Willen aufzwang. Erinnern wir uns auch daran, daß Kardinal Baggio sich rundheraus weigerte, die Nachfolge Lucianis in Venedig anzutreten.
Was die Veränderungen angeht, die Luciani vorzunehmen im Begriff stand, so hätten sicherlich viele im Vatikan sie begrüßt; aber selbst von denen, die am meisten Grund hatten, diese Veränderungen zu fürchten oder abzulehnen, ist zu vermuten, daß sie zunächst zu weniger dramatischen Mitteln der Abhilfe gegriffen hätten, als ein Mord es ist. Diese Erwägung schließt, wie gesagt, Villot, Cody und Marcinkus nicht aus dem Kreis der Verdächtigen aus, läßt sie aber ans untere Ende der Liste rücken, an deren Spitze somit die Namen Calvi, Sindona und Gelli stehen. Waren diese drei Männer, oder war einer von ihnen, einer solchen Tat fähig? Die knappe Antwort lautet: ja.
Wer immer Albino Luciani ermordete, rechnete offensichtlich darauf, daß das nächste Konklave und der nächste Papst die personellen Beschlüsse Lucianis zu Makulatur machen würde. Für alle sechs

Männer konnte es die Rettung bedeuten, wenn der »richtige« Mann zum Papst gewählt wurde. Gewiß hätte keiner von ihnen einen Mord riskiert, nur um sich eine Gnadenfrist von einem Monat zu verschaffen. Es ging darum, dafür zu sorgen, daß der »richtige« Mann gewählt wurde, dann würde man nichts mehr zu befürchten haben. Zwei von den sechsen, Villot und Cody, hatten weitreichende Möglichkeiten, die Wahlentscheidung im Konklave zu beeinflussen. Auch Marcinkus war nicht ohne Einfluß. Und auch Calvi, Sindona und Gelli verfügten über Mittel und Wege.

In der Villa von Ortolani heckte eine Gruppe von Kardinälen bei einem Geheimtreffen die strategische Marschroute für die Papstwahl aus, die dann mit dem Sieg Pauls VI. endete. Gelli und Ortolani hatten als Chefs der P 2 Zugang zu allem und jedem im Vatikan, ebenso wie sie in Italien Zugang zu den Machtzentren von Staat und Wirtschaft und zu den Spitzen von Polizei und Justiz hatten.

Ließ sich ein solches Vorhaben überhaupt praktisch verwirklichen? Konnte man das Sicherheitssystem des Vatikan überwinden? Die Wahrheit ist, daß das Sicherheitssystem des Vatikan in der Zeit, um die es hier geht, löcherig war wie ein Schweizer Käse. Jeder hätte zum Papst ebenso leicht vordringen können, wie ein Mann namens Michael Fagin mitten in der Nacht, nach einer Wanderung durch den Buckingham-Palast, ins Schlafzimmer der englischen Königin vordringen, sich auf ihrer Bettkante niederlassen und sie um eine Zigarette bitten konnte. Ebenso leicht, wie ein Mann namens John Hinckley in den Troß Präsident Reagans vordringen und aus wenigen Metern Entfernung auf ihn schießen konnte. Ebenso leicht, wie ein Mann namens Mehmet Ali Agca am Mittwoch, dem 13. Mai 1981, in unmittelbare Nähe von Papst Johannes Paul II. gelangen und drei Schüsse auf ihn abfeuern konnte.

Johannes XXIII. hatte die Gepflogenheit, daß die Schweizergarde die ganze Nacht über vor den Papstgemächern Wache stand, abgeschafft. Aber das kann keine Entschuldigung dafür sein, daß zum Schutz Albino Lucianis so gut wie überhaupt keine Vorkehrungen getroffen waren. Die Vatikanstadt mit ihren sechs Eingängen war für jeden Eindringling, der über ein Minimum an Kenntnissen und Geschick verfügte, offen wie ein Scheunentor.

Das Konklave, das Luciani zum Papst gewählt hatte, war theoretisch

eine der am strengsten bewachten und abgeschirmten Veranstaltungen gewesen, die die Welt gesehen hatte. Der Leser wird sich vielleicht an die außerordentlich peniblen Vorschriften erinnern, die Paul VI. hatte ausarbeiten lassen, um sicherzustellen, daß sich kein Unbefugter Zutritt zu den in strenger Klausur tagenden Kardinälen verschaffen konnte. Und doch konnte ein einfacher junger Priester, Pater Diego Lorenzi, wie er mir anschaulich schilderte, unbehelligt die Sixtinische Kapelle betreten, als er einmal dringend mit Albino Luciani sprechen wollte. Erst als er sich schon in Sichtweite der tagenden Kardinäle befand, wurde er von jemandem angesprochen und gefragt, wer er sei und was er suche. Wäre an seiner Stelle ein als Priester verkleideter Terrorist mit einer Bombe unter der Soutane gleich weit gekommen, niemand hätte ihn daran hindern können, das gesamte Konklave zu pulverisieren.
Zur Zeit des August-Konklaves äußerten sich einige Beobachter verwundert über das völlige Fehlen von Sicherheitsvorkehrungen. Um nur zwei zu zitieren:

> »Es bestand bei dieser Veranstaltung auch das nicht von der Hand zu weisende, wenn auch von niemandem ausgesprochene Risiko eines terroristischen Überfalls. In meinen Augen waren die Sicherheitsvorkehrungen um den Vatikan herum die letzte Woche über nicht beeindruckend, vielleicht auch, weil die weitläufige Palastanlage, die zahlreiche ebenerdige Zugänge hat, in dieser Hinsicht unlösbare Probleme aufgibt. Ein Grund mehr, mit dem Konklave rasch zu Ende zu kommen.« (Paul Johnson im *Sunday Telegraph* vom 27. August 1978)
> »Soweit ich es überblicken kann, sehen die Sicherheitspolizisten den interessantesten Teil ihrer Aufgabe darin, mit den hübschen Mädchen in den Straßencafés zu schäkern. Ich hoffe, daß die Roten Brigaden für heute abend [d.h. zur Beisetzung Pauls VI.] nichts vorhaben. Sie könnten hier viele Staatsmänner auf einen Schlag ins Jenseits befördern.« (Andrew Greeley, *The Making of the Popes*)

Keine zwei Monate später, beim Begräbnis Albino Lucianis, waren nach dem Zeugnis desselben Autors »die Sicherheitsvorkehrungen ... enorm«. Merkwürdig, daß nach dem Tod Lucianis die Sicherheitsmaßnahmen, die man zu seinen Lebzeiten nicht für nötig gehalten hatte, auf einmal so massiv und augenfällig vorhanden waren. »Wenn und solange ich bei Albino Luciani in den Papstgemächern war, gab es in diesem Bereich keine Sicherheitswachen«, sagte mir Pater Diego Lorenzi.

Ich sprach mit Feldwebel Hans Roggan von der Schweizergarde. Er war in der Nacht, in der Luciani starb, der diensthabende Wachoffizier. Wie er mir erzählte, war er am frühen Abend mit seiner Mutter in einem Restaurant in Rom gewesen. Bei ihrer Rückkehr um 22.30 Uhr hatten sie im Schlafzimmer des Papstes Licht brennen sehen. Roggans Mutter war dann schlafen gegangen, und er hatte seinen Dienst angetreten. Er erzählte mir:

> »Aus irgendeinem Grund war das für mich eine schreckliche Nacht. In dieser Nacht war ich der für den [Apostolischen] Palast verantwortliche Wachoffizier. Ich konnte einfach nicht einschlafen. Um halb vier Uhr stand ich auf und ging durch den ganzen Palast; alles war ruhig. Ich kehrte in mein Zimmer zurück und konnte noch immer nicht einschlafen. Schließlich stand ich auf und ging ins Büro und nahm mir ein paar Akten vor. Normalerweise habe ich einen guten Schlaf.«

Der für die Sicherheit des Apostolischen Palastes verantwortliche Offizier wälzt sich im Bett und kann nicht einschlafen. Angesichts dessen möchte man die Frage, warum niemand es für nötig hielt, der doch immerhin ungewöhnlichen Tatsache nachzugehen, daß das Licht im Schlafzimmer des Papstes die ganze Nacht brannte, schon gar nicht mehr stellen. Nach der Ermordung des amerikanischen Präsidenten Kennedy 1963 in Dallas war viel von der Unzulänglichkeit und vom Versagen der Sicherheitsmaßnahmen die Rede. Verglichen allerdings mit dem, was es an Sicherheitsvorkehrungen für Albino Luciani gab, war Kennedy ein äußerst wohlbehüteter Mann.

Wie meine Recherchen weiter ergeben haben, war zu der Zeit, als Luciani als Papst amtierte, ständig ein Schweizergardist am oberen Ende der Treppe zur dritten Loggia postiert. Er hatte jedoch lediglich eine zeremonielle Funktion, da kaum einmal jemand auf diesem Weg den päpstlichen Wohnbereich betrat. Der gebräuchlichste Zugang zu den Papstgemächern führte über den Aufzug, für den viele einen Schlüssel hatten. Der Zugang zum Aufzug im Erdgeschoß war unbewacht. Jedermann konnte, so er nur einen Priesterrock anhatte, die päpstliche Etage unbehelligt betreten und verlassen.

Die Zeugnisse dafür, wie unzuverlässig die im Vatikan praktizierten Sicherheitsvorkehrungen sind und wie dilettantisch sie gehandhabt werden, mehren sich. Vor kurzem wurde ein vergessenes Treppenhaus nahe den Papstgemächern wiederentdeckt. Es war nicht vermauert gewesen, nicht durch spätere Baumaßnahmen unzugänglich gemacht. Es war einfach so, daß niemand von der Existenz dieser Treppe wußte. Oder gab es doch jemanden, der sie kannte – und sie vielleicht im September 1978 benutzte?

Schweizergardisten, die während ihres Wachdienstes schlafen. Schweizergardisten, die einen von niemandem benutzten Zugang bewachen. Eine Treppe, von der niemand etwas wußte. Selbst ein Amateur-Attentäter hätte keine Probleme gehabt, Albino Luciani umzubringen. Und die, die es taten, waren keine Amateure. Wie um einem Möchtegern-Papstmörder die Sache zu erleichtern, veröffentlichte die Zeitung *L'Osservatore della Domenica* einen detaillierten Grundriß der päpstlichen Wohnung, einschließlich Fotos. Tag der Veröffentlichung: 3. September 1978.

Wenn Mehmet Ali Agca sich ein bißchen besser informiert hätte, wäre Johannes Paul II. heute nicht mehr unter den Lebenden. Je gründlicher ich der Frage nachging, desto klarer wurde, daß, wer immer auch den Plan faßte, Albino Luciani zu ermorden, ziemlich leichtes Spiel hatte. Es war im September 1978 alles andere als ein Kunststück, sich Zutritt zu den Papstgemächern zu verschaffen und sich unbemerkt entweder an den Medikamenten Lucianis oder an den für ihn bestimmten Speisen und Getränken zu schaffen zu machen.

Die Tatsache, daß die Täter so gut wie sicher damit rechnen konnten, daß keine Autopsie vorgenommen würde, machte ihnen die Sache noch leichter. Es gab nicht einmal einen rund um die Uhr verfügbaren Arzt. Die Einrichtungen, über die der vatikanische Ge-

sundheitsdienst zu jener Zeit verfügte, entsprachen nicht dem Standard eines durchschnittlichen modernen Krankenhauses. Einrichtungen für die Behandlung von Notfällen waren nicht vorhanden.
Auch nach dem Tod Lucianis sind die Mängel im vatikanischen Sicherheitssystem offensichtlich nicht behoben worden. Während meiner Recherchen ging ich einmal im Garten des Augustinums spazieren, in dem auch Luciani vor dem August-Konklave gewandelt war. Es war an einem Sonntag im September 1982. Drüben, auf der anderen Seite des Petersplatzes, trat Johannes Paul II. auf den Balkon, um den mittäglichen Angelus zu beten. Von dem Platz, wo ich stand, hatte ich eine unbehinderte Sicht – oder sollte ich sagen Schußbahn? – auf die obere Körperhälfte Seiner Heiligkeit. Hätte Agca oder ein anderer seines Kalibers an dieser Stelle gelauert, er hätte in aller Ruhe auf den Papst anlegen, schießen und eine Minute später im Verkehrsgewimmel Roms untertauchen können. Niemand hatte mich auf dem Weg in den Garten angehalten.
Wenige Tage später spazierte ich unbehelligt durch das Santa-Anna-Tor in den Vatikan. Mit einem Aktenkoffer in der Hand, in dem leicht eine Bombe Platz gehabt hätte, betrat ich, wiederum unbehelligt, die Vatikanbank. In der Woche darauf war ich zusammen mit zwei Rechercheuren zu einem Gespräch bei Kardinal Ciappi im Vatikan angemeldet. Wir gelangten in den »Heiligen Bezirk« des Vatikan, ohne daß man unsere Legitimation überprüft und unsere Sachen (alle drei hatten wir Aktenkoffer und Taschen bei uns) durchsuchte. Das war keine zwei Jahre nach den Schüssen Ali Agcas auf dem Petersplatz, die Johannes Paul II. um ein Haar das Leben gekostet hätten.
Es ist nicht auszuschließen, daß ein Mensch, der sich vollkommen gesund fühlt, plötzlich einen Herzanfall erleidet und stirbt. Es ist nicht auszuschließen, daß Albino Luciani, der nicht rauchte, fast keinen Alkohol trank, sehr mäßig aß und einen zu niedrigen Blutdruck hatte und der damit alle Kriterien auf sich vereinte, die normalerweise ein Herzleiden extrem unwahrscheinlich machen, einfach das Pech hatte, ein gänzlich unnormaler Fall zu sein. Daß er das Pech hatte, einer Herzschwäche zu erliegen, die bei den zahlreichen EKGs und Routineuntersuchungen einfach nicht bemerkt worden

war und von der er selbst in seinen 65 Lebensjahren nie etwas gespürt hatte. Daß er das Pech hatte, so plötzlich, so schnell zu sterben, daß er nicht einmal mehr dazu kam, die Alarmklingel zu drücken, die er mit dem ausgestreckten Arm hätte erreichen können. Ganz ausgeschlossen werden kann das alles nicht, aber, wie die Professoren Rulli und Masini, zwei der Experten, die ich in Rom befragte, mir erklärten: »Es ist sehr, sehr unwahrscheinlich, daß der Tod so rasch kommt, daß der Betreffende überhaupt nichts mehr tun kann. Das gibt es nur sehr, sehr selten.«

In der Tat ist die Wahrscheinlichkeit, daß Luciani eines natürlichen Todes gestorben ist, sehr gering. So gering, daß es eine fahrlässige Torheit wäre, die Möglichkeit, daß er ermordet worden ist, von der Hand zu weisen. Ich persönlich bin nicht nur davon überzeugt, daß er ermordet wurde, sondern auch davon, daß der oder die Täter unter den sechs von mir genannten Verdächtigen zu suchen ist beziehungsweise sind.

Mit seinen 65 Jahren war Albino Luciani in den Augen der Kardinäle, die ihn wählten, genau im richtigen päpstlichen Alter. Paul VI. war bei seiner Wahl 66 gewesen und hatte 15 Jahre lang regiert. Johannes XXIII. war mit 77, allerdings auch nur als Verlegenheitskandidat, gewählt worden, hatte aber immerhin fünf Jahre amtiert. Luciani, davon ging das Konklave, das ihn wählte, aus, würde mindestens zehn Jahre regieren. So ein Konklave ist mit Kosten von mehr als einer halben Million Dollar eine teure Veranstaltung. Diesen Aufwand treibt die Kirche nur ungern öfter als unbedingt nötig. Lucianis unerwartet rasches Ende hatte zur Folge, daß binnen zweier Monate zwei Konklaven stattfanden.

Ich glaube natürlich nicht, daß der Entschluß, Albino Luciani zu ermorden, am 28. September 1978 gefaßt oder daß der konkrete Tatplan an diesem Tag geschmiedet worden ist. Sicherlich wurde das Todesurteil über Albino Luciani schon früher gesprochen. Wieviel früher, ist die Frage.

Vielleicht schon wenige Tage nach seiner Wahl, als er sich näher für die Vermögenslage und die Geschäfte der Vatikan GmbH zu interessieren begann. Vielleicht im Lauf der ersten beiden Septemberwochen, als die Nachricht, daß er Erkundigungen über vatikanische Freimaurer einzog, an die Ohren einiger der Betroffenen drang.

Vielleicht Mitte September, als die Einstellung Lucianis zur Geburtenregelung und sein Vorhaben, die Kirche zu einer liberaleren Haltung in dieser Frage zu führen, im Vatikan die Alarmglocken schrillen ließen. Vielleicht in der dritten Septemberwoche, als es zur Gewißheit wurde, daß Marcinkus und andere leitende Männer der Vatikanbank aus ihren Ämtern entfernt werden würden. Es ist aber auch möglich, daß der Plan zur Ermordung Albino Lucianis erst wenige Tage vor der Tat ausgeheckt wurde, als er einige andere potentiell folgenreiche und schwerwiegende Entscheidungen traf. Wann immer der Entschluß gefaßt, der Plan geschmiedet wurde, seine Ausführung kam für die Männer, die ich als mutmaßliche Schuldige genannt habe, keinen Augenblick zu früh. Wenn sie sich noch ein paar Tage länger Zeit gelassen hätten, sie wären zu spät gekommen.

Das in diesem Buch ausgebreitete Belastungsmaterial hat, wie bereits gesagt, fast durchweg Indiziencharakter. Bei Mordfällen müssen die um Aufklärung Bemühten sich sehr oft mit Indizienbeweisen begnügen. Dies gilt natürlich um so mehr, wenn ein Mord, wie in diesem Fall, als natürlicher Todesfall getarnt wird. Jemand, der einen solchermaßen maskierten Mord vorbereitet, wird seine Absichten nicht auf der Titelseite der *Times,* der *Washington Post* oder der *Frankfurter Allgemeinen* bekanntgeben. Auch ist es verhältnismäßig selten, daß bei der Ausführung eines Verbrechens dieser Art unabhängige Beobachter zugegen sind, die dann als Augenzeugen über den Hergang des Geschehens berichten können.

Eine Tatsache verdient es, im Zusammenhang mit dem Tod Albino Lucianis noch einmal besonders hervorgehoben zu werden: daß hier der Versuch, das perfekte Verbrechen zu begehen – durch Vortäuschung eines natürlichen Todes –, weitgehend gelungen ist. Bis heute ist die Rechnung derer aufgegangen, die diesen Mord geplant und begangen haben, einen Mord, der in einer Hitliste der Verbrechen des 20. Jahrhunderts sicherlich in der Spitzengruppe rangieren müßte.

Wenn wir uns größere Klarheit darüber verschaffen wollen, wer die Ermordung Albino Lucianis zu verantworten hatte, sollten wir uns mit den Dingen, die beim zweiten Konklave des Jahres 1978 vor sich gingen, und mit der darauffolgenden Entwicklung beschäftigen. Die kritische Durchleuchtung gewisser Geschehnisse sollte uns helfen, den Mann zu identifizieren, der die Fäden des Mordkomplotts gegen den »Kandidaten Gottes« in der Hand hielt.

Der Lohn der bösen Tat: Alles bleibt beim alten

Als am Sonntag, dem 15. Oktober 1978, im Konklave die Abstimmungen zur Wahl eines Nachfolgers für Johannes Paul I. begannen, zeigte sich, daß der Heilige Geist dieses Mal durch Abwesenheit glänzte. Ein langwieriges und erbittertes Ringen, hauptsächlich zwischen den Anhängern Siris und denen Benellis, drückte den Wahlgängen des ersten Tages seinen Stempel auf. Wer auch immer die Ermordung Lucianis inszeniert hatte, schrammte nur knapp daran vorbei, vom Regen in die Traufe zu kommen: Im Verlauf von acht Wahlgängen, die sich über zwei Tage hinzogen, erreichte Kardinal Giovanni Benelli eine Stimmenzahl, die nur knapp unter der zum Sieg nötigen Zweidrittelmehrheit lag. Wäre Benelli gewählt worden, so wären zweifellos viele von Albino Luciani eingeleitete Entwicklungen und Maßnahmen weitergetrieben worden: Cody hätte zurücktreten müssen, Villot wäre seines Postens enthoben worden, Marcinkus, de Strobel und Mennini wären aus der Vatikanbank geflogen, und vielleicht wäre es zu Nachforschungen und Enthüllungen über den Tod Albino Lucianis gekommen.

Allein, Benelli fehlten letztlich neun Stimmen, und der Gewinner der Wahl, der polnische Kardinal Karol Wojtyla, verkörpert in fast jeder Beziehung einen markanten Kontrast zu Benelli. Er hat, seit er amtiert, zahllose Beispiele dafür geliefert, daß er mit seinem Vorgänger nichts gemein hat außer dem Papstnamen Johannes Paul.

Den Bemühungen von Männern wie Benelli, Felici und anderen zum Trotz ist unter Papst Johannes Paul II. in der katholischen Kirche (die Vatikan GmbH natürlich eingeschlossen) alles beim alten geblieben. Eine ungemein wichtige Voraussetzung dafür, daß die

Geschäfte ungestört weiterlaufen konnten, schuf der Tod Albino Lucianis und schuf in der Folgezeit der Tod einer Reihe anderer Personen, die von Mörderhand gestorben sind, seit Johannes Paul I. im September 1978 so einsam und auf so merkwürdige Weise aus dem Leben schied.

Nach seinem Amtsantritt erlangte Johannes Paul II. natürlich Kenntnis von den personellen Veränderungen, die Luciani eingeleitet hatte. Er wurde über die Erkundigungen, die sein Vorgänger im Zusammenhang mit gewissen Problemen eingeholt hatte, ebenso ins Bild gesetzt wie über deren Resultate: die Berichte über die vatikanischen Finanzen, die Benelli, Felici und Mitarbeiter der APSA in Lucianis Auftrag zusammengestellt hatten. Wojtyla hielt die Dokumente in der Hand, derentwegen Luciani sich zur Ablösung Kardinal Codys entschlossen hatte. Er hielt die Dokumente in der Hand, die zeigten, daß der Vatikan von Freimaurern durchsetzt war. Er erfuhr von dem angebahnten Dialog Lucianis mit dem US-State Department und dem geplanten Treffen mit Mitgliedern des Kongreßausschusses für Bevölkerungsfragen. Villot machte den neuen Papst auch mit der Haltung, die Albino Luciani in der Frage der Geburtenregelung eingenommen hatte, vertraut. Kurz, Papst Johannes Paul II. hatte jede Möglichkeit, all das in die Tat umzusetzen, was sein Vorgänger geplant hatte. Allein, keine der von Luciani anvisierten Veränderungen wurde Wirklichkeit. Wer immer den lächelnden Papst ermordet hatte, hatte es nicht vergeblich getan.

Villot blieb Staatssekretär. Cody behielt seine unangefochtene Stellung in Chicago. Marcinkus und seine Assistenten Mennini, de Strobel und de Bonis leiteten weiterhin die Geschicke der Vatikanbank und sorgten weiterhin dafür, daß die illegalen Geschäfte mit der Banco Ambrosiano florierten. Calvi und seine Herren und Meister von der P2, Gelli und Ortolani, hatten freie Hand, ihre massiven Veruntreuungen und Betrügereien unter dem schützenden Mantel der Vatikanbank fortzusetzen. Sindona in New York blieb, zumindest vorläufig, auf freiem Fuß. Baggio ging nicht nach Venedig. Der korrupte Poletti blieb Kardinalvikar von Rom.

Im Lauf der letzten fünf Jahre sind zahllose Versuche unternommen worden, die Persönlichkeit Karol Wojtylas zu analysieren. Was für ein Mensch ist er?

Nun, zunächst einmal ist er ein Mensch, der zugelassen hat, daß Gestalten wie Cody, Marcinkus, Mennini, de Strobel, Villot und Poletti in Amt und Würden blieben. Niemand kann zur Ehrenrettung Wojtylas behaupten, er kenne die Wahrheit nicht. Marcinkus ist direkt dem Papst verantwortlich, und zu glauben, der Papst wisse nicht, wieviel Dreck Marcinkus am Stecken hat, wäre kindisch. Baggio und Benelli appellierten an den Papst persönlich, er möge Cody absetzen, und unterbreiteten ihm das Belastungsmaterial. Wojtyla unternahm nichts.

Dieser Papst, der in Nicaragua ganz offen die Priester wegen ihrer politischen Betätigung tadelt, gibt auf der anderen Seite seinen Segen dazu, daß die Kirche Millionen von Dollars heimlich und illegal in die Kassen der politischen Opposition in Polen, der *Solidarnosc,* schleust. Wir erleben ein Pontifikat der doppelten Moral: ein Verhaltenskodex für den Papst, ein anderer für den Rest der Menschheit. Das Pontifikat Johannes Pauls II. hat sich als Glücksfall für Geldjongleure und Krämerseelen, für Kriecher und Lumpen, für internationale Polit- und Finanzgangster wie Calvi, Gelli und Sindona erwiesen. Während Seine Heiligkeit in aller Welt den Asphalt der Rollbahnen küßt und sich das Image eines Medienstars zugelegt hat, dessen Auftritte in ihrer inszenierten Massenwirksamkeit und Publizität wohl mehr mit heidnischem Personenkult als mit christlicher Religiosität zu tun haben, sorgen die Männer hinter den Kulissen dafür, daß die Kassen klingeln wie nie zuvor. Schade, daß die strengen Moralpredigten des Pontifex Maximus nicht bis in die Büros der APSA und der Vatikanbank dringen.

Nach der Wahl Lucianis hatte Bischof Paul Marcinkus, wie bereits geschildert, seinen Mitarbeitern in der Vatikanbank in düsterer Voraussicht erklärt: »Stellen Sie sich darauf ein, daß dieser Papst andere Anschauungen hat als der letzte. Es wird hier Veränderungen geben. Große Veränderungen.«

Die Wahl Wojtylas stellte die Weichen für eine direkte Rückkehr zu den Anschauungen Pauls VI. Nehmen wir zum Beispiel das Eindringen des Freimaurertums in den Vatikan. Der jetzige Papst hat nicht nur zugelassen, daß der Vatikan eine ganze Reihe von Freimaurern aus einer ganzen Reihe verschiedener Logen offiziell in seinen Mauern duldet, er hat auch seinen Segen dazu gegeben, daß die Kirche sich eine hausgemachte Loge eigener Spielart zugelegt hat. Ihr Name ist Opus Dei – Werk Gottes.

Am 25. Juli 1978 hatte Albino Luciani in der venezianischen Zeitung *Il Gazzettino* über Opus Dei geschrieben. Er hatte sich damit begnügt, kurz die Geschichte dieser Bewegung nachzuzeichnen und einige der geistlichen Ziele aufzuzählen, die der Orden verfolgt. Was die umstritteneren Aspekte des Opus Dei angeht, so wußte Luciani entweder nichts von ihnen, was allerdings unwahrscheinlich ist, oder er ließ wieder einmal die ihm eigene Diskretion walten.

Seit Karol Wojtyla amtiert, ist Diskretion im Hinblick auf das Opus Dei nicht mehr gefragt. Daß er ein Freund dieser Organisation ist, dafür gibt es zahlreiche Zeugnisse. In Anbetracht der Tatsache, daß diese katholische Sekte in vielen ihrer Anschauungen der P2 nahesteht und daß sie heute innerhalb der Kirche im allgemeinen und der Vatikanstadt im besonderen eine ernst zu nehmende Kraft darstellt, scheint es angebracht, sie hier einmal kurz vorzustellen:

Opus Dei ist eine katholische Organisation von internationaler Reichweite. Sie hat zwar nur eine relativ geringe Mitgliederzahl (die Schätzungen pendeln zwischen 60 000 und 80 000), aber ihr Einfluß ist beträchtlich. Opus Dei ist ein Geheimorden – eine Organisationsform, die nach Kirchenrecht streng verboten ist. Opus Dei bestreitet, ein Geheimbund zu sein, weigert sich aber zugleich, sein Mitgliederverzeichnis öffentlich zugänglich zu machen.

Opus Dei wurde 1928 von dem spanischen Priester Josemaria Escriva gegründet. Es verkörpert den extremen rechten Flügel der katholischen Kirche, und dieses politische Faktum hat dafür gesorgt, daß der Organisation treue Anhänger ebenso wie erbitterte Feinde erwachsen sind. Geistliche stellen mit rund fünf Prozent nur einen kleinen Teil der Mitglieder; der Rest besteht aus Laien beiderlei Geschlechts. In seinen Reihen findet man zwar Menschen aus allen Schichten und Sparten, doch ist Opus Dei bestrebt, Angehörige der akademischen und politischen Elite beziehungsweise Studenten an sich zu ziehen, die die Chance und den Ehrgeiz haben, in führende gesellschaftliche Positionen aufzusteigen. Dr. John Roche, Dozent an der Universität Oxford und Exmitglied des Opus Dei, charakterisiert die Organisation als »bösartig, geheimbündlerisch und orwellianisch«. Möglicherweise hat die Vorliebe der Opus-Dei-Leute für gewisse eigentümliche Formen der Selbstkasteiung wesentlich zu der unfreundlichen Behandlung dieser Sekte durch die Medien beigetragen. Gewohnheiten wie die, sich zum höheren Ruhme Gottes selbst Hiebe auf den nackten Rücken zu verabreichen und sich Metallstrapsen mit inwendig angebrachten Stacheln um die Oberschenkel zu schnallen, dürften allerdings für die meisten Menschen des ausgehenden 20. Jahrhunderts schwer nachvollziehbar sein. Aber das ist natürlich kein Grund, an der ehrlichen Hingabe und Opferbereitschaft der Opus-Dei-Mitglieder zu zweifeln. Eines der bedeutsameren Ziele, dem sie sich mit aller Hingabe widmen, ist die Eroberung der römisch-katholischen Kirche. Nicht nur für die große Mehrheit der Katholiken, sondern auch für alle anderen sollte dies Anlaß zu größter Wachsamkeit sein. Zweifellos weist diese Geheimgesellschaft auch bewundernswerte Facetten auf. Albino Luciani wies nur einen Monat vor seiner Wahl zum Papst lobend auf einige der vom Opus Dei vertretenen geistlichen Grundprinzipien hin. Er ging mit diskretem Schweigen über die Frage der Selbstkasteiung und ebenso auch über die weit bedeutsamere Frage der faschistoiden politischen Philosophie des Opus Dei hinweg. Unter Papst Johannes Paul II. erlebt der Geheimbund eine neue Blüte. Auch wenn Karol Wojtyla nicht Mitglied des Opus Dei ist, verkörpert er doch für dessen Gefolgsleute alles, was sie sich von einem Papst nur wünschen können. Eine der ersten Amtshandlungen, die er nach seiner Wahl vornahm, war ein Besuch am Grab des Gründers von Opus Dei, wo er sich zum Gebet niederließ. In der Folge hat er dem Orden eine persönliche Prälatur gewährt, was man als einen bedeutenden Schritt auf dem Weg ins Kardinal-Cody-Land bewerten kann, in dem man dann nur noch gegenüber Rom und Gott verantwortlich ist.

Mitglieder von Opus Dei sind, den eigenen Angaben des Ordens zufolge, in den Redaktionen von über 600 Zeitungen, Zeitschriften und wissenschaftlichen Publikationen sowie in mehr als 50 Hörfunk- und Fernsehanstalten in aller Welt vertreten. Drei Opus-Dei-Mitglieder saßen angeblich in den 60er Jahren im Kabinett des spanischen Diktators Franco und halfen mit, das spanische »Wirtschaftswunder« zu vollbringen. Der Mann, der bis vor kurzem an der Spitze des riesigen spanischen Rumasa-Konzerns stand, ist Mit-

glied des Opus Dei; er mußte untertauchen, als die spanische Regierung die Konsequenzen aus der Einsicht zog, daß im Innern von Rumasa, ähnlich wie im Calvi-Imperium, ein Abgrund von Korruption gähnte. Opus Dei, das bedeutet auch: enormer Reichtum, Reichtum beispielsweise in Gestalt von Kapitalbeteiligungen und Grundbesitz.
José Mateos, der als der reichste Mann Spaniens gilt, pumpte Millionen in das Opus Dei; ein beträchtlicher Teil dieses Geldes stammte aus illegalen Geschäften, die er zusammen mit Calvi in Spanien und Argentinien getätigt hatte. Der Zahlmeister der P2 Hand in Hand mit dem Zahlmeister des Opus Dei – könnte es das sein, was die Kirche meint, wenn sie davon spricht, daß die Wege Gottes manchmal rätselhaft seien?
Seit Johannes Paul II. sein Amt angetreten hat, sind eine ganze Reihe von Problemen, die sich den Herren Marcinkus, Calvi, Sindona und Gelli in den Weg stellten, mit Hilfe der »italienischen Lösung« beseitigt worden. Die Liste der Morde und der massiven Einschüchterungen mit dem Ziel, den Mantel des Schweigens über Raubzüge unvorstellbaren Ausmaßes zu decken, ist beängstigend lang.
Roberto Calvi, Licio Gelli und Umberto Ortolani betraten den Boden Italiens nicht, solange Luciani als Papst amtierte. Calvi kehrte schließlich Ende November 1978, nach der Wahl Karol Wojtylas, zurück. Gelli und Ortolani blieben auf ihrem Beobachtungsposten in Uruguay. War es bloßer Zufall, daß sich diese drei Männer in Südamerika aufhielten, während Luciani amtierte? Zogen ihre geschäftlichen Verhandlungen sich wirklich monatelang hin, von August bis Oktober und November? Weshalb legten Gelli und Ortolani so viel Wert darauf, den September 1978 hindurch Calvi in ihrer Nähe zu wissen? Und brauchte Calvi wirklich so lange, um seine Verhandlungen über die Eröffnung neuer Filialen der Banco Ambrosiano zu absolvieren?
Die Atempause, die der Zahlmeister der P2 durch den Tod Lucianis gewann, würde womöglich, wie Calvi bei einer Besprechung mit dem Bankprüfer Giulio Padalino von der italienischen Staatsbank am 30. Oktober klar wurde, nicht von langer Dauer sein. Auch diesmal beschränkte der Bankier sich darauf, seine Schuhspitzen anzu-

starren, und wich klaren Antworten auf eine Reihe von Fragen aus. Am 17. November wurden die Ermittlungen der italienischen Staatsbank in Sachen Banco Ambrosiano abgeschlossen. Trotz des getürkten Patronatsbriefs, in dem die Vatikanbank sich als Eigentümerin der Suprafin bekannt hatte, trotz der Lügen und Ausflüchte Calvis, trotz der Hilfe seines Förderers Licio Gelli, gelangten die Bankprüfer in einem sehr ausführlichen Prüfbericht zu dem Urteil, daß eine ganze Menge faul war im Reich Calvis.

Sich mit seinem geheimen persönlichen Decknamen meldend, rief Gelli aus Südamerika seinen Kumpan Calvi in dessen Privatwohnung an. Er hatte für Calvi, der sich zunehmend tiefer in ein Dikkicht aus Mafia-, Vatikan- und P2-Geschäften verstrickte, schlechte Nachrichten.

Nur wenige Tage nachdem Bankinspektor Giulio Padalino seinen Prüfbericht dem Leiter der italienischen Bankenaufsicht, Mario Sarcinelli, übergeben hatte, hatte Licio Gelli ein Exemplar des Berichts in Händen. Er hatte es nicht von Sarcinelli und auch nicht von Padalino bezogen, sondern durch sein P2-Kanalsystem. Gelli wies Calvi darauf hin, daß der Prüfbericht von Rom aus an die Mailänder Justizbehörden weitergeleitet werde, genauer gesagt an den Richter Emilio Alessandrini, wie Gelli es schon im September vorausgesagt hatte.

Damit schwebte Calvi wieder am Rand des Abgrunds. Emilio Alessandrini war nicht käuflich. Ein fähiger Jurist und furchtloser Charakter, stellte Alessandrini für Calvi, Marcinkus, Gelli und auch Sindona eine reale und ernst zu nehmende Bedrohung dar. Wenn er diese Untersuchung mit seiner gewohnten Konsequenz durchführte, würde das für Calvi mit Sicherheit das Aus bedeuten. Die Machenschaften von Marcinkus würden aufgedeckt werden, für Gelli würde die märchenhafte Geldquelle der Banco Ambrosiano versiegen, und Sindona würde sich mit dem bislang überzeugendsten Argument für die Rechtmäßigkeit seiner geplanten Auslieferung nach Italien konfrontiert sehen.

Anfang Januar 1979 sorgten wieder einmal Gerüchte über Roberto Calvi, den Ritter, für Gesprächsstoff in der Mailänder Finanzwelt. Richter Alessandrini hatte den 500seitigen Prüfbericht der italienischen Staatsbank sorgfältig durchgearbeitet; nunmehr erteilte er dem Chef der Mailänder Finanzpolizei, Oberstleutnant Cresta, Anweisung, seine Beamten auf die »Bank der Priester« anzusetzen. Ihr Auftrag war, die vielen in dem Prüfbericht angeprangerten gesetzwidrigen Operationen und Unregelmäßigkeiten Punkt für Punkt zu untersuchen. Niemand außerhalb der zuständigen Behörden hatte Einblick in den Bericht – niemand außer Calvi und Gelli.

Am 21. Januar griff die Zeitschrift *L'Espresso* die in der Stadt umgehenden Gerüchte auf, unter anderem auch das spektakuläre Ondit, Calvi und sein gesamter Bankvorstand sollten in Kürze verhaftet und Calvis Paß solle eingezogen werden. Es war allerhöchste Zeit, etwas zu unternehmen, ehe es zu einem allgemeinen Panikrun auf die Schalter der Banco Ambrosiano kam.

Am Morgen des 29. Januar verabschiedete sich Emilio Alessandrini mit einem Kuß von seiner Frau. Auf dem Weg ins Büro setzte er seinen kleinen Sohn an der Schule ab. Ziemlich genau um 8.30 Uhr stand er an einer roten Ampel an der Via Muratori und wartete auf grünes Licht. In diesem Augenblick tauchten fünf Männer neben seinem Wagen auf und durchsiebten seinen Körper mit Kugeln.

Einige Stunden später meldete sich telefonisch eine linksterroristische Gruppierung namens Prima Linea zur Wort und übernahm die Verantwortung für die Mordtat. Ein von derselben Gruppe unterzeichnetes Flugblatt wurde in einer Telefonzelle im Mailänder Hauptbahnhof gefunden. Weder bei dem Anruf noch in dem Flugblatt gaben die Täter ein einleuchtendes Motiv für ihre Tat an.

Weshalb sollte eine linksextreme Gruppe kaltblütig einen Richter ermorden, der landesweit durch seine Ermittlungen gegen rechte Terroristengruppen von sich reden gemacht hatte? Emilio Alessandrini hatte federführend an der Untersuchung des Bombenanschlags von der Piazza Fontana mitgewirkt, der nach allgemeiner Überzeugung das Werk von Rechtsextremisten gewesen war. Warum sollte Prima Linea einen Mann beseitigen wollen, der doch offensichtlich versuchte, mit juristischen und gesetzmäßigen Methoden etwas zu vollbringen, das, zumindest theoretisch, den ungeteilten Beifall der Linken hätte finden müssen – verbrecherische rechtsextreme Elemente für ihre Taten zur Rechenschaft zu ziehen?

Gruppen wie die Prima Linea und die Roten Brigaden töten nicht nur aus politischen und ideologischen Motiven; sie erledigen auch Auftragsarbeiten gegen Bezahlung. Die Verbindungen, die beispielsweise zwischen den Roten Brigaden und der neapolitanischen Mafia bestehen, sind bekannt und gut dokumentiert.

Zum Zeitpunkt, da dieses Kapitel niedergeschrieben wird, stehen in Mailand fünf Männer vor Gericht, die ihre Beteiligung an der Ermordung Alessandrinis bereits gestanden haben. Der Fall ist, was den Hergang der Tat betrifft, praktisch restlos aufgeklärt; bezüglich des Motivs und der Hintergründe werfen die vorhandenen Anhaltspunkte jedoch mehr Fragen auf, als sie beantworten.

Marco Donat Cattin, der als zweiter das Feuer auf den unbewaffneten und wehrlosen Richter eröffnet hatte, tat einmal den bemerkenswerten Ausspruch: »Wir warteten, bis die Zeitungen mit den Berichten über den Anschlag herauskamen, und wir fanden dann in den Nachrufen auf den Richter das Motiv, mit dem wir den Anschlag rechtfertigen konnten.«

Drei Tage nach dem Mordanschlag, am Nachmittag des 1. Februar 1979, weilte Roberto Calvi unter den Gästen einer Cocktailparty. Natürlich kreisten die Gespräche um die schreckliche Bluttat. Weit davon entfernt, eine Regung des Mitleids für Frau Alessandrini und ihre jetzt vaterlosen Kinder erkennen zu lassen, versuchte Calvi sogleich, aus dem Geschehenen Kapital zu schlagen: »Es ist wirklich eine Schande. Gerade am Tag, bevor es passierte, hat Alessandrini mir gesagt, daß er nichts weiter unternehmen und die Ermittlungen [gegen meine Bank] einstellen werde.«

Der Tod Lucianis hatte Marcinkus, Calvi, Sindona und ihren Freunden von der P2 eine Atempause verschafft. Der Tod Emilio Alessandrinis verhalf ihnen zu weiterem Zeitgewinn. Die von dem ermordeten Richter in Gang gesetzte Untersuchung wurde weitergeführt, aber nur noch im Schneckentempo.

Mario Sarcinelli in Rom erkannte sofort, was in Mailand gespielt wurde. Er und der Gouverneur der Bank von Italien, Paolo Baffi, waren entschlossen, dafür zu sorgen, daß die langwierige und aufwendige Überprüfung, die sie im vorigen Jahr hatten durchführen lassen, nicht sang- und klanglos zu den Akten gelegt wurde.

Im Februar 1979 mußte Calvi sich auf Geheiß Sarcinellis in Rom einfinden und sich einer eingehenden Vernehmung stellen, bei der ihm Fragen über die Suprafin, die Beziehungen zwischen der Banco Ambrosiano und dem IOR, über seine Tochterfirma auf den Bahamas sowie über die genauen Besitzverhältnisse bei der Banco Ambrosiano gestellt wurden. Offenbar fühlte Calvi sich jetzt, da Alessandrini ein toter Mann war, wie neu geboren oder besser gesagt: Er war wieder ganz der alte. Der Blick seiner Augen war wieder eiskalt. Das Wissen um die Protektion, die sein Freund Gelli ihm sicherte, ließ ihn noch selbstherrlicher auftreten als sonst. Er weigerte sich rundheraus, die Fragen Sarcinellis zu beantworten; immerhin aber zeigte ihm die Unterredung, daß die Bank von Italien entschlossen war, ihre Ermittlungen weiterzuführen, und daß die Ermordung Alessandrinis die Gefahr, die ihm von Rom aus drohte, nicht vermindert hatte.

Wieder erörterte er die Lage mit Gelli, der ihm versicherte, er brauche sich keine Sorgen zu machen. Dafür werde er, Gelli, schon sorgen.

Bevor er sich dieser Aufgabe widmen konnte, mußte er seine Aufmerksamkeit einem anderen Problem zuwenden, das den Freimaurern von der P2 beträchtliches Kopfzerbrechen bereitete. Das Problem hieß Mino Pecorelli. Zu den Aktivitäten dieses vielseitigen Anwalts und Journalisten gehörte die Herausgabe eines außergewöhnlichen wöchentlichen Mitteilungsblatts: des Bulletins der Nachrichtenagentur O.P., die uns in diesem Buch bereits einmal begegnet ist.

Das von der O.P. betriebene Geschäft ist oft mit Ausdrücken wie »Nestbeschmutzung«, »Skandaljournalismus« und »Sensationsmache« charakterisiert worden. Alle diese Attribute waren zutreffend – allerdings arbeitete die O.P. nicht mit erfundenen oder aufgebauschten Nachrichten, sondern mit harten Fakten. Während der 70er Jahre kam sie einer erstaunlich großen Zahl von Korruptionsfällen auf die Spur und berichtete in ihrem Bulletin darüber. Das Blättchen wurde zur Pflichtlektüre für jeden, der genau wissen wollte, wer in der italienischen Wirtschaft wen erpreßte, betrog oder ausraubte. Trotz des sehr strengen italienischen Presserechts blieb die O.P. weitgehend unbehelligt. Es war klar, daß Pecorelli über exquisite und zuverlässige Informationsquellen verfügen mußte. Viele Artikel, die in jenen Jahren in italienischen Zeitungen erschienen, waren von Meldungen im Bulletin der O.P. inspiriert. Natürlich versuchten viele Leute, herauszufinden, wer hinter Pecorelli und seiner nicht nur äußerst gut informierten, sondern offensichtlich auch wirksam gegen juristische Zugriffe abgeschirmten Nachrichtenagentur stand, doch niemand kam dahinter. Pecorellis Schwester Rosita ließ einmal bei einem Fernsehinterview durchblicken, die O.P. werde von Premierminister Andreotti finanziert.

Zu Beginn der 70er Jahre wurde die O.P. häufig mit Michele Sindona in Zusammenhang gebracht. Pecorelli verfügte offensichtlich über Informanten innerhalb des italienischen Geheimdienstes, aber seine wichtigsten Gewährsleute waren Mitglieder einer Organisation, die mächtiger und geheimer war als der Geheimdienst der Regierung. Mino Pecorelli war Mitglied der P2, und aus den Reihen dieser geheimen und illegalen Freimaurerloge bezog er einen Großteil der Informationen, mit denen er die italienische Presse und Öffentlichkeit immer wieder in Aufregung versetzte. Es heißt, daß Licio Gelli mindestens bei einer Logensitzung die anwesenden Mitglieder aufforderte, Dokumente und Informationen herauszurücken, die man an die O.P. weiterleiten konnte. Daraus kann man schließen, daß die O.P. zu jener Zeit hauptsächlich die Funktion hatte, Gelli als Ventil für gezielte Indiskretionen zu dienen, die geeignet waren, die Ziele und Bestrebungen der P2 zu fördern. Um die Mitte des Jahres 1978 entschloß sich Pecorelli jedoch, einmal etwas auf eigene Faust und Rechnung zu unternehmen.

Er hatte Informationen über einen der größten Diebstähle in der italienischen Wirtschaftsgeschichte zugespielt bekommen. Drahtzieher der Operation war Licio Gelli. Durch den Coup hatte die italienische Staatskasse einen Verlust in Höhe von 2,5 Milliarden Dollar durch entgangene Mineralölsteuern erlitten. In Italien wird dasselbe Erdölderivat, das beim Betrieb von Dieselmotoren Verwendung findet, in großen Mengen auch als Heizöl verwendet. Auf den Dieselkraftstoff wird jedoch eine fünfzigmal höhere Steuer erhoben als auf das Heizöl, und damit man beide voneinander unterscheiden kann, wird letzterem ein Farbstoff zugesetzt. Diese Situation war für einen Mann wie Gelli ein gefundenes Fressen. Er stiftete den Ölmagnaten und P2-Mitglied Bruno Musselli zu einem großangelegten Schwindel an: Musselli sorgte dafür, daß große Mengen als Heizöl deklarierte Raffinerieprodukte ungefärbt blieben, und General Raffaele Giudice, ebenfalls P 2-Mitglied und seines Zeichens Chef der italienischen Finanzpolizei, sorgte durch gefälschte Eintragungen dafür, daß den Steuerbehörden der Schwindel nicht auffiel und für den Kraftstoff nur der Heizöl-Steuersatz erhoben wurde. Der auf diese Weise sozusagen mit erheblichem Rabatt erworbene Kraftstoff wurde dann zum Normalpreis an Tankstellenunternehmer abgesetzt.

Die Gewinne wurden unter freundlicher Mithilfe von P 2-Mitglied Michele Sindona über die Vatikanbank auf eine Reihe von Geheimkonten bei Sindonas Schweizer Filiale, der Finabank in Genf, geschleust. Licio Gelli wurde zu einem vertrauten Grenzgänger zwischen Rom und der Vatikanstadt; weniger bekannt war denen, die ihn regelmäßig durch das Santa-Anna-Tor ein- und ausfahren sahen, daß er Koffer voll Geld bei der Vatikanbank ablieferte.

General Giudice verdankte seine Ernennung zum Chef der Finanzpolizei dem christdemokratischen Premierminister Giulio Andreotti, der seinerseits ein guter Freund von Licio Gelli war. Die Ernennung erfolgte, kurz nachdem Kardinal Poletti, Kardinalvikar von Rom, in einem Brief an den Premierminister Giudice wärmstens für den Posten empfohlen hatte. Der Leser erinnert sich vielleicht, daß Poletti einer der Würdenträger war, die Albino Luciani aus Rom hatte abschieben wollen. Daß der Vatikan in den Heizölschwindel verstrickt war, wußte Pecorelli nicht, aber was er sonst über die Sache wußte, genügte ihm, um in sein Mitteilungsblatt einige kleine Informationsschnipsel einzustreuen. Die Reaktion ließ nicht auf sich warten: Pecorelli erhielt Besuch von einer Abordnung, der der christdemokratische Senator Claudio Vitalone, der Richter Carlo Testi und General Donato Lo Prete von der Finanzpolizei angehörten. Ihr Auftrag war, sein Schweigen zu erkaufen. Man einigte sich auf einen Preis, und Pecorelli hörte auf, über die Heizölgeschichte zu schreiben.

In der folgerichtigen Überlegung, daß sich auf diese Weise vielleicht noch mehr Geld verdienen ließ, begann Pecorelli über bestimmte Freimaurerlogen zu schreiben. Die Septembernummer 1978 seines Blattes, die die Namen von über 100 vatikanischen Logenbrüdern auflistete, war als Warnschuß an die Adresse Gellis gedacht. Daß ein Exemplar davon auf dem Schreibtisch Albino Lucianis landete und daß dieser, nachdem er der Sache auf den Grund gegangen war, praktische Konsequenzen aus diesen Enthüllungen zu ziehen begann, mußte Gelli doppelt unangenehm sein, war er sich doch sehr genau der Gefahr bewußt, die seinem Zahlmeister Roberto Calvi von seiten des neuen Papstes drohte.

Als Luciani tot war, versuchte Gelli sich mit Pecorelli zu arrangieren. Er zahlte ihm Schweigegeld. Wie immer in solchen Fällen, verlangte Pecorelli bald noch mehr Geld. Gelli weigerte sich, zu zahlen. Pecorelli veröffentlichte daraufhin einen Artikel, der, wie er erklärte, den Auftakt zu einer ganzen Serie bildete. Er enthüllte darin, daß Gelli, der Bilderbuchfaschist, im Krieg für die Kommunisten spioniert und auch danach noch für sie gearbeitet hatte. Pecorelli, der sich inzwischen darin gefiel, die Rolle des furchtlosen Enthüllungsjournalisten zu spielen, versprach seinen Lesern, er werde die ganze Wahrheit über die P2 vor ihnen ausbreiten. Als Vorschuß darauf enthüllte er, daß Gelli, der Exnazi, Exfaschist und Zwischendurchkommunist, auch sehr gute Beziehungen zur CIA pflegte. Das war für Pecorellis Exlogenbrüder von der P2 offensichtlich zuviel der Wahrheit. Sie kamen zu der Auffassung, daß er sie verraten hatte.

Am 20. März erhielt Pecorelli in seinem Büro in Rom einen Anruf von Gelli. Gelli regte ein Versöhnungsgespräch an und schlug vor, es am folgenden Abend bei einem guten Essen zu führen – »wenn es Ihnen paßt«. Pecorelli erklärte, daß er zwar gewöhnlich bis in den Abend hinein arbeite, es aber einrichten werde, am nächsten Tag früher aufzuhören. Man verabredete sich in einem Restaurant. Gelli hätte dort freilich lange auf Pecorelli warten können – wenn er die Verabredung eingehalten hätte. Es ist jedoch nicht anzunehmen, daß er dies je beabsichtigte.

Mino Pecorelli arbeitete, wie angekündigt, bis in den Abend und verließ sein Büro in der Via Orazio um 21.15 Uhr. Er hatte nicht weit bis zu seinem geparkten Wagen. Man fand ihn später tot auf dem Vordersitz. Die Untersuchung ergab, daß sein Mörder ihm den Lauf einer Pistole in den Mund gesteckt und dann zweimal abgedrückt hatte – die zeitgemäße Version einer klassischen Tötungsart der sizilianischen Mafia, die mit dem Ausdruck *sasso in bocca* bezeichnet wird (ein »Stein im Mund« eines Toten als Zeichen dafür, daß er nie wieder zuviel reden wird).

Nachdem die Verabredung mit seinem alten Freund nicht zustande gekommen war, nutzte Licio Gelli den folgenden freien Abend, um die geheime Mitgliederkartei der P2 auf den neuesten Stand zu bringen: Er ergänzte die unter dem Namen Mino Pecorelli stehenden Eintragungen um das Wort »verstorben«.

Nach dem Mord an Pecorelli meldete sich niemand zu Wort, um die Verantwortung zu übernehmen. 1983 wurde jedoch ein Mann namens Antonio Viezzer, ein ehemaliger hoher Offizier des italienischen Geheimdienstes S.I.D., verhaftet und der Beteiligung an dem Anschlag auf Pecorelli bezichtigt. Antonio Viezzer war Mitglied der P2.

Wenige Tage, bevor Mino Pecorelli für immer zum Schweigen gebracht wurde, hatte einer der Männer, die er auf seiner Liste der vatikanischen Freimaurer verzeichnet hatte, das Zeitliche gesegnet: Kardinal Jean Villot. Zum Zeitpunkt seines Todes bekleidete er noch immer jene Vielzahl von Ämtern, die er während des kurzen Pontifikats Albino Lucianis innegehabt hatte.

Während der Vatikan seinen Kardinalstaatssekretär begrub, dauerte auf der anderen Seite des Tibers die Auseinandersetzung darüber an, ob die italienische Justiz gegen einen mutmaßlichen Millionenbetrüger tätig werden sollte oder nicht. Der Chef der italienischen Bankenaufsicht, Mario Sarcinelli, und der Staatsbankgouverneur Paolo Baffi pochten nunmehr ungeduldig auf ein zügiges Vorgehen im Fall Calvi. Sie waren entschieden der Meinung, daß mehr als genug Belastungsmaterial vorlag, um eine sofortige Verhaftung zu rechtfertigen. Gelli und Calvi waren offenbar derselben Meinung.

Am 25. März 1979 wurden die Verhaftungen vorgenommen. Die Festgenommenen waren allerdings nicht Roberto Calvi und seine Mitarbeiter, sondern Sarcinelli und Baffi. Der römische Richter Mario Alibrandi, ein für seine politische Rechtslastigkeit bekannter Mann, gewährte Baffi mit Rücksicht auf dessen vorgerücktes Alter (67 Jahre) Haftverschonung gegen Kaution. Sarcinelli hatte weniger Glück und landete hinter Gittern. Die Anklagen gegen die beiden Männer – wegen Nichtanzeige eines Verbrechens – waren ganz offensichtlich zurechtgezimmert und haltlos, und nach zwei Wochen kam auch Sarcinelli gegen Kaution wieder auf freien Fuß. Die Anklagen wurden jedoch aufrechterhalten, und Sarcinelli und Baffi mußten noch ein dreiviertel Jahr damit leben. Im Januar 1980 endlich räumten die Justizbehörden ein, daß die Beschuldigungen völlig unbegründet waren, und rehabilitierten die beiden Männer. Sarcinelli konnte erst jetzt wieder in sein Amt als Chef der Bankenaufsicht zurückkehren, da der Richter ihm gleich nach seiner Verhaftung die Ausübung dieses Amtes untersagt und sich in der Folgezeit geweigert hatte, diese Anordnung wiederaufzuheben. Paolo Baffi, schockiert und fassungslos, war im September 1979 von seinem Amt als Gouverneur der Staatsbank zurückgetreten. Die Kostprobe der Macht, über die Calvi und seine kriminellen Konsorten geboten, hatte Baffi genügt; er hatte erkennen müssen, daß er und seine Männer gegen eine Macht angetreten waren, die viel größer war und viel weiter reichte als die Befugnisse der italienischen Staatsbank. Wenn seine und Sarcinellis Verhaftung im März 1979 noch nicht genügt hatten, ihm das klarzumachen, so bekam er im Sommer 1979 Gelegenheit, sich endgültig davon zu überzeugen, wie mächtig die Kräfte waren, mit denen er sich angelegt hatte. Sie boten ihm und anderen eine Demonstration ihrer Macht. Der Schauplatz dieser Demonstration war Mailand, ihr Regisseur war Michele Sindona.

Während Calvi und seine Freunde in Italien auf die ihnen gemäße Art mit ihren Problemen fertig zu werden suchten, konnte ihr Logenbruder Michele Sindona in New York sich auch nicht über einen Mangel an Problemen beklagen. Zwar war es ihm gelungen, die Gefahr einer Auslieferung nach Italien auf absehbare Zeit zu bannen, aber dieser Erfolg war mit unangenehmen Schönheitsfehlern behaftet.

Am 19. März 1979 hatten die US-Justizbehörden Sindona der Unterschlagung, des Meineids und der Veruntreuung von Bankgeldern in insgesamt 99 Fällen angeklagt. Die Anklagen resultierten unmittelbar aus dem Zusammenbruch der Franklin National Bank. Nach Hinterlegung einer Kaution von drei Millionen Dollar kam Sindona auf freien Fuß, allerdings mit der Auflage, sich täglich auf dem für ihn zuständigen Polizeirevier zu melden.

In der ersten Juliwoche 1979 entschied ein Bundesgericht, Sindona dürfe nicht nach Italien ausgeliefert werden, wenn dort eine Anklage wegen finanzieller Vergehen auf ihn wartete, da bald mit einer ähnlichen Anklage gegen ihn in den Vereinigten Staaten zu rechnen sei. Das Auslieferungsabkommen zwischen Italien und den USA enthielt eine entsprechende Klausel. Wie der Stellvertretende Distriktstaatsanwalt John Kenney erklärte, hatten die US-Behörden die Absicht, Sindona nach Abschluß seines Prozesses in den USA (und nach Verbüßung einer eventuellen Freiheitsstrafe) nach Italien abzuschieben.

Daß Kenney trotz der von Sindonas Mafiafreunden auf seinen Kopf ausgesetzten 100 000-Dollar-Prämie noch am Leben war, verdankte er einem kleinen, aber aufschlußreichen Unterschied zwischen den Vereinigten Staaten und Italien. In Italien ist die Ermordung eines Untersuchungsrichters oder eines Staatsanwalts häufig ein wirksames Mittel, um die Justiz zum Kürzertreten in dem betreffenden Ermittlungsverfahren zu veranlassen. Der Mord an Richter Alessandrini ist hierfür ein gutes Beispiel. In den Vereinigten Staaten hätte die Ermordung eines Justizbeamten genau den gegenteiligen Effekt. So verlockend eine Kopfprämie von 100 000 Dollar auch war, die Profikiller wußten, daß die amerikanische Justiz auf die gewaltsame Beseitigung Kenneys nicht nur mit einer gnadenlosen Treibjagd auf den Mörder, sondern auch mit einer rigorosen Verschärfung der Ermittlungen und Anklagen gegen Sindona reagieren würde.

Somit mußte Sindona sich mit der Aussicht auf einen Prozeß abfinden, in dem der hartnäckige Kenney sein Ankläger und Gegner sein würde. Eines anderen Gegners jedoch, der ihm im Augenblick weit mehr Kopfzerbrechen bereitete, konnte und wollte er sich mittels der italienischen Lösung entledigen.

Am 29. September 1974 war der Wirtschaftsanwalt Giorgio Ambrosoli zum Konkursverwalter für Sindonas Banca Privata Italiana bestellt worden. Die Banca Privata war, wie schon an anderer Stelle erwähnt, im Juli 1974 durch den Zusammenschluß der beiden Sindona-Banken Banca Unione und Banca Privata Finanziara entstanden – eine große bankrotte Bank anstelle zweier kleinerer bankrotter Banken. Es gab 1979 außer Sindona selbst keinen Menschen, der mehr über Sindonas krumme Geschäfte wußte als Giorgio Ambrosoli. Nach seiner Einsetzung zum Konkursverwalter durch das Finanzministerium und den Gouverneur der Staatsbank hatte Ambrosoli sich in die vertrackte Aufgabe vertieft, das Knäuel der Machenschaften eines modernen Machiavelli zu entwirren. Schon am 21. März 1975 äußerte der besonnene und gewissenhafte Ambrosoli in einem geheimen Memorandum für den italienischen Generalstaatsanwalt die Überzeugung, daß Sindona kriminelle Handlungen vorzuwerfen seien. Das Material, das er bis zu diesem Zeitpunkt studiert hatte, zeigte ihm zur Genüge, daß der Konkurs der Banca Privata ganz und gar nicht bloß eine Folge geschäftlicher Fehler und schlechten Wirtschaftens gewesen war. Sindona und die Männer, die zu jener Zeit in seinen Banken die Geschäfte führten, wollten vielmehr »mit ihren Februar-Operationen [bewußt] die Voraussetzungen für den Konkurs herbeiführen«. Es war ein mit Vorbedacht geplantes Betrugsmanöver gewesen.

Giorgio Ambrosoli war ein überaus mutiger Mann. Etwa um dieselbe Zeit, als er den Generalstaatsanwalt von seinen vorläufigen Befunden unterrichtete, vertraute er einige seiner geheimsten Gefühle seiner Frau an: »Egal wie es weitergeht, ich werde bestimmt einen hohen Preis dafür zahlen, daß ich diese Aufgabe übernommen habe, aber das wußte ich vorher, und ich beklage mich nicht. Es ist eine einmalige Chance für mich gewesen, etwas für das Land zu tun ... Augenscheinlich mache ich mir Feinde.«

Langsam und methodisch ging Ambrosoli daran, das von Sindona bewußt auf Undurchschaubarkeit Angelegte so zu entwirren und zu ordnen, daß es durchschaubar wurde und einen Sinn ergab: das »Parken« von Aktien, die Rückkaufgeschäfte, die verwirrenden Käufe und Verkäufe über eine Vielzahl von Zwischenstationen. Während Sindona vor amerikanischen Studenten von zukünftigen multigalaktischen Konzernen schwärmte, trug Ambrosoli in stiller, geduldiger Arbeit die unwiderleglichen Beweise dafür zusammen, daß Sindona bis in die Haarspitzen korrupt war.

1977 trat der römische Anwalt Rodolfo Guzzi an Ambrosoli heran und unterbreitete ihm das Angebot, daß er, Guzzi, die Banca Privata kaufen und sie damit dem Konkursverfahren entziehen wollte. Ambrosoli fand heraus, daß Guzzi im Auftrag Michele Sindonas

handelte. Er schlug das Angebot aus, obwohl mindestens zwei christdemokratische Minister sich dafür stark machten.
Diese ministerielle Unterstützung zeigte, wie groß die Macht war, die Sindona nach wie vor zu mobilisieren vermochte. Ein weiteres Beispiel dafür erlebte Ambrosoli einige Zeit nach dem Vorstoß Guzzis. Wie er von Gouverneur Baffi erfuhr, drängte Franco Evangelisti, die rechte Hand von Premierminister Andreotti, die italienische Staatsbank zur Einwilligung in eine typisch italienische Lösung des Problems: Baffi, so sein Wunsch, solle sein Plazet dazu geben, daß die Staatsbank für die Schulden Sindonas geradestand. Baffi weigerte sich standhaft. Die Ambrosiano-Untersuchung wurde fortgeführt.
In den Papieren, die sich vor ihm auftürmten und die er mit geduldigem Fleiß durcharbeitete, stieß Ambrosoli immer wieder auf Hinweise auf »die 500«; aus anderen Angaben war zu schließen, daß damit die 500 bedeutendsten »schwarzen« Devisenexporteure Italiens gemeint waren, die mit Hilfe Sindonas und der Vatikanbank illegal riesige Summen ins Ausland transferiert hatten. Wenn auch die Liste selbst Ambrosoli nicht in die Hände fiel, so konnte er sich doch ein weitgehend vollständiges Bild machen. Wie er feststellte, hatten viele private und öffentlich-rechtliche Organisationen, ehrenwerte Institutionen wie der Versicherungsriese INPDAI sowie zahlreiche Firmen Gelder bei Sindona-Banken deponiert, zu einem wesentlich niedrigeren als dem gängigen Zinssatz (8 statt 13 Prozent). Es bestand jedoch eine Geheimvereinbarung, derzufolge Sindona in Wirklichkeit doch einen höheren Zinssatz zahlte – die Differenz zwischen dem offiziellen und dem inoffiziellen Zins floß direkt in die Taschen der leitenden Herren von INPDAI und anderen Unternehmen.
Ambrosoli rekonstruierte viele der Tricks, deren Sindona sich beim illegalen Kapitaltransfer ins Ausland bedient hatte; eine Methode bestand beispielsweise darin, Dollars zu einem überhöhten Kurs zu kaufen und sich vom Käufer die Marge in harten Devisen zurückzahlen zu lassen – natürlich auf ein Konto außerhalb Italiens.
Ambrosoli begann, selbst eine Liste mit Namen schwarzer Devisenexporteure aufzustellen. Er kam nicht annähernd auf 500 Namen, aber immerhin auf 77, und darunter fanden sich die Namen

zweier ehrenwerter Männer aus dem Vatikan: Massimo Spada und Luigi Mennini. Der Konkursverwalter stellte unwiderlegbare Beweise für die Beihilfe des Vatikan zu vielen kriminellen Delikten Sindonas zusammen. Während der ganzen Zeit, in der er seine Untersuchungstätigkeit im Auftrag der italienischen Staatsbank verrichtete, sah dieser Mann sich der ganzen Bandbreite Sindonascher Schikanen und Einschüchterungsversuche ausgesetzt. Der Hai zeigte Ambrosoli wegen Unterschlagung an und versuchte mehrmals, die Staatsanwälte auf ihn zu hetzen. Dann zog er seine Anzeige zurück und schickte, eine neue Taktik einschlagend, seinen Schwiegersohn Pier Sandro Magnoni vor; dieser bot Ambrosoli den Posten eines Präsidenten in Sindonas neuer Bank an, »sobald Sie diese aufreibende Tätigkeit als Konkursverwalter an den Nagel hängen«.

Wie weit Sindona über die P 2 diejenigen korrumpiert hatte, denen Ambrosoli trauen zu können glaubte, zeigte sich darin, daß Magnoni in der Lage war, eine Passage aus einem von Ambrosoli verfaßten geheimen Zwischenbericht, den nur eine Handvoll Leute aus der Führungsetage der Staatsbank gesehen hatten, wörtlich zu zitieren.

Im März 1979 war Ambrosoli so weit, daß er die Verluste der Banca Privata im Gefolge des »Crack Sindona« in etwa beziffern konnte. Er schätzte sie auf 257 Milliarden Lire. Etwa um die gleiche Zeit erhielt Ambrosoli eine Reihe anonymer telefonischer Drohungen. Die Anrufer sprachen durchweg italienisch mit amerikanischem Einschlag.

Die Anrufe hatten schon Ende 1978 eingesetzt, die Drohungen und Beleidigungen sich seither zunehmend verschärft. Gelegentlich versuchten die Anrufer es, ihre Taktik variierend, mit Zuckerbrot: Sie boten Ambrosoli große Geldbeträge an. Doch als er davon nichts wissen wollte, kehrten sie zu massiven Drohungen zurück. Es blieb nicht im unklaren, in wessen Auftrag die Anrufer handelten. »Warum fahren Sie nicht einmal zu Sindona in die Staaten – als Freund?« fragte einmal jemand, der mit einem ausgeprägten amerikanischen Akzent sprach. Ambrosoli verschmähte die Einladung und begann die Anrufe auf Tonband aufzunehmen. Er erzählte seinen Freunden und Kollegen davon. Einmal spielte er einem von

Sindonas Anwälten eines der Tonbänder vor. Wenige Tage danach kam der nächste Anruf: »Du Dreckschwein. Kommst dir wohl besonders gescheit vor, die Anrufe aufzunehmen, was?«

Der Anwalt gab später zu, daß er nach dem Anhören des Bandes sofort bei Sindona in New York angerufen hatte.

Am 10. April 1979 hatte Sindona ein Rendezvous mit einem weiteren Mann, den er als seinen Feind betrachtete: Enrico Cuccia, Geschäftsführer der Mediobanca, einer staatlichen Investitionsförderungsbank. Sindonas Einschätzung war richtig. Cuccia hatte 1971 die Übernahme des Bastogi-Konzerns durch Sindona vereitelt. Er hatte früher als viele andere den Eindruck gewonnen, Sindona sei ein Gauner und Hochstapler. Als die beiden sich im April 1979 trafen, konnte Cuccia sich weidlich davon überzeugen, daß er mit seinem acht Jahre zuvor getroffenen Urteil über Sindona richtig lag. Seiner Reise nach New York vorausgegangen war eine Serie anonymer Anrufe, die er von Männern erhalten hatte, die ein amerikanisch eingefärbtes Italienisch sprachen. Es waren, wie bei Ambrosoli, Drohanrufe. Anders als Ambrosoli jedoch, der unbeirrt seine Arbeit in Mailand fortführte, beschloß Cuccia, Sindona zur Rede zu stellen.

Sindona stellte eine Reihe von Forderungen. Zunächst einmal, so verlangte er, müsse Cuccia dafür sorgen, daß der Haftbefehl für ihn, der in Italien bestand, zurückgezogen würde – die Tatsache, daß er 1976 in Abwesenheit zu dreieinhalb Jahren Gefängnis verurteilt worden war, tat er als unerheblich ab. Er forderte Cuccia des weiteren auf, 257 Milliarden Lire aufzutreiben und damit die Banca Privata zu sanieren. Und weil es so schön war, verlangte er auch noch eine erkleckliche Geldsumme für die Versorgung der Familie Sindona. Abgesehen von dem großzügigen Angebot, Cuccia am Leben zu lassen, ist es unklar, was Sindona als Gegenleistung für alle diese Gefälligkeiten offerieren wollte.

An einer Stelle dieser bemerkenswerten Unterredung brachte Sindona, vielleicht um Cuccia zu zeigen, wie gefährlich es war, sich mit ihm anzulegen, die Sprache auf Giorgio Ambrosoli. »Dieser verdammte Totengräber meiner Bank macht mir Ärger, und deshalb möchte ich ihn umbringen lassen. Ich werde ihn so beseitigen lassen, daß keine Spur von ihm zurückbleibt.«

Als Sindona diese Drohungen ausstieß, war es noch keinen Monat her, daß er wegen insgesamt 99 Gesetzesverstößen verurteilt worden war. Dasselbe Denkmuster, das ihn glauben ließ, wenn nur Staatsanwalt Kenney erst einmal getötet wäre, würde das Auslieferungsverfahren einschlafen, zeigte sich auch jetzt wieder: Wenn Ambrosoli unschädlich gemacht werden konnte, würden sich die in Italien gegen ihn anhängigen Anklagen in nichts auflösen. Einem Menschen, dessen Denken sich in so primitiven und perversen Bahnen bewegt, ist durchaus zuzutrauen, daß er den lakonischen Entschluß faßte, einen Papst, der ihm ein Ärgernis war, zu beseitigen.

Enrico Cuccia ließ sich von Sindona in keiner Weise einschüchtern. Ein halbes Jahr nach seiner Zusammenkunft mit ihm, im Oktober 1979, explodierte vor der Eingangstür seiner Wohnung in Mailand eine Bombe. Zum Glück wurde niemand verletzt. Giorgio Ambrosoli hatte weniger Glück.

Allen an dem in New York gegen Sindona anhängigen Prozeßinteressierten und beteiligten Parteien war klar, daß die Aussage Giorgio Ambrosolis von überragender Bedeutung sein würde. Der mit der Führung des Prozesses betraute Richter Thomas Griesa hatte für den 9. Juni 1979 eine eidliche Einvernahme Ambrosolis in Mailand arrangiert, deren Protokoll beim Prozeß in New York als Beweismittel dienen sollte.

Als der festgesetzte Tag anbrach, hielt sich der Mann, der sich die auf Ambrosolis Kopf ausgesetzte Prämie von 100 000 Dollar verdienen wollte, schon seit 24 Stunden im Hotel Splendido in Mailand auf. Er hatte sich unter dem Namen Robert McGovern angemeldet. Unter Freunden wurde er »Billy der Exterminator« genannt, sein richtiger Name war William Arico. Am Abend des 8. Juni dinierte Arico in seinem nur 50 Meter vom Mailänder Hauptbahnhof entfernt gelegenen Erster-Klasse-Hotel mit den fünf Männern, die ihm bei dem Mordanschlag assistieren sollten. Seine beiden wichtigsten Helfer waren sein Sohn Charles Arico und Rocky Messina. Ihr Waffenarsenal umfaßte unter anderem ein M11-Maschinengewehr mit Spezialschalldämpfer und fünf P38-Revolver. Arico senior mietete sich einen Fiat und heftete sich an Ambrosolis Fersen.

Den Antrag, Ambrosoli zu einer ausführlichen und umfassenden Zeugenaussage zu laden, hatten ursprünglich die Anwälte Sindonas gestellt. Sie hatten gehofft, dabei werde sich die Unhaltbarkeit der Anklagen offenbaren, derentwegen ihr Klient in New York vor Gericht gestellt worden war. Der Vormittag des 9. Juni brachte für sie ein böses, äußerst böses Erwachen. Gestützt auf die Arbeit von vier Jahren, auf mehr als 100 000 Blatt Papier – Dokumente, Fotokopien, sorgfältig zusammengetragene Daten und Notizen – und auf einen bemerkenswerten, juristisch geschulten Scharfsinn, begann Ambrosoli ruhig und sachlich die Wahrheit aufzublättern. Seine Zuhörer waren zwei amerikanische Sonderstaatsanwälte als Vertreter des New Yorker Richters Griesa, ein Schwarm amerikanischer Sindona-Anwälte und der italienische Richter Giovanni Galati.

Als das Gericht sich am Abend vertagte und die Prozeßbeteiligten den Saal verließen, waren die Anwälte Sindonas anhand der betrübten Gesichter, die sie machten, leicht zu identifizieren.

Ambrosoli hatte an diesem Abend noch eine Verabredung. Er merkte nichts davon, daß er beschattet wurde. Der Mann, mit dem er sich traf, war Boris Giuliano, Stellvertretender Polizeidirektor in Palermo und Chef der dortigen Sektion des C.I.D. Das Gespräch drehte sich um das gleiche Thema, zu dem Ambrosoli den ganzen Tag über ausgesagt hatte – Michele Sindona. Giuseppe di Cristina, ein für die Mafiafamilien Gambino, Inzerillo und Spatola arbeitender Geldeintreiber, war im Mai 1978 in Palermo ermordet worden. In seinen Taschen hatte Giuliano Schecks und andere Papiere gefunden, aus denen hervorging, daß Sindona Gewinne aus dem Heroinhandel über die Vatikanbank auf seine Amincor-Bank in der Schweiz transferiert hatte. Die beiden Männer verglichen ihre unabhängig voneinander gewonnenen Ermittlungsergebnisse und vereinbarten, sich zu einem eingehenden Informationsaustausch zu treffen, sobald Ambrosolis Aussageprotokoll für die amerikanischen Staatsanwälte unter Dach und Fach war.

Damit war für Ambrosoli das Thema Sindona für diesen Tag jedoch noch immer nicht abgehakt. Spätabends führte er noch ein langes Telefongespräch mit Oberstleutnant Antonio Varisco, dem Chef der römischen Sicherheitspolizei. Gegenstand des Gesprächs war die Angelegenheit, in der Varisco seit einiger Zeit ermittelte – die P 2.

Am 10. Juli setzte Ambrosoli seine Aussage fort. Er setzte eine der zahlreichen Zeitbomben aus, die er in petto hatte: Detailliert beschrieb er, wie die Banca Cattolica Veneto den beziehungsweise die Besitzer gewechselt hatte und wie die Firma Pacchetti von Sindona an Calvi übergegangen war; Sindona hatte dabei, so stellte Ambrosoli fest, »eine Maklerprovision von 6,5 Millionen Dollar an einen Mailänder Bankier und an einen amerikanischen Bischof« gezahlt.

Am 11. Juli lieferte Ambrosoli den dritten und letzten Teil seiner Aussage ab. Als er fertig war, vereinbarte man, daß er am folgenden Tag noch einmal ins Gericht kommen würde, um das Protokoll zu unterschreiben, und daß er in der darauffolgenden Woche zur Verfügung stehen würde, um den US-Staatsanwälten und den Anwälten Sindonas Fragen zu seiner Aussage zu beantworten.

Kurz vor Mitternacht traf Ambrosoli zu Hause ein. Seine Frau winkte ihm aus dem Fenster zu, als er auf das Haus zuging; sie hatte bis jetzt mit dem Abendessen auf ihn gewartet. Als Ambrosoli sich dem Hauseingang näherte, traten Arico und zwei seiner Helfer aus der Dunkelheit auf ihn zu. Eine Stimme, die einer der drei Silhouetten gehörte, fragte: »Giorgio Ambrosoli?«

»Si.«

Arico legte aus kurzer Entfernung an, und mindestens vier Kugeln durchschlugen die Brust des Anwalts. Er war auf der Stelle tot.

Am folgenden Morgen um sechs Uhr war Arico bereits in der Schweiz. 100 000 Dollar wurden von einem Sindona-Konto bei der Banca del Gottardo – Calvis Bank –auf ein Konto überwiesen, das Arico unter dem Namen Robert McGovern beim Crédit Suisse in Genf unterhielt. Die Kontonummer lautete 415851-22-1.

Am 13. Juli 1979, keine 48 Stunden nach der Ermordung Giorgio Ambrosolis, fuhr Oberstleutnant Antonio Varisco auf dem Rücksitz eines weißen BMW den Lungotevere Arnaldo da Brescia in Rom entlang. Es war halb neun Uhr morgens. Ein weißer Fiat 128 setzte sich neben den BMW. Im heruntergelassenen Fenster des Fiat erschien der abgesägte Lauf eines Gewehrs. Vier Schüsse fielen, und Oberstleutnant Varisco und sein Chauffeur sanken tot zur Seite. Ei-

ne Stunde später übernahmen die Roten Brigaden die Verantwortung für den Doppelmord.
Am 21. Juli 1979 betrat Boris Giuliano die Lux-Bar in der Via Francesco Paolo Di Biasi in Palermo, um einen Morgenkaffee zu trinken. Es war 8.05 Uhr. Nachdem er seine Tasse geleert hatte, ging er zur Kasse, um zu bezahlen. In diesem Augenblick tauchte ein Mann auf und feuerte sechs Schüsse auf Giuliano ab. In dem Café herrschte zu diesem Zeitpunkt reger Betrieb. Die Vernehmung der Gäste durch die Polizei ergab jedoch, daß niemand etwas gesehen hatte, niemand etwas gehört hatte. Zum Nachfolger Boris Giulianos wurde Giuseppe Impallomeni ernannt. Er war Mitglied der P 2.
Nicht einmal solche Kreaturen wie die Leute von den Roten Brigaden hielten es für angebracht, die – angemaßte oder berechtigte – Verantwortung für die Morde an Giorgio Ambrosoli und Boris Giuliano zu übernehmen. Als die Nachricht von der Ermordung Ambrosolis nach New York übersprang, reagierte Michele Sindona, der Mann, der für die Liquidierung des Liquidators bezahlt hatte, in typischer Mafiamanier: »Niemand soll mich mit dieser feigen Tat in Verbindung bringen, und ich werde gegen jeden, der es zu tun versucht, mit allen rechtlichen Mitteln vorgehen.«
Zwei Jahre zuvor hatte Sindona in einem Interview mit *Il Fiorino* eine viel aufschlußreichere Äußerung getan. Im Zusammenhang mit einem, wie er behauptete, »gegen mich gerichteten Komplott« hatte er als einen der vermeintlichen Rädelsführer Giorgio Ambrosoli genannt und dazu bemerkt: »Es gibt viele, die sich in acht nehmen sollten .... Ich wiederhole, es gibt sehr viele.«
Giorgio Ambrosolis Tod entwertete nicht die Arbeit, die er gemacht hatte. Auch ohne seine Unterschrift war das Protokoll seiner Aussage, Frucht einer mehrjährigen Fleißarbeit, in dem bald darauf beginnenden Prozeß gegen Michele Sindona in New York ein entscheidendes Beweismittel.
Der Mailänder Bankier und der amerikanische Bischof, von denen Ambrosoli in seiner Aussage gesprochen hatte, wurden rasch als Roberto Calvi und Paul Marcinkus identifiziert. Marcinkus bestritt rundheraus, eine Provision erhalten zu haben. Allein, Ambrosoli war ganz sicher nicht der Typ, der eine solche Behauptung aufgestellt hätte, ohne hundertprozentige Beweise dafür zu haben. Was

im übrigen die Glaubwürdigkeit des Bischofs Marcinkus angeht, so sei daran erinnert, daß er kurz nach Sindonas Bankrott behauptete, dem Mann nie persönlich begegnet zu sein.

Wer waren die Hauptnutznießer dieser Serie abscheulicher Morde? Es waren unsere alten Bekannten: Marcinkus, Calvi, Sindona, Gelli und Ortolani.

In Mailand machte sich der lähmende Schrecken, den die Mordserie verbreitet hatte, am deutlichsten im Justizpalast bemerkbar. Beamte, die Seite an Seite und Hand in Hand mit Ambrosoli gearbeitet hatten, konnten sich plötzlich kaum mehr erinnern, daß sie ihm bei seinen Ermittlungen in Sachen Sindona behilflich gewesen waren. Der Untersuchungsrichter Luca Mucci, der nach der Ermordung Alessandrinis die strafrechtlichen Ermittlungen übernommen hatte, ließ es dabei so langsam angehen, daß man als Beobachter hätte glauben können, er sei zu Stein erstarrt. Eine vorläufige Bewertung der von der italienischen Staatsbank angestellten Ermittlungen gegen die Banco Ambrosiano erbrachte das erstaunliche Fazit, daß die von Calvi gegebenen Erklärungen vollkommen plausibel und akzeptabel seien. Das war zumindest die Ansicht der Finanzpolizei.

Padalino, der staatliche Inspektor, der 1978 die Ambrosiano-Überprüfung geleitet hatte, wurde ein ums andere Mal nach Mailand vorgeladen und mußte dort vor Richtern und Gremien Rede und Antwort stehen, die seine Erkenntnisse in Zweifel zogen. Im Laufe des Sommers 1979 sah Padolini sich zunehmend von Vertretern der Mailänder Justiz unter Druck gesetzt und bedroht. Man sagte ihm, sein Prüfbericht über die Banco Ambrosiano erfülle praktisch den Tatbestand einer Verleumdung. Unter dem Einfluß von Gellis P 2 und Sindonas Mafia verkam der hehre Anspruch der Justiz auf die Pflege des Rechts zur Farce.

Als Illustration dafür, über wieviel Macht die Achse Calvi-Gelli gebot, können die Ereignisse dienen, die sich etwa zur Zeit der Ermordung Emilio Alessandrinis, im Januar 1979, in Nicaragua abspielten. Calvi hatte im September 1977 in Managua eine Filiale seines Finanzimperiums eröffnet. Er nannte sie Ambrosiano Group Banco Comercial. Ihr offener Daseinszweck war die »Abwicklung internationaler Handelsgeschäfte«. Ihre wirkliche Aufgabe war es, große Mengen der Wertpapiere und Unterlagen, aus denen hervorging, mit welchen betrügerischen und kriminellen Tricks die Mailänder Mutterbank bei ihren Aktienkäufen und Aktienverschiebungen arbeitete, aus den Tresoren der Banco Ambrosiano Overseas in Nassau zu übernehmen. Durch diese Verlagerung, die natürlich mit Wissen und Billigung des Kodirektors der Nassauer Filiale vonstatten ging, wurden diese papierenen Zeugnisse der Verwerflichkeit den Blicken der italienischen Staatsbank noch weiter entrückt. Es verstand sich, daß dafür ein Preis zu entrichten war. Gelli hatte durch Fürsprache beim Diktator von Nicaragua, Anastasio Somoza, den Weg geebnet. Durch ein paar Millionen Dollar leutselig gestimmt, meinte der Diktator eines Tages, er halte es für eine blendende Idee, wenn Calvi in seinem Land eine Tochterfirma gründen würde. Ein für Calvi wertvolles Nebenprodukt dieses Arrangements war, daß er einen nicaraguanischen Diplomatenpaß erhielt, von dem er bis an sein Lebensende Gebrauch machen sollte.

Calvi und Gelli waren sich der politischen Lage in Nicaragua und der sich zunehmend abzeichnenden Möglichkeiten einer Machtübernahme der Sandinisten in einer nicht zu fernen Zukunft bewußt. Als erfahrene politische Strategen, die während des Zweiten Weltkriegs Mitgliedsausweise sowohl der Faschisten als auch der Partisanen bei sich getragen hatten, wußten sie, wie man in solchen Situationen auf Nummer Sicher geht: Calvi ließ auch den Rebellen große Geldsummen zukommen – mit einem Teil des Geldes kauften sie Getreide, mit dem anderen Teil Waffen.

Anfang 1979 war es soweit: Das Somoza-Regime stürzte. Wie viele Revolutionsregimes vor ihnen, verstaatlichten auch die Sandinisten unverzüglich alle ausländischen Banken – mit einer Ausnahme: Die Ambrosiano Group Banco Comercial blieb im Besitz Roberto Calvis und konnte seine Geschäftstätigkeit weiterführen. Selbst linke Idealisten haben, so scheint es, ihren Preis.

In New York gelangte Michele Sindona nach reiflicher Überlegung im Juli 1979 zu der Ansicht, daß es nun, da etliche seiner gefährlichsten Feinde in Italien entweder vorübergehend oder für immer zum Schweigen gebracht waren, Zeit für ihn war, in sein Heimatland zurückzukehren. Man könnte meinen, daß die Tatsache, daß er in New York für seine Haftverschonung eine Kaution von drei

Millionen Dollar hinterlegt hatte und sich täglich bei der Polizeibehörde melden mußte, sowie auch die Tatsache, daß er in Italien bereits zu dreieinhalb Jahren Gefängnis verurteilt war und weitere Anklagen auf ihn warteten, eher gegen eine Rückkehr sprachen. Aber Sindona ließ sich etwas ebenso Einfaches wie Entwaffnendes einfallen: Mit Hilfe seiner Mafiafreunde in New York und Sizilien inszenierte er seine eigene Entführung.

Sindonas Entschluß, heimlich nach Italien zurückzukehren, hatte mehrere Gründe. Einer davon war, daß er im Hinblick auf seinen bevorstehenden Prozeß in New York eine optimale Verteidigungsposition aufbauen mußte. Er war der Ansicht, daß sehr viele Leute ihm zu Dank verpflichtet seien, und er wünschte diese Dankesschulden jetzt einzutreiben. Für den Fall, daß die Dankbarkeit seiner Freunde und Kollegen für frühere Gefälligkeiten nicht groß genug war, hatte er sich vorgenommen, eine letzte durchschlagende Trumpfkarte aus dem Ärmel zu ziehen: Er würde die Liste der 500 veröffentlichen.

Diese Liste, auf der die Namen der 500 größten »schwarzen« Devisenexporteure Italiens verzeichnet sein sollen, ist ein Phantom, dem die italienischen Behörden seit nunmehr zehn Jahren vergeblich nachjagen. Eine Reihe von Ermittlern und Steuerprüfern, so auch Giorgio Ambrosoli, sind immer wieder auf Hinweise auf diese »Liste der 500« gestoßen, die angeblich die Namen von vielen der reichsten und mächtigsten Männer (und Frauen) Italiens enthält. Sie ist zur Blauen Blume der italienischen Finanzbehörden geworden, aber ihre Existenz ist keine bloße Legende. Sie ist eine verbürgte Tatsache. Sindona und Gelli verfügen ganz sicher über ein Exemplar, und auch Calvi hatte eines. Sindona glaubte offenbar, er brauche nur mit der Veröffentlichung der Liste zu drohen, dann werde die italienische Gesellschaft ihn wieder in Ehren aufnehmen, werde seine Gefängnisstrafe annullieren, alle noch schwebenden Anklagen gegen ihn fallenlassen und ihm seine italienischen Banken zurückgeben. Dem Gericht in New York würde er sich dann als das unschuldige und voll rehabilitierte Opfer einer bösartigen, wahrscheinlich von den Kommunisten gesteuerten Verschwörung präsentieren können. Eine Phalanx höchst achtbarer Persönlichkeiten würde bezeugen, daß Michele Sindona bitterböses Unrecht geschehen war, und ihm bescheinigen, daß er nach wie vor der brillanteste Bankier der Welt war, ein Mann, der den Inbegriff eines guten, sauberen, gesunden Kapitalismus verkörperte. All dies, so glaubte er zuversichtlich, werde sich mittels einer Technik bewerkstelligen lassen, als deren Meister er sich gegenüber seinem Mitarbeiter Carlo Bordoni oftmals gerühmt hatte – Erpressung. Später sollte Sindona noch eine weitere Erklärung für seinen spektakulär inszenierten Ortswechsel nachschieben. Heute sagt er jedermann, der ihm zuhört, er sei in der Absicht nach Italien zurückgekehrt, die Vertreter der italienischen Zentralgewalt aus Sizilien hinauszuwerfen und die Insel zu einem unabhängigen Staatswesen zu erklären. Sodann wollte er der Regierung der USA ein Angebot unterbreiten: Wenn die Amerikaner alle gegen ihn anhängigen Verfahren und Anklagen fallenließen, konnten sie Sizilien haben, als 51. Bundesstaat. Sindona behauptet, der Coup habe nur deswegen nicht geklappt, weil die Mafia aus der vereinbarten Scheinentführung unterwegs unversehens eine richtige Entführung gemacht habe. Man mag versucht sein, über derlei Phantastereien und Räuberpistolen zu lachen, aber man sollte daran denken, daß mutige und rechtschaffene Männer wie Giorgio Ambrosoli auf eine ganz und gar nicht lustige Weise zu Tode kamen.

Wie entrückt – um nicht zu sagen verrückt – die Visionen Sindonas waren, zeigt sich vielleicht nirgendwo deutlicher als bei einem originellen Detail seines Planes: Sindona versichert, die Familie Gambino sei zur Auflassung ihrer Heroinfabriken in Sizilien bereit gewesen, zur Aufgabe eines Geschäfts also, das den Gambinos, den Inzerillos und den Spatolas nach Schätzungen italienischer Stellen Jahr für Jahr mindestens 600 Millionen Dollar Reingewinn einbringt. Als Gegenleistung für dieses Opfer zum Wohle der Allgemeinheit hätten die bisherigen Rauschgiftkönige das Monopol für den Orangenhandel und hätte Rosario Spatola die Genehmigung erhalten sollen, in Palermo ein Spielkasino zu bauen.

Planmäßig verschwand Sindona am Nachmittag des 2. August 1979 von den Straßen New Yorks. Wenn er die Loslösung Siziliens von Italien und die Verhandlungen mit dem US-Präsidenten über die Eingliederung der Insel in die Vereinigten Staaten vor Beginn seines Prozesses am 10. September zum Abschluß bringen wollte, dann war es in der Tat höchste Zeit. Mit einem gefälschten Paß, ausgestellt auf den Namen Joseph Bonamico (auf deutsch etwa »Gutfreund«), ging der mittels Brille, weißer Perücke und angeklebtem Bart unkenntlich gemachte Sindona in Begleitung von Anthony Caruso am New Yorker Kennedy-Flughafen an Bord einer Maschine der TWA, Flugnummer 740, Zielflughafen Wien. Weitere Bestandteile der Schmierenkomödie waren Lösegeldforderungen, die bei einer Anzahl von Personen eintrafen und von einer »Entführergruppe« unterzeichnet waren, die sich »Proletarisches Komitee für die Reformation [sic!] der Rechtsprechung« nannte. Die Vorstellung lief bis zum 16. Oktober; an diesem Tag meldete sich ein »psychisch und physisch ausgelaugter« Michele Sindona, mit einer verheilenden Schußverletzung am Oberschenkel, aus einer Telefonzelle an der Ecke 42. Straße und Zehnte Avenue in Manhattan bei seinen New Yorker Anwälten.

Sein zweieinhalbmonatiger Trip war in keiner Hinsicht ein überwältigender Erfolg gewesen: Sizilien gehörte noch immer zu Italien; was Sindonas frühere Freunde betraf, so waren die meisten von ihnen eben dies geblieben – frühere Freunde; die »Liste der 500« war, entgegen allen Drohungen, unveröffentlicht geblieben, und Sindona hatte sich neue Anklagen wegen Meineids, Mißachtung der Meldepflicht und Vortäuschung einer Straftat aufgeladen. Das einzige zählbare Ergebnis seines Trips scheinen 30 Milliarden Lire gewesen zu sein. Diese Summe überwies Roberto Calvi, nachdem Licio Gelli freundlicherweise ein Wort für Sindona eingelegt hatte. Theoretisch ging das Geld, das aus Calvis Banca del Gottardo in der Schweiz stammte, an die »Entführer« Sindonas (konkret an den Mafioso Rosario Spatola), als Gegenleistung für die »Freilassung« ihres »Opfers« – Trickbillard auf italienisch.

Die Hauptregisseure dieses Coups waren, abgesehen von Sindona selbst, Anthony Caruso, Joseph Macaluso, Johnny Gambino, Rosario Spatola, Vincenzo Spatola und Joseph Miceli Crimi. Die italienischen Behörden konnten nachweisen, daß Rosario Spatola, der seine Tage normalerweise damit verbrachte, auf dem Gelände seines großen Bauunternehmens in Palermo zwischen den vielen Betonmischmaschinen hin- und herzuwandern, sich genau um die Zeit, in der Sindona untergetaucht war, in New York aufgehalten hatte. Nach dem Grund dafür gefragt, antwortete er: »Familienangelegenheiten.«

Der Prozeß gegen Sindona begann schließlich Anfang Februar 1980. Es ging um jene lange Liste von Anklagen, die noch aus dem Zusammenbruch der Franklin-Bank resultierten. Unmittelbar vor Prozeßbeginn kam aus dem Vatikan ein unmißverständliches Signal, das besagte, daß die römisch-katholische Kirche, wenn schon niemand sonst, ihrem ehemaligen Finanzberater die Stange zu halten gewillt war.

Kardinal Giuseppe Caprio, Kardinal Sergio Guerri und Bischof Paul Marcinkus hatten sich bereit erklärt, einer Bitte der Verteidigung zu entsprechen und den Angeklagten entlastende beeidete Aussagen auf Videoband zu sprechen. Gespannt darauf, was diese erlauchten Männer über Sindona vorzubringen haben würden, erhob die Anklage keinen Einwand gegen diesen ungewöhnlichen Antrag der Verteidigung. Es ist allgemein üblich, daß Zeugen, vor allem vereidigte Zeugen, ihre Aussagen im Gerichtssaal vor den Augen und Ohren des Richters und der Geschworenen machen. Für die Männer aus dem Vatikan machte Richter Thomas Griesa eine Ausnahme. Man kam überein, daß die Sindona-Anwälte am Freitag, dem 1. Februar, nach Rom fliegen würden. Die Aussagen der Zeugen sollten am darauffolgenden Tag aufgenommen werden, die Anwälte dann am Montag wieder vor Gericht erscheinen. Sie kamen auch. Ihr Bericht, der in den Prozeßunterlagen des Verfahrens »Vereinigte Staaten von Amerika gegen Michele Sindona« enthalten ist, gewährt eine hochinteressante Lektüre.

In letzter Minute, genauer gesagt vier Stunden vor dem für den Mitschnitt der Zeugenaussagen angesetzten Termin, schaltete sich Kardinalstaatssekretär Casaroli in die Vorgänge ein. Er erklärte kategorisch, die Aussagen würden nicht stattfinden. »Sie würden einen schädlichen Präzedenzfall setzen. Es hat so viel bedauerliches Aufsehen wegen dieser Aussagen gegeben. Wir sind sehr unglücklich darüber, daß die amerikanische Regierung dem Vatikan nicht die diplomatische Anerkennung gewährt.«

Die Verteidiger Sindonas, allesamt Anwälte der Spitzenklasse, hatten sich, als sie Richter Griesa Bericht erstatteten, noch nicht ganz von ihrem ungläubigen Staunen erholt. Am Samstagvormittag um elf Uhr hatte Monsignore Blanchard, der Sekretär Kardinal Guerris, bei der amerikanischen Botschaft angerufen, um nochmals zu bestätigen, daß die Kardinäle und der Bischof sich um 16 Uhr dort einfinden würden. Wenige Minuten später rief er wieder an; das Trio sei, so berichtete er, von Casaroli zurückgepfiffen worden. Als die Rede auf das vorige, erst wenige Minuten zurückliegende Telefonat kam, bestritt der Monsignore prompt, diesen Anruf getätigt zu haben. Er garnierte dieses unverfrorene Dementi mit der zusätzlichen Lüge, »der amerikanische Richter [sei] über dies alles genau im Bilde«.

Die irritierte Botschaftsangestellte, der ein solches Beispiel vatikanischer Schamlosigkeit wohl noch nicht untergekommen war, versuchte Kardinal Guerri selbst zu erreichen. Als sie ihn nach einiger Mühe gefunden und ans Telefon bekommen hatte, gestand er ihr, daß er nicht wisse, ob er zum Einsprechen seiner Aussage erscheinen werde oder nicht. Er kam dann nicht. Guerri, Caprio und Marcinkus versicherten den amerikanischen Anwälten, ihre Aussagen wären, wenn sie sie machen könnten, für Michele Sindona äußerst günstig ausgefallen; nicht darin liege die Schwierigkeit. Ein Problem habe sich erst ergeben, als Kardinal Casaroli über die möglichen und vielleicht äußerst unerquicklichen Folgen nachgedacht habe: Falls nämlich die Geschworenen Sindona trotz allem schuldig sprächen, würden die drei hohen Würdenträger der römisch-katholischen Kirche praktisch als Lügner dastehen. Außerdem sei zu bedenken, daß, wenn man den dreien gestatte, ihre – zugegeben freiwillige – Aussage zu machen, damit eine Einlaßschleuse geöffnet würde, durch die dann bei nächstem Anlaß jeder beliebige italienische Richter sich hereindrängen und dasselbe Maß an Kooperationsbereitschaft fordern würde. Das aber würde zur Aushöhlung jener Bestimmungen des Lateran-Vertrags führen, nach denen Kardinäle gegenüber dem Zugriff der italienischen Justiz absolut immun seien. Der nächste Schritt würde dann sein, daß man versuchen würde, der Vatikan GmbH am Zeug zu flicken.

Casaroli hatte dem Vatikan damit einen großen Dienst erwiesen. Was die amerikanischen Anwälte nicht wußten, war, daß er sich über eine Entscheidung des Papstes hinweggesetzt hatte. Johannes Paul II. hatte sich nämlich damit einverstanden erklärt, daß Marcin-

kus und die beiden anderen der Welt ihre hohe Wertschätzung für Michele Sindona verkündeten.
Am 27. März 1980 wurde Michele Sindona in 65 Anklagepunkten des Betrugs, der Verschwörung, des Meineids, der Urkundenfälschung und der Veruntreuung von Bankengeldern schuldig befunden. Er wurde ins Metropolitan-Zuchthaus in Manhattan eingewiesen, um dort der Verkündung des Urteils (das heißt des Strafmaßes) zu harren.
Am 13. Mai, zwei Tage vor dem für die Urteilsverkündung angesetzten Termin, unternahm Sindona einen Selbstmordversuch. Er schnitt sich ein wenig die Pulsadern auf und schluckte, was ernster zu nehmen war, eine gefährliche Dosis Digitalis. Auf Anraten seines Logengroßmeisters Gelli trug Sindona seit vielen Jahren ein Quantum dieses Mittels bei sich. Gelli hatte diesen Rat nicht nur Sindona erteilt, sondern auch anderen führenden P 2-Mitgliedern. Sollte jemand sie zwingen wollen, P 2-Geheimnisse zu verraten, so sollte das Gift einen letzten dramatischen Ausweg eröffnen.
Wie Sindona seine Ration Digitalis in die Zelle geschmuggelt hatte, blieb ein Geheimnis. Er selbst behauptete offenbar, seit vielen Jahren sei ein Päckchen davon im Futter seines Anzuges eingenäht gewesen. Wie dem auch sei, es in eine Gefängniszelle einzuschmuggeln, ist auf jeden Fall viel schwieriger, als es unbemerkt in die päpstlichen Gemächer zu bringen.
Anfänglich schien es, als werde Sindona sterben, vor allem weil die Ärzte nicht wußten, welches Gift er eingenommen hatte. Als sie schließlich erkannten, daß es Digitalis war, konnten sie ihm ein Gegenmittel verabreichen. Er erholte sich vollständig und wurde am 13. Juni 1980 zu 25 Jahren Gefängnis und zu einer Geldstrafe von über 200 000 Dollar verurteilt. Carlo Bordoni, der Kronzeuge der Anklage, kam mit sieben Jahren Gefängnis und 20 000 Dollar Geldstrafe davon. In einem anschließenden Verfahren wurde Sindona noch wegen Vortäuschung einer Straftat (nämlich seiner eigenen Entführung) zu weiteren zweieinhalb Jahren Freiheitsstrafe verurteilt. Für schuldig befunden, Sindona bei der Planung und Ausführung dieser Straftat behilflich gewesen zu sein, wurden Anthony Caruso und Joseph Macaluso. Beide erhielten fünf Jahre Gefängnis.

Während all dies sich in New York zutrug, gingen Sindonas Logenbrüder Calvi und Gelli auf der anderen Seite des Atlantiks ihren gewohnten Geschäften nach. Für Roberto Calvi begann 1979 eine Zeit, in der er sich nach allen Richtungen abzusichern und zu schützen suchte: eine achtköpfige Leibwächtergruppe, Rund-um-die-Uhr-Bewachung für ihn, seine Familie und seine Domizile in Mailand, Rom und Arezzo, gepanzerte Alfa Romeos mit kugelsicheren Reifen. Diese Zugeständnisse an das persönliche Sicherheitsbedürfnis des Großbetrügers kosteten die Aktionäre der Ambrosiano über eine Million Dollar pro Jahr. Niemand anders in Italien, nicht einmal der Präsident oder der Premierminister, war so gut bewacht.
Aber noch auf andere Weise ließ Calvi sich seine Sicherheit etwas kosten: Er suchte die Protektion der politischen Parteien jeder Richtung – Christdemokraten, Sozialisten, Kommunisten, alle erhielten heimliche Zuwendungen von Calvi. Und dann waren da noch Gellis P2 und die Freunde und Partner von der Mafia; freilich, die Protektion, die sie ihm schuldeten, war ein zweischneidiges Schwert, weil sie ihm mindestens genauso schwer zu schaffen machen konnten wie er ihnen.
Die von Calvi heimlich und illegal aufgekauften Aktien der Banco Ambrosiano lagen in den Kellern panamesischer Firmen und damit außerhalb des Zugriffs und der Jurisdiktion der Bank von Italien; gleichwohl lebte Calvi ständig in der Angst, dieses Kapitel seiner vielfältigen kriminellen Aktivitäten könnte eines Tages amtsbekannt werden. Zuerst hatte er seine Filiale in Nassau zur Abwicklung der ungesetzlichen Transaktionen benutzt. Als die italienische Staatsbank nahe daran gewesen war, den Beweis für ihren diesbezüglichen Verdacht erbringen zu können, hatte er die Corpora delicti und den »Befehlsbunker«, in dem die Fäden seiner Geschäfte zusammenliefen, nach Nicaragua verlegt. 1979 schließlich wechselte er erneut die Stellung und richtete in Peru, noch weiter vom Schuß, einen neuen »Befehlsbunker« ein: Am 11. Oktober 1979 öffnete die Banco Ambrosiano Andino in Lima ihre Pforten. Bald darauf wurde das Gros der umfangreichen Kredite, die Calvi seinen Tarnfirmen in Panama und Liechtenstein gewährt hatte, nach Peru transferiert. Die Gründung kleiner Tarnfirmen mit einem nominellen Eigenkapital von meist nur 10 000 Dollar war eine Spezialität

Calvis. Am Ende waren es 17. Die meisten davon gehörten einem in Luxemburg beheimateten Unternehmen mit dem treffenden Namen Manic S. A., das wiederum der Vatikanbank gehörte.
Wenn die internationalen Banken, die sich jahrelang darum drängten, Calvi Dollarmillionen auf Dollarmillionen zu borgen, sich etwas aufmerksamer mit ihrem Kunden Calvi befaßt hätten, wäre dieser sicherlich einige Jahre früher aufgeflogen. Gewiß, der 1978 fertiggestellte Prüfbericht der Bank von Italien über die Banco Ambrosiano war ein streng vertrauliches und dementsprechend schwer zugängliches Dokument, und dies galt auch noch 1981, als ich ein Exemplar in die Hand bekam. Wenn es einem Schriftsteller möglich ist, an einen solchen Bericht heranzukommen, dann müßte es doch wohl einigen der 250 Banken aus aller Welt, die von Calvi hereingelegt worden sind, ebenfalls möglich gewesen sein. Das Geld, das sie ihm auf Nimmerwiedersehen in den Rachen warfen, war unser aller Geld. Bankiers gelten allgemein als (und halten sich selbst für) Ausbünde an Cleverneß, Verantwortungsbewußtsein, Weitsicht und was der Tugenden mehr sind; allein, sie fielen auf die getürkten Rechnungen herein, die Calvi ihnen vorlegte. Sie glaubten ihm, als er ihnen erzählte, die enormen Kredite, die er bei ihnen aufnahm, seien zur Finanzierung italienischer Exporte bestimmt. Kam niemand auf die Idee, dies nachzuprüfen, nach einiger Zeit einmal nachzusehen, was mit dem Geld geschah? Daß es möglich war, daß renommierte internationale Bankinstitute 450 Millionen Dollar nicht einer Bank aus ihren eigenen Reihen, sondern einer bloßen Holding-Gesellschaft namens Banco Ambrosiano Holdings mit Sitz in Luxemburg liehen – einer ganz offenkundig durch keine Zentralbank gedeckten Firma –, stellt den im internationalen Bankensystem üblichen Kreditvergabepraktiken ein vernichtendes Zeugnis aus. Die Männer, die in den Vorständen und Aufsichtsräten dieser Banken sitzen, sollten von den Aktionären und von allen Kontoinhabern zur Verantwortung gezogen werden. Es ist für einen Engländer nicht sehr erfreulich, sich zu vergegenwärtigen, daß man als Bankkunde unter Umständen selbst mitgeholfen hat, der argentinischen Regierung den Kauf jener Exocet-Raketen zu finanzieren, die im Falkland-Krieg den Tod so vieler Landsleute verursacht haben. Und doch besteht kein Zweifel daran, daß dieser makabere

Kausalzusammenhang besteht. Calvi deckte Gelli mit Millionenbeträgen ein, die er sich *auch* von britischen Banken geliehen hatte, und Gelli wiederum verwendete einen Teil dieses Geldes auf den Kauf von Exocet-Raketen für Argentinien. Die Männer, die Calvi jene Riesenkredite gewährten, würden sich heute zweifellos damit herausreden, daß die Sache seinerzeit nach einem glänzenden Geschäft ausgesehen habe.

Wie obszön gerade diese Transaktion war, läßt sich erst richtig ermessen, wenn man sich vergegenwärtigt, daß der Transfer des Geldes, mit dem Gelli die Exocets vorfinanzierte, über eine panamesische Firma abgewickelt wurde, die dem Vatikan gehörte.

Diese Firma, Bellatrix genannt, wurde von Bischof Marcinkus kontrolliert. Gegründet worden war sie allerdings von einem Trio aus P 2-Mitgliedern: Licio Gelli, Umberto Ortolani und Bruno Tassan Din. Letzterer war geschäftsführender Direktor und Finanzstratege der Rizzoli-Verlagsgruppe. Diese drei Freimaurer zapften der Milchkuh Banco Ambrosiano 184 Millionen Dollar ab. Auf dem Papier war dieser Betrag als Kredit an Bellatrix, Panama, ausgewiesen, die jedoch mit ihrem Eigenkapital von 10 000 Dollar keinerlei Sicherheiten dafür bieten konnte. So wurde der Riesenkredit pro forma mit einem großen Paket Rizzoli-Aktien abgesichert. Rizzoli war fest in der Hand der P 2 und des Vatikan. Der Kurswert, mit dem die als Sicherheit hinterlegten Rizzoli-Aktien veranschlagt wurden, war weit überhöht.

Die Firma Astolfine, eines der anderen panamesischen Unternehmen des Vatikan, schaffte es, mit einem Kapital von 10 000 Dollar einen Schuldenberg von 486 Millionen Dollar aufzuhäufen.

Wie läßt sich erklären, daß die ENI, einer der größten Konzerne der Welt, auf einmal anfing, Calvi Geld zu leihen? Daß diese riesige staatliche Ölgesellschaft sich auf einmal wie eine Bank gebärdete und der Banco Ambrosiano Holdings in Luxemburg Geld lieh, anstatt Geld von ihr zu leihen? Könnte dies etwas damit zu tun haben, daß der Generaldirektor der ENI, Giorgio Mazzanti, und der Direktor ihrer Finanzabteilung, Leonardo di Donna, Mitglieder der P 2 sind? In den Direktionsetagen der vielen internationalen Banken, die Calvi zwischen 1978 und 1980 ununterbrochen Millionen von Dollars in den Rachen warfen, sind bislang noch keine P 2-Mitglieder entdeckt worden.

Wer als kleiner Bankkunde in London, Paris, New York, Kopenhagen, Tokio, Ottawa, Frankfurt, Sydney oder Wellington auf die hohen Gebühren schimpft, die seine Bank ihm abzwackt, der sollte nicht versäumen, auf den Geist Roberto Calvis und auf den unsichtbaren Licio Gelli anzustoßen. Auch der Vatikan sollte in den Trinkspruch mit eingeschlossen werden. Mit unseren Kontogebühren helfen wir mit, die von ihnen geprellte Zeche zu bezahlen.

Die Anhaltspunkte, die dafür sprechen, daß die Vatikanbank die Eigentümerin jener mysteriösen panamesischen Firmen ist, reichen bis ins Jahr 1971 zurück, als Calvi und Sindona den Bischof Marcinkus in den Vorstand der Ambrosiano-Filiale in Nassau beriefen.

In Mailand unternahm der Richter Luca Mucci 1979 einen dilettantischen Versuch, Calvi zu vernehmen. Dabei beschränkte Calvi sich darauf, intensiv seine eigenen Schuhspitzen zu mustern, etwas von »Bankgeheimnis« zu murmeln und über die Aussichten von Inter Mailand auf einen Sieg im nächsten Spiel zu reden. Als er sich verabschiedete, war Richter Mucci so klug wie zuvor.

Ende 1979 hatten die Verbindlichkeiten der von Calvi kontrollierten und nominell dem Vatikan gehörenden Tarnfirmen eine Höhe von über 500 Millionen Dollar erreicht. Zum Glück waren Sindonas mondsüchtige Visionen eines intergalaktischen Kapitalismus nicht Wirklichkeit geworden; gewisse finanzielle Vorgänge unterlagen noch altmodischen irdischen Gesetzmäßigkeiten, die auch ein Calvi nicht beeinflussen konnte. Der Kurs des Dollar gegenüber der Lira begann zu steigen. Die Aktiva der Banco Ambrosiano bestanden weitgehend aus Aktien auf Lirebasis. Jetzt wurde die Sache wahnwitzig. Um nur die Fassade aufrechterhalten zu können, mußte Calvi atemberaubende finanzielle Hochseiltricks vollführen, noch dazu wo neben den laufenden Kosten gerade um diese Zeit Sonderausgaben fällig wurden: 30 Milliarden Lire für den Kauf der venezianischen Tageszeitung *Il Gazzettino* (eine Geste, um sich das Wohlwollen der Christdemokraten zu erhalten), 20000 Milliarden Lire »Kredit« für die römische Tageszeitung *Paese Sera* (um die Kommunisten ruhigzustellen). Alle hielten die Hand auf, und einer hatte, wie es schien, Hände so groß wie Schaufeln: Licio Gelli.

Im Januar 1980 öffnete in Buenos Aires die Banco Ambrosiano de

America del Sud ihre Pforten. Bankgeschäfte im eigentlichen Sinn wurden dort so gut wie nicht getätigt; dafür half dieser Ableger des Calvi-Imperiums der argentinischen Regierung, den Kauf von Exocet-Raketen zu finanzieren. Er streckte auch anderen südamerikanischen Regimen Mittel für Waffenkäufe vor.
In Mailand hatte sich unterdessen Richter Mucci, beeindruckt von den Ermittlungsergebnissen der Finanzpolizei (die auf der Grundlage des Prüfberichts der Staatsbank aus dem Jahre 1978 weiterrecherchiert hatte), zu einem Beschluß durchgerungen: Im Juli 1980 forderte er Calvi zur Hinterlegung seines Reisepasses auf und kündigte ihm die Aufnahme eines Strafverfahrens an. Es war ein kleiner Schritt vorwärts im Namen der Gerechtigkeit.
Der nächste Schritt ließ nicht lange auf sich warten, aber es war ein Schritt zurück: Wenige Monate später bekam Calvi seinen Paß wieder ausgehändigt. Gelli hatte seine guten Beziehungen spielen lassen. Weniger Neigung, sich helfend einzuschalten, zeigte der Großmeister, als Massimo Spada, vormals Mitarbeiter der Vatikanbank und nunmehr Vorstandsvorsitzender der Banca Cattolica del Veneto, verhaftet und wegen verschiedener Gesetzesverstöße im Zusammenhang mit »Il Crack Sindona« angeklagt wurde. Der nächste, der, zumindest vorübergehend, Zellenluft schnupperte, war Luigi Mennini, der, nach wie vor in den Diensten der Vatikanbank, ähnlicher Delikte beschuldigt wurde.
Als sich trotz der tatkräftigen Bemühungen Gellis, alle und jeden zu bestechen, das Netz um Calvi zuzuziehen begann, konzentrierten sich die Hoffnungen des Mailänder Bankiers, weiterhin den Deckmantel der Ehrbarkeit über seine räuberischen Geschäfte halten zu können, zunehmend auf Marcinkus. Die Lage wurde brenzliger, und ohne die Bereitschaft der Vatikanbank, weiterhin für Calvi zu bürgen, mußte die Fassade der Seriosität sofort zusammenbrechen. Das war zwar im Prinzip immer schon so gewesen, doch sah sich jetzt der Vatikan seitens der Justiz weit stärker als je zuvor unter Druck gesetzt; die Verhaftung Menninis verdeutlichte dies. Calvi fürchtete, es könne vielleicht trotz der enormen Geldzuwendungen, mit denen er Marcinkus in der Vergangenheit verwöhnt hatte, bald so weit sein, daß der Mann im Vatikan ihm seine aktive Unterstützung entziehen und ihn damit seinen Verfolgern schutzlos preisgeben würde.

In der Tat gelangte der italienische Finanzminister Benjamino Andreatta, der diesen Posten seit Oktober 1980 bekleidete, Anfang 1981 zu der Einsicht, der Vatikan müsse Calvi unverzüglich die Unterstützung entziehen. Er hatte den Prüfbericht der Staatsbank aus dem Jahr 1978 gründlich studiert und hielt es für dringend erforderlich, etwas zu unternehmen, um der Kirche größere Schwierigkeiten zu ersparen. Er fuhr in den Vatikan und führte ein langes Gespräch mit Kardinal Casaroli. Er legte die Situation dar und riet dem Vatikan dringend, alle Beziehungen zur Banco Ambrosiano abzubrechen, bevor es zu spät war. Der Rat wurde verschmäht. Marcinkus sollte später beteuern, er habe von dieser Unterredung nichts gewußt. Wie dem auch sei, wenn der überzeugte Katholik Andreatta die ganze Wahrheit gekannt hätte, wäre ihm ohnehin klar gewesen, daß es dem Vatikan ganz unmöglich war, die Beziehungen zu Calvi abzubrechen, war er doch de facto Eigentümer der Banco Ambrosiano! Über jenes Geflecht von Tarnfirmen in Panama und Liechtenstein war der Vatikan im Besitz von über 16 Prozent der Banco-Ambrosiano-Anteile. Angesichts der Tatsache, daß die restlichen Aktien sich in Streubesitz befanden, kontrollierte der Vatikan mit diesen 16 Prozent praktisch die Banco Ambrosiano.
Am Mittag des 2. März 1981 gab das Presseamt des Vatikan eine Verlautbarung heraus, die vielen Beobachtern Rätsel aufgab. Darin wurden alle Katholiken an die Bestimmungen des Kanonischen Rechts, die Freimaurerei betreffend, und an die Tatsache erinnert, daß der geltende Kodex es den »Katholiken unter Strafe der Exkommunizierung verbietet, freimaurerischen oder ähnlichen Vereinigungen beizutreten«. Rätselhaft an dieser Erklärung war, daß es keinen ersichtlichen aktuellen Anlaß für sie gab. Daß die Mitgliedschaft eines Katholiken in einer Freimaurerloge unzulässig und mit automatischer Exkommunizierung zu ahnden war, galt seit 1738. Weshalb machte der Vatikan gerade jetzt, im März 1981, nochmals auf diesen Sachverhalt aufmerksam? Die Antwort ließ nicht lange auf sich warten, und sie zeigte, daß der innerkirchliche Nachrichtendienst mindestens ebensogut funktioniert wie der private Geheimdienst Licio Gellis. Die Verlautbarung des Vatikan sagte natürlich nichts darüber, wie alle die guten Katholiken, die in den Mitgliederverzeichnissen der P2 standen, es anstellen sollten, ihren

Namen aus den Listen tilgen zu lassen, bevor diese den italienischen Behörden in die Hände fielen. Für das P2-Mitglied Roberto Calvi sollten sich aus diesem offenkundig unlösbaren Problem verhängnisvolle Folgen ergeben.

Als das Schicksal ihn schließlich ereilte, hatte er dies ironischerweise seinen Beziehungen zu Licio Gelli, seinem Förderer und Beschützer, zu verdanken. Die italienische Justiz war 1981 noch immer mit dem Versuch beschäftigt, die näheren Umstände der selbstinszenierten Entführung Sindonas zu klären. Am 17. März 1981 durchsuchte die Polizei Gellis herrschaftliche Villa in Arezzo und seine Geschäftsräume in der Textilfabrik Giole. Was die Strafverfolger suchten, waren Beweise dafür, daß Gelli bei Sindonas heimlichem Besuch in seiner alten Heimat die Hände im Spiel gehabt hatte; was sie fanden, war der Schlüssel zu einer Pandora-Büchse des Skandals. Sie entdeckten in Gellis Panzerschrank eine Liste mit den Namen von 962 P2-Mitgliedern. Auch Dossiers und geheime Regierungsdokumente fielen ihnen in die Hände.

Die Liste der P2-Mitglieder las sich buchstäblich wie ein italienisches Who's who. Die Streitkräfte waren mit über 50 Generälen und Admirälen stark, die amtierende Regierung mit zwei qualitativ hochkarätigen Ministern vertreten; dazu kamen Industrielle, Journalisten (darunter der Chefredakteur des *Corriere della Sera* und mehrere seiner Redakteure), 36 Parlamentsabgeordnete, ferner Popstars, Wissenschaftler und hohe Polizeibeamte. Es war ein Staat im Staate. Es ist oft gesagt worden, Gelli habe geplant, Italien unter seine Kontrolle zu bekommen. Das ist nicht ganz richtig: Er *hatte* es unter Kontrolle.

Vom Großmeister selbst fanden die Strafverfolger keine Spur. Die Vorkehrungen für die Razzia waren unter strengster Geheimhaltung getroffen worden, was bedeutete, daß nur wenige zuverlässige hohe Polizeibeamte und – natürlich – Licio Gelli davon wußten. Er hatte sich rechtzeitig nach Südamerika abgesetzt.

Der anschließende Skandal führte zum Sturz der Regierung und gab den Ermittlungen der Mailänder Justiz gegen Calvi beträchtlichen Auftrieb. Der Richter Mucci wurde durch seinen Kollegen Gerardo d'Ambrosio ersetzt. Seit der Ermordung von Richter Alessandrini waren mehr als zwei Jahre vergangen – zwei Jahre der

Untätigkeit. Der neue Untersuchungsrichter, der sich auf die in Gellis Tresor gefundenen kompromittierenden Dokumente stützen konnte, war schon nach zwei Monaten so weit, daß er Calvi verhaften und in eine Zelle im Gefängnis von Lodi werfen lassen konnte.

Nun waren all die guten Freunde aufgerufen, dem Mann zu Hilfe zu kommen, der so oft anderen aus der (Geld-)Verlegenheit geholfen hatte: In den Wochen nach der Verhaftung Calvis erhoben Bettino Craxi, der starke Mann der Sozialistischen Partei, und Flaminio Piccoli, der christdemokratische Parteiführer, im Parlament ihre Stimme, um Gutes über Calvi und seine Bank zu berichten. Der Vatikan blieb stumm. Das war insofern verständlich, als er seine ganze Aufmerksamkeit einer weit akuteren Krise widmen mußte: Sieben Tage vor der Verhaftung Calvis hatte Papst Johannes Paul II. auf dem Petersplatz sein um ein Haar tödliches Rencontre mit Mehmet Ali Agca gehabt.

Während die Katholiken in aller Welt um das Überleben des Papstes beteten, zerbrach sich Roberto Calvi in seiner Gefängniszelle den Kopf über ein Problem, das ihm sehr viel mehr am Herzen lag: sein eigenes Überleben. Durch seine Familie begann er Marcinkus zu bedrängen; der Vatikan solle, so wollte es Calvi, öffentlich bekennen, daß er jahrelang mit Calvi Hand in Hand gewirtschaftet hatte.

Nach vielen vergeblichen Anrufen gelang es Calvis Sohn Carlo endlich, Marcinkus an den Apparat zu bekommen. Er machte dem Bischof eindringlich klar, wie ernst die Lage seines Vaters war und wie sehr es ihm helfen würde, wenn die Vatikanbank sich zu ihrer Mitverantwortung bekannte. Calvis Banca del Gottardo in Lugano, über die die Geschäfte abgewickelt worden waren, könne wegen des in der Schweiz sehr streng gehüteten Bankgeheimnisses die Wahrheit nicht enthüllen, aber die Vatikanbank sei ja Herrin ihrer eigenen Entschlüsse, könne also Calvi durch geeignete Erklärungen zu Hilfe kommen. Marcinkus dachte indes nicht daran, öffentlich seine Mitverantwortung einzugestehen. Er erklärte Calvis Sohn: »Wenn wir das täten, würden nicht nur das IOR und der Ruf des Vatikan Schaden nehmen. Auch Sie würden dabei verlieren, denn unsere Probleme sind auch Ihre Probleme.«

So war es in der Tat: Die beiden Banken waren innig miteinander verflochten, und zwar schon seit Jahr und Tag. Bischof Marcinkus stand vor einem Dilemma. Die Wahrheit zu sagen hieß, den Vatikan dem Zorn der italienischen Öffentlichkeit auszuliefern. Zu schweigen hieß, Calvi im Stich zu lassen und darauf zu hoffen, daß die tiefe und anhaltende Verwicklung des Vatikan in Calvis dunkle Geschäfte ein Geheimnis bleiben würde und daß man nach dessen Prozeß wieder zur Tagesordnung würde übergehen können. Bischof Marcinkus entschied sich für diesen letzteren Weg. Zweifellos spielte bei dieser Entscheidung die Überlegung eine Rolle, daß von all den kriminellen Aktivitäten, derer Calvi sich schuldig gemacht hatte, nur zwei Gegenstand des anstehenden Verfahrens waren: der Fall »Toro« und der Fall »Credito Varesino«; Calvi hatte Aktien beider Firmen zu einem weit überhöhten Kurs an sich selbst verkauft. Im Zuge dieser Operation hatte er sich des illegalen Kapitalexports aus Italien schuldig gemacht, und dies war der Gesetzesverstoß, dessen die Mailänder Justiz hoffte, ihn überführen zu können. Marcinkus seinerseits hoffte, wenn die Beteiligten die Nerven behielten und schwiegen, werde dies sich als kleiner Betriebsunfall ohne schwerwiegende Folgen verbuchen lassen. Calvi war nicht so zuversichtlich wie sein sanguinischer Geschäftsfreund im Vatikan und fand dessen Durchhalteparolen wenig tröstlich. In der internationalen Bankenwelt schüttelte man unterdessen heftig und ungläubig die Köpfe darüber, daß Roberto Calvi von seiner Gefängniszelle aus weiterhin die Geschäfte der Banco Ambrosiano leitete.

Am 7. Juli stellte die italienische Justiz Michele Sindona wegen Anstiftung zum Mord (an Giorgio Ambrosoli) unter Anklage. Von besonderem Interesse an dieser Tatsache ist, wie Calvi auf sie reagierte: Er unternahm am darauffolgenden Abend einen Selbstmordversuch. Er schluckte ein Schlafmittel und schnitt sich die Pulsadern auf. Später erklärte er seine Motive so: »... aus so etwas wie einer verzweifelten Eingebung heraus. Weil in all dem, was man mir antat, kein Funken Gerechtigkeit war. Und ich spreche nicht von dem Verfahren.« Wenn er sich wirklich das Leben hätte nehmen wollen, hätte er nur die von Gelli empfohlene Dosis Digitalis in seine Zelle zu schmuggeln und einzunehmen brauchen. Seine Richter zeigten sich wenig beeindruckt. Am 20. Juli wurde er zu vier Jahren Freiheitsentzug und zu einer Geldstrafe von 16 Milliarden Lire verurteilt. Seine Anwälte legten sofort Berufung ein, und Calvi kam gegen Kaution auf freien Fuß. Innerhalb einer Woche nach seiner Freilassung wurde er vom Aufsichtsrat der Banco Ambrosiano einstimmig als Generaldirektor der Bank bestätigt. Wieder wurden in der internationalen Bankenwelt ungläubig die Köpfe geschüttelt. Wie der Bischof aus Chicago es vorausgesagt hatte: Man ging wieder zur Tagesordnung über.

Die P2 war offensichtlich nach wie vor ein Machtfaktor. Die Bank von Italien erhob keine Einwände gegen die Rückkehr Calvis auf seinen Posten. Die italienische Regierung machte keine Anstalten, dem bösen Spiel ein Ende zu machen, daß ein wegen schwerer finanzieller Verfehlungen verurteilter Mann an der Spitze einer der größten Banken des Landes stand.

Ein einziger Bankier meldete Kritik an: Roberto Rosone, geschäftsführender Direktor der Banco Ambrosiano, legte der italienischen Staatsbank dringend nahe, die Abberufung Calvis zu betreiben und ihn durch den früheren Vorstandsvorsitzenden der Bank, Ruggiero Mozzana, zu ersetzen. Doch die Bank von Italien, in Ehrfurcht erstarrt vor der Macht der P2 und vor dem politischen Einfluß, den Calvi sich im Lauf der Jahre erkauft hatte, stellte sich taub.

Eine zweite für Calvis Bankenimperium potentiell bedrohliche Entwicklung ging von Peru und Nicaragua aus. Um ihr zu begegnen, mobilisierte Calvi die Hilfe von Marcinkus. Der Bischof hatte Calvi während seines Prozesses jede Hilfe verweigert, war aber jetzt gewillt, ihm jegliche Unterstützung zu gewähren, um sicherzustellen, daß die von den beiden Männern gemeinsam begangenen kriminellen Operationen unentdeckt blieben.

In der Zeit, in der Calvis Prozeß lief, hatte der Vatikan bekanntgegeben, daß Papst Johannes Paul II. eine aus 15 Kardinälen bestehende Kommission berufen und ihr die Aufgabe gestellt hatte, die Finanzen der römisch-katholischen Kirche zu überprüfen. Tatsächlich hatte die Kommission den Auftrag, Vorschläge zu erarbeiten, wie die Einkünfte des Vatikan sich vermehren ließen.

Bischof Paul Marcinkus gehörte der Kommission nicht an; er hatte jedoch das Gefühl, als Chef der Vatikanbank eine ganze Menge beisteuern zu können, wenn es um die vertrackten Probleme der vatikanischen Finanzen ging. Er traf sich mehrmals zu Verhandlungen mit dem mittlerweile verurteilten und gegen Kaution in Freiheit gesetzten Calvi. Das Ergebnis dieser Verhandlungen war, daß die Vatikanbank offiziell bekanntgab, daß ihr Schuldenstand um fast eine Milliarde Dollar höher war als bisher angenommen. Dies entsprach genau der Summe der Ausstände der Calvi-Banken in Peru und Nicaragua, genauer gesagt, der Kredite, die sie den bereits mehrfach erwähnten panamesischen Phantomfirmen gewährt hatten. Die Sicherheiten, die diesen enormen Krediten gegenüberstanden, waren gleich Null. Den Verantwortlichen in Peru und Nicaragua war das nicht geheuer. Wer würde im Falle eines Falles die Zeche bezahlen? Wem genau gehörten diese mysteriösen panamesischen Firmen? Wer hatte sich, mit so wenig in der Hinterhand, so viel Geld geliehen? Besonders die leitenden Herren der peruanischen Filiale machten sich Sorgen, beliefen sich ihre Ausstände doch auf runde 900 Millionen Dollar.

So lagen die Dinge, als Calvi und Marcinkus im August 1981 ihr größtes Betrugsmanöver inszenierten.

Die Dokumente sollten als »die Patronatsbriefe« bekannt werden. Sie sind nicht geeignet, irgendeinem Katholiken Zutrauen in die moralische Lauterkeit derer im Vatikan einzuflößen. Die Dokumente tragen den Briefkopf des Istituto per le Opere Religiose und das Datum des 1. September 1981. Ihre Adressaten waren die Banco Ambrosiano Andino im peruanischen Lima und die Ambrosiano Group Banco Comercial in Nicaragua. Der von Luigi Mennini und Pellegrino de Strobel im Auftrag von Bischof Paul Marcinkus aufgesetzte und unterzeichnete Text lautet:

»Sehr geehrte Herren,

hiermit bestätigen wir, daß wir direkt oder indirekt die Anteilsmehrheit an den nachstehend genannten [Firmen] kontrollieren:

Manic S.A., Luxemburg
Astolfine S.A., Panama
Nordeurop Establishment, Liechtenstein
U.T.C. United Trading Corporation, Panama
Erin S.A., Panama
Bellatrix S.A., Panama

Starfield S. A., Panama
Belrose S. A., Panama
Wir bestätigen ferner die Tatsache der Verschuldung [dieser genannten Firmen] bei Ihnen, wie sie, bezogen auf den 10. Juni 1981, aus beiliegender Saldenaufstellung hervorgeht.«

Wie aus der beiliegenden Aufstellung hervorging, betrug die Verschuldung der genannten Firmen allein bei der peruanischen Ambrosiano-Tochter 907 Millionen Dollar.
Die leitenden Herren in Nicaragua und Peru atmeten auf. Sie hatten es jetzt schwarz auf weiß, daß es niemand anders als der Vatikan war, der ihnen so viel Geld schuldete. Somit stand die römisch-katholische Kirche für diese Schulden gerade. Eine bessere Sicherheit konnte sich kein Bankier wünschen.
Die Sache hatte nur einen kleinen Haken. Die Bankdirektoren in Peru und Managua wußten nicht alles. Es gab noch einen anderen Brief. Roberto Calvi hatte ihn mit Datum des 27. August 1981 an die Vatikanbank geschrieben. Marcinkus hatte ihn in Händen gehabt, bevor die Vatikanbank sich zu ihrer Verantwortung für die vorerwähnten Milliardenschulden bekannt hatte. Calvis Brief enthielt zunächst eine förmliche Bitte um jene Patronatsbriefe, in denen der Vatikan sich als Eigentümer der luxemburgischen, liechtensteinischen und panamesischen Firmen zu erkennen geben sollte. Aus diesem Bekenntnis würden aber, so versicherte Calvi ausdrücklich, »dem IOR keine Verpflichtungen erwachsen«. Sein Brief schloß mit der Bestätigung, daß die Vatikanbank, was immer auch geschah, »keinen künftigen Schaden oder Verlust« erleiden werde. Somit wurde die Vatikanbank insgeheim von der Verantwortung, die sie offiziell übernehmen sollte, wieder entbunden.
Irgendeine rechtliche Relevanz konnte diesem vertraulichen Schreiben Calvis an Marcinkus nur zukommen, wenn seine Existenz und sein genauer Inhalt den Direktoren der Ambrosiano-Töchter in Peru und Nicaragua mitgeteilt wurde. Außerdem hätte dieses Arrangement zwischen Calvi und Marcinkus der mehrheitlichen Zustimmung des Vorstands der Banco Ambrosiano in Mailand bedurft. Und schließlich hätte es, um Rechtskraft zu erlangen, auch noch in seinem ganzen Inhalt den Aktionären der Banco Am-

brosiano, einschließlich der vielen Kleinaktionäre in Mailand und Umgebung, bekanntgegeben werden müssen.

Das Arrangement zwischen Calvi und Marcinkus, das sich in den beiden Briefen manifestierte, erfüllte zweifellos einen kriminellen Tatbestand. Daß diese Geschichte genau am dritten Jahrestag der Wahl Albino Lucianis zum Papst ans Licht kam, läßt das Ganze noch obszöner erscheinen. Dem Mann, der sich vorgenommen hatte, die Korruption im Vatikan zu beseitigen, war ein Mann auf den päpstlichen Thron nachgefolgt, der von ganzem Herzen auf Bischof Marcinkus schwor.

Eine weitere makabere Koinzidenz ergab sich, als am 28. September 1981, am dritten Todestag von Albino Luciani, Marcinkus von Papst Johannes Paul II. zum Pro-Präsidenten der Pontifikalkommission für den Vatikanstaat ernannt wurde. Das bedeutete nichts anderes, als daß Marcinkus praktisch Gouverneur oder Regierungschef des Vatikanstaats wurde. Das Aufrücken in diese Stellung war mit der automatischen Ernennung zum Erzbischof verbunden. Seinen Posten als Chef der Vatikanbank behielt Marcinkus neben seinem neuen Amt bei.

Seine litauische Herkunft, seine traditionell enge Beziehung zu Polen und den Nöten seiner Bevölkerung, seine persönliche Nähe zum Papst aufgrund seiner Rolle als dessen persönlicher Leibwächter und »Sicherheitschef« bei Auslandsreisen, all dies zusammen trug dazu bei, daß Paul Marcinkus in der Person Karol Wojtylas den mächtigsten Gönner und Beschützer fand, den ein Angehöriger der Kurie sich nur wünschen konnte. Sindona, Calvi und ihresgleichen sind im offiziellen Urteil des Vatikan Bösewichte, auf deren raffinierte Betrügereien naive, gutgläubige Geistliche hereingefallen sind. Entweder Papst Johannes Paul II. ist von Marcinkus über Jahre hinweg belogen, hintergangen und in Unkenntnis gelassen worden, oder er war und ist in alles eingeweiht; in diesem Fall gehört er selbst an den Pranger.

Während Karol Wojtyla ein bemerkenswertes Charisma entfaltet und vor aller Welt erklärt, ein Mann, der seine eigene Frau mit Begierde ansehe, könne damit sehr wohl einen innerlichen Ehebruch begehen, ist es Marcinkus auch weiterhin gelungen, viele Bankiers dieser Welt zu verführen. Während der Papst aus Krakau der katholischen Kirche die Richtung weist (nach rückwärts), indem er erklärt, ein geschiedener und wiederverheirateter Katholik dürfe nur dann das Heilige Abendmahl empfangen, wenn er sich jeglichen geschlechtlichen Verkehrs mit dem neuen Ehepartner enthalte, haben die Bankiers des Papstes sich bei der Wahl der Partner, mit denen sie verkehren wollen, wenig wählerisch gezeigt.

In den Jahren nach der Wahl Wojtylas hat der Nichtkatholik und Atheist Licio Gelli ein ums andere Mal seine fortbestehende Macht und sein ungebrochenes Charisma demonstriert. Niemand würde ihn den Stellvertreter Gottes nennen, aber viele würden auch heute noch aufspringen und tanzen, wenn Licio Gelli einen Pfiff ertönen ließe.

Von seinem Refugium in der uruguayischen Hauptstadt Montevideo aus hielt Licio Gelli ständigen Kontakt mit Roberto Calvi. Der Großmeister, der noch immer wichtige Drähte zog, der dem Bankier noch immer große Geldbeträge abpreßte, rief häufig an, wenn Calvi sich in seiner Villa in Arezzo aufhielt. Calvis Frau Clara und seine Tochter Anna haben bestätigt, daß außer ihnen nur Gelli und Umberto Ortolani die Telefonnummer kannten – ein »Rotes Telefon« der P2. Gelli nannte, wenn Frau Calvi oder eines der Kinder am Telefon war und fragte, wer dran sei, nie seinen Namen. Er benutzte immer einen bestimmten Decknamen: Luciani.

Der Großmeister der P2 benutzte bei seinen Kontakten mit Calvi den Decknamen Luciani schon seit 1978. Warum ausgerechnet diesen Namen? Als bleibende Erinnerung an ein bestimmtes Ereignis? Als beständige diskrete Drohung, daß er, der Erpresser par excellence, Näheres über dieses Ereignis wußte und sein Wissen preisgeben könnte, wenn man ihn nicht regelmäßig mit ausreichenden Mengen Geld versorgte? Zweifellos wurde Gelli nach wie vor mit Geld versorgt. Bis zum bitteren Ende leistete Calvi Zahlungen an ihn. Immerhin war der Großmeister in Italien aufgeflogen und hatte sich nach Südamerika absetzen müssen, und die italienischen Strafverfolgungsbehörden waren aus einer Reihe von Gründen hinter ihm her; daher war er wohl kaum in der Lage, Calvi viel Protektion zu gewähren. Wofür dann die Millionen von Dollars, die nach jedem Anruf »Lucianis« auf Gellis Konten flossen? Calvi schätzte, daß Gelli und Ortolani am Ende beide etwa 500 Millionen Dollar schwer waren.

Monate vor dem Platzen des P 2-Skandals, zu einer Zeit also, da der Großmeister noch in Italien weilte, unternahm Calvi ganz eindeutig einen Versuch, alle Brücken zu Gelli abzubrechen. Weshalb vermied er es, ans Telefon zu gehen? Weshalb trug er seinen Angehörigen auf, zu behaupten, er sei krank oder nicht zu Hause? Nach den Aussagen der Familie Calvi zu schließen, muß Gelli, der unersättliche Sammler von Geheimnissen und kompromittierenden Informationen, Roberto Calvi mit irgend etwas in der Hand gehabt haben. Was für ein Geheimnis war es, das Gelli kannte, und was für ein furchtbares Geheimnis muß es gewesen sein, daß Calvi bei der bloßen Erwähnung von Gellis Namen der Angstschweiß aus allen Poren trat?

Gelli übte diese Macht über Calvi bis an dessen Lebensende aus. Wenn er pfiff, sprang Calvi. Ende 1981 übernahm Carlo de Benedetti, Generaldirektor bei Olivetti, auf Wunsch Calvis bei der Banco Ambrosiano den Posten eines stellvertretenden Vorstandsvorsitzenden. Calvi versprach sich von dem neuen Mann zu Recht eine förderliche Wirkung auf das öffentliche Ansehen der Banco. Gelli und Ortolani in Uruguay registrierten die Neuigkeit dagegen mit Bestürzung. Ein rechtschaffener Mann im Vorstand, das vertrug sich nicht mit ihrem Vorhaben, die Plünderung der Banco Ambrosiano fortzusetzen.

»Luciani« griff zum Telefon und wählte Calvis Privatanschluß in der Villa in Arezzo an. Von da an machte Calvi dem Mann von Olivetti, den er selbst in die Banco Ambrosiano geholt hatte, das Leben unmöglich. »Sie müssen ganz besonders vorsichtig sein«, sagte er zu de Benedetti. »Die P 2 stellt ein Dossier über Sie zusammen. Ich rate Ihnen, vorsichtig zu sein, weil ich das weiß.« Keinen Monat später warf de Benedetti bei der Banco Ambrosiano das Handtuch.

Eine Gruppe von Banco-Ambrosiano-Aktionären aus Mailand schickte einen ausführlichen, mit einem detaillierten dokumentarischen Anhang versehenen Beschwerdebrief an Johannes Paul II. Der Brief trug das Datum des 12. Januar 1982 und war ein einziger, vernichtender Angriff auf die Bank. Die Beziehungen zwischen Marcinkus, Calvi, Gelli und Ortolani wurden aufgezeigt. Besonders empört waren die Aktionäre darüber, daß gerade die ehemals brav katholische Banco Ambrosiano und die Vatikanbank sich auf eine

Allianz mit so unheiligen Leuten eingelassen hatten. Wie die erschütterten Mailänder Katholiken feststellten:

> »Das IOR ist nicht bloß ein Aktionär der Banco Ambrosiano. Es ist mit Roberto Calvi geschäftlich eng verbunden. Wie eine zunehmende Zahl von Gerichtsverfahren offenbart, sitzt Calvi als der Mann, der das Erbe Sindonas übernommen hat, heute an einer der wichtigsten Schaltstellen zwischen einem Freimaurertum verkommenster Art (P2) und Kreisen der Mafia. Auch das geschieht wieder unter Mitwirkung von Personen, die vom Vatikan großzügig gepäppelt und umhegt werden, wie beispielsweise Ortolani, der die Verbindung hält zwischen dem Vatikan und mächtigen Gruppen der internationalen Unterwelt.
> Geschäftspartner Calvis zu sein, bedeutet, Geschäftspartner Gellis und Ortolanis zu sein, unter deren gebieterischem Einfluß er steht. Der Vatikan ist somit, ob es ihm gefällt oder nicht, durch seine Verbindung mit Calvi auch ein aktiver Partner von Gelli und Ortolani.«

Der Brief schloß mit einer dringenden Bitte an Papst Johannes Paul II. um Hilfe und Rat. Obwohl der Papst viele Sprachen spricht, darunter auch Italienisch, ließen die Mailänder Bürger den Brief ins Polnische übersetzen und trafen die nötigen Vorkehrungen, um sicherzustellen, daß weder Villots Nachfolger Casaroli noch sonst jemand aus dem Kurienapparat Gelegenheit bekommen würde, den Brief abzufangen, bevor er in die Hände des Papstes gelangte. Die Briefschreiber warten bis heute vergeblich auf eine Antwort. Sie erhielten nicht einmal eine förmliche Bestätigung, daß ihr Schreiben eingegangen war.
Calvi wußte von dem Brief und wußte auch, daß er mit Zustimmung seines geschäftsführenden Direktors, des stellvertretenden Vorstandsvorsitzenden Roberto Rosone, geschrieben und abgeschickt worden war. Er sprach mit seinem Duzfreund und P2-Logenbruder Flavio Carboni über die Gefahr, die der Bank aus den Bemühungen Rosones erwuchs, für saubere Verhältnisse zu sorgen.
Flavio Carboni hatte allerorten gute Freunde und Beziehungen. Zu

seinen Vertrauten gehörten auch die beiden Könige der römischen Unterwelt, Danilo Abbruciati und Ernesto Diotavelli.

Am Morgen des 27. April 1982, wenige Minuten vor acht Uhr, ging Rosone aus seiner Wohnung. Er hatte das Glück, unmittelbar über einer Filiale der Ambrosiano zu wohnen, die wie alle italienischen Banken, rund um die Uhr von bewaffnetem Personal bewacht wird. Als Rosone auf die Straße trat, näherte sich ihm ein Mann und eröffnete das Feuer auf ihn. In die Beine getroffen, stürzte Rosone zu Boden. Die Bankwächter schossen zurück. Sekunden später lag auch der Attentäter auf dem Pflaster. Er war tot. Es war Danilo Abbruciati.

Einen Tag nach dem versuchten Mordanschlag auf Rosone, am 28. April, übergab Flavio Carboni dem überlebenden Boß der römischen Unterwelt 530 000 Dollar. Der Auftrag war zwar vermasselt worden, aber Calvi war ein Mann, der seine Rechnungen bezahlte – mit dem Geld anderer Leute natürlich.

Calvi, der zweifellos die Ermordung seines eigenen Stellvertreters bestellt hatte, beeilte sich, diesen am Krankenbett zu besuchen, und vergaß auch nicht den obligatorischen Blumenstrauß. »Madonna! Was für eine Welt von Verrückten. Sie wollen uns einschüchtern, Roberto, damit sie eine Gruppe in die Hände bekommen, die 20 000 Milliarden Lire wert ist.«

Im Mai 1982 legte sich die Schlinge um Calvis Hals. Die italienische Börsenaufsichtsbehörde Consob erteilte ihm die bindende Auflage, eine lückenlose Liste der Banco-Ambrosiano-Aktionäre an der Mailänder Börse auszulegen. Ein solcher öffentlicher Nachweis der Besitzverhältnisse setzte eine unabhängige Prüfung der Bücher der Banco voraus.

Wie Roberto Calvis Frau Clara unter Eid ausgesagt hat, war ihr Mann wenige Monate zuvor von Papst Johannes Paul II. in Privataudienz empfangen worden. Dabei war das Problem der Schuldenlast von einer Milliarde Dollar zur Sprache gekommen, die der Vatikan mit Hilfe von Calvi, Gelli, Ortolani und Marcinkus angehäuft hatte. Der Papst hatte Calvi ein Versprechen gegeben: »Wenn es Ihnen gelingt, den Vatikan von diesen Schulden zu befreien, dann können Sie freie Hand bei der Neuordnung unserer Finanzen haben.«

Wenn dieses Angebot tatsächlich ausgesprochen wurde, kann man daraus schließen, daß Seine Heiligkeit von der Richtigkeit des Spruches, Geld könne man nie genug haben, offenbar überzeugt ist. Von Päpsten, die so denken, haben die Finanzjongleure der Vatikan GmbH nichts zu befürchten.

Karol Wojtyla und Roberto Calvi waren nicht die einzigen, denen die Dollarmilliarde, die in die Kassen der exotischen Vatikan-Tochtergesellschaften geflossen war, schwer im Magen lag. Am 31. Mai 1982 verlangte die Bank von Italien in einem Schreiben an Calvi und seine Vorstandskollegen eine vollständige Offenlegung der Auslandskredite der Ambrosiano-Gruppe. In einem leider allzu verspäteten Akt des Aufbegehrens gegen Calvi beschlossen die Vorstandsherren mit 11:3 Stimmen, der Forderung der Staatsbank nachzukommen.

Licio Gelli war inzwischen heimlich von Argentinien nach Europa zurückgekehrt. Er klapperte den Raketenmarkt ab, um seinem Adoptiv-Vaterland zu Exocets für den Krieg um die Falklandinseln zu verhelfen. Die Auslandsguthaben des argentinischen Staates waren zum größten Teil eingefroren, und die Händler auf dem schwarzen Waffenmarkt hegten gewisse Zweifel, ob Gelli wirklich in der Lage sei, die Preise zu zahlen, die er ihnen bot: vier Millionen Dollar pro Rakete, das Sechsfache des offiziellen Listenpreises, bei einer Mindestabnahme von 20 Stück. An sich war Gelli in Waffenhändlerkreisen ein bekannter Mann. Er hatte im Namen und auf Rechnung Argentiniens Radargeräte, Flugzeuge, Gewehre, Geschütze und Panzer gekauft. Aber würde er jetzt, mitten in einem Krieg, in der Lage sein, die 80 Millionen Dollar für die 20 Exocet-Raketen, die er haben wollte, auf den Tisch zu legen?

Auf Roberto Calvi, der sich um diese Zeit mit so unterschiedlichen Problemen konfrontiert sah wie den Wünschen von Papst Johannes Paul II., den Auflagen der Börsenaufsichtsbehörde Consob, den Forderungen der Bank von Italien, der Widerborstigkeit seiner Vorstandskollegen und dem Versagen eines für teures Geld engagierten Attentäters, gesellte sich zu all dem auch noch – wieder einmal – das Problem eines die Hände aufhaltenden Licio Gelli. Gelli war auf der Suche nach 80 Millionen Dollar.

Calvi sah nur zwei Wege, um sein Überleben zu sichern. Entweder

der Vatikan half ihm, die stetig wachsenden Fehlbeträge in den Bilanzen seiner Bank auszugleichen oder wenigstens zu verschleiern, oder Gelli mußte beweisen, daß seine Machtbasis im italienischen Establishment noch immer groß genug war, um das Auffliegen des Schwindelunternehmens Banco Ambrosiano und den Ruin des P 2-Zahlmeisters zu verhindern.
Calvi erörterte die Optionen mit Flavio Carboni, der ihre Gespräche nach wie vor heimlich auf Tonband aufnahm.
Aus den Bemerkungen Calvis geht eindeutig hervor, daß er es für die Pflicht der Vatikanbank hielt, die Fehlbeträge der Banco Ambrosiano zu decken, und sei es nur aus dem Grund, daß die fehlenden Millionen hauptsächlich dem Vatikan zugute gekommen waren. Außerdem seien Marcinkus und Co, so meinte Calvi, rechtlich zur Hilfeleistung verpflichtet: »Der Vatikan sollte seinen Verpflichtungen nachkommen, indem er einen Teil der vom IOR kontrollierten Vermögenswerte liquidiert. Es ist ein enormes Vermögen vorhanden. Ich veranschlage es auf zehn Milliarden Dollar. Um der Ambrosiano zu helfen, könnte das IOR anfangen, in Tranchen von jeweils einer Milliarde zu verkaufen.«
Wenn es zu jener Zeit auf der Welt außerhalb der Kirche jemanden gab, der den Wert der vatikanischen Vermögenswerte einschätzen konnte, dann sicherlich Roberto Calvi. Er war praktisch in alle Finanzgeheimnisse der Kirche eingeweiht. Über mehr als ein Jahrzehnt hinweg war er der Mann gewesen, an den der Vatikan sich in Finanzdingen gewandt hatte. An einer früheren Stelle dieses Buches habe ich den Gesamtbetrag des von den beiden Sektionen der APSA und der Vatikanbank verwalteten Vermögens zum Zeitpunkt der Wahl Lucianis vorsichtig auf rund drei Milliarden Dollar geschätzt. Roberto Calvi, auf seine Weise ein sehr vorsichtiger Mann, schätzte Anfang 1982 das Vermögen allein des IOR auf zehn Milliarden Dollar.
Kein Zweifel, das Jahr 1982 brachte den Mann, der irreführenderweise mit dem Titel »Bankier Gottes« bedacht worden ist, in zunehmend bedrohlichere Schwierigkeiten. Die meisten davon hatte er selbst zu verantworten. »Betrüger Gottes« wäre eine passendere Bezeichnung für den Mann gewesen, der für den Vatikan und die P 2 Millionen veruntreute. Das Attribut »Bankier Gottes« hat sich in

den zurückliegenden beiden Jahrzehnten nur einer verdient: Erzbischof Paul Marcinkus.
Ungeachtet der brenzligen Lage, in der Calvi sich somit befand, erschien er mir – der ich von seinen beträchtlichen Schwierigkeiten damals nichts wußte – bei einem telefonischen Interview, das ich am frühen Abend des 9. Juni 1982 mit ihm führte, bemerkenswert gelassen, mindestens anfänglich. Das Gespräch war von einem Vermittler arrangiert worden, der offenbar Calvis Vertrauen genoß.
Unser mit Hilfe eines Übersetzers geführtes Gespräch berührte eine ganze Reihe von Themen. Schließlich begann ich Calvi eingehend über den seinerzeitigen Besitzwechsel der Banca Cattolica del Veneto zu befragen. Calvi wußte, daß ich dabei war, ein Buch über den Vatikan zu schreiben, und als ich die Banca Cattolica erwähnte, fragte er mich, was das Hauptthema des Buches sein werde. Ich antwortete: »Es ist ein Buch über das Leben von Papst Johannes Paul I., Papa Luciani.«
Schlagartig veränderte sich Calvis Stimmung. Mit der Ruhe und Gelassenheit war es vorbei; eine lautstarke Schimpftirade ertönte aus dem Telefonhörer. Calvis Stimme klang jetzt aufgeregt und äußerst unbeherrscht. Mein Übersetzer versuchte Schritt zu halten: »Wer hat Sie gegen mich ausgeschickt? Wer ist Ihr Auftraggeber? Immer zahle ich. Immer zahle ich. Wie gut kennen Sie Gelli? Was wollen Sie? Wieviel wollen Sie?«
Ich beteuerte, daß ich Licio Gelli nie gesehen hatte. Ohne mir richtig zuzuhören, wetterte er weiter: »Wer Sie auch sein mögen, Sie werden dieses Buch nicht schreiben. Ich kann Ihnen nichts sagen. Rufen Sie mich nicht mehr an. Nie mehr.«
Acht Tage später wurde die Leiche Roberto Calvis gefunden; sie hing an einem Strick unter der Blackfriars Bridge in London, nur wenige Kilometer von meiner Wohnung entfernt.
Binnen Tagen kam das ganze Ausmaß der ungedeckten Schulden der Banco Ambrosiano Milano ans Licht: Das Defizit belief sich auf 1,3 Milliarden Dollar.
Der Hauptgegenstand meiner Nachforschungen war der Tod eines anderen Menschen, eines Menschen, dem ein Roberto Calvi nicht einmal die Schnürsenkel hätte zubinden dürfen, ohne rot zu werden: Albino Luciani, der sich für Armut und Schlichtheit entschie-

den hatte, der die kleinen Dinge des Lebens und die Ruhe bevorzugte. Villot, Calvi, Marcinkus, Sindona, Cody: Einer dieser Männer muß die Fäden der Verschwörung gezogen haben, deren Ziel die Ermordung Albino Lucianis war. Bevor Sie, der Leser, Ihr Urteil fällen, lassen Sie uns gemeinsam einen letzten Blick auf diese Männer werfen.

Kardinal Jean Villot, den abzulösen Luciani entschlossen gewesen war, wurde von Lucianis Nachfolger Karol Wojtyla in seinem Amt als Staatssekretär des Vatikan bestätigt. Er behielt auch seine vielen anderen Posten. Die APSA, die Vermögensverwaltung des Heiligen Stuhls, deren Leiter Villot war, hatte bei der Anbahnung der Geldheirat zwischen Sindona und dem Vatikan die Kupplerrolle gespielt. Oft ist Bischof Marcinkus dafür kritisiert worden, daß er Sindona im Vatikan eingeführt habe. Das ist nicht richtig. Diese Entscheidung wurde von Papst Paul VI., Monsignore Macchi, Umberto Ortolani und den Herren von der APSA getroffen, natürlich unter maßgeblicher Mitwirkung des APSA-Chefs Villot. Die von Luciani verfügte Ablösung Villots als Staatssekretär hätte automatisch auch seine Abberufung als Leiter der APSA nach sich gezogen. Es ist diese vatikanische Abteilung mit ihren immensen Kapitalbeteiligungen und nicht etwa die von Marcinkus geleitete Vatikanbank, die von der Weltbank, vom Internationalen Währungsfonds und von der Bank für Internationalen Zahlungsausgleich in Basel als Zentralbank anerkannt wird. Die APSA ist eine Institution, die viel zu verbergen hat, vor allem was die Zeit seit ihrem innigen Zusammengehen mit Sindona betrifft.

Als Luciani zum Papst gewählt wurde, hatte Villot nur noch kurze Zeit zu leben. Er war ein erschöpfter und gebrechlicher Mann, der um seinen schlechten Gesundheitszustand wußte. Er starb keine sechs Monate nach Luciani, am 9. März 1979. Als unmittelbare Ursache seines Todes gab der Vatikan eine »beidseitige bronchiale Lungenentzündung mit Komplikationen, Kreislaufkollaps, Nieren- und Leberversagen« an. Es war kein Geheimnis, daß er vorhatte, zurückzutreten; es war aber auch kein Geheimnis, daß er seinen Nachfolger selbst zu bestimmen wünschte, und der Mann, an den er dabei dachte, war keinesfalls Benelli. Wäre Benelli, wie von Luciani geplant, Villots Nachfolger geworden, und hätte er entdeckt, was bei der APSA im argen lag, er hätte zweifellos beim Papst Alarm geschlagen. Dies ergab, zusammen mit dem Wissen um die anderen Veränderungen, die Luciani vorzunehmen in Begriff war, ein gewichtiges Tatmotiv.

Wenn Villot der Drahtzieher einer Verschwörung zur Ermordung Lucianis gewesen sein sollte, dann müßten wir zweifellos annehmen, daß die Sorge um die Zukunft der Kirche – wie er sie verstand – sein bewegendes Motiv war. Nach dem Zeugnis dreier Gewährsleute aus dem Vatikan sah Villot in den von Luciani eingeleiteten Veränderungen einen »Verrat am Vermächtnis Pauls, einen Triumph für die Restauration«. Er fürchtete, die Kirche werde damit in die Zeit vor dem Zweiten Vatikanischen Konzil zurückgeworfen. Daß diese Angst unbegründet war, ist nicht von Bedeutung. In Villots Augen bestand diese Gefahr, und er hielt sie für fatal. Er war auch ein erbitterter Kritiker des von Luciani erwogenen Plans, die Haltung der römisch-katholischen Kirche zur künstlichen Geburtenregelung so zu modifizieren, daß es Katholiken erlaubt gewesen wäre, die Antibabypille einzunehmen. Aus nächster Distanz mußte Villot mit ansehen, wie, kaum daß Paul VI., der Verkünder der Enzyklika *Humanae Vitae,* unter der Erde war, die Demontage dieses von ihm, Villot, bei so zahlreicher Gelegenheit öffentlich gepriesenen Manifests päpstlicher Weisheit einsetzte. Vielleicht glaubte Villot, daß der Tod Lucianis die im Sinne der kirchlichen »Staatsräson« segensreichere Lösung sei.
Wie auch immer, sein Verhalten nach der Entdeckung des toten Luciani zeugte entweder von seiner Mitwisserschaft oder gar Mitbeteiligung an einem Mordkomplott oder von fortgeschrittener geistiger Verworrenheit. Er beseitigte Beweismittel. Er verbreitete Lügen. Er nahm den Angehörigen des päpstlichen Hausstaats ein Schweigegelübde ab. Er boxte in aller Eile und bevor das Gros der Kardinäle in Rom eintraf und zu Rate gezogen werden konnte, die Einbalsamierung des Leichnams durch. Auch wenn Villot an der Ermordung des Papstes nicht selbst mitgewirkt haben sollte, so können wir doch mit ziemlicher Sicherheit annehmen, daß er die Tat guthieß und den oder die Täter deckte. Mit dem, was er tat und sagte, sorgte er dafür, daß der oder die Mörder ungeschoren davon-

kamen. Er selbst hatte eindeutig ein Motiv, und natürlich hätte er auch die Möglichkeit gehabt, die Tat auszuführen. Dazu kam, daß er aufgrund der Rolle des Camerlengo, die ihm beim Tod des Papstes automatisch zufiel, praktisch alle Fäden in der Hand hielt und bestimmenden Einfluß darauf nehmen konnte, was nach dem Tod des Papstes geschah beziehungsweise – denken wir an die Autopsie – nicht geschah.

Kardinal John Cody, den Luciani ebenfalls aus seinem Amt entfernen wollte, wurde von dessen Nachfolger Karol Wojtyla in Amt und Würden belassen. Pater Andrew Greeley schreibt in seinem Buch *The Making of the Popes:*

> »Kardinal Cody schlug aus seinen früheren (und nach Informationen aus Chicago auch aus einigen neuen) Geldzahlungen an Polen, aus der Größe des polnischen Bevölkerungsanteils in Chicago und aus dem freundschaftlichen Verhältnis, das ihn angeblich mit dem Papst verband, das Kapital für eine erfolgreiche Gegenoffensive gegen seine Feinde. Wie der Kardinal Anfang Dezember (1978) Besuchern erzählte, hatte Johannes Paul II. ihm einen Posten in Rom angeboten, den er jedoch ausgeschlagen hatte. Der Papst hatte, so gab der Kardinal zu verstehen, deutlich gemacht, daß die Sache erledigt sei.«

Meine eigenen Nachforschungen haben diese Darstellung bestätigt. Sie haben darüber hinaus ergeben, daß die Geldzahlungen, die Cody seither an den Vatikan geleistet hat und die durch geheime Kanäle nach Polen weitergeleitet wurden, Bestandteil einer weit umfassenderen Finanzoperation waren, die Marcinkus und Calvi auf Geheiß Papst Johannes Pauls II. durchführten.

Kardinal Cody zeigte sich weiterhin als großzügiger Spender. Im Oktober 1979 besuchte Papst Johannes Paul II. die Vereinigten Staaten. Bei seiner Ankunft auf dem Chicagoer O'Hare-Flughafen wurde er von Kardinal Cody begrüßt, der ihm als »persönliches Geschenk« ein kleines Holzkästchen in die Hand drückte. Das Kästchen enthielt 50000 Dollar. Niemand bestritte einem Kardinal das Recht, dem Papst ein Geschenk zu verehren, aber es erhebt sich doch – von der plumpen Direktheit dieser Geste einmal abge-

sehen – die Frage, woher das Geld stammte. Aus den Mitteln der Diözese? Aus einem ausschließlich und persönlich von Cody verwalteten Fonds? Aus welcher Quelle konnte Cody eine solche Summe abzweigen?
Kein Jahr nach dem USA-Besuch des Papstes war eine amtliche, aber nichtsdestoweniger geheime Untersuchung der amerikanischen Justizbehörden gegen Kardinal Cody im Gang. Die Staatsanwaltschaft hatte begonnen, sich für die Vorwürfe zu interessieren, Kardinal Cody habe bis zu einer Million Dollar aus Kirchenvermögen seiner Freundin Helen Wilson zugeschustert. Im einzelnen prüften sie, ob es zutraf, daß er seine privaten Geldangelegenheiten und die der Kirche miteinander vermengt, daß er Helen Wilson jahrelang ein verdecktes Gehalt gezahlt, ihr eine unzulässig hohe Rente zugeschanzt und ihr für 90 000 Dollar eine Wohnung in Florida gekauft hatte. Zu einem die Behörden interessierenden Fall wurde dies dadurch, daß Cody alle diese Wohltaten angeblich mit dem Geld der Kirche finanzierte, deren Einkünfte bekanntlich steuerfrei sind. Bedenkt man die sehr heiklen politischen Implikationen eines solchen Ermittlungsverfahrens, dann ist die bloße Tatsache, daß die amerikanische Regierung diese Ermittlungen durchführen ließ, als sicheres Zeichen dafür zu werten, daß überzeugendes Belastungsmaterial vorgelegen haben muß. Die Ermittlungen begannen im September 1980.
Im Januar 1981 erließ eine Anklagejury eine Reihe von Verfügungen gegen Cody; vor allem wurde er zur Vorlage aller Unterlagen aufgefordert, die sich auf die Einkünfte und Finanzverhältnisse seiner Diözese und seiner Person bezogen. Wenn Cody eine weiße Weste hatte, dann waren seine Reaktion und sein Verhalten in der Folgezeit unverständlich. Nur der Kardinal, seine Anwälte sowie ein oder zwei sehr enge Vertraute wußten von den Ermittlungen und Verfügungen. Cody ließ sowohl die Gläubigen Chicagos als auch den vatikanischen Gesandten in Washington in völliger Unkenntnis darüber, was vorging. Und er weigerte sich, den gerichtlichen Verfügungen Folge zu leisten und die angeforderten Unterlagen herauszugeben. Für einen gewöhnlichen Bürger hätte eine solche Weigerung die Anordnung einer Erzwingungshaft zur Folge gehabt; nicht jedoch für Cody, von dem der Ausspruch überliefert

ist: »Ich regiere nicht das Land, aber ich regiere Chicago.« Jetzt demonstrierte er, daß dies keineswegs hohle Angeberei gewesen war.
Als die *Chicago Sun Times* im September 1981 mit der Geschichte herausplatzte, war Cody den Verfügungen immer noch nicht nachgekommen. Die *Sun Times* hatte zwei Jahre lang auf eigene Faust Recherchen über den Kardinal angestellt. Jetzt präsentierte sie ihren Lesern einen ins Detail gehenden Bericht über eine ganze Reihe von Verfehlungen, derer sich Cody ihren Informationen nach schuldig gemacht hatte.
Der Kardinal lehnte es ab, auch nur einen einzigen der gegen ihn erhobenen Vorwürfe durch die Vorlage von Gegenbeweisen zu entkräften; er verlegte sich statt dessen auf die Taktik, die 2 440 000 Katholiken der Stadt dadurch zur Solidarisierung mit ihm aufzurufen, daß er behauptete: »Dieser Angriff gilt nicht mir. Er gilt der ganzen Kirche.« Viele nahmen diese vollkommen irreführende Parole auf, aber es gab auch viele, die sich ihr nicht anschlossen. In jedem Fall war der große Schaden für das Ansehen der römisch-katholischen Kirche, den Albino Luciani vorausgesagt hatte, jetzt eingetreten. In Chicago waren die Meinungen geteilt. Zunächst hielt die große Mehrheit der Katholiken zu ihrem Kardinal, aber im Lauf der Monate trat eine grundlegende Tatsache in das Bewußtsein vieler Leute und tat dort ihre Wirkung: die Tatsache, daß Cody den gegen ihn erlassenen gerichtlichen Verfügungen noch immer nicht nachgekommen war. Einige seiner treuesten Vasallen begannen zu fordern, er solle sich den Anordnungen der Justiz fügen. Bislang hatte er sein Verhalten, durch den Mund seiner Anwälte, mit dem Argument gerechtfertigt: »Ich bin nur Gott und Rom verantwortlich.« Diese Überzeugung nahm er mit ins Grab. Im April 1982, während die Justiz noch immer auf die Erfüllung ihrer Forderungen wartete, starb Kardinal Cody. Obwohl er seit langem ein kranker Mann gewesen war, unterzog man seinen Leichnam, anders als den Albino Lucianis, einer Autopsie. Diese ergab, daß sein Tod die Folge einer »schweren Schädigung der Herzkranzgefäße« gewesen war.
Cody hatte eine Erklärung hinterlassen, mit der Anweisung, sie nach seinem Tode zu veröffentlichen. Sie enthielt nichts, was als

Beweis seiner Unschuld in bezug auf irgendeinen der gegen ihn erhobenen, schwerwiegenden Vorwürfe hätte dienen können. Dafür lieferte sie nochmals ein eindrucksvolles Beispiel für jene unverfrorene Arroganz, durch die der Kardinal sich sein ganzes Leben lang ausgezeichnet hatte: »Ich vergebe meinen Feinden, aber Gott wird es nicht tun.«

Der Tod des Despoten Cody löste natürlich sofort Spekulationen über seinen möglichen Nachfolger aus. Ein häufig genannter Kandidat war Erzbischof Paul Marcinkus, gebürtig aus dem Chicagoer Vorort Cicero. Gegen Marcinkus sprach freilich, daß er zu dieser Zeit in Italien bis zum Hals in einem Skandal steckte. Die amerikanische Kirchenführung machte denn auch Bedenken geltend und gab dem Vatikan zu verstehen, wenn Marcinkus Chicago bekäme, so würde dort nur alles im gleichen Trott weitergehen. Die Diözese Chicago ging schließlich an Erzbischof Joseph Bernardin aus Cincinatti, der eine sofortige kircheninterne Untersuchung des »Falles Cody« zusagte.

Im Gegenzug verkündete die Regierung die Einstellung ihrer eigenen Untersuchungen, und das anhängige gerichtliche Ermittlungsverfahren wurde ausgesetzt, ohne daß irgendeine Anklage erhoben worden wäre. In Anbetracht der Tatsache, daß der Mann, gegen den sich eine solche Anklage hätte richten müssen, tot war, gab es auch kaum eine andere Möglichkeit.

Im Dezember 1982 veröffentlichte Bernardin einen zweiseitigen Hirtenbrief, der für die Katholiken Chicagos bestimmt war. Ohne mit konkreten Angaben oder gar dokumentarischen Belegen aufzuwarten, erklärte Bernardin in dem Hirtenbrief, die Überprüfung des Finanzgebarens von Kardinal Cody habe keinen Hinweis auf Verfehlungen erbracht; es sei allenfalls möglich, daß er eine ungerechtfertigte Rente für Helen Wilson festgesetzt und sich »nicht immer an die üblichen Buchführungsmethoden gehalten« hatte. Aufschlußreicher als dies alles war freilich die Tatsache, daß die von Bernardin mit der Untersuchung beauftragten Wirtschaftsprüfer sich geweigert hatten, die »Korrektheit der geschätzten Zahlen für Einnahmen und Ausgaben« zu bescheinigen, wenn sich auch diese Zahlen ihrer Ansicht nach »innerhalb eines für die Zwecke der Untersuchung als vernünftig akzeptierbaren Spielraums« bewegten.

Die Weigerung der Buchprüfer, die Abrechnungen Codys zu beglaubigen, hatte ihren Grund, wie Bernardin einräumte, hauptsächlich darin, daß ein Teil der finanziellen Rechnungsunterlagen der Erzdiözese nicht auffindbar gewesen war; Bernardin versicherte, daß, »wenn [diese Unterlagen] künftig verfügbar werden, vielleicht eine neue Beurteilung notwendig werden könnte«. Inzwischen ist mehr als ein Jahr vergangen, ohne daß sich eine Spur von diesen Unterlagen gefunden hätte.

Daß der arrogante Despot Cody ein sehr handfestes Motiv gehabt hätte, sich an einer Verschwörung zur Ermordung Albino Lucianis zu beteiligen, ist nicht zu übersehen. Dabei können wir dahingestellt lassen, ob und in welchem Ausmaß er sich finanzieller Verfehlungen schuldig gemacht hat. Worauf es in diesem Zusammenhang ankommt, ist, daß Cody zweifellos von einem akuten Verfolgungswahn beseelt war. Wenn er ein paranoider Psychopath war, dann war es für ihn gleichsam nur natürlich, nach einer gewaltsamen Lösung seiner – wirklichen oder vermeintlichen – Probleme Ausschau zu halten. Cody hätte jeden Versuch irgendeines Papstes, ihn aus Chicago zu vertreiben, als Kampfansage betrachtet und den Kampf bis zum bitteren Ende ausgefochten – bis zu seinem oder des Papstes Ende. Im Laufe seiner langjährigen frühen Tätigkeit in Rom und im Laufe seiner vielen späteren Besuche im Vatikan war es Cody gelungen, sich die Sympathie und Protektion zweier späterer Päpste zu erwerben: Pacellis und Montinis. Ferner hatte er ein umfangreiches Netz von Kontakten, Freunden und Informanten geknüpft. Die Tatsache, daß dieser Mann es sich gestatten konnte, sich mit Papst Paul VI. in aller Öffentlichkeit durch Handzeichen zu verständigen, deutet auf das Ausmaß seines Einflusses hin. Die vielen Bargeldgeschenke, die er nicht nur der polnischen Kirche, sondern auch ausgewählten Mitgliedern der Römischen Kurie zukommen ließ, sicherten ihm darüber hinaus eine Loyalität spezifischer Art. Cody verfügte mitten im Vatikan über eine eigene Mafia oder P2; Männer, die ständig ungehinderten Zutritt zu den Papstgemächern hatten, unterstanden damit seinem direkten Einfluß.

Erzbischof Paul Marcinkus, der dritte jener Männer, die nach dem Willen Albino Lucianis ihrer Ämter hätten enthoben werden sollen, blieb unter Papst Johannes Paul II. Chef der Vatikanbank. Damit nicht genug, wurde er, wie bereits erwähnt, zum Erzbischof ernannt und mit noch weitergehenden Befugnissen ausgestattet. Für einen Mann, der anläßlich seiner Berufung in die Vatikanbank erklärt hatte: »Meine einzigen finanziellen Erfahrungen habe ich bis jetzt bei der Verwaltung der Sonntagskollekte gemacht«, hat Marcinkus es weit gebracht. Er hat sich ein viel triftigeres Anrecht auf den Titel »Bankier Gottes« erworben als jeder seiner beiden ehemaligen Duzfreunde und Geschäftspartner, Roberto Calvi und Michele Sindona. Er kann auch für sich beanspruchen, die römisch-katholische Kirche stärker in Verruf und Mißkredit gebracht zu haben als irgendein anderer Kirchenmann der Neuzeit.

Es kann als eindeutig nachgewiesen gelten, daß Calvi und Marcinkus gegen Mitte der 70er Jahre einen finanziellen Operationsplan schmiedeten, dessen Verwirklichung eine Vielzahl von Gesetzesverstößen einschloß. Ebenso klar ist, daß die panamesischen und die anderen exotischen Firmen, die der Vatikan besaß und noch besitzt, zum beiderseitigen Nutzen der Banco Ambrosiano und der Vatikanbank betrieben wurden.

Der Vatikan hat nach dem Tode Calvis behauptet, er habe von der Existenz dieser exotischen Firmen und von der Tatsache, daß sie dem Vatikan gehörten, erst im August 1981 erfahren. Die Tatsachen beweisen, daß dies eine Lüge ist. Es läßt sich dokumentarisch belegen, daß Bischof Marcinkus schon 1978 Maßnahmen traf, um sicherzustellen, daß der Vatikan als Eigentümer dieser Firmen nicht bekannt wurde. Was die Behauptung des Vatikan betrifft, von den in seinem Besitz befindlichen Firmen nichts zu wissen, so können wir uns mit dem Beispiel der U.T.C. begnügen, der United Trading Corporation in Panama. Sie gehört zu den Firmen, als deren Besitzer sich der Vatikan in den weiter oben zitierten »Patronatsbriefen« zu erkennen gab. Es gibt ein Dokument vom 21. November 1974, einen von leitenden Beamten der Vatikanbank ordnungsgemäß unterzeichneten Brief, in dem Roberto Calvis Banca del Gottardo gebeten wird, für die Vatikanbank die Gründung einer Firma mit dem Namen United Trading Corporation zu arrangieren.

Für Calvi ergaben sich aus illegalen Arrangements wie diesem viele Vorteile. Und was hatte die Vatikanbank davon? Sie verdiente Geld,

ungeheuer viel Geld. Calvi kaufte sich selbst zu einem weit überhöhten Kurs Aktien ab, aber auf dem Papier gehörten diese Aktien – und gehören sie noch heute – den panamesischen Tarnfirmen, die wiederum dem Vatikan gehörten beziehungsweise gehören. Calvi überwies denn auch die auf dieses riesige Aktienpaket anfallenden jährlichen Dividenden an – die Vatikanbank. Es handelte sich dabei um Beträge, die zwar von Jahr zu Jahr schwankten, aber durchschnittlich bei zwei Millionen Dollar pro Jahr lagen.
Allein, dies war nur die Spitze des Eisbergs. Es lassen sich noch einträglichere Geschäfte dokumentieren, die die Vatikanbank als Frucht ihrer Partnerschaft mit Calvi machen konnte. So verkaufte sie beispielsweise 1980 zwei Millionen Anteilscheine einer in Rom ansässigen internationalen Baufirma namens Vianini. Käufer der Aktien war ein kleines Unternehmen namens Laramie mit Sitz in Panama. Der Verkauf dieses Pakets war der Auftakt zu einer geplanten größeren Transaktion, in deren Verlauf der Vatikan insgesamt sechs Millionen Vianini-Aktien an Laramie verkaufen sollte, und zwar zu einem stark überhöhten Kurs. Die erste Zwei-Millionen-Tranche kostete Laramie zwanzig Millionen Dollar.
Daß auch Laramie dem Vatikan gehörte, wird den Leser nicht mehr überraschen. Vielleicht aber fragt er sich, welchen Sinn es hat, daß jemand Aktien zu einem überhöhten Preis an sich selbst verkauft. Vielleicht wird die Sache einleuchtender, als sie zunächst anmutet, wenn man davon ausgeht, daß der Betreffende das ganze mit dem Geld anderer Leute finanziert, wie Calvi es jahrelang vorexerziert hat. Die zur Bezahlung der Aktien erheischten 20 Millionen Dollar kamen von Roberto Calvi. Die Vatikanbank ihrerseits behielt die Aktien, die ihr ja bisher schon gehört hatten, und bekam die 20 Millionen Dollar dazu. Übrigens besaß sie zu keiner Zeit sechs Millionen Vianini-Aktien. Ihr maximales Anteilskontingent bei Vianini lag zu keiner Zeit bei mehr als drei Millionen Aktien. Calvi bediente sich krummer Transaktionen wie dieser, um Marcinkus zu schmieren.
Im März 1982 gewährte Erzbischof Marcinkus dem italienischen Wochenmagazin *Panorama* eines seiner seltenen Interviews. Seine Bemerkungen über Roberto Calvi waren ganz besonders aufschlußreich. Diese Äußerungen wurden acht Monate, nachdem

Calvi zu vier Jahren Gefängnis und zu einer Geldstrafe von 13,7 Millionen Dollar verurteilt worden war, getan und nur sieben Monate nachdem der Vatikan und Marcinkus nach ihrem eigenen Bekunden erstmals entdeckt hatten, daß Calvi über eine Milliarde Dollar veruntreut und durchgebracht und dem Vatikan die geprellte Zeche zur Bezahlung hinterlassen hatte.

> »Calvi verdient unser Vertrauen. Daran zu zweifeln gibt es für mich keinen Grund. Wir haben keine Absicht, uns von den Banco-Ambrosiano-Aktien in unserem Besitz zu trennen; und darüber hinaus haben wir weitere Investitionen bei dieser Gruppe, zum Beispiel bei der Banca Cattolica, die sehr gut laufen.«

Dies steht nicht hinter jener Reverenz zurück, die Marcinkus im April 1973 ebenfalls einem befreundeten Bankier erwiesen hatte, als er von Ermittlern der US-Justiz und des FBI wegen seiner vermuteten Beteiligung an einem Milliarden-Dollar-Schwindel mit gefälschten Wertpapieren befragt worden war. Wie der Leser sich erinnern wird, rühmte Marcinkus bei jener Gelegenheit die Qualitäten eines Mannes, von dem er heute behauptet, er habe ihn kaum gekannt. Der Betreffende erklärt jedoch seinerseits: »Wir haben uns im Lauf der Jahre, in denen wir Geschäftspartner waren, viele Male getroffen. Marcinkus war in zwei Banken mein Partner.« Der Mann, der dies gesagt hat, ist Michele Sindona, der Hauptverantwortliche für den größten einzelnen Bankzusammenbruch in der Geschichte der Vereinigten Staaten, von seinen vielen anderen Straftaten nicht zu reden. Von diesem Mann wußte Marcinkus einmal zu berichten, er sei seiner Zeit in Bankdingen weit voraus.
Man könnte Marcinkus zugute halten, daß er dieses Urteil ein Jahr vor »Il Crack Sindona« zum besten gab. Indes, auch noch 1980, sechs Jahre nach dem Sindona-Bankrott, war Marcinkus bereit, zugunsten Sindonas auszusagen, und nur die Tatsache, daß Kardinal Casaroli (ohne Wissen und Einwilligung von Papst Johannes Paul II.) dazwischentrat, hinderte ihn daran.
Daß Marcinkus heute noch nicht Kardinal ist, hat nur einen einzigen Grund. Johannes Paul II. trug sich mit der Absicht, dem Mann aus Cicero ungeachtet des massiven Schadens, den dessen Machen-

schaften dem weltweiten Ansehen der katholischen Kirche zugefügt haben, den Kardinalshut zu verleihen. Wieder war es nur das energische Dazwischentreten Casarolis, das die Kirche hiervor bewahrte. Es scheint, daß der Papst Sünden von der Art, wie sie am Schreibtisch einer Bank begangen werden, eher zu verzeihen bereit ist, als Sünden, die sich in Schlafzimmern abspielen.

Was die Ermordung Albino Lucianis betrifft, so verfügte Marcinkus sowohl über ein Motiv als auch über Mittel und Wege, die Tat zu bewerkstelligen. Eines der vielen Ämter, die er für Paul VI. versah, war das eines persönlichen Leibwächters und Sicherheitsberaters. Er kannte die zum Schutz des Papstes getroffenen (oder nicht getroffenen) Sicherheitsvorkehrungen wie kein zweiter. Aus welchem Grund er an dem Morgen, an dem Lucianis Leiche gefunden wurde, schon vor sieben Uhr im Vatikan unterwegs war, ist bis heute nicht geklärt. Normalerweise war er zu so früher Stunde nicht im Vatikan anzutreffen. Anders als Villot, wohnte Marcinkus nicht in der Vatikanstadt, sondern in der Villa Stritch in Rom. Marcinkus brachte vielerlei persönliche Impulse in seine Arbeit bei der Vatikanbank ein, nicht zuletzt solche, die mit seiner Kindheit im Cicero Al Capones zu tun hatten. »Paul, wie geht es deinen Freunden in Chicago, den Gangstern?« war in den frühen siebziger Jahren im Vatikan ein oft gehörter Witz. Nach der Verurteilung Sindonas war dieser Witz nicht mehr so oft zu hören. Nach dem Untergang Calvis hört man ihn überhaupt nicht mehr.

Wenn Marcinkus an der Verschwörung zur Ermordung Albino Lucianis nicht aktiv beteiligt war, dann fungierte er möglicherweise – wissentlich oder unwissentlich – als Katalysator. Vor vielen Jahrhunderten rief einmal ein englischer König aus: »Wird niemand mir diesen lästigen Priester vom Halse schaffen?«, und bald darauf hatte die römisch-katholische Kirche in Thomas Becket einen neuen Märtyrer. Es unterliegt keinem Zweifel, daß Marcinkus die schweren Befürchtungen, die das Regiment des neuen Papstes bei ihm hervorrief, Roberto Calvi rückhaltlos mitteilte. Ebensowenig ist zu bezweifeln, daß Albino Luciani im Begriff stand, Marcinkus aus der Vatikanbank zu entfernen und alle Geschäftsbeziehungen der Kirche zur Banco Ambrosiano abzubrechen. Könnte es sein, daß die Befürchtungen, die Marcinkus nicht nur Calvi, sondern auch anderen Personen gegenüber äußerte, jene Ereigniskette auslösten, an deren Ende die Auffindung des toten Albino Luciani am frühen Morgen des 29. September stand – und die Begegnung eines Feldwebels der Schweizergarde mit einem Bischof Marcinkus, der die Meldung vom Tod des Papstes offenen Mundes und augenscheinlich mit fassungslosem Erstaunen quittierte?

Man hat Michele Sindona oft fälschlich als den »Bankier Gottes« bezeichnet. Besser und treffender wäre es, ihn den »Börsenmakler Gottes« zu nennen. Zu dem Zeitpunkt, als Albino Luciani ermordet wurde, kämpfte Sindona gegen einen von der italienischen Regierung gestellten Auslieferungsantrag an. Auch in einer Reihe anderer Länder waren die Strafverfolgungsbehörden an ihm interessiert. Die Möglichkeit, daß die amerikanische Justiz im Zusammenhang mit dem Konkurs der Franklin-Bank ein Strafverfahren gegen Sindona einleiten würde, wurde im September 1978 Tag für Tag mehr zur Gewißheit. Ein solches Verfahren würde ihn zwar zunächst vor einer Auslieferung bewahren, ihn aber dafür in den Vereinigten Staaten um so verwundbarer machen. Die einzige Trumpfkarte, auf die er noch hoffen konnte, waren seine guten Beziehungen zum Vatikan; ob er sie ausspielen konnte, hing ganz von der Bereitschaft seiner dortigen Freunde ab, ihm Hilfe zu leisten. Wenn Bischof Marcinkus, Kardinal Guerri und Kardinal Caprio zu seinen Gunsten aussagten, so würden die Bekundungen dreier so hoher Würdenträger wohl kaum ihre Wirkung auf die Geschworenen verfehlen. Mit Albino Luciani als Papst freilich war die Hoffnung auf irgendwelche hilfreichen Gesten oder gar Taten seitens des Vatikan gleich Null. Als Mann der Mafia und als Mitglied der P 2 hatte Sindona nicht nur ein Motiv und die Mittel, Luciani töten zu lassen; er war auch, wie er bei vielen Gelegenheiten demonstriert hatte, innerlich dazu fähig, die Ermordung eines Menschen in Auftrag zu geben. Er lebte in einer Vorstellungswelt, in der es genügte, den für sein Verfahren verantwortlich zeichnenden US-Staatsanwalt ermorden zu lassen, um aller seiner Probleme mit der amerikanischen Justiz ledig zu sein. In einer Vorstellungswelt, in der es genügte, den Untersuchungsrichter Giorgio Ambrosoli liquidieren zu lassen, um in Italien aus dem Schneider zu sein. Ein Mann, der so denkt, ist gewiß auch dazu fähig, die Ermordung eines rechtschaffenen, reformwilligen Papstes zu arrangieren.

Sindona ist nach wie vor ein gesuchter Mann. Da sind in den Vereinigten Staaten die fortdauernden Ermittlungen wegen des im Januar 1981 unternommenen Versuchs, ihn mit Hilfe eines Hubschraubers aus dem Gefängnis zu befreien. Da ist die im Juli 1981 von der italienischen Justiz gegen ihn erhobene Anklage, die Ermordung Giorgio Ambrosolis in Auftrag gegeben zu haben. In gleicher Sache sind auch Haftbefehle gegen seinen Sohn Nino Sindona und seinen Schwiegersohn Pier-Sandro Magnoni ergangen. Da ist eine seit Januar 1982 in Palermo anhängige Anklage gegen Sindona und 65 Mitglieder der Mafiafamilien Gambino, Inzerillo und Spatola wegen Heroinhandels zwischen Sizilien und den Vereinigten Staaten im Umfang von 600 Millionen Dollar jährlich. Da sind in Sizilien weitere Anklagen gegen Sindona wegen illegalen Waffenbesitzes, Betrugs, Verwendung eines falschen Passes und Verstoßes gegen die Devisenbestimmungen. Und dazu kommen schließlich noch die im Juli 1982 von den italienischen Behörden eingeleiteten Verfahren gegen Sindona und andere (darunter Massimo Spada und Luigi Mennini aus dem Vatikan) wegen zahlreicher Vergehen im Zusammenhang mit dem betrügerischen Bankrott der Banca Privata Italiana. Daß die Anklage in diesem letztgenannten Verfahren sich weitestgehend auf die Früchte der mutigen und wertvollen Arbeit Giorgio Ambrosolis stützt, soll nicht unerwähnt bleiben.
Was für ein Mensch Sindona ist und welche Brut er hervorgebracht hat, könnte ich mit eigenen Worten niemals so deutlich machen, wie sein Sohn Nino es jüngst in einem auf Band aufgenommenen Gespräch mit dem Schriftsteller Luigi di Fonzo deutlich gemacht hat. (Das Band befindet sich jetzt bei den Unterlagen der New Yorker Staatsanwaltschaft.) Das Gespräch fand am Abend des 18. März 1983 statt und dauerte bis weit nach Mitternacht:

»Mein Vater hat mir anvertraut, daß es Arico war ... der den Mord begangen hat.* Sie hatten Ambrosoli bedroht, und es

* Am Sonntag, dem 19. Februar, stürzte William Arico bei einem Fluchtversuch aus dem Metropolitan-Zuchthaus in Manhattan zu Tode, zwei Tage vor einem Gerichtstermin zu dem von den italienischen Behörden angestrengten Auslieferungsantrag. Arico und Sindona sollten in Italien wegen des Mordes an Giorgio Ambrosoli angeklagt werden.

wirkte eine Zeitlang. Billy Arico wurde von Venetucci [einem angeblich zur Gambino-Familie gehörenden Heroinschmuggler] nach Mailand geschickt, im Auftrag meines Vaters, um auf Ambrosoli zu schießen, ihn aber nicht umzubringen. Arico hat den Mord begangen . . . Die Familie von Ambrosoli verdient kein Mitleid. Ich habe kein Mitleid für den Schweinehund, und was er bekommen hat, war nicht genug für einen solchen Hurensohn. Schade, daß er gestorben ist, ohne zu leiden. Daß wir uns in diesem Punkt recht verstehen: Ich werde meinen Vater niemals verurteilen, denn Ambrosoli hat es nicht verdient, auf dieser Erde zu leben . . . Mein Vater hat genug durchgemacht. Jetzt ist es an der Zeit, daß einmal unsere Feinde etwas durchmachen. Griesa, Kenney, die sollen jetzt einmal leiden. Nicht wieder mein Vater, nicht wir. Wir haben nichts getan . . . Um uns Gerechtigkeit zu verschaffen, hätte ich keine Angst, jedes Verbrechen zu begehen. Leute wie Kenney, Griesa könnten unter schlimmsten Schmerzen sterben, das wäre für mich nur ein Anlaß für eine große Champagnerfeier. Ich glaube an das Töten im Dienst der gerechten Sache.«

Thomas Griesa war der Richter im Verfahren »Vereinigte Staaten gegen Sindona«. John Kenney war der Hauptankläger. Luigi di Fonzo fragte Nino Sindona, wie er einen Mord rechtfertigen könne. Die Antwort kam wie aus der Pistole geschossen.

»Ich bräuchte nur eineinhalb Sekunden, um ihn zu rechtfertigen. Genauso, wie ich nur eineinhalb Sekunden bräuchte, um einen politischen Mord zu rechtfertigen. Nehmen wir an, ich wollte Richter Griesa liquidieren. Für mich ist das Notwehr . . . weil er das schwere Verbrechen begangen hat, meinen Vater für den Rest seines Lebens ins Gefängnis zu bringen. Und es besteht keine Chance für eine Wiederaufnahme, solange Richter Griesa am Leben ist. Das heißt, dadurch, daß wir ihn töten, eröffnen wir uns die Chance auf eine Wiederaufnahme. Also Notwehr.«

Für Leute wie Michele Sindona und seinen Sohn wäre die Ermordung eines Papstes, der ihnen im Weg stand, ebenfalls ein klarer Fall von »Notwehr« gewesen.
Roberto Calvi. Es gab eine Zeit, in der es für einen Ehrenmann, der bankrott gemacht hatte und sich in auswegloser Lage befand, geradezu selbstverständlich war, sich der Schande durch Selbstmord zu entziehen. Offenbar hielt die erste Untersuchungskommission, die sich mit dem Tod Roberto Calvis beschäftigte, den aufgeflogenen Großbetrüger für einen Ehrenmann: Sie gelangte zu dem Befund »Selbstmord«. Daß für die Überprüfung des Sachverhalts nur ein Tag zur Verfügung stand, daß Zeugen fehlten, daß andere Zeugen sich des fortgesetzten Meineids schuldig machten, daß kaum etwas von den höchst wichtigen Hintergründen zur Sprache kam, all dies schien den Coroner in London, der über die Frage »Selbstmord oder Mord« zu entscheiden hatte, nicht zu stören. In Italien registrierte man seinen Befund mit großer Verwunderung. 1983 kam eine zweite Kommission der Wahrheit näher, als sie erklärte, nicht entscheiden zu können, auf welche Weise der Mann zu Tode gekommen war, dessen Leiche passenderweise unweit einer Stelle hing, an der ein Abwasserkanal in die Themse mündet.
Ich zweifle nicht daran, daß Calvis »Selbstmord« die Tat seiner Freunde von der P2 war – ein neuerliches Beispiel dafür, wie gefährlich es sein kann, in Italien als Bankier Karriere zu machen. Nur Stunden vor Calvis Tod war seine Sekretärin in Mailand, Graziella Corrocher, aus einem Fenster im 4. Stock der Banco-Ambrosiano-Zentrale gestürzt. Ihr »Abschiedsbrief«, der aus einem Schwall von Verwünschungen gegen Roberto Calvi bestand, wurde von Roberto Rosone entdeckt, der nach dem auf ihn verübten Mordanschlag noch an Krücken ging. Wenige Monate später, am 2. Oktober 1982, war es Giuseppe Dellacha, ein leitender Mitarbeiter der Banco Ambrosiano, der ebenfalls aus einem Fenster der Mailänder Zentrale stürzte. Vielleicht werden irgendwann einmal die wahren Umstände von Roberto Calvis Tod ans Licht kommen. Es ist nicht der Auftrag dieses Buches, herauszufinden, wer für seinen Tod verantwortlich war, wenngleich ich nach sorgfältiger Prüfung vieler Anhaltspunkte ziemlich sicher zu wissen glaube, wo die Schuldigen zu suchen sein müssen. Clara Calvi, die Witwe, war sich ihrer Sache

ebenfalls sicher: »Der Vatikan hat meinen Mann ermorden lassen, um den Bankrott der Vatikanbank vertuschen zu können.«
Wenn es so wäre – und ich teile diese Ansicht nicht –, dann wäre es vielleicht ein exemplarischer Fall von ausgleichender Gerechtigkeit, denn vieles, sehr vieles spricht dafür, daß Roberto Calvi unmittelbar an der Ermordung Albino Lucianis beteiligt war.
Roberto Calvi war die Zentralfigur einer wirtschaftlichen Betrugsaffäre von atemberaubenden Ausmaßen: des Diebstahls von mehr als einer Milliarde Dollar. Dieser Diebstahl wäre aufgedeckt worden, wenn Luciani länger gelebt hätte. Er wäre noch 1978 aufgedeckt worden. Nach dem Tod Lucianis konnte Calvi die ungeheuerliche und haarsträubende Serie seiner Betrügereien fortsetzen. Über 400 Millionen Dollar, mehr als zwei Fünftel der Summe, die insgesamt abhanden gekommen ist – offenbar in einem Panama-Dreieck verschwunden –, hat Calvi sich erst nach dem Tod Albino Lucianis geborgt.
Calvi riet allen seinen Bekannten, den Roman *Der Pate* zu lesen, denn, so pflegte er zu sagen: »Dann werden Sie wissen, wie es auf der Welt zugeht.« In *seiner* Welt ging es zweifellos so zu.
Bis an sein Lebensende wirkte er als Geldwäscher für die Mafia, in der Rolle also, die er von Michele Sindona übernommen hatte. Er kümmerte sich in gleicher Weise auch um Gelder der P2. Das Geldwaschen bewerkstelligte er mit Hilfe der Vatikanbank: »Schmutziges« Geld, Einkünfte aus Lösegelderpressungen, aus dem Drogenhandel, aus Waffengeschäften, Banküberfällen, Juwelen- und Kunstdiebstählen, wanderte von der Banco Ambrosiano aus auf ein italienisches Konto der Vatikanbank, von da an zur Banca del Gottardo oder zur Schweizerischen Bankgesellschaft. Calvis Verbindungen zur kriminellen Szene erstreckten sich von den Topetagen der Mafia bis hinunter zu gewöhnlichen, primitiven Mördern und Straßenräubern, von korrupten Wirtschaftsbossen bis zu rechtsextremen Terroristengruppen.
Das 1,3-Milliarden-Dollar-Loch in der Bilanz der Banco Ambrosiano resultierte nicht nur aus der betrügerischen Praxis Calvis, Aktien seiner eigenen Bank aufzukaufen. Viele Millionen flossen in die Taschen seiner politischen Gönner und Beschützer in Italien. Weitere Millionenbeträge gingen an Gelli und Ortolani. So über-

wies Calvi beispielsweise aus Peru 55 Millionen Dollar auf ein Nummernkonto bei der Schweizerischen Bankgesellschaft in Zürich. Weitere 30 Millionen Dollar landeten auf Konten, die Calvis P2-Logenbruder Flavio Carboni bei Schweizer Banken unterhielt.

Anfang 1982 überwies Calvi direkt von der Mailänder Mutterbank aus 470 Millionen Dollar nach Peru. Dann drückte er seiner Sekretärin ein Flugticket nach Monte Carlo und einen Stapel Papiere mit Telex-Botschaften in die Hand. Von Monte Carlo aus auftragsgemäß per Fernschreiber losgeschickt, bewirkten die Botschaften, daß das Geld von Peru aus auf eine Reihe von Nummernkonten in der Schweiz weitergeleitet wurde.

Die italienischen Christdemokraten, Kommunisten und Sozialisten waren nicht die einzigen politischen Gruppierungen, die einen Biß in den goldenen Apfel tun durften. Millionen flossen, auf Gellis direkte Anforderung hin, an die Militärregierungen, die in Argentinien, Uruguay und Paraguay damals herrschten beziehungsweise noch heute herrschen. Unter anderem mit Geld, das Calvi gestohlen hatte, kaufte die argentinische Militärjunta in Frankreich Exocet-Raketen; Calvis Niederlassung in Peru half bei der finanziellen Abwicklung dieses Geschäfts. Millionen flossen heimlich und illegal in die Kassen der »Solidarität« in Polen. Bei diesen Geldern handelte es sich um eine Mischung aus Beutegeldern Calvis und Mitteln der Vatikanbank, die letzten Endes aus den von den katholischen Gläubigen gefüllten Sammelbüchsen stammten. Calvi sprach, wenn er unter Freunden oder Vertrauten war, oft von diesen Zahlungen nach Polen. Einer dieser Vertrauten war Carboni, der, wie es sich für einen guten P2-Mann gehört, heimlich ein Tonband mitlaufen ließ:

> »Marcinkus muß auf Casaroli aufpassen, der der Kopf der gegen ihn arbeitenden Gruppe ist. Wenn Casaroli je einem dieser Finanziers in New York begegnen sollte, die für Marcinkus arbeiten, Geld an die ›Solidarität‹ schicken, dann würde im Vatikan kein Stein auf dem anderen bleiben. Oder wenn Casaroli auch nur eines von diesen Blättchen Papier fände, von denen ich weiß – dann gute Nacht, Marcinkus. Gute Nacht, Wojtyla. Gute

Nacht, Solidarität. Die letzte Operation würde allein ausreichen, die mit 20 Millionen Dollar. Ich habe auch Andreotti davon erzählt, aber es ist nicht klar, auf welcher Seite er steht. Wenn die Dinge in Italien einen bestimmten Lauf nehmen sollten, dann wird der Vatikan sich ein Gebäude in Washington, hinter dem Pentagon, mieten müssen, ganz schön weit weg vom Petersdom.«

Die Gesamtsumme der Gelder, die im Auftrag des Vatikan heimlich und illegal in die Kassen der *Solidarnosc* geschleust wurden, beläuft sich auf über 100 Millionen Dollar. Viele, die mit Walesas Gewerkschaftsbewegung sympathisieren, nehmen dies vielleicht mit Zustimmung und Beifall zur Kenntnis. Allein, man schafft einen potentiell gefährlichen Präzedenzfall, wenn man sich mit solchen Mitteln in die inneren Angelegenheiten eines anderen Landes einmischt. Weshalb sollte nicht jemand anders der IRA 100 Millionen zustecken, damit sie ihre Mordanschläge in größerem Maßstab fortsetzen kann? Den lieben Gott zu spielen, kann selbst für einen Papst ein gefährlicher Zeitvertreib sein.

»Wir haben keine weltlichen Güter auszutauschen und keine wirtschaftlichen Interessen zu erörtern. Unsere Möglichkeiten des Eingreifens sind nach Art und Umfang begrenzt und haben einen besonderen Charakter. Sie betreffen weder, noch beeinträchtigen sie die rein weltlichen, technischen und politischen Dinge, mit denen Ihre Regierungen sich beschäftigen.«

So sprach Luciani zu den im Vatikan akkreditierten Diplomaten. Es ist klar, daß sein Nachfolger in dieser Frage völlig anders denkt (zumindest aber völlig anders handelt).

Was die Ermordung Albino Lucianis angeht, so hatte Calvi, genau wie Sindona, ein Motiv, verfügte über die Mittel und war zu einer solchen Tat befähigt. Schon vor der Ermordung Lucianis hatten Calvis P2-Freunde ihre mörderischen Qualitäten mit einer Reihe furchtbarer Bombenanschläge unter Beweis gestellt. Daß sie zu individuellen Mordtaten bereit und fähig waren, demonstrierten sie mit der Liquidierung Vittorio Occorsios. Nach dem Tod des Papstes steigerten sich im gleichen Maß wie die gigantischen Gaunereien Calvis auch Mord und Terror zu einem hektischen Crescendo. Die Liste der Ermordeten – Emilio Alessandrini, Mino Pecorelli, Giorgio Ambrosoli, Antonio Varisco, Boris Giuliano – sagt alles über das Milieu, in dem Roberto Calvi sich bewegte. Die Tatsache, daß der Gouverneur der Bank von Italien und einer seiner vertrautesten Mitarbeiter Opfer einer Falschanklage werden konnten, daß Sarcinelli deswegen eine sechswöchige Haft erdulden mußte, daß Männer, die die Wahrheit kannten, jahrelang aus Angst stillhielten und schwiegen, dies alles zeigt, über welche beängstigende Macht Calvi gebot – eine Macht, die sich aus vielen Quellen speiste, nicht zuletzt aus Calvis Symbiose mit Licio Gelli, dem Großmeister der P 2.

Licio Gelli, »Il Burattinaio«, der Mann, der die Puppen tanzen ließ. Der Mann, der seine Puppen offenbar überall sitzen hatte – im Vatikan, im Weißen Haus, in den Regierungspalästen zahlreicher Länder. Gelli, der seinen ranghöheren Logenbrüdern den bemerkenswerten Rat gab, stets eine tödliche Dosis Digitalis bei sich zu tragen, eine Dosis, die ausreichte, einen tödlichen Herzanfall herbeizuführen, um es in der Sprache der Laien zu sagen. Ein Arzt, der die Leiche eines auf diese Weise zu Tode Gekommenen nur äußerlich untersucht, wird zu dem Schluß gelangen, daß der Tod durch Myokardinfarkt eingetreten ist. Digitalis ist geruchlos und hinterläßt keinerlei Spuren. Eine perfekte Mordwaffe – aber nur wenn keine Autopsie durchgeführt wird.

Licio Gelli, der Mann, der immer, wenn er Calvi anrief, jenen seltsamen Decknamen benutzte: »Luciani«, den Namen eines toten Papstes – einen Namen, dessen Nennung offenbar genügte, um Calvi zur Überweisung von Millionenbeträgen auf Gellis Konten zu veranlassen.

Wenn man den Aussagen der Familie Calvi Glauben schenken darf, dann legte der Bankier alle seine Probleme den »Priestern« zur Last. Und er ließ keinen Zweifel daran, welche Priester er meinte – die im Vatikan. Im September 1978 war es ein ganz bestimmter Priester, der vor allen anderen eine gefährliche Bedrohung für Roberto Calvi darstellte, die gefährlichste, mit der er es je zu tun gehabt hatte. Im August 1978 war Calvi in Südamerika mit Gelli und Ortolani zusammengetroffen, um mit ihnen neue betrügerische Manipulationen auszuhecken. Wer wollte ernsthaft glauben, daß Gelli und Ortolani nur ratlos mit den Achseln zuckten, als Calvi ihnen eröffnete, daß Albino Luciani drauf und dran war, Maßnahmen zu ergreifen, die dem Spiel, das sie seit Jahren spielten, ein abruptes Ende setzen würden?

Die Ermordung eines Polizisten oder eines Untersuchungsrichters konnte als offene, öffentliche Tat inszeniert werden. Entweder würden Motiv und Täter unbekannt bleiben, oder eine der vielen Terroristengruppen, die in Italien ihr Unwesen trieben, würde verantwortlich gemacht werden. Die Tötung eines Papstes dagegen mußte so geschickt bewerkstelligt werden, daß sie nach außen hin nicht als Mord erschien, sondern als natürlicher Todesfall.

Die Kosten – also Bestechungsgelder, Prämien, Gebühren, Provisionen – spielten, wie hoch sie auch immer sein mochten, keine Rolle. Wenn der Zweck der Ermordung des Papstes darin bestand, die Schutz- und Tarnfassade aufrechtzuerhalten, hinter der Roberto Calvi ungestört Millionen und Abermillionen ergaunern konnte, dann konnte man es sich leisten, jeden Preis zu zahlen. Natürlich gab es Probleme, zum Beispiel in Gestalt des stellvertretenden Vorstandsvorsitzenden der Banco Ambrosiano, Roberto Rosone; dieses Problem, das Calvi mit seinem P2-Bruder Carboni in aller Ausführlichkeit erörterte, sollte durch einen bestellten Mord aus der Welt geschafft werden. Rosone überlebte den Anschlag, aber Carboni zahlte dennoch am Tag darauf 530000 Dollar an den überlebenden Partner des gedungenen Attentäters, Ernesto Diotavelli. Eine halbe Million Dollar für einen stellvertretenden Vorstandsvorsitzenden. Wieviel für einen Papst? Und wieviel Geld ist viel Geld, wenn man sein eigener Bankier ist und aus dem vollen schöpfen kann?

Der vielleicht tiefgründigste Nachruf auf Roberto Calvi kam aus dem Munde von Mario Sarcinelli, einem jener vielen, die persönlich zu spüren bekommen hatten, wieviel Macht Calvi zu mobilisieren vermochte. »Er begann als Diener, stieg dann zum Herrn auf, nur um schließlich wieder zum Diener anderer Herren zu werden.« Calvis letzter und eigentlicher Herr war der Mann, den ich für den maßgeblichen Drahtzieher der Verschwörung zur Ermordung Albino Lucianis halte: Licio Gelli.

In diesem Buch sind schon viele Beispiele genannt worden, die zeigen, wieviel Macht und Einfluß Licio Gelli ausübte. Man kann mit Fug und Recht sagen, daß zum Zeitpunkt der Ereignisse, die im Mittelpunkt dieses Buches stehen, im September 1978, Licio Gelli der heimliche Herrscher Italiens war.

Dank seines Kompagnons Umberto Ortolani verfügte Gelli über Kontakte und Einflußmöglichkeiten innerhalb des Vatikan. Die Tatsache, daß beide sich zum Zeitpunkt des Todes Johannes Pauls I. in Südamerika aufhielten, verschafft ihnen zwar nach den Maßstäben des klassischen Kriminalromans ein perfektes Alibi, aber was hat das bei einem Mann, der die Puppen tanzen lassen kann, schon zu bedeuten? Sindona saß in New York bei einem Dry Martini, als in Mailand Giorgio Ambrosoli von William Arico erschossen wurde. Das würde Sindona aber wenig helfen, wenn die italienische Justiz jemals seiner habhaft würde.

Licio Gelli, der bei bestimmten Gelegenheiten den vertraulichen Decknamen Luciani benutzt, liefert weiterhin eindrucksvolle Demonstrationen seines außerordentlichen Einflusses. 1979 begannen er und Ortolani, politische Hebel in Bewegung zu setzen, mit dem Ziel, eine Versöhnung und Verbindung zwischen dem früheren christdemokratischen Premierminister Andreotti und dem sozialistischen Parteiführer Craxi herbeizuführen. Die Enttarnung von fast tausend P2-Mitgliedern im Jahr 1981 ließ die delikaten Verhandlungen eine Zeitlang ins Stocken geraten. Inzwischen haben sie jedoch Früchte getragen. Zu der Zeit, da dies niedergeschrieben wird, ist Bettino Craxi italienischer Premierminister, und sein Außenminister heißt Giulio Andreotti. Beide Männer sind Licio Gelli sehr zu Dank verpflichtet.

Am 8. April 1980 schrieb Gelli aus Italien an Phillip Guarino, einen führenden Funktionär der Republikanischen Partei der USA, die zu dieser Zeit alle ihre Kräfte anspannte, um ihren Kandidaten Ronald Reagan ins Weiße Haus zu bringen. Gelli schrieb: »Wenn Sie glauben, daß es nützlich wäre, wenn etwas für Ihren Präsidentschaftskandidaten Günstiges in Italien veröffentlicht würde, schicken Sie mir Material, und ich werde es in einer der hiesigen Zeitungen unterbringen.«

Ein solches Angebot mag aus dem Munde eines Mannes, der weder eine Zeitung besaß noch ein einflußreicher Mann des öffentlichen politischen Lebens war, seltsam anmuten. Wie konnte ein solcher Mann eine positive Berichterstattung über Ronald Reagan in einer italienischen Zeitung versprechen? Nun, das P 2-Mitglied Roberto Calvi war Mehrheitsaktionär bei Rizzoli, der mächtigen Verlagsgruppe, zu deren Aktivposten die angesehenste Zeitung Italiens gehörte, der *Corriere della Sera*. Darüber hinaus saßen P 2-Mitglieder in den Redaktionen anderer Zeitungen des Landes und in strategisch wichtigen Positionen bei Rundfunk und Fernsehen.

Bei der feierlichen Amtseinführung Ronald Reagans im Januar 1981 war Licio Gelli einer der Ehrengäste. Guarino bemerkte später beleidigt: »Er hatte einen besseren Platz als ich.«

Im Mai 1981, nachdem das Auftauchen einer Liste mit den Namen von nahezu tausend P 2-Mitgliedern (darunter mehrere amtierende Minister) zum Sturz der italienischen Regierung geführt hatte, zog Gelli von mehreren Stützpunkten in Südamerika aus weiterhin die Fäden seiner Macht. Ein Indiz dafür, daß Gelli keineswegs ein toter Hund war, ist die Tatsache, daß Roberto Calvi noch nach dem Platzen des P 2-Skandals 95 Millionen Dollar von der Banco Ambrosiano Mailand an die panamesische Firma Bellatrix überwies, die, wie wir gesehen haben, ein von der P 2 inszeniertes Tarnunternehmen war. Bei dieser Transaktion, die über eine Reihe exotischer Stationen abgewickelt wurde – Rothschild in Zürich, Rothschild auf Guernsey, die Banque Nationale de Paris in Panama –, blieben aus irgendeinem rätselhaften Grund 20 Millionen Dollar bei einer kleinen Kaufmannsbank in Dublin namens Ansbacher & Co. hängen.

Ein Jahr später, im Mai 1982, kam Licio Gelli, ein Mann, der untergetaucht war, der sich auf der Flucht befand, der wegen zahlloser Vergehen gesucht wurde, seelenruhig nach Europa, um seinen argentinischen Freunden einen Gefallen zu erweisen. Der Falklandkrieg war in vollem Gang. Die Exocet-Raketen, die Gelli für die Junta gekauft hatte, hatten sich als durchschlagender Erfolg erwiesen. Wie schon früher berichtet, wollte Gelli jetzt welche nachkaufen. Er logierte als Gast Ortolanis in einer Villa in Kap Ferrat und trat in Geheimverhandlungen nicht nur mit einer Reihe von Waffenhändlern, sondern auch mit der Firma Aérospatiale, der Herstellerin der Raketen, ein. Der britische Geheimdienst bekam Wind von diesen Verhandlungen und alarmierte die Kollegen vom italienischen Geheimdienst, die prompt ein Sonderkommando nach Kap Ferrat schickten. Als die Italiener in die Villa eindringen wollten, wurden sie von Männern des französischen Geheimdiensts D.S.T. daran gehindert. Die Franzosen unterbanden alle italienischen Versuche, Gelli festzunehmen. Das zeigt ein weiteres Mal, über welche Macht dieser Mann gebot.

Während er mit einer Anzahl potentieller Exocet-Lieferanten verhandelte, stand Gelli in beständigem Kontakt mit Calvi. Die beiden Freimaurer hatten noch immer viele gemeinsame Interessen und Berührungspunkte. Auch Calvi war, wenigstens seit der zweiten Juniwoche 1982, ein Mann auf der Flucht. Angesichts des bevorstehenden und nicht mehr aufzuhaltenden Zusammenbruchs seines Ambrosiano-Imperiums war er heimlich aus Italien geflohen und über Österreich nach London gelangt. Wieder einmal brauchten er und Gelli einander. Calvi, weil er Schutz vor den italienischen Behörden suchte, Gelli, weil er viele Millionen für das Exocet-Geschäft benötigte. Meine Nachforschungen haben triftige Anhaltspunkte dafür ergeben, daß die Franzosen vorhatten, einen Weg zur Umgehung des damals geltenden Embargos für Waffenlieferungen an Argentinien zu finden. Offenbar sollten die Raketen über Peru nach Argentinien gelangen. Techniker der Firma Aèrospatiale standen bereit, nach Südamerika zu fliegen und die Exocets für den Einsatz von Flugzeugen der argentinischen Luftwaffe aus umzurüsten.

Beide, Gelli und Calvi, erlitten diesmal Schiffbruch. Calvi, der auf Anraten Gellis London als vorläufiges Exil gewählt hatte, fand dort den Tod. Er wurde am 17. Juni 1982 durch »Selbstmord« aus dem Leben befördert. Am selben Tag wurde in Argentinien General Galtieri als Staatspräsident abgelöst und durch General Bignone ersetzt. Argentinien hatte den Krieg verloren. Gellis Bemühungen, neue Raketen zu besorgen, kamen zu spät. Er und seine P 2-Freunde schoben die Schuld auf Calvi, der ihrer Ansicht nach das für die Exocets benötigte Geld nicht schnell genug beschafft hatte.

Im August 1982 beschloß die argentinische Junta, mit einem überraschenden Revanchefeldzug gegen die britischen Garnisonstruppen die Falklandinseln zurückzuerobern. Die argentinischen Militärs glaubten, mit Hilfe einer Anzahl Exocet-Raketen könnten sie die Briten besiegen.

Dieses Mal verhandelte Gelli mit einem ehemaligen Offizier des italienischen Geheimdienstes, Oberst Massimo Pugliese (natürlich P2-Mitglied). Wieder erfuhr der britische Nachrichtendienst von der Sache und sorgte dafür, daß das Geschäft nicht zustande kam.

Im selben Monat, im August 1982, ergab sich für Gelli ein kleines Problem: Bei einem seiner geheimen Bankkonten in der Schweiz klemmte etwas. Sooft er die Genfer Filiale der Schweizerischen Bankgesellschaft anwies, eine Überweisung von seinem Konto zu tätigen, kam der Auftrag unerledigt zurück. Man erklärte Gelli, um das Problem auszuräumen, müsse er sich persönlich nach Genf bemühen.

Mit einem gefälschten argentinischen Paß ausgestattet, flog er im September nach Madrid und von da aus weiter nach Genf. Er betrat die Bank, wies sich mit seinen gefälschten Papieren aus und wurde gebeten, ein paar Augenblicke zu warten. Minuten später wurde er verhaftet. Er war in eine sorgfältig aufgebaute Falle gegangen. Das Konto war auf Ersuchen der italienischen Regierung gesperrt worden, nachdem sie von den Schweizern Auskunft über die wahre Identität des Kontoinhabers erhalten hatte.

Das Konto war von Roberto Calvi für Gelli eröffnet worden. Der Mailänder Bankier hatte im Lauf der Zeit mehr als 100 Millionen Dollar in diese Geldschleuse hineingepumpt. Zum Zeitpunkt seiner Verhaftung bemühte Gelli sich gerade darum, die 55 Millionen Dollar, die noch auf dem Konto vorhanden waren, nach Uruguay zu transferieren.

Das Auslieferungsverfahren wurde unverzüglich in Gang gesetzt. Gelli reagierte darauf mit dem gleichen Klagelied, das vor ihm auch schon Sindona und Calvi gesungen hatten: »Ich bin das Opfer einer politischen Verfolgung. Es ist ein Komplott der Linken.« Während die schweizerische Justiz die Sachlage prüfte, kam Licio Gelli in Verwahrungshaft. Er wurde in einem der sichersten Schweizer Gefängnisse, in Champ Dollon, untergebracht. Wie in diesem Buch bereits dargelegt wurde, pflegen Auslieferungsverfahren, die Mitglieder der P2 betreffen, sich lange hinzuziehen. So kam es, daß Gelli noch im Sommer 1983 in Champ Dollon einsaß.

In Italien war unterdessen der Parlamentsausschuß zur Untersuchung der P-2-Affäre mit Rücksicht auf die im Juni 1983 anstehenden Wahlen vorübergehend ausgesetzt worden. Für die Christdemokraten kandidierten mindestens fünf als P2-Mitglieder entlarvte Politiker. Die Vorsitzende des Untersuchungsausschusses, Signora Tina Anselmi, antwortete auf die Frage, wie sie nach zweijähriger intensiver Untersuchungstätigkeit über die P2 denke:

> »Die P2 ist keineswegs tot. Sie verfügt noch immer über Macht. Sie ist in den Institutionen aktiv. Sie kriecht durch die Gesellschaft. Ihr stehen noch immer Geld, Instrumente und Möglichkeiten zu Gebote. Sie verfügt über gutfunktionierende Machtzentren in Südamerika. Sie ist auch noch in der Lage, das politische Leben in Italien zu beeinflussen, zumindest in Teilbereichen.«

Diese Feststellungen von Frau Anselmi werden von den Tatsachen voll bestätigt. Als die Nachricht von der Verhaftung Gellis in Argentinien bekannt wurde, erklärte Admiral Emilio Massera, Mitglied der Regierungsjunta: »Herr Gelli hat Argentinien unschätzbare Dienste geleistet. Dieses Land hat ihm viel zu verdanken und wird ewig in seiner Schuld sein.«

Admiral Massera ist, wie General Carlos Suarez Mason, der Befehlshaber der Ersten Armee, und wie José Lope Rega, der Organisator der argentinischen Todesschwadronen, Mitglied der argentinischen Sektion der P2. In Uruguay zählt die P2 den ehemaligen Oberbefehlshaber der Streitkräfte, General Gregorio Alvarez, zu ihren Mitgliedern.

Falls irgend jemand in Italien oder anderswo Tina Anselmi unterstellt hatte, sie habe mit ihren Bemerkungen über die P2 lediglich politische Pluspunkte im Hinblick auf die bevorstehende Wahl zu verbuchen versucht, so wurden diese Skeptiker sicherlich am 10. August 1983 eines Besseren belehrt. Im Gefängnis von Champ Dollon fehlte an diesem Tag ein Häftling – Licio Gelli war entkommen. Die Schweizer Behörden versuchten sogleich, die Blamage dadurch zu mildern, daß sie einem einzigen bestechlichen Gefängniswärter namens Umberto Cerdana, der zugab, von Gelli etwas über 6 000 Dollar Schmiergeld angenommen zu haben, die ganze Verantwortung für den Verlust des prominenten Häftlings aufzubürden versuchte. Wer unter den Lesern dieses Buches daran glaubt, daß Gelli seine Flucht aus der Schweiz lediglich mit Hilfe eines kleinen Gefängnisbeamten bewerkstelligt hat, mag vielleicht auch glauben, daß Albino Luciani eines natürlichen Todes gestorben ist. Für eine Summe, die ungefähr vier Monatsgehältern entspricht, begeht ein Gefängniswärter eine Tat, die ihn möglicherweise für siebeneinhalb Jahre ins Gefängnis bringt!

Neun Tage nach Gellis Flucht gaben die Schweizer Behörden dem italienischen Auslieferungsantrag statt. Das Dumme war nur, daß kein Gelli mehr da war, den sie hätten ausliefern können. Von seinem Sohn mit einem gemieteten BMW über die Grenze nach Frankreich gebracht, war er von dort aus von einem arglosen Hubschrauberpiloten nach Monte Carlo geflogen worden. Als Vorwand, mit dem der Pilot dazu veranlaßt wurde, in Monte Carlo zu landen, statt direkt nach Nizza zurückzufliegen, diente die Behauptung, Gelli müsse in Monte Carlo dringend zum Zahnarzt. Mit einer Jacht, die einem gewissen Francesco Pazienza gehörte (der behauptet, ein guter Freund des verstorbenen Roberto Carboni gewesen zu sein), gelangte Gelli nach Uruguay. Zum Zeitpunkt, da dies geschrieben wird, sitzt er in einer Ranch einige Kilometer nördlich von Montevideo und zieht vermutlich neue Fäden. Er steht in vielen Ländern zur Fahndung ausgeschrieben, aber der umfangreiche Fundus an Informationen, den er im Lauf der Jahre so fleißig zusammengetragen hat, wird ihn mit Sicherheit davor bewahren, daß ihm ein Haar gekrümmt wird.

Die Parlamentswahlen in Italien brachten das von vielen Beobachtern erwartete Ergebnis: Bettino Craxi, einer der vielen Nutznießer der Großzügigkeit Calvis, wurde Premierminister. Auf die Sensationsmeldung aus Genf angesprochen, erklärte er: »Die Flucht Gellis bestätigt, daß der Großmeister über einen Kreis mächtiger Freunde verfügt.«

Falls – und es ist dies in der Tat ein dreimal zu unterstreichendes falls – Licio Gelli jemals lebend in die Hände der italienischen Justiz fallen sollte, müßte er mit Anklagen wegen einer langen Liste von Straftatbeständen rechnen, darunter: Erpressung, Drogen-

schmuggel, Waffenschmuggel, Verschwörung zum Sturz der legitimen Regierung, politische Spionage, militärische Spionage, widerrechtliche Aneignung von Staatsgeheimnissen, Beteiligung an einer Reihe von Bombenanschlägen, darunter das Attentat am Hauptbahnhof von Bologna, das 85 Menschenleben forderte.
Die Indizienkette, die Glied um Glied von einem ermordeten Papst über Bischof Paul Marcinkus über Roberto Calvi über Umberto Ortolani zu Licio Gelli führt, ist solide. Indizienbeweisführungen müssen solide sein, müssen der strengsten Prüfung standhalten können, ehe sie einen Schuldspruch rechtfertigen. Keine Geschworenenjury könnte, wenn sie mit dem in diesem Buch ausgebreiteten Indizienmaterial konfrontiert würde, zu dem Urteil »Tod aus natürlichen Ursachen« kommen. Kein Richter, kein Leichenbeschauer auf dieser Welt würde angesichts des vorliegenden Materials einen solchen Spruch akzeptieren. Daran gibt es keinen Zweifel. Nichts auch spricht dafür, daß der Tod Albino Lucianis die Folge eines Unfalls war. Es bleibt also nur Mord übrig. Meiner Überzeugung nach nicht von irgendwelchen unbekannten Tätern, sondern von Personen, die nur allzugut bekannt sind. Und der Anstifter und Drahtzieher dieses Mordanschlags war meiner Überzeugung nach Licio Gelli. Unter den Mitgliedern seiner Freimaurerloge P2 war Francesco Baggio, der Bruder des Kardinals Baggio. Zu seinen Duzfreunden gehörte Kardinal Paolo Bertoli. Umberto Ortolani, Gellis engster P2-Vertrauter, war in der Vatikanstadt besser zu Hause als viele Kardinäle. Ortolani mit seinen zahlreichen vatikanischen Orden und Ehrenzeichen, die eine ganze Schublade füllten. Ortolani, der dem Nervenzentrum der vatikanischen Macht so nahe stand, daß eine Gruppe einflußreicher Kardinäle seine Villa zu dem Ort erwählte, an dem sie sich heimlich versammelte, um die strategische Marschroute auszuklügeln, die dann in der Wahl Pauls VI. resultierte. Ortolani, der den Plan für den Hunderte von Millionen schweren Verkauf der vatikanischen Beteiligungen an der Società Generale Immobiliare, an Ceramiche Pozzi und Condotte schmiedete. Ortolani, der die Partnerschaft zwischen seinem P2-Logenbruder Michele Sindona, dem Mafioso, und Seiner Heiligkeit Paul VI. stiftete und von ersterem mit riesigen Provisionen, von letzterem mit kirchlichen Auszeichnungen belohnt wurde. Ortola-

ni, der mit einem Wink dafür sorgen konnte, daß sich jede einzelne Tür in der Vatikanstadt für Gelli oder die von Gelli ferngesteuerten Männer und Frauen öffnete.

Gelli, der Sammler heißer Kenntnisse und Informationen, der Sammler auch solcher Dinge wie Fotografien, die Papst Johannes Paul II. in völliger Nacktheit an seinem Swimmingpool zeigen. Als Gelli diese Schnappschüsse dem altgedienten sozialistischen Parteipolitiker Vanni Nistico zeigte, bemerkte er dazu: »Da sehen Sie mal, wie schwer die meisten Geheimdienste es haben. Wenn es möglich ist, diese Aufnahmen vom Papst zu schießen, dann können Sie sich vorstellen, wie leicht es wäre, ihn zu erschießen.« Wie wahr. Oder seinen Vorgänger zu vergiften.

> »Und Jesus ging zum Tempel Gottes hinein und trieb heraus alle Verkäufer und Käufer im Tempel und stieß um der Wechsler Tische und die Stühle der Taubenkrämer.
>
> Und sprach zu ihnen: Es stehet geschrieben: ›Mein Haus soll ein Bethaus heißen‹; ihr aber habt eine Mördergrube draus gemacht.«
>
> Matthäus 21; 12, 13

Albino Luciani hatte einen Traum. Er träumte von einer katholischen Kirche, die in für die Menschheit bedeutsamen Fragen wie der Geburtenregelung eine an den wirklichen Nöten und Bedürfnissen ihrer Gläubigen orientierte Haltung einnehmen würde. Er träumte von einer Kirche, die den Reichtum, die Macht und die falschen Erfolgsmaßstäbe, denen sie sich unter dem bestimmenden Einfluß der Vatikan GmbH verschrieben hatte, von sich werfen würde; von einer Kirche, die sich aus der Gesellschaft der Händler und Spekulanten, in die sie geraten war und in der sie die Botschaft Christi vergessen hatte, zurückziehen würde; von einer Kirche, die wieder allein auf das setzen würde, was von jeher ihr größter Trumpf, ihr mächtigstes Argument und ihr dauerhaftester Reichtum gewesen war: das Evangelium.

Am 28. September 1978 hatte Albino Luciani die ersten Schritte auf dem Weg zur Verwirklichung dieses Traums bereits getan. Um halb zehn Uhr abends schloß er seine Schlafzimmertür, und der Traum war ausgeträumt.

In Italien ist jetzt die Rede davon, daß Albino Luciani heiliggesprochen werden soll. Für entsprechende Bittschriften sind schon viele Tausende von Unterschriften zusammengekommen. Falls es einmal so weit kommt, daß dieser Mann, der ein wahrhaft armer Mann war, gewöhnt an kleine Dinge und an Stille, heiliggesprochen wird, so wäre dies nur recht und billig. Er ist am 28. September 1978 den Märtyrertod für seine Überzeugungen gestorben. Mit diesem Mann konfrontiert, der entschlossen war, Dinge zu tun, die vielen Mächtigen innerhalb und außerhalb der Kirche große Probleme bereitet hätten, entschlossen sich diejenigen, die in ihm einen gefährlichen Gegner erkannten, zur »italienischen Lösung«: Der Kandidat Gottes mußte sterben.

Epilog

Während das, was Albino Luciani an Gutem und Anständigem verkörperte, mit seinen sterblichen Überresten begraben wurde, lebte das Verwerfliche und Gemeine, das Roberto Calvi repräsentiert und begangen hatte, nach seinem Tod weiter.
Kaum war Calvis Leichnam in London entdeckt und identifiziert, da klingelten bei vielen Leuten in Italien die Alarmglocken. Am Montag, dem 22. Juni, dem Tag, an dem die Banken erstmals nach Auffindung der Leiche Calvis (in der Nähe der Stelle, wo im Mittelalter die Karmelitermönche Schwindlern, Dieben und Gauklern Obdach gewährt hatten) wieder geöffnet hatten, erlebte die Banco Ambrosiano in Mailand einen massenhaften Ansturm von Kunden, die ihre Guthaben abhoben. Was in der Öffentlichkeit nicht bekannt wurde (und bis heute unbekannt geblieben ist), ist, daß es der Vatikanbank ebenso erging. Viele Millionen Dollar wurden abgezogen, von Leuten aus dem italienischen Establishment, die gut genug informiert waren, um zu wissen, daß die Kunde von dem 1,3-Milliarden-Loch, das in der Bilanz der Banco Ambrosiano klaffte, binnen kurzem an die Öffentlichkeit dringen würde, und die vor allem wußten, daß dieses Loch viel mit den langjährigen engen geschäftlichen und persönlichen Beziehungen zwischen Roberto Calvi und Paul Marcinkus' IOR zu tun hatte.
Der Mann, der noch bei der Großbritannienreise des Papstes im Mai und Juni 1982 nicht von der Seite des Pontifex gewichen war, war im September desselben Jahres praktisch zu einem Gefangenen im Vatikan geworden. Seine Rolle als Organisator und Quartiermacher bei päpstlichen Auslandsreisen hatte ein anderer übernommen – notgedrungen, denn die Vatikanstadt zu verlassen, hätte Marcinkus der unmittelbaren Gefahr der Verhaftung durch die italienische Polizei ausgesetzt.
Marcinkus behielt seinen Posten an der Spitze der Vatikanbank. Er

fand sich zu dem Zugeständnis bereit, der Vatikan werde für 250 Millionen Dollar, die er sich direkt von Calvis Filiale in Peru geliehen hatte, geradestehen; jegliche darüber hinausgehende Verantwortung für die verlustig gegangenen 1,3 Milliarden Dollar jedoch, so erklärte Marcinkus, weise der Vatikan ein für allemal von sich.

Mit der ihr eigenen, unverfrorenen Arroganz weigerte sich die Römische Kurie, irgendwelche von italienischen Gerichten erlassenen Verfügungen gegen Marcinkus und andere Mitarbeiter der Vatikanbank anzuerkennen. Die zwischenstaatliche Etikette müsse stets gewahrt bleiben, so erklärte die Kurie beharrlich, selbst wenn es um die Aufklärung eines Diebstahls in der Größenordnung von mehr als einer Milliarde Dollar ging. Wenn die italienischen Behörden ein Anliegen hätten, sollten sie es bitteschön über den italienischen Botschafter beim Vatikan vorbringen.

Nach einem langwierigen Hickhack mit der italienischen Regierung bequemte sich der Vatikan schließlich zur Einsetzung einer Untersuchungskommission. Gleichzeitig leiteten die Anwälte der Vatikanbank eine Untersuchung in eigener Regie ein. Und auch die italienische Regierung berief eine Untersuchungskommission. Jetzt waren die Aufgaben verteilt. Als erste verkündeten die im Auftrag von Marcinkus tätigen Anwälte die Ergebnisse ihrer Arbeit:

»1. Das Institut für die Religiösen Werke [IOR] hat weder von der Ambrosiano-Gruppe noch von Roberto Calvi irgendwelche Gelder empfangen und hat daher auch keinerlei Rückzahlungsverpflichtungen.
2. Die bei der Ambrosiano-Gruppe verschuldeten ausländischen Firmen sind niemals im Besitz des IOR gewesen, [und das IOR] hat keine Kenntnis der von diesen [Firmen] getätigten Operationen.
3. Alle von der Ambrosiano-Gruppe an die vorgenannten Firmen geleisteten Zahlungen wurden nachweislich vor der Ausstellung der sogenannten ›Patronatsbriefe‹ getätigt.
4. Diese letzteren haben aufgrund des Zeitpunkts ihrer Ausstellung keinen Einfluß auf die genannten Zahlungen ausgeübt.
5. Jede künftig durchgeführte Überprüfung der Tatsachen wird die Wahrheit des vorstehend Gesagten erweisen.«

Wie in diesem Buch bereits dargestellt, beweisen die Tatsachen die Unwahrheit der vom Vatikan verbreiteten Behauptungen.
Der Bericht der vom Vatikan eingesetzten Untersuchungskommission steht noch aus. Er war zunächst für Ende März 1983 angekündigt, dann für Ende April, dann für August 1983, dann für Oktober, dann für November.
Für mindestens eine Milliarde Dollar aus der Gesamtheit der Gelder, die die verschiedenen Banken Calvi geliehen haben, müßte der Vatikan einstehen. Es ist vielleicht die schönste Ironie überhaupt, daß der Vatikan, gleich wieviel oder wie wenig er von den in Panama und anderswo plazierten Briefkastenfirmen profitierte, zu der Zeit, als die Schulden entstanden, Eigentümer dieser Firmen war. Er hat natürlich sehr stark profitiert, aber ungeachtet dessen gibt es für die Gläubigerbanken, wenn sie wirklich entschlossen sind, ihr Geld zurückzubekommen, nur ein logisches Vorgehen: den Vatikan, genauer gesagt, die Vatikanbank und Papst Johannes Paul II. zu verklagen, denn die Gewinne der Vatikanbank fließen zu 85 Prozent unmittelbar in die Schatulle des Papstes.
Wie die Angehörigen Calvis in eidesstattlichen Erklärungen bekundet haben, stand Calvi zur Zeit seines Todes in Verhandlungen mit dem Opus Dei, das sich bereit erklärt hatte, den vom Vatikan gehaltenen 16-Prozent-Anteil an der Banco Ambrosiano zu erwerben. Wäre dieses Geschäft über die Bühne gegangen, das 1,3-Milliarden-Dollar-Loch wäre gestopft, der Fortbestand von Calvis Imperium gesichert, und Erzbischof Paul Marcinkus wäre aus seinem Amt entfernt worden. Doch viele Kirchenmänner, darunter Marcinkus selbst, hatten entschieden etwas dagegen, sich ausgerechnet von Opus Dei aus der Patsche helfen zu lassen.
Nach dem Tod Calvis sah der Vatikan sich gezwungen, mit Vertretern der italienischen Regierung und eines internationalen Bankenkonsortiums in Verhandlungen darüber einzutreten, für einen wie großen Teil des von Calvi hinterlassenen Fehlbetrags das IOR geradezustehen habe. Ein zähes Feilschen begann, das sich über fast zwei Jahre hinzog. Endlich, im Februar 1984, drang aus dem Konferenzsaal in Genf die Kunde, daß eine Einigung erzielt worden sei. Mitte März wurden Details bekanntgegeben: Die internationalen Banken sollen von den 600 Millionen Dollar, die sie Calvis Luxemburger Holdinggesellschaft insgesamt geliehen hatten, rund zwei Drittel

zurückbekommen, den größeren Teil, nämlich 250 Millionen, von der Vatikanbank. Als Termin für die Überweisung dieser Summe wurde der 30. Juni 1984 vereinbart. Der Vatikan leistet diese Zahlung, so heißt es in der Vereinbarung, »ohne Anerkennung einer Haftungsschuld«, aber »im Bewußtsein einer moralischen Mitverantwortung«.

Die katholischen Gläubigen täten gut daran, die Spendenaufrufe zu ignorieren, die zweifellos rund um die Welt von den Kanzeln herab ertönen werden. Die Vatikanbank tut nichts weiter, als einen Teil der Riesensummen zurückzuzahlen, die ihr als Frucht der kriminellen Aktivitäten Calvis und Marcinkus' zugeflossen sind. Unter dem Strich verbleiben dem IOR noch immer viele Millionen Dollar von dem Geld, um das Calvi so viele seiner Bankierskollegen geprellt hat und das diese nun als Verlust abschreiben müssen.

Zum Zeitpunkt, da dies niedergeschrieben wird, ist Erzbischof Marcinkus noch immer im Amt. Sein Sturz ist schon oft vorausgesagt worden, doch hat er bislang jede Krise überstanden. Er verschanzt sich nach wie vor im Vatikan, aus dem er sich nicht herauswagt, weil er fürchten muß, von der italienischen Polizei auf der Stelle festgenommen zu werden. Ebenfalls im Vatikan verschanzt leben seine Mitarbeiter und Komplizen Luigi Mennini und Pellegrino de Strobel. Das sind die Männer, mit deren Hilfe Papst Johannes Paul II. im Mai 1984 die Kirche regiert.

Während alle drei sich bisher, was ihre Person betrifft, erfolgreich dem Zugriff der italienischen Behörden entzogen haben, sind sämtliche auf italienischem Hoheitsgebiet befindlichen Vermögenswerte und Besitztümer Menninis und de Strobels beschlagnahmt worden. Sie und ihr Chef Marcinkus sind von den Strafverfolgungsbehörden mehrerer italienischer Städte zur Fahndung ausgeschrieben. Von der Turiner Justiz gesucht wird wegen seiner mutmaßlichen Verwicklung in einen Steuerhinterziehungsskandal mit einer Schadenssumme im Gegenwert von Milliarden Dollar ein weiterer Kirchenmann: Monsignore Donato de Bonis, Sekretär des IOR. Auch er hält sich im Vatikan verborgen. Und auch er gehörte zu den Männern, die Albino Luciani umgehend abberufen hätte, wenn er am Leben geblieben wäre. De Bonis, dessen Reisepaß von der Staatsanwaltschaft eingezogen wurde, ist, wie seine drei vorgenannten Kollegen, bis heute in der Vatikanbank tätig.

Diese Männer erfreuen sich noch im Mai 1984 der Gunst Johannes Pauls II.

Seine Eminenz Ugo Poletti, Kardinalvikar von Rom, gehört ebenfalls zu denen, die Albino Luciani aus ihrem Amt zu entfernen gedachte, und auch er hat Beweise genug dafür geliefert, daß seine Ablösung eine weise Entscheidung gewesen wäre. Poletti war es, auf dessen Empfehlung hin Premierminister Andreotti den Ex-General Raffaele Giudice zum Chef der italienischen Finanzpolizei ernannte. In der Folge half das P 2-Mitglied Giudice entscheidend bei der organisatorischen Abwicklung jenes (in Dollar gerechnet) milliardenschweren Mineralölsteuerschwindels mit, an dem Licio Gelli so glänzend verdiente. Auf diese Geschichte angesprochen, bestritt Kardinal Poletti heftig, jemals irgendwelche Fürsprache für Giudice geleistet zu haben. Daraufhin legten die Turiner Staatsanwälte dem Kardinal eine Kopie seines Briefes an Andreotti vor. Poletti amtiert nach wie vor als Kardinalvikar von Rom. Das sind die Männer, mit denen Johannes Paul II. im Mai 1984 die katholische Kirche regiert.

Das kürzlich unterzeichnete neue Konkordat zwischen dem Vatikan und dem italienischen Staat gäbe einen passenden Nachruf auf das Pontifikat Johannes Pauls II. ab. Italien, von den Katholiken aller Länder jahrhundertelang als Heimatland und Bastion ihres Glaubens betrachtet, erkennt den römischen Katholizismus nicht mehr als Staatsreligion an. Die Kirche beginnt ihre Sonderstellung in Italien zu verlieren.

Noch etwas hat sich geändert, und diese Neuerung war sicherlich dazu angetan, Licio Gelli zum Schmunzeln zu bringen. Das am 27. November 1983 in Kraft getretene neue kanonische Recht enthält die Bestimmung, daß die Zugehörigkeit zu einer Freimaurerloge nicht mehr mit sofortiger Exkommunizierung geahndet wird. Die auf der Albino Luciani zugespielten Liste vatikanischer Freimaurer verzeichneten Männer haben also nichts mehr zu befürchten. Der Kehraus, den Luciani geplant hatte, wird, solange Johannes Paul II. amtiert, nicht stattfinden.

Keine der personellen und programmatischen Veränderungen, die Albino Luciani beschlossen hatte, ist verwirklicht worden. Die Vatikan GmbH & Co. KG ist weiterhin aktiv – auf allen Märkten.